COLEÇÃO RECONQUISTA DO BRASIL

1. DOCUMENTÁRIO ARQUITETÔNICO – José Wasth Rodrigues
2. VIAGEM PITORESCA ATRAVÉS DO BRASIL - João Mauríciob Rugendas
3.4. PROVÍNCIA DE SÃO PAULO - 2 vols – M. E. Azevedo Marques
5.6.7. NOBILIARQUIA PAULISTANA HISTÓRICA E GENEALÓGICA - 3 vols - P. Tacques A. Paes Lemes
8. VIDA E MORTE DO BANDEIRANTE – Alcântara Machado
9. ARRAIAL DO TIJUCO CIDADE DIAMANTINA - Aires da Mata Machado Filho
10. VIAGEM À TERRA DO BRASIL - Jean de Lery
11. MEMÓRIAS DE UM COLONO NO BRASIL – Thomas Davatz
12. TRATADO DA TERRA DO BRASIL - HIST. DA PROVÍNCIA DE SANTA - C.P. M. Gândavo
13 - TRATADOS DA TERRA E GENTE DO BRASIL – Padre Fernão Cardim
14. VIAGEM ÀS PROVÍNCIAS DO RIO DE JANEIRO E SÃO PAULO - J. J. Tschudi
15. REM. DE VIAGENS E PERMANÊNCIAS NAS PROV. DO SUL DO BRASIL – Daniel P. Kidder
16. REM. DE VIAGENS E PERMANÊNCIAS NAS PROV. DO NORTE DO BRASIL – Daniel P. Kidder
17. VIAGEM PELA PROVÍNCIA DO RIO GRANDE DO SUL (1858) - Robert Ave-Lallement
18. VIAGENS PELAS PROVÍNCA DE SC, PR E SP(1858) – Robert Avé-Lallement
19. VIAGENS PELAS PROV. DA BAHIA, PERNAMBUCO, ALAGOAS E SERGIPE – Robert Ave-Lallement
20. NO RIO AMAZONAS – Robert Ave-Lallement
21. VIAGEM ÀS MISSÕES JESUÍTICAS E TRABALHOS APOSTÓLICOS - Padre Antônio Sepp, S. J.
22. IMAGENS DO BRASIL CARL – Von Koseritz
23. VIAGEM AO BRASIL – Hermann Burmeister
24. DEZ ANOS NO BRASIL – Carl Siedler
25. SÃO PAULO DE OUTRORA PAULO – Cursino de Moura
27. NOT. DAS MINAS DE SÃO PAULO E DOS SERTÕES DA MESMA CAPITANIA - P. Tacques A. Paes Leme
28. NA CAPITANIA DE SÃO VICENTE – Washington Luís
29/30. BRASIL PITORESCO - 2 vols – Charles Ribeyrolles
31. VIAGEM DE UM NATURALISTA INGLÊS AO RJ E MINAS GERAIS - Charles James Fox Bumbury
33. RELATOS MONÇOEIROS - Afonso de Tauna
34. RELATOS SERTANISTAS - Afonso de Taunay
35. MEMORÁVEL VIAGEM MARÍTIMA E TERRESTRE AO BRASIL – Joan Nieuhof
36/37. MEM. PARA SERVIR À HISTÓRIA DO REINO DO BRASIL - 2 vols - Luís G. dos Santos
38. DESCRIÇÃO DOS RIOS PARNAÍBA E GURUPI - Gustavo Dodt
39/40. HISTÓRIA DO IMPÉRIO - A ELABORAÇÃO DA INDEPENDÊNCIA. - 2 vols. - Tobias Monteiro
41/42. HISTÓRIA DO IMPÉRIO - O PRIMEIRO REINADO - 2 vols - Tobias Monteiro
43. VIAGEM MILITAR AO RIO GRANDE DO SUL – Conde D'eu
44. HISTÓRIA DO RIO TIETÊ - Mello Nóbrega
45. HISTÓRIA DO BRASIL - João Armitage
46/48. VIAGEM PELO BRASIL - 3 vols. - Spix e Martius
49. HISTÓRIA DO BRASIL - Frei Vicente do Salvador
56. O DIABO NA LIVRARIA DO CÔNEGO - Eduardo Frieiro
57. VIAGEM AO INTERIOR DO BRASIL - G. W. Freireyss00
58. ESTADO DO DIREITO ENTRE OS AUTÓCTONES DO BRASIL - C. F. Von Martius
59. OS CIGANOS NO BRASIL E CANCIONEIRO DOS CIGANO - Mello Moraes Filho
60. PESQUISAS E DEPOIMENTOS PARA A HISTÓRIA - Tobias Monteiro
61/62. COROGRAFIA HISTÓRICA DA PROVÍNCIA DE MINAS GERAIS - 2 vols. - Cunha Matos
63/64. HISTÓRIA DO BRASIL REINO E BRASIL IMPÉRIO - 2 vols. – Mello Moraes Filho – Ello Moraes Filho
65/66. HISTÓRIA DO BRASIL - 2 vols. - H. Handelmann
67/69. HISTÓRIA DO BRASIL - 3 vols. - Robert Southey
70. CULTURA E OPULÊNCIA NO BRASIL - André João Antonil
71. VILA RICA DO PILAR - Fritz Teixeira de Sales
72. FEIJÃO, ANGU E COUVE - Eduardo Frieiro
73. ÍNDIOS CINTA-LARGAS (OS) Richard Chapelle
74/75. NOTÍCIAS DO BRASIL (1828-1829) - 2 vols - R. Walsh
76. O PRESIDENTE CAMPOS SALLES NA EUROPA - Tobias Monteiro
77. HISTÓRIA DA SIDERURGIA BRASILEIRA – Francisco A. Magalhães G.
82. O COMÉRCIO PORTUGUÊS NO RIO DA PRATA (1580-1640) – Alice Piffer Canabrava
83. EPISÓDIOS DA GUERRA DOS EMBOABAS E SUA GEOGRAFIA – Eduardo C. Barreiro
85. O MARQUÊS DE OLINDA E O SEU TEMPO - Costa Porto
86. CANTOS POPULARES DO BRASIL – Sílvio Romero
87. CONTOS POPULARES DO BRASIL – Sílvio Romero
88. O NEGRO E O GARIMPO EM MINAS GERAIS – Aires da Mata Machado Filho
89. TIRADENTES – Oiliam José
90 - GONZAGA E A INCONFIDÊNCIA MINEIRA - Almir

92. TRADIÇÕES E REMINISCÊNCIAS PAULISTANAS - Afonso A. de Freitas
94. ESTUDOS - LITERATURA POPULAR EM VERSO - Manuel Diegues Júnior
95. ANTOLOGIA - LITERATURA POPULAR EM VERSO – Manuel Diegues Júnior
97. IDEIAS FILOSÓFICAS E POLÍTICAS EM MINAS GERAIS NO SÉCULO XIX - José C. Rodrigues
98. IDEIAS FILOSÓFICAS NO BARROCO MINEIRO – Joel Neves
99. GETÚLIO VARGAS E O TRIUNFO DO NACIONALISMO BRASILEIRO - Ludwig Lauerhass JR.
100/101. RÉPLICA - Anexos á República - 2 vols. - Rui Barbosa
102/103. O VALEROSO LUCIDENO - 2 vols – Frei Manuel
105/106. INSTITUIÇÕES POLÍTICAS BRASILEIRAS - 2 vols. - Oliveira Vianna
107/108. POPULAÇÕES MERIDIONAIS DO BRASIL - 2 vols. – Oliveira Vianna
109/110. HISTÓRIA SOCIAL DA ECONOMIA CAPITALISTA NO BRASIL - 2 vols. – Oliveira Vianna8
112. NA PLANÍCIE AMAZÔNICA - Raimundo de Moraes
113. AMAZÔNIA - A Ilusão de um Paraiso - Betty Meggers
115. ADAGIÁRIO BRASILEIRO - Leonardo Mota
116/118. HISTÓRIA CRÍTICA DO ROMANCE BRASILEIRO - 3 vols – Temístocles Linhares
119. CAPÍTULOS DE HISTÓRIA COLONIAL - J. Capistrano de Abreu
120. MIRANDA AZEVEDO E O DARWINISMO NO BRASIL - Terezinha Alves Ferreira C.
121. JOSÉ BONIFÁCIO – Octávio Tarquínio de Souza
122/124. A VIDA DE D. PEDRO I, - 3 vols. - Octávio Tarquínio de Souza
125. BERNARDO PEREIRA DE VASCONCELOS - Octávio Tarquínio de Souza
126. EVARISTO DA VEIGA - Octávio Tarquínio de Souza
127. DIOGO ANTÔNIO FEIJÓ - Octávio Tarquínio de Souza
128. TRÊS GOLPES DE ESTADO - Octávio Tarquínio de Souza
129. FATOS E PERSONAGENS EM TORNO DE UM REGIME - Octávio Tarquínio de Souza
130 - MACHADO DE ASSIS (ESTUDO CRÍTICO E BIOGRÁFICO) - Lúcia Miguel Pereira
131. PROSA DE FICÇÃO (De 1870 a 1920) – Lúcia Miguel Pereira
132. MEMÓRIAS DA CIDADE DO RIO DE JANEIRO - Vivaldo Coaracy
133. O CONFLITO CAMPO CIDADE – Joaquim Ponce Leal
135. CAMINHOS ANTIGOS E POVOAMENTO DO BRASIL - J. Capistrano de Abreu
136. UMA COMUNIDADE AMAZÔNICA – Charles Wagley
137. LÁGRIMAS DE BOAS VINDAS – Charles Warles Wagley
140. VIDA DE LIMA BARRETO - Francisco de Assis Barbosa
143. MINHAS RECORDAÇÕES - Francisco de Paula Resende
145. HISTÓRIA DO AMAZONAS - Artur César Ferreira Reis
146. CARTAS JESUÍTICAS I - Cartas do Brasil (1549-1560) - Manoel da Nóbrega
147. CARTAS JESUÍTICAS II - Cartas Avulsas (1560) - Azapilcueta Navarro e Outros
148. CARTAS JESUÍTICAS III - Cartas, Informações e Fragmentos Históricos - José de Ancheita
149 - EVOLUÇÃO DO PENSAMENTO POLÍTICO BRASILEIRO - Vicente Barreto
151. RECONHECIMENTO DO RIO JURUÁ - General Belmiro Mendonça
153. POLÍTICA GERAL DO BRASIL – José Matias Santos
154. O MOVIMENTO DA INDEPENDÊNCIA 1821-1892 – Oliveira Lima
155. O IMPÉRIO BRASILEIRO - 1821-1889 - Oliveira Lima
151. RECONHECIMENTO DO RIO JURUÁ - General Belmiro Mendonça
153. POLÍTICA GERAL DO BRASIL – José Matias Santos
154. O MOVIMENTO DA INDEPENDÊNCIA 1821-1892 – Oliveira Lima
155. O IMPÉRIO BRASILEIRO - 1821-1889 - Oliveira Lima
156. VIAGEM AO BRASIL - Maximiliano Pierrede Ierrede Wied N.
157. DIÁRIO DE UMA VIAGEM AO BRASIL - Maria Graham
159. O MARQUÊS DE PARANÁ - Aldo Janotti
161. UM SERTANEJO E O SERTÃO – Ulisses Lins de Alburque
163. CRÔNICA DE UMA COMUNIDADE CAFEEIRA – Paulo Mercadante
164. DA MONARQUIA À REPÚBLICA - George C. A. Boeher
166. CORRESPONDÊNCIA ENTRE MARIA GRAHAM E A IMPERATRIZ DONA LEOPODINA – Américo Jacobina Lacombe
167. HEITOR VILLA-LOBOS - Vasco Mariz
170. HILÉIA AMAZÔNICA - Gastão Cruls
172. O BARÃO DE LAVRADIO E A HIGIENE NO RIO DE JANEIRO IMPERIAL – Lourival Ribeiro
173. NARRATIVAS POPULARES - Oswaldo Elias Xidieh
174. O PSD MINEIRO – Plínio de Abreu Ramos
175. O ANEL E A PEDRA - Pe. Hélio Abranches Viotti
179. HISTÓRIA DO CAFÉ NO BRASIL E NO MUNDO – José Teixeira de Oliveira
180. CAMINHOS DA MORAL MODERNA; A EXPERIÊNCIA LUSO-BRASILEIRA" - J. M. Carvalho
181. DICIONÁRIO HISTÓRICO-GEOGRÁFICO DE MINAS GERAIS - W. de Almeida Barbosa

182. A REVOLUÇÃO DE 1817 E A HISTÓRIA DO BRASIL – Gonçalo de Barros e Mello M.
183. HELENA ANTIPOFF - Daniel I. Antipoff
184. HISTÓRIA DA INCONFIDÊNCIA DE MINAS GERAIS – Augusto de Lima Júnior
185/186 . A GRANDE FARMACOPÉIA BRASILEIRA - 2 vols. – Pedro Luiz Napoleão C.
187. O AMOR INFELIZ DE MARÍLIA E DIRCEU – Augusto de Lima Júnior
188. HISTÓRIA ANTIGA DE MINAS GERAIS - Diogo de Vasconcelos
189. HISTÓRIA MÉDIA DE MINAS GERAIS - Diogo de Vasconcelos
200. OS SERTÕES - Euclides da Cunha
201/210. HISTÓRIA DA COMPANHIA DE JESUS NO BRASIL - 5 vols. - Serafim Leite1
212. OBRAS DE CASIMIRO DE ABREU - Souza da Silveira
213. UTOPIAS E REALIDADES DA REPÚBLICA - Hildon Rocha
214. O RIO DE JANEIRO NO TEMPO DOS VICE-REIS - Luiz Edmundo
215. TIPOS E ASPECTOS DO BRASIL - Diversos Autores
216. O VALE DO AMAZONAS - A. C. Tavares Bastos
217. EXPEDIÇÃO AS REGIÕES CENTRAIS DA AMÉRICA DO SUL – Francis Castenau
218. MULHERES E COSTUMES DO BRASIL - Charles Expilley
219. POESIAS COMPLETAS - Padre José de Anchieta
220. DESCOBRIMENTO E A COLONIZAÇÃO PORTUGUESA NO BRASIL - Miguel A. Gonçalves
221. TRATADO DESCRITIVO DO BRASIL EM 1587 - Gabriel Soares de Souza
222. HISTÓRIA DO BRASIL – João Ribeiro
225. O MENINO DA MATA - Vivaldi Moreira
230. ANTÔNIO FRANCISCO LISBOA - O ALEIJADINHO – Rodrigo José F. Bretas
231. ALEIJADINHO (PASSOS E PROFETAS) - Myrian Andrade Ribeiro
232. ROTEIRO DE MINAS – Bueno Rivera
233. CICLO DO CARRO DE BOIS NO BRASIL - Bernadino José de Souza
234. DICIONARIO DA TERRA E DA GENTE DO BRASIL - Bernadino José de Souza
235. DA AVENTURA PIONEIRA AO DESTEMOR A TRAVESSIA – Paulo Mercadante
236. NOTAS DE UM BOTÂNICO NO AMAZONAS - Richard Spruce
237. NA CAREIRA DO RIO SÃO FRANCISCO - Zanoni Neves
238. VIAGEM PITORESCA E HISTÓRICA AO BRASIL (4º VOL) (2008) - Jean Baptiste Debret
239/241 - VIAGEM PITORESCA E HISTÓRICA AO BRASIL (3 EM 1)(2008) – Jean Baptiste Debret
242. O ALEIJADINHO DE VILLA RICA - Waldemar de Almeida
243. VOCABULÁRIO DA LÍNGUA GREGA - Ramiz Galvão
244. AS IGREJAS SETENCENTISTAS DE MINAS PAULO - Kruger Corrêa M.
245. DICIONÁRIO DE ARTESANATO INDÍGENA –Berta G. Ribeiro
246. DICIONÁRIO ITALIANO-PORTUGUÊS - João Amendola
247. DICIONARIO DE BANDEIRANTES E SERTANISTAS DO BRASIL – Francisco de Assis C.
248. VIAGEM PITORESCA E HISTÓRICA AO BRASIL - Jean Baptiste Debret
249. VIAGEM PITORESCA ATRAVÉS DO BRASIL – Johan Moritz Rugendas
250. ARTE INDÍGENA,LINGUAGEM VISUAL - Berta G. Ribeiro
251//2/3 - VIAGEM PITORESCA E HISTÓRICA AO BRASIL (3 Vols.) Jean Baptiste Debret
254. AMAZÕNIA URGENTE (PORTUGUES) - Berta G. Ribeiro

COLEÇÃO RECONQUISTA DO BRASIL

Capa
CLÁUDIO MARTINS

Apresentação e notas de
MÁRIO GUIMARÃES FERRI

Tradução de
DAVID JARDIM JUNIOR

EDITORA ITATIAIA
Belo Horizonte
Rua São Geraldo, 53/67 - Floresta - Cep.: 30150-070 - Tel.: (31) 3212-4600
e-mail: vilaricaeditora@uol.com.br

SIR RICHARD BURTON

Viagem de Canoa de Sabará ao Oceano Atlântico

Edição fac-simile

EDITORA ITATIAIA

Dados Internacionais de Catalogação na Publicação (CIP) de acordo com ISBD

B974v   Sir. Burton, Richard, 1821-1890.

        Viagem de Canoa de Sabará ao Oceano Atlântico / Richard Burton - 2. ed - Belo Horizonte - MG : Itatiaia, 2019.
        816 p.:il ; 16cm x 23cm.

        Inclui índice.
        ISBN: 978-85-319-0861-3

        1. História do Brasil. 2. Sabará. 3. Oceano Atlântico. I. Título

CDD 981
CDU 94(81)

Elaborado por Vagner Rodolfo da Silva - CRB-8/9410

Índice para catálogo sistemático:
1. História do Brasil 981
2. História do Brasil 94(81)

Título do original Inglês

EXPLORATIONS OF THE HIGHLANDS OF THE BRAZIL
With
A FULL ACCOUNT OF THE GOLD AND DIAMOND MINES

2019

Direitos de Propriedade Literária adquiridos pela
EDITORA ITATIAIA
Belo Horizonte

Impresso no Brasil
Printed in Brazil

APRESENTAÇÃO

QUEM É RICHARD F. BURTON

Sir Richard Francis Burton, explorador e orientalista britânico, nasceu em 19 de março de 1821, em Tarquay, mas seu avô se estabeleceu na Irlanda como reverendo e seu pai, coronel do 36º Regimento, era irlandês de nascimento e caráter. Sua mãe, porém, exibia profundo orgulho da remota ascendência Bourbon, acreditando piamente provir do sangue do grande monarca francês, através de um casamento morganático.

Muitos notavam em Burton certas maneiras ciganas como um caráter ressentido, inimigo das regras rígidas e espírito vagabundo.

Tudo isso refletiu no seu estilo e nas obras numerosas que escreveu. Uma educação rígida legou-lhe certa timidez, mas levou toda juventude entre a França e a Itália recebendo grande influência dos prosadores mais em evidência nesses países. Freqüentou o Trinity College, da Universidade de Oxford, mas com seu ar crítico e o bigode petulante foi levado a travar duelos e seu comportamento excêntrico criou-lhe vários embaraços.

Foi mandado à India e se alistou no 18º Regimento de Infantaria de Bombaim, dali passando a trabalhar na Cia. das Índias o que lhe deu ensejo de se aprofundar nas línguas do Oriente. Já em Oxford, sem auxílio de mestres, iniciou o estudo do árabe. Tal foi a aptidão demonstrada que em pouco tempo aperfeiçoou-se na língua hindustani e vários outros dialetos, assim como o persa e o árabe. Com o vasto cabedal lingüístico, pôde melhor penetrar nos segredos daqueles povos e seus primeiros livros, de 1851, são sobre um vale indu *Scind, or the Unhappy Valery* e *Sindh and the races that Inhabit the Vallery of the Indus*. Logo a seguir, publicou *Goa and the Blue Montains*. Publicou em 1852 uma curiosa obra sobre a arte da falcoaria, *Falconry in the Vallery of the Indus*.

Embora nenhuma dessas obras lhe grangeasse notoriedade, foram escritos com notável vivacidade e repletos de testemunhos verídicos.

A notoriedade começa com a viagem de Burton a Meca, cuidadosamente preparada e motivada pelo espírito de aventura e curiosidade. Até ali a Arábia era conhecida nos mapas europeus como a "enorme mancha branca". Burton a estudou em extensão e profundidade no volume *Piligrimage to Al-Medinah and Meccah*, de 1855. Podemos asseverar que é o precursor do Lawrence dos *Sete Pilares da Sabedoria*, tão vividos e pungentes são as descrições, sobressaindo-se a notação pessoal em cada página. Suas perspectivas sobre os costumes e pensamento semíticos, assim como a pintura do modo de vida dos árabes emprestam a esse livro o valor de autêntico documento. Tudo redigido com humor, sobriedade de opiniões e linguagem rigorosa, dando a essa obra lugar de destacada curiosidade na Literatura. Seu livro seguinte é o produto de uma perigosa aventura que lhe foi proposta pelo governo indiano, peregrinação sem parelelo com as outras: explorar o interior da Somália. Daí nasceu o volume publicado em 1856 *First foot-steps in East-África*, obra de características excitantes, cheio de ensinamento e humor.

Com o nome já consagrado e pertencendo à Royal Geographical Society, empreende outras viagens que se transformam em livros, como o *Lake Regions of Equatorial Africa,* de 1860, uma das primeiras contribuições ao estudo da África negra.

Todavia, desde 1861 começou a pertencer ao serviço diplomático e o Ministério do Exterior da Inglaterra o faz cônsul em Fernando Pó. Depois, o remove para Santos, no Brasil, quando escreve o volume que estamos prefaciando *The Highlands of the Brazil,* tendo viajado largamente nosso País e indo até o Paraguai e dai suas reportagens no volume *Letters from the Battlefields of Paraguay* (1870), e, em seguida, para Damasco e Trieste, onde vem a falecer em 20 de outubro de 1890.

Sua extensa bibliografia desafia a de qualquer outro viajante ou explorador pela variedade dos aspectos e poder descritivo.

Este volume, *Viagem do Rio de Janeiro a Morro Velho,* é uma prova do seu estilo vivo e empolgante.

É tão grande seu valor documentário que a Coleção Reconquista do Brasil não pôde deixar de incluí-lo na sua programação.

Não contente de escrever somente obras originais, Burton se deu, com carinho especial, à tradução das *Mil e uma noites,* os célebres contos árabes em 16 volumes, publicação que durou de 1885 a 1888 e é o mais famoso de seus livros. Esse trabalho encheu-lhe os momentos de ócio em Trieste, pois esse monumento da sabedoria árabe e enciclopédia da vida Ocidental chegou até nós pela tradução de Burton.

Muitos outros livros publicou o fecundo escritor inglês.

Basta-nos para dar uma rápida idéia sobre o autor a bibliografia já citada, incluindo este que foi belamente traduzido por David Ricardo Jardim, e que decidimos publicar constituindo os volumes 36 e 37 com os títulos *Viagem do Rio de Janeiro a Morro Velho* e *Viagem de Canoa, de Sabará ao Oceano Atlântico.*

São Paulo, 6 de outubro de 1976

Mário Guimarães Ferri

NOTA DA EDITORA

Os volumes de números 36 e 37, da "Coleção Reconquista do Brasil", ambos de autoria de Richard Burton, o notável polígrafo e viajante inglês, levam os títulos, respectivamente, de *Viagem do Rio de Janeiro a Morro Velho* e *Viagem de Canoa, de Sabará ao Oceano Atlântico*. Não foi o título original que Richard Burton lhes deu (pois, na verdade, trata-se de uma só obra, em dois volumes), mas pareceu-nos melhor e mais compreensiva a subdivisão. De fato, na edição de 1869, em que nos baseamos, lá está: "Explorations of the HIGHLANDS OF THE BRAZIL; with A FULL ACCOUNT OF THE GOLD AND DIAMOND MINES. Also CANOEING DOWN 1500 MILES OF THE GREAT RIVER SÃO FRANCISCO, FROM SABARÁ TO THE SEA. By CAPTAIN RICHARD F. BURTON, F.R. G.S., ETC. LONDON: TINSLEY BROTHERS, 18, CATHERINE ST., STRAND". Não nos pareceu atraente a referência a planaltos, como já voi feito em outras traduções, mas sim a indicação do roteiro que o diplomata inglês percorreu. Fica assim esclarecida a razão dos títulos, cumprindo-nos, tão somente, acrescentar que, quanto ao mais, a tradução é em tudo absolutamente fiel ao original, com anotações que nos pareceram ainda mais elucidativas. De resto, tem sido este o alto nível da coleção, que tem merecido a melhor e mais calorosa acolhida por parte dos estudiosos nacionais e estrangeiros.

SUMÁRIO

Capítulo I
De Sabará a Santa Luzia 13

Capítulo II
De Santa Luzia a Jaguara 23

Capítulo III
Jaguara 33

Capítulo IV
Rumo a Casa Branca e a Cachoeira da Onça 45

Capítulo V
Rumo à Fazenda de Bom Sucesso 59

Capítulo VI
Rumo à Cidade de Diamantina 71

Capítulo VII
Diamantina 87

Capítulo VIII
Viagem às Minerações de Diamantes do Rio das Pedras Meridional, aliás Jequitinhonha 99

Capítulo IX
A Mina de Diamante de São João 111

Capítulo X
Notas sobre o Diamante 119

Capítulo XI
De Bom Sucesso a Coroa do Galo 135

Capítulo XII
Da Coroa do Galo à Ilha Grande 145

Capítulo XIII
Guaicuí 157

Capítulo XIV
A Cachoeira de Pirapora 167

Capítulo XV
O Rio São Francisco 177

Capítulo XVI
De Guaicuí a São Romão 195

Capítulo XVII
De São Romão a Januária 205

Capítulo XVIII
De Januária a Carinhanha 219

Capítulo XIX
De Carinhanha a Senhor Bom Jesus da Lapa 229

Capítulo XX
De Bom Jesus da Lapa ao Arraial de Bom Jardim 237

Capítulo XXI
Do Arraial do Bom Jardim à Vila da Barra (do Rio Grande) 247

Capítulo XXII
Da Vila da Barra (do Rio Grande) à Vila de Pilão Arcado 259

Capítulo XXIII
Da ex-Vila do Pilão Arcado à Vila de Sento Sé 271

Capítulo XXIV
Da Vila de Sento Sé à Cachoeira do Sobradinho e à Vila do Juazeiro ... 281

Capítulo XXV
Vila de Juazeiro 291

Capítulo XXVI
Da Vila de Juazeiro à Vila de Boa Vista 299

Capítulo XXVII
Da Vila da Boa Vista a Várzea Redonda 309

Capítulo XXVIII
As Grandes Cachoeiras 337

Capítulo XXIX
Paulo Afonso, Rainha das Cachoeiras 345

Apêndice
Reproduzido da Revista Trimensal do Instituto Histórico e Geográfico Brasileiro, Rio de Janeiro, 21 de julho de 1865 335

CAPÍTULO I

DE SABARÁ A SANTA LUZIA

Partida. Despedidas. O barco e o que nele havia. O "Brigue Elisa". Condições do Rio.

> *"Messieurs les délicats... voulez-vous embarquer pour vivre de telle façon? Comme je ne vous conseille pas". Jean de Léry.*

Quarta-feira, 7 de agosto de 1867. Encaminhamo-nos ao Porto da Ponte Grande[1], onde se encontrava o ajojo ou balsa. Jamais vira embarcação tão decrépita, verdadeira arca de Noé, semelhante a uma carroça de ciganos flutuante, coberta por um toldo, cerca de dois metros e trinta centímetros de altura e um de comprimento, assentando-se sobre dois troncos ocos. O rio devia ser bem seguro, para que uma geringonça daquelas navegasse sem acidente.

Todas as notabilidades do lugar assistiram ao embarque. Miss Dundas, com o máximo de graça que lhe era possível, quebrou uma garrafa na proa, batizando a balsa de "Brigue Elisa"; dois pares de chinelos foram devidamente lançados em minha cabeça. Com muitos "vivas" dados e retribuídos, embarcamos todos para uma viagem experimental — não sei se caberia denominá-la, como faz a Sociedade Real de Geografia, de "expedição-teste" — de cerca de duas milhas.

Com o embarque de quinze almas, a balsa ficou três palmos abaixo da plataforma de embarque, o que fez o comandante, ou piloto, Manuel de Assunção Vieira ficar bem preocupado; temia que a embarcação fizesse água, "afundasse agora mesmo", ou acabasse despedaçada nas corredeiras.

Passamos pela Pedra Grande, um rochedo quartzoso bem no meio do rio; há anos a Câmara Municipal vem tentando a remoção deste obstáculo, mas, infelizmente, não há aqui ninguém habilitado a explodir uma carga debaixo d'água.

Na pequena aldeia-santuário de Santo Antônio da Roça Grande, havia animais à disposição dos que não iriam seguir a viagem — entre os quais se incluía minha mulher, impossibilitada de acompanhar-me por causa de um sério torcicolo — a fim de conduzi-los de volta. Desembarcando, enquanto o sol se punha, a hospitaleira e gentil escolta ficou de pé, à margem, acompanhando com os olhos a balsa, até que esta desaparecesse numa curva, navegando rumo a seu longínquo e misterioso destino. Que me terá feito pensar na história do Nilo contada por Mr. Curzon, do homem branco conduzido numa embarcação em que remavam amazonas negras adornadas de ouro, através de rios desconhecidos do viajante? Confesso ter sentido uma indizível sensação de abandono, vendo os rostos amigos desaparecendo à distância; para distrair-me, ocupei-me em examinar cuidadosamente a embarcação.

A balsa corresponde, nestas regiões, ao barco chato do Mississipi ou ao "chicken thieves" do Arkansas, dos tempos em que, segundo Mr. Molte, os homens gastavam um mês entre a foz do Ohio e Nova Orleãs, numa viagem de ida e volta. No Rio das Velhas, contudo, não se pode dizer que o barco se tenha tornado uma instituição; na verdade, até agora, sou o único viajante a usá-lo no percurso de Sabará a Paulo Afonso. Como, provavelmente, este tipo de embarcação venha a ser usado por exploradores, desbravadores de fronteiras ou outros pioneiros da civilização, em trechos até agora inexplorados de muitos rios, entre os quais o próprio Amazonas, creio ser útil sua circunstanciada descrição.

O ajojo[2] comum é uma junção de duas ou três canoas, sendo que, quando três, a mais comprida deve ficar no centro. As melhores madeiras são o forte e leve tamboril*, o vinhático** e o cedro brasileiro***, que têm cerca de uma polegada de espessura; no entanto, o em que eu viajava era de peroba[3] ****, com cerca de duas polegadas de espessura, e conseqüentemente muito pesadas. Mesmo sem carga, afundávamos quase dois palmos. Às vezes, há um leme, que se fixa na mais comprida das canoas; na falta deste, o piloto tem de remar de pé ou sentado na popa. De preferência, as canoas devem ser ligadas umas às outras por correias de couro, com intervalo de seis a oito polegadas entre elas, e não ligadas por barras de ferro na proa e na popa, como sucedia em minha balsa, pois isso elimina toda a elasticidade. Estacas cilíndricas ou quadradas, presas por correias de couro à amurada, suportam o soalho ou plataforma, que deve ser bem ajustado lateralmente, para impedir a penetração da água, quando a embarcação se inclina. Consta ela de dez tábuas estendidas horizontalmente, projetando-se, aos lados, em coxias ou corredores de oito a dez polegadas de largura, onde os homens trabalham[4]. Minhas canoas tinham cerca de onze metros de comprimento, e quando juntas, quase dois metros de largura; eram, pois, sólida base para um toldo, conforto um tanto arriscado. Era ele feito de um tecido de algodão grosseiro, feito em Minas e protegido na frente, onde eu dormia, por um encerado de Morro Velho, para me proteger da chuva.

Perto da proa, em lugar mais fresco, havia uma prancha alta, que servia de escrivaninha, igualmente sujeita aos ventos. Atrás, de cada lado, um jirau[5] que servia de sofá e cama. Ao centro, um caixote trancado, a um tempo mesa e lugar para guardar as provisões; a seu lado, dois tamboretes.

Na popa estava a "cozinha": um jirau forrado de tijolos, ladeado por uma bateria de utensílios — chaleiras, panelas de ferro, xícaras e copos, não faltando, evidentemente, a valiosa frigideira[6]. Grandes potes de barro poroso — talhas ou igaçabas[7] — serviam para guardar a água, que era renovada todas as noites. Tinha sido aconselhado pelo Presidente de São Paulo a não beber água do rio, mas, como todos a bebiam, fiz o mesmo.

Mr. Gordon havia fornecido à jangada uma vara provida de gancho, resistente, com uma âncora na ponta, o qual era motivo de admiração para a população ribeirinha, que jamais havia ouvido falar em Anacarse, o Cita, bem como fortes cordas inglesas para a sirga, o que foi de grande utilidade na travessia de corredeiras.

---

* Tamboril é uma leguminosa da mata úmida de copa e tronco muito amplos. Seu nome científico é *Enterolobium maximum*. (M.G.F.).

** Vinhático é, também, leguminosa pertencente ao gênero *Plathymenia*. O vinhático-da-mata é a *Plathymenia foliolosa* e o vinhático-do-campo é a *Plathumenia reticulata*. Ambas têm excelente madeira, servindo, principalmente a segunda, para construções navais. (M. G. F.).

*** O cedro-brasileiro pertence à família das meliáceas: *Cedrela fissilis* é o nome científico. (M. G. F.).

**** À família das Apocináceas pertence a peroba. Há várias espécies, uma das mais freqüentes sendo *Aspidosperma polyneuron*. (M. G. F.).

A tripulação constava de três pessoas[8], o velho Vieira e seus filhos. Recebiam, além da comida, cinco mil réis por dia[9]. Dois deles se postavam nos lados da embarcação. Ao invés de remos, usavam estacas chamadas de varas ou varejões, que manejavam com facilidade. São das feitas de peroba ou paraibuna, têm de seis a sete metros de comprimento, por cinco centímetros de diâmetro. Sua ponta é revestida de ferro ou então aguçada, para dar firmeza na travessia de corredeiras. Existem vários tipos de ponta: "ponta de diamante", uma longa pirâmide com anel de ferro; "pé-de-cabra", fendida; "gongo", munida de um gancho, para deter a marcha e a "forquilha", raramente utilizada, também apresenta um gancho apropriado para prender-se às árvores, detendo a embarcação.

Os remos, usados nas águas mais profundas, são em geral toscos e variam de lugar para lugar. Vi-os em formato de espátulas retas e achatadas, há-os com cabos de um metro e trinta centímetros de comprimento, com as pontas em forma de losango rombudo, de 33 centímetros de largura, apoiados em orifícios na amurada, revestidos de couro; na junção de dois rios, encontrei remos flexíveis de madeira de taipoca*, amarela, com veios, bastante parecida ao nosso freixo, com cerca de dois metros de comprimento e mais largos na extremidade inferior, arredondada, de forma a apresentar uma superfície lisa, podendo ser usado como vara contra a margem ou alguma árvore; outras vezes terminam com os galhos bem aparados de um pesado cactus, que afunda na água como chumbo.

Os tripulantes pareciam marinheiros de primeira viagem, nem de longe lembravam os hábeis navegantes do São Francisco. A qualquer obstáculo se enervavam — ou pelo menos fingiam ficar nervosos. Embora tivessem remado a vida toda, não sabiam remar de costas; temerários, remam com energia por alguns minutos, quando a correnteza é forte; mas quando esta é quase nula, levantam os remos e deixam a embarcação vogar preguiçosamente. Disso resulta que, embora se estenda o dia de trabalho de sete da manhã às cinco da tarde, percorre-se distância bem pequena a cada jornada. Não têm nenhuma técnica, nem vontade de adquiri-la; inutilmente se lhes sugere a colocação de rolos sob as canoas ou de alguma proteção na plataforma, quando em terra. Têm apetite de abissínios; chupam cana-de-açúcar como seus antepassados indígenas; sua divisa bem poderia ser

> *Au boire je prens grant plaisir*
> *A viande frieiche et nouvelle,*
> *Quand à table me voy servir*
> *Mon esprit se renouvelle.*

Só demonstram energia ao tocar a buzina de chifre, herdada de seus selvagens antepassados[10]; com ela, anunciam a chegada, saúdam os que estão nas margens, que geralmente apreciam o seu barulho.

Levava eu como ajudante um rapaz de Morro Velho, Agostinho, que me fora cedido por Mr. Gordon. Conhecia ele alguma coisa do rio, a respeito de mineração de ouro e diamante, e cozinhava pessimamente. Apesar de se embebedar às vezes, foi-me muito útil; devolvi-o a Mr. Gordon, com todas as honras, depois que cheguei ao Rio de Janeiro.

"Negra", a cadela de fila, que já não era mansa, ficou feroz depois que foi amarrada; latia violentamente e aterrorizava os que a viam pela primeira vez, o que era muito conveniente, naqueles lugares em que todo mundo viaja com cachorros bravos.

---

* Árvore pertencente à família das Bignoniáceas. A espécie é, provavelmente, *Tecoma papyrophlocos*. (M. G. F.).

Havia dois passageiros a bordo. Um era um tal de Antônio Casimiro Pinto, apelidado "Onça", fogueteiro. Certa vez, tendo pedido cachaça, o piloto, apontando-lhe o dedo, apesar de sua cara fechada, exclamou: " — Chupa muito!" Ele desembarcou, pouco depois, numa fazenda de criação de gado, onde seu filho era capataz[11], tomando conta de cerca de 2.000 cabeças de gado. O outro era um imigrante sulista, Mr. Hock, que trazia consigo um grupo de vinte almas, e tinha sido misteriosamente despojado pelo infatigável "Piaba" de Sabará; como Raquel, recusa agora qualquer consolação. Sua preocupação atual é construir uma estrada de ferro, com a condição de receber secções alternadas de noventa e nove quilômetros quadrados de ambos os lados da linha. Nos Estados Unidos, onde cada contratador se contentaria com concessões dez vezes menores, o mundo previu sua ruína; os novos lotes, contudo, atraíram os colonos e terminaram por pagarem-se bem.

Gostaria de ver este sistema adotado no Império, agora sujeito a pagar juros de sete por cento sobre importâncias perdulariamente levantadas. Mr. Hock acompanhou-me até Jaguara.

Entre Sabará e Jaguara, segundo dados oficiais, o rio mede vinte léguas — 1.118.490 metros, com larguras entre 44 e 77 metros e declividade média[12] de 0,4.135 metros por quilômetro. Essa distância, um sexto do percurso total, demandou a importância de seis contos de réis; pode-se, a partir daí, fazer um cálculo aproximado do total necessário à viagem.

O rio é profundamente encaixado; são curtos os trechos retos, e tem-se a impressão de navegar-se em direção a alcantis cujos altos penedos alcançam o leito, recortando-o em pequenas curvas.

Como habitualmente ocorre com relação aos rios pequenos no Brasil, o vale é bem estreito; em certos lugares há apenas uma simples saliência, a que mal se pode chamar de baixada, no sopé da montanha. As margens[13], muitas vezes abruptas, são de cascalho, areia ou argila escura e pegajosa; entre outubro e janeiro costumam ficar inundadas. Referem-se os canoeiros a inundações em que o rio chegou a subir de três metros e meio a quatro metros e meio, formando lagoas em terrenos planos. O fundo do rio é coberto de cascalho grosseiro e material arenoso mais fino; quase não apresenta lama, exceto a que provém dos afluentes; na atual estação há muitas ilhotas e bancos de areia no meio do rio. Encontramos uns poucos riachos, ou rápidos, mas nenhuma cachoeira propriamente dita. O pior obstáculo são as chamadas "raseiras[14]"; quando surgiam, espraiando-se o rio, éramos obrigados, com desagradável regularidade, a desembarcar, para que os canoeiros empurrassem a embarcação.

Naquela região são muito abundantes os tocos de árvores; não se encontram árvores desenraizadas, mas há galheiros (ou gaieiros, como pronunciam), árvores que projetam os seus ramos sobre as águas. Algumas vezes, aparecem estacas ali fincadas, para indicar o canal. O leito, bastante tortuoso — não há sequer uma milha em linha reta — não permite a formação de coisa alguma que se assemelhe a uma onda, embora o vento nos fustigasse e assim continuasse por algum tempo. Onde há muita profundidade, a água se mostra muito agitada[15] e espalha-se, às vezes em consequência de um fundo desnivelado e com buracos, o que faz as águas do meio do rio correrem mais depressa do que as da superfície ou do fundo, onde são retardadas pelo atrito.

Naquela ocasião, o Rio das Velhas apresentava-nos o seu pior aspecto. O "sol de agosto" é proverbialmente mau, em particular entre duas e quatro da tarde. Os pesados nevoeiros matinais dão preguiça, e duram até o início da estação chuvosa, de setembro a outubro. Há um mínimo de água e um máximo de ventos contrários, às vezes, raramente, virando-se para o sul, e soprando com força quando cessa a corrente regular; isso não se dá durante as chuvas[16]. De outro lado, é a "Lua das Flores"; a pobre vegetação secundária – a mata virgem é desconhecida – cobre-se com a flor da quaresma, com seus galhos de beleza purpúrea e os cimos dos morros se enfeitam com as altas palmeiras da licorim e da guariroba.

Depois de três horas, passamos pela Pedra do Moinho, o único baixio realmente perigoso, constituído pelos rochedos da margem esquerda; a primeira habitação humana que avistamos foi uma fazendola, perto da Lagoa da Fazenda do Barão (de Sabará), alimentada pelas inundações. À sua frente, em uma estreita faixa de terra pobre, estava a casa solarenga baronial, com um pórtico verde bem esquisito, semelhante ao Ntoni, perto da Cidade de Zanzibar. Depois, apareceram algumas fazendas e retiros[17] de criação, que vendiam toucinho e boa carne seca ao preço de 3$000 a 3$500 por 32 libras. O gado, numeroso mas de má estirpe, ficava perto da água ou espalhado na areia, e os cavalos, pastando nas encostas cobertas de capim, arregalavam os olhos, à nossa passagem. Em raros lugares, havia canaviais[18] enfezados.

Perto da casa de José Correa, onde o rio se divide em dois braços para leste e oeste, formando uma ilha montanhosa, encontramos o barco "Jaguara", carregando enormes troncos seculares para Morro Velho. Essa grande embarcação chata, com 34 metros e meio de comprimento por 14 e meio de largura e outro tanto de pontal, construída com vinhático e canela*, com rebordo de pau d'arco** e fundo forrado de ferro, é triangular na proa e na popa. Seu peso é de aproximadamente 16.000 quilos, correspondendo a maior parte ao metal. Descarregada, tem o calado de dez centímetros, que aumenta cerca de dois centímetros e meio para cada quatro toneladas; transporta 72 toneladas descendo o canal, de 55 centímetros de profundidade, entre Macaúbas e Jaguara, e vai deste último lugar a Sabará em doze dias, regressando em dois ou três. Evidentemente, um rebocador a vapor faria sucesso aqui, sem que fosse necessário gastar muito dinheiro com o leito do rio.

"Não conseguirão chegar a Traíras!" – gritou o pessoal a bordo da barca, zombando do "Elisa".

Na verdade, parecíamos fadados a perder muito tempo. Mas o fato é que estávamos andando, e o Morro da Cruz de Sabará, que, no princípio do dia, era um alto penhasco a oeste, agora desaparecia de nossa vista, no rumo de sul-sudeste. À medida que a tarde avançava, o tempo foi ficando frio e claro, e a evaporação excessiva deu-nos a impressão de uma grande secura; as páginas dos meus livros se enrolavam, eu mal conseguia escrever, e lembrei-me do Golfo Pérsico, onde a aquarela não pode ser usada, porque é absorvida a umidade do pincel. A primeira vista de Santa Luzia foi agradabilíssima; uma grande elevação, a cerca de um quilômetro do rio, era encimada por duas igrejas de duas torres, separadas por casas grandes e bonitas, caiadas de branco, e por uma rica vegetação, com palmeiras estendendo-se, irregularmente, até a água.

---

*   Há vários tipos de canela; pertencem à família das Lauráceas. (M. G. F.).

**   Pau d'arco é árvore da família das Bignoniáceas. Há várias espécies, como o pau-d'arco-amarelo (*Tabebuia serratifolia*) e o pau-d'arco-roxo (*Tabebuia impetiginosa*). São, também, essas plantas, conhecidas pelos nomes vulgares ipê-amarelo e ipê-roxo, respectivamente. (M. G. F.).

Desembarquei no Porto da Praia de Vicente Rico, acima da ponte, e subi um morro, por um caminho ladeado de casinholas em que a chita rasgada substituía as vidraças; o caminho mostrava os remanescentes de uma escorregadia "calçada", agora coberta de capim. O hotel, mantido, na Rua Direita, por um tal "Doutor" Joaquim da Silva Torres, estava com a parede do fundo caída, e o atendimento dependia de se bater muita palma e se gritar muito "Pst". Em compensação, a conta foi mínima.

Um passeio, morro acima, pela cidade, levou-me a duas igrejas, a do Rosário e a Matriz, a última com a escadaria em ruínas. Deixei minhas duas cartas de apresentação e nada ouvi a seu respeito por algum tempo; naturalmente, os destinatários não dariam sinal de vida antes do meio-dia do dia seguinte. A Baronesa de Santa Luzia, que tem uma grande casa na rua principal, com uma fachada cheia de janelas, é inválida; a veneranda senhora é viúva do Sr. Manuel Ribeiro Viana, fundador do Hospital São João de Deus de Santa Luzia, para doentes pobres. Ele morreu antes de ser concluída a obra, e seu espólio fez, generosamente, doação ao estabelecimento de uma casa, móveis e $ 3.000.

As minerações de ouro de que resultou a fundação de Santa Luzia eram de duas espécies: cascalho e "ouro de barba". As enchentes do rio depositavam partículas na margem, o terreno relvoso era carpido[19] e a grama podada rente como barba, antes de ser peneirada, o que deu origem à pitoresca denominação. Ainda há muito marumbé, a dura pedra de ferro. O Município que, em 1864, tinha 22.980 habitantes, com 1.915 votantes e 48 eleitores, pode se enriquecer, com o aperfeiçoamento da agricultura. A terra fornece cana-de-açúcar em grande quantidade, um pouco de café e "mantimentos": arroz e mandioca, feijão e milho, mamona, cujo óleo é usado principalmente para lâmpadas, batata--doce (*Convolvulus edulis*)[20] e cará, assim como um pouco de madeira; o rio é muito rico em peixes, consumidos em Morro Velho. A se julgar pelas ruas, a prostituição é a atividade mais florescente; asseguraram-me, porém, que nesse ponto, Santa Luzia não pode competir com Curvelo, cidade situada mais ao norte, a dez léguas a oeste da artéria principal. Ambas são "cidades-santuários", visitadas pelos fazendeiros aos domingos e dias santos.

O pequeno arraial tornou-se, em 8 de julho de 1842, sede da Presidência provisória, e aqui, em 20 de agosto do mesmo ano, terminou o movimento revolucionário. O presidente intruso desapareceu durante a noite, e o então gênio bom do Partido Conservador, General Barão (hoje Marquês) de Caxias, atacou os insurgentes. O combate travou-se em torno da ponte, começando às primeiras horas da manhã; o desfecho era ainda duvidoso às três da tarde, quando o 8º Batalhão das Forças Regulares ocupou o ponto mais alto da aldeia e levou o inimigo à debandada. Os chefes, Srs. Ottoni, José Pedro, Padre Brito, Joaquim Gualberto e outros, foram feitos prisioneiros do Estado, e, desde aquele dia desastroso, os ultra-liberais foram chamados "luzias[21]". Devo lembrar que Santa Luzia ou Lúcia é padroeira dos cegos e sempre trás na mão um olho, segundo parece arrancado.

NOTAS DO CAPÍTULO I

1   O desembarcadouro superior do bairro da Ponte Pequena é chamado "Porto do Galego", nome de um córrego e mineração de ouro próximos.

2   Ou ajoujo. Em Português, como na maioria das línguas latinas, o acento circunflexo freqüentemente denota crase, ou contração pela omissão de uma letra cujo som não é mantido.

3   Uma boa madeira de lei, antigamente reservada pelo governo para construção de navios.

4   Quando o ajojo transporta mercadoria, a plataforma fica reduzida à prancha. Coxia também significa corredor em um hospital, passagem em um armazém, portuário, etc..

5   O jirau, de acordo com o T. D. é, propriamente, uma cabana de ripas, usada como paiol. O Sr. J. de Alencar emprega a expressão no sentido de "montaria", ou uma armadura de jangada com formato de forca, de tamanho pequeno. No Sul, isso se chama "noque". No Brasil, em geral, chama-se jirau vários tipos de móveis grosseiros, prateleiras de madeira, ou de couro, um dispositivo para moquear ou secar carne ao sol, etc..

6   As provisões consistiam de carne-seca, em Pernambuco chamada carne-do-ceará e, em outros lugares, carne-do-sertão e carne-de-sol; trata-se de carne cortada em tiras, pendurada ao ar livre e secada ao sol, resultando um material bem coriáceo para ser cortado com os dentes. O toucinho jamais falta naquelas regiões e o arroz e o feijão são também encontrados. Os homens recebiam ainda um trago de cachaça todas as noites. Para minhas provisões, eu tinha uma caixa com fechadura, e nela guardava sal e açúcar refinado (a rapadura pode ser encontrada em toda a parte), mostarda e pimenta-do-reino; estas não são encontradas aqui, ao passo que a cainã nasce até no mato. Eu, ainda, levava, chá; não adiantava levar café. O bom Mr. Gordon fornecera-me excelente carne salgada, com língua e pão, para aliviar a monotonia do passadio brasileiro; também, para caso de doença, uma garrafa de conhaque e outra de gim, que poderiam tomar o lugar da pinga. Finalmente, latas de carne, sardinha e outros alimentos, para alguma "festa", estavam acondicionadas em minha caixa-mesa. Mr. James Smyth, de Morro Velho, ofereceu-me algumas caixas de excelentes havanas, que foram altamente apreciados pelos meus hospedeiros. No Brasil, as caixas de charutos em viagem se esgotam rapidamente, pois é costume passá-las em roda, entre as diversas pessoas presentes.

7   Igaçaba é uma palavra tupi, geralmente usada nestas regiões. A primeira letra tem, entre os selvagens um som entre "i" e "u". Assim, os portugueses a escrevem de várias maneiras, como "ira" ou "ora", mel, e "una" em vez de "yg una", rio preto.

8   Para viajar subindo o rio, são necessários seis homens; três dias subindo correspondem a um descendo o rio.

9   Levei notas bancárias brasileiras, tomando o cuidado de que fossem novas e de pequeno valor, entre 10$000 e 1$000; além disso, levei um saquinho com moedas de cobre e de prata, para ocasiões especiais. Total: 1:500$000.

10   Os tupis chamam-na de "mamiá", e é formada por duas peças de madeira, presas com cipós e resina. Ferreira, escrevendo no século passado, diz, a respeito dessas rudes trombetas, que, "tocadas na parte da frente das canoas, quando se viaja no interior, servem para convocar os índios, antes de partirem dos lugares onde as embarcações estão encostadas". Segundo o Príncipe Max. (II, 179), os botocudos (ele diz "Botocoudys") chamam o instrumento de "countchoun-cocan" e fazem-no da cauda do grande tatu (*Dasypus gigas,* Cuv.). Os coroados, mais civilizados, usam o instrumento para chamarem uns aos outros na floresta. No alto Amazonas, a trombeta é feita de duas peças de madeira oca, muito fina, ligadas por um pedaço de fio retorcido e presas com cera; têm o formato de um bacamarte, com um metro e trinta centímetros de comprimento, um bocal vermelho, e um som profundo e brando. Os índios usam os instrumentos para amedrontar os monstros das florestas e, como os africanos, mostrar, com o barulho, que eles vêm como amigos. Meus homens gostavam, também de tocar a bandurra, ou pequena viola, e o marimbau, uma harpa rudimentar.

11   Antigamente chamado amo ou vaqueiro; recebe, em pagamento um certo número de cabeças de gado, e tem domínio absoluto sobre os "campeiros" ou "moços", que, em geral, são muito jovens.

12   Naturalmente, a correnteza varia muito e, em alguns lugares, a água é quase parada. Segundo M. Liais, o rio, em Sabará, na época da estiagem, fica a 695 metros acima do nível do mar, e, na confluência, 432,3 metros. A distância entre os dois lugares é de 666.080 metros, ou 361,28 milhas, ou 120,43 léguas geográficas, e, assim, a declividade geral é de 0,3.941 por quilômetro. A declividade do Alto São Francisco, entre a foz do Rio Paraopeba e a Corredeira de Pirapora, é, em média, de 0,489 metros.

13   Aqui se chamam barrancos ou barreiras do rio, não sendo usadas as expressões clássicas ribas ou ribeiras.

14   M. Liais sugere o estreitamento artificial do rio, entre Sabará e Roça Grande, especialmente. Nós, porém, descemos o rio com facilidade, no pior mês, em um barco que calava, carregado, pelo menos cinquenta centímetros.

15 "Tá fervendo!" – exclamavam os homens. Isso não deve ser confundido com a expressão popular inglesa "boiling water" (água fervendo); exprime o fenômeno que ocorre quando o vento força as ondas em uma direção e a maré as empurra em sentido oposto, fazendo-as, assim, perder o rumo, erguerem-se, dançarem e borbulharem.

16 Durante as chuvas, há menos vento e elas mesmas nem sempre, são acompanhadas de trovoadas e raios.

17 O Retiro (diminutivo Retirozinho) é uma pequena fazenda de criação, onde o dono ausente coloca um capataz.

18 As desinências "al" e "edo" correspondem, em português, ao latim "etum" e ao tupi "tiba" ou "tuba", como, por ex.: "Indaiá-tiba", um lugar onde há muitas palmeiras indaiá; "Uba-tuba", lugar onde há muita ubá. Não deve ser confundido com "uba" ou "uva", árvore.

19 Depois de receber o depósito de dois anos, os torrões são cortados até a espessura de um dedo e cinco a sete centímetros e meio de altura e retirados depois de um descanso de cinco anos. Mais abaixo no rio, vi os blocos amontoados na margem.

20 M. Renault, que fez um estudo especial do cará e do *Convolvulus edulis,* forneceu-me, obsequiosamente, as seguintes informações:
O cará pertence à família das Dioscoreáceas, e ao gênero *Dioscorea.* Há seis espécies conhecidas, todas com exceção de uma (*D. alba*), têm uma fécula superior à da batata. O cultivador abre, em um solo de preferência leve, grandes covas, suficientes, segundo se calcula, para conter o desenvolvimento das raízes; essas covas são enchidas com capim seco, para sustentar as mudas, que são cobertas com um pouco de terra. A raiz é cozida como a batata, e comida pura, com açúcar ou com doces; sua farinha serve para fazer bolos e pudins.

As seis espécies são:
1. O cará-comum (*D. sativa*) produz um tubérculo esferoidal, atingindo, às vezes quase quinze quilos de peso;
2. O cará-de-dedos ou palmado (*D. dodecaneura*), que tem o formato de mão humana;
3. O cará-cobra (*D. hyperfolia*), supostamente parecido com uma serpente;
4. O cará-mimoso (*D. triloba*), de raízes pequenas, que produz uma ótima fécula;
5. O cará-tinga (*D. alba*), que cresce, selvagem, nas capoeiras de Minas, e é o menos estimado. A raiz esferoidal é um pouco maior que um ovo de avestruz, a casca é branca e coberta de pequenas asperezas e a água fervendo o amacia, embora pouco; é assado embaixo da cinza e está bom para se comer quando pode ser furado por um espinho;
6. O cará-do-ar (*D. perifolia*). Essa espécie também é trepadeira, às vezes com mais de quatro metros de comprimento e dando até quarenta frutos*, pesando meio quilo, com o formato de um tetraedro romboidal. Os ramos trepadores morrem, depois de produzirem os tubérculos, e reaparecem um ano depois. A planta se reproduz pelo tubérculo e produz, nos primeiros doze meses, ao passo que as outras cinco espécies se reproduzem por meio de mudas, cortadas da haste, à qual se deixam presas algumas das raízes fibrosas. Esse cará-do-ar não é atacado por qualquer doença ou praga, e seria um sucesso na Europa. Não precisa de muito cuidado; uma vez plantado, dura por várias estações; podem ser plantados muitos em pouco espaço, sem prejudicá-los, necessitando, apenas, de um apoio, mais ou menos alto. Um simples caule produz dez vezes mais que a batata, e pode poupar muito terreno, uma vez que exige superfície pequena para o seu cultivo.

Há, também, um cará-do-mato, tubérculo de um cará selvagem, muito apreciado pelos índios.

Os carás, como os verdadeiros inhames e a batata-doce, têm sido, muitas vezes, confundidos com o "Topinambours" (vol. I, cap. 8), porque todos esses tubérculos foram importados da América.

---

* Naturalmente há grande erro aqui, pois não se trata de frutos e sim de tubérculos calinares. Nesta nota do autor, faremos retificação direta sempre que em vez de tubérculo apareça a palavra fruto. (M. G. F.).

A batata-doce pertence à família das Convuláceas, e ao gênero *Convolvulus*. Dessa planta, há quatro espécies bem conhecidas:

1. *Convolvulus edulis.*
2. *C. tuberosus.*
3. *C. esculentus.*
4. *C. varius.*

21   "Luzia", em oposição a "saquarema", que alguns viajantes dizem "sagoarema". Saquarema é uma aldeia e aguada perto do Rio de Janeiro, em cujas proximidades residiam os próceres dos velhos conservadores, especialmente as famílias Torres (Itaboraí) e Soares de Sousa (Uruguai). A expressão "cascudo", mais ou menos semelhante, vem do Rio Cascudo, na fronteira de Minas com São Paulo.

CAPÍTULO II

DE SANTA LUZIA A JAGUARA

Macaúbas das Freiras. Recepção hospitaleira.

> Que se a abundância à indústria se combina
> Cessando a inércia, que mil lucros tolhe,
> Houvera no algodão que ali se topa
> Roupa com que vestir-se toda a Europa.
>
> (Caramuru, VII, 48).

8 de agosto. — A manhã estava deliciosa, e a face da natureza calma, como se não pudesse mostrar outra expressão. Os raios do sol, como espadas, irradiando do centro invisível antes que esse se erguesse em seu esplendor, cedo, dispersaram a névoa leve que dormia tranqüila sobre o frio leito do rio. Atravessamos a Ponte Grande de Santa Luzia, de onde parte a estrada que, passando por Lagoa Santa, distante três léguas, leva a Curvelo e ao sertão. A ponte tem o aspecto usual; comprida e encurvada, com doze armações ou cavaletes, alguns dentro da água e muitos fora dela, mostrando que as inundações são grandes aqui; desapareceu uma ponte mais antiga. As vigas raramente se elevavam à altura suficiente, e uma inundação excepcional as arrastou deixando simples estacas fincadas no leito e perigosas traves debaixo da água. Estas terão de ser removidas, para que o rio possa tornar-se navegável com segurança.

A cerca de três quilômetros abaixo de Santa Luzia, a água torna-se mais profunda; nas margens, a paisagem transforma-se. O lado direito ou oriental é montanhoso e acidentado, com elevações dominando o leito. Perto da outra margem, o terreno é mais plano, e o solo apresenta melhor constituição, sendo propício à cana-de-açúcar e às árvores que produzem madeira.

Nas terras elevadas, que se estendem por quinze quilômetros, as formações superficiais são de quatro espécies. A melhor é o rico terreno aluvial ferruginoso, cor de chocolate, tendo por base uma pedra calcária de montanha, azul, cortada por linhas de um branco de neve; a segunda é a terra vermelha, sustentada pelo mesmo material calcário. A macia marga aluvial de cor preta, considerada a primeira no Mississipi, é, aqui, a terceira. E a pior é o terreno branco, sem ferro, queimado pelo sol. Em ambas as margens, há minas de salitre, e o produto é preparado na boca das minas, por um processo que eu iria examinar dentro em pouco. Ouvi vagas informações a respeito de mineração de sal-gema, que, provavelmente, se referem às salinas próximas do Rio Paracatu, descritas por antigos viajantes.

Depois de uma hora, chegamos à Fazenda da Carreira Comprida[1], da família Fonseca, que fornece mantimentos e restilo. As terras se estendem até bem no alto das montanhas, e o engenho fica em um socalco de terreno perto do rio, que se curva para sudeste.

O engenho estava funcionando, quando passamos por ele, e sua música me fez lembrar, com saudade, certas rodas hidráulicas no Sindk, Egito e Arábia: nestas terras do futuro, qualquer lembrança do passado nos é grata. Os engenhos movidos à água pagam 40$000 por ano, ao passo que os movidos a bois pagam metade daquela importância; os produtos de ambos, quando entram nas cidades, ainda pagam um imposto de 0$320 por barril de trinta garrafas. Será melhor para o povo, quando as circunstâncias permitirem, uma tributação muito mais pesada.

Esta parte do rio apresenta perspectivas para uma indústria muito mais valiosa nos grandes cardumes de peixes que percorrem as águas. A armadilha comum (gamboa ou curral, e não "camboa" e "coral") é acompanhada pelo jequi ou jiqui, um cesto cônico de taquara, seguro com cipós de uns setenta centímetros de comprimento e preso a estacas. A grozeira é um sistema de estacas muito finas, fincadas a um metro e meio ou a dois metros de distância umas das outras, ligadas por lianas, às quais se prendem linhas e anzóis. O chiqueiro é um compartimento de taquara, sem cobertura, com cerca de sessenta e cinco centímetros de diâmetro e amarrado à margem: tem uma porta perpendicular, servindo de armadilha, que cai quando o peixe puxa um sabugo de milho. Outra armadilha automática, uma das preferidas, porque poupa muito trabalho, é a "linha douradeira", um bambu furado, com uma linha, anzol e minhoca servindo de isca. O jirau é uma pequena plataforma apoiada em quatro estacas, muitas vezes colocada na entrada de um banco de areia, e o homem que o manobra, com uma cana ou vara, deve estar, em verdade, faminto. Um único resultado, porém, ser-lhe-á suficiente para o dia e para seu apetite, e o resto das vinte e três horas e cinqüenta e cinco minutos será ocupado em não fazer coisa alguma. Dificilmente consegui persuadir a tripulação do barco a lançar uma linha de pescar no rio, quando estávamos ancorando; a desculpa dos homens era a de que não haviam trazido enxada para procurar minhocas, embora pudessem apanhar meia dúzia de peixes como piabas ou piaus[2], simplesmente enchendo uma cabaça com água do rio e jogando o seu conteúdo na margem, ou matar um passarinho ou tirar um ninho, que serviriam, igualmente, de isca. Uma isca de peixe se prende melhor no anzol e atrai mais os peixes maiores; os homens não aprovavam, porém, "essa moda nova". O sal falta aqui, mas não a luz solar, e, em dois dias, toda a umidade sai da carne do peixe, quando cortada e pendurada ao ar livre. Durante muitos dias, o peixe assim preparado pode ser aproveitado, frito e guardado, com vinagre e tempero. O sabor é conservado se o peixe é frito logo depois de retirado da água, e pode ser esquentado quando se quer. A sopa de peixe é muito gostosa, mas requer tantos ingredientes que um viajante não consegue fazê-la bem feita. Via de regra, o povo rejeita os peixes de escama, porque, segundo diz, têm espinhas perigosas.

Quem visitar esses rios, deve vir munido de caniços com os maiores anzóis de água doce e com o sistema de enrolamento mais resistente; do contrário, os peixes que pesam mais de cinqüenta quilos o surpreenderão. Por outro lado, armas de fogo são inúteis. A tripulação dos barcos quase sempre as leva, em geral, guardando-as como na África, em um estojo de pele de macaco. Pouca caça, porém, aparece nas margens; essa se limita a um porco d'água, um veado pequeno que anda sozinho, pombas, e, em raros intervalos, alguns jacus. Aves selvagens, especialmente marrecas (chamadas pelos aborígines jererês ou irerês) às vezes eram vistas, e ouviam-se os gritos de grous, partidos dos braços que se afastavam do rio; para se chegar a tais lugares, contudo, é preciso muita caminhada através de brejos, não havendo outro recurso. No Brasil, os rios que, como o Tietê e o Paranapanema, na Província de São Paulo, ignoram a presença do homem branco, mesmo o explorador isolado, fornecem caça abundante, mas o caso é diferente onde a arma de fogo é conhecida. Os caçadores que visitam o Brasil devem ter isso em mente: as antas, onças e sucuris ainda existem perto do mar, mas são muito ariscas e é dificílimo localizá-las, ao mesmo tempo que o clima é mau e a caminhada detestável.

Outra hora de trajeto levou-nos à Fazenda do Capitão Frederico Dolabela, onde vimos a primeira plantação de algodão, de ótima aparência. A planta era, em sua maioria, herbácea; sua semente foi introduzida recentemente, mas ainda persiste o tipo brasileiro, que, depois de alguns anos, transforma-se em uma árvore de cinco metros de altura, da grossura de um braço de homem, luxuriante folhagem, flores amarelas-avermelhadas e com forte fio de mediana qualidade, apresentando tamanho moderado, sementes nuas e pretas. É o *Gossypium arboreum* de que falam os viajantes deste Império, o correspondente mais próximo do algodão-da-índia, de flores vermelhas, semente verde e pequena qualidade[3]".

Há uma mina de riqueza negligenciada no algodão e no peixe, e, quanto mais viajamos, mais verificamos o quanto são abundantes e valiosos. Os morros estavam cobertos de um capim fino, cinzento-escuro, parecendo, em certos lugares, cobertos de geada, e profusamente enfeitados de belas palmeiras: macaubeiras e coqueiros.

Os troncos de árvores e ramos, no rio, tornavam a navegação tão difícil quanto na véspera, e perdemos uma hora encalhados na Volta dos Pinhões, onde o rio se encurva e se alarga muito. Rumamos, em seguida, para o Penedo, uma massa frontal de pedra nua, avançando das árvores que cobrem o morro de alto a baixo; um pouco abaixo, ficava outro morro, inteiramente coberto pela mata e, entre os dois, uma pilha de madeira aguardava o barco. À direita, estava o Rio Vermelho, córrego que vem do Arraial da Lapa, a leste de Sabará, e que pode ser subido por canoas descarregadas, na extensão de uma légua[4]. Logo adiante, outra curva mostrou-nos algumas linhas brancas entre a orla das árvores e o morro que se erguia a oeste; era Macaúbas das Freiras.

Antes de dirigir-nos a um porto, ou a uma brecha na margem argilosa, que aqui se chama porto, demos passagem através do rio a um viajante que voltava de Lagoa Santa. O homem trazia chapéu de couro de boi, de formato semelhante ao Petasos de Mercúrio, camisa branca riscada de anil — um estilo antigo que ainda perdura — paletó de tecido de algodão de Minas e botas de montar de couro de veado, feitas para alcançar as coxas, mas caindo abaixo da barriga das pernas, como se ele estivesse com chinelos de tapete.

Um caminho muito ruim, serpenteando entre montões de cascalho, e entre restos de chiqueiros, conduz à elevação onde está construído o Recolhimento. De ambos os lados da igreja e presos a ela estendem-se as alas de dois pavimentos de taipa caiada, com base na habitual pedra calcária azul, com janelas altas, zelosamente gradeadas e com rótulas. Ao lado, fica a casa do vigário, e, em um nível mais baixo, há cabanas de barro e sapé, habitadas por escravos e porcos, galinhas e perus. Tudo parece excessivamente sujo, mas a gente diz que, *com a graça de Deus*, embora sem asseio, vive-se até uma idade avançada.

Como não havia venda, fomos para o rancho dos tropeiros, sendo lá muito mal recebido pelo dono. Aquele escravo do Convento estava fazendo potes, naturalmente sem ferramentas, de uma argila cinzenta, colorida de ferro. Negou-se a nos dar café, antes que disséssemos nossos nomes. É o que sucede a um grupo de peregrinos protestantes viajando por um lugar tão altamente católico. Imediatamente, mandei minha carta de apresentação ao Rev. Padre Lana, cujo primo-irmão me acolhera tão bem em Itacolomi de Ouro Preto. Aquele amável mineiro, formado no Caraça, logo veio nos procurar, mandou servir o jantar e levou-nos a correr o estabelecimento.

A Madre Regente, muito simpática, recebeu-nos na porta, beijou a mão do padre e caminhou na frente, em direção à capelinha do colégio, branca e com afrescos no teto. Visitamos os dormitórios, que nada tinham de novidade, e, das janelas, vimos o pátio interno, que não pode ser visitado sem ordem do Bispo ou de seus coadjutores. Os corredores são compridos, os aposentos amplos e arejados, fazendo-me lembrar, em sua rudeza de barrotes em bruto, um estabelecimento de Goa que descrevi há uns vinte anos. A sala de leitura apresentava um quadro-negro para cálculos, alguns velhos mapas e meritórios exemplares de caligrafia, bordados e flores artificiais. Na enfermaria, havia uma irmã e quatro alunas doentes. As trinta e seis reverendas freiras se vestem com véus brancos, saias brancas com escapulários pretos na frente e uma capa azul por cima de tudo. As vinte e cinco educandas davam risadinhas, seguindo os passos de Galatéia, a respeito de quem está escrito:

Et fugit ad salices, sed se cupit ante videri. O terreno do Recolhimento tem seis acres e é todo murado, produzindo em abundância hortaliças, bem regadas; aqui, contudo, a água do rio, de mau aspecto mas insípida, é geralmente usada; e, na verdade, a partir de Jaguara, os moradores a preferem à dos córregos. Os legumes, e principalmente as verduras, são excelentes; a videira, que, como em Sabará e Barbacena, frutifica duas vezes por ano, é um fracasso. Pela primeira vez no Brasil, vi um coqueiro (*Cocos butyracea*)* não de todo negligenciado; a polpa da fruta dá um sebo bom para lamparinas, velas e o caroço produz um óleo medicinal[5]; por outro lado, o palmito não é, de modo algum, desprezível.

Em seguida, fomos visitar a Igreja de Nossa Senhora da Conceição e encontramos o Santíssimo exposto e as freiras cantando atrás das grades que separavam do corpo da igreja o coro, e, como se sabe, fica em frente do lugar de honra, ou Altar-Mor. No parlatório, onde uma grade nos permitia conversar com internas invisíveis, tivemos licença de ler o *Livro das Entradas,* que começa com um interessante documento, datado de 18 de julho de 173–. Após compará-lo com o *Claustro Franciscano* (Frei Apolinário, Lisboa, MDCCXL) e, depois, com o *Relatório* do Vice-Diretor Geral, o Chantre José Ribeiro Bhering (Ouro Preto, 1852), compilei os seguintes dados sobre o mais antigo estabelecimento religioso de Minas.

Em 1710, aproximadamente, dois irmãos, Manuel e Félix da Costa Soares, "homens piedosos e de importante casa" — naqueles dias, o colono "vulgar"dificilmente pretenderia ser melhor que seu vizinho — chegaram a Minas, procedentes de Pernambuco, à procura de terras e trazendo irmãs, sobrinhas e uma filha viúva. Em 12 de agosto de 1714, começaram a construir uma casa secular, que "não tivesse *meum* e *tuum*". Esse "Convento Velho" fica ao sul da sede atual e suas ruínas ainda podem ser vistas, no meio das pequenas palmeiras.

Félix encontrou, nas margens do Rio das Velhas, um eremita, com um hábito que lhe era estranho, mas logo verificou ser o de Nossa Senhora da Conceição de Monte Alegre; o recluso desapareceu misteriosamente — talvez tenha sido uma visão, disse o Padre Lana — e o leigo, sendo casado, tomou o hábito, menos o chapéu. Assim surgiu o "Sítio das Macaúbas", o primeiro convento das Recolhidas, consagrado à "Imaculada Mãe de

---

* Como no texto o autor fala em "Coqueiro Palm", é de supor-se que se refira ao coqueiro-da--baía (*Cocos nucifera*). Caso se trate de outra espécie não será mais um *Cocos,* pois este gênero é hoje monotípico, isto é, só tem uma espécie: *Cocos nucifera*. (M. G. F.).

Deus". A "Ordem Seráfica", então no ardor da juventude, veio-lhe em ajuda, e não tardou a levantar, por meio de esmolas, 60.000 cruzados, ou £60.000 de nossos dias.

A Irmã Catarina de Jesus tornou-se a primeira Madre Reverendíssima — para cujo fato há certa confusão no *Livro das Entradas* — e morreu em 1717. Foi seguida por Félix, em 11 de outubro de 1737. O velho convento sofreu as conseqüências de uma tempestade, e o prédio atual foi completado em 25 de dezembro de 1745. D. Fr. Manuel da Cruz tornou-o ramo da Ordem Terceira de São Francisco, passando depois a Mosteiro em 23 de setembro de 1789. Segundo o *Relatório,* foi-lhe dada uma regra pelo Padre Antônio Afonso de Morais Torres, Superior do Caraça[6].

O Recolhimento nada recebe do governo, mas, como se verá, foram-lhe deixadas muitas terras; ele se mantém com a agricultura e a criação de gado e já não explora as minas de ouro, ricas outrora. Nos últimos anos, as rendas têm sido simplificadas pela conversão em títulos públicos. Sua finalidade é proporcionar "a instrução habitual necessária à mãe de família" e, em 1851, uma irmã e uma aluna foram mandadas aprender, com as "Soeurs" de Mariana, um melhor sistema de instrução e direção de uma casa. Os críticos exigentes consideram o estabelecimento uma espécie de escola "do mato" e o confessor nunca ouviu falar da Bula Unigenitus. O nome do Professor Agassiz, que tem sido, tão repetidas vezes, citado por todos os jornais do Império, lhe é inteiramente desconhecido. Quantos milhões de pessoas, podemos perguntar, ignoram que houve no mundo homens como Alexandre, César e Napoleão, a grande tríade, os poderosos avatares da humanidade?

Padre Lana acompanhou-nos até a venda, onde nos sentamos, para uma demorada conversa. Ali encontramos uma velha, doente, que havia trabalhado na Mina de Morro Velho — as irmãs alugam, mas não vendem os escravos. Perguntei-lhe como fora tratada.

"Nunca apanhei" — respondeu a velhinha.

Despedimo-nos com pesar do excelente Padre, que se queixou de estarmos lhe fazendo uma "visita de médico", o que, no Brasil, significa mais ou menos a nossa expressão "angels visits" (visitas de anjos). Mr. Hock, que se queixava de haver sido tratado grosseiramente por um outro vigário, que o considerou "herege", perguntou-me, com uma gravidade bem americana, se eu achava, realmente, que as irmãs eram castas; é curioso observar como aqueles homens, tão ciosos da honra de suas patrícias, encontram "libertinagem" em toda a parte.

"Que raça triste eles parecem ser" — comentou, por seu lado, o Padre Lana, ao ver o velho mastigando, em silêncio melancólico, atrás dos lábios fechados, um enorme pedaço de fumo.

A lua e as estrelas estavam excepcionalmente brilhantes, e a noite deliciosamente clara e fresca. Antes do amanhecer do dia seguinte, fomos despertados pelo arrulho das pombas e pelo canto da saracura — comumente chamada saracula (a "serracura" de Mr. Bates, *Gallinula Cayennensis*) — a útil inimiga das baratas, assim como pelos gritos da seriema, ou ave das serpentes, que se parecem com o uivo de cachorrinhos e o gluglu do peru, curiosamente misturados. A terra e a água eram obscurecidas por um espesso nevoeiro branco[7], mas o "Elisa" não era um vapor do Reno para ser detido. Os canoeiros consideraram tal fato como sinal de um dia calmo, e dentro em pouco o dia se levantou, realmente, mostrando um céu maravilhosamente alto, com cirros em longos e recurvados flocos.

Sexta-feira, 9 de agosto. — Partimos às sete da manhã e logo alcançamos Coqueiros, ótimo lugar para uma casa, um pequeno terreno plano na extremidade de uma depressão entre dois morros, um coberto de capim e o outro de mata, com palmeiras. Hoje, o rio apresenta-se mais calmo; há menor quantidade de madeira boiando junto das margens e o leito do rio começa a apresentar remansos, lugares onde não há correnteza, semelhantes a lagoas profundas. Descemos da embarcação apenas três vezes, e, somente em uma, nossos homens foram obrigados a empurrar. O rio tem as margens muito regulares, os lugares fundos são mais extensos, e as terras, mais altas e mais secas, são de qualidade superior e menos desertas. As lavadeiras das margens já não fogem, a não ser que desembarquemos, e algumas perguntam, gritando, se estamos fazendo uma planta (mapa). Vimos muitos negros carregando, com espigas de milho, carroças de tábuas, rodeadas por uma armação de varas de um metro e trinta centímetros de altura; algumas vezes, essa armação se projeta para trás, partindo de uma frente mais alta, como a biga[8] e o carro de triunfo clássicos. Há uma corredeira que mal se percebe, chamada das Alpercatas[9], perto da foz do Ribeirão de Taquaruçu de Cima, cujas águas amarelas e rasas nascem a cerca de oito léguas de distância. Perto desse lugar, moram Mr. e Mrs. John Wood, que não pude encontrar.

Perto do afluente Taquaruçu, o leito do rio, em forma de cotovelo, estreita-se, deixando um largo banco de areia para oeste; isso aumenta a rapidez da corrente de dois a três nós[10], e a volta brusca e a pouca fundura do leito fizeram com que os canoeiros se regozijassem quando os deixamos. Enormes blocos de arenito estratificado (lapa) avançam em um ângulo obtuso para o rio, formando sombrias cavernas, recessos e embarcadouros naturais, que continuam a aparecer até perto da arruinada "Fazenda do Mandim" — nome de um peixe também chamado de "peixe-roncador[11]". A última vez que ouvi sons de peixe foi no porto de São Paulo de Luanda.

Depois, a altura das montanhas diminuiu, e as margens baixas e cultiváveis semelham agora as de um rio inglês, ao passo que as terras do campo aparecem à distância, pela frente. Campinas das cores mais vivas, mostrando a riqueza da cana-de-açúcar, em contraste com as tonalidades mais escuras do verde e dos pardos inverniços; a ubá[12] ou taquara-de-seta, de folhas lanceoladas em forma de leque e flores esbranquiçadas, cresce aqui seis metros e meio de altura e forma matagais impenetráveis. Esse cálamo parece quase independente do clima e se dá bem ao nível do litoral, assim como nas montanhas e planaltos do Brasil. Outro estreito, onde estacas junto às árvores marcam, aproximadamente, um nível de cheia máxima quatro metros e meio, conduz à primeira das curiosas formações chamadas "lapas de estalactite". Aqui, as rochas calcárias da esquerda pendiam para a frente com compridas abas em forma de língua, de pedra muito fina, e produzem um efeito bem estranho.

O próximo ponto de interesse foi a Ponte de Dona Inácia. Depois que M. Liais escreveu, a alta ponte coberta de ervas daninhas viu cair um vão central de dez metros e os moradores e viajantes tiveram de fazer a travessia do rio numa balsa normal, um ajojo de quatro canoas, com uma plataforma gradeada, manobrada por meio de uma corrente e polia. Diante da grande casa branca da fazenda e da destilaria, agora pertencentes ao Tenente-Coronel Luís Nogueira Barbosa da Silva, estavam os destroços do primeiro vapor aparecido nestas águas, ou, mais que isso, em qualquer das vias de comunicação fluvial do interior do Brasil. M. William Kopke[13], que veio como intérprete da "Cocaes Gold Mining Company" e que obtivera uma concessão para a navegação a vapor no Rio São Francisco, teve a iniciativa e a energia de construir o vapor em Sabará, em 1833-34. Como o Capitão Fitzgerald, de Larkhana, em Sindth — que, por sinal, estourou os miolos — Mr. Kopke foi obrigado a construir ele próprio a maior parte da máquina, e, às vezes, a empregar madeira onde era necessário metal. A experiência foi bem sucedida até ali, mas não para diante; o vapor tendo batido em um tronco submerso, afundou.

Na margem direita, um pouco abaixo deste lugar, há um olho d'água, ou lagoa, que, segundo dizem, comunica-se, por meio de um sumidouro, com outra lagoa na outra margem do rio. Pedaços de madeira foram nela lançados e reconhecidos, quando apanhados na outra lagoa; sem dúvida, esses túneis naturais são possíveis, em uma região de terreno calcário. Logo depois, o sol se pôs; o intenso frio nos levou a reunir em torno do fogo da embarcação, e a lua surgiu com uma luz baixa e incerta. A tripulação, há quatro anos não passava por aquele trecho do rio, mostrou grande nervosismo ao atravessarmos a Cachoeira de Jacu, com sua rápida correnteza chocando-se contra a margem direita do estreito leito do rio. Eu percebia que uma estaca ou uma pedra poderia fazer fracassar toda a viagem, e permiti que os canoeiros se apressassem rumo ao Porto do Bebedor. Subimos o barranco da margem, até a casa do Sr. Antônio Lourenço, e, logo que entramos, fomos levados para o quarto de hóspedes pela filha dos donos da casa. Dona Conrada, embora ainda não tivesse vinte anos, era mãe de três filhos e viúva de um tropeiro; ela fez café, esquentou a carne, e ficou conversando conosco até a hora de dormir — uma coisa rara e digna de recordação, em uma viagem nestes dias pelo Extremo Oeste brasileiro.

10 de agosto. — A manhã estava sem névoa e partimos cedo. Depois de quase duas horas, vimos, na margem esquerda, uma grande casa quadrada, caiada de branco e com telhados vermelhos, muito estragada, tendo atrás uma igreja: a Fazenda de Jaguara[14]. No "porto", onde desemboca o Ribeirão de Jaguara, fomos recebidos pelo Dr. Quintiliano José da Silva, ex-Presidente de Minas e atualmente Juiz dos Feitos da Fazenda Nacional, que me apresentou à dona da casa, Dona Francisca dos Santos Dumont, filha de nosso cicerone em Ouro Preto, mostrou-nos o quarto de hóspedes e nos cumulou de toda a hospitaleira atenção de que são pródigos seus patrícios.

NOTAS DO CAPÍTULO II

[1] Dizem que aqui se encontra cal branca. Só mencionarei as fazendas principais, que chamaram a minha atenção; M. Liais dá uma lista completa.

[2] O piau é um pequeno peixe, que deu seu nome à vasta Província do Piauí. Gardner fala sobre o piau-branco, um salmonídeo, de sessenta e cinco centímetros de comprimento, com grandes escamas. É apanhado com anzol, e dizem que tem bom gosto. No Rio das Velhas, a isca é uma bola de farinha de mandioca. À noite, o piau costuma pular para dentro da canoa; suas costas acinzentadas e barriga branca me faziam lembrar meu companheiro do "Silverside". Ouvi falar do piau-cércia, uma espécie grande, alguns brancos, outros pretos, e do piau-de-capim, um peixe do mar que come capim.

[3] Assim diz o Major R. Trevor Clarke. Aqui o algodão tem mais penugem que o habitual; 600 quilos darão 250 de fibra limpa, ao passo que no Alabama são necessários 750 quilos. Em geral, o replantio do arbusto é feito em seu quarto ano.

[4] Assim disseram todos os meus informantes. M. Liais chama-o Rio de Macaúbas, atribuindo-lhe alguma importância, com um volume de vinte metros por segundo, o que torna o Rio das Velhas de "grande importância", com uma vazão de 62 metros.

[5] St. Hil. (I, II, 378) diz ser notável essa palmeira. "Car, s'il existe une foule de sémences oléagineuses, l'oliver est, à ma connaissance, le seul arbre dont le péricarpe ait été signalé jusqu'ici comme fournissant de l'huile". Ele deveria, no entanto, ter visto muitas vezes o *Elaeis guineensis*, o dendê do Brasil e, talvez, comido as iguarias de óleo de coco.

6 Mesmo bem recentemente, no Brasil, mulheres piedosas têm-se reunido para morar juntas, com finalidades religiosas. Os padres ultramontanos estrangeiros, que para aqui acorrem, como as águias para um campo de batalha, censuram essa prática inofensiva e muitas vezes benéfica, e submetem as irmãs às "regras" da Europa, que, nada mais são, em geral, que um mero sistema de ascetismo asiático.

7 Chamada, entre o povo, neblina ou noruega. Esta última palavra é, provavelmente, importada e se aplica, muitas vezes, a um lugar onde não entra a luz solar, por ex.: Catas Altas de Noruega.

8 Geralmente chamada rabo-de-galo.

9 É o mesmo que alparcatas ou alpargatas.

10 M. Liais chama o grande banco de areia acima do Taquaruçu de Proa Grande, sem dúvida uma confusão com Coroa Grande.

11 O mandim* (M. Liais escreve mandin), chamado roncador, por causa do barulho que faz, principalmente nas tardes quentes, antes de chover, era chamado pelos tupis de mandué ou mandubé. Alguns dos canoeiros disseram que o barulho que faz o mandim é produzido pelo atrito de sua cabeça com o fundo da canoa. É um silurídeo e se parece com o "cat" do Mississipi. Tem, em geral, o comprimento de 45 centímetros, chegando até 65; a pele marrom-amarelada, com manchas redondas pretas; não tem escamas; apresenta compridos barbilhões, que deram origem ao nome do peixe nos Estados Unidos (gato) e as três nadadeiras dorsais são perigosas. Esse peixe fica perto do fundo do rio, apanha a isca vorazmente e, como tem poucos espinhos, sua carne é tolerável para comer; pelo menos as lontras são dessa opinião. Há muitas variedades: o mandim-açu, o amarelo, o armado, o capadelho, o esquentado, etc., o Sr. Halfeld observa (*Rel.* 215) que "todas essas espécies estão diminuindo". "Roncador", é o nome dado a diversos peixes, especialmente ao sul da Vila de Vitória. (*Príncipe Max.* ii 157).

12 *Gynerium parvifolium*, Mart., vubá ou *Arundo sagittaria* (porque os índios a usavam para fazer setas) do "sistema", e a *saccharum una* de St. Hil., (III. i. 18) diz que Luccok errou, escrevendo "uva". No entanto, "uvá" é preferido pelos antigos autores. Em São Paulo, é chamada "ubá", do tupi "uy bá", seta. Os mineiros a chama de cana-brava.

13 Mr. Kopke (ou Kopque?) a quem o decreto chama de "negociante hamburguês", depois de perder o vapor, aparelhou um barco e visitou o Rio Paracatu. Seu irmão, Dr. Henry Kopke, ainda se encontra em Petrópolis. Depois da primeira concessão de navegação no Rio das Velhas, por decreto de 26 de agosto de 1834, estendida ao Rio São Francisco em 14 de novembro de 1834, um engenheiro belga, M. Tarte, requereu o mesmo privilégio exclusivo, mas não conseguiu obtê-lo.

O primeiro barco a vapor do Brasil foi construído na Bahia, em 1819, pelo Sr. Felisberto Caldeira Brant Pontes, depois Marquês de Barbacena. Esse barco partiu da então Vila de Cachoeira e foi destruído por uma tempestade, na Praia de Montserrate. Em 1822, foi mandado um vapor do Rio de Janeiro a Santos, levando uma delegação de homens ilustres e o Desembargador João Evangelista de Faria Sousa Lobato. Essa delegação persuadiu o patriota José Bonifácio de Andrada e Silva a acompanhá-la, e voltou à capital em 16 de janeiro de 1822, uma semana depois de ter o Príncipe Regente declarado que não deixaria o Brasil.

14 Alguns dizem que Jaguara é o nome da conhecida onça, puma, ou leão sul-americano. Outros acham que vem de jaú ou jaú-guara. O peixe jaú é muito abundante aqui.

Jaguara, que deu por corruptela jaguar, iaguar etc., é, propriamente, "já", nós, e "guará", comedor, um devorador (de nós), nome que os índios aplicavam a todos os animais comedores de gente. Sem dúvida, nos primeiros dias da colonização, quando aqueles grandes felídeos nada sabiam a respeito das armas de fogo, eles eram bastante perigosos. Presentemente, sua coragem parece ter-se esfriado, e o matador de onças – "tueur d'onces" – outrora tão celebrado no Brasil, perdeu grande parte de sua importância. Muitos viajantes nada viram dessa rainha dos felídeos, a não ser o lugar onde afia as unhas. Tive experiência com um exemplar vivo, e isso ocorreu à noite. O povo ainda tem medo das onças, correndo muitos casos tradicionais sobre suas tropelias. Ainda representam um perigo para os cães, macacos, que perseguem trepando nas árvores, para a capivara, que é um de seus pratos favoritos, e para os bezerros. Há quatro grandes variedades desse felídeo:

---

* Também se usa o nome mandi com muita freqüência. (M. G. F.).

1. A onça —suçuarana ou suçurana ("saçu-arana", ou falso veado, de Mr. Bates), donde vem a bárbara corruptela "cougouar" do "guazouara" de Azara. É chamada, diversamente, *Felis onça* ou *brasiliensis* ou *concolor,* sendo a última a melhor denominação. É uma das maiores. Vi um couro dessa onça parda com 1 metro e 85 centímetros de comprimento, não incluindo a cauda. É, no entanto, a espécie menos perigosa. O "habitat" desse puma, ou leão-vermelho, parece abranger as zonas tropical e temperada do Novo Mundo. É, sem dúvida, equivalente a pantera dos Estados Unidos.

2. Canguaçu ou canguçu, a maior variedade, com manchas redondas menores de coloração mais clara sobre um fundo entre vermelho e marrom-escuro. O Príncipe Max., informa-nos (iii. 138) que, na Bahia, o nome se aplica a um animal menor, cuja pele é marcada por manchas pequenas mais escuras.

3. A onça-pintada, também chamada jaguareté (verdadeiro ou grande comedor de gente). Essa *Felis discolor* é um animal realmente belo, especialmente quando o campo branco de suas manchas tem uma cor levemente rosada. No formato, parece-se muito com o "cheetah" ou leopardo-caçador, do Industão e é a mais temida das variedades; faz grandes estragos no gado; mata mais do que tem necessidade, e, depois de fartar-se de sangue, come a carne com mais tranqüilidade.

4. O tigre ou onça-preta, é o jaguar-negro, animal hoje raro no Brasil, mas ainda encontrado, segundo me foi dito, no curso superior do Rio Paraguai. Como variedade, parece-se, provavelmente, com o leopardo-negro do Vale do Niger; e as manchas escuras sobre um fundo mais apagado tornam a pele particularmente interessante.

Vi coleções dessas peles no Rio das Velhas. Aqui, contudo, como em toda a parte, são caras e raramente compradas para uso local. Todas as classes as cobiçam para forros de selas, coldres de garruchas, sacos de viagem e mesmo bonés de caça. Naturalmente, são preferidos os couros pintados, e, em geral, as peles são muito maltratadas, como se tivessem sido trabalhadas por negros. São impiedosamente privadas da cabeça, pernas e, muitas vezes, da cauda. Em revanche, o couro é bem e cuidadosamente curtido.

CAPÍTULO III

JAGUARA

Cavalgadas pelos arredores. A vegetação. Excursão a Lagoa Santa. Dr. Lund. – M. Fourreau – Significado da palavra "cachoeira".

> Uma atração distante nas montanhas.
> Uma doçura oculta nos regatos.
>
> Canning.

Naquela casa hospitaleira, passei cinco dias agradáveis, enquanto contratava outra tripulação para o barco e tomava as providências necessárias para ir a Diamantina. Jaguara, em outros dias, causou muita sensação na Província e darei, a seguir, algumas informações a respeito do "extinto vínculo".

Há meio século, um certo Coronel Antônio de Abreu Guimarães ajuntou grande fortuna, com 750 escravos e com o esquecimento de pagar ao governo impostos devidos sobre a exportação de diamantes procedentes de Diamantina e outros lugares. Tinha uma propriedade enorme, de 36 léguas quadradas (427.504 acres) que foi, posteriormente, dividida em sete grandes fazendas. A primeira era a de Jaguara, contendo mil alqueires; foi comprada, recentemente, sem os 200 escravos, pelo sogro de M. Dumont, por 12 contos, ou £1.200. A fazenda seguinte era a do Mocambo, e hoje pertence ao Coronel Francisco de Paulo Fonseca Viana. Depois vinha a Bebida, incluindo Casa Branca, Saco das Éguas e Saco da Vida. Contava, antes com quatro léguas quadradas, mas está reduzida a 1.300 a 1.350 alqueires, e foi vendida por £3.000, ou £30.000 com um total de 170 escravos; iríamos visitá-la, rio abaixo. A fazenda número 4 era a do Riacho, de João Paulo Cota; depois vinha a de Pindaíba, hoje Ponte Nova, incluindo a Taboca, antes propriedade de Antônio José Lobo e Domingos José Lobo, sobrinhos de Abreu, e posteriormente comprada pelo Coronel Domingos Diniz Couto. A número 6 era a do Brejo, de Francisco Fernandes Machado e seu irmão, e a última, a do Melo, constituía o núcleo da propriedade.

O velho contrabandista, que também arrecadara, com sucesso excepcional, os ruinosos dízimos reais, partiu para Lisboa, arrependeu-se de seus pecados e teve ordem de seu confessor de construir uma igreja dedicada a Nossa Senhora da Conceição; além do mais, como penitência, deveria vincular a maior parte de suas enormes propriedades a ordens religiosas. O velho pecador escreveu de Portugal a seu irmão, Francisco Martins de Abreu, com todas as instruções para cumprimento de suas ordens, e este último, muito contra a vontade, foi compelido a assinar todos os documentos necessários pelas autoridades de Sabará, que, segundo dizem, o apanharam na estrada e o meteram em uma gruta próxima. O velho morreu no Convento de Cartuxa, em Lisboa, alguns dizem que miseravelmente pobre, outros acham que miseravelmente rico, pois apenas soltara uma pequena parte de sua riqueza fabulosa.

A renda de duas vastas propriedades foi dividida em cinco partes, três das quais eram destinadas à Santa Casa de Misericórdia de Sabará, uma ao Recolhimento de Macaúbas, e a quinta distribuída entre os parentes do doador, as famílias Abreu e Lobo. A administração dos bens foi entregue a uma junta, que fez o levantamento dos impostos e pagou-os, por intermédio do Juiz dos Feitos Provinciais, ao Tesouro Provincial. Será desnecessário dizer que a renda declinou, caindo, gradativamente, até 4$800 por ano. O Decreto nº 306, de 14 de outubro de 1843, "extinguiu" o fideicomisso e permitiu a venda das propriedades. A partir de então, elas renderam, segundo me disseram, cerca de £40.000. A sétima fazenda, chamada do Melo, ainda está sendo medida, para ser posta à venda[1], e daí a presença de autoridades judiciais em Jaguara.

O Dr. Quintiliano, atenciosamente, acompanhou-me, a cavalo, através da fazenda. Junto do rio, há uma horta em um ótimo terreno de rica argila marrom avermelhada (massapé), que possivelmente se estende por muitos acres. O Dr. Quintiliano salientou a imensa fertilidade e salubridade do lugar[2], e, na verdade, como a primavera estava chegando, e as aves se amando, e as árvores se cobrindo de suas novas roupagens de muitas cores, o microcosmo mostrava-se encantador. Meu hospedeiro mostrou-me algumas mudas secas que ele enfiara no solo, com restos de plantas apodrecidas, e sobre as quais tinha feito correr um pequeno rego: todas tinham brotado; efeito da pedra calcária subjacente, o melhor adubo natural. As casas estão em más condições; as paredes baixas e compridas e os conjuntos vazios faziam lembrar o *hishan* dos árabes; os daqui, contudo, eram caiados de branco e com telhas vermelhas. A única parte toleravelmente bem conservada era um prédio separado, a Casa da Junta[3], onde os comissários se reuniam; a igrejinha fora reparada recentemente, mas seus fiéis eram constituídos principalmente pelo sanharó[4], uma espécie de vespa muito brava, perigosa para as outras produtoras de mel.

Nossa visita seguinte foi às pequenas lagoas e às vastas formações de pedra calcária a noroeste da fazenda. Passamos por um antigo serviço de mineração, um corte aberto de onde já foi tirado muito ouro pelos antigos. Dali seguimos por um campo manchado aqui de solo rico e vermelho, ali branco de saibro. Não faltavam, também, bons pastos, e o gado da fazenda foi avaliado, segundo me informaram, em £4.000. A vegetação era a dos campos de perto de Barbacena, sendo as árvores o muito retorcido barbatimão, o pataro, grão-de-galo, piqui, tingui[5] e sucupira. Além dessas, notei a sambaíba (*Curatella Sambaiba*, também escrita "sambaúba") de frutos desvaliosos, folhas duras, usadas para escovar panos e uma casca adstringente, boa para curtume e para tratamento de feridas; produz o efeito do iodo, curando inflamações crônicas. Outra árvore comum é a cagaiteira (*Eugenia dysenterica*), um nome bem deselegante, mas uma bela planta, com flores alvas e folha que produz leite; o fruto, semelhante a um morango, a cagaita, é um purgativo muito forte. Cresce aqui em quantidade, o enfezado cajueiro, que produz o caju, que nós, ingleses, chamamos de "cashew" (*Anacardium occidentale*, Lin.; *Cassuvium*, Jussieu); entre os aborígines, a árvore era de grande importância[6], pois contavam sua idade por meio dela e da fruta faziam seu apreciadíssimo cauim ou vinho. Em Goa, extraem dela uma boa aguardente; aqui, é aproveitada principalmente para fazer refresco e estrangeiros têm queimado os lábios comendo o caroço reniforme que cresce do lado de fora da fruta; a resina amarga, chamada pelos tupis acajucica (de "icica", resina) é usada para encadernação de livros e para afugentar insetos. Nos lugares mais baixos, há uma espécie de salsaparrilha (salsa-do-campo ou salsa-do-mato), que aparece nos formigueiros, embaixo das árvores. A raiz é grande e branca, sendo que a amarela é a preferida na Europa e nos Estados Unidos; segundo dizem, ela deve ser tomada com leite, para disfarçar a acidez e deve ser tomada bastante, mas com cuidado, evitando-se, por exemplo, tomá-la no meio do dia. A salsaparrilha plantada nos quintais é toda colhida nesta estação, e as casas comerciais daqui cobram 2$000 por libra para os galhos secos mandados do Rio de Janeiro*.

As únicas aves são a seriema[7], que caça as serpentes do nosso caminho; sua "irmã mais velha", a ema, que não deixa ninguém se aproximar a menos de 200 metros, e o lindo periquito tiriba, de cauda cuneiforme (*Psittacus cruentatus* Mart.)[8], que grita, ao passar como uma flecha. Os campeiros, ou pastores, selvagens como os da Somália, são pitorescos com seus chapéus de couro, montados sem elegância em seus maltratados sendeiros, com arreios grosseiros; enormes esporas armam seus calcanhares descalços e estribos de madeira que o cisto torna necessários no Algarves português, protegem-lhes os dedos. São homens ágeis e bem constituídos: é interessante observar que os escravos que começam a andar a cavalo muito cedo, ficam mais altos e robustos do que os criados em casa. Isso pode dever-se, em parte, à farta dieta de leite e queijo, farinha e carne seca. Aqui e ali, há espalhados ranchos de agregados, homens que têm permissão de morar na fazenda, mas, pela residência, não adquirem qualquer direito à terra.

As lagoas não têm grande importância; são: a Lagoa Seca, então seca; a Lagoa dos Porcos, onde são criados e mortos os porcos; a Lagoa de Dentro, que transborda e deixa, quando se retrai, um tapete de capim muito verde e macio, e a Lagoa da Aldeia, assim chamada por causa de uma povoação de índios, hoje desaparecida. Essas lagoas, alimentadas pela água das chuvas e, às vezes, por fontes, estão espalhadas por toda a região; são viveiros naturais, produzindo em abundância a traíra[9].

Depois de atravessarmos uma ondulação de terreno, entramos em uma pequena mata na Fazenda da Bebida. O solo baixo é bom, como provam os pés de mutamba ou motamba (*Guaxuma unifolia*)[10], uma fruta emoliente, gelatinosa e sacarina, cuja resina serve para refinar açúcar. A leguminosa angico (*Acacia angico*), de folhas delicadas, cuja casca contém muito tanino, é também, um indício de terra boa. Minha atenção foi chamada para a macela-do-campo, cujas flores amarelas, parecidas com as perpétuas, são usadas para recheio de travesseiros; para a fruta-cheirosa (uma Anacardiácea), com uma grande baga, agora verde e leitosa, e para a almecegueira (*Icica* ou *Icariba Amyris*, Aublet), cuja madeira tem um cheiro adocicado e cuja resina perfumada é utilizada para várias finalidades técnicas[11].

Não pude deixar de observar a abundância dos elementos antifebris; o Formulário menciona quinze espécies, várias das quais semelhantes às do Peru. No mato mais fechado, havia a quina-do-mato (*Chinchona remigiana*) e, com ela, a quina-de-pobre, uma árvore de casca amarga e fruta doce, chamada por muitos nomes: pau-pereira (*Geissospermum Vellozii*), ubá-açu, pau-forquilha, pau-de-pente, camará-de-bibro (bilro), camará-do-mato, canudo-amargoso ou pinguaciba[12]. Há, também, em grande quantidade, o chá-de-pedestre ou chá-de-frade (*Lantana, Pseudo-thea*). Os gigantes da floresta são, especialmente, o jatobá[13], (cujas folhas são em pares), que, em agosto, produz um vinho que dizem ser

---

* É claro que a descrição anterior é a de um cerrado. As espécies o identificam: o barbatimão é *Stryphodendron barbadetimam* (Leguminosa); o pequi é *Caryocar brasiliensis* (Cariocarácea); a sambaíba ou lixeira é *Curatella americana* (Dileniácea); a cagaiteira (*Eugenia dysenterica*) é da família das Mirtáceas; a salsaparrilha é um *Smilax* (Esmilacácea). Patator grão-de-gato, não sei que espécies são. Tingui deve ser *Magonia pubercens* (Leguminosa) e sucupira é *Bondichia virgilióides* (Leguminosa). Quanto ao caju mais freqüente nesse tipo de vegetação, trata-se de *Anacardium pumilum* que não é uma árvore (caju-do-campo). Enumerei, entretanto, caju arbóreo (*Anacardium occidentale*) em certos tabuleiros do Nordeste. (M. G. F.).

muito bom para o peito; tem uma resina (jutaí-cica) que é um bom verniz para peças de cerâmica e uma goma-copal usada pelos índios para fazer seus brincos e outros ornamentos; as flores são muito apreciadas pelos veados, especialmente o chamado mateiro, e as vagens compridas, cor de castanha, que caem no chão, fornecem uma farinha de gosto insípido, mas que pode ser utilizada, em caso de fome. A árvore mais bela é o ipê amarelo, ou pau-d'arco (uma Bignoniácea), um tronco alto e fino, ainda sem folhas, que aparecerão depois da inflorescência; suas flores em forma de trombeta, em cachos cor de ouro, fariam o laburno parecer feio e pálido[14].

Logo depois, chegamos junto à Pedreira, onde há falta de água, um obstáculo fatal no presente estado de coisas. Este bloco de pedra calcária nua, de uma bela cor azul quase negra e estratificada, estava desgastado de maneira a assemelhar-se a basalto, visto de longe; sua direção é do norte para o sul, quando se junta com a Serra da Aldeia, coberta de mata, também uma formação calcária, bastante grande para abastecer a Província durante séculos. O afloramento é marcado com estrias e buracos de um branco apagado, nos quais nascem árvores, especialmente cactos, cujos figos são aqui apreciados. A oeste daqueles morros, disseram-me, corre um rio largo, que nasce perto do cume da montanha, o que acontece muito em Kentucky e em outras regiões de terrenos calcários. Depois de correr três quilômetros, esse rio desaparece em uma passagem subterrânea, da qual emerge logo adiante. Meu informante americano[15] afirmou que ele poderia fazer funcionar qualquer tipo de máquina. Nos arredores, há grutas que produzem salitre e onde o Dr. Lund fez algumas de suas maiores descobertas.

Na volta, passamos pela Lagoa Grande, a maior de todas; em torno dela, há um campo novo, ou seja, um campo que acabou de ser queimado; o capim, de um verde vivo, nasce entre as pedras e se supõe defendê-lo, conservando a umidade. Há, também, aqui, encostas suaves, de formas graciosamente arredondadas, onde o arado poderia trabalhar perfeitamente. Do terreno em elevação, avistamos, ao norte, a longa linha da Serra do Cipó, de pedra calcária, coberta de mato dentro. Para o nordeste, ficava o ápice em forma de baú da Serra do Baldim (pronunciam Bardim) e, para suleste, o cabeço em forma de cunha e coberto de nuvens de nossa velha e conhecida Serra da Piedade, perto de Cuiabá.

Minha excursão seguinte foi a Lagoa Santa, em companhia do Sr. José Rodrigues Duarte, cuja amável família havíamos conhecido em Ouro Preto. O caminho dirigia-se para o sul, partindo da margem esquerda do Rio das Velhas. Visto do alto, às oito horas da manhã, o vale parecia uma serpentina de espessa névoa branca, acompanhando as margens cobertas de mato um espetáculo sugestivo, de renovado o interesse. Logo adiante, passamos pela Lagoa do Córrego Seco, muito piscosa; a povoação, composta de quatro casas, orgulha-se de contar com um inspetor de quarteirão, a mais humilde das autoridades policiais, pilhericamente chamada juiz-de-paz. No fim de uma hora, atravessamos o limite meridional da Fazenda de Jaguara e a nove quilômetros da sede avistamos o sumidouro[16]. A lagoa, segundo dizem, está ligada à de Olho-d'Água, do outro lado do rio. Para oeste, fica a aldeia, preguiçosamente subindo uma forte encosta e muito parecida com um conjunto de formigueiros de térmitas.

Prosseguindo caminho, o que nos chamou a atenção em seguida, foi a Quinta do Sumidouro, arraial de uma só rua, com uma capela muito nova, dedicada a Nossa Senhora do Rosário; foi trabalho, principalmente, do padre italiano Rev. Rafaelle Speranza, que, se metade das coisas que contam a seu respeito for verdadeira, só está vivo por um milagre. Aqui ainda se lembra um trágico episódio na movimentada carreira de Fernão Dias Pais Leme, um dos aventurosos exploradores paulistas. Estava ele procurando as "pedras verdes" ou esmeraldas, perto das pestilentas águas da lagoa chamada *Vupabuçu*, ou Lagoa

Grande, e as durezas da vida dos expedicionários levaram muitos dos índios que o acompanhavam a se revoltarem. A eles, aliou-se um dos filhos ilegítimos de Pais Leme, que lhe dedicava grande afeição. Quando o motim foi sufocado, o pai aproveitou a primeira oportunidade para perguntar ao filho que castigo merecia um homem que se atrevesse a insurgir-se contra a majestade do rei.

"Devia ser enforcado", disse o filho.

"Pronunciaste teu próprio destino!" exclamou o pai, e, firme como o primeiro cônsul de Roma, ordenou que a sentença fosse executada imediatamente[17].

O velho morreu poucos dias depois, decepcionado, no caminho de Lagoa Santa a Sabará.

O Sr. Leite, um inteligente dono de armazém da Quinta, que fica a 750 metros do rio, assegurou-me que a terra estava ali sujeita a abalos, mais freqüentes ao meio-dia. Naquele solo calcário, não pude observar sinais de ação ígnea, plutônica ou vulcânica, mas o terremoto de Alexandria e outro que presenciei em Acra, na Costa do Ouro, provam que as formações sedimentárias não estão, de modo algum, isentas das visitas de Enosigeu.

O resto da estrada atravessava um campo deserto e pitoresco, onde o pequeno e brilhante Ribeirão Jaques, algum dia será muito útil. Depois de três horas e meia, galgando dezoito quilômetros de longa encosta, avistamos, do alto, embaixo de nós, em uma bacia rasa, o Arraial de Lagoa Santa. As ruas se compunham de casas de paredes de taipa e forradas de telhas, apoiadas em uma camada de madeira que se projeta de ambos os lados, para proteger a parte mais baixa da chuva perpendicular. Chegamos até o largo, Praça de Nossa Senhora da Saúde, assim chamada por causa da matriz, a leste da qual há uma bela figueira, já rapidamente devorada por uma erva-de-passarinho (uma Poligonácea?*). O lugar, tão sossegado e dormente, tem vivido agora dias agitados. Tendo sido bem sucedidos em Queluz (27 de julho de 1842), os insurgentes recuaram para o Capão de Lana e, uma semana depois, quando a "oligarquia" tornou aquela posição insustentável, retiraram-se e se entricheiraram no Arraial de Lagoa Santa. Uma emboscada de quarenta homens feriu o Coronel Legalista Manuel Antônio Pacheco, depois Barão de Sabará, e repeliu seus 750 homens. O ataque foi repetido, os revolucionários defenderam-se bravamente; uma tia de Adriano José de Moura os ajudou, distribuindo munição. No dia 6 de agosto, porém, foram obrigados a abandonar a localidade. A conduta do falecido Barão foi elogiada mesmo pelos seus inimigos; ele foi um dos poucos que tratou com bondade os prisioneiros.

Paramos junto de algumas estacas para amarrar os cavalos frente a uma porta onde havia a inscrição F. F. e, como tínhamos ouvido falar em um hotel francês, batemos. A porta foi aberta por uma senhora de aspecto bem inglês, como verificamos depois, nascera em Malta. Perguntamos por M. François Fourreau e fomos convidados a apear. Depois de apertarmos as mãos e trocarmos saudações, na língua de Racine e Corneille, encomendamos o almoço, com bastante sem-cerimônia; o hospedeiro se assentou conosco e deleitamo-nos com uma excelente sopa e um "bouilli" não fácil de ser encontrado fora das fronteiras da França. Antigo sub-oficial do "16me Léger", M. Fourreau tinha sido feito prisioneiro na campanha da Rússia, e o resultado foi que, como era um "três joli garçon", fundara um circo e viajara com ele pela Ásia Ocidental. Seus três filhos, rapagões robustos, inclusive Bibi, continuam dirigindo o circo, em Diamantina; sua filha, uma bela "ecuyère" e casada, como mostrava o Pedrinho, morava com os pais. O simpático veterano

---

* As chamadas ervas-de-passarinho são, geralmente, da família das Lorantáceas. (M. G. F.).

comprara uma grande propriedade em Lagoa Santa e estava interessadíssimo em se livrar dela, mas não conseguia. Não era, em absoluto, um desses infelizes que pertencem à França ou à Inglaterra, e não ao mundo. Passamos a noite em boa prosa e bebendo vinho; quando pedi a "conta", M. Fourreau riu-se na minha cara. Lamento dizer que Madame fez o mesmo; deixei-os, contudo, com muito pesar.

Quando chegamos, mandamos nossos cartões ao Dr. Lund, o ilustre dinamarquês, o eremita da ciência, que tem passado uma parte da vida nas grutas de Minas Gerais. Eu estava interessadíssimo em indagar-lhe a respeito do "homem fóssil" ou do "homem sub-fóssil", em oposição ao homem "primevo" ou "pré-histórico". A expressão fora, prematuramente, considerada como "uma impropriedade, uma vez que a coisa assim designada era, de todas as coisas, a mais procurada, a mais desejada, mas talvez a menos provável de ser encontrada". Ainda a influência de Cuvier! Eu estava também interessadíssimo em saber se os dentes incisivos dos fósseis tinham superfícies superiores naturalmente ovais (e não desgastadas, e de um diâmetro ântero-posterior maior que o transverso. O Dr. Lund, há anos, fora impedido, devido ao seu estado de saúde, com propensão para a tísica, de morar fora do Brasil; comprara uma casa na praça de Lagoa Santa e, como era de se esperar, acabou obrigado a ficar de cama, com reumatismo. Segundo soube, ele vivia principalmente à custa de uma tisana de caparrosa[18], que combina a teína com a cafeína. Forçosamente, atribuímos aos outros os nossos próprios sentimentos e eu me sentia triste, imaginando, para mim mesmo, o destino de um tão ilustre viajante, condenado a terminar seus dias sem ter ao lado um parente, na desolação social daquelas paragens selváticas. M. Fred. Wm. Behrens, o amável secretário do sábio, apareceu com muitas desculpas e pedindo que aguardássemos até a manhã seguinte. Assim fizemos, mas em vão. Desconfio que o nosso insucesso foi devido ao nervosismo do Dr. Lund, seu receio de estrangeiros, que muitas vezes ataca mesmo os homens mais fortes depois de uma longa residência no Brasil, ou, melhor, nos trópicos.

Tendo ouvido muitos casos curiosos da lagoa[19] a respeito do que, visto de perto, revelava ter aspecto vulgar, interroguei M. Behrens, que me levou à casa de recreio de seu patrão, no "lago sagrado", soltou a canoa e entregou-me o remo. As estacas e postes que, segundo se dizia, denotavam a existência de palafitas, antigas habitações lacustres, não passavam, provavelmente, de antigas paliçadas, agora inundadas. A extensão é de cerca de 2.250 metros na direção de sudoeste para nordeste, onde um sangradouro, aproximadamente de doze a treze quilômetros e meio de extensão, drena as águas para o Rio das Velhas, perto da fazenda chamada de Dona Inácia[20]. A margem sul tem-se contraído muito e vimos imediatamente o que provoca a "superfície borbulhante". Aqui, durante as chuvas, há uma cabeceira, um dos muitos riachos que alimentam a lagoa, que sai de uma bela fonte, em um campo coberto de capim. Na margem oposta do pequeno reservatório, cresce uma mata em miniatura, cortada de trilhos. A lagoa, segundo se diz, está ficando mais rasa, e a maior profundidade no meio é de três braças. Nas margens, cresce um fino junco, do qual se fazem colchões; é uma das indústrias locais; as outras são a pesca e trabalhos de cerâmica grosseiros, envernizados de amarelo e verde. Os pobres quase que vivem só de traíra, curimatão[21] e da perigosa piranha[22]. A vegetação dos arredores é enfezada; ainda estamos em terras da tanchagem* e do pinheiro, mas a araucária é baixa e raquítica, evidentemente achando o ar quente demais para ser respirado[23]

---

* Trata-se de uma erva da família das plantagináceas, que responde pelo nome científico *Plantago majus*.

A Lagoa Santa era chamada antigamente Ipabuçu (Vupabuçu), ou Lagoa Grande; deve seu pretensioso nome a uma superstição agora morta. Nos tempos antigos, o povo a transformou em um Lago de Bethseda, e o Dr. Cialli descobriu, em 1749, que suas águas tinham propriedades medicinais. A história contada por Henderson, no sentido de que sua superfície estava revestida de uma película semelhante ao mercúrio é inteiramente desconhecida. Conservou-se, contudo, a tradição de que houve uma mulher que costumava aparecer no meio da lagoa, enquanto uma cruz de prata erguia-se do fundo. Muitos homens corajosos, sem dúvida em um estado de nervosismo digno de pena, dirigiram a canoa para o local, na esperança de se apoderar de tão precioso metal e foram afundados por um misterioso redemoinho, e, como dizem os árabes, passaram, sem perda de tempo, da água para o fogo. O espírito foi exorcizado — um processo comum nas lendas hibernianas — por algum santo homem, cujo nome caiu em imerecido esquecimento. Do mesmo modo, nas ilhas Mainitoulin do Lago Huron, o Manitu (geral e erroneamente traduzido por "Grande Espírito") proíbe as crianças de procurar ouro; supunha-se que o ouro existia aos montões, mas ninguém conseguia atingir o local, pois era tragado por uma tempestade. Tudo isso desapareceu:

> As formas inteligíveis dos antigos poetas
> Die alten Fabel-wesen sind nicht mehr.

e a humanidade já não sente mais a condenável tentação pela Lagoa Santa.

Regressamos desapontados a Jaguara, e foi com muito pesar que me separei de meus novos e simpáticos amigos, Dr. Quintiliano e Sr. Duarte. Não imaginei, então, que o último teria tão pouco tempo de vida; ele fora tratado de uma úlcera na perna, e ficara curado, mas, quando regressou a Ouro Preto, morreu de repente.

A hospitalidade é o que mais retarda as viagens no Brasil. É o velho estilo da recepção colonial; a gente pode fazer o que quiser, pode ficar por um mês, mas não por um dia, e são desconhecidos os inospitaleiros preceitos e práticas da Europa[24]. Afinal, contudo, encontrei um canoeiro, Chico (i. e. Francisco) Dinis de Amorim, dono de uma fazenda perto de Retiro das Freiras; disseram-me que ele era muito "medroso", o que queria dizer cauteloso e prudente. Os outros eram, em primeiro lugar, Joaquim, filho de Antônio Correia, capataz de Casa Branca, um inútil cabeludo, incapaz de trabalhar. Tratei logo de comprar por 40$000 uma igara[25], canoa leve, e mandei-o explorar as corredeiras. O terceiro era João Pereira, do Rio de Jabuticatuba, negro forro do Padre Antônio, o mais trabalhador de todos os homens de minhas cinco tripulações, mas genioso e brigador como um mastim puro-sangue. Dei-me bem com ele, mas não o contratei para o Rio São Francisco, com receio de que sua disposição de usar arma de fogo acabasse me criando dificuldade. Esses homens receberiam 5$000 por dia e 2$000 durante o tempo em que estivessem regressando à sua terra; pediram dois dias para se prepararem e provocaram um atraso desnecessário. Habitualmente, ali, no Rio São Francisco e no Amazonas, todas as desculpas são apresentadas para justificar o atraso, sendo a mais comum a de que a esposa está se preparando para oferecer mais um habitante ao Brasil.

Até Jaguara, o rio nos apresentara apenas águas quebradas, maretas e as correntezas, corredeiras e as pontas de água, quando o rio rodopia com rapidez em torno de uma ponta. O viajante, porém, ouvirá todos esses acidentes serem chamados de cachoeiras[26], que é um termo genérico, igualmente aplicado à pequena agitação das águas causada pela queda de uma árvore e a Paulo Afonso, a Rainha das Cachoeiras. Empregarei, portanto, aquela palavra, por mera comodidade, sem atribuir à mesma qualquer importância. Até certo ponto, o fato tem razão de ser, pois a diferença de nível na maior parte dos rápidos é muito pequena, e só iríamos encontrar uma queda ou salto de verdade depois de chegarmos ao São Francisco. Os pequenos degraus perpendiculares na cachoeira ou correnteza são chamados corridas e corredoças[27], e ocorrem principalmente nos rochedos esparsos, conhecidos por Taipaba, corruptela de Itaipaba[28]. Por outro lado, o "canal" é o caminho desimpedido que atravessa a cachoeira.

A cachoeira propriamente dita é um lugar onde o rio contorna um morro ou irrompe através de uma montanha que projeta entre ele rochedos que provocam os rápidos. Geralmente, isso se estende de lado a lado; caso contrário, ocorre o que se chama camboinha, carreira ou corredor. Como os estratos superiores do Rio das Velhas são, em sua maior parte, de pedra calcária, o obstáculo é, muitas vezes, uma estreita parede de pedras movediças, através das quais alguns irlandeses com picaretas abririam um caminho em vinte e quatro horas; uma vez aberto o caminho, a água, carregando a areia e o cascalho, não permitiria que ele se fechasse de novo. Antes de se tentar isso, porém, eu aconselharia o uso de um sino de mergulho ou escafandro no fundão que precede o obstáculo. Essas bacias onde a água se paralisa (remansos, poços, águas paradas) e que ficam acima e bem perto dos rápidos, são, de fato, canais e berços, onde o ouro[29] e os diamantes que, com a lavagem, desceram para o leito do rio, se depositaram, pois os rochedos que atravessam o curso d'água impedem que eles sejam arrastados pelas enchentes. No Rio São Francisco, a cachoeira é um obstáculo muito mais sério, porque é formada, ou do mais duro arenito, ou de granito maciço, cujas cristas têm comprimentos contados em decímetros, quando aqui o são em centímetros.

A cachoeira, como o pongo ou o mal-passo do Alto Amazonas, é quase sempre encontrada na foz de um tributário, rio, ribeirão ou córrego, que arrasta lama, areia e cascalho. Isso, detendo a corrente, provoca inundações, que poderiam ser facilmente remediadas, ao mesmo tempo que o rio não sairia prejudicado com o aumento da rapidez da correnteza. Em alguns raros lugares, haveria necessidade de canalizar as águas através de uma língua de terra, mas o Brasil ainda não está em condições de fazer tais despesas[30]. No Rio das Velhas, em geral, há casas perto das cachoeiras, mas, via de regra, nos lugares perigosos, os moradores nada sabem acerca do rio, na distância de uma légua acima ou abaixo de sua casa; usam canoas para pescar, atravessar o rio e fazer visitas nas proximidades, mas, para viagens, preferem as estradas ao longo das margens[31].

As cachoeiras perigosas do Rio das Velhas são em número de dez, e todas exigirão algum trabalho, antes que se possa utilizar um rebocador no rio. São divididas em cachoeiras *brabas* (bravas), meio *brabas* e mansas. Não há uma regra definitiva para atravessá-las. Algumas vezes, a embarcação tem de ser arrastada por terra; outras vezes, o piloto deve orientar-se pelo vértice do triângulo cuja base é a parte superior do rio e cujos lados são formados pela água encapelada que salta. Em muitas das cachoeiras, há uma dupla linha quebrada, tendo um espaço tranqüilo como óleo, que mostra o fundo do leito. Quando, por outro lado, o curso do rio é interrompido por uma pedra ou uma árvore caída, o obstáculo toma uma forma triangular, mas com a base constituída pela parte inferior do rio. Os remos têm de ser recolhidos e a embarcação tem de ser empurrada com as varas; se os canoeiros são preguiçosos, eles se pouparão desse trabalho, mas provavelmente se arrependerão. Onde a correnteza é muito rápida, é aconselhável diminuir a velocidade, descendo com a popa virada para a frente[32]. Levar a embarcação de popa para a frente por meio de uma corda amarrada na proa é um recurso em geral limitado aos lugares onde há uma ponta de ilha, deixando uma passagem, que tem de ser atravessada pela embarcação, que, do contrário, seria arrastada pela correnteza. Naturalmente, a mudança das estações é que ocasiona as maiores alterações nas cachoeiras; algumas delas, perigosas nas enchentes, são seguras durante a estiagem. Em geral, porém, são mais temíveis no inverno, foi quando as atravessei; durante as cheias, entre dezembro e março, um pequeno vapor passaria por muitas delas sem mesmo notar. Os canoeiros nadam como patos, o que não impede que muitos deles se afoguem. Um forasteiro sem cinto, salva-vidas terá pouca possibilidade de escapar; é, portanto, aconselhável preparar-se para a eventualidade de acidentes, enfrentando *en chemise* os lugares perigosos[33].

NOTAS DO CAPÍTULO III

[1] Os Melos obtiveram 63 sesmarias (aqui geralmente de meia légua quadrada). Dessas, 10 foram medidas em 1865; 38 em 1866, e 15 em 1867, restando ainda 63 para o levantamento. Depois que saí do Rio das Velhas, as terras foram compradas pelo Governo Provincial, para serem distribuídas a colonos norte-americanos.

[2] Outra fazenda, Pau-de-Cheiro, a cerca de três léguas rio abaixo e pertencente a sete ou oito proprietários, destina-se a um sanatório.

[3] Consegui uma cópia do mapa do levantamento do Rio das Velhas por M. Henrique Dumont, datado de outubro de 1864. Está de acordo com os trabalhos de M. Liais.

Verifiquei ser a altitude da Casa da Junta (P. B. 208°, 80, term. 72°) = 602 metros acima do nível do mar. O aneróide de Pelissher deu (29m 36, term. 64°) = 181 metros. A observação de Mr. Gordon (29,44, term..74°) = 151 metros. Todas essas observações estão curiosamente abaixo da realidade. O rio está, neste ponto, a 646 metros acima do nível do mar ou 49 metros abaixo de Sabará.

[4] Parece-se com o *Pelopaeus lunatus* descrito por Azara e pelo Príncipe Max. (i. 139). A última faz seus ninhos piriformes agarrados às árvores ou às casas.

[5] Não deve ser confundido com o tingui ou tiniuri-da-praia, uma espécie de liana (*Jacquinia obovata*) que, como a *Paulinia*, é usado para intoxicar os peixes. Os ramos são cortados para formar feixes, que são atirados na água, cujo curso foi detido por meio de uma represa.

[6] Os tupis chamam de "acaju acai piracobá" o que os brasileiros chamam de "chuvas do caju", que caem em agosto e setembro e que prejudicam a inflorescência do *Anacardium*. Southey (i. 181) confunde o caju com o "auati" (*Olii moquilia* de Chrysolaban), "madeira reservada", ou madeira-de-lei, da qual existem muitas espécies, algumas tendo uma fruta que produz uma bebida intoxicante.

Os aborígines começam os anos com a elevação helíaca das Plêiades. Seus meses eram chamados, como a lua, "Jaci", de "ya", nós, nossa, e "ci", mãe. Como a maioria dos selvagens, não tinham aprendido a dividir os meses em semanas.

[7] A "cariama" de Marcgraf. O Príncipe Max. (iii. 115) descreve-a como um "oiseau défiant", mas achei-a muito mansa, especialmente quando não é perseguida. É facilmente domesticável. Meu amigo, Sr. Antônio Lacerda Júnior, da Bahia, teve um exemplar. A seriema voa a pequenas distâncias, pois tem as asas fracas, e o corpo pesado, e pode correr onde não há árvores.

[8] Descrito pelo Príncipe Max. (i. 103), que se lembrou do "croupion" (*P. erythrogaster*) do Museu de Berlim.

[9] Gardner escreve traíra (o Príncipe Max. traíra) e descreve o peixe como "bem fino". Eu o achei curto e grosso. Estende-se por todo o rio e tem diversas variedades, traíra-açu, traíra-mirim, etc.. A carne do peixe é boa, mas tem espinha demais, para ser comida com prazer. Suas costas escuras, a boca muito feia e os dentes de rato, levam muita gente a chamá-la pau-de-negro e se negar a comê-la. A traíra, como a piabanha e o piau, é encontrada comumente nos rios que deságuam no Oceano Atlântico.

[10] Mutamba é uma palavra angolana; os tupis chamam a planta de ibixuma.

11 Em português almécega é a resina mastique (*Amyris*), daí o nome da árvore brasileira.

"A almécega que se usa no quebranto"

diz o "Caramuru" (VII, 51). No litoral é usada como breu; o bálsamo aromático é, em toda a parte, usado para aplicações externas em casos de lesões internas, como hérnias, ruturas, etc.. A palavra "quebranto" significa, classicamente, "fascinatio", o mau-olhado.

12 *Sistema* (p. 95-97). Nos campos, há as diversas *Cinchuna*, a quina-do-campo (*C. Vellozii?*) de folhas escuras e manchadas e um fruto doce, de que se alimentam os pássaros. St. Hil. (III, i. 229) menciona uma quina-do-campo ou de mendanha, que ele verificou ser *Strychnos Pseudoquina**. As outras espécies comuns são a quina-da-serra (*C. ferrugínea*). Camará é o nome regional de uma planta chamada em Portugal malmequer; bilro (de "volvere") é fusos.

13 Essa frondosa árvore da floresta, que prefere as matas de terras secas, tem muitos outros nomes tupis, como, por exemplo: Jataí, jutaí e jutaí-cica (Mr. Bates, i. 83), jetaí, jetaíba, abati-timbabijatai-uvá (ou ubá). Segundo o Sr. J. de Alencar, "jatobá" é derivado de "jetaí", a árvore, "oba", uma folha, e "a", aumentativo, aludindo à densa e copada vegetação. A casca é usada para fazer a ubá, pequena canoa dos nativos.

14 Há muitas espécies de Bignoniáceas, por ex.: o ipê-una, cujo cerne produz o mais duro e o melhor material para os arcos; o ipê-roxo, com flores cor de malva e roxas; o ipê-tabaco, assim chamado porque o cerne contém um fino pó verde-claro; a *Bignônia cordácea* (Sellow), com flores amarelo-claras; o ipê-branco, com flores dessa cor. No litoral, a folhagem jovem, de um colorido marrom e polido, formando um contraste interessante com as árvores vizinhas, surge no começo da primavera, em fins de agosto. Na região montanhosa e dos planaltos, mais tarde.

15 Americano no Brasil significa sempre cidadão dos Estados Unidos.

16 É o lugar a que faz alusão Southey (iii. 48). "De seu (Fernão Dias) acampamento em Sumidouro (como são chamados os lugares em que um rio mergulha em um canal subterrâneo) explorou a Serra de Sabara-buçu". O fato nos faz lembrar do rio subterrâneo que, segundo dizem, corre sob a boa cidade de Tours.

17 Southey (iii. 4), conta o caso quase com as mesmas palavras. St. Hil. (I. ii. 189) coloca a cena da aventura do "octogenário" na Província de Porto Seguro e diz que Vupabuçu foi chamada, depois, de Lagoa Encantada, porque não pôde ser encontrada.

18 "Caparrosa" é, primordialmente, o sulfato de ferro, também aplicado ao verdete e a árvore ganhou esse nome por causa da cor verde-azulada de suas folhas. É reconhecida imediatamente, porque a parte cortada ou quebrada de um galho se torna preta e embaciada. Segundo o *Sistema*, contém ácido tânico com uma solução de ferro, com o qual se pode fazer tinta, e fornece uma tintura negra. O abuso dessa tisana, segundo me disseram, já tem sido fatal a alguns que seguiram o exemplo do Dr. Lund. A celebrada *Paulinia sorbites*, mais conhecida como guaraná**, (do tupi guaraná-uva) também combina a teína e a cafeína.

19 Essas superstições lacustres são comuns no Brasil. La Condamine, Humboldt e outros falam da Lagoa Dourada, Henderson menciona a Lagoa Feia. O Príncipe Max. registrou as fábulas do Taipe e ouviu falar de outras tradições, nas margens do Rio de Ilhéus e do Mucuri. O Lago Parimá ou Parimó, na Guiana, é igualmente rico em lendas. Ligada ao lago de areias douradas estava a cidade de Beni, Grão Pará, Grão Pairiri ou Paititi, ou melhor, El Dorado, cujas ruas eram calçadas com o precioso metal, e onde o Imperador dos Museus, o grande Paititi, ou rei dourado dos espanhóis, era, todas as manhãs, ao levantar, untado com óleo e polvilhado com ouro em pó, pelos cortesãos, por meio de compridas taquaras ocas. Castelnau (vol. VI, 41), conta as lendas da "Opabuçu" boliviana. Esta palavra, como a *Vupabuçu* de Southey, é corruptela de "ipabuçu", que, na língua brasílica, significa lago.

---

* A quina-do-campo é, em verdade, *Strychnos pseudo-quina* (Doganiácea), enquanto que *Cinchona* é gênero de Rubiáceas. (M. G. F.).

** O guaraná é uma Sapindácea: *Paulinia cupanea*. (M. G. F.).

20   O mapa de Mr. Gerber dá-lhe um formato de coração, estendendo-se de norte a sul, com o vértice no sul, tendo como escoadouro um "Rio Fidalgo" grandemente exagerado. Este último é o nome de uma fazenda pertencente aos herdeiros do falecido Cirurgião-mor Serafim Moreira de Carvalho.

21   O nome desse peixe, um salmonídeo, é escrito pelos autores de maneira muito variada. O Príncipe Max., crumatan; Pizarro, corimatã e curmatan; St. Hil. também curmatan; Gardner, curumatam; Halfeld, cumatá ou curimatá e o Almanaque, curumatá — os dois últimos esquecendo-se do som anasalado que a palavra evidentemente tem. Hesito em escrever curumatão ou gurumatão, sendo a primeira consoante pronunciada sem muita clareza. Esse peixe tem cerca de 65 centímetros de comprimento; pula como nosso salmão, e suas escamas prateadas brilham ao sol; tem de ser apanhado com rede, pois não morde isca. Há, também, um peixe de água salgada com o mesmo nome, macio e cheio de espinhas. Os selvagens o flecham (Príncipe Max. ii, 137). "Apanhados com linha e anzol, tendo como iscas pedaços de banana, vários curimatás (*Anodus amazonum*) um peixe delicioso, que, depois do tucumaré e da pescada, é o mais apreciado pelos nativos".

22   Piranha em tupi significa tesoura. Nossos autores o chamam de "devil fish" (peixe-diabo). Cuvier o chamou de "piraya", sancionando, assim, inconscientemente, a vulgar corruptela do mineiro e paulista de piranha para piraia (do mesmo modo que canaia por canalha). O peixe é comum no Alto Uruguai e no Paraguai, assim como no São Francisco. Os que vi, tinham de 30 a 45 centímetros de comprimento, por cerca de vinte e cinco centímetros de largura, sendo chatos, mas gordos. Esse peixe carnívoro nada verticalmente e, segundo se supõe, vira de lado quando morde; os dentes cerrados estão voltados para trás; estraçalham as carnes com facilidade e um cardume, segundo dizem, reduz um boi a esqueleto em dez minutos. Achei a carne seca, cheia de espinhas e sem gosto. No Baixo São Francisco, a população não a come.

23   Verificou-se que a Lagoa Santa está a 742 metros acima do nível do mar (P. B. 208° 1, term. 76°).

24   Diz um provérbio basco:
     Arraina eta arroza
     Heren egunac carazes, campora deragoza.
     "Peixe e hóspede fedem depois do terceiro dia, e devem ser postos para fora de casa."

25   É a palavra tupi derivada de "yg", água e "jara", dono. Meu "dono da água" era de mandim ou peroba, com 8 metros de comprimento e largura média de meio metro. Como é habitual aqui, e também acontece no Mississipi, em desafio a todas as regras do deslocamento, o escavamento do tronco foi feito com uma cabeça maior que o corpo, com a idéia de que isso facilita o avanço do barco.

26   Também se escreve caxoeira, sendo a pronúncia idêntica. A palavra corresponde, em parte, às "randales" do Orenoco. Em tupi, é "aba-nheendaba", que significa igualmente um rápido (cachoeira) ou uma catarata (cascata ou catadupa). Em certas partes do Brasil, especialmente na Província de São Paulo, cachoeira significa um regato, sem a idéia de rápidos. Cachoeira é uma palavra clássica portuguesa, vinda de cachãoeira, um lugar onde há muitos "cachões", plural de "cachão", derivado do latim "coctio" ação de cozer, dando a idéia de água fervendo.

27   É, também, uma palavra clássica, regionalmente usada em um sentido limitado.

28   A palavra tupi é "itá-ipa", baixio de pedra. Traduz-se por gorgulho ou pedregulho. Castelnau (i.. 424 e alhures) menciona no Rio Tocantins, a eutaipava, provavelmente uma pronúncia peculiar.

29   Foram feitas duas tentativas de desviar o curso do Rio das Velhas, uma abaixo de Santa Luzia e outra acima de Jaguara. O êxito foi parcial, o precioso metal foi encontrado em grande quantidade, mas após enormes despesas de mão-de-obra, começaram as cheias e o rio voltou violentamente ao seu leito. Atualmente, os habitantes não conseguem atingir o fundo do rio, sendo-lhes igualmente desconhecidas portas flutuantes, dragas e sinos de mergulho.

30   A respeito desse assunto, farei algumas observações no Capítulo 15.

31   No Brasil e na Índia Britânica, foram deixadas para último lugar as vias de comunicação fluviais, que deveriam ter vindo em primeiro.

[32] Comumente chamado "virar" ou "descer de bunda", ou, mais elegantemente, "de popa", em oposição a descer "de bica" ou "de corrida".

[33] M. Liais esteve no Rio das Velhas de 10 de abril a 3 de julho de 1862. Seu piloto foi um tal Clemente Pereira de Tabatinga, no Vínculo do Melo. Daí, não estarem de todo corretos os nomes das cachoeiras e de outros acidentes geográficos.

CAPÍTULO IV

RUMO A CASA BRANCA E A CACHOEIRA DA ONÇA

*A casa da fazenda. O fazendeiro. Visita a Jequitibá.
Corredeiras Perigosas.*

> O eco do rio que o trovão simula
> E lento se prolonga reboando.
>
> (Domingos José Gonçalves de Magalhães)

Sexta-feira, 16 de agosto de 1867. — Depois de uma semana em Jaguara, arrumei a bagagem, com muita força de vontade, e acompanhado até o "porto" pelos amáveis hospedeiros, embarquei. Separamo-nos com muita esperança de nos vermos novamente e com muitos acenos de chapéu; e logo me vi, mais uma vez, como Violante na despensa-sozinho.

M. Liais registrou, em maio, de Jaguara para baixo, uma profundidade constante de dois metros e nenhum perigo de encalhe, a não ser por falta de cuidado; minha experiência, porém, foi diferente. Nos 11 quilômetros que percorremos durante o dia, pouca coisa houve para observar. Passamos pela barra do Rio Jabuticatuba[1], e por uma ponte quebrada e uma balsa, com corrente e roldana, pertencente à Fazenda de Santa Ana, do Sr. Antônio Martins de Almeida. Depois de outra curva, avistamos, à esquerda, um conjunto de casas brancas e marrons, com uma entrada provida de torrinhas e uma capela particular. Esse lugar, a sede da Fazenda da Casa Branca, fica abaixo de um morro coberto de bananeiras, que se eleva sobre o mato bravo da margem do rio. A terra é de rica pedra calcária, com abundância de água; produz muito algodão e cana-de-açúcar, milho e arroz, feijão e mamona; são criados cavalos e mulas, gado bovino e porcos; e, nas margens do rio, ainda se retira ouro granular de grande tamanho, em quartzo ferruginoso semelhante ao ferro. As quatro léguas quadradas da propriedade podem ser compradas por 300:000$000, ou menos.

Um pequeno grupo de anglo-americanos encontrou-se comigo na margem e apresentou-me ao proprietário, Sr. Manuel Francisco de Abreu Guimarães. Este era um belo tipo de homem, simpático e bem educado, de nacionalidade portuguesa; há cerca de dezoito anos, herdou metade da fazenda de seu tio, o Major João Lopes de Abreu. A casa solarenga era no estilo comum, tendo na frente uma grande varanda, da qual o proprietário pode ver a destilaria e o engenho, cuja roda nos mostra que a cana-de-açúcar é o produto principal da fazenda, bem como os demais departamentos. No fim da varanda, fica a Capela de Nossa Senhora do Carmo, com seu emblema de três estrelas douradas em um escudo pintado de azul; ali há cantos, nas noites de domingo. As senzalas são, como sempre, casas térreas no interior da praça, a qual geralmente tem no meio uma alta cruz de madeira e uma plataforma alta para secar açúcar e milho; os escravos são trancados à noite, e, para evitar brigas, os negros casados são separados dos celibatários.

Essas fazendas são aldeias isoladas, em tamanho reduzido. Abastecem a vizinhança de artigos de primeira necessidade, carne seca, carne de porco e toucinho, farinha de mandioca e de milho[2], rapadura e cachaça, fumo e óleo, tecidos grosseiros e fios de algodão, café e vários chás de caparrosa e folha de laranja. Importam: ferro, para ser transformado em ferraduras; sal, vinho e cerveja, charutos e cigarros, manteiga, louça, drogas e poucas outras coisas. Em geral, dispõem de ferraria, carpintaria, sapataria, chiqueiros, onde, durante o último mês os animais são privados dos alimentos mais imundos, e um grande terreiro de galinhas.

A vida do fazendeiro pode ser facilmente descrita. Levanta-se ao amanhecer e um escravo traz-lhe o café e a bacia para lavar o rosto com o respectivo jarro, ambos de prata maciça[3]. Depois de visitar o engenho, que, muitas vezes, começa a trabalhar às duas horas da manhã, e de andar a cavalo pelas plantações, para ver se os escravos não estão malandrando, volta, entre 9 e 11 horas, para almoçar, em companhia da família, ou, se é celibatário, em companhia do feitor. As horas de sol são passadas, fazendo a sesta, ajudado por um copo de cerveja inglesa — que, muitas vezes, só é inglesa no nome — ou lendo os jornais ou recebendo visitas. O jantar é entre 3 e 4 horas, às vezes mais tarde, e é, invariavelmente, acompanhado de café e charutos ou cigarros. Muitas vezes, o café é servido de novo, antes de se assentarem para o chá, com biscoitos e manteiga ou conservas, e o dia termina com uma prosa em lugar fresco. A monotonia dessa vida de frade é quebrada por uma visita aos vizinhos ou a alguma cidade próxima. Quase todos os fazendeiros são excelentes cavaleiros e atiradores, interessadíssimos pela caça e pela pesca. Têm algo de médicos, também, sempre dispostos a receitar salsaparrilha e outros símplices e a prescrever dietas. No tempo de Gardner, o livro que consultavam era a "Domestic Medicine" de Buchan, traduzida para o português; agora, o *Formulário* de Chernoviz deve ter feito uma fortuna; faz parte do próprio mobiliário das casas, como o "Guillim" nas casas rurais de nossos avós. A homeopatia[4] goza de grande estima em todo o Brasil, e, geralmente é preferida à "velha escola" e ao "modo regular da prática". Tal escolha é resultado, presumo, da fácil atuação sobre o temperamento nervoso da raça, e o químico que trabalha com base na "similia similbus curantur" ganha mais dinheiro que seu irmão alopata.

Visitamos, logo depois, o engenho, que é a forma mais simples de estabelecimento para a produção de açúcar. Nos mais adiantados, uma roda leve trabalha por meio de um eixo dentado, sendo colocados horizontalmente os dois cilindros de ferro ou, pelo menos, revestidos de ferro[5]. Os antigos três cilindros perpendiculares estão caindo em desuso e, às vezes, uma canoura protege, hoje, as mãos dos escravos, a fim de evitar a mutilação. Há uma total ausência da ciência química européia e da máquina moderna; o tacho de vácuo, o "assentador" e o "evaporador de vapor" são igualmente desconhecidos. Nem mesmo foi adotado o simples uso do corante de osso e cal para remover o albúmen e o ácido acético do açúcar. A cana madura deveria ser moída logo que é cortada; muitas vezes, fica empilhada no pátio, durante dias, e as rachaduras acidentais da parte externa da cana, que é manobrada por negros atrasados, provocam a acidificação do açúcar, pela entrada de ar. O caldo ou garapa[6] corre diretamente para os tachos, que, muitas vezes, não são hermeticamente fechados; é fervido, vagarosamente, em tachos de cobre expostos à ação atmosférica, e a preguiça do encarregado do trabalho impede que o caldo seja escumado cuidadosamente. Por isso, nesta Terra da Cana, quem quiser açúcar refinado, tem de mandar buscá-lo na Europa[7].

O grupo de "americanos" compõe-se de nove pessoas, inclusive uma mãe de família e três crianças, meninos endiabrados, de cabelos brancos de tão louros, sempre gozando ótima saúde, pintando o diabo e sofrendo acidentes; formam um vivo contraste com os lerdos e tristes pardos esbranquiçados da terra; aqui o sulista é excepcionalmente forte.

Os americanos estavam vivendo, há cerca de quatro semanas, em uma casa que lhes fora destinada pelo hospedeiro e, durante esse tempo, sua "conta da venda" conjunta, inclusive gêneros alimentícios, foi apenas de 26$000, o que corresponde, aproximadamente, a £30 por ano. Pareciam afetados por uma incrível indecisão de propósitos; a única causa razoável do atraso era o desejo de observar os efeitos da estação chuvosa, antes de ocuparem as terras do novo Alabama. Alguns gostavam do lugar, porque estava acima dos rápidos mais difíceis e ligado por terra e por água com o mercado de Sabará, condição "sine qua non" aqui. Outros o detestavam; achavam as terras impróprias para o arado e se opunham ao sistema brasileiro de produção espontânea, sem limpar a terra, e em que o único instrumento agrícola é uma enxada de cabo comprido, usada para cortar os brotos das árvores novas nascidas nas raízes podres, limitando-se o trabalho agrícola exclusivamente, à colheira. Naturalmente, também se opunham a plantar no mesmo terreno algodão e milho, feijão e "palma-Christi", o único e rudimentar sistema de rodízio de culturas ora conhecido no Brasil.

As melhores terras são vendidas aqui a 15$000 a 40$000 por alqueire de 6 x 2 acres quadrados, e grandes porções de terras podem ser compradas por muito menos. Para serem exploradas proveitosamente, contudo, exigem animais e quinze negros, sendo estes últimos, atualmente, um artigo muito caro, que vai de £50 a £100. A produção por acre de algodão limpo é de uma bala de 250 quilos, valendo no mínimo 200$000; 40 alqueires de milho rendem de 40$000 a 80$000, e o preço é o mesmo, para uma igual quantidade de feijão ou sementes de mamona[8]. O acre também produz 50 quilos de tabaco, que valem 60$000, podendo alcançar maior rendimento, com um tratamento mais cuidadoso. Não dispondo de muito dinheiro, os colonos têm de contar principalmente com as compras a prazo. Soube, depois, que eles haviam comprado uma balsa e descido o rio até Traíras. Um deles, Mr. Davidson, de Tennessee, ofereceu-se para acompanhar-me, como ajudante-geral; simpatizei-me com ele e dei-lhe condução até a Cachoeira de Paulo Afonso.

Meu hospedeiro era celibatário, e a noite do dia de minha chegada foi alegrada por música e dança; um "pagode", contudo, não um "fandango" nem o peculiar estilo de dança do Congo chamado "batuque[9]". Não pude apreciá-lo, porque o sol tinha sido muito quente, em contraste com a brisa muito fria; o que me fazia mais sofrer eram câimbras nos dedos, aqui, segundo parece, uma doença muito comum. Cheguei na sexta-feira, mas meu hospedeiro não permitiu que eu partisse antes de segunda e, assim mesmo, só depois do almoço. Meu barco foi abastecido por ele de restilo, ou melhor, de "lavado", cujo excepcional vigor provocou o espanto e a admiração das populações ribeirinhas. Um simples copo dessa bebida antes de recolher-se, principalmente quando a chuva e o vento caíam sobre o toldo da embarcação, era uma proteção segura contra a sezão. Tal como diz Peter Pindar:

> "Quer desafiar o poder da morte, meu amigo?
> Cuide de estar seco por fora e úmido por dentro".

Recebi também uma provisão para seis meses de rapaduras claras, de ótima qualidade, de 22,5 x 15 x 5 centímetros. O Sr. Manuel Francisco acompanhou-me até o "Elisa", abraçou-me e desejou-me ótima viagem. Separei-me dele com pesar.

19 de agosto. — Depois de duas horas, passamos pela foz do afluente Paracatu[10] na margem direita, um contraforte de rocha cavernosa onde terminava uma montanha; era o primeiro dos três pitorescos rochedos compostos de blocos calcários, cobertos de árvores e separados por depressões profundas e verdes. Em frente, as paisagens estavam encantadoramente pintadas pela atmosfera azul e cor-de-rosa da primavera brasileira, que nos acompanhou durante mais vinte e três dias, até chegarmos ao Rio Pardo; o céu diáfano e tênue esmaecia as orlas da vegetação e tornava um espelho a superfície das águas. As árvores de boa madeira eram escassas, sendo as mais altas o jatobá e a acácia-angico; a mais freqüente era a gameleira ou figueira selvagem, um amável presente da Natureza, com uma folhagem densa, fresca, verde-escura, com a barba-de-pau guarnecendo seus galhos muito amplos. Clareiras estendiam-se da água até as encostas das montanhas, deixando manchas pardacentas de vegetação morta, e laranjeiras e bananeiras anunciavam os lugares habitados. Havia a habitual beleza na variedade de cores e formas, tão atrativas para todos aqueles que têm "olho para as árvores". A quaresmeira, o crisópraso da jovem cana-de-açúcar, a cana de flecha (ubá)[11], em forma de leque, aqui com 4,5 a 5 metros de altura, e uma centena de matizes, verde-de-espinafre, verde-dourado, verde-escuro, verde-acastanhado, verde-róseo e verde-avermelhado, contrastavam com a alva inflorescência do assa-peixe branco, com as folhas prateadas da embaúba e com a folhagem acobreada da copaíba[12]. Aqui, erguia-se um alto esqueleto atingido por um raio ou vítima das queimadas anuais; ali, uma forma nua gozava o "déshabillé" da estiagem, antes de envergar o impermeável das chuvas; acolá, uma copada palmeira curvava-se e sacudia-se ao vento. As árvores lançavam ramos horizontais sobre o rio e enroscavam-se e atiravam ramos secundários rumo à luz; as orquídeas eram raras, mas as lianas eram muitas, como de costume, e ninhos de aves suspensos ocupavam os melhores lugares. Em certos pontos, troncos semicortados curvavam-se para a água, enquanto outros, inclinando-se para o rio empurrados pelo vento, mostravam a força das inundações. Massas de vegetação avançavam, abarrotando as margens. Notamos, especialmente, a maciça digitação da mamona e a taboca-cabeluda, de formato gracioso e aparência inofensiva, mas armada de perigosos espinhos semelhantes à espora do galo e dispostos em grupos de três. O hibisco, de 3,5 a 4 metros de altura, aqui chamado mangui ou mangue[13], desperta a atenção, por causa de suas flores amarelas, semelhantes ao algodão, das folhas cordiformes de um verde aveludado e lustroso e da folhagem morta lavada com cinabre desmaiado, que, de longe, parece ter cintilações vermelhas.

    Abaixo de Paracatu fica o Poço Feio, onde um rochedo, projetando-se da margem esquerda, provoca os pequenos redemoinhos e regurgitações, aqui chamados panelas de água, devido ao seu formato. Em três horas, alcançamos Pau-de-Cheiro, pois levou muito tempo costear as terras do nosso amigo. A fazenda, pertencente a meia dúzia de proprietários, tem a área, segundo se calcula, de 200 alqueires e, pelo que nos disseram, pode ser comprada por 8 a 10 contos de réis. Um californiano que ali esteve recentemente, declarou que poderia ganhar 2$000 por dia bateando o ouro que há, inexplorado, em suas margens. Prosseguindo, alcançamos a Lapa, o maior e mais alto rochedo de pedra calcária do rio. Essa "rupes praecelsa sub auras" é furada por mil fendas e orifícios, e a caverna tem na frente os mais corpulentos estalactites. O calcário tem, aqui, como base, um saibro de carvão férreo, que mancha os barrancos do rio, dando à água uma tonalidade furta-cor e se assenta sobre areia, evidentemente o antigo leito. Em muitos lugares, as encostas apresentam curiosas incrustrações, que aparecem até a foz do Rio das Velhas. Segundo a tripulação, aquilo era a eflorescência das piritas de arsênico vindas de Morro Velho. Dissolvemos o material em água fervendo, coamo-lo em uma flanela e obtivemos um bolo duro de matéria não cristalizada, parecida com o açúcar impuro; o gosto era de alúmen e salitre. Este último, como em Kentucky, muitas vezes recobre um solo arenoso amarelo-esbranquiçado, cujos poros atuam como coadores. O resto da superfície era um rico solo com cerca de seis pés de espessura, ou o dobro, o que satisfaz o fazendeiro do fértil Mississipi.

    Agora as corredeiras estão se transformando em rápidos e o leito está pontilhado de ilhotas de pedra calcária, perigosas durante as meias inundações. Em Porto da Palma[14], termina atualmente a navegação de M. Dumont. Quatro cabanas erguem-se em Barra de Pau Grosso, assim chamada devido às grandes árvores que cobrem as suas margens. Segundo se diz, tem sua nascente perto da Fazenda do Rótulo[15], comprada a um certo Marquês (P. N.) de Sabará pela companhia inglesa de Cocais, que tencionava dali tirar mantimentos para os mineiros. O levantamento da fazenda levou um ano e custou cerca de £1.400. O capataz, subordinado do Gerente Geral, Mr. J. Pennycook Brown, é um certo Mr. Broadhurst, cujo pai, juntamente com um genro, Manuel Simplício, comprou ao Sr. Bonifácio Torres parte da fazenda chamada Cana do Reino. Mr. Broadhurst Senior comprou maquinaria inglesa para cardar, fiar e tecer algodão; depois disso, morreu afogado no Rio Cipó, que corre em uma depressão da montanha. O mesmo aconteceu com dois ou três outros ingleses — acidentes caridosamente atribuídos à excelente qualidade da cachaça. A Fazenda do Rótulo tem solos vermelho e preto muito bons, com base em pedras calcárias e, em dois lugares, foi extraído salitre. Foi vendida por 50:000$000, mas tem a desvantagem de ser muito longe de transporte fluvial. Por outro lado, tem cerca de seis léguas de comprimento por duas de largura, podendo conter um pequeno povoado de quarenta famílias.

Às 5,10 da tarde, ancoramos ao lado de um banco de areia, a Praia do Cançanção[16]; tem no fundo uma terra despida de capim e algumas cabanas ficam do outro lado. Dormimos a bordo do "caixão" e ficamos surpreendidos não vendo insetos. A noite estava tranqüila como um túmulo, e, às vezes, os curiosos ruídos vindos da água, da terra e do ar, produzidos pelos movimentos de alguma ave noturna ou animal selvagem, ou pela queda de frutas pesadas no chão ou pelo salto de algum grande peixe me faziam lembrar as descrições feitas pelos exploradores das florestas amazônicas. À meia-noite, altas e distintas colunas de névoa branca, prateadas pelo luar, formavam um majestoso conjunto, avançando pouco a pouco pelo rio. Às quatro da madrugada, preponderava o ar quente e úmido do vale do rio, mas, antes do amanhecer, veio um frio da Serra Grande ou do Espinhaço, a leste[17], e condensou o vapor em um espesso nevoeiro. Durante o dia, a brisa soprou para o norte, formando um vento de frente que refrigerou a superfície do rio; os peixes morderão a isca à meia-noite, mas não ao meio-dia. As noites são suaves, serenas, deliciosas.

20 de agosto. — Resolvemos partir bem cedo, mas a névoa nos manteve ancorados até bem depois de nascer o sol; além disso, ao fazer nossas previsões, esquecêramos nosso hospedeiro.

A região, agora, assume um aspecto que irá prolongar-se por muito tempo. A grande distância, estende-se um tabuleiro coberto de capim ou ondulações de terreno, tendo algumas árvores esparsas, e elevando-se muito acima da alameda de matagais e florestas entre a qual corre o rio. Umas duas horas depois, passamos sobre os destroços de uma ponte, que foi levada pelas águas em 1858; como a de Casa Branca, ela deveria ter-se erguido pelo menos a 16 metros, em vez de 10 metros e meio, um cálculo mais do que razoável para as cheias máximas. Como sempre, o local foi mal escolhido; em lugar de ser dividida em duas, um pouco abaixo, a ponte se estende, como uma estrada elevada, através de um braço de rio formado pelas inundações na margem esquerda. O custo original foi de 2:800$000 e os buracos abertos para a colocação das pilastras renderam 4:400$000 de ouro. Um engenheiro ofereceu-se para repará-la por £600 — em vez de £60 — e o proprietário preferiu usar uma balsa.

Logo abaixo, a bombordo, fica a bonita aldeia de Jequitibá[18]; há, aqui, uma lagoa, com um escoadouro que alcança o canal principal do rio mais adiante. Em frente, avistamos a Fazenda do Jequitibá, engenho de açúcar pertencente ao Coronel, mais conhecido como Capitão, Domingos Dinis Couto. Não foi possível deixar de procurá-lo, e a visita acarretou o esperado resultado: levaram-nos ao quarto de hóspedes, mandaram servir o almoço, e, com dificuldade, consegui a promessa de me ser permitido partir no dia seguinte — depois da primeira refeição. Não é possível concordar-se com Northron quanto à hospitalidade brasileira. Além do fato de que o hóspede tem obrigações, como o hospedeiro, sempre encontrei nas fazendas suficientes informações, principalmente de caráter local, para compensar o tempo perdido. Em Jequitibá, fui interrogado a respeito do assassinato do Barão von der Decken; em Jaguara, mostraram meu nome na "Revue des Deux Mondes", publicação que, como não foi assalariada, insulta o Brasil, com persistência, e consola os brasileiros com sua crassa ignorância a respeito dos assuntos que aborda[19].

O Coronel Domingos é um grande apreciador dos bons solos; admira-se que ele continue a trabalhar para acrescentar mais terras às suas terras, mas isso acabou tornando-se uma parte de sua vida. Tem cerca de quarenta léguas quadradas, e, viajando rio abaixo durante três dias, iríamos atravessar ainda suas propriedades. Além da Fazenda de Jequitibá é, também, dono das fazendas de Ponte Nova, na Barra do Jequitibá, a cerca de seis léguas de distância; do Paiol, com 100 negros; Bom Sucesso, com mais de 300, e Laranjeiras. Está disposto a vender qualquer uma delas, ou todas, e desde um até quinhentos escravos; pediu-me para publicar essa oferta, o que ora faço.

Passamos um dia agradável e recebemos a visita de M. Bruno von Sperling, um engenheiro alemão, casado e residente perto de Ouro Preto, que está fazendo o levantamento da Fazenda do Melo. Um pequeno proprietário português disse-me ter ouvido falar da existência de carvão nas vizinhanças, mas não consegui obter informações exatas a respeito. Como o Coronel está atacado de catarata, mandou que o Sr. Antônio Justino de Oliveira, seu amável e bem-educado administrador, nos mostrasse suas belas terras. O lugar seria um paraíso, se um vapor passasse por lá uma vez por mês. Os jardins, hortas e pomares, perto do rio, oferecem uma bela vista do arraial, na margem oposta, com sua capela, tendo ao fundo, ao longe, montanhas azuis. Nos muitos acres de terras estão plantadas algumas roseiras, cristas-de-galo e outras flores; as árvores frutíferas eram mangueiras, figueiras, abacateiros (*Persea gratissima*) e a cuieté (*Crescentia cujete*), ou árvore das cuias; o resto era cana-de-açúcar[20] e bananeiras. Havia uma bela fila de jabuticabeiras (a conhecida *Eugenia cauliflora*) de formas compridas ou arredondadas no alto, densa folhagem e casco mirtáceo macio, cobertas de flores de um branco amarelado e de frutas ainda do tamanho da cabeça de um alfinete. Em São Paulo, a árvore frutifica uma vez por ano, no princípio do verão, outubro e novembro; aqui, dá frutas constantemente. Eu esperava pela época das jabuticabas, como se faz com a época dos morangos na Inglaterra e das cerejas na França; a árvore não é encontrada, porém, no Baixo São Francisco — uma decepção. A fruta é das mais gostosas, de tamanho um pouco maior que a groselha, a casca um pouco dura, como a da uva brasileira. O sabor se perde quando a jabuticaba é posta à venda; o que se deve fazer é chupá-la no pé; em São Paulo, uma árvore é alugada a 10$000 por ano, e "andar à jabuticaba", "en famille", é um piquenique realmente agradável.

21 de agosto. — Depois de darmos alguns conselhos ao nosso hospedeiro, para procurar um oftalmologista no Rio de Janeiro, antes que se tornasse tarde demais, partimos às 7 horas da manhã, realmente pesarosos. O rio é muito belo naquele trecho; as escarpas cobertas de capim pareciam barrar o curso, e a disposição irregular das elevações anunciava o que estava para vir. À 1,40 da tarde, começaram as nossas dificuldades, que iriam prolongar-se por cinco dias. O toldo quase se perdeu, em uma volta ou curva acentuada[21], um pouco abaixo da Barra do Diamante. Vinte minutos depois, chegamos ao Saco d'Anta ou da Anta. O saco, ou reviravolta, corresponde à "horseshoe bend" (curva da ferradura) dos rios norte-americanos; o curso de água faz uma curva apertada, chegando a correr quase paralelamente a si mesmo, e a terra, em sua convexidade, torna-se quase que uma península, com um istmo estreito.

Aqui, uma escarpa coberta de capim da margem direita desvia e recurva o curso do rio; o elevado rochedo penetra no leito, formando uma saliência que leva a água a quebrar-se quase frontalmente; o material é xisto laminar, poroso e cheio de buracos, que poderia ser removido, facilmente, com um martelo-pilão a vapor. A correnteza, como podemos ver, vira para a esquerda, deixando um grande banco de areia à direita, curva-se nessa última direção sob um barranco e desaparece[22]; o curso é de oeste para leste. Chico Dinis avançou na frente na embarcação menor, levando nossos artigos perecíveis, e cortou alguns ramos perigosos para o toldo. Flutuamos, então, ao longo da margem para o porto, valendo-nos das varas para virar a popa para a frente, o que nos custou oito minutos de execução, fora a meia hora de preparativos.

Depois da "Curva do Tapir", chegamos logo ao Funil — aqui, como em São Paulo, pronunciado "funi". Nas formações terrestres, esse nome significa um desfiladeiro; nos rios brasileiros, aplica-se, em geral, aos rápidos que irrompem através da ponta de um trecho reto bem longo entre duas voltas e que termina em um ponto de fuga estreito. Ali, um banco de areia, coberto de cascalho e pedrinhas, secciona ao meio o acesso superior, e o curso é de oeste para leste. Descemos raspando na margem direita da ilha, para escaparmos dos rochedos da margem do rio a estibordo; em seguida, subimos, com a embarcação empurrada pelas varas, sempre uma manobra difícil, para a margem esquerda, evitamos o "raspão" e avançamos depressa. As caixas e sacos de viagem foram descidos, no braço esquerdo, pela embarcação menor, que verificou ser o leito pedregoso do rio muito perigoso para a balsa. Com grande esforço, tivemos de desafiar de novo o rio, abaixo da brecha central, dirigindo-nos para a margem direita, onde canoas, plantações e uma cabana anunciavam a Fazenda do Funil[23].

Às cinco horas da tarde, preparamo-nos para pernoitar na Praia do Funil, um banco de areia seco à esquerda. A primeira providência foi fazer uma fogueira, o que não foi difícil, pois havia combustível por toda a parte. Observei que, ao contrário do costume africano, meus homens preferiam uma fogueira pequena, segundo o hábito dos índios que, para esquentar o corpo nu mesmo na cabana e defender-se das feras, costumavam fazer com que as mulheres conservassem o fogo aceso a noite inteira[24]. Carne seca e peixe, quando se consegue apanhar alguns, são assados no espeto. A providência seguinte consiste em fazer angu, um prato quase universal: "porridge", "hasty-pudding", "stirabout", "polenta", "mush" e o "ugali" de Unyamwezi. O fubá ou a farinha de milho é jogado, aos poucos, em água fervendo e mexido constantemente, para não encaroçar, e deve ser comido logo que toda a massa apresente a mesma consistência mole[25]. O prato favorito nacional, o feijão nadando em toucinho[26], fica no fogo a noite toda, para estar pronto para a primeira refeição do dia seguinte. Os homens, de noite, ficam conversando e fumando até vir o sono, quando espalham suas esteiras e couros bem junto da fumaceira, não sendo de admirar-se que tão freqüentemente sofram dores nas cadeiras ou lumbago.

O ar estava deliciosamente puro, e fiquei sentado durante algum tempo, ouvindo a voz de um velho amigo. "Pst", começou sua onomatopéia. "Whip-poor-Will" (chicoteie o pobre Guilherme). Esse caprimulgídeo começa a cantar no crepúsculo, como certas corujas, especialmente o *strix aluco* da Europa[27], e seu grito alto e característico seria ouvido, com certos intervalos, durante toda a descida do São Francisco. Seus hábitos, pelo que pude observar, parecem-se com os das espécies norte-americanas, e muitas vezes vi, durante o dia, um casal aconchegando-se na areia. Os portugueses chamam a ave de joão-corta-pau, e seria curioso saber porque uma raça ouve *Pst-Whip-poor-Will* e a outra *joão-corta-pau*. Repetindo mentalmente as palavras, consegui reproduzir ambos os sons, mas a versão latina pareceu-me preferível.

22 de agosto. — Fomos despertados muito cedo pelo coriangu ou curiango (não criango) o *caprimulgus diurnos,* o nacunda-de-azara, que parecia dizer: "How well ye woke" ("como vocês acordaram bem dispostos"). Esse noitibó tem as penas almiscaradas, com manchas e barras brancas nas asas. Muitas vezes perturbei um casal em enlevo amoroso, de dia, à sombra de rochedos; o vôo, como o dos nossos noitibós, é sempre curto e baixo.

Saímos às seis da manhã, um tanto prematuramente, e a neblina, que obscurescia a superfície do rio, quase causou um acidente; uma árvore da margem esquerda, que poderia ter sido cortada em dez minutos, nos empurrou para as pedras de uma "corrente".

Às oito horas, passamos pelo Saco do Barreiro (do Gado)[28]. Esses lugares são freqüentes no Rio das Velhas e no São Francisco; os barrancos de barro vermelho, cinzento, amarelo ou pardo são todos marcados com traços deixados pelas línguas dos animais mamíferos e pelos bicos das aves que, habitualmente, os visitam de manhã bem cedo. Como nos Estados Unidos, os barreiros são salgados só de nome e tal hábito assemelha-se à doença dos comedores de terra dos africanos do Novo Mundo. Em certas partes, os criadores misturam sal com o barro e o jogam nas margens do rio, para produzir uma salina artificial, mas, via de regra, não se considera suficiente despejar o sal, pois o gado só lambe um determinado tipo de barro.

Depois de dois acidentes geográficos sem importância[29], chegamos perto do Rápido de Maquiné, que goza de péssima fama. Ninguém pôde explicar o significado dessa palavra; nosso piloto "achava" que era o nome de um enorme "kraken" (monstro fabuloso dos mares da Noruega) semelhante aos "vermes" dos "estranhos dragões de grande tamanho" que amedrontavam os ingleses nos saudosos tempos de antanho. A cachoeira se chama Maquiné Pequena, para distinguir-se de outra mais abaixo no rio.

O primeiro sinal foi uma saliência fragmentária, em ambas as margens, de pedra calcária escura e friável, inclinada em um ângulo de 40°; é chamada de Cabeceiras do Maquiné. Avançamos rapidamente para a margem esquerda, perto de um belo algodoal que sobe por uma encosta suave. Aqui podíamos ver o trecho reto do rio, em uma extensão de cerca de 400 metros; uns 200 metros de água tranqüila separam a cachoeira de cima da de baixo, que é considerada ainda pior. Ambas são formadas pelo fim do contraforte de uma pequena serra, cuja direção geral é de nor-nordeste, desviando o rio de sua direção principal para 25° nordeste. A base de pedra calcária forma uma saliência oblíqua de noroeste para suleste, onde a água irrompe bem no meio, e, mesmo nessa época do ano, apenas um rochedo se mostrava bem visível acima da superfície da água. A pedra calcária friável, rachada e estratificada, pode ser facilmente partida com a mão; antes de se aproximar da estreita parede, há um fundão, um buraco de pelo menos 3 metros de profundidade, e assim a natureza mantém aberto o caminho mais estreito.

Depois de fazermos um reconhecimento, embarcamos com o "trem" ou bagagem na canoa, que agora tem o calado de 10 a 12,5 centímetros. Aparentemente, havia um bom caminho à direita, mas o mesmo não aparece no mapa, e os pilotos sempre preferem o da esquerda. Seguimos a bombordo de uma saliência rochosa central e, atravessando sem novidade a água agitada, dirigimo-nos para uma parada, a meio-caminho, um banco de areia do lado de estibordo, junto das águas paradas que separam os rápidos. Dali, observamos o "grande barco" enfrentar a passagem; depois de duas ou três reviravoltas e inclinações, ele obedeceu à vara e desceu valentemente[30].

Depois de descansarmos até meio-dia, preparamo-nos para enfrentar a Maquiné de Baixo, a corredeira mais perigosa. Felizmente, deixei meus livros a bordo do "Elisa". Seguimos para a esquerda, encalhamos no rochedo, que se inclina como a formação superior, e fomos atirados, rodando, contra as árvores; eu poderia dizer que salvei apenas meu diário, como, para fazer uma modesta e inofensiva comparação, César, Camões e Mad. André (*De la Mediocrité*). Chegando à margem esquerda, assistimos, à sombra de um frondoso jatobá, às façanhas da arca. Fora executado um segundo transporte por terra, cada um ocupando duas horas, e, assim aliviada, ela deslizou em segurança para baixo, com sua divertida maneira elefantina. Teve, porém, a ajuda de alguns moradores da vizinha povoação de Maquiné Pequeno: José Luís de Oliveira, acompanhado de dois primos, que se despiram e deram uma mão para puxar o "Elisa" em um momento crítico. Não receberam pagamento, mas um copo de nosso bom lavado e alguns cigarros pareceram contentá-los.

Depois de varremos aquele "Grande Salto", o rio, cortado apenas por pedras mortas, facilmente evitáveis, deveria ter-se tornado um caminho fácil, mas assim não foi. Meus homens tinham trabalhado bem, mas bebido ainda melhor. Investiram contra uma saliência de pedra calcária, perto da margem esquerda. Depois, encalharam pesada e desnecessariamente em dois lugares; a canoa quase se perdeu, e não me sentia, de modo algum, confiante, quando nos aproximamos da Cachoeira da Onça. Provavelmente devido a essas circunstâncias fortuitas, a Cachoeira da Onça deixou-me uma impressão mais desagradável do que todas as outras dificuldades passadas no Rio das Velhas somadas[31].

Duas milhas adiante, viramos para sul-suleste e entramos em uma garganta, onde já estava escuro às 4 horas da tarde.

— 'Stá gritando! — anunciaram os homens, ouvindo, ansiosos, o barulho da queda d'água.

Avançando rapidamente durante alguns metros, vimos a cachoeira, precipitando-se, entre rochedos perigosos. Empurramos a embarcação com as varas para o lado esquerdo, e, abrindo demasiadamente para estibordo, batemos com força nas pedras, e a água passou entre as tábuas da plataforma. Tendo escapado desse choque, atravessamos o rio até um trecho de águas paradas à direita e examinamo-lo. O resultado foi virarmos a popa e deslizarmos em oito minutos, escapando por pouco de esbarrar em uma pedra escura laminada, com uma inclinação de 50°, que se lançava ameaçadora na água, e contra a qual se quebrava a correnteza.

A tripulação estava cansada e fora de condições de trabalho; resolvi evitar, por meio de uma parada prematura, o risco de algum acidente grave. Encontramos, na margem esquerda, em frente a um grupo de cinco ranchos, chamado Jatobá, algumas jardas de areia, sob barrancos de argila amarela; os homens batizaram o lugar de Praia da Cachoeira da Onça. O dia fora de trabalho pesado, e tínhamos feito um giro quase completo.

Uma nuvem escura e carregada cobria o céu no poente; meus homens, na esperança de que o rio se enchesse, rezavam para que chovesse, o que, naquela estação dura, às vezes, de três a quatro dias. À noite, a vista era sugestiva. À nossa direita, ouvia-se o sinistro estrépito e via-se o brilho lúgubre da Cachoeira da Onça; da esquerda, rio abaixo, vinha o ruído da Coroa Braba, enquanto o céu estava vermelho com os últimos raios solares e por toda a parte se viam os fogos das queimadas[32]. Na frente, corria o rio, de um azul escuro de aço; as águas mais distantes eram negras, com o reflexo das árvores, que se elevavam até a altura onde deveria estar a Ursa Menor.

Esse rio deserto tornar-se-á, dentro em pouco, uma estrada de nações, uma artéria que fornecerá ao mundo o sangue vital do comércio. A praia de areia em que estávamos talvez venha a ser o cais de alguma rica cidade. A Cachoeira da Onça e a Coroa Braba serão silenciadas para sempre. E o ruído do trabalho dos homens abafará os únicos sons que agora chegavam aos nossos ouvidos, o uivar do guará[33] e os gritinhos fracos do pequeno coelho castanho do mato.

Aprendemos a nos preocupar muito com o que foi; com o proêmio, o primeiro canto da grande Epopéia da Humanidade; mostramo-nos muito indiferentes com o que será, com os dias em que todo o poema estará desdobrado. Analisando-se bem, nada pode haver de mais interessante que uma viagem a esses Novos Mundos. São, sem dúvida, as Terras da Promissão, a "expressão do Infinito" e os cenários em que o Passado morto será enterrado, na presença daquele estado mais nobre que devemos agora procurar no Futuro longínquo.

NOTAS DO CAPÍTULO IV

[1] O nome é da fruta, semelhante à jabuticaba comum (*Eugenia cauliflora*); a árvore, porém, é mais alta, a casca tem um aspecto diferente e as frutas não dão até bem embaixo do tronco, como as outras. As canoas sobem, na extensão de cinco léguas, o rio, que nasce na Serra do Cipó e é navegável por embarcações menores até Ribeirão de Abaixo, distante cerca de doze léguas. Mais abaixo, fica o Córrego da Palma, cuja curva, um pouco acima da foz, é chamada Roto da Palma.

[2] A farinha de milho deve ser molhada durante 24 horas; a manipulação é delicada, e, em especial, a água deve correr, pois, do contrário, o produto azeda e adquire um gosto nauseabundo (farinha podre). Em seguida, o milho é socado em um pilão e peneirado; a massa é torrada, bem devagar, para não se estragar, em grandes panelas de pedra ou de metal, fixadas, por alvenaria, em cima do fogo. Viajantes utilizaram-se dessas instalações para secar peles e plantas. Essa farinha é mais gostosa quando comida com leite. O povo ignora o pão de milho dos Estados Unidos. Na fabricação da farinha de mandioca, o saco em que as raspas são coadas (tapeti ou tipiti e, nas colônias francesas, "la couleuvre") é completado por folhas de palmeira em cima e abaixo da massa, quando esta se encontra na prensa; aos sedimentos do suco que sai da massa chama-se tipioca (ou tapioca) e o líquido é jogado fora. Os índios, como os habitantes do Dahomey, prepararam um alimento muito torrado e duro, que chamam de "oui-entã", e os portugueses conhecem como "farinha de guerra" (Príncipe Max. i. 116). Nas florestas brasileiras, há espécies venenosas, chamadas mandioca-brava; nos europeus, provocam vômitos fatais, mas segundo se diz, os selvagens comem-nas, depois de guardá-las por um dia*.

[3] Este é ainda o costume na Turquia, Egito e Pérsia. No Rio das Velhas, prefere-se o metal aos materiais mais frágeis. No Brasil inteiro, os negros quebram tudo em que põem as mãos.

---

* Há muito ácido cianídrico, extremamente venenoso, no suco de certas mandiocas. Mas esse ácido, volatiliza-se todo, com a exposição ao sol ou ao calor, podendo então, europeus e indígenas, comer sem risco, a farinha delas proveniente. (M. G. F.).

⁴ Quem estabeleceu a homeopatia no Brasil, desempenhando o papel do Dr. Samuel Gregg na Nova Inglaterra, foi um francês, Dr. B. Mure, prosélito muito ativo e enérgico, que fez propaganda pela imprensa com incansável tenacidade. "Eu e o senhor somos os únicos homens que amam a homeopatia por ela mesma" – disse-lhe Hahnemann. Ele morreu, segundo creio, no Mar Vermelho, sempre lutando pela sua paixão, para o benefício da Índia. O "Instituto Homeopático do Brasil" publicou sua *Prática Elementar,* que já teve várias edições.

⁵ Engenho de ferro deitado, em oposição aos antigos sistemas de cilindros verticais, chamado "engenho de pau em pé".

⁶ A palavra é, segundo creio, indígena; significa, propriamente, "cauí", ou vinho de cana-de-açúcar, ou mel silvestre, e abrange mais coisas. É simplesmente o caldo de cana fresco, que o povo gosta de beber quente, segundo a moda dos índios; acho muito mais agradável frio. A garapa é uma bebida altamente apreciada pelos tropeiros, e fica nas prateleiras de toda venda, ao lado do capilé e outros refrescos. Para o gado, e especialmente para os cavalos, é um ótimo alimento para engorda*.

⁷ Eis o rude sistema que é seguido nesta parte do Brasil. As canas são amassadas pelos cilindros, e o caldo ou garapa ("huarapo" em espanhol) corre para as caldeiras; em geral, um negro toma conta de três dessas caldeiras. O bagaço ("bagasse" em francês) ainda é alimentício; é bom para animais, especialmente porcos, pode fornecer combustível para um motor a vapor e é excelente adubo, devolvendo ao solo sílex e sacarina. Atualmente, em geral é jogado fora e deixado apodrecer. Das caldeiras, o caldo passa para a resfriadeira, onde as feculências e impurezas se assentam e o caldo se cristaliza. É, então, colocado em formas, cujos fundos, com uma largura que é metade da tampa, é todo furado, sendo os buracos fechados com batoques. Esses recipientes são revestidos de tijolo e jamais de carvão animal; quando o melado escorreu, o açúcar é secado ao ar livre, revolvido pelos negrinhos e expurgado totalmente de impurezas. Finalmente, é armazenado no caixão de açúcar.

Para a destilação, o melaço, saindo da resfriadeira, é levado, por bicas, ao cocho, um grande tanque de madeira em forma de canoa. É, então, misturado com escória das caldeiras e reduzido a cerca de 11° Reamur, no tanque de azedar, para a fermentação alcoólica. Depois disso, é levado ao alambique, uma máquina antiquada e raramente limpa, semelhante a uma retorta. Essa máquina habitualmente recebe três abastecimentos (alambicadas) nas vinte quatro horas, sendo raro o trabalho durante a madrugada. Finalmente, a bebida é decantada e vertida em um depósito quadrado de madeira, contendo cerca de 500 barriletes; esse "tanque de restilo", quando feito de uma só peça de madeira, é chamado paiol.

⁸ Esse óleo de mamona é vendido a 1$200 o alqueire, cerca de 8 galões imperiais. Os sulistas conhecem a planta, mas raramente queimam o óleo, como se faz nesta parte do Brasil.

⁹ Não batuca, como escreveu o Príncipe Max.

¹⁰ Não deve ser confundido com o Paracatu, afluente do São Francisco. A palavra assim escrita significa rio (pará) bom (catu); há quem afirme ser uma corruptela de "piracatu", peixe bom (pira=peixe).

¹¹ "Uira" é também em tupi, haste ou flecha, e "uiraçaba", escudo.

¹² A copaíba, também escrita copaíva e copaúba (*Copaifera officinalis*), será mencionada no Cap. 6.

¹³ Arruda chama esta malvácea de guaxuma-do-mangue (*Hibiscus pernambuscensis*)**.

¹⁴ Ou Porto das Palmas.

---

* Cauim é denominação genérica para as bebidas alcoólicas resultantes da fermentação de sucos extraídos de plantas. Nossos indígenas usavam no seu preparo, principalmente milho ou mandioca, mastigado por crianças e velhas que cuspiam num vazilhame de barro a mistura de saliva e do material mastigado. As bactérias contidas na primeira faziam a fermentação da segunda. (M. G. F.).

** Essa espécie é hoje conhecida pelo nome científico *Hibiscus tiliaceus.* (M. G. F.).

15 Rótulo é aqui corruptela de rochelo.

16 É uma urtiga (*Jatropha urens*). Os selvagens que eram bem familiarizados com as plantas medicinais que cresciam em suas florestas e lhes davam nome, usavam esta planta para flebotomia local. Esfregavam-na na parte afetada e, quando se produzia inflamação suficiente, faziam um grande número de incisões, com uma pedra ou uma faca, um modo de sangrar mais bárbaro mesmo que o da África.

17 Corresponde ao vento de suleste, que sopra ao amanhecer, no Baixo Mississipi.

18 É uma magnífica árvore de floresta (*Couratari legalis*, Mart. *Pyxidaria macrocarpa*, Schott). Esse colosso tem, muitas vezes, 60 metros de altura e a sombra que espalha poderia abrigar uma pequena caravana.

19 Refiro-me, especialmente, aos artigos da revista sobre a Guerra do Brasil com o Paraguai. Ou ela sabe a verdade, e a esconde, ou melhor, a deturpa; ou ignora os fatos, e deveria procurar obter informações.

20 Raramente vi melhor cana-de-açúcar, e, no Brasil, nunca, sem dúvida. É da qualidade caiana e, quando cortada, tem uns 3 metros de comprimento por quase 4 centímetros de diâmetro. Tal é o efeito do terreno de massapé.

21 Habitualmente pronunciado "vorta" em Minas e São Paulo. A confusão do *r* com o *l* é tão comum como na China, e ouvi um "homem formado" e um deputado provincial chamar a Estrela d'Alva de Estrera d'Arva. Como já foi dito, muitos dos índios não conseguem articular o *l*. Além disso, tem-se como certo que, no tupi, faltam o *f, r* e *l*. De qualquer maneira, não aparece na língua geral, que ignora o *d, f, h, l* e *z*.

22 As voltas totais são sul-sudeste, sudeste, leste, nordeste, norte e, afinal, a direção geral, noroeste. M. Liais, que desceu o Rio das Velhas, quando o rio devia estar um tanto cheio, assinalou nove rochedos esparsos, cinco à direita e quatro à esquerda. Esse obstáculo poria severamente à prova os motores de um rebocador subindo o rio.

23 M. Liais mostra um caminho muito nítido entre o banco de areia à esquerda e os três rochedos espalhados ao longo do leito, à direita.

24 Como os africanos, eles costumam acender fogueiras junto dos túmulos recentes, não para espantar os maus espíritos ou o diabo (de acordo com os viajantes), mas para comodidade pessoal do defunto.

25 Outra forma é chamada mingau (não "mingant", como diz o Príncipe Max. i. 116); é feito de farinha de mandioca com água e, às vezes, um pouco de canela. Um terceiro preparado é chamado carimã, derivado de "cari", correr, e "mani", mandioca, "mandioca corrida". Em outros velhos autores, encontramos "mingan" ou "ionker", sopa ou "bouillie" espessa, feita de sal, pimenta e mandioca. Yves d'Evreux fala em um intérprete normando chamado David Mingan. O pirão é farinha misturada com água quente, ou, melhor ainda, com caldo, peixe ou galinha; é um acompanhamento do peixe muito apreciado.

26 Afirma-se que as substâncias gordurosas, contendo carbono, tão necessárias aos habitantes das Regiões árticas, deixam de ser usadas nas proximidades do Equador, sendo suplantadas pelas frutas, arroz e semelhantes alimentos leves. Isso é de todo falso. O italiano consome uma quantidade de azeite que faria enjoar um inglês. O hindu engole, em uma refeição, um copo cheio de "ghi", ou manteiga derretida, e poucos, ou nenhum nórdico conseguiria comer impunemente seus gordurosos doces. O negro nu de perto do Equador satura sua comida de óleo de coco, e mesmo na Bahia, no Brasil, onde o "diabo negro da África" anda perfeitamente vestido e pode comprar carne em abundância e obter qualquer quantidade de bebida espirituosa, são comidos por todas as classes os temperados e oleosos caruru e vatapá (óleo de dendê). Perto do Equador, o calor úmido tem o mesmo efeito sobre a dieta que o frio das altas latitudes; os estimulantes fortes, vinho do Porto, jerez e a cerveja forte são melhores que o clarete e os vinhos franceses, e a carne é muito mais digestiva do que os legumes. A prática vale mais que todas as teorias, ou melhor, as hipóteses dos pseudo-teóricos, e o hábito dos escritores, de copiarem os outros, sem qualquer esforço de uma indagação imparcial, perpetua uma série de erros.

27 O Príncipe Max. menciona várias outras aves semelhantes. Há uma espécie maior que o joão--corta-pau comum, que Margraf chama "ibiyaou" e ele (i. 267) de "bacourau". Outra (descrita em i. 370) é a *Caprimulgus aethereus*, que voa alto, como as aves de rapina. Uma terceira é a manda-lua (*C. grandis*), branca e marrom, cujos gritos estridentes enchem a floresta. O ornitólo-

go alemão descreveu, pela primeira vez (iii. 91), o curiangaçu, ave diurna que se mistura com os cavalos e bois nos pastos, e o *Caprimulgus leucopterus* (iii. 178), cujo bico é semelhante ao do *C. grandis*.

28   M. Liais a chama de Cachoeira do Pau Seco. Neste ponto, o rio corre de sul para o norte, e tem em frente três morros baixos. Descemo-la facilmente em quatro minutos, cruzando da direita para a esquerda e evitando, assim, as pedras de ambas as margens.

Segundo Azara (i. 55), os índios, que ignoravam o uso do sal puro, o substituíam pelo "barro" salino, que devoravam vorazmente. O Príncipe Max. observa (ii. 257): "La glaise du Brésil n'a pas le goût salin, et je n'ai recontré chez les habitants indigènes de ce pays aucun mets salé". É um comentário interessante sobre a suposta necessidade daquele tempero. Não se deve esquecer, porém, que os tupis eram eminentemente carnívoros, e, assim, encontravam o sal na carne. Naturalmente, o caso dos "vegetarianos" é outro. Não é desconhecido no Brasil o hábito de comer terra. Já mostrei que, na África, como os índios otomacos, que Humboldt descreve como intrépidos geófagos, a terra é comida em grande quantidade, sem fazer mal. Não posso, pois, concordar com St. Hil., no sentido de que os otomacos são a única exceção quanto à fatalidade do geofagismo. St. Hil. diz que os brasileiros preferem a argila dos termiteiros; o mesmo se dá em Unyamwezi, onde ela é chamada "terra doce".

29   As cachoeiras de Duas Barras e das Cabras.

30   O mapa de M. Liais mostra um caminho livre no meio do rio e duas obstruções principais. A interrupção superior consiste em dois blocos de pedras, com o talvegue no centro. Depois de um trecho de águas tranqüilas, vêm três rochedos à direita e, em frente deles, uma formação semelhante, mas menor e mais quebradas. Nessa parte, há duas pedras que devem ser retiradas do talvegue.

Desci inteiramente pela esquerda; o rio, contudo, evidentemente, corre no meio do leito, e este, quando aberto, dará uma passagem perfeita. Na Maquiné de Cima, o rochedo, ou rochedos espalhados, deve ou devem ser removidos e, na de Baixo, a parede deve ser rompida. Creio que será fácil trabalhar-se ali, com um martelo, não a vapor, mas hidráulico.

31   O mapa, contudo, mostra apenas um bloco de pedra na margem e duas cabeças à direita, estando em frente cinco rochedos espalhados, facilmente removíveis. O perigo vem da pedra solta que a corrente fustiga, logo abaixo da "porta" superior.

32   Diz St. Hil. (III. i. 202) que, no Oeste de Minas, os agricultores só fazem queimadas na lua minguante (dans son decours).

33   A palavra é "g-u-ára-ã", um grande comedor, muito voraz. "G" é o pronome relativo, "u", comer e "ára" (em hindustani "wala") a desinência verbal. Guara (comedor) é fortalecido pelo positivo "ã". O nome é do animal aqui chamado cachorro-do-mato ou lobo, o aguara-guazu de Azara e o *Canis mexicanus* de Cuvier. Vi de perto um exemplar, que se parece muito com o lobo francês, exceto o pêlo, que é mais vermelho. Esse carnívoro prefere os terrenos onde se encontram a mata e o campo. Nunca ouvi dizer que atacasse o homem; mas, por outro lado, aqui não há neve para torná-lo faminto.

Há também uma ave aquática chamada guará ou gará (um íbis), palavra derivada de "ig", água e "ará", papagaio, papagaio da água, devido à sua bela cor rosada.

Como desinência, guará quer dizer dono ou senhor; por ex.: piguara, guia; literalmente, senhor do caminho ou pé (pi).

CAPÍTULO V

RUMO À FAZENDA DE BOM SUCESSO

*A coroa. Preparativos para visitar Diamantina. Os
prazeres da solidão.*

Antes de partirmos, será necessário explicar em que consistem as "coroas"[1], uma exemplar das quais nos esperava.

A coroa é a "sand-bar" (barra de areia) dos rios norte-americanos, uma ilha no rio, mas muito diferente de nossa "holm" ou ilhota. Ocorre, em sua maioria, como observei a respeito das cachoeiras, na foz de algum ribeirão ou córrego, onde o afluxo da água fresca retarda a correnteza, e esta, muitas vezes, deixa acumular detritos sobre pedras soltas ou saliências rochosas. A correnteza se separa para cada lado, deixando no centro uma convexidade, nua como a cabeça raspada de um índio coroado, e de todos os tamanhos, desde jardas até acres. A água é rasa acima dela, profunda embaixo, em ambos os flancos e nas reentrâncias e concavidades onde os peixes gostam de mergulhar e em cujas margens o gado gosta de tomar sol. Quando a formação é muito lenta, os troncos flutuantes passam por cima dela; em caso contrário, os troncos de árvores são, em geral, encontrados em ambas as margens, e deve-se ter cuidado com os troncos submersos, especialmente perto da cabeça, isto é, rio acima. Muitas vezes, a coroa é dupla, ou mesmo tríplice; é sempre alongada no sentido da correnteza do rio; jamais circular, como nas formações lacustres, e as orlas ou se nivelam com a água ou se erguem, como precipícios liliputianos.

A superfície é coberta de cascalho, com pedras de todos os tamanhos, desde uma polegada até um pé, que se destacam das margens e são arrastadas pelas cheias. O material é, sua maior parte, constituído de quartzo, em suas formas protéicas, jaspe, pedra de toque, pingos d'água ("quartzum nobile") cristalizado, estratificado e quase sempre vermelho ou cor de ferrugem, devido à presença de ferro. Há, também, muito arenito, pedra calcária e clorita, que podem ou não conter ouro[2], juntamente com bocados de canga ou conglomerado ferruginoso, dádiva da região de rio acima. Em certos lugares, a areia é muito solta, deixando-se penetrar pelo pé ou pelo calcanhar. Nas depressões, onde se acumula a água das chuvas, ficam grandes lençóis de lama, com 7,5 a 10 centímetros de espessura, e, em todos os lugares por onde se estendem as águas, os seixos, na estiagem, apresentam-se cobertos de um limo seco, cuja base pode ser cascalho, areia macia ou lama endurecida. Essas coroas puras e simples são freqüentadas por gaivotas e andorinhas do mar, gaviões e martins-pescadores, patos e garças, mergulhões, maçaricos e outras aves que serão mencionadas.

Uma vegetação difusa de árvores enfezadas e capim de um verde acinzentado e arbustos forma-se, começando, geralmente, na extremidade à jusante e, assim, a barra de areia se veste de mato.

Uma planta típica é o araçazeiro, espécie de goiabeira, de folhas relativamente finas e com uma exagerada robustez de tronco, semi-adaptada àquele meio. Outro arbusto comum é a ariúda, também chamada alecrim-da-coroa; sua folhagem é menor que a do *Psidium*, o tronco e os galhos são mais fortes e resistentes, e ela se curva para o rio, pela força das inundações; essa planta também cresce na areia. Em certos lugares, a beira da água é coberta por um capim áspero, cujas folhas têm o tamanho médio de um dedo e meio na largura, que se usa para enchimento de selas. No Rio das Velhas, não se encontram as plantas semelhantes ao junco e à vassoura, que serão encontradas no Rio São Francisco, abaixo de Remanso.

A barra de areia forma-se, a princípio, sob a água, quando é chamada areão; vai-se elevando aos poucos e, onde as cheias anuais não são muito violentas, ela logo se torna uma ilhota, uma carapuça; se é grande, uma ilha. Muitas delas, como a "tow head" do Mississípi, têm duas cabeças, são em parte cobertas de mato, ficando essa parte matagosa à montante e a parte arenosa a jusante, ou vice-versa. O acidente torna-se, então, uma feição permanente e as figueiras e mimosas cobrem o solo, como o "cuttun woods" dos Estados Unidos. Passando o Rio Pardo, iríamos ver outra ilhota com a superfície formada por blocos de pedra calcária azul, cobertos de densa vegetação de arbustos, e, mais embaixo, no São Francisco, vimos uma combinação de rochedos altos, árvores altas e solo de areia.

M. Liais sugere que as obstruções sejam removidas pela dragagem. Embora a contra-gosto, discordo dele; não exigiriam dragagem, também os obstáculos sobre os quais elas próprias se formaram? Um simples rochedo, como uma estaca em um deserto de areia, provoca um acúmulo de material; as mesmas causas continuam a atuar, e, sem dúvida, cada cheia renovaria os efeitos.

23 de agosto de 1867. — A manhã quente tentou-nos, outra vez, a partir às 6,30, meia hora mais cedo. O curso era de leste para oeste, e encontramos nossa balbuciante amiga, a coroa braba, um complexo de pedra e areia. À esquerda, ficava um rochedo, depois cascalho, depois outro rochedo; para estibordo, erguia-se a barra de areia, em cujo lado direito não perdemos tempo em encalhar pesadamente. Livramo-nos com dificuldade, empurrando as varas, e eu não estava gostando do rumo dos acontecimentos. Felizmente, encontramos um jovem mal-encarado, levando uma canoa em direção à aldeia, e, por consideração, Herculano Teixeira de Queirós foi persuadido a nos acompanhar. Ele desembarcou e, imediatamente, transformou-se em um jovem canoeiro muito bem disposto, de camisa e calça brancas, chapéu de palha e a inevitável faca de cabo de osso pendendo da cintura.

Depois de três quartos de hora, aproximadamente, a proa da "Elisa" estava virada para o nordeste, descrevendo, assim, uma comprida ferradura, com um calcanhar muito estreito. Em certos lugares, o rio é, para a estrada de terra 3:1, uma proporção não muito rara; em outros, 5:1. Diante de nós, erguia-se, muito azul, a Serra do Baldim, a "Baldoíno" de M. Liais, que corre a nordeste de Jaguara; segundo dizem, contém jazidas de alumínio, como as que encontramos no São Francisco. Meia hora depois, passamos pela Cachoeira dos Paulistas, cujo rochedo não corta o rio em linha reta; o Plano a apresenta como parte das dos "barrancos do Cafundó"[3]. Tornou-se evidente que os rápidos estavam ficando menos trabalhosos e muito mais perigosos, com águas profundas e canais estreitos, suscetíveis de comprimir a embarcação. Seguimos rente à direita, depois ganhamos o meio do rio, apontando para o vértice de um triângulo equilateral fortemente definido pela orla da espuma provocada pelo choque das águas com as pedras, aqui o guia habitual do caminho desimpedido.

Surgiu, em seguida, um complicado obstáculo — um bloco escarpado de pedra ferruginosa a bombordo desviou a embarcação para estibordo, quase que de nordeste para suleste. Evitando dois bancos de areia e duas saliências de pedra, dirigimo-nos à direita e quase fizemos a volta da coroa – seguindo o sol – de sudeste, via leste, e nordeste para noroeste. Um par de rochedos em nosso caminho nos fez atravessar para a esquerda, e, fazendo uma curva para o norte, encontramos uma brecha formada por blocos esparsos de pedra calcária. Essa Cachoeira da Barra do Engenho de Manuel Paixão foi um negócio de oito minutos; o desvio era arriscado, e, para que o trecho possa ser navegado por um vapor, torna-se indispensável limpá-lo dos rochedos, após o que a própria correnteza se encarregará de limpar a areia e o cascalho.

Depois de serpentearmos por umas quatro milhas, onde um grito poderia ser ouvido através de uma garganta, avistamos, adiante, algodoais em plena inflorescência e, ao longe, uma sucessão de morros de encostas suaves. Um bananal na margem esquerda e quatro cabanas, uma das quais, pelo menos, era uma venda, revelaram-nos, ao contrário das previsões, que tínhamos chegado a Santa Ana de Traíras. Esse lugar fica na estrada real que liga a Capital da Província a Diamantina[4]; tornou-se paróquia em 1859 e pertence hoje ao vasto Município de Curvelo, cuja população, em 1864, foi estimada em 4.298. Disseram-me que é de 12.000, pois tais informações em geral duplicam o número provável.

Há aqui duas balsas, uma com uma cadeia e que pertence a uma companhia ou coisa que o valha, e a outra com o civilizado cabo de aço, trazida de Morro Velho; esta última é propriedade do Sr. João Gonçalves Moreira, para quem eu levava uma carta de apresentação. Ele nos recebeu na margem do rio e mostrou-me uma árvore com marcas deixadas pela água, há dez ou doze anos, 13 metros acima do nível atual do rio. Naquela ocasião, as cheias cobriram o vale ribeirinho até o sopé das montanhas do campo, e os moradores tiveram de ser retirados por canoas dos telhados de suas casas. Comumente, a cheia atinge, durante alguns dias, a corrente da balsa. No Brasil, que está, em quase todas as partes, mais ou menos sujeito a esses dilúvios excepcionais, que aparecem com uma certa periodicidade, embora vaga, se os engenheiros ferroviários estrangeiros tivessem ouvido os conselhos dos nativos e construído de acordo suas pontes e bueiros, teriam poupado muito trabalho para si mesmos e muito dinheiro de seus empregadores.

Dirigimo-nos à povoação, na margem direita; o terreno era um tanto pedregoso, cascalhento e pobre. Havia, em quantidade, um arbusto de folhas semelhantes às da mimosa, chamado pelos tupis tareroqui, e pelos brasileiros fedegoso (*Cassia occidentalis, C. sericea,* etc.). Sua raiz é um poderoso purgante e os homeopatas fazem infusão dela em espírito de vinho e a empregam como a quinina; as vagens são, às vezes, usadas como café, do mesmo modo que o milho nos Estados Unidos. A praça principal da localidade tem duas capelas, Santa Ana e Rosário, alguns coqueiros novos e algumas vendas, especialmente o duplo armazém do Sr. Totó (isto é, Antonico ou Antônio) Rodrigues Lima e a botica do professor primário que, embora seu pai se chamasse Custódio Amâncio, preferiu denominar-se Emanuel Confúcio de Zoroastro.

As casas, dentro do "toque do sino", são umas 200 a 300, todas térreas e muito modestas. A única coisa que parece florescer é a cabra; o cabrito parece aqui, ao contrário do que acontece em Minas e São Paulo, a carne predileta. Nosso amável guia nos apresentou a vários homens de prol da terra, que nos convidaram a passar o dia lá. O Sr. Antônio Gomes de Oliveira, parente do Coronel Domingos, ofereceu-nos um almoço, no qual foi servida uma boa cerveja forte inglesa. Sua casa era a melhor do arraial, uma casa comprida, tendo em frente alguns arbustos; naturalmente, tinha uma loja.

Nosso piloto provisório já havia trabalhado muito, e mandamos convidar dois outros, mas sem a menor possibilidade de resposta antes de três dias. Chico Dinis, polidamente, manifestou seu indescritível pesar, e voltamos ao barco. O Sr. Moreira nos induziu a visitar sua casa, do outro lado, e, enquanto despachava uma mensagem peremptória, apresentou-nos a sua esposa e nos mostrou o quintal, de cujas laranjas e couves se mostrava bastante orgulhoso; o solo é ali bem melhor do que o do arraial. Nosso anfitrião falou bastante, evidentemente sem acreditar em absoluto, na anunciada navegação a vapor; na sua opinião, as cachoeiras eram insuperáveis e quando nos referimos à possibilidade de cortá-las para abrir caminho, estávamos, sem a menor dúvida, falando grego.

Em 1858, um engenheiro do governo passou seis meses nos rápidos acima de Traíras, e os moradores lembravam-se de suas espoletas e mulas carregadas de cilindros de lata, transportando cargas explosivas; todos concordavam, no entanto, que ele não destruíra um único obstáculo, e, em sua maior parte, achavam que o engenheiro deixara os lugares ainda pior do que os havia encontrado.

Afinal, cansados do atraso, dissemos um amistoso "au revoir" ao nosso anfitrião, e deixamos Traíras, plenamente convencidos de que, se a desobstrução do Rio das Velhas for entregue a homens que recebem dinheiro público ou aos que ganham dinheiro transportando tropas de mulas na balsa, o magnífico curso de água continuará obstruído por muito tempo.

Partimos pouco depois de meio-dia, e a tarde foi uma sucessão de bancos de areia e rápidos, com pedras à direita, à esquerda e no talvegue central[5]. O primeiro obstáculo sério foi o Ribeirão da Onça, um rápido à esquerda de uma tríplice coroa; é assim chamado por causa de um ribeirão de águas verdes, que pode ser navegado por canoa na extensão de várias milhas. Logo adiante, chegamos a um lugar onde quatro homens estavam sentados, conversando; propusemos pagar-lhes, para remarem na embarcação, mas eles recusaram, concordando, porém, em nos ajudar a puxá-la rio abaixo na Cachoeira da Barra do Ribeirão dos Gerais, ou Cachoeira dos Gerais (do Lamego)[6]. Enquanto seguravam a corda de sirga, puxávamos do lado da margem esquerda, coberta de areia solta; as arestas dentadas da pedra escura estratificada horizontalmente projetam-se da margem direita acima da foz do ribeirão e desviam o rio para a esquerda, executando, assim, um trabalho de engenharia[7]. Acima dos rápidos, tem sido retirado muito ouro.

Um trajeto de duas horas nos levou à Cachoeira do Lajedo[8], uma pequena corredeira, formada por uma ponta de um rochedo coberto de mato à direita; do alto desse morro, dizem, pode-se avistar Piedade de Sabará. Depois de vários acidentes sem importância[9], e de passarmos pela Coroa do Jardim, quase um jardim e, para nós, um novo espetáculo, ancoramos, na hora de costume, pouco antes de 5,30 da tarde, na Praia da Ponte[10]. Abaixo, fica a coroa do mesmo nome, que nos forneceu música a noite inteira. Para lá do barranco da margem, havia algumas choças e canaviais, crescendo enfezados em um solo pobre, de matagal raquítico, bom apenas para os carrapatos. Apareceram alguns roceiros, olhando-nos com curiosidade; não quiseram comer em nossa companhia, nem aceitaram coisa alguma, a não ser fogo para os cigarros, e mostramo-nos tão cerimoniosos quanto eles.

Eu havia sido aconselhado a tratá-los com "agrado e gravidade", pois, do contrário, eles poderiam tornar-se turbulentos ou perder o respeito. Falaram sobre um canoeiro, e mandamos procurá-lo, mas, como de hábito, estava doente. Duas mulheres, vendendo galinhas, ficaram paradas perto de nós, de pernas abertas como africanas, e conversando uma com a outra; nada poderia ser mais diferente de certas moças de Búfalo. Ao anoitecer, todos se retiraram, os homens levando a mão ao chapéu, em profundo e lúgubre silêncio.

Senti-me abatido com esse contato com a minha espécie. Era o Presente, em sua forma mais nua, mais prosáica; o brilhante calidoscópio da vida civilizada aqui assumia o triste aspecto de uma forma invariável e de uma cor imutável. Não há pobreza, muito menos miséria; não há abastança, muito menos riqueza. Não há objetivo; não há progresso, onde o progresso poderia existir tão facilmente; não há choque de opiniões entre um povo a que não falta, todavia, inteligência. A existência é, de fato, uma espécie de "Nihil Album", cuja negra variedade é a Morte. Prefiro o barbarismo real, vigoroso, a uma semicivilização tão apática.

24 de agosto. — A noite fria fez que o nevoeiro permanecesse muito tempo sobre a água, e não partimos antes de 7 horas da manhã. Duas coroas, nenhuma das quais consta do mapa, nos deram algum trabalho. Depois, o rio penetrou em uma garganta, e as ribanceiras de ambos os lados eram muito altas — cobertas de mata em cima e de pedra embaixo. Antes de uma hora, estávamos na Cachoeira das Violas[11]; em lugar, porém, de descermos pelo meio do rio, seguimos pela esquerda, para evitar os troncos flutuantes, e fomos sacudidos, como se estivéssemos montados em um burro. Um bonito trecho reto do rio, com belas matas aos lados, apareceu à nossa frente, e o material das últimas clareiras salpicava a terra; aqui, a direção da pedra calcária (?) é nordeste e a inclinação $12°-15°$. Depois de vários acidentes sem importância[12], deixamos a oeste um belo pedaço de terra, a Fazenda do Boi, pertencente ao Sr. Delfino dos Santos Ferreira. Os moradores estavam reunidos no barranco amarelo, para nos olhar e nos amedrontar com a Cachoeira Grande, lugar acerca do qual eu já ouvira contar horrores. O diálogo era deste estilo:

— Conhecem as cachoeiras? — perguntamos.

— Conhecemos!

— Querem servir de canoeiros?

— Deus me livre!

— Por dinheiro!

— Nem por dinheiro!

— Por quê?

— Por quê? Porque temos medo!

Isso era dito enquanto os meninos corriam ao longo da margem, como avestruzes ou nativos do Ugogo; estavam começando a esquecer o uso do antilatino "sim" e do "não" e repetindo metade de nossa pergunta — o velho estilo português.

Pouco depois de meio-dia, desembarcamos na margem direita e examinamos uma espessa camada de canga, provavelmente aurífera e possivelmente diamantina. As pedras, em forma de amêndoa, eram de quartzo escuro, enferrujado, no habitual envoltório de argila ferrosa, e, deste ponto para baixo, iríamos encontrar grandes depósitos daquele material. Mais adiante, a pedra calcária estendia-se voltada para suleste em fileiras quase horizontais, prontas para serem utilizadas. Os canoeiros atravessaram o rio, indo a um pomar da margem esquerda, e voltaram trazendo cestos de frutas e canas-de-açúcar, que cortavam e mastigavam como os botocudos. Tinham tocado a buzina, mas, como ninguém aparecera, puseram mãos à obra. Deus do céu! Tinham furtado da Igreja! A terra pertencia ao Padre Leonel, e, o pior de tudo, suas laranjas não eram dignas de ser comidas[13]. Isso aqui, porém, é um pecado venial. Pode-se tirar o que se quiser de uma plantação — a roça não pode ser roubada, dizem — mas é ilícito tocar, por exemplo, em um pé de cebola ou outra verdura que tenha dado trabalho ao dono, pois os primeiros são "ferae naturae", e os últimos um quintal ou um terreiro de galinhas.

Felizmente para nós — pois a Cachoeira Grande não era brinquedo — encontramos no Saco Grande, na margem direita, uma pequena multidão se preparando para o samba, isto é, passar o "santo sábado" e talvez o "santo domingo" com dança e bebida. Os homens levavam espingardas nas mãos e garruchas e facas na cintura — prova de que não estavam dispostos a serem recrutados. As mulheres estavam todas vestidas de gala — coloridas como o arco-íris — e tinham flores vermelhas cor de sangue nos cabelos lustrosos; mas, de uma dúzia delas, nenhuma era inteiramente branca. Depois de uma troca de palavras com Chico Dinis, a vara da proa ficou aos cuidados de um certo Felicíssimo Soares da Fonseca e a popa foi ocupada por um velho de pele escura e barbicha branca e encrespada, Manuel Alves Pinto, e seu filho, Joaquim. O negócio parecia ter dado certo. Os recém-chegados eram homens de poucas palavras; cumprimentaram-nos civilmente, e entraram em ação.

O começo do fim foi o pequeno Rápido do Saco Grande, onde o leito do rio, fazendo uma volta muito pronunciada para suleste e noroeste, corre em trechos retos paralelos. Para evitar as pedras da margem esquerda, navegamos de popa para a frente ao longo da margem direita, que, neste ponto, é uma massa de arenito ferruginoso, inclinado para suleste e quase plana (3°–4°). Depois de fazermos uma volta com o barco, deixamos, à direita, dois bancos de areia e outros tantos rochedos isolados; na margem oposta havia, também, uma massa de pedra azul[14], da qual não se deveria aproximar. Esse cotovelo é muito acentuado para um rebocador, e é indispensável a remoção das obstruções.

Logo em seguida, viramos para este-suleste e enfrentamos a temível Cachoeira Grande, que é formada por outra curva apertada do rio, dirigindo-se para nordeste. Os obstáculos são seis projeções de pedra escura na margem direita e quatro na esquerda, em sua maior parte à flor da água, e é preciso habilidade para serpentear entre elas. Começamos passando a bombordo da nº 1, depois avançamos em linha reta para a nº 2, à esquerda; então, avançando furiosamente rio acima — se uma vara se tivesse quebrado, nem é bom pensar onde estaríamos a uma hora destas — a "Elisa" foi empurrada para a direita, virada pela força do braço e deixada descer, bem dirigida, até chegar a poucos pés da nº 4, que se ergue em frente. Finalmente, deixando aquele escolho a estibordo, alcançamos o habitual vértice do triângulo, com muita água em ambos os braços. A única coisa que aconteceu foi uma ligeira batida em uma pedra morta, isto é, oculta pela água. A descida levou dezesseis minutos. Essa Cachoeira Grande é mais perigosa, mas não constitui um obstáculo tão sério à navegação quanto a de Maquiné. Qualquer tipo de martelo-pilão poderia desbastar, facilmente, as pontas das saliências e abrir um caminho no meio do rio — é tudo de que se precisa.

Depois de muitas congratulações, nossos amigos anunciaram sua disposição de partir, alegando todos que tinham alguma coisa importante para fazer, mas, como acabamos verificando, tudo não passava de mera questão de cortesia. Como os perigos ainda não tinham passado, o barril de restilo entrou em ação e foi declarado "muito brabo"; o Ma--a-jor (eu próprio) tornou-se tão irresistível, que todos queriam me acompanhar até o Rio São Francisco, ou fosse para onde fosse. As varas foram manejadas com vontade. Deixamos a bombordo uma água agitada e uma pedra perigosa, chamada a Capivara (*Hydrochaerus*), e atravessamos, então, para travar conhecimento com uma massa submersa em frente, chamada Rapadura; é uma simples correnteza, mas uma grande quantidade de pedras mortas pode torná-la perigosa para um vapor.

O fim foi a Cachoeira das Galinhas[15], à qual não tardamos a chegar. Conservamo--nos à distância de um paredão rochoso na margem direita e seguimos pelo lado esquerdo da coroa, até alcançarmos sua extremidade, rio abaixo. Ali há uma estreita passagem, formada por duas saliências rochosas que se projetam das margens, e, em tais lugares, a "amarração" é sempre aconselhável. Os homens pularam na água, com altos gritos de "Ei, rapaziada!", e puxaram a sirga, até que a correnteza foi alcançada, na posição adequada; voltaram, então, para bordo, antes que tivéssemos andado muita coisa. Deixamos a estibordo dois blocos de rochedo e uma pedra submersa, bela pedra calcária azul, raspando neles ao passarmos. O Rápido do Hens nos fez perder nove minutos, gastos principalmente em gritaria. O canal direito pode ser desobstruído com facilidade: à esquerda, o único obstáculo é um montão de madeiras flutuantes e, se as paredes rochosas forem debastadas, far-se-á a desobstrução da coroa.

Uma segunda dose da "bebida braba" e todos os nossos amigos em necessidade foram contemplados. Abençoaram-nos, com fervor, mas gaguejando; rezaram por nós, um tanto erradamente, e, de maneira ininteligível, invocaram para nós a proteção da Virgem e de todos os santos. Desembarcaram tropeçando e cambaleando, levando 1$000 e uma garrafa do tão exaltado restilo. Eu tinha todos os motivos de lhes ser grato, pois me haviam, prestimosamente, salvos de imensas dificuldades; mas, pouco depois, informações a respeito de algumas "mortezinhas" de que haviam participado ativamente mostraram-nos que eles não eram, propriamente, cordeiros, a não ser à moda de Nottingham.

A estas alturas, meus homens já estavam "mortos de cansaço". Ancoramos um pouco acima da Barra da Cerquinha[16], em frente do Córrego do Paiol. O terreno era arenoso e excepcionalmente limpo, e o solo do vale, aparentemente arenoso, produzia algodão em quantidade. Durante o dia, o rio, a não ser onde era alterado pelos rápidos, apresentava um aspecto de bela serenidade. Mr. Davidson estava em êxtase, e começou a falar do Yazoo e a cantar algo sobre "descer o Ohio". O rio não tem largura suficiente para sofrer o efeito dos ventos, mas não é estreito demais para os vapores. Ao cair da noite, a roda do engenho do Paiol[17] começou a cantar, em curioso contraste com o acompanhamento da Natureza: os sons abafados pela distância, os gritos próximos das aves e mamíferos, rãs e sapos[18], e o ruído de uma pequena corredeira rio abaixo.

Estávamos, agora, aproximando-nos de um lugar de descanso e eu esperava com satisfação a perspectiva de uma quinzena de viagem por terra, mesmo no dorso de uma mula. Os rápidos se parecem, em um ponto, com os terremotos: quanto mais a gente os conhece, menos gosta deles, e o neófito mostra-se, a princípio, predisposto a encarar desdenhosamente a prudência e precaução dos veteranos. Pouco depois do amanhecer, descemos a pequena, mas perigosa Cachoeira da Cerquinha, entre um rochedo ameaçador na margem direita e a encosta de uma elevação pedregosa na margem esquerda, para a qual nos inclinamos. Foi seguida por outro pequeno obstáculo.

Depois de duas horas, saímos do rio, para subir o Córrego do Bom Sucesso. Tivemos de deixar ali amarrado o ajojo, e a tripulação concordou em tomar conta dele durante a noite. Via de regra, a população ribeirinha evita dormir nesses lugares, entre os dias de Ano Novo e de São João. As águas carregam muita matéria decomposta da terra; é fácil notar, pelo cheiro, a diferença do rio e dos afluentes, especialmente durante as vazantes, a descida anual das águas; os moradores receiam as perigosas febres palustres, remitentes e intermitentes, chamadas maleita. Em Jaguara, eu fora advertido de que o Rio das Velhas, abaixo de Bom Sucesso, exigia certas precauções, tais como não comer muita pimenta, evitar a friagem noturna depois de dias quentes, não tomar banho suado e não beber café ao ar livre[19]. Não me preocupei, contudo, com essas advertências e nós ambos achamos o clima perfeitamente saudável.

Depois dos preparativos necessários, encaminhamo-nos para a casa-fazenda; a atmosfera estava firme e seca e o solo era cascalhento, mas rico. Os robustos cajueiros cresciam por toda a parte e havia também muitas jabuticabeiras, a Mirtácea com razão chamada *E. cauliflora,* pois sua folhagem escura reproduz, exatamente, uma enorme couve-flor. As outras árvores frutíferas eram: a mangueira, a bananeira, em uma encosta de um morro à esquerda, a gabiroba[20] e o araticum[21], tão apreciado. Junto à porteira da entrada, vimos uma bela figueira, plantada apenas há quatorze anos. O pomar, a nordeste da casa, tem parreiras, como sempre formando caramanchões; segundo parece, Baco se recusa, aqui, a viver sem apoio. As flores, como de costume, eram poucas. O Brasil tem muito mais flores silvestres do que cultivadas.

Notei o bonito beijo-de-frade branco e a poinsétia de inflorescência vermelha viva, geralmente chamada papagaio. Há, também, o gracioso tabaco (*N. ruralis* ou *Langsdorfii*)* de folhas finas e flores cor-de-rosa; creio ser o "Aromatic Brazilian", muito apreciado nos Estados Unidos, e, aqui, inclinado a perder o aroma depois do segundo ano. Os tropeiros aprenderam com os índios, que o usavam para fumar e como medicamento, a tirar, com sua infusão, os bernes das mulas. O viajante lembrar-se-á, também, que esfregando-o nas mãos e no rosto, obrigará os vorazes mosquitos a zumbir inofensivos em torno dele. Segundo o *Sistema,* essa planta cresce espontaneamente e é nativa do Brasil, como a variedade do Missouri; sempre a encontrei como companheira do homem e crescendo, sem ser plantada, perto das casas e povoados. Os coqueiros são muito viçosos, embora aqui, como em todos os demais lugares, jamais seja retirada a bolsa pendente do colo da árvore, uma espécie de papo vegetal. O jenipapeiro[22] (*Genipa americana*, L; *Jenipa brasiliensis*)**, cujo fruto é comparado por estrangeiros à nêspera, mas que me parece ainda mais enjoativo, é uma bela árvore; suas lindas flores, de cor branca, já haviam caído. O trigo nasce em Bom Sucesso, mas é sujeito à ferrugem, e a farinha, de que se faz o pão, tem uma cor castanha suja.

Apresentei-me ao Dr. Alexandre Severo Soares Dinis, sobrinho e genro do Coronel Domingos; sua família morava no Sítio, hoje Fazenda de Andrequeicé, mencionada, em 1801, pelo Dr. Couto. Nada há para descrever na fazenda, que era a Casa Branca em grande escala. Aqui, pela primeira vez, a sexta-feira foi honrada com peixe e ovos. Depois da comida, todos se levantaram, de mãos postas, e rezaram, terminando por se persignarem. Como é o costume da velha Minas, os escravos que serviam fizeram o mesmo. Não sei por que St. Hilaire ficou tão escandalizado com o auspicioso costume. À noite, os patrões e os trabalhadores do campo cantaram um hino, comprido e alto, e recitaram o "Credo". No domingo, as preces eram mais requintadas.

Em Bom Sucesso, até quatro anos atrás, glóbulos de mercúrio livre eram encontrados aderidos às tábuas da bica que move a roda do engenho. Foram enchidas diversas garrafas, mas, de repente, o produto desapareceu. Segundo se diz, foi descoberto mercúrio no Rio Jequitinhonha e em outras partes da Província de Minas, mas desconfiou-se que ele procedia de antigas lavagens de ouro. Aqui, contudo, todos concordavam que tal não poderia ser o caso, e resolvemos, portanto, examinar a formação.

Seguimos o curso do rego que fornece água para o engenho. Esses canais, às vezes de 4 a 4,30 centímetros de profundidade, são de importância vital para uma fazenda e são nivelados a olho, como Kariz do Beluquistão, a grande distância. Um picareteiro irlandês, se conseguisse manter-se sóbrio, faria fortuna aqui. As margens do rego eram cobertas de grama (*Triticum repens*) que nascia entre as pedras e de erva-de-bicho[23], ótima para

---

*   O *N.* é abreviatura de *Nicotiana.* A espécie hoje reconhecida de fumo é *Nicotiana tabacum.* (M. G. F.).

** O erro de grafar ora *Genipa*, ora *Jenipa*, está no original. O correto é *Genipa*.

dores-de-cabeça; os bambus eram a taboca-de-liceu e a cambaúba, que se parece com a recortada crisciúma. Esses juncos gigantes alimentam bem o gado, mas acredita-se que tal alimentação afeta o fôlego dos cavalos e mulas. Estávamos na margem esquerda do Rio Bom Sucesso, que nasce a três léguas a nordeste e nele encontramos xisto argiloso, arenito inelástico, pedra calcária azul talcosa[24] contendo ardósia em pequenos e grandes blocos, e quartzo de muitas cores — branco e amarelo, ferruginoso e preto, e especialmente preto e branco — passando de um ao outro. Em pequenas ravinas que alimentavam essa linha principal, apareciam fragmentos dispersos de cinábrio e um pedaço do tamanho de uma noz foi encontrado na calha do moinho.

Depois de quatro milhas, chegamos à represa, no começo do rego; ali estavam cravadas estacas no leito do rio, sustentando pedras, de modo que as enchentes pudessem passar sobre elas provocando o mínimo de estrago possível. Evidentemente, o metal vinha de um lugar abaixo daquele, pois, do contrário, ter-se-ia depositado, sem possibilidade de ser arrastado, na água profunda acima do açude. Achamos, portanto, provável que, como aconteceu na Espanha e na Áustria, no Peru e na Califórnia, a água ou a picareta tivesse atingido a ganga de mercúrio nativo, liberando os glóbulos disseminados. O depósito atingido pelo rego devia ter-se esgotado, e, assim, o minério não apareceria de novo, se não fosse aberta outra cavidade.

Tencionando visitar a Cidade de Diamantina, havia contratado em Jaguara um camarada, empregado da Casa Branca, chamado Francisco Ferreira. Ele me havia precedido de oito dias, servindo de guia ao tropeiro Manuel e quatro burros, amavelmente enviados, para meu uso, por Mr. Gordon, de Morro Velho. A situação não parecia das mais risonhas; o velho apresentou-se soluçando e cambaleando, e os homens de terra e de água imediatamente aderiram a uma bebedeira geral. Não adiantou afastar o barril; nessas fazendas, a bebida é sempre grátis. A saúde de Mr. Davidson não permitia que ele me acompanhasse; e meus três Calibans — Agostinho deveria servir de pajem e cozinheiro — ficariam, se não fossem rigorosamente vigiados, no estado normal de embriaguez.

Por outro lado, minha velha atração pelo prazer da vida no mato — da solidão — era tão forte aqui como na Terra de Bubé. Suspirei, misantropicamente, vendo-me, outra vez, fora do alcance de minha espécie, e, por assim dizer, vendo-me, de novo, diante da Natureza, face a face. Esse alimento da alma, como a chamam os árabes, ou dieta do espírito, como prefere Vauvernagens — tem sido objeto de belas frases, desde os dias de Cipião até os de J. G. Zimmermann; é, na verdade, o antídoto de nossa "entourage", do danoso efeito de nossa época e de nossa raça; é como a ausência, que, como diz o provérbio, extingue as pequenas "paixões" e inflama as grandes; para aqueles que pensam com os outros, tira todo o poder do pensamento, mas muita coisa oferece àquele que pensa por si mesmo. "Homo solus aut deus aut daemon" é quase uma meia verdade. "Vae solis!" é, evidentemente, profissional e "Solidão, onde estão teus encantos?" é um estudo poético.

Quão infeliz é o viajante que, como St. Hilaire, está sempre deplorando a falta da "sociedade", da convérsa e que, reduzido à sociedade de suas plantas, só se consola esperando o fim da viagem! "Une monotonie sans égale, une solitude profonde; rien qui pût me distraire un instant de mon ennui". Isto, também, de uma naturalista: ". . . Je finis par me désespérer à force d'ennui, et je ne pus m'empêcher de maudire les voyages". Compreende-se o retrato que ele traça de si mesmo, velado, com um guarda-sol para se proteger dos raios solares e de um galho para tirar os carrapatos. Dá a idéia de um Mr. Ledbury cientista.

NOTAS DO CAPÍTULO V

1. Pronunciada "c'roa"; é o latim "corona" e, certamente, não pode ser escrita, como o Príncipe Max., "corroa". Esse acidente geográfico se opõe a "praia", um banco de areia ligado à margem do rio. Os tupis chamam à primeira "ibi cui oçu", "coroa de areia" e à última "ibi cui", praia; para eles, "cua" era a várzea do rio, sujeita à inundação, e "coara", literalmente buraco, era uma enseada, onde as canoas podiam encostar.

2. Em algumas, por exemplo a Coroa da Galinha, tem sido extraído ouro; para isso, escava-se profundamente a areia.

3. Segundo parece, vem de "cá fundão", aqui (há) um fundão, profundidade que as varas não alcançam. Perto da margem direita, há um banco de areia; à esquerda, um pouco à montante, uma areia muito carregada de cascalho, flanqueada por dois rochedos, um acima, outro abaixo.

4. As distâncias são, por terra, 27 quilômetros de Diamantina, 23 de Sabará, 26 de Morro Velho, 9 1/2 léguas (24 por água) de Casa Branca, 6 léguas (pelo rio, 20) de Jequitibá, e 4 1/2 de nosso destino atual, Bom Sucesso.

5. Começou com dois blocos de pedra, junto à montanha, para o norte. No Córrego da Tabaquinha (taboca ou taquara pequena), um afloramento de rocha da margem esquerda penetra no rio e o aprofunda.

6. O primeiro nome significa o rápido na foz do rio das Terras Gerais, afluente da margem direita. Gerais são, genericamente, as terras longe do rio, sejam pastos, campos ou matos e que, normalmente, produzem algodão, tabaco e cereais, e são usadas também para a criação de gado. St. Hil. (I. ii. 99) limita o uso da palavra aos pastos e diz que "matos" se referem a florestas. Não encontrei tal diferença, nem jamais o povo emprega a expressão "Os Gerais" no sentido de "As Minas Gerais".

7. A fim de levar o rio para a esquerda, M. Liais sugere um "tunage avec enrochment" na margem direita, com uma passagem através dele para o córrego; uma obra gigantesca.

8. No "Plano", os rochedos são colocados na margem direita; na descrição (pág. 8), à esquerda.

9. A Fazenda do Jardim pertence à viúva do Capitão Herculano; um córrego deságua na margem direita e, abaixo dele, há dois bancos de areia: o primeiro claramente a estibordo, o segundo do outro lado. Em seguida, veio o Saco de Pindaíba, onde o rio se curva para sudoeste, e o Ribeirão de Luís Pereira, à esquerda.

10. Ponte é o nome de um córrego que não aparece no "Plano".

11. Ou da Viola; provavelmente alguém perdeu sua viola por aqui. O rio corre do norte para o sul; as obstruções são duas paredes rochosas, à direita, depois uma à esquerda e, finalmente, pedras soltas à direita. Incluo esses acidentes entre os perigosos, pois já causaram muito mal.

12. De um modo geral, o curso do rio é de norte para o sul e, assim, chamo a margem direita de leste, mesmo quando não seja, etc.. Os obstáculos aqui são um rochedo (os Pandeiros) no meio do rio, que provoca uma interrupção e dá passagem à esquerda. Depois, a estibordo, deságua o Ribeirão de São Pedro, entre pedras e bancos de areia. Segue-se a fácil Cachoeira da Água Doce, perto da fazenda do Sr. Nicolau de Almeida Barbosa. Viramos com o rio para a esquerda, evitando o espesso matagal que cobre a margem e encontrando um caminho desimpedido entre as três pedras soltas assinaladas pelo "Plano". Em seguida, há um banco de areia maior do que os demais, que nos obrigou a desviar para a direita.

13. Parecia-se muito com a laranja da terra, a "laranjeira nativa", na verdade laranjeira importada e tornada selvagem. Já vi, porém, seu caldo usado, com bom resultado, em uma tisana para um caso grave de constipação ou defluxo, moléstia muito freqüente em Minas e São Paulo. Presumo que, do mesmo modo que a laranja seca, isto é, sem caldo, a laranja azeda resulta de região elevada, solo pobre e outras condições locais. St. Hil. (i. 280) cita Pizarro, que enumera três subvariedades, uma doce, outra agridoce e a terceira muito ácida, e acredita que laranja da terra é um regresso ao tipo primitivo da fruta doce. "Personne" diz ele "n'aurait probablement songé à nommer un arbre qu'on aurait fait venir d'Europe, oranger indigène". Esse argumento verbal é desvalioso; muitos produtos importados antigamente são chamados pelos brasileiros "da terra".

14. Em certas partes do Rio das Velhas, é impossível, sem se fazer o exame da rocha, dizer se é areia, argila ou cal.

15   M. Liais a considera um acidente de pouca importância; pensamos exatamente o contrário, e, evidentemente, os canoeiros também.

16   A foz de um pequeno córrego, que não consta do "Plano".

17   A expressão paiol aplica-se, muitas vezes, impropriamente, a locais onde são armazenados café, açúcar e mesmo cachaça. O Paiol aqui mencionado é uma das fazendas pertencentes ao Coronel Domingos. Visitei-o posteriormente; o terreno é bom, a água abundante e há uma casa grande, com a habitual capela e engenho.

18   Humboldt, no Orenoco, ouviu, à noite, as vozes da preguiça, dos macacos e de aves diurnas. Isso não acontece aqui, em qualquer época do ano.

19   Essas duas últimas preocupações, um tanto grotescas, são gerais no Rio São Francisco, onde moradores, vendo um velho hidropata tomar banho depois de haver suado violentamente, observaram: "O senhor está chamando a morte!" Muitas vezes, vi paulistas, mesmo na parte mais saudável da província, negarem-se a beber café ao ar livre.

20   No *Sistema*, "guaviroba" é o nome de várias espécies de *Eugenia*. O Dic. Tupi escreve "guabiraba". St. Hil. (III. ii. 270) diz que pequenas espécies de *Psidium* "à baies arrondies" são chamadas gabiroba, em oposição a araçá, frutas do formato de pêra. Acho correta a observação.

21   Também escrita araticu e pronunciada "articum". O nome é dado a muitas Anonáceas (*A. muricata*, *A. spinescens*, etc.). Assim, os frutos são diferentes da *Anona squamosa* da Índia, aqui chamada pinha, fruta-de-conde e, no Rio de Janeiro, por seu nome hindustani, ata.

22   É esta a árvore, o jenipapeiro, bem conhecida dos índios, que pintavam o corpo com seu caldo, que produz uma tintura azul escura. A fruta se chama jenipapo. É esta a regra geral em português, como: caju, cajueiro. Às vezes, contudo, por sinédoque, o nome da fruta se aplica à árvore.

23   Essa expressão bem conhecida geralmente se aplica ao poligonáceo anti-hemorroidal, chamado "cataiá" em tupi. Essa planta fornece uma decocção amarga, usada para curar a moléstia chamada "o largo".

24   Na realidade, itacolomito diamantino. Há várias lavras de diamantes em Bom Sucesso.

CAPÍTULO VI

RUMO À CIDADE DE DIAMANTINA[1]

O Rio Paraúna e o Arraial dos Caboclos. O Córrego do Vento. Serra da Contagem. Mudança completa da paisagem e da vegetação. Vegetação de Camilinho. Gouveia. D^a. Chiquinha. Eclipse solar. Bandeirinha. Chegada.

> Haec Boreas...
> Pulveramque traheas per sumina cacumina pallam,
> Verrit humum, pavidamque metu, caligine tectus,
> Orithyian amans fulvis amplectitur alis.
>
> Ovid., Met. vi.

Assegurei uma partida sóbria de Bom Sucesso, mandando na frente meus Calibans, para acamparem em um local fora do alcance da bebida e os segui, na manhã de terça-feira, 27 de agosto de 1867.

O vento frio da madrugada cobrira o norte de pesadas nuvens azuis espalhadas como flocos de lã, afastadas de um arco de vapor mais leve e mais espalhado — indício de mau tempo. Enquanto o vento soprar do norte ou leste, encontraremos estrada poeirenta, e não lamacenta; vice-versa, se o vento virar para o sul. Aqui, as chuvas começam no princípio de outubro, com ou sem trovoadas; se até o dia 15 ainda não choveu, os habitantes receiam por suas plantações. As queimadas começam lá para 9 ou 10 de agosto, e vão até o fim de setembro: as terras são queimadas em anos alternados, a fim de que não falte forragem, e vimos, às vezes, meia dúzia de queimadas em direções diferentes. O costume é velho e poético.

> ... derrubar os virgens matos;
> Queimar as capoeiras ainda novas;
> Servir de adubo à terra a fértil cinza,
> Lançar os grãos nas covas.
>
> (Gonzaga, *Liras,* parte 1, 26).

Não há sombra de dúvida do mal, independentemente da perda de madeira, que tão romântica e pitoresca prática acarreta para os bosques. Deve afetar grandemente a vegetação e matar todas as espécies, a não ser as mais fortes. Nesses campos ondulados, contudo, ela é menos condenável; o capim nasce sem demora e acredita-se que o potássio é salutar ao gado.

Cheguei, sem demora, ao Caminho do Campo, a estrada real ocidental para a Cidade de Diamantina, nas fraldas de oeste da Serra Grande ou do Espinhaço. Esse caminho está separado por um intervalo de dez a vinte léguas do Caminho do Mato Dentro, no flanco oriental e via Serra da Lapa; este último é mais curto, mais freqüentado e melhor, mas, ainda assim, muito mau; e ambos são igualmente detestáveis durante as chuvas.

O caminho corre sobre cristas e em torno dos flancos do familiar terreno dos campos, cuja superfície é arenosa, encascalhada ou seixosa, com pedras soltas dispersas, coberta de vegetação enfezada, cerrados, capões[2] e matas, ou florestas anãs, isenta de vegetação rasteira, como as encantadoras florestas da França. O chão, coberto de folhas pelo furioso vento norte, é riquíssimo em carrapatos. A água brota de toda a parte, de uma argila branca ou vermelha, ora compacta, ora uma poeira lodosa; as péssimas pontes são pedaços de madeira apoiados frouxamente em um par de dormentes. Pouca coisa se vê de vida humana; à esquerda, fica a Ressacada[3], um retiro constituído de alguns pobres ranchos miseráveis, pertencente ao Coronel Domingos; depois de uma hora de dura cavalgada, cheguei a outro lugar semelhante, o Retiro do Burá, assim chamado por causa da abelha burá. Ali tinham passado a noite meus Calibans e os animais, e fui recebido, com a maior amabilidade, pelo simpático e corpulento feitor, Sr. Paulino.

Bebido devidamente o inevitável café, partimos alegremente pelo acidentado terreno do sopé dos morros, coberto de capões e mostrando um capim verdinho que nascia das cinzas do outro. Onde se faziam roçados, os homens capinavam a vegetação com enxadas de cabos compridos. Atravessando límpidos regatos[4] e passando pela Tapera (da Maria) do Nascimento, ex-lar de uma defunta viúva, onde os urubus estavam se deleitando com um boi morto, chegamos à Serra do Burá, que divide as bacias dos rios Bom Sucesso e Paraúna[5]. Nessa montanha, em parte coberta de capim e em parte branca e pedregosa, com blocos de pedra calcária virados para o sul, há duas subidas sinuosas, divididas por um degrau ou plano.

Do alto, tem-se uma vista perfeita da região em torno. Na frente, vê-se um alto paredão azul, que o Paraúna atravessa; em certos lugares, o cume parece plano, em outros há uma feição chamada na região tapinhoacanga[6] ou cabeça de negro, massa semelhante a um porco-espinho, com saliências de pedra nua e escura. Atrás de nós, os campos estendiam-se, com as habituais ondulações suaves até se perderem no azul do horizonte, exceto nos pontos onde eram pontilhados por algum pico solitário ou alguma elevação isolada de colorido escuro, que faziam lembrar os "Wa'al Jibalu autadan" orânicos – um prego para pregar a terra. Em todo o Brasil, tem-se a idéia da imensidade, mas em lugar algum mais que nos campos.

Para além da Crista do Burá, começa uma descida de terra amarela, coberta de saibro, uma ardósia argilosa macia e laminada e carvão férreo poroso, semelhante a escória ou laterita. Essa estrada leva ao cerradão, um tabuleiro com cerca de quatro milhas de extensão, a princípio estéril, mas que logo depois se transforma em um solo rico, com bela vegetação. A vegetação rasteira é o capim-açu, cujas sementes, muitas vezes comparadas às do arroz, engordam o gado; entre as árvores anãs, há, em abundância, palmeiras: a licorim*, delicada, de folhas irregulares[7], a indaiá[8] e o coqueirinho do campo, que pouco se eleva acima do chão. O planalto termina em Olhos d'Água, onde existem algumas cabanas perto de um córrego, que fornece água pura. Abaixo de nós, para a direita, estende-se o Paraúna, rio de água turva, que corre em um leito de areia branca como a neve, entre barrancos de argila branca.

Depois de três horas de viagem, chegamos à miserável aldeia de Paraúna, na margem esquerda do rio. É uma simples rua desgarrada, com cerca de setenta casinholas de barro, inclusive um grande rancho aberto e oito vendas; a maioria das casas era coberta de telhas,

---

* Licorin, licuri, aricuri e outros, são nomes vulgares de uma palmeira pertencente ao gênero *Attalea*. (M. G. F.)

poucas caiadas e muitas em ruínas. Na margem direita, há seis cabanas e uma olaria. Esse velho povoado indígena foi, outrora, rico em ouro, e floresceu no tempo da "demarcação diamantina", que aqui começava; em 1801, era um arraial, com as casas, em sua maioria, fechadas ou em ruínas, e com um guarda para impedir o contrabando do precioso metal. Atualmente, a localidade vive do plantio de algodão de excelente fio, que dá de 2$500 a 2$800 por arroba, e do comércio ao qual recorrem os viajantes. Os moradores são famosos por seu atraso, talvez efeito do sangue indígena, em contraste curioso com as populações de mais adiante. Como não encontramos civilidade na casa de um vendeiro caboclo, chamado Sr. Totó, cavalgamos rio acima até a pequena Fazenda do Brejo, engenhoca pertencente ao Sr. Manuel Ribeiro dos Santos, mais conhecido por Manuel do Brejo. Não tendo podido visitá-la, ouvi falar de um lugar chamado Brejinho, onde há um córrego de água salgada, cujo sal pode ser utilizado.

O Paraúna, por cuja foz iríamos passar em breve, é o coletor de águas da encosta ocidental da Serra Grande; é um rio imprestável, muito raso, tendo aqui cerca de 200 pés de largura, cheio de rápidos e obstruído por troncos flutuantes; as margens são de argila dura, branca, com sulcos abertos pelas chuvas. O vale, um terreno chato de depósitos sedimentares vermelhos e cinzentos, entre cascalho e pedras, é estreito e a vegetação baixa nesta estação está parda, queimada de sol. O alto dos morros conserva sua verdura escura, ao passo que as encostas são amarelas, com manchas negras esparsas. A balsa que atravessa o rio fica a seis léguas por água e quatro a quatro e meia por terra de sua barra no Rio das Velhas. Em contradição com os fazedores de mapas[9], todos me asseguraram que o Rio Cipó, que nasce na Serra da Lapa, desemboca no Paraúna uma légua por água e uma e meia por terra, acima da povoação. A oito léguas da balsa, rio acima, fica o Arraial de Paraúna, lugar sem importância. Em 1801, o Dr. Couto afirmou que o Paraúna e seus afluentes, assim como o Rio Pardo Grande e Rio Pardo Pequeno, isto é, todas as águas procedentes da Serra Grande, eram diamantinas. Recentemente, verificou-se que isso é verdade, e há, hoje, lavras na confluência do Rio Cipó com o Rio das Pedras, perto da extremidade sudoeste da Fazenda do Rótulo.

A balsa pertence ao Coronel Domingos, que a arrenda por 600$000 por ano, com passagem gratuita para suas tropas; o pedágio é muito moderado: 0$500 para cinco mulas e quatro homens. Depois de se deixar à direita o vale ribeirinho, começa-se a habitual subida, com a estrada serpenteando pelos morros, cujos topes são de terra, ao passo que as encostas quase invariavelmente estão cobertas de pedras nuas, saliências de grés branco, liso como mármore e manchado de arenito azul escuro[10]. Essas camadas têm a direção sudoeste e elevam-se em ângulos que variam de 25° a 80°, oferecendo à cena uma aparência nova e peculiar. A escalada de tais lugares, muitas vezes dificultada pelas raízes das árvores, é bastante penosa; a descida é pior ainda.

Da crista da serra divisora de águas, o Paraúna, ainda em seu leito cor de neve, mostrava a Cachoeira do Paraúna, com três quedas distintas em um paredão de rocha, apoiadas no Morro da Cabeça de Negro. A vegetação, como a do solo puramente arenoso, era a do detrito do novo itacolomito. Pela primeira vez no Brasil, vi as canelas-de-ema, (*Velosia*)[11], peculiares àquelas terras de altitude elevada[12]. Ocupam o lugar das urzes, comuns na Europa e na África, e a respeito das quais Gardner observa: "nem uma única espécie delas foi encontrada, até agora, no Continente Americano, quer no Sul, quer no Norte"[13]. É, como o feto arborescente, o bambu e a araucária, uma vegetação do Velho Mundo, fazendo lembrar o crinóide triássico, ao passo que a folhagem é a da *Dracaena* (sangue-de-drago). O campo as apresentava em todos os tamanhos, desde alguns centímetros até uns 3,5 metros e os rudes caules endógenos, meros feixes de fibras, apresentavam inúmeras e esquisitas articulações, semelhantes às de um polipo. Essa parte da planta contém resina, e essa substância, macia e muito seca, é grandemente apreciada como combustível, em uma região onde a madeira é escassa e caríssima. Na ponta de cada haste, há um feixe de folhas estreitas de aparência aloética; quando passávamos perto delas, as mulas freqüentemente as abocanhavam. No centro da folhagem, havia uma flor semelhante ao lírio, de pedúnculo viscoso, cálice quadrangular e estames azuis e amarelos. Havia uma variedade menor, apresentando flores cor de alfazema, que o povo chama de paineira, e que não deve ser confundida com a paineira-do-campo ou da serra[14], de cujas flores são feitos enchimentos para selas; é, provavelmente, a Composta chamada por Gardner *Lychnophora pinaster,* um arbusto duro, de folhas estreitas, raramente indo além de dois metros de altura, mas muito semelhante a um jovem pinheiro e que apresenta uma feição característica à vegetação peculiar de Minas. Nas altitudes mais elevadas, aparecerá ainda menor.

A caraíba-do-campo*, com galhos tortos formando jugos, dá a impressão de pontos luminosos espalhados pelo campo, devido ao seu amarelo; sua forma nua contrasta curiosamente com a bem vestida *Mimosa Dumetorum,* de trinta centímetros de altura, apresentando flores ora cor-de-rosa, ora brancas, dez vezes maiores que a proporção requerida, e com as borlas cor-de-rosa, brancas e escarlates do cravinho-do-campo, um arbusto cuja raiz é usada como purgante violento[15]. Dizem que se encontra a arnica nessas terras de elevada altitude[16]; todos conhecem o remédio, ninguém a planta..

Pouco depois do meio-dia, descemos a montanha de terra branca para uma depressão de terra vermelha. É o lugar chamado Riacho do Vento, um córrego limpo e de margens cobertas de mato, que vem do norte. Um certo João Alves Ribeiro estava aumentando seu rancho e o chão se encontrava coberto de tábuas de aroeira, uma Anacardiácea de várias espécies: o cerne é cor de mogno e mais duro que o carvalho. A recepção não foi esplêndida: uma bandeja virada para servir de mesa, uma barrica para servir de cadeira, a comida como a de costume e a sobremesa foi fumo de mascar: ou o grosseiro rolão ou o pé de fumo mais fino. Em compensação, a conta, incluindo o almoço e a amabilidade, foi apenas de 6$000.

Logo percebi por que meu camarada me dissuadira de passar a noite ali. Ao anoitecer, o vento leste começou a soprar com violência, ameaçando levar o telhado — em verdade, o nome do lugar foi muito bem escolhido. Segundo dizem, o vento é mais fraco no quarto crescente e quarto minguante, torna-se violento na lua cheia e perigoso na lua nova. Vem da elevada montanha à nossa direita e corresponde, sem dúvida, ao vento matutino regular do Rio das Velhas.

Não havia, ali, pasto fechado e aqueles tabuleiros são conhecidos pela facilidade de neles se extraviarem as mulas; as nossas puseram-se em movimento imediatamente e só foram encontradas ao pôr-do-sol. Tiveram de ser presas, durante a noite, em um rancho vazio, e o tilintar de suas campainhas mostravam que estavam famintas. Os homens não o estavam menos.

Ficamos satisfeitos montando a cavalo às 6 da manhã, embora o vento ainda estivesse forte e as estrelas ainda piscassem sobre o alto dos morros, claramente delineados e orlados de prata. Depois de atravessarmos o Riacho do Vento, galgamos a Serra da Contagem[17] (pagamento do imposto sobre diamantes). Esse prolongamento da Serra do Espinhaço vai de leste para oeste, servindo de contraforte divisor de águas do Rio das Velhas.

---

* A caraíba-do-campo é um ipê-amarelo, uma *Tecoma* ou uma *Tabebuia.* (M. G. F.).

Nosso rumo era para nordeste e serpenteamos para a direita e a esquerda, com a ventania quase arrancando nossos ponchos e fazendo o que podia para derrubar homens e animais. Três subidas, não perigosas, mas repletas de pedras roladas e, em geral, utilizando o leito rochoso de enxurradas, levaram-nos ao cume da serra; essas subidas eram separadas entre si por pequenos trechos planos, chapadinhas, cobertas de capim e árvores; em certos lugares, a água se acumula e, durante as chuvas, o trânsito deve ser péssimo. O solo é, em geral, vermelho, com manchas de areia branca, detritos da rocha; em alguns lugares, é escurecido com humo vegetal e, em outros, pontilhado de cascalho e fragmentos de quartzo. Há lajes e camadas de itacolomito branco saibroso, tão abundante na véspera; em certos pontos, compridas saliências atravessavam o caminho, como as paredes rochosas que formam uma cachoeira, e nada poderia ser mais esquisito do que seus formatos: aqui, pareciam gigantescos sapos antediluvianos, isto é, animais do terciário, megatérios vistos de perfil; ali, são magníficas pedras tumulares, erectas ou inclinadas, e mais adiante fragmentos espalhados, como se em uma brincadeira de gigantes.

Depois de dois vagarosos quilômetros na crista sudoeste, chegamos à chapada mais alta, e vimos, pela última vez, a planície atrás de nós, coberta de infindáveis ondulações verde e amarelas. Não mais apareciam os rochedos e a encosta era cortada ao meio pelo Córrego das Lajes, que, sombreado por árvores, corria em um leito de pedra lisa e escorregadia, um lugar "perigoso", não muito melhor que as ondulações de pedra solta do lado mais afastado, para além de uma mancha de rico solo ferruginoso. À direita, um encantador capão, que parecia traçado à mão, dividia a sombra do terreno ensolarado, enquanto o gado, de pêlo limpo, tosava os pastos suculentos[18]. Atravessamos, depois, um regato, que corre de leste para oeste, constituindo uma linha divisória de águas; perto dele, havia uma saliência formada por um material escuro, que, submetido a uma prova rudimentar, deu a impressão de ser cobalto. A crista conduz à vizinha Bacia do Limoeiro, formação semelhante à que acabáramos de atravessar, cortada por três córregos, correndo para sudoeste[19].

Duas horas de tediosa viagem nos levaram à extremidade oriental da chapada, onde a paisagem mudou, de repente. Abaixo de nós, estendia-se uma longa encosta, ou melhor, duas encostas, uma grande e uma pequena, de superfície aveludada, contrastando com os eriçados rochedos em torno. Na base, havia o brilho de uma água correndo para o nordeste; ainda estávamos no Vale do São Francisco. Abaixo de nós, um pouco à direita, um pequeno bosque de laranjeiras, piteiras e bananeiras mostrava onde ficara a antiga Contagem das Abóboras, hoje tão desolada como a Inquisição de Goa. Mais abaixo, é a Bocaína, ou garganta, vista de longe; para a direita, o Alto das Abóboras e, para a esquerda, um morro sem nome, formam os imensos portais da entrada das terras mais baixas. Massas de arenito branco, em lugares onde o tempo lhes imprime cor escura e formatos extravagantes, de todo despidas pelo vento; orientam-se para oeste, onde se erguem em alcantis, semelhantes aos das margens do rio; a inclinação de $70°$ a $80°$ dá-lhes um aspecto de cunha, ao passo que o fundo, virado para leste, constitui uma encosta suave, freqüentemente coberta de capim. Espalhadas em torno, há protuberâncias, cabeças, paredes e serrotes, formando uma paisagem particularmente selvagem e dura, e procuramos em vão por alguma correspondência de ângulos. Aqui, Minas, sempre montanhosa, torna-se ultra-montanhosa, e os viajantes cientistas afirmam que a formação, geralmente arenosa, torna-se quartzosa. Em frente, ficam as terras mais baixas, bem distantes, aparentemente planas e pontilhadas de morros escuros, mas, realmente, sem se estenderem meia milha no mesmo nível, e, mais longe, vê-se outra linha de rochedos fantásticos.

Estamos entrando, agora, na verdadeira terra diamantina, que os antigos escritores chamam de formação do Serro, distinguindo, assim, Diamantina de Minas dos terrenos diamantíferos da Bahia e da região diamantina de Mato Grosso. A paisagem chama imediatamente a atenção. É uma completa mudança de cenário; por toda a parte, estampa-se a imagem da desordem e da aridez. Os morros já não são elevações arredondadas de argila, cobertas de luxuriante vegetação. Temos aqui uma vegetação raquítica e enfezada, que irrompe através das fendas das pedras, uma modesta flora campestre, ou moitas amareladas que o escasso humo sustenta, e mesmo o resistente coqueiro torna-se degenerado[20]. É um tumulto de Natureza, uma terra de serras onduladas, nuas até o osso, espinhenta e eriçada de picos e fragmentos de rocha pura separadas por profundas gargantas e valos, algumas se elevando altas e ameaçadoras, outras distantes, com as linhas superiores quebradas, os lados azuis, cortados de linhas mais escuras ou mais claras. Aqui e ali, entre os pontudos picos, há manchas de areia branca como a neve ou estreitas faixas de planície verde, confusas e desordenadas, uma fibra no coração da montanha rochosa. A terra é também analfabeta, isto é, selvagem; não lhe pertencem os fósseis, esse alfabeto da criação.

Depois de ver, pela primeira vez, essa região, e examinar seus materiais, senti quanto era errônea a limitação dos antigos, que confinavam o diamante a 15° e 25° de latitude norte e sul, não incluindo Golgonda, Visapur e Regu, e tornando Bornéu e Malaca as únicas lavras equatoriais. Imediatamente, reconheci a formação de São Paulo, na qual já foram encontrados muitos diamantes[21]. Minha modesta conclusão foi a de que podemos ampliar muito as terras diamantinas, assim como os estratos carboníferos, e de que a preciosa pedra será encontrada em muitas partes do mundo onde sua presença nem é suspeitada, e mesmo onde os ignorantes têm explorado o solo, em busca de ouro.

Quando, voltando para casa, pude ler os jornais, verifiquei que a minha suposição tinha sido confirmada. Em um deles, li: "Há quinze localidades na Califórnia[22] onde foi encontrado diamante, durante a mineração de ouro". O "Melbourne Argus" informa que "um diamante, pequeno mas muito belo, foi encontrado em uma lavra em Young's Creek, perto de Beechworth; a pedra é inteiramente branca, e a cristalização bem definida. É o segundo diamante encontrado no lugar". Por sua vez, o "Colesberg Advertiser" recordava a descoberta de uma jazida de diamantes na fazenda do Dr. Kalk, e afirmou que tinham sido retiradas algumas pedras, no valor de £500[23].

O velho Ferreira, meu camarada, usou de expressões bem duras quando passamos pelas ruínas de Contagem das Abóboras, que ele chamava de Contagem do G lheiro[24]. O velho era uma espécie de Mr. Chocks, grandiloqüente até o ponto da Natureza suplantar a Arte; chamava o calor "uma temeridade de Sol", um minério rico era uma "barbaridade de ferro"; mandava-me "carregar para a direita", querendo dizer, tomar aquela direção; quando indeciso, declarava que "isso não constata" e, quando ignorava alguma coisa, "não era seu grande apologista". Mas, se a tradição não exagerou muito no que diz respeito ao "tempo do despotismo", como o regime colonial é geralmente chamado, sua linguagem insultuosa se justificava. Os soldados e seu comandante, que ocupavam um rancho de pedra, hoje arruinado, mantinham-se em todas as passagens e vigiavam os córregos vizinhos, os únicos ziguezagues através dos quais podiam passar os garimpeiros e contrabandistas. Os viajantes eram revistados e os tropeiros eram obrigados a rasgar os enchimentos das selas, onde tesouros poderiam estar escondidos. São mencionados casos extremos. Homens que se banhavam nos córregos diamantíferos eram chibateados e os que eram presos tirando diamantes tinham as mãos cortadas. A tradição aqui é a de que o odioso sistema foi abolido por D. Pedro I, tendo aquele príncipe popular, acidentalmente, quando disfarçado *à la* Harun-al-Raschid, sido informado por um tropeiro de todos os males e injustiças.

Do solo branco, passamos para uma ondulação de terreno avermelhado, o "mulato" do Sul dos Estados Unidos, e seguimos à esquerda da imensa abertura à direita. A descida era suave, mas, no fundo, surgiram as dificuldades de costume: três tocos no chão, buracos de onde tinham sido arrancadas raízes de árvores, barrancos que as mulas tinham de subir, uma terra vermelha formando lamaçais durante as chuvas e terra preta, que, mesmo agora, era um pequeno regato. Encontramos uma pequena tropa de mulas, cerca de nove horas da manhã. O frio aqui impede que se comece a viagem muito cedo. Algumas levavam, para serem vendidas no sertão, "pedras de forno", pedras redondas de itacolomito branco, com 80 centímetros de diâmetro por 2 1/2 centímetros de espessura. Para secar mandioca são preferidas as panelas ou bandejas metálicas, que custam de 3$000 a 5$000. A fabricação é fácil. As pedras são levantadas com alavancas e, às vezes, lascadas até tomarem a forma redonda ou oblonga, ficando, então, prontas para ser utilizadas nos fornos. Para comodidade do transporte, são, às vezes, divididas em semicírculos. Mostraram-me a pedreira, um mero ponto na encosta da montanha, uma gota de água do oceano que pode abastecer todo o Império. Boa pedra-sabão é encontrada nos leitos das torrentes e por 1$000 procuraram para mim um exemplar, em forma de castiçal.

Logo depois, chegamos a uma miserável povoação de casinholas e ranchos, chamada Camilinho, nome de algum "régulo da roça" que foi o primeiro a fixar-se ali. Um honesto rancheiro, Luís Monteiro, aloja homens e animais. Em sua ausência, a esposa forneceu-nos café e comida, enquanto as mulas ficavam presas em um bom pasto fechado, bem próximo. Em torno das cabanas, zelosamente fechadas, e repletas de galinhas, pombas e negrinhas, cresciam uns poucos cafeeiros e bananeiras curvadas pelo vento, enquanto uma única rosa, que aprendera a se tornar trepadeira, ostentava-se sobre um teto de sapé.

De Camilinho, seguimos na direção nordeste, entre duas linhas de rochedos. O solo parece ser sempre de argila vermelha no topo dos morros de encostas enrugadas e rochosas, que, às vezes, se prolongam até a estrada, predominando a cor branca e a amarela nas partes inferiores. Os enormes esbarrancados são, aqui, uma mistura de desmoronamentos provocados pela água e pelas rachaduras resultantes do calor solar. São, em sua maior parte, fendas alongadas, cujos ângulos de projeção e reentrância se correspondem. Algumas formam ilhotas centrais, como o Monte de S. Michel em miniatura. O local favorito é a encosta da montanha, que acaba inevitavelmente corroída, e, muitas vezes, alcançam as alturas, formando valos que se diriam escavados por titãs. As formações antigas são conhecidas por seu escurecimento e pelo crescimento de árvores nos níveis inferiores; as novas são frescas e, geralmente, têm, no fundo, lama ou água empoçada. Os matizes de branco e vermelho, amarelo e roxo são vivos, como em outras partes da Província, e essa característica torna-se pitoresca com a luz e a sombra, especialmente quando o Sol está baixo. À primeira vista, tem-se a impressão de modelos artificiais, as brilhantes seções coloridas supostamente destinadas a representar o interior da Terra. Encontramos mesmo as "falhas" e "diques" que restringem a filtragem.

O caminho segue por várias ondulações de terreno, serpenteando em torno das encostas dos morros, brancos com suas pequenas pedras soltas e luzidias. Tanto as descidas como as subidas são más e se aproximam ou se afastam dos regatos coloridos de cinzento ou cristalinos, correndo para a direita, a fim de alimentar o Rio Paraúna, a sudoeste. As cabanas aparecem, de vez em quando, como povoações de mineradores, e aqui e ali, um mandiocal mostra a capacidade do solo. Presumo que, em muitos lugares, a terra produziria o trigo montanhês de haste curta e forte do Texas. As frias e sombreadas depressões são repletas de carrapatos e foi conveniente mandar um homem na frente, "para espantá-los". Aproximava-se a primavera, e as cores estavam lindamente diversificadas.

A quaresma cor-de-rosa, encolhida pelo frio, cobre os lugares úmidos, perto dos córregos; o ipê dourado, esse teixo brasileiro, ainda pequeno, prefere as elevações pedregosas. Nas depressões, há uma flor que me faz lembrar a áster roxa. As árvores desfolhadas projetam seus galhos cinzentos no fundo de um verde mais claro, verde menos claro e verde escuro, e, em toda a parte, o mato está vermelho, polido, com as folhas novas do pau--d'óleo[25], uma leguminosa célebre, que prefere terrenos secos e evita as águas estagnadas.

As aves parecem aqui menos ariscas do que nas outras partes da Província. Vi, pela primeira vez, uma pomba característica, que se estende por parte do São Francisco e é encontrada nos planaltos da Bahia. Chamam-na de pomba verdadeira ou de encontro branco, por causa da mancha branca que tem no começo das asas. É, provavelmente, uma variedade da "columba speciosa", encontrada à beira-mar e seu pescoço jaspeado faz lembrar nossa pomba azul dos rochedos. É quase um gigante, ao lado da pomba "torquaz"[26], a maior das muitas pombas de tamanho pequeno (juriti, rola e outras) que habitam estas montanhas.

As aves de rapina são excepcionalmente numerosas. Há o caracará, que se ombreia como as águias, e age, o degenerado aristocrata, como um mandrião. Um abutre (*V. aura*), provavelmente o acabiraí, descrito pela primeira vez por Azarra, é aqui chamado urubu--caçador. Parece-se, no formato, com a ave comum, mas voa mais alto. A cabeça é vermelha e as asas pretas com extremidades prateadas, como o nobre "bateleur" da África. O Príncipe Max. (i. 75) diz que a ave tem a cabeça e o pescoço cinzentos, o que não é verdade; diz ainda que ele se guia de longe pelo cheiro, do que duvido muito. Outro rapinante, conhecido pelo nome geral de gavião, eleva-se no meio do ar e, segundo se diz, é um caçador, que persegue e mata a codorna. Se assim for, não deve ser difícil domesticá-lo e ensiná-lo. Há, ainda, um rapinante de tamanho diminuto, pouco maior que um maçarico.

A primeira andorinha vista este ano, passou, como uma flecha, à procura de climas mais quentes. A tesoura executa curvas fechadas no ar, abrindo e fechando a cauda; a bonita maria-preta, preta e branca, e o carmesim sangue-de-boi ou pitangui divertem-se nos galhos das árvores, enquanto o joão-de-barro conversa esperançoso diante de nós, como se tivesse alguma coisa a dizer, e o tico-tico, manso como um tordo, nos namora como uma mocinha. Às vezes, ouvíamos o ruído de uma lima sobre o ferro, ora isolado, ora em rápida sucessão. Reconhecemos a voz do "bell bird"[27], (pássaro-do-sino) que foi, ultimamente introduzido na Inglaterra.

Subindo uma ladeira, depois de uma hora de viagem, encontramos nova mudança de paisagem. À direita, em uma depressão chata e verde, junto à margem do Ribeirão do Tigre, outro afluente do Paraúna, havia casas e pequenas roças; na encosta do morro, uma alta cruz negra em uma base nova e um cemitério construído há pouco e já em atividade. Em torno, estendia-se uma espécie de prado, alto e sujeito à ventania, como provavam as bromélias raquíticas e as velóseas enfezadas; o capim era espesso, mas escuro na parte de cima, e de um verde metálico embaixo, dando a impressão de bom pasto. A superfície estava coberta de casas de cupim, muitas das quais solapadas pelos tatus; a maior parte delas tinha anexos de um cinzento mais escuro, grosseiras paródias dos acréscimos modernos nas velhas casas de campo. As queimadas tornam o céu sem brilho e a fumaça produz o efeito de uma nuvem, obstruindo a luz solar, e, em certos lugares, lançando uma sombra no chão; abençoamos essa sombra protetora. Nosso destino, Gouveia, ficava longe, a nordeste; estávamos agora a meio caminho, e a estrada se desenrolava diante dos nossos olhos, uma fita marrom avermelhada cortando a vegetação queimada pelo sol. À sua esquerda, elevava-se um pico maciço e alcantilado, cortado por linhas horizontais, mas onduladas; à direita, erguia-se, entre as nuvens, um ponto a que alguns chamam Morro das

Datas e outros Itambé[28]. O horizonte, em outros lugares, era limitado por grandes rochedos, que pareciam acompanhar um imenso e imaginário rio. Aqui e ali, surgia um outeiro com estratos regulares, como que construído pela Natureza, mas desafiando a mão do homem a completá-lo.

As encostas das montanhas mostravam traços de antigos regos e montões de cascalho de pedras argilosas que eles haviam ajudado a lavar. Dentro do Contagem, o solo tem fama de ser diamantífero, e os moradores ficam muito satisfeitos pensando que podem estar pisando em pedras preciosas. Isso parece ser, realmente, seus pensamentos durante o dia e seus sonhos, durante a noite. A superfície do solo ainda está disposta em ondas, com inclinações abruptas de chão vermelho e amarelo, profundamente retalhado, dirigindo-se aos três cursos de água[29], que a cortam perpendicularmente. A vertente é de noroeste para suleste, correndo as águas para o Rio Paraúna. Em sua maior parte, são regatos de águas claras, pintados de vermelho com o ferro, e correndo sobre areias auríferas e alamedas de árvores de um verde claro. Nos liliputianos vales ribeirinhos e nas encostas dos montes, há roças e casinholas, algumas cobertas de telha e, perto de Areias, estava sendo construída uma venda.

Encontramos no caminho vários grupos de mulheres, vindas de alguma festa, umas poucas brancas, de chapéu de palha e vestidos de algodão com todas as cores do arco-íris; negras carregavam seus filhos. Elas não fugiam, como em muitos lugares, e os tropeiros se mostravam excepcionalmente bem-educados, embora eu continuasse a ser um oficial de recrutamento. A última divisora de águas leva ao Córrego do Chiqueiro[30], que é fundo e perigoso durante as enchentes. Estávamos, agora, a uma légua do nosso pouso noturno e logo, depois de uma longa escalada e de uma virada para leste, avistamos, do alto de um pico anão, a notável igreja de Gouveia.

Mulheres, todas com o aspecto de caboclas, carregando lenha, cruzaram conosco, ao passarmos pela Cruz das Almas, que se ergue em um montão de pedras. Essa cruz, recordando as Almas do Purgatório, é comuníssima por aqui. Em um morro à direita, havia uma igreja inacabada, Nossa Senhora das Dores, cuja construção está sendo levada a cabo pelo vigário, Rev. P.e Francisco de Paula Moreira, e pelo Sr. Roberto Alves Júnior, filho de uma rica família. Pensei que aquele prédio de pedra, em estilo severo, que se parecia com uma chaminé, fosse um forte erguido para alguma finalidade inexplicável, e lembrei-me do velho santuário português:

"Ao mesmo tempo igreja e forte contra os mouros".

Passamos pela Igreja do Rosário, uma capela isolada, tendo em frente um coqueiro, e seguimos rumo ao norte, por uma rua de casas térreas e ranchos abertos, em frente de cada qual havia as habituais estacas de amarrar animais, e dirigimo-nos à praça, que segundo parece, representa o arraial. Depois do sol da viagem e do vento, que prometia uma noite fria, procurei em vão por algum lugar onde pudesse passar a noite. Logo, porém, o nosso guia se lembrou de Dona Chiquinha, esposa de um negociante diamantinense, atualmente no Rio de Janeiro; seu nome, Elizardo Emídio de Aguiar, é escrito e pronunciado pelos amigos Elizaro Emédio. Aqui começaram as demonstrações de civilidade, que iriam multiplicar-se nesta parte da Província. Dona Chiquinha imediatamente me acolheu; sua filha casada trouxe laranjas, sua netinha flores de laranjeira e seus escravos, café.

Logo saí, para conhecer o lugar e escapar de ser metido em uma jaula. Os moradores me olhavam como os negros de Ugogo; seria impossível arregalar mais os olhos; quando cansados, descansavam um pouco, mas logo reiniciavam a contemplação. As operações de fazer a barba e escovar os dentes pareceram provocar particular admiração.

Na parte norte da localidade, fica a igreja principal, Santo Antônio, ocupando parte da praça, que constitui, na verdade, mais um alargamento da rua que uma praça. Ficou torta, tendo sido construída, naturalmente, antes de Gouveia ter sido fundada; tem a frente para o sudoeste, indelicadamente virando para Jerusalém sua parte dorsal. De cada lado, uma faixa de calçada se sobrepõe ao chão vermelho e esse incipiente calçamento aparece aqui e ali. Perto, há algumas casuarinas e coqueiros, nesta época, segundo dizem, sempre pouco viçosos; alimentam uma grande lagarta[31], que cedo se transforma em borboleta, após o que eles se recuperam. A praça tem um sobrado, pertencente a João Alves, entre as 64 casas situadas a leste da igreja; as 58 do oeste têm alguns meios sobrados, e as melhores se distinguem pelas janelas pintadas de azul. A igreja é torta da cruz até a porta; segundo parece, os olhos do povo não sabem distinguir uma linha reta; tem quatro janelas e duas torres com cata-ventos, com os beirais dos telhados virados para cima; há dois sinos e a torre do lado do nascente tem um relógio simulado. Atrás do templo, fica o cemitério, grotescamente enfeitado, nos quatro cantos, com colunas de gesso azul, sustentando rústicas e enferrujadas esferas armilares.

O arraial fica em um morro íngreme, e a água é escassa e distante. Para leste, muito abaixo, fica o habitual Lavapés; mais perto, está a Rua do Fogo[32], uma espécie de "chemin des affronteux", e, à distância, o Morro de Santo Antônio, bela elevação de pedra, em um pedestal de terra. Ninguém ainda o escalou, embora possa ser facilmente escalado pelo suleste. Para oeste, fica a Rua do Sossego ou dos Coqueiros, com algumas casas caiadas dispersas, com seus terrenos defendidos por muros de pedras soltas. A vegetação compõe-se da mamona; da jabuticabeira; do mamoeiro, cujas folhas são aqui usadas para sopa; da bananeira; de algumas boas espécies de laranjeiras e de limeira, cuja fruta doce, mas de casca amarga, é chamada "Lima da peça*"; os cafeeiros não apresentam bom aspecto, são pouco cuidados e crescem muito juntos uns dos outros. Os mantimentos são caríssimos, pois têm de fazer a viagem que fizemos, e o milho[33] custa 4$000 o alqueire.

No dia seguinte, quando pedimos a conta, Dona Chiquinha recusou até um presente, tais eram seus hábitos hospitaleiros, e disse que seus filhos também andavam viajando no estrangeiro. Montamos a cavalo às 7 horas da manhã, com uma brisa de leste soprando desde o nascer do sol, enquanto o céu se cobria de nuvens. Nosso rumo era para nordeste, em direção às pirâmides de pedra de um cinzento escuro, a mais baixa antes da mais alta, e ambas postadas como sentinelas das ricas terras diamantíferas. Um morro escorregadio, cortado de brechas abertas pela água, conduziu-nos a uma depressão coberta de mato, que abrigava algumas cabanas; à direita, havia um sítio, pertencente a Roberto Alves. Tinha algumas casas, paióis e uma plantação de café, um tanto pequena, mas protegida contra o vento e melhor que as de seus rivais.

Aqui começa o Pé do Morro, uma subida que chega até perto de Diamantina. A subida, que serpenteia para oeste, é fácil; o caminho de leste parece ter sido feito para cabritos, com suas pedras soltas e as raízes petrificadas em dura argila cor-de-rosa. Logo, porém, o último se uniu ao primeiro, e a subida melhorou. Do alto, tem-se uma bela vista de Gouveia, mas logo o vento, soprando do norte, cobriu os nossos rostos de um espesso nevoeiro escocês. O velho Ferreira queixou-se de que a corrubiana[34] lhe havia penetrado nos ossos, quase o fazendo perder o caminho[35].

A subida leva a um planalto formado por duas planícies, divididas por um regato e um prisma de rochedo. Uma delas se estende por duas milhas; tal extensão de terreno

---

*   Lima da peça é, realmente, como aparece no original; mas o correto é lima, ou melhor limeira--da-pérsia. (M. G. F.).

plano é coisa raramente vista nestas bandas. Um gado gordo e de bom aspecto, apesar dos carrapatos, e provavelmente fortalecido pela água altamente ferruginosa, tornava a paisagem "pastoral em uma planície". O capão, contudo, não era do estilo "bonito"[36], e sim áspero e irregular, e a terra calcinada. A estrada tornou-se excelente, larga, plana e própria para carruagem; infelizmente, como a que se aproxima de Agbome, é um mero trecho.

Às 9 horas, apeamos em Barro Preto, a primeira lavra de diamantes que eu vira em trabalho. O local é o leito de um córrego, as cabeceiras do Córrego das Lajes, que alimenta, sucessivamente, o Córrego das Datas, (ou da Cachoeira) o Córrego da Grupiara e o Rio Paraúna. A superfície mostrava montões de refugo de saibro, areia argilosa, variando de cor do branco sujo ao branco leitoso, com detritos de quartzo lácteo e matéria turfosa e vegetal, e cascalho misturado com fragmentos de cristal de rocha. Um pequeno rego de água lamacenta abastecia o "servicinho"[37]. Passamos por dois ranchos de capim e por um telheiro, onde os negros nos olharam, os cães latiram e os porcos grunhiram. O lugar, conhecido há dois ou três anos, vinha sendo explorado, há oito meses, por João e Manoel Alves, filhos de um centenário. Segundo dizem, eles já extraíram vários diamantes de mais de duas oitavas (cada uma = £280) e há vagos rumores sobre uma grande pedra, que é mantida em profundo segredo. Nessas lavras, todo mistério profundo tem razão de ser; um diamante excepcional, nessas terras atrasadas, é, em geral, responsável pelo menos por um assassinato.

Avançando pela estéril terra diamantífera, onde as árvores castigadas pelo vento fazem o papel de anemômetros, observei, de novo, as formas fantásticas do arenito, especialmente do nordeste, de onde mais se faz sentir a ação do tempo. Há, aqui, torres de vigias e pirâmides, há paredões que nenhum ciclope conseguiria erguer; aqui, passamos por caveiras nuas, ali por ossos amontoados. Entre elas, o solo era sarapintado, manchas de areia brancas como caulim, ou manchas de humo e de ocre e hematita, sobre uma terra de um marrom avermelhado, mas vivo; esta última é relativamente fértil e revestida de cinza escura, na qual nascia capim de um verde metálico, duro como pêlos de barba. O esperado eclipse começou, o sol diminuiu para um crescente, mas a névoa era tão espessa que o efeito passou quase despercebido. Ninguém prestou atenção no fenômeno, nem

"Si fractus illabatur orbis";

não por causa da complicação das coisas, mas por simples falta de curiosidade. O velho Ferreira, é verdade, notou que aquilo poderia ter sido a causa da "maldita corrubiana"[38], mas não pensou mais nisso.

Ainda subindo, atravessamos três regatos que correm para oeste[39], separados por elevações de terreno. Perto do primeiro, havia um grupo de cabanas e sinais de trabalho. Um rude "bacó"[40], ou cocho de três lados, de tábuas e pedaços de arenito, aguardava as chuvas para a lavagem do cascalho que se amontoava perto. Depois de quatro quilômetros e meio de terreno árido, chegamos a Bandeirinha[41], uma casa caiada de branco cercada de algumas árvores e um pasto fechado, tendo em frente um rancho aberto. Maria Augusta de Andrade, na ausência de seu marido, José da Rocha, minerador, negociante, rancheiro, etc., etc., levantou-se, tremendo de frio, e preparou um almoço para nós; o vento sueste estava soprando há cinco dias, e, quando voltei, cinco dias depois, continuava a soprar.

Faltavam, agora, apenas onze quilômetros. Em meia hora, galgamos um morro pedregoso, de chão vermelho e branco. Esta é a grande linha divisória entre os rios São Francisco e Jequitinhonha; dali para diante, toma a direção do norte, curvando-se para oeste. À esquerda, há uma estrada transversal, que leva, através dos povoados de Guinda, Brumadinho e Rio das Pedras, À Mina de São João[42]. Em frente, estende-se uma enorme encosta marrom, com manchas de areia branca como neve e brilhante, e, aqui e ali, coberta de capim muito verde; em certos lugares, crescem muitas palmeiras chamadas coqueirinho-do-campo, enfezadas em conseqüência da ventania. Perto do horizonte, espalham-se altas pedras, cabeços, corcovas, saliências, pontas, interrompendo a linha do fundo, e longe, à direita, eleva-se o comprido paredão azul sustentando a majestosa pirâmide do Itambé.

Logo deixamos, à esquerda, o Guinda, assim chamado por causa de um córrego largo, raso e arenoso, outrora muito rico e ainda explorado, que alimenta o Rio das Pedras, Rio do Caldeirão, Biribiri, Pinheiro e Rio Jequitinhonha. É uma povoação de mineradores, cercada de escavações vermelhas e, de longe, parece um cupim; tem uma única praça quadrada e um grande cruzeiro, ranchos para tropeiros e casas decentes, agrupadas na margem esquerda do córrego. Além, fica Brumadinho, uma povoação semelhante, porém menor. Logo adiante, avistamos, muito longe, um paredão de rocha escura, com uma estrada branca serpenteando no solo negro; é uma estrada nova, muito boa, que vai a Mendanha, no Jequitinhonha, e dali a Salvador da Bahia. Atravessando o Rio das Pedras, um regato cristalino em um leito de arenito, e galgando um morro, avistei para o lado do nascente, uma grande casa branca, rodeada de algumas cabanas escuras e situada, aparentemente, na orla de um precipício – o Seminário Episcopal.

Diamantina estava ao alcance de um tiro de mosquete, mas era necessária uma grande volta para o norte, antes de se alcançar a estrada real. Atravessei a vau o Riacho das Bicas, assim chamado por causa de uma antiga e rica mina de ouro no morro atrás do Seminário; esse lava-pés corre para leste e desemboca no pequeno Rio de São Francisco, ao sul da cidade. As depressões são ricas do aróide de folhas grandes e digitadas e de fruta comestível chamado imbé ou guaimbé e em tupi, "tracuãs" (*Philodendron grandifolium*). Essa planta gosta da umidade e cresce desde o nível do mar até 1.000 metros de altitude. Mais uma subida íngreme – a última – e uma alameda de enfezadas araucárias levou-me a uma elevação e à habitual Cruz das Almas. Aqui o viajante avista, pela primeira vez a cidade, estendida a seus pés. É um "Pangani" brasileiro, uma localidade "em um buraco". A primeira vista faz lembrar

"Dirarum nidis domus opportuna volucrum".

No entanto, canta o poeta local, o falecido Aureliano J. Lessa:

> Vês lá na encosta do monte
> Mil casas em grupozinhos
> Alvas como cordeirinhos
> Que se banharam na fonte?
> Não vês deitado defronte,
> Qual dragão petrificado,
> Aquele serro curvado
> Que mura a cidadezinha?
> Pois essa cidade é a minha,
> É meu berço idolatrado.

NOTAS DO CAPÍTULO VI

[1] Itinerário de Bom Sucesso a São João, via Diamantina, (aproximadamente).

1. Bom Sucesso a Burá	1h 15min.	6 milhas			
2. Bom Sucesso a Paraúna	3h	9 milhas	1° dia	—	23 milhas
3. Bom Sucesso a Riacho do Vento	2h 10min.	8 milhas			
4. Bom Sucesso a Contagem	2h 15min.	8 milhas			
5. Bom Sucesso a Camilinho	1h 15min.	4 milhas	2° dia	—	28 milhas
6. Bom Sucesso a Gouveia	4h 15min.	16 milhas			
7. Bom Sucesso a Bandeirinha	3h 45min.	14 milhas	3° dia	—	24 milhas
8. Bom Sucesso a Diamantina	3h	10 milhas			
9. Bom Sucesso a Mina de São João	4h 30min.	18 milhas	(Geralmente tido como 16)		
	25h 25min.	93 milhas			

Os guias dão dez léguas, ou quarenta milhas, entre Bom Sucesso e Camilinho. Colocam Diamantina a 16 léguas (48 milhas) do Rio das Velhas e metade dessa distância ao ponto extremo de navegação do Rio Paraúna. De Bandeirinha à Mina de Datas, dão 3 léguas, e fiz de Mina de São João a Bandeirinha (vinte milhas) em quatro horas e meia.

Diamantina, em geral, é tida como estando a 56 léguas (224 milhas) da Capital Provincial, distância que exige diminuição. A Mina de São João é tida como ficando a 32 léguas (120 milhas) da Vila de Guaicuí, na foz do Rio das Velhas.

[2] Há dois capões principais, separados por duas milhas, o Capão das Moendas, que fornece madeira de lei, e do Padre Antônio. Ambos ficam perto de córregos que deságuam no Bom Sucesso e, deste, no Rio das Velhas. Os habituais desvios assinalam os lugares piores.

[3] Aqui, significa "bosque". Nos dicionários, ressaca é o francês "ressac", a fúria da maré.

[4] O primeiro é o Córrego de Rissacada, que, de vez em quando, enche e é perigoso; o segundo, um acidente sem importância, é chamado Corregozinho.

[5] Rio Negro, de "pará" e "una".

[6] St. Hil. (III. ii. 103) acha que a palavra é derivada de "tapanhuna", que, na língua geral, significa negro; a palavra, no entanto, é "pixuna", "pituna", que se contrai em "una". Os dicionários dão "abá" (homem) "tapiinhuna" ou "tapiiuna", contraído em "tapanhuna" ou "tapanho", significando negro e "acanga", cabeça.

[7] A palmeira licorim não deve ser confundida com a aricuri (*Cocos coronata*), que é comum ao longo das latitudes litorâneas*. Tem a altura de 8 a 12 metros, e a folhagem é semelhante à do coqueiro comum; os frutos dão em cachos e cada noz é coberta de um pericarpo amarelo e doce. As araras gostam muito do coco de licorim e quebram os caroços com seu forte bico.

[8] Também se escreve indajá e, em alguns lugares, se pronuncia andaiá. O Príncipe Max. o chama de coco ndaiá-açu e o descreve (ii. 30). Na Serra Marítima e no litoral, podemos, realmente, dizer a respeito dessa palmeira: "l'arbre est majesteux; c'est un des plus beau palmiers dans ce pays". Nos campos, é uma planta enfezada, quase sem tronco. As folhas não são comidas, exceto pelo gado mais faminto; o coco é pequeno e duríssimo, com uma amêndoa que se parece com a do "Cocos nucifera".

[9] Burmeister faz uma confusão completa. Gerber faz o Cipó juntar-se com o Paraúna junto ao Rio das Velhas e chama a junção de "Três Barras".

---

* Como já fizemos anotação a respeito, há equívoco do autor. Esta palmeira pertence, hoje, ao gênero *Attalea* e não mais a *Cocos* que se tornou gênero mono-específico (*Cocos nucifera* — coco-da-baía). (M. G. F.).

10 Para se evitar esse rochedo de arenito, foi aberta à esquerda uma estrada, ou melhor, um caminho, subindo um morro poeirento, não ainda desmatado de todo, e que, presentemente, oferece um pouco de sombra.

11 Assim chamado por causa do Dr. Joaquim Veloso de Miranda, jesuíta e botânico, nascido em Minas Gerais.

12 Florescem, creio, na Serra de Ouro Branco. Irei encontrá-las de novo no curso médio do São Francisco, onde revestem a contra-escarpa ocidental da Chapada Baiana.

13 Será desnecessário dizer que já não é esta a opinião dos botânicos.

14 St. Hil. (III. i. 247) menciona a paineira-do-campo (*Pachira marginata*), cuja casca é raspada para servir de enchimento de colchão*. Também ouvi a denominação paina-do-serro, aplicada a uma palmeira que nasce nos lugares mais elevados até onde se prolongou esta viagem. O tronco é mais grosso em cima do que embaixo e o aspecto é de um sagu gigantesco; as folhas, que se parecem com a da palmeira indaiá, são usadas para fazer chapéus.

15 Provavelmente uma Mirtácea; várias plantas desse gênero são chamadas craveiro-da-terra.

16 A maioria dos brasileiros confunde a arnica com um composto chamado *Eupatorium aypana*.

17 Essas contagens foram estabelecidas, com consentimento dos vassalos, em 1714, quando, como foi dito, se levantou a capitação. O Dr. Couto conta-nos (1801) que a Vila do Príncipe era uma das quatro "contagens dos sertões" e explica: "chamam-se sertões nesta Capitania as terras distantes dos povoados de mineradores e onde não há minerações". De acordo com ele ("Memória", pág. 89), essas contagens eram:

Caeté Mirim, com a renda anual de	766$400
Ribelo	781$187
Inhacica (no Rio Jequitinhonha)	436$887
Pé do Morro	452$713
Contagem do Galheiro, ao sul	1:146$437
TOTAL	3:583$624

O lucro geral foi apenas de 5:466$562 (digamos = £544), sem deduzir as despesas de reparação de quartéis, mudança de postos, etc.. O autor, com toda a razão, ridiculariza um sistema que, para tão pequeno lucro, acarretava tantos males. Os que criavam as contagens só se interessavam em localizá-las onde rendessem mais; quando se descobria uma mina, cercavam-na de um cinturão de obstáculos e acabavam perdendo tudo, como o lavrador que ceifa antes do tempo da ceifa. Naturalmente, todos os postos de cobrança deveriam limitar-se à fronteira e arrecadar o imposto sobre importações; não no interior, onde as importações são bitributadas ou onde são cobrados impostos dos que compraram artigos do País.

18 Não vi sinal de berne. Não há, contudo, uma criação racional, e, conseqüentemente, os rebanhos são pequenos.

19 O primeiro é o Pindaíba, um leito lamacento em que os animais bebem, mesmo "na seca". Um mau caminho de arenito branco, com uma simples madeira servindo de parapeito, na beira de um precipício, leva ao Riacho da Vereda. Esta última palavra significa aqui uma "campina", ou planície anã. O córrego, vindo do norte para o sul, tem água fria, que corre, ora clara, ora escura, sobre um leito rochoso e escorregadio de arenito, e, à esquerda, fica um lugar onde os tropeiros acampam. O terceiro é o Limoeiro, de água escura e barrenta, com um capão do outro lado. Via de regra, a água é, na melhor hipótese, um "simples veículo para a formação das melhores cristalizações". Em alguns lugares, há uma areia branca espalhada sobre a lama negra, invertendo o processo habitual.

20 Quando revestido de humo suficiente, o itacolomito degradado é um solo muito fértil.

---

* Certamente *Pachira marginata* tem hoje outro nome científico. Mas a paina é constituída por pêlos produzidos pelas suas sementes e não pela casca. É utilizada na confecção de almofadas e travesseiros. Não é impossível, entretanto, a utilização da casca de certas plantas, finamente subdividida, para enchimento de colchões. (M. G. F.).

²¹   Um artista francês, M. Varandier, encontrou um pequeno diamante em Campinas, São Paulo. Vi a "formação" que, supostamente, acompanha a pedra preciosa, em muitas partes daquela província, no sul do Vale do Paraíba e mesmo perto da Cidade de São Paulo. Um belo exemplar de diamante negro, perfeitamente simétrico, foi tirado em Rio Verde, perto da fronteira das províncias de São Paulo e Paraná; além disso, sabe-se que o Tibagi e outros afluentes do Paraná são diamantíferos, e têm fornecido pequenos diamantes encontrados na rocha canga.

²²   Os primeiros "diamantes da Califórnia" eram, na realidade, cristal de rocha.

²³   Quando em viagem na Virgínia, ouvi falar de um diamante de verdade, encontrado perto de Richmond; pesava cerca de 24 quilates e foi dividido mais ou menos pela metade e vendido barato, pois carecia de "água".

²⁴   O Galheiro fica ao norte do Rio Pardo Grande, a seis ou sete léguas ao norte do Rio Paraúna. Existe, agora, a Fazenda do Galheiro, que tem muitos proprietários; o Galheiro desemboca no Riacho do Vento.

²⁵   Planta oleaginosa, *Copaifera officinalis,* também chamada copaíba, copaúba, etc.. O *Caramuru* (VII. 51) a ela se refere:

"A copaíba em curas aplaudida".

Os índios, que conhecem bem o medicamento, guardam-no em cocos vazios, tampados com cera, e, durante o calor, usam-no mediante sua exsudação através da tosca "garrafa", o que prova quanto é fino. Em 1787, segundo Ferreira, um pote de nove canadas de Lisboa (dois litros cada uma) custava de 6$000 a 6$400 e o "capivi" era considerado importante artigo de importação, dotado de muitas pseudo-virtudes. Os pintores usavam-no, em vez do óleo de linhaça, mas não podia ficar exposto ao tempo, pois desaparecia facilmente. Aqui, é vendido nas lojas, mas considerado como remédio muito violento, e seu emprego quase que se limita ao tratamento de pisaduras de animais. A época de coleta do precioso bálsamo começa na lua nova de agosto. Diz o povo que a planta "chora todo o mês de agosto", e uma única árvore enche várias garrafas. O casco é cortado, e são colocadas compressas de algodão para fechar os cortes. Acredita-se que a produção atinge o máximo na lua cheia, e que, depois, vai diminuindo, aos poucos, até desaparecer.

²⁶   A expressão torquato latino, alude à argola em torno do pescoço; a corruptela comum é trocaz e assim a encontramos escrita pelo Príncipe Max. (i. 396). Entre os brasileiros incultos, o infortunado *r* está sujeito, entre outras muitas corruptelas, a excessivas transposições.

²⁷   Um desenho da espécie que chegou recentemente à Inglaterra apareceu na revista "Illustrated News". É o "campanero" ou "bell-bird", descrito, na última geração, por Waterton, que diz ser sua voz audível "a uma distância de cerca de três milhas". O *Chasmorhynchos nudicolis* é conhecido no Brasil por araponga, corruptela de gui guiraponga, de "guirá", ave, "pong", onomatopaico, e "a", que existe. St. Hil. (III. i. 26) acha que a palavra vem de "ara", dia e "pong", "son d'une chose creuse". Adverte para não confundi-lo com o do sapo "ferrador" e, é interessante observar-se que, por uma vez, Mr. Walsh tem razão. O Dic. T. dá "guiraponga" como "pássaro ferrador". Castelnau fala em pássaro ferrador (i. 274) e sapo ferrador (i. 169), que o Príncipe Max. chama (i. 26) ferreiro.

O *procnias,* (gênero formado por Illiger) é chamado *nudicollis,* por causa de seu pescoço manchado de verde, com muitas penas brancas como a neve. Não tem carúnculo, como o pássaro que aparece na ilustração de Kidder and Fletcher (edição de 1857) e que é chamado "uruponga"; a ave que tem carúnculo é a cotinga branca, chamada guiraponga ou *Ampelis carunculata* (Linn.). O Príncipe Max. descreveu outras espécies dessa notável família, como, por ex., a *Procnias cyanotropes* ou *ventralis,* que tem reflexos azuis (i. 291).

A peculiaridade desse Stentor alado é a desproporção entre a nota e o tamanho. Ouvimos a pancada de um malho na bigorna; vemos uma criatura do tamanho de uma rola.

²⁸   "Ita-mbé", a grande pedra ou rochedo. St. Hil. (I. i. 294) propõe, como derivação, "ya, yta, aymbe", pedra de amolar. Há duas significações para esse nome, como se verá dentro em pouco.

²⁹   O primeiro é Água Limpa, em cuja margem esquerda ergue-se um alto rochedo, negro como se fosse vulcânico – efeito das queimadas. Mais à direita, há uma lagoazinha prateada, com uma ilhota elevada. O Ribeirão das Areias é largo e tem uma rude ponte de oito cavaletes e cerca de 63 jardas de comprimento; nesta época, pode ser atravessado a vau. O Ribeirão das Almas

apresenta um fio de água pura correndo ao longo da corrente principal, que é suja de ardósia, em conseqüência das minerações no curso superior. O solo é, em geral, vermelho, como que enferrujado com óxido de ferro; é fértil, e produz laranjas (ótimas) e jabuticabas, além dos habituais cafeeiros e bananeiras.

30 Um nome poético, e que não é raro. Perto de Ouro Preto, há um lugar chamado Nossa Senhora da Conceição do Chiqueiro do Alamão (por Alemão).

31 O *Curculio palmarum* é usado como tempero na África e gulosamente comido pelos índios sul-americanos. Nunca o provei, mas viajantes brancos informaram-me que o gosto é delicado e, para alguns, mesmo delicioso.

32 A Rua do Fogo, denominação que aparece, no interior do Brasil, com bastante freqüência, em geral indica um lugar onde não falta a cachaça e, em conseqüência, as brigas.

33 Neste País, o alqueire de milho custa mais ou menos o equivalente de um pão de quatro libras na Inglaterra. Na cidade de São Paulo, eu o tenho visto flutuar entre 2$000 e 4$000 – mais exatamente, entre 1$940 e 4$160.

34 Essa palavra é muito usada em Minas Gerais, e creio que também no Rio Grande do Sul. Alguns caipiras dizem "cruviana".

35 À direita, parte uma estrada para Datas, propriedade do Coronel Alexandre de Almeida Bethencourt; essa estrada vai à cidade, mas depois de uma volta muito grande.

36 O "capão bonito" é freqüentemente visto na Província de São Paulo, onde o capim, como um manto de veludo amarelo ou verde, cresce junto aos troncos das árvores, que são altas e regulares.

37 Um nome ainda aplicado em Minas Gerais e na Bahia a lavras de diamante exploradas por uma tropa de escravos dirigidos por homens livres.

38 Talvez fosse o caso. No meu regresso, a névoa estava espessa, mas em breve os raios solares a dispersaram.

39 O primeiro é o Córrego de João Vaz, assim chamado por causa de um antigo morador, cujos descendentes ainda exploram diamantes; tem sete casinholas, uma das quais bem caiada. O riacho deságua no Córrego do Capão e este no Rio Pardo Pequeno; durante as chuvas, é perigoso. O segundo curso de água é chamado braúna (*Melanosylon Grauna*)*, tem um leito rochoso com lugares fundos chamados caldeirões e, nesta época do ano, é um fio de água. Deságua também no Córrego do Capão. Há uma única casa perto de sua margem.

40 Corresponde à canoa, usada na lavagem de ouro.

41 O Dr. Couto, em 1801, menciona o Sítio de Bandeirinha ou Comando. Burmeister escreve, erroneamente, Bandeirinho. Bandeirinha e Bandeira são denominações comuns na Província de Minas, datando dos tempos das expedições destinadas a apresar índios.

42 V. Cap. IX.

---

* Essa é a grafia do original. A correta, entretanto, é *Melanoxylon braunia*. Trata-se de uma Leguminosa arbórea, de madeira muito dura. (M. G. F.).

CAPÍTULO VII

DIAMANTINA

*Descrição da cidade. A sociedade. Popularidade do inglês no Brasil.
O diamante no Brasil, sua descoberta, etc. Valor dos
diamantes exportados.*

> "O clima temperado de que gozam os habitantes desta parte do País torna-os mais saudáveis do que o dos que vivem no sertão; as mulheres são as mais belas que encontrei no Brasil". — Gardner, Cap. XII.

A localização de Diamantina é peculiar: para leste e sudoeste, o terreno é extremamente alcantilado, ao passo que a parte norte é uma continuação das terras onduladas do campo. A incipiente "Haute Ville" é a melhor e mais saudável localidade, e aqui a povoação se espalhará. A "cidadezinha" desce pela encosta ocidental de um morro muito íngreme, para terminar no profundo vale do Rio São Francisco ou Rio Grande, cujas águas, servindo de escoadouro às do terreno mais baixo, alimentam a artéria principal da bacia, o Rio Jequitinhonha, que fica a três léguas em linha reta e seis indiretamente[1]. O leito do córrego, que corre de norte para o sul, é de um solo avermelhado e recoberto de vegetação de um verde vivo; no meio, há montões de cascalho, deixados pelos antigos mineradores; o córrego propriamente dito se reduz agora a um fio de água, mas, depois das chuvas, torna-se perigoso; foi lançada sobre ele uma minúscula ponte, para salvar a vida dos escravos, nas freqüentes inundações. O lado oposto da ravina é constituído por um paredão acidentado de rocha cinzenta, que se torna branca quando quebrada; esse paredão ergue-se quase verticalmente, de uma base recoberta de detritos ali deixados pelas lavagens de diamante, há muitos anos, e revestida de um capim agora escuro[2].

Visto do "Alto da Cruz", a cidade apresenta um aspecto de prosperidade. Mudou muito, depois de 1801, quando era o "Arraial do Tijuco[3]" e só contava com casas de pau-a-pique; não poderia ser reconhecida nas páginas de Gardner e M. Barbot[4], que a descreveram como era na geração passada. Abaixo de nós, estende-se um lençol de casas pintadas de muitas cores, cor-de-rosa, branco e amarelo, com quintais e jardins verdejantes, ao longo de ruas largas e amplas praças, ao passo que os edifícios públicos de tamanho maior e uma confusão de igrejas de duas torres ou uma torre só testemunham a religiosidade do lugar.

Do Alto da Cruz, ganhamos o Largo do Curral, o melhor local para construção na cidade, ou melhor, fora da cidade. Antigamente, o gado era ali guardado e abatido; agora, um cruzeiro o converteu em praça respeitável. Descendo pela nova e boa calçada da Rua da Glória, antiga Rua do Intendente, passamos, à esquerda, pelo Sobrado da Glória, que começou a vida como Intendência dos Diamantes, depois se tornou Palácio Episcopal Provisório e agora acomoda as irmãs de São Vicente de Paulo, que tínhamos encontrado na estrada, perto do Caraça. Dentro, os carpinteiros trabalham, aproveitando peças de madeira ainda sólidas depois de um século de uso; uma varanda antiquada, de madeira, abre-se para um grande quintal, no fundo do prédio, plantado em um terreno que dispõe de água puríssima. Em frente, fica o sobrado pertencente ao Tenente-Coronel Rodrigo de Sousa Reis, cuja mina visitaríamos dentro em pouco.

A Rua da Glória termina, formando um ângulo reto, em uma rua chamada Macau do Meio, ninguém sabe por quê. Não deve ser confundida com o Largo do Macau, onde fica o Hospital da Caridade, prédio largo e branco, pertencente a uma "irmandade". No Macau do Meio, precariamente calçado, ficam boas lojas, o Hotel Cula[5] e a Igreja de São Francisco, cujas portas e janelas são pintadas de um vermelho berrante, muito feio, que se supõe aqui parecer com o mármore. Um chafariz de seis faces e duas bicas, de um grotesco egípcio, encostado em um muro e datado de 1861, é o começo da indefectível Rua Direita, que é excessivamente torta, íngreme e mal calçada. Em sua maior parte, as casas são novas e ostentam sacadas; algumas conservam as persianas; em uma há ainda varanda suspensa e a rótula, cor de chocolate. Não tardará a ser removida; essas antigüidades são, com toda a razão, desprezadas no Brasil; aqui, o "Temple Bar" seria fotografado e impedido, em seguida, de atravancar o terreno. Quanto mais cedo o velho pelourinho for demolido, tanto melhor para a progressista Diamantina — permitam-me sugerir.

No Largo da Rua Direita ou de Santo Antônio, fica a Casa da Câmara, prédio modesto, ostentando as armas imperiais[6]. Fora anteriormente uma loja maçônica, proibida, com razão, porque um sacerdote português, Padre Luís, tornara-se irmão. Do outro lado da Câmara, e em frente do Progresso do Império, está a matriz, cujo orago é Santo Antônio. É uma "insula", com um adro alto, voltado para a encosta setentrional do morro. Um muro de pedra indica a presença do cemitério, que será banido "quam primum". A fachada de duas janelas, com duas clarabóias abertas na rude parede de taipa, é pintada de um cinzento azulado neutro e as portas e janelas são pintadas de cor chocolate. Tudo acima da cornija é de madeira, o primeiro exemplo dessa espécie por mim visto no Brasil. A única janela da torre deixa ver um sino dourado. Há um relógio que (é maravilhoso relatar) funciona, mas funciona errado; por cima dele a habitual esfera armilar com o habitual e grande catavento, um galo que mais parece um dragão. Nada há a descrever no interior desta ou de qualquer outra igreja de Diamantina, e as obras de madeira lhes dão, em geral, um ar de instabilidade.

Estamos no coração da cidade, no centro comercial. À esquerda do largo, fica a Intendência do Sousa Reis[7]. "Intendência" significa, aqui, um amplo barracão para depósito de mercadorias, o embrião de um "sotto borgo" de Pisa. A Intendência de Sousa Reis é de propriedade particular e, sob a ampla varanda, há lojas que vendem de tudo, desde farinha de trigo até rapé, que seja necessário a uma região atrasada. Abaixo e para leste, fica um grande largo, a Cavalhada Nova, para se distinguir da Velha, que fica mais embaixo ainda e quase fora da cidade. Esses espaços abertos eram assim chamados por causa das cavalgadas portuguesas, que, como as touradas, faziam parte, outrora, de todas as festas. Caíram em desuso no Brasil, mas continuam em plena vitalidade na Itália, Portugal e mesmo na anglicizada Madeira. O último "tornament" a que assisti foi na Ilha do Fogo, no Grupo de Cabo Verde.

Atravessando o largo e deixando à direita a Rua da Quitanda, cheguei à casa de meu hospedeiro, Sr. João Ribeiro de Carvalho Amarante, no lado setentrional da Praça do Bonfim. No andar térreo, há uma loja de secos e, no fundo, um escritório onde são guardados os diamantes. A sala de jantar e a cozinha ficam mais no fundo ainda, e, no andar de cima, os quartos da família. O hospitaleiro lisboeta confessou-me espontaneamente que começara a vida como tropeiro; hoje é negociante mais rico em uma terra em que todos são negociantes, e fornece mercadorias até para Guaicuí e Januária[8]. No Pé do Morro, perto de Curimataí, possui ele uma grande fazenda, onde cria gado, produz gêneros alimentícios e fabrica rapadura e cachaça. Seus cinqüenta escravos lhe dão muito trabalho, em lugar algum do Brasil os negros são tão turbulentos como os de Diamantina e seus arredores. Muitos deles fogem para o mato e tornam-se quilombeiros, bandidos negros, dispostos a qualquer atrocidade que sua covardia aconselhe. Aqui, ninguém se atreve a viajar, mesmo de dia, sem andar com a arma engatilhada e olhar as encruzilhadas com cuidado. Os negros são hábeis como Canídia ou Locusta, e muitos habituados ao uso do estramônio[9]. Segundo me informou um médico, um sintoma comum do envenenamento é uma forte dor nas pernas, que provoca palidez e contrações no rosto. Muitos donos de escravos têm desconfiado de simulação de doença até serem convencidos pela rápida morte do doente. Um caso de envenenamento ocorreu há pouco no Pé do Morro; o proprietário irá, sem demora, à fazenda e aplicará um terrível castigo ao envenenador. Assim, uma ameaça de motim de escravos foi sumariamente esmagada em 1865, pela flagelação e galés[10]; ninguém enfrentou o destino do Governador Eyre.

O Sr. João Ribeiro levou-me às suas acomodações para hóspedes solteiros, na Rua do Bonfim, assim chamada por causa de uma igreja consagrada a Nossa Senhora do Bonfim. A rua é uma espécie de praça irregular, que tem um bom barbeiro, um chapeleiro e um boticário. Naturalmente, os artigos importados são vendidos a preços elevadíssimos e, levando-se em consideração o transporte, tal fato não deve causar espanto[11]. Saindo da Rua do Bonfim, a do Amparo, toleravelmente calçada, dirige-se para leste, alcançando o vale do Rio São Francisco. Passa pela Igreja de Nossa Senhora do Amparo, cuja fachada estava enfeitada com lâmpadas coloridas, e os foguetes nos mostravam que se realizava, então, a novena. A melhor água potável é trazida do fundo da ravina, onde se acham espalhadas algumas casas e cabanas, roças e campinas, deixando amplo espaço para a construção. Quem não tiver medo de cobras, carrapato e espinho, pode passear nas margens do córrego.

Os três dias que passei em Diamantina deixaram-me a mais agradável impressão de sua sociedade. Os homens são os mais "abertos", as mulheres as mais bonitas e as mais amáveis que eu tive a felicidade de encontrar no Brasil. Em todos os lugares destas regiões, os forasteiros, são recebidos com cordial hospitalidade, mas aqui a acolhida é particularmente calorosa. Talvez a riqueza do lugar tenha influência sobre isso. O local onde eu estava alojado foi logo procurado por alguns jovens do Rio de Janeiro, aqui chamados "cometas". Inteligentes, simpáticos e bem informados, nada tinham eles daquela agressividade do "commis-voyageur" da Europa ou do "travelling bagman". A profissão é honrosa, como qualquer outra. Deve-se dizer, em verdade, e como um grande elogio ao Brasil, que ninguém se sente aqui degradado por um mister, embora humilde. Em conseqüência, a sociedade ignora os preconceitos contra as profissões comuns no Velho Mundo, onde vi um homem envergonhar-se pelo fato de seu pai ser um "médico", e onde Faraday foi elogiado, por ter tido a coragem de confessar em público que tinha um irmão instalador de gás.

Na noite do meu primeiro dia em Diamantina, estive em casa de John Rose, um inglês de Cornualha, originalmente mineiro de Morro Velho, depois minerador de diamante, carpinteiro, pedreiro e arquiteto; seu último emprego fora no Palácio do Bispo. Graças à sobriedade e ao bom comportamento, ajuntara cerca de £5.000, e agora podia gozar amplamente seu gosto pela independência, em palavras e em ações. Não se deu o mesmo com outro estrangeiro que logo revelou seus maus instintos ofendendo abertamente os brasileiros, que, segundo ele, não deixavam que ninguém prosperasse, a não ser eles próprios. Não mencionarei seu nome, pois, embora ele já deva ter mais de meio século, ainda poderá descobrir que nunca é tarde para corrigir-se. É um homem instruído, sabendo alemão e inglês perfeitamente, português bem, francês razoavelmente; pode ensinar línguas; pode fazer escrituração mercantil; naturalmente, tem uma mina de ouro; já foi médico; ainda goza de certa estima[12] e ainda pratica a homeopatia. Prefere, contudo, vadiar, tomando emprestado 100$000 deste e 160$000 daquele conhecido, gastando o produto da caridade não em roupas, mas em bebidas. Quando embriagado, gostava de se utilizar do punhal e da garrucha. Atribuía seu costume de dormir na sarjeta à infidelidade da esposa. Deixara-a no Rio, sem o menor amparo, e ela acabou tendo de aceitar a proteção de um português, que se ofereceu, e cumpriu a palavra, para sustentar e educar seus filhos. A última diversão desse meu novo e desagradável conhecimento foi de entrar para a maçonaria, onde, por tolerância, foi admitido como o menos digno dos aspirantes. Propôs-me, mediante o pagamento de cinco libras, fazer-me maçon, e teve o atrevimento de levar um recado, em meu nome, a certo padre, pedindo para não pregar contra á maçonaria; tive de procurar o sacerdote e explicar o caso.

Aquele homem era de Hanover, por conseqüência prussiano, mas se dizia inglês. Os britânicos se queixam de que, no Brasil, eles e os portugueses são muito impopulares. O fato é que sofremos, freqüentemente, não só por culpa de nossos próprios pecados, que são muitos, como pelos pecados de nossos vizinhos europeus, que não são poucos. Os estrangeiros também têm exagerado nossa impopularidade. "Les Anglais son détestés au Brésil; on regarde comme appartenans à cette nation tous les étrangers chez lesquels des cheveux blonds et une peau blanche indiquent qu'ils son origanines (sic) du Nord" diz, em 1815-1817, o Príncipe Max. (i. 119). M. Dulot (pág. 62) fala de "la brutalité tradicionelle envers les faibles qui fait détester l'Anglaterre"; e teria razão, se se referisse ao "Aberdeen Bill". St. Hilaire (III. i. 219) observa que, "grace à leurs compatriotes, Mawe, Luccock e Walsh", o inglês tornou-se impopular no País. E é quase um truísmo dizer-se que, se talvez ouvimos muito poucas referências que nos são favoráveis, partidas de outros, em compensação, nós, como as demais nações, ouvimos, em excesso, boas referências sobre nós, vindas de nós mesmos. Essas louvaminhas e aplausos acerca de nossas próprias perfeições ainda são aceitas como patrióticas e, afinal, o "jovial e espadaúdo inglês" aprendeu a suportar sem um gemido o gigantesco peso da impostura[13].

Também o Brasil, como outras nações, tem recebido um pequeno número de merecidos elogios e uma grande quantidade de imerecidos insultos. Não se pode dizer, contudo, que os viajantes de uma determinada nacionalidade lhe têm sido mais benévolos que de os de uma outra[14]. O resultado de minha experiência, no presente, é de que, apesar do "Aberdeen Bill" e do triste caso Abrantes-Christie, o Império nos respeita e estima tanto, senão mais, quanto os outros visitantes. Isso não quer dizer que os estrangeiros sejam estimadíssimos em qualquer parte do Brasil; o País deles esperou demasiadamente, e eles se colocaram muito abaixo das mais modestas expectativas. Em nosso caso, os brasileiros se queixam de nossos "modos insulares", agora felizmente se tornando desusados, como o francês de Goldsmith e de Sterne; a grosseria dos mal educados[15] e a desdenhosa altivez dos "melhores" ainda envenenam o espírito dos brasileiros. E perdemos a estima pelas pequenas guerras de um grande País, que começaram com a tolice de uma política liberal, e que o levou a afastar-se dos deveres de sua posição e a retirar-se dos assuntos mundiais. Uma expedição à Abissínia beneficia tanto a Inglaterra no Brasil como no Industão e pode ser considerada como valendo pouquíssimo.

Fiz uma visita ao Rev. Padre Michel Sipolis, no Seminário Episcopal, o prédio branco com anexos inacabados que já mencionei. O governo ajuda o estabelecimento, pagando os salários dos professores de diversas cadeiras, e os três padres franceses recebem por ano apenas 400$000, para vestuário e todas as demais necessidades; este salário de £40 afasta de todo a suspeita de que são interesseiros. À uma hora da tarde, o sino tocou e fomos ao refeitório; havia ali doze alunos, número considerável durante as "férias longas", e aqueles jovens conversavam em francês durante a refeição, que terminava com uma longa oração. O Padre Sipolis levou-me, em seguida, ao Palácio Episcopal, que fica em frente à Igreja do Carmo, um prédio branco, tendo embaixo uma barra azul de cimento, e madeira em cima. Antigamente, a diocese de Mariana estendia-se até aqui. Pio IX criou o bispado pela bula "Gravissimum Sollicitudinis", de 6 de junho de 1864. O Exmo. e Rev. D. João Antônio dos Santos[16], do Conselho de S. M. I., é um ex-aluno do Seminário do Caraça; naturalmente, favorece, em detrimento da Propaganda de Lyon e dos Capuchinhos de Roma[17], São Vicente de Paulo, que deve se ver abarbado para atender todos os pedidos que lhe são feitos. O bispo é um homem de cerca de quarenta anos, com voz e modos gentis e femininos; encontrei-o empenhado em uma discussão com M. Mirville sobre o magnetismo (não o de Faraday) e não apoiou M. Sipolis, quando este último me provou que as mesas rodando e "arranhadas" eram obras dos espíritos do mal[18].

Do Palácio, fomos à casa de um fazendeiro, em cuja porta havia um agente de polícia, assentado à sombra, comodamente. O fazendeiro tivera uma briga com um vizinho, por causa de um curso de água, que terminara com uns tiros, e iria purgar seus pecados diante do júri. Tendo o adversário ferido a ele de lado e tendo-lhe dilacerado, um dedo, que teve de ser amputado, o ferido gritou para um filho, que descarregou uma espingarda no outro, que, muito sensatamente, fugiu para o mato. Naturalmente, havia uma outra e contraditória versão, segundo a qual o fazendeiro havia agarrado a arma de seu antagonista e esta disparou, ferindo-lhe a mão. Não pude deixar de lembrar do caso, imaginário ou verdadeiro, a respeito de Sir. Walter Raleigh e da "História do Mundo": ele não teria conseguido, em Diamantina, esclarecer aquele pequeno caso criminal.

Enquanto isso, o homem ferido estava passando mal, agitado e temendo o tétano. O quarto estava escuro, as janelas fechadas, a atmosfera pesada, cinco senhoras sentadas, pensativas, olhando para o doente, e, do lado de fora, meia dúzia de amigos conversava em voz baixa. Quando se acha que um enfermo está à morte, o costume dos brasileiros — naturalmente as raras pessoas sensatas o rejeitam — é visitá-lo, consolá-lo e lamentá-lo. Tal aparato é capaz de matar o mais robusto; certamente, seria humano publicar-se uma tradução portuguesa de "Notes on Nursing" (Observações sobre a Enfermagem). O caldo de galinha, que o doente é obrigado a engolir de duas em duas horas, é um suplício só comparável ao caldo de carne das antigas sacerdotisas de Libitina na Grã-Bretanha.

Meu último comparecimento à "sociedade" foi em um baile oferecido por uma rica viúva, a Sr^a. D. Maria de Nazareth Netto Leme, comemorando o batismo de um neto, segundo filho de uma encantadora jovem, esposa do Sr. Joaquim Manuel de Vasconcellos Lessa. Por ocasião de seu casamento, essa moça foi acompanhada de vinte e quatro "demoiselles d'honneur", com vestidos vindos de Paris; o casamento foi comemorado durante uma quinzena, e dizem que 750 garrafas de vinho Bass foram esvaziadas cada noite. A chuva de comidas e bebidas na Cidade dos Diamantes constitui um grande contraste com o ascético "chá e fim de festa" da Europa Meridional.

Toda a Cidade de Diamantina estava vestida de preto, com luxo, antes das três horas da tarde, marcada para a cerimônia religiosa. No princípio da noite, acompanhei o Sr. João Ribeiro, com a amabilíssima D. Maria e sua filha, subindo a Rua das Mercês, até o Alto da Grupiara[19]. As salas estavam repletas e muitas pessoas já haviam-se sentado, para a primeira ceia. Os trajos das senhoras eram de luxo, em contraste com os do tempo descrito por Gardner, quando as damas saíam à rua com chapéus de homens e o "preto parecia a cor mais na moda". O baile parecia uma festa familiar, onde reinava a maior alegria;

aqui, como entre os católicos da Inglaterra, todos são parentes ou mais ou menos aparentados e os que não são pretendem ser, ou são "compadres". As danças consistiam principalmente de quadrilhas. Desculpei-me, alegando que a última vez que dançara fora com Gelele, Rei do Dahomé; assim, a proprietária da casa nº 14 da Praça de São Jaime usou, o resto da vida, uma luva com que apertara a mão de um ex-Príncipe de Gales.

A ceia parecia não acabar nunca, e uma chuva pesada só serviu para aumentar a alegria dentro de casa. A alma da festa era o "Diamantino", abreviação do nome do Sr. José Diamantino de Menezes, filho do defunto Barão de Araçuaí[20]. Saí escondido às duas horas da madrugada, deixando todos "alegres e bem comportados". Que fique assinalado tal fato, porque o rato do campo dos arredores atribui ao rato da cidade um mau caráter, e afirma que todas as madrugadas, as mães de família saem com os escravos, para apanhar os maridos na calçada, onde as "pernas bambas" os fizeram deitar. Nada vi disso.

Sem dúvida, em um lugar onde o dinheiro é gasto à farta[21], e onde os visitantes procuram distrair-se, depois do trabalho e da falta de diversões das lavras, tem que haver alguma pândega. As muitas faces sorridentes, debruçando-se das janelas e bochechas avermelhadas com o suco de certo hibisco contam a sua história. Tais coisas, porém, nada têm a ver com a sociedade. Além disso, o "inferno" que habitualmente acompanha o crescimento moderno dos centros de mineração, não existe nestas regiões, a não ser quando algum francês desgarrado monta uma mesa de roleta, e enriquece-se em alguns meses.

Um inglês, que passou trinta anos em Diamantina ou seus arredores, disse-me que a prosperidade diminuiu nos últimos anos[22]. Antigamente, os diamantes eram facilmente minerados na superfície, mas agora os serviços de mineração só estão ao alcance dos capitalistas. Naquele tempo, as pedras eram vendidas na própria cidade, ao passo que agora têm de ser vendidas no Rio de Janeiro[23] ou na Europa. Os escravos foram vendidos para as províncias produtoras de café, e os homens livres, brancos ou pretos, não querem ou não sabem trabalhar. Assim, as fortunas vão hoje em média a £4.000, quando iam antes em £10.000; não se pode esquecer, porém, que estes algarismos têm significação muito diferente em Minas Gerais e na Inglaterra.

Creio, no entanto, que, muito ao contrário de terem se esgotado os diamantes, a verdadeira exploração daquela pedra preciosa está apenas em seu começo, e há de se estender por 800 milhas ao longo da Serra do Espinhaço[24]. Há, também, ricas lavras de ouro, que os homens mal se dão ao trabalho de explorar; com o ouro, dizem eles, acertadamente, a gente pode continuar pobre, com o diamante, nunca[25]. Quando a estrada-de-ferro chegar a Sabará e a navegação a vapor ligar o Rio das Velhas com o grande São Francisco, pode-se esperar o imigrante, e a região diamantina atingirá seu pleno desenvolvimento. "Que o Senhor os traga!", dizem os proprietários de minas, aludindo aos sulistas norte-americanos, "e eles em breve se utilizarão de nossos inúteis escravos[26]!" E, conquanto Golgonda e Visapur fracassaram e o Cabo da Boa Esperança, a Austrália e a Califórnia estejam apenas no começo, e conquanto se desperdice dinheiro nos badulaques fabricados em Paris e em Birmingham, o Brasil ainda pode ter esperança de grandes coisas no campo do diamante.

Os ruídos de cada cidade deixam nos ouvidos do viajante suas próprias impressões. Com Diamantina, meu cérebro relaciona o sino da igreja e a araponga ou ferreiro. O grito agudo e repentino, que parece artificial ao estrangeiro, encanta no silêncio profundo da floresta, temperado pela distância do alto tronco da árvore, e quando a pequena forma branca não é visível no brilho do verde. Engaiolada, em uma rua, a ave fica de todo deslocada. A situação de Diamantina, como já se viu, torna impossível a utilização da carroça e o rodar de uma carruagem; aqui, como em São João del-Rei, a liteira é o único recurso, e é vista no saguão de todas as casas ricas. Como acontece em todo o interior do Brasil, a cidade carece de clubes, cafés, institutos mecânicos, Associação Cristã de Moços e sociedades cooperativistas, exceto para finalidades musicais; as bandas, entretanto, levando-se em conta os diversos fatores, podem ser consideradas boas. Não há biblioteca, gabinete de leitura nem livraria, mas, naturalmente, há um fotógrafo. Há cerca de três anos, deixou de circular o único jornal, "O Jequitinhonha", que se dedicava apenas à política, e a cidade não dispõe agora de uma tipografia. No entanto, os cidadãos — os brasileiros são cidadãos, e não súditos — mostram-se muito interessados pela instrução, mesmo a instrução clerical. As "irmãs" já tiveram oferecimento de cem, e já aceitaram trinta alunas.

O ponto onde se situa a cidade é um dos mais altos do Império[27] e, para alcançá-lo, galgamos sete rampas diferentes. Os meses mais frios são os de junho, julho e agosto, quando são comuns as geadas, nos terrenos mais baixos; não impedem, contudo, o crescimento da pitanga[28]. A estação chuvosa começa em outubro ou novembro, com tempestades vindas do norte; as chuvas mais copiosas vêm do oeste, mas, às vezes, os cálidos ventos de sudoeste trazem chuva a granizo. As chuvas fertilizantes da estação seca, freqüentes em outras partes do Brasil, são raras aqui. O vento leste é o mais brando e mais agradável. De novembro a fevereiro, é o tempo do calor, e a temperatura média anual é de 64° a 88°. Água de melhor qualidade é fornecida por quase todas as grotas. A atmosfera clara e revigorante permite a cultura de frutas e hortaliças européias; o solo é, às vezes, rico e profundo e o preço anormal dos gêneros alimentícios tornaria os arredores um mercado ideal para uma colônia agrícola.

Tijuco, aldeia da Comarca do Serro, tornou-se freguesia em 6 de setembro de 1819, vila em 13 de outubro de 1831 e Cidade Diamantina pela Lei Provincial n° 93, de 1838. Deve sua prosperidade apenas ao diamante. Essa pedra valiosa era usada, ao que consta, pelos índios, como brinquedo de criança[29]. O primeiro homem que as enviou a Portugal foi um certo Sebastião Leme do Prado, que em 1725, encontrou alguns diamantes octaedros no Rio Manso, afluente do Jequitinhonha. As pedras não acharam comprador, e o mesmo aconteceu a Bernardo (ou Bernardino) da Fonseca Lobo, que encontrou, entre outros, um grande exemplar, no Serro Frio. Há uma tradição local no sentido de que esse último era um frade que estivera na Índia e que, lá para 1727, vendo algumas daquelas pedrinhas brilhantes usadas como fichas no jogo de gamão pelos mineradores de ouro do Jequitinhonha, colecionou várias delas e mandou-as para Portugal. Outros atribuem a descoberta a um ouvidor, que chegara há pouco de Goa, onde servia; os exemplares foram mandados para a Holanda, então o grande empório de diamantes da Europa.

A notícia oficial da descoberta é a de que D. Lourenço de Almeida, o primeiro Governador de Minas Gerais (18 de agosto de 1721 – 1° de setembro de 1732) comunicou ao Governo Português a existência da nova fonte de riqueza. Portugal, imediatamente, declarou os diamantes propriedade da Coroa (Carta-Régia de 18 de fevereiro de 1730) e criou a célebre Demarcação Diamantina, com quarenta e duas léguas de circunferência e um diâmetro de 14 a 15 léguas[30]. Foi proibida a mineração de ouro dentro daqueles limites e criou-se um imposto de 20$000 — posteriormente elevado para 40$000 — sobre cada escravo. Para debelar as muitas e repetidas desordens, um decreto, datado de 30 de setembro de 1733, criou a "Intendência Diamantina"; os locais de mineração foram demarcados, e ninguém podia neles entrar sem licença. Em 1740 (Henderson diz em 1741) as terras foram arrendadas, com grandes restrições, por 138:000$000, mas esse primeiro contrato foi muito desrespeitado. Em 1771 (1772, segundo John Mawe), o grande Pombal reformou, com seu característico rigor, as minas de diamante, assumindo ele próprio sua direção. Aboliu os ruinosos arrendamentos, e criou um Intendente-Geral, sob cujas ordens trabalhava uma junta de três Diretores em Lisboa e três Governadores no Brasil.

O plano falhou e tão severa foi a ação contra os "extraviadores", que o lugar quase se transformou em um deserto. De 1800 para 1801, as reservas de ouro começaram a faltar, e as terras ao redor de Vila do Príncipe, onde o material diamantífero estava misturado ao aurífero, produziram apenas duas e meia, em vez de 25 arrobas. Assim, o governo saiu prejudicado, reduzindo todos os trabalhos à mineração de diamantes, e a população fugiu, porque não podia comprar ferro, aço e pólvora.

Não consegui ficar sabendo em que período da história tijucana ocorreu o episódio a que alude o Sr. Joaquim Norberto de Sousa Silva[31]:

"E o filho de Erin, que em duros ferros
Pagou seu pasmo por um novo império".

O nome dado na nota ao pé da página é de "Nicolas George". Era, segundo se explica, de origem irlandesa, e empregado na Junta do Arraial do Tijuco. Admirando a fertilidade, a riqueza e a extensão do Brasil, declarou que suas terras continham tudo necessário a um poderoso império, e que o País poderia tornar-se livre e independente como os Estados Unidos. Essas idéias fizeram-no compartilhar os sofrimentos e castigos dos "Conspiradores de Minas".

Segundo John Mawe, de 1801 a 1802, incluindo-se os dois anos, as despesas feitas pelo governo explorando o Distrito Diamantino foram de £204.000, e os diamantes enviados ao Tesouro corresponderam a 115.675 quilates. Durante o mesmo período, foi explorado ouro, alcançando a sua produção o valor de £17.300. Assim, diz ele, o quilate de diamante saiu por 23 s. 9 d. Afinal, o Decreto de 25 de outubro de 1932 aboliu o monopólio, com sua Junta Administrativa dos Diamantes, e a indústria assumiu sua forma atual.

Se os portugueses duvidavam da existência do diamante no Brasil, os ingleses fizeram o mesmo na Índia. Há uma diferença no peso específico entre a nobre "vieille roche" da Índia e a produzida no Novo Mundo[32]. No século passado, Jeffries e outros lapidários alegaram que os diamantes brasileiros eram pedras amorfas, importadas do Industão; os mineradores facilmente triunfaram sobre seus adversários cientistas, mandando seus diamantes para Goa, de onde eram enviados para a Europa e aceitos como verdadeiros diamantes das Índias Orientais.

De acordo com John Mawe, durante os primeiros vinte anos, foram extraídas daquelas minas cerca de 27 quilos de diamantes. Castelnau (ii. 338), em 1849, avalia em 300.000 francos o valor total da exportação de Minas Gerais. O assunto é tratado por José de Resende Costa, na "Memória Histórica sobre os Diamantes" (Rio, 1836). Não importunarei o leitor com pormenores, uma vez que tais estimativas não passam de meras conjecturas e mesmo os métodos modernos de arrecadação e estatística da Alfândega são impotentes contra a regra geral do contrabando. O quadro abaixo, no entanto, tirado do relatório anual de Mr. Nathan (Rio de Janeiro), mostrará as

EXPORTAÇÕES DE DIAMANTES E VALORES ESTIMADOS, DE 1861 A 1867.

Anos	Oitavas*	Preço	Valor total
1861	4.696	500$000[33]	2.348.000
1862	5.019	500$000	2.509.500
1863	5.824	500$000	2.912.000
1864	4.861	500$000	2.430.500
1865	4.962	500$000	2.481.000
1866	5.695	500$000	2.847.500
1867	5.704	500$000	2.852.000
	36.761		18.880.500[34]

*   Uma oitava corresponde a 3,58 g. (M. G. F.).

NOTAS DO CAPÍTULO VII

1. O curso fica ao sul do Rio das Pedras Meridional; vira, depois, para o nordeste e se junta ao grande Jequitinhonha, ou, segundo alguns, forma a sua cabeceira.
2. É aconselhável passear pela nova estrada para a Bahia, de onde se tem uma excelente vista da cidade.
3. A significação da palavra é plenamente explicada no vol. I, Cap. 10.
4. *Traité Complet,* etc., p. 218.
5. O nome completo do proprietário é Herculano Carlos de Magalhães Castro, que é delegado de polícia. O almoço é às 9,30 da manhã, há uma mesa redonda às 4 da tarde e 0$800 por refeição.
6. A parte de baixo não constitui a habitual prisão, que foi removida para um prédio perto do teatro.
7. Há duas outras intendências: a de Sebastião Picada e a do Lage; esta última tem cinco armazéns.
8. V. os capítulos 13 e 17.
9. O *Sistema* diz que seu princípio alcalóide é bem conhecido pelos negros, que, da planta, fazem seus "filtros", quer dizer, feitiços e venenos, preparados para atrair o amor e outras bruxarias. Não terão vindo as sementes de estramônio da Índia, através da África? St. Hil. (I, ii. 97) chegou à conclusão de que a planta acompanhou as caminhadas do homem, vindo da América do Norte.
10. Os quilombeiros do Mendanha tinham um valhacouto a menos de uma légua da povoação e ameaçavam os arredores de Diamantina. Quando esse refúgio foi atacado e tomado, nele se encontraram não só negros, como também brancos.
11. Tendo-se quebrado meus frascos de preparados para experiências, comprei:

81 g. de ácido muriático	1$040
81 g. de ácido nítrico	1$040
54 g. de tanino, em álcool	6$500
TOTAL	8$580

    Naquele tempo, cerca de um guinéu.
12. Os diamantinenses não parecem satisfeitos com os dons de seus esculápios e, como em toda a parte, no interior do Brasil, sempre se espera que o forasteiro entenda de medicina. Fui, certa vez, consultado a respeito de uma simples hepatite, que o médico, após o tratamento normal de sangria, estava atacando com antiespasmódicos. Em vão afirmei ao paciente que minha profissão favorita antes era matar que curar; ele pareceu satisfeito de ter corrido o maior risco de matar sem assassinato.
13. Recentemente, considerou-se conveniente, na Índia Britânica, consultar os altos funcionários acerca da apreciação de nosso governo pelos nativos, e não por nós mesmos. Muitos homens, inclusive eu mesmo, vinham, desde 1850, escrevendo e repetindo, com a maior franqueza, o que agora é apresentado ao público, em forma respeitável e deturpada. O único resultado foi que fomos julgados, pelos poucos que se deram ao trabalho de nos ler, ignorantes ou impertinentes, e a ignorância e a impertinência, em tais assuntos, não podem merecer contemplação.
14. Também os franceses não se esforçaram para melhorar a "entente cordiale". O Conde de Suzannet (*Souvenirs*, 1842), M. de Chavaignes (*Souvenirs*, p. 160), o injustamente tratado M. Jacquemont e MM. Biard, Expilly e D'Abbadie podem ser mencionados, em oposição a MM. Reybaud, Ferdinand Denis e Liais. Não posso explicar, exceto pela influência de um patriotismo exagerado, como St. Hilaire (III.i. 263) defende e chama de "homme de beaucoup d'esprit" M. Jacques Arago, autor da "Voyage autour du Monde", um dos mais despudorados charlatães que jamais apareceu no Brasil.
15. "Esse é um país livre, e qualquer homem, portanto, pode tomar a liberdade que quiser com qualquer outro homem, e o protesto é simplesmente quixotesco. Mas somos um povo grosseiro". Assim escreve um autor muito popular, que não foi ainda chamado de "inglês degenerado".

16 No Brasil, muitas vezes é impossível saber o nome de família dos sacerdotes, que, em sua maior parte, adotam sobrenomes profissionais ou teológicos, mais ou menos à moda, senão de todo no estilo, de "Barebone Louva-a-Deus".

17 Aqui, os capuchinhos assumiram, como professores, o lugar deixado pelos jesuítas. Não é preciso dizer que jamais fizeram tal coisa na Europa.

18 "Nec deus intersit", etc.. Podemos acrescentar: "nec diabolus". A respeito da teoria espírita, posso observar de novo que, se depois desta vida, minha psique ou pneuma, ou que nome possa ter, ficar à disposição de qualquer imbecil disposto a pagar meia coroa a seu "medium", não resta a menor dúvida de que meu futuro estado será mil vezes pior que o presente.

19 Já expliquei que gupiara (por corruptela grupiara) quer dizer o teto inclinado de um abrigo; nas minerações de ouro e diamante, a denominação se aplica a saliências que se projetam sobre um curso de água. O Alto, visto da entrada da cidade, é um morro, coroado por um prédio que se parece com uma fortaleza. Essa casa pertenceu originalmente ao Sr. Luís Antônio e passou depois ao Sr. José Joaquim Netto Leme, defunto esposo de sua atual proprietária. O morro ainda é rico em ouro, que ninguém se dá ao trabalho de explorar.

20 O rio, que nasce a cerca de doze léguas a leste de Diamantina, passa por Minas Novas (do Araçuaí) e forma o braço oriental do Jequitinhonha. A palavra vem de "araçu", uma ave, e "hy", água. Há, também, um Barão de Diamantina, da família Lessa.

21 Aqui, como na Austrália e na Califórnia, o minerador é, em sua maioria, pobre, ao passo que o negociante é rico.

22 A população, em 1800, era de cerca de 5.000 e, em 1840, de 6.000, não tendo aumentado depois.

23 A lapidação de diamantes foi tentada, sem êxito, pelo Sr. Carvalho, na Bahia. Há três ou quatro lapidários no Rio de Janeiro; creio que o melhor é o Sr. Domingos Moitinho (na esquina de Rua do Ouvidor com Rua dos Ourives). Alguns de seus empregados são descendentes dos artistas trazidos de Portugal por D. João VI. A maquinaria é movida por um motor de 5 H. P. O diamante é aqui lapidado exatamente como na Europa, ignorando os brasileiros os formatos de paralelepípedo achatado do Industão. Nos últimos anos, tentou-se estabelecer em Bóston a indústria de lapidação, mas não pôde, segundo ouvi dizer, competir com a de Amsterdam.

24 A parte explorada começa no Rio do Peixe, a nove léguas ao sul de Diamantina e estende-se até a celebrada Serra de Santo Antônio, a quarenta ou cinqüenta léguas ao norte, ou de 16° a 19° de lat. N. Verificou-se que as terras são todas diamantinas, mas não continuamente, como na Demarcação propriamente dita.

25 Segundo o Dr. Couto (p.112), que viveu e morreu no Tijuco, a cidade foi construída com blocos de cobre vermelho e o metal é encontrado no calçamento e nos muros dos quintais.

26 "O orgulho do homem leva-o a gostar de dominar. Sempre que a lei permita, portanto, ele, em geral, preferirá o serviço de escravos ao de pessoas livres" ("Riqueza das Nações", iii. 2). Minha experiência é diametralmente oposta a esse dogma de Adam Smith.

27 A altitude, segundo os viajantes, fica entre 4.000 pés e 1730 metros acima do nível do mar. Os degraus de acesso, a partir do Rio das Velhas, são sete, a saber: primeiro, até o Rio Paraúna; segundo, até o Riacho do Vento; terceiro, até a Chapada; quarto, até o cume de Contagem; quinto, até Gouveia; sexto, até Bandeirinha, e sétimo, até Diamantina.

28 A conhecida *Eugenia penduculata* (*E. Michelii*, Linn.), cuja fruta vermelha e quadrangular amadurece bem na Madeira e da qual se fazem boas geléias. Quando crua, tem um gosto de remédio, que desagrada os estrangeiros. Nesta parte de Minas Gerais, é rara, mas dá bem em São Paulo a 2.200 pés acima do nível do mar, embora não tão bem como na costa.

29 Supõe-se, geralmente, que, na Europa, Louis Van Berghem, mais conhecido por Berquen (1456-1475) inventou a lapidação de diamante por meio de outro diamante, e criou uma corporação em Bruges. Os hindus, porém, devem tê-lo precedido de longo tempo, e o trabalho com diamantes na Europa é mencionado em 1360. É possível que, um pouco antes do século XIV, a indústria tenha caminhado para oeste, como o cólera nos tempos modernos.

[30] O Mapa de John Mawe apresenta um esboço da "Demarcação Diamantina". É uma oval de oito por dezesseis léguas, e o Tijuco fica quase no centro.

[31] Nos "Cantos Épicos", "A Cabeça do Mártir".

[32] A diferença de peso é atribuída aos óxidos minerais que colorem a pedra. Os algarismos conhecidos são os seguintes:

Golgonda (Indiano)		Brasileiro	
Branco, peso espec.	3,524	3,442	(M. Barbot, 3,444)
Amarelo, peso espec.	3,556	3,520	(M. Barbot, 3,519)

Os lapidários em geral admitem que o diamante velho ou indiano tem mais brilho que o diamante novo ou brasileiro.

[33] Demasiadamente baixo.

[34] £1.888.000

CAPÍTULO VIII

VIAGEM ÀS MINERAÇÕES DE DIAMANTES DO RIO DAS PEDRAS MERIDIONAL, ALIÁS JEQUITINHONHA.

Cavalgada. Pedras curiosas. São Gonçalo das Boas Moças. Descrição do serviço de mineração. Despesas. Falta de máquinas. Saque. Dr. Dayrell. Mina da "Lomba". Montanha da Maravilha. Regresso a Diamantina.

Ου χειμὼν λυπεῖ ό ου καῦμ' οὐ νοῦσος ἐνοχλεῖ,
Οὐ πείνη ό οὐ διψοs ἔχει ϑ.

Pouco depois de minha chegada, fui apresentado a um cavalheiro brasileiro, Sr. Francisco Leite Vidigal, que não perdeu tempo em convidar-me a visitar seu "serviço", conhecido por Canteiro. Esta estação, o auge da estiada, é a melhor para conhecer as lavras, que se encontram em plena atividade.

Almoçamos, naturalmente, e partimos tarde, embora o sol estivesse quente e tivéssemos quatro ou cinco léguas trabalhosas diante de nós. Descemos a Rua do Bonfim, rumo à extremidade meridional da cidade, passamos por uma repartição postal pequeníssima no Largo do Rosário, e por um chafariz com bicas saindo de faces de esteatita. Há, aqui, uma igreja dos negros, como de hábito modesta e de mau-gosto, e um grande teatro inacabado, uma carcaça de madeira e barro escuro. Uma esplêndida gameleira, cuja grandeza natural não se coaduna com a mesquinhez da Arte que a rodeia, apontou-nos uma calçada que serpenteia por uma íngreme ladeira. Aqui a cidade desce para o vale ribeirinho e a encosta de solo fértil é rica em laranjeiras, bananeiras, jabitucabeiras e outras árvores que dão mais sombra do que frutas.

Para além do córrego, o lugar é chamado Palha; há ali um grande rancho, a venda, e o terreno para acampamento em torno pertence a um francês, M. Antoine Richier. Não o encontrei em casa, mas pude folhear seus manuais de fotografia, que demonstram interesse por algo civilizado. Atravessamos, depois, uma confluência, onde o Poruruca ou Pururuca[1], palavra traduzida por "rio de areia e cascalho", vindo do oeste, desemboca no pequeno Rio de São Francisco. As margens são formadas por uma massa de quartzo rolado na água, constituído por amigdalóides soltas; essas pedras "pintam" ouro, mas ninguém se preocupa em explorá-lo. À tardinha, meu anfitrião mostrou-me muitas oitavas, atiradas a um canto da cabana, que sequer tinham sido lavadas para serem vendidas.

Em seguida, subimos para o campo, e chegamos à estrada que se dirige à capital da Província, passando pela Cidade do Serro, hoje Cidade do Príncipe, a dez léguas de distância[2]. Diante de nós, erguia-se o majestoso Pico do Itambé, que dizem estar a 2.000 metros acima do nível do mar. Sua cabeça se achava envolta em nuvens, sempre semelhantes e nunca as mesmas, e seus ombros revestidos de capim avermelhado e matas sombrias. No lado oriental do horizonte, elevava-se o maciço montanhoso chamado Curralinho, que dizem ser muito rico em diamantes. Em torno de nós, viam-se os habituais afloramentos de itacolomito quartzoso, duro e macio, finamente laminado ou grosseiramente aglutinado, acinzentado por fora e recoberto de liquens; o interior é cor de neve ou levemente amarelado. Em certos lugares, as massas são horizontais, formando paredes regulares; em outros, formam arestas dispostas em todos os ângulos possíveis. Durante o dia, vi um homem com barrete frígio, uma esfinge, um labirintodonte semelhante a um sapo e um velho leão mutilado, túmulos com inscrições, pedras com mãos, brechas, arcos, buracos circulares, e todas as variedades possíveis de formas esquisitas. A degradação daquela pedra produz manchas freqüentes, de areia de uma alvura de neve, naturalmente estéreis, ao passo que, aqui e ali, as terras avermelhadas que as separam são, muitas vezes, excepcionalmente férteis.

A estrada revelou-se péssima e, nos lugares mais perigosos, encontrávamos, infalivelmente, filas de cavalos ou mulas desobedientes, carregando grandes caixotes, trazendo, geralmente, o letreiro "Louça", que equivale a "Cuidado, frágil". Está além de meu entendimento compreender como chega a Diamantina alguma coisa sem quebrar. Depois de passarmos a vau vários córregos, atravessamos, em uma boa ponte, o ribeirão, chamado pelos antigos viajantes do Inferno, por causa das dificuldades que oferecia. Sua nascente, a oeste, é conhecida por "As Porteiras", e as rochas amarelas e o céu azul tornaram-no Rio Verde. Acima da ponte, ficam palhoças, as míseras cabanas de sapé, com paredes de pau-a-pique, que indicavam a presença de mineradores.

Do outro lado do ribeirão, encontramos alguns homens consertando uma subida das piores, e notamos, com indignação, um marco miliário que nos dizia que tínhamos acabado de percorrer uma légua — tais são aqui as léguas — depois de duas horas de cavalgada ininterrupta. Atravessamos, então, um tabuleiro coberto[3], agradável apenas à vista. Além do Itambé, em nossa frente, tínhamos, agora, à esquerda ou oeste, a Maravilha, o Pão-de-Açúcar local, o lugar exato onde o Maharatha Rajah ou o Dejaj da Abissínia construiriam seu Durg ou seu Amba. O Ribeirão do Palmital, sem ponte, e rolando sua água lustrosa sobre um penhasco anão de arenito, com veias, estrias e fitas de um brilhante quartzo branco, avançava, para se encontrar com o Ribeirão do Inferno. Naturalmente, havia uma casa perto do rio; havia roupa secando do lado de fora, mas não houve grito capaz de fazer os moradores abrir a porta. O mesmo aconteceu na ponte seguinte, embora perto houvesse um grande rancho e um terreno para acampamento com muitas estacas de amarrar cavalo.

Os morros pareciam-se com os do Rio Paraúna, alcantilados no alto, ao passo que as encostas eram de terra, ora suaves, ora abruptas. Nos flancos, a meio caminho para o alto, havia zonas de pedra furando o solo, desgastadas pela chuva e pelo tempo, formando saliências, ravinas e buracos profundos, enquanto aqui e ali viam-se penedos arredondados. O cimo estendia-se, em geral, para formar um planalto diminuto, coberto por uma fina camada de terra, com mais ou menos vegetação. Alcançando uma crista, avistamos, de súbito, um extenso vale verde atravessado pela comprida linha vermelha da estrada, a igreja e aldeia do Casamenteiro das Velhas[4]. O lugar é notável pelo bom comportamento e amor ao trabalho dos habitantes; nem uma "mulher perdida", disseram-me, pode ali ser encontrada, e funcionam muitas pequenas indústrias locais. Os moradores não se preocuparam em explorar, em uma zona onde há diamantes, um morro de cristal de rocha que fica a pequena distância de suas casas. Quando esses prismas de seis faces de puro óxido de silício, terminando em pontas hexagonais, têm pirâmides não quebradas, o que é raro depois da viagem, e quando há no interior a água da cristalização ou corpos heterogêneos, os blocos maiores têm grande valor, como objetos de museu.

O tabuleiro terminou no Córrego do Jacá[5], que se orgulha de uma pequena ponte. Outra elevação nos levou à Descida do Córrego do Mel. Na última encosta, os blocos de arenito eram tão pontudos e aguçados, que meu companheiro, homem muito magro, apeou de sua mula, que era nova e boa. Quando um brasileiro faz tal coisa, convém seguir o seu exemplo. Todo o terreno que atravessamos é rico em diamantes, mas não pode ser explorado, por falta de água; perto do córrego que deságua no Rio das Pedras, havia muitos montões de cascalho branco, aguardando as chuvas para serem lavados. O "gorgulho"[6], aqui tão áspero (gorgulho bravo) que corta as mãos, é extremamente rico em pedras e, perto da ponte, o rio produz ouro.

Viramos depois para a esquerda e andamos duas milhas em uma picada. Como antes, ambas as margens do caminho eram rochosas, com um pouco de argila. A árvore mais verde e frondosa era a canela (Laurácea). Observei, também, que não faltava a congonha-do-campo (Ilecácea) e uma árvore de frutas verdes, semelhantes ao morango, que meu amigo chamou de "mata-cavalo", denominação geral para todas as plantas "bravas", isto é, de fruto venenoso. A erva chamada arruda-do-campo, porque se supõe parecida com a arruda européia, perfumava ou infectava o ar.

A última descida nos levou ao Rio das Pedras Meridional, que vem do sul. É uma das cabeceiras do grande Jequitinhonha[7], um rival menor do São Francisco (Maior). Nasce como um simples regato, nas montanhas ao norte da Cidade do Príncipe. A ele se juntam vários cursos de água, inclusive o Lomba ou Jequitinhonha do Mato; cerca de duas léguas abaixo do Canteiro, torna-se o Jequitinhonha do Campo e, finalmente, o verdadeiro Jequitinhonha. Segundo outros, o Rio das Pedras Meridional é o Jequitinhonha do Mato, que, depois de receber o Ribeirão do Inferno, torna-se o Jequitinhonha e absorve o Jequitinhonha do Campo. O curso desse rio, que, nos mapas parece tão tranqüilo, é, segundo dizem, obstruído por muitos rápidos. Não o visitei. Afinal, ele toma o nome de Rio Grande, divide-se em vários braços, une-se com o Rio Pardo, forma um delta, e desemboca no Atlântico, a cerca de 45 milhas ao norte de Porto Seguro, na Província da Bahia.

Depois de seis horas de trabalhosa viagem, chegamos ao pequeno estabelecimento de mineração, onde se vê uma dúzia de cabanas, construídas em uma acidentada encosta que acompanha a margem esquerda do Rio das Pedras. Naquelas circunstâncias, era desculpável um "roxo", isto é, uma xícara de café forte "temperado" com cachaça; isto feito, passamos, sem demora, ao exame do serviço.

Começamos pelo princípio, processo que, segundo dizem os alemães, os ingleses raramente seguem. A descida para a mina é um caminho estreito e sem qualquer proteção lateral, que serpenteia pela margem esquerda do Rio das Pedras. Duas fileiras de trabalhadores, pretos e pardos, livres e escravos, demonstravam grande atividade, galvanizados pela presença do patrão. Os que subiam, levavam na cabeça carumbés, ou gamelas, quase duas vezes maiores que uma terrina de sopa, contendo o desmonte[8], isto é, a areia e o cascalho inúteis que são arrastados pelas grandes inundações do ano e que ficam acima e abaixo das camadas do cascalho realmente diamantífero. Pranchas, escadas toscas e planos inclinados levam ao fundo do longo poço, cuja extremidade sul tinha cerca de 26 metros de profundidade por 6 a 7 de largura. Era, evidentemente, o leito do rio dos tempos remotos, antes de ter subido para o canal atual, em virtude do acúmulo de material trazido pelas águas. Cada talhão, ou parede de rocha do canal subterrâneo, era maravilhosamente escavado em orifícios e curvas convexas, regulares, como se as últimas tivessem sido desgastadas, pela ação de trituração da água carregada de saibro[9]. Estas são as panelas mais ricas e cada uma delas pode produzir cem contos de réis. O paredão vertical e os blocos soltos dos lados foram cuidadosamente escorados por madeira, em todos os pontos onde havia uma junção com tendência a abrir-se.

Os negros, fiscalizados pelos feitores, postados em todos os ângulos, estavam removendo, entoando os cantos alegres de costume, a camada sem valor, sob a qual esperavam encontrar o cascalho amarelo, portador das pedras preciosas. Alguns perfuravam, outros quebravam as pedras com enormes alavancas de cabeças piramidais. Estes amoleciam o cascalho com o almocafre[10], um ferro de forma oval e ponta rombuda, cujo cabo tem cerca de dois pés de comprimento; aqueles retiravam das fendas a areia possivelmente existente, com o almocafre de frincha, uma chapa recurvada, de 2,5 centímetros de largura por 10 a 15 de comprimento. Mostraram-me, "in situ" a curiosa formação chamada "canga preta", que é encontrada com centenas de libras de peso, embora raramente de grande tamanho. A princípio, foi tomada por carvão, mas colocada no fogo, aqueceu ao rubro, sem ser consumida. Parece fibrosa, como o amianto, e sua aparência é muito semelhante à do grafito. Também se encontram aqui fragmentos soltos de arenito polido, a que a água deu formas curiosas. Vi um pé de criança perfeitamente imitado, e muitos ossos da perna e do ombro tinham um tamanho monstruoso.

Todo aquele serviço está sendo executado muito abaixo do nível da água. Um forte dique de pedra e terra foi erguido da margem direita ao meio do leito do Rio das Pedras, que aqui corre de suleste para noroeste, curvando-se para o norte. Acima do poço, a água é recolhida em sólidas calhas de madeira, algumas com 135 metros de comprimento. O cocho bifurca-se abaixo da mina; um ramo lança sua carga de espumejante água amarela no canal inferior; o outro move uma roda, que faz funcionar os sifões e bomba de sucção[11], um "saco" ou tubo de madeira, com juntas de couro, que pode ser substituído por borracha[12]. A mina, embora um tanto úmida, é, assim, conservada em boa ordem.

Esses trabalhos têm de ser renovados todos os anos. No fim da estiagem, a aparelhagem móvel é retirada, para ser usada na estação seguinte. Em novembro, quando as chuvas se tornam copiosas, a represa é levada pelas águas; a altura da cheia tem a média de 8 a 10 metros e, às vezes, se eleva a 13. A incerteza das estações torna a mineração de diamante muito mais precária do que qualquer outra indústria que depende do tempo. Naturalmente, quanto mais se prolonga a estiagem, tanto melhor; e os mineradores relembram com saudade 1833-1834, quando uma seca prolongada foi seguida de perto pelo Ano dos Ratos, ocasião em que aqueles roedores apareceram aos milhares[13]. Habitualmente, a época das chuvas termina em abril; em 1867, contudo, caíram chuvas fortes mesmo em julho. Essa incerteza, combinada com muitos outros imprevistos, serve para explicar a natureza aleatória do empreendimento.

— Se eu encontrar uma panela de diamantes — disse-me um inglês — voltarei para a Inglaterra no ano que vem.

O "se", contudo, representa uma contingência que pode ser muito menos esperada do que a quebra do Banco de Baden-Baden.

Nos velhos tempos, os mineradores de diamante, como os mineradores de ouro, contentavam-se em explorar o rico cascalho superficial, depois do que iam procurar outro lugar. Há bem pouco tempo começaram as "escavações profundas", e seus iniciadores, além de grandes despesas, tiveram de enfrentar o ridículo habitual. Agora, silenciaram as gargalhadas, com os lucros, mas a "velha escola" se vinga, predizendo que a "sorte" não pode durar. Esta Mina do Canteiro era considerada exausta, sem qualquer valor, quando o Sr. Vidigal, que merece tornar-se "podre de rico", passou a explorá-la. Homem enérgico e progressista, arriscou £6.000, uma fortuna aqui, antes de colocar a mina em condições de trabalho. Só de pólvora para as explosões, é gasta, aproximadamente, por ano, importância correspondente a £6.400. As despesas, no ano passado, foram de 25:000$000 e a renda de 80:000$000; este ano, deve elevar-se a 100:000$000.

Meu anfitrião emprega, durante a estação de trabalho, 300 escravos, valendo de £120 a £150 por cabeça. O aluguel de cada trabalhador, inclusive alimentação, sai a cerca de 1$200 por dia, e as despesas mensais são de £750. Como acontece, geralmente, com os brasileiros empenhados em qualquer empresa que exija reflexão no trabalho, o Sr. Vidigal queixa-se amargamente do mercado de trabalho servil; desejaria trabalhar à noite, mas o número reduzido de seus trabalhadores o obriga a começar o trabalho às seis horas da manhã e terminá-lo às seis da tarde. Outro motivo de queixa é a ocorrência de furtos. Alguns proprietários de minas chegam ao ponto de dizer que quase todas as melhores pedras desaparecem. Um receptador de pedras furtadas se estabelece perto de cada novo serviço de mineração, tão certamente como uma taberna acompanha cada estabelecimento hidroterápico, e aqui, como alhures, o negociante é geralmente mais rico do que o proprietário do diamante. O Presidente Jefferson, da Virgínia, desejava que um mar de fogo rolasse entre a Europa e os Estados Unidos. O Sr. Vidigal preferiria, e com razão, ver um túnel ou uma ponte.

O desmonte que tínhamos visto ser transportado em gamelas é posto de lado, da maneira mais rápida e mais eficiente. Quando se encontra o rico cascalho[14] ou canga[15], os trabalhadores o transportam para a margem esquerda e os dispõem em "amontoados", perto do lavadouro, ou lugar de lavagem. Naquele barracão, relembrei, imediatamente, um desenho familiar à minha infância, copiado de John Mawe em todos os livros populares sobre viagens. Recordei-me do comprido telhado de colmo da Mina de Mandanga, com um rego passando através de uma sucessão de caixas compridas; os quatro fiscais, de chapéus de palha, lá estavam assentados nos tamboretes mais altos, armados com os mais terríveis chicotes, enquanto os lavadores de cascalho, vestidos de branco, formando uma linha que se perdia à distância, curvavam-se, penosamente, entregues à sua tarefa, e um deles, metido em uma veste desagradavelmente ligeira, erguia os braços, para significar "Eureka". Estava escrito que, "quando se encontra um diamante pesando dezessete quilates e meio (minha inocência não notava aquele "meio") o negro tem direito à liberdade, é coroado de flores, e pode, durante o resto da vida, procurar diamantes por sua própria conta". Como eu simpatizava com aquele negro feliz, não pensando, em minha simplicidade, do mesmo modo que muito filantropo, que, provavelmente, o preto iria morrer prematuramente, de uma moléstia que pode ser descrita como consistindo, sobretudo, de fome, bebida e luxúria!

Na realidade, o lavadouro é um rancho de sapé sem paredes, construído de maneira conveniente para o olho do dono e cuja extremidade, ligeiramente deprimida, é arranjada para ser usada pelo bateeiro. O comprimento total deve ser de 12 a 13 metros por um terço disso de largura; mas o tamanho, naturalmente, é proporcional ao número de trabalhadores encarregados da lavagem no canteiro. Um dos lados compridos é ocupado por uma fileira de nove "bacos"[16], cochos de três lados feitos de madeira bruta; os proprietários mais pobres os fazem de pedras chatas, ardósia argilosa ou lajes do itacolomito granular, quartzoso e laminado. Os cochos têm, cada um, pouco mais de um metro de comprimento, um de largura e 35 centímetros de altura; abrem-se com uma pequena declividade para o interior do barracão, onde está a água, havendo uma travessa para deter o material mais pesado.

Do mesmo modo que aprendeu a mineração de ouro com os romanos, por intermédio de Portugal, o Brasil aprendeu o sistema de lavar o diamante com o Industão[17]. Ali, a época do trabalho era em janeiro, quando as chuvas haviam cessado e a água dos rios está clara. A terra diamantina era levada para um compartimento, cercado por uma parede tendo de 45 a 65 centímetros de altura, com pequenos drenos embaixo, que servia como "baco" ou "batedor". Juntava-se água e a mistura era deixada descansar por um ou dois dias, até transformar-se em lama. A massa era aguada de novo e carregada com terra, para comprimir a lama, depois do que os drenos eram abertos e a matéria terrosa flutuava. O resíduo de saibro era, de novo, coberto com água, se não estivesse limpo; depois de seco, era peneirado em cestos, como o trigo, para a areia sair. Em seguida, voltava ao compartimento, era espalhado com um ancinho, e batido com compridas varas ou pilões de madeira leve; pilões de madeira pesada foram usados, mas produziam jaças nas pedras. Depois de tudo isso, era reaprontado, espalhado de novo e ajuntado em um ponto, quando os diamantes eram dele retirados[18].

A lavagem do diamante aqui começa com as chuvas, lá para novembro. As partes superiores dos cochos estão repletas de cascalho, e um trabalhador, de pé diante da extremidade aberta ou ao lado de cada baco, joga água por meio de uma pá, muitas vezes uma pequena gamela, sobre o material; em seguida, mexe a massa com os dedos, para livrá-la da terra inútil, poeira e argila, até que a água comece a correr clara, e assim vai se repetindo a lavagem. Encontra-se de tal modo, algumas vezes, mas muito raramente, uma panela de diamantes. O escravo feliz já não bate palmas, para dar o sinal, no velho estilo. Pode conquistar a liberdade, se encontrar uma pedra que pese mais de 5,5 gramas; não por determinação legal, contudo, e sim como estímulo aos outros trabalhadores.

Terminada essa preliminar, o cascalho, agora tecnicamente chamado "areias", é encaminhado ao bateeiro. Seus instrumentos são duas gamelas semelhantes às usadas para a lavagem de ouro. A peneira é montada no fundo, com um pedaço de lata cheio de orifícios, em média seis por 2,5 centímetros, que segura as pedras de um vintém (meio quilate); os tamanhos, contudo, variam de acordo com as necessidades. Outro instrumento é a bateia comum, com a depressão central (pião), na qual afunda o diamante, como o ouro em pó, devido ao seu peso específico mais elevado.

A lavagem começa na bateia, na qual se coloca o cascalho rico, misturado com areia e água, formando uma pasta, na qual o diamante se afundará; aplica-se à bateia o habitual movimento rotatório, a água da superfície é retirada e a matéria inútil da parte de cima removida com a mão, mais água ajuntada, e a operação continua. O processo seguinte consiste em peneirar, sendo a chapa perfurada suspensa sobre a outra bateia. Depois disso, a areia mais fina, que cai na bateia de baixo, é lavada e torna-se "corte". Lavada mais uma vez, torna-se "recorte". O cascalho pode ser submetido a esse tratamento umas doze vezes ou mais, e ainda serem nele encontradas pedras preciosas, naturalmente diminutas. Um bom lavador leva de meia a três quartos de hora, para terminar com uma única bateada. Depois da lavagem, a areia já não é chamada areias, mas canjica grossa, e as peças são menores na segunda que na primeira.

Ainda não são usados vidros de aumento, que, no entanto, poupariam muito trabalho e evitariam prejuízos. O rude sistema atual sobrecarrega demasiadamente os olhos, que cedo se cansam; depois dos 25 anos, poucos continuam a ter boa vista, e os melhores lavadores são sempre as crianças[19]. É durante esse trabalho que ocorrem mais furtos. Poucos engolem o diamante, não porque o considerem venenoso, como o hindu[20], mas devido à dificuldade de fazer tal coisa sem ser observado. Na Índia, o minerador joga a pedra na boca, ou a enfia em um canto do olho; são necessários de doze a quinze fiscais para cada grupo de cinqüenta homens de mãos leves. O ladrão civilizado finge ter a vista ruim, e apanha a pedra com a ponta da língua. Um recurso muito usado consiste em fingir medo de uma suposta cobra, distraindo, assim, a atenção do feitor, que, se for "esperto", ficará alertado para o truque. Em geral, as pedras são lançadas por cima da borda da bateia, sendo depois apanhadas à vontade[21]. Os diamantes assim subtraídos podem ser vendidos, com facilidade, ao bufarinheiro, mascate ou dono da venda mais próxima. Explica-se, de tal arte, o considerável número de escravos que compram a liberdade e desaparecem. Mesmo os brancos confessam que seu primeiro impulso é sempre o de esconder o diamante.

À noitinha, fiquei conhecendo Mr. Thomas Piddington, um inglês da Cornualha, que, há 32 anos, aqui chegou como minerador e que, durante o intervalo de uma geração, não viu a esposa e os filhos. Para fazer-lhe justiça, porém, tem-se de reconhecer que ele sempre fala em voltar para "casa" e talvez conseguisse voltar de fato, se não fosse o maldito hábito de uma generosidade que corresponde ao dobro de suas posses. Já trabalhou em tudo, desde uma bomba a uma ponte, e, geralmente, é consultado por todos os donos de minas da região, quando se vêem em dificuldades. Homem bonito, de feições corretas e fisionomia jovial, ele ainda é o modelo do britânico, e foi difícil convencê-lo de que não sou americano; na verdade, é provável que ele ainda continue acreditando. Mr. Piddington insistiu muito comigo para que visitasse um de seus companheiros, um certo Mr. Aaron, em uma lavra de diamantes situada em Quebra-Lenha, perto da povoação de Santa Cruz, no Rio Jequitinhonha, a 23 léguas de Diamantina. Faltou-me o tempo, não a vontade.

A noite estava fria, o rio escuro e sombrio, e pesadas nuvens acumulavam-se no norte, o que enchia meu hospedeiro de preocupação; algumas chuvaradas nesta época do ano causam grandes prejuízos aos donos de minas. Na manhã seguinte, levantamo-nos cedo, pois íamos ter um dia atarefado. Depois do café, seguimos a cavalo pela acidentada e trabalhosa margem esquerda do Rio das Pedras; um caminho mais curto e melhor acompanha a margem direita. Perto do Canteiro, há um "serviço" menor, também pertencente ao meu amigo Vidigal; nesta época do ano, ele ali emprega cerca de vinte escravos. No alto, há um bom local para uma casa, de onde o trabalho poderá ser observado, com vantagem; meu anfitrião, porém, é um filósofo, que se dá por satisfeito com uma cabana, enquanto estiver tendo lucro; jamais terá uma casa melhor, enquanto alguém não a construa para ele. A paisagem é, aqui, muito bonita e o contraste entre o céu azul, a areia branca e uma profusão de quaresmas roxas dá à região o aspecto de uma Wady no ermo. A terra, onde não é pedregosa, é produtiva, como provam as roças em torno do moinho de fubá. Meu guia mostrou-me alguns cortes vermelhos no fundo de uma pequena gupiara, do outro lado do rio. Ali, há alguns anos, um certo José Joaquim de Sousa viu a verdadeira formação de diamante aparecendo à superfície, do lado de fora de um formigueiro das grandes formigas da roça (*Atta cephalotis*, a "taó" dos tupis). Antes de comprar o terreno, ele retirou 550 gramas de diamantes, e, ao morrer, deixou £6.000.

Meia hora depois, atravessamos a vau o Rio das Pedras, que é notoriamente perigoso: ainda bem recentemente dois meninos nele morreram afogados. Não tardei a reconhecer, de longe, o nosso destino. A casa parecia bem tratada, assim como o pomar, rico em laranjeiras e outras árvores; de fato, havia certo sabor de um velho país, agradável — se não demasiadamente forte — em uma terra nova. A planta mais curiosa é o cipó-jibóia[22], assim chamado devido ao seu formato; dizem que seu sumo dá um excelente cimento, e a louça quebrada consertada com ele, se atirada ao chão, só quebrará em outro lugar. Deve ser uma dádiva para muita dona de casa.

O Dr. Dayrell, meu patrício, da família Barbadoes, originária de Bucks, pode corrigir Rokeby a respeito de seu antepassado o "Wild Darrell", de Littlecot Hall, que queimou o bebê. Depois de formar-se em Londres e casar-se, foi trabalhar na Companhia de Cocais, em 1830, e conta muitas coisas curiosas a respeito das antigas minas. Mora há trinta anos em Diamantina, onde criou muitos filhos e filhas, e onde, com grande dano para suas perspectivas profissionais, todo o mundo é, agora, seu compadre. Tem uma casa na cidade e uma fazenda com cerca de 1.200 acres; todos os seus filhos estão empregados, e ele olha com indiferença mesmo a possibilidade de tornar-se senhor do velho solar.

    O Dr. Dayrell concordou, amavelmente, em nos acompanhar, atirou o coldre na sela da mula e assoviou chamando seu cão, um mastim inglês de meio sangue, da raça de Morro Velho, agora infelizmente extinta. Ele se tornara cauteloso, já tendo sido atacado a tiros na Serra de Grão Mogol duas vezes, uma por engano e outra premeditadamente. Seguimos pela margem direita do Rio das Pedras, até uma pequena lavra, onde um dos filhos do médico, o Sr. Felisberto Dayrell, estava trabalhando com uma vintena de homens. A propriedade é arrendada e produz diariamente 2$000 por cabeça; com diligência e economia, vai indo bem. A Corrida é uma miniatura da Mina do Canteiro; há a represa, mas de tamanho diminuto, e o poço ainda é muito raso.

    Para além desse local, a estrada piora muito e o vale do rio é muito acidentado. Depois de uma légua de cavalgada, chegamos à Ponte de Santo Antônio, assim chamada devido a um córrego muito rico, que ocasionou o aparecimento e crescimento de um arraial. Ainda estavam de pé as calhas com que o Sr. Antônio Baptista trabalhara no ano anterior. O Córrego do Mel junta-se ao Rio das Pedras acima da Ponte do Diabo, e os dois juntos têm um aspecto atemorizador, com rochedos eriçados que quase o atravessam. Os blocos são constituídos pelo itacolomito cristalino mais duro, mostrando uma clivagem distinta; uma das espécies é a verde (cabo verde) e a outra é de um vermelho fosco, efeito do ferro. Ambas brilham e cintilam, como a mica.

    Acompanhados pelo Sr. Carlos Dayrell, outro dos rebentos, chegamos à Mina da Barra da Lomba. O serviço, mantido pelos concessionários, José Bento de Mello, José Julião Dias Camargos e outros, goza, merecidamente, de alto conceito. Durante o último ano, uma única cota produziu 41 oitavas, ou cerca de cinco onças, valendo £4.000. O sistema era o do Canteiro, mas o serviço é maior, o poço mais profundo e o trabalho mais perigoso. A represa chega até o meio do Rio das Pedras, que aqui já é muito maior, afastando a água da escavação à esquerda. Desci cerca de 60 metros ao longo de uma rampa de 45° – 50°, e verifiquei que a parte subterrânea era muito estreita e apertada, sendo os trabalhadores obrigados a usar luzes, que eram tochas.

    A Lomba tinha a água retirada por uma bomba, que John Mawe reproduziu em desenho, em 1801, e que Caldcleugh comparou aos irrigadores da China. Esse caixão de rosário, ou macacu[23], copiado do Hunde ou Hundsalauff de Freyberg, baseia-se no princípio dos baldes de elevação: quadrados de madeira dispostos a intervalos em uma correia sem fim, passando ao longo de uma calha estreita, rijamente fixada, e trabalhando sobre o eixo de uma roda movida hidraulicamente, executam a retirada da água. Já observei antes que a única máquina para economizar mão-de-obra trazida por Portugal ao Brasil foi o desgraçado monjolo, o mais rude dos aparelhos orientais. A arte da mecânica está em maré tão baixa como nas praias meridionais do Mediterrâneo, e ainda reconhecemos apetrechos descritos por Piso e Marcgraft em 1658. Não encontrei, nos mais eficientes serviços de mineração de Minas Gerais, vestígios de esmagadores, guindastes ou polias, ou de trilhos, o menor conhecimento dos mais rudimentares apetrechos; o negro era o único instrumento e trazia consigo tanta coisa quanto um menino de escola poderia levar na algibeira: um par de baldes teria feito o serviço de cem daqueles homens. Até mesmo os hindus utilizam-se de grandes rodas de madeira acionadas pelo trabalho manual, para mover as chapas de aço sobre as quais os diamantes são lapidados. Os grandes melhoramentos, contudo, só podem vir pelo exemplo de uma raça mais inventiva. Pediram minha opinião sobre o sistema, e sugeri algumas das mais simples modificações; foram consideradas como pouco práticas e recebidas sem entusiasmo. A esse respeito, muitos brasileiros se parecem com o paciente frenológico, que engole, de boa vontade, os piores remédios, mas que torce a cara quando se sugere que "pode haver deficiência em algum órgão".

Almoçamos na Lomba, com bom apetite. Habitualmente, o almoço é servido mais tarde aos donos de minas e mineradores, que dedicam ao trabalho a maior parte da manhã. O estilo é de todo patriarcal. O homem principal senta-se à cabeceira e bebe em um copo de prata, ao passo que todos os outros sentam-se do lado e levantam-se logo após o café. Apesar da "divergência" a respeito da maquinaria, não houve falta de cordialidade por parte de meus anfitriões.

Daquele serviço, seguimos para Diamantina, por um péssimo caminho, de cerca de vinte e dois quilômetros, deixando a estrada principal a oeste. Felizmente para mim, ia montado em uma mula tão boa para os maus caminhos quanto era má para os bons caminhos — coisa que não é rara. A única ponte estava quebrada e os lamaçais eram fundos; o caminho era cheio de subidas e descidas e cercado de barrancos escarpados. A vegetação, peroba e copaíba, monjolo e braúna[24], parecia tão dura e pedregosa quanto o solo, justificando a crença popular na concomitância — ou, talvez fosse melhor dizer, na conseqüência. Passamos à esquerda da Maravilha que, dali, nos pareceu dividida em dois blocos. O do noroeste tem uma encosta alcantilada de imensa altura, um paredão escuro, sombrio, que apenas um inseto conseguiria galgar; pelo sudeste, a escalada provavelmente é mais fácil. Na base, havia buracos e montões brancos de cascalho, esperando as chuvas e o alto era recoberto de lajes verticais emergindo do mato.

Sob um sol causticante, prosseguimos nosso caminho sobre morros desolados, portadores de diamantes. Passamos por algumas cabanas abandonadas, todas desertas nesta época do ano. A primeira parada antes do Ribeirão do Inferno foi em um serviço do tempo úmido, chamado Mata-Mata[25], pertencente ao Sr. José Juliano e Companhia. A seguinte foi em um serviço à margem do afluente Ribeirão do Palmital, que é de propriedade do coletor, Sr. Venâncio Mourão. Pouco depois, chegamos à estrada real do sul, pela qual tínhamos saído de Diamantina, e, à noitinha estávamos de novo sob o hospitaleiro teto do Sr. João Ribeiro.

Depois dessa experiência de dois dias, podemos nos aventurar a corrigir Mr. Harry Emanuel, que, em seu livro cuidadosamente escrito[26], quase ignora as formações diamantinas de Minas Gerais, preferindo as da Bahia. Do mesmo modo, nos últimos três anos, o algodão de São Paulo, para desgosto dos paulistas, tem aparecido em Londres erroneamente chamado de "Algodão do Rio"[27]. Minas começou seu trabalho no século XVII, e, em 1732, a frota de Lisboa levou para a Europa 4.126 gramas de pedras preciosas. Lemos (p. 59), que "em 1754, um escravo que estivera trabalhando (?) nas Minas Gerais foi transferido para o distrito (?) da Bahia" e que, assim, começou a emigração e estabeleceu-se a exploração. A grande Província da Bahia, porém, só começou a explorar sua Chapada Diamantina em 1845–1846. Na mesma página, encontramos: "o distrito mais produtivo é, atualmente, a Província de Mato Grosso, nas vizinhanças da Cidade de Diamantina". Isso deve referir-se à cidade que acabáramos de visitar em Minas Gerais; as lavras de Mato Grosso são chamadas (Rio, Arraial ou Sertão) "Diamantino"[28].

NOTAS DO CAPÍTULO VIII

1. Esta expressão se aplica aqui a um cascalho grosso de areia e pedras roladas ou não; a formação não é aglutinada por pasta ou cimento (goma) e não tem corpo. Na mina de diamante, é mais aguada que o desmonte, sobre o qual se falará logo adiante.

2. St. Hil. (I. i. 330) diz que o Serro fica a mais de dez léguas de Diamantina. O Dr. Couto (p. 1) o coloca a dez léguas a sul-sudoeste. Os moradores dizem que é menos, mas suas léguas são mais compridas.

    Serro é uma palavra poucas vezes usada, que se aplica a lugares particulares, onde há linhas de morros ou montanhas. Originalmente, significa um outeiro ou terreno em elevação; Constâncio a define como "Monte Alto", e Morais "Outeiro" e também "Monte Alto". O Serro do Frio, mais habitualmente chamado Serro Frio, é, segundo se supõe, tradução do tupi "Iviturui", de "ivitu", vento e "tui", frio.

3. Não "taboleira coberta", como escreve Gardner. Esse tabuleiro coberto, modificação do campo, é escassamente revestido de árvores retorcidas; a expressão se opõe a tabuleiro descoberto, formação de altitude mais elevada, onde só crescem os arbustos mais resistentes e capim.

4. Casamenteiro das Velhas é o título que tem São Gonçalo no Brasil. John Mawe, com sua habitual inexatidão, no que diz respeito a nomes próprios, chama a aldeia de "San Gaonzales".

5. O Dic. Tupi define jacá como "cesto de cipó". Segundo penso, é feito, mais freqüentemente, de taquara.

6. A palavra é pronunciada, mas não escrita, "gorgulho", que significa um inseto (Curculio). É descrito como uma massa solta ou compacta de pedras angulares, em geral encontradas no terreno de campo, e que se distingue, assim, do cascalho, de pedras roladas. Um escritor inglês falando sobre pedras preciosas acompanhou o erro de John Mawe, que corrompeu gorgulho para "burgalhau".

7. A palavra é escrita de muitos modos: o velho estilo é Gectinhonha. Depois, vieram Gictignogna, Gigtinhona, Gequitinhonha, Jigitinhonha, etc.. A explicação trivial e popular da palavra é "jequi tem nhonha", isto é, a armadilha para peixe apanhou um peixe "nhonha". Jequi é uma palavra tupi para designar uma armadilha de apanhar peixe. "Nhonha", segundo alguns, significa qualquer peixe, no dialeto local; na língua geral, a palavra é pira. St. Hil. (I. i. 142) diz que a expressão lhe foi explicada como "nasse pleine" (cesto de pescador cheio). Isso faz lembrar explicações de derivados tais como Capivari de "capivara aí", Araçuaí de "ouro só aí", etc., etc..

8. Desmonte é areia e cascalho, com uma liga mais ou menos consistente. Na mineração de ouro, desmontar consiste em remover a vegetação e o humo de cima do cascalho aurífero. Em Portugal, é sinônimo de "roçar" ou "desmatar", limpar a terra para cultivo.

9. Encontraremos muitos desses "poços" no leito do Rio São Francisco. O nome é "caldeirões", e não "caldrones", como escreve John Mawe; com razão, contudo, ele os descreve como "les creux, qui étaient auparavant des remous" (ii. cap. 2).

10. Não amocafra, como escreve Castelnau. Tavernier menciona "pequenas hastes de ferro dobradas na ponta" e usadas para "retirar terra e areia diamantífera dos veios".

11. Esta bomba é conhecida por bucha de saco.

12. Nesta parte do Brasil, supõe-se que várias árvores podem produzir borracha. Em 1785–1787, Ferreira notou a borracha da *Hancornia speciosa:* "Resina elástica e concreto succo lácteo arbor vulgo Mangabeiras – in hac observantur proprietates ususque gummi elastici". O vulgo parece dar grande importância a essa fonte de borracha. Eu, não.

13. Em certas partes do Brasil, supõe-se que os ratos constituem pragas de sete anos, quando a taquara floresce.

14. Geralmente chamado "cascalho corrido", em oposição ao cascalho virgem. Sua substância é quartzo de muitas variedades e cores, claro como cristal, branco amarelado, ligeiramente transparente, opaco e escuro.

15 A canga de Diamantina é um conglomerado de quartzo, mica e outros componentes, emplastrados com argila ferrosa avermelhada e coberta do revestimento escuro, ferruginoso, brilhante, metálico, que lhe dá o nome. É eminentemente diamantífera, assim como aurífera. M. Sipolis mostrou-me uma bela pedra nela embebida, naturalmente como resultado da lavagem. Essa amigdalóide tem sempre consistência ou corpo. Quando quebrada, torna-se gorgulho de canga. Para outras particularidades, v. Vol. I, cap. 21.

A expressão "canga", quando se trata de sua forma aglutinada, aplica-se muitas vezes, diz o Dr. Couto, a ocres de cobre. Quando Mr. Emmanuel escreve "Takoa Carza", presumo que queira dizer, "tauá", argila feldspática, e "canga".

16 São chamados de "cuyacas" nos livros mais antigos; parece que eram maiores, muitas vezes de três metros de comprimento por dois de largura.

17 A pedra aparece aqui no solo, saibro e areia silicosa (itacolomito?)

18 "Viagem em torno do Mundo", do Dr. John Francis Gemelli Careri, 1683.

19 Do mesmo modo, Tavernier nos conta que, no Industão, as crianças eram os melhores juízes, quanto à água, clareza e peso do diamante; ele apresenta uma interessante descrição dos compradores de meninos e de seu feitor de meninos.

20 Os hindus, é bem sabido, consideram o pó do diamante como um veneno mortal, e todos os velhos indianos lembram-se do caso do grande Agente do Comissariado que foi ao tribunal com um pequeno pacote escondido no cinto, disposto a engoli-lo, conforme o resultado do julgamento. Ele só pode atuar mecanicamente, como o vidro moído, antigamente empregado como vermicida para os cães, escoriando a superfície em que toca. Não sei de casos em que tenha sido experimentado no Brasil.

21 Muitas apostas provaram que o negro pode furtar do senhor diante de seus próprios olhos.

22 Jibóia, a *Boa constrictor,* que vem de "ji", machado, e "boia", serpente, porque se supõe que ela ataca como um machado.

23 Antigos viajantes descrevem o macacu como uma "série de dentes de madeira passando por uma calha quadrada". Mawe, vol. I, edição francesa, apresentou um desenho da máquina.

24 Muitas vezes escrito Graúna. Esta última palavra é, também, nome de um pássaro de penas pretas e luzidias, de "guira" (avis) e "una", contração de "pixuna" (nigra).

25 "Lorsque l'on découvrit des diamants dans cet endroit, le peuple s'y précipita en foule; des rixes s'engagèrent, et de là vient, dit-on, le nom de Matamata (Tue-tue)". St. Hil. (II. i. 64), de Spix e Mart. Reise i. 452.

26 "Diamantes e Pedras Preciosas", por Harry Emannuel, Londres; Hotten, 1865.

27 "Províncias como a de São Paulo, onde nem um palmo de terreno havia sido plantado antes com algodão" diz o Professor Agassiz ("Viagem ao Brasil", p. 508). Mas a Província de São Paulo sempre foi conhecida como produtora de algodão.

28 "Memórias Históricas", (Pizarro, IX 19, 20, 21, etc.).

CAPÍTULO IX

A MINA DE DIAMANTE DE SÃO JOÃO

A família Brant. "Duro". Despedida. "Le Sport". Diferentes espécies de veados. Chegada ao Arraial de São João do Descoberto. Refeição ligeira. A Mina do Duro. A Mina do Barro. Contratado "O Menino". O novo remador.

> "C'est dans ces lieux sauvages que la Nature s'était plu à cacher la précieuse pierre qui est devenue pour le Portugal la source de tant de richesses". — St. Hil. II. i. 2.

Mr. Gordon me havia entregue "recomendações" para os irmãos Tenente-Coronel Felisberto Ferreira Brant e Major José Ferreira Brant. A família, descendente de um antigo comandante-de-armas da Bahia, como se pode ver em Southey e St. Hilaire[1], tem tomado parte destacada na exploração de diamantes. O Major tem um armazém em Diamantina, e o Tenente-Coronel, durante a ausência temporária de seu genro, estava dirigindo o importante serviço de mineração de São João, que fica a nor-noroeste da cidade. Fui ameaçado com a pior das viagens, mas respondi:

— Não há bom pasto e mau caminho na estiagem; não há mau pasto e bom caminho nas chuvas.

Parti cerca de meio-dia, "acompanhado", durante uma curta distância, pelo Major Brant; M. Sipolis havia, mais ou menos, combinado que iria comigo, mas a fuga do escravo cozinheiro do Seminário exigiu sua presença na cidade. Passando pelo Curral e pelo Alto da Cruz, de onde a vista se tornara ainda mais agradável, porque agora eu conhecia os pormenores, chegamos à estrada real que parte da cidade para o oeste. Um grupo de jovens caçadores, com as espingardas atravessadas nos ombros, subia o caminho, sem pressa. Um excessivo amor pelo "sport" tem feito tanto mal ao Brasil quanto os ridículos "sparrow clubs" (clubes do pardal) ameaçaram, certa vez, fazer à Inglaterra. Já falei sobre o agravamento da praga das formigas, depois que o tamanduá foi exterminado, e a destruição de aves aumentou a hoste dos carrapatos. Também as paisagens perderam em beleza artística; as belas aves como a arara, desapareceram do litoral, refugiando-se no sertão. Seria de se desejar que os "amateurs" ouvissem o sensato conselho do Padre Correia, e atacassem as víboras e jaguares, em vez de exterminar as saíras e outras aves canoras.

O cantoneiro não se sentiria deslocado nesta parte do Brasil. O que há de pior são as subidas e descidas nas ondulações normais do terreno, separadas por córregos de leitos arenosos ou rochosos, carregando uma água, ora pura, ora tingida da cor da ardósia, em conseqüência das lavagens de diamantes[2]. A terra não era, de modo algum, desabitada; havia muitos postos de mineração espalhados em torno e freqüentes montões de cascalho, muito brancos, indicavam os "serviços". Às 2,15 da tarde, eu e o velho Ferreira atravessamos o Córrego dos Morrinhos, e paramos para um café, no rancho mais próximo. A dona da casa recebeu-nos sentada em cima da cama como uma mulher do Industão, mas sua grande afabilidade e jovialidade compensaram a curiosa postura. Começara a desaparecer a velha reserva portuguesa e semioriental, e, para um nórdico, o efeito foi decididamente agradável. Não perguntei os nomes de meu anfitrião e de sua esposa, mas eles me disseram, com toda a franqueza, que eu era o Chefe de Polícia de Ouro Preto, e estavam interessadíssimos em saber o que eu vinha fazer. Riram, zombeteiramente, quando afirmei que era inglês.

— Se é verdade — perguntaram — como é que o senhor não conhece Nicolau[3], seu patrício, que mora a um tiro de espingarda daqui?

Ele era — insinuaram — um dos "perdidos", um infeliz que se entregava à bebida e à miséria, quando conseguia alguma ocupação ocasional. Seja como for, o casal nos deu um bom café, e partimos satisfeitos.

Atravessamos, em seguida, uma longa planície, lugar muito apropriado para a caça; apenas um veado campeiro (*Cervus campestris*) mostrava-se, a considerável distância. Como tem boa carne, é muito caçado. Castelnau menciona o campeiro, e o Príncipe Max. (iii. 109) sugere que ele seja o "mataconi" de Humboldt, o "Cerf du Mexique" (*C. mexicanus*) dos naturalistas e o "guazati" de Azara, que fala de uma variedade branca (*albina?*). Esse animal prefere as campinas às florestas e corre dando pulos freqüentes. O tamanho é mais ou menos o de um corço; a cauda é curta e o pelo marrom avermelhado. O povo acha, aqui, que se trata da fêmea do veado galheiro, cujos chifres o impedem de entrar no mato e cuja carne é fétida. É o suçuapara[4] dos tupis, e o "guazupucu" de Azara; segundo os velhos escritores, ataca o homem, em determinadas épocas do ano. Esse veado vive nas campinas e brejos. Tem cauda curta e o tamanho aproximado de um novilho de um ano. Sua carne é comida em janeiro, fevereiro e março, depois do que dizem que faz mal. A forma predileta é o "moqueado"[5], assada nas brasas. O veado mateiro, o "guazupita" de Azara, chamado pelos tupis "suaçu etê" ou "veado-verdadeiro", é a espécie mais comum de todas; tem cauda branca e a altura de um carneiro; sua carne, seca, dura, magra, parece-se muito com a carne de vaca, especialmente de vaca velha. O veado catingueiro, literalmente "fedorento"[6], (*C. simplicicornis*), o "guazubira" de Azara, vive, como os precedentes, nas matas e vales cobertos de vegetação. Supõe-se que se renovam seus chifres, que são curtos e retos, sem galhos; tem um coto de rabo e o corpo coberto de pelo marrom parece muito pesado para suas pernas finas, que são dispostas em um ângulo que permite ao animal dar grandes saltos. Seu formato se parece com o do "pallah" ou "veado-porco" do Sindh, e mesmo com o roedor brasileiro paca (*Coelogenys paca*). Além disso, ouvi falar em um veado de brejo (*C. paludosus*), o suaçu-pucu, às vezes erroneamente escrito guaçu-pucu, e no bira, veadinho vermelho que, segundo dizem, quando perseguido pula para um galho de árvore. Ainda não foi descoberto, porém, o gamo mencionado por Mawe, como não o foram os antílopes que Koster coloca no Novo Mundo[7].

Galgando um morro muito íngreme, cortado de grotas profundas e repleto de pedras soltas do itacolomito normal, avistamos, longe, à esquerda ou oeste, a curiosa formação chamada Tromba d'Anta[8]. Daquele ponto, ela se parece muito com o Itacolomi de Ouro Preto, um enorme monólito que se ergue formando um ângulo de 50°. Outro morro, este abaixo de nós, à esquerda, era um grande serviço de mineração, chamado Chapada. Mais outra comprida subida e chegamos a um alto planalto coberto de capim, onde planta alguma de mais de 30 centímetros de altura poderia enfrentar o furioso vento norte, que fazia as folhas cair para os níveis inferiores, ao passo que o sol abrasador queimava e murchava as flores silvestres. Ali avistei o Arraial de São João do Descoberto, que é considerado como o de altitude mais elevada do Município.

A aldeia fica em um buraco raso, perto das minas que a originaram. Para oeste, está o Morro Redondo, um outeiro muito baixo, tendo em cima uma cruz muito alta; para leste, o cemitério, também com as suas cruzes. A única rua leva a uma humilde capela de madeira, em uma praça quadrada. O Almanaque (1864) dá para o arraial 2.000 habitantes e 300 casas, números que eu dividiria por dois. As casas são, em geral, de taipa, caiadas em sua maior parte, do tipo de porta e janela, muito estreitas e um tanto prolongadas para o fundo, forradas de sapé ou de telha. Cada uma delas dispõe de um grande muro, para proteger a vegetação da fúria de Bóreas; o material empregado são pedras soltas, aqui e ali sustentadas por estacas e outros dispositivos.

Virando para a direita, alcançamos uma crista, nosso espigão mestre, divisor de águas, que correm ao norte para o Jequitinhonha e ao sul para o Rio das Velhas. Nos dias claros, a vista abrange dali um diâmetro de cerca de 90 quilômetros. A oeste há um campo nu e para leste montões de rochedos irregulares; em frente, colocada, como proteção, um pouco abaixo do morro, fica uma casa baixa e comprida, de um só pavimento, com uma capelinha em uma das extremidades e, perto de um alto cruzeiro, um poço de água lamacenta e um pasto fechado para prender animais.

Segundo o costume, meu camarada fora à frente levando minhas cartas. A dona da casa recebeu-me à porta e, hospitaleiramente, convidou-me a apear. Encontrei meu anfitrião jantando, com alguns homens maduros e alguns jovens, parentes e empregados. Terminado sem demora o trabalho de engolir os alimentos[9], dirigimo-nos ao serviço de mineração. É chamado Mina do Duro, porque, quando se extraiu o primeiro diamante, o escavador encontrara um terreno muito duro, que logo se tornou macio e úmido como o do poço vizinho.

Encontramos um grande buraco, que, à primeira vista, fez-me lembrar dos esbarrancados, tão numerosos em Minas Gerais. O formato era o de uma ferradura alongada, com o eixo maior disposto de sudoeste para nordeste e a parte de baixo voltada para o Rio Jequitinhonha. A profundidade máxima deve ser de 30 metros, a largura de 100 metros e o comprimento o dobro, mais ou menos. O material é uma pasta endurecida de argila, cuja estratificação regular e horizontal parece indicar que foi depositada por água rasa. O lado oriental da brecha é a formação mais ferruginosa (terra vermelha); a oeste, é misturada com leitos de areia branca. Trinta centímetros abaixo do solo marrom, o material argiloso tem as manchas e marmorizações habituais, brilhando brancas como greda de pisoeiro, com o feldspato e o caulim; cor de chocolate ou de rapé, com os materiais orgânicos; verde-azulado com traços de cobre, cor de rosa e arroxeado e amarelo-escuro, com vários óxidos de ferro, especialmente hematita, e azul metálico escuro, com o óxido de manganês. Assim, os velhos viajantes descrevem os poços diamantíferos do "Mustapha nagar circar" como uma peculiar combinação de argila branca gordurosa com carvão férreo.

Ziguezagueamos pela encosta suave da parede oriental, que apresenta por toda a parte as marcas das picaretas. Aqui poderia ser aplicada com grande vantagem a técnica de escavações hidráulica da Califórnia, onde um jato de água abre buracos de 80 a 100 metros de profundidade. O veio (corpo) mais rico é o número 3, isto é, o mais alto. A orientação das faixas de argila é norte-sul, curvando-se para leste. O corpo inclina-se em direção aos terrenos altos e, assim, o proprietário espera encontrar a camada portadora de diamantes espalhada sobre a crista ou espigão divisor de águas, que forma sua propriedade. Através do arenito ferruginoso (borra) e do material feldspático branco, correm estrias e linhas de cristal de rocha fragmentário, às vezes fibroso como a aragonita, e, muitas vezes, finamente pulverizado. Entremeiam a argila grandes pedaços de ferro especular imperfeito e finas camadas de quartzo, amarelo e marrom na juntura; mostraram-me um exemplar de

113

belo conglomerado arenoso, enegrecido e escorificado pela injeção de materiais derretidos. As características desse veio superior são uma argila mais seca, sílica, traços de cobre, de cimento de limalhas de ferro e de canga em pedacinhos; quando o ferro especular se apresenta em grandes pedaços e abundante, a rocha é rica em diamantes. Suas agulhas são feixes semelhantes ao ferro, de fibras soldadas umas às outras pelo intenso calor; algumas são duplas, formando as fibras ângulos obtusos. As "agulhas cor de ouro" têm uma superfície acobreada brilhante, daí o seu nome[10]. Através de todos esses corpos, os diamantes são pequenos, tendo em média, talvez, um pouco menos de um grão, ou 64—72 por oitava; são, em sua maior parte, incrustados superficialmente, com um matiz levemente esverdeado.

Mais abaixo, chegamos ao segundo corpo, ou o do meio. Nele, o tauá (argila feldspática) era dura e arenosa, cortada por uma marga gorda, azul e lamacenta, que deixa nos dedos riscos fortes e gordurosos. Também produz uma argila verde-oliva escura mais dura do que o resto; como todas as outras, é consistente "in situ", mas, quando removida, cai aos pedaços, depois de seca. O Tenente-Coronel Brant retirou desse corpo, e deu-me, um fragmento de argila dura, de grandes grãos, mostrando-me um pequeno diamante nela incrustado.

Descemos, em seguida, para a mais baixa das formações. A argila nela contém muito pouca areia e é muito manchada; as cores são branco e azul, vermelho e amarelo, cor-de-rosa, mosqueado e, em certos lugares, como que tinta de sangue. Também aqui encontramos as agulhas, em feixes de ferro listados, semelhantes ao amianto. O chão do poço é desnivelado em conseqüência dos trabalhos, e, em certos lugares, "cavalos", "velhos" e compridas paredes de argila dura ficaram de pé, entre os buracos e os cortes. Desse ponto, os diversos filões podem ser distinguidos perfeitamente nas paredes da escavação. Um fundo rego para drenagem da água corre em todo o comprimento, dividindo-o, e, na extremidade nordeste, há um local de lavagem, um poço raso e lamacento, tendo em frente dois círculos concêntricos de varas fincadas, para impedir a lama de cair.

Dirigimo-nos, então, para a extremidade nordeste, e encontramos sinais de Mr. Rose e Mr. Piddington. Tinham sido montados trilhos, com 1.300 metros de extensão, e uma torrezinha caiada de branco indica a casa de máquinas, onde uma bomba elevatória de 3 H. P. permitia que a mina trabalhasse o ano inteiro. O aparelhamento de lavagem, colocado dentro do vizinho telheiro, consistia de um "batedor", ou poço de faces revestidas de pedra, com 6,5 metros de comprimento por 3 de largura e pouco menos de altura; a argila, nele lançada pelos "trolleys", era amassada pela primeira vez. Em seguida, um rego de água corrente lava-a através de uma sucessão de bolinetes ou bulinetes[11], calhas em forma de caixões, semelhantes às canoas, mas muito maiores. São revestidos de alvenaria, e cada um deles tem, em sua parte mais baixa, onde se encontra o escoadouro, uma ripa ou grande pedaço de madeira, para impedir que as substâncias mais pesadas sejam levadas pela água. Havia muito pouca gente trabalhando. Antes, a Mina do Duro empregava mais de cem negros, número agora reduzido para a metade, e que parece muito pequeno, no meio de uma área tão grande.

À noite, meu hospedeiro falou a respeito do famoso Rabicho do Rio Jequitinhonha, a 17 léguas de Diamantina. Esse Rabicho tira seu nome de um saco ou curva do rio, graças à qual um corte de um quilômetro poderia por a seco cinco quilômetros e meio de um leito de rio altamente diamantífero. Foi levantado um mapa do local por Mr. Charles Baines e outorgada concessão para sua exploração ao Comendador Paula Santos. Infelizmente, a lei, em sua ignorância, exige que as companhias para exploração de diamantes devem se compor, pelo menos em igual proporção, de brasileiros e estrangeiros. Trata-se de uma reminiscência do estreito exclusivismo colonial — não é fácil perceber-se porque a mineração de diamantes deva exigir um regulamento especial.

Bem cedo na manhã seguinte, o Tenente-Coronel Brant levou-me para visitar a Mina do Barro, pertencente ao Tenente-Coronel Rodrigo de Sousa Reis, rico proprietário de minas, concessionário da Caeté Mirim. Alcançamos o espigão mestre do grande "Wasser-shied" e lá encontramos, de "dos à dos" com a Mina do Duro, outra pedreira semelhante, porém maior e mais profunda. Foi conservada uma estreita faixa de terra, para servir de passagem entre as duas, mas essa em breve desaparecerá, pois as perspectivas do Tenente-Coronel Brant são melhores naquela direção. É uma sensação estranha, ficar de pé na crista do morro, com duas escavações multicoloridas abrindo-se de ambos os lados e estendendo-se até bem longe. Do outro lado da ravina artificial, fica a casa do proprietário; o conjunto quadrado de casas, com pátios e moradias menores em anexo, como se para a defesa, fez-me lembrar uma aldeia fortificada em Ugogo. Nada de novidade encontramos na Mina do Barro; como a do Duro, era drenada por meio de um rego; o tanque de lavagem tinha varas e estacas, para impedir que o cascalho fosse levado pela água. Alguns negros estavam removendo, vigiados por um feitor, as argilas coloridas e brancas (giz), que servem de guia às formações de diamante; e havia uma bomba a vapor de 4 H. P., e uma inútil casa de máquinas.

Essa lavra de diamantes foi descoberta em um tempo e lugar em que ninguém pensava em procurar diamantes. Uma velha, que tinha o hábito de lavar o cascalho em um pouco de água que saía da grota, verificou que as pedras preciosas se encontravam no barro azul. Há cerca de trinta e três anos, a mineração foi iniciada com disposição, e atualmente passou para as mãos do atual proprietário, que chegou a nela empregar até duzentos escravos. Outras lavras semelhantes apareceram e a riqueza foi tal que, às vezes, o dono da mina exclamava: "Meu Deus, estais fazendo isso para causar a minha perdição?" A Duro é uma filha legítima da Barro, criada há sete ou oito anos pelo Tenente-Coronel Brant, que achou, muito sensatamente, que, se de um lado do morro, a argila da encosta é produtiva, a do outro lado também deverá ser. Como se viu, a progenitura valeu a pena.

* * *

Deixei com pesar a região de Diamantina, inclusive a Mina do Duro. Socialmente falando, é o lugar mais "simpático" do Brasil, à luz da minha experiência. Com um "inimigo na fortaleza" traiçoeiramente induzindo-me ao atraso, não foi fácil escapar à sua hospitalidade. O que me levou foi a absoluta necessidade de, como bom inglês, ser pontual; eu prometera estar em Bom Sucesso antes do dia 11, e o compromisso tinha de ser cumprido. Essa obrigação é universalmente reconhecida no Império. O Tenente-Coronel Brant, com relutância, permitiu minha partida, e sua amável senhora insistiu para que eu voltasse e mandou muitas recomendações para uma esposa desconhecida e que poderia ser teórica, ou mesmo hipotética.

O velho Francisco Ferreira não tinha pressa de seguir caminho mais uma vez. Era pago por dia — 1$000 — e, assim sendo, seu interesse se combinava com a inclinação de se mostrar um tanto preguiçoso. Mas nem a tosse, nem os pigarros, nem as frases rebuscadas, nem a sussurrada antecipação da "corrubiana nos ossos", lhe valeram. Segui pela estrada direta, passando pelo Guinda e Bandeirinha, e, na quinta-feira, 5 de setembro de 1867, depois de uma viagem de 45 quilômetros em animais esfalfados, que caíam duas vezes em cada 24 horas, vi-me dentro dos belos muros de Bom Sucesso.

Como os canoeiros que contratara em Jaguara não davam mostras de conhecer grande coisa do rio dali para baixo, contratei, com a ajuda do Dr. Alexandre, um terceiro remador. Atendia pelo nome de Antônio Marques, mas era mais conhecido por "O Menino", devido à peculiaridade de sua altura, corpulência e ossatura, "um sujeito alto, acabado, parecendo um defunto"; além do mais, era mal-encarado, como um "cavalariano irregular" curdo. Começara a vida como empregado de inglês, na Mina do Vau, perto de Diamantina, e adquirira mais de um hábito nórdico, como os de beber e brigar. Conhecia o mundo, viajara metade do São Francisco e seguira por terra até o Piauí; chegara, para o norte, ao Maranhão e havia até visto um vapor. Seu preço era um tanto exorbitante, 2$000 por dia, e tentou, em vão, tornar-se piloto, desbancando o velho Chico Dinis, que valia uma dúzia deles. Preferia conversar a remar, e beber a conversar. Custou-me agüentá-lo, mas tive de suportá-lo até Várzea Redonda.

NOTAS DO CAPÍTULO IX

[1] Joaquim e Felisberto Caldeira Brant, diz Southey (iii. 624) eram ricos mineiros de Paracatu. No governo do Conde de Bobadela, o segundo deles tornou-se o terceiro Contratador dos Diamantes do Tijuco de Minas Gerais e ambos foram encarregados de organizar um "serviço" de 200 negros para explorar os dois rios diamantinos de Goiás. Felisberto, acusado de malversação, morreu na prisão, na Bahia.

[2] As águas vão para o Rio Pinheiro, que desemboca no Jequitinhonha, a seis léguas abaixo de Diamantina. Na margem esquerda do Ribeirão dos Caldeirões, fica o serviço chamado Retido de João Vieira. O curso de água seguinte de alguma importância é o Córrego da Prainha; depois, vem o Córrego da Sepultura, nome de mau presságio, porém muito comum por aqui.

[3] Entre as raças latinas meridionais, e especialmente entre as hispânicas, o indivíduo só é conhecido pelo seu nome de batismo; como este deve ser tirado de algum santo, e os santos são poucos, os apelidos são comuns. O nome de família, que usamos, é, em geral, negligenciado, especialmente no caso dos estrangeiros nórdicos, cujos cognomes são, com freqüência, impronunciáveis pelos órgãos vocais dos meridionais; assim, o estrangeiro vê-se constantemente em apuros. Mesmo vizinhos, que se conhecem há anos, freqüentemente só conhecem os prenomes uns dos outros. A prática é velha.

"Quinti", puta, aut "Publi", gaudent praenomine molles Auriculae".

O sobrenome também era raramente usado entre nós, até a época dos Plantagenetas, e, há menos de cinqüenta anos, o nome de batismo era o adotado pelos habitantes de alguns de nossos distritos rurais.

[4] Mais corretamente, "suaçu-apara", palavra que se aplicava a ambos os sexos. O Dic. Tupi diz que esse veado tem chifres grandes e vive nos campos.

[5] Entre os botocudos, "bacan" significa carne, e os tupis tem "mocaem", assar na chama. Também em tupi, segundo o Sr. J. de Alencar, "bucan" era o utensílio com que a carne era assada, e tinha origem no francês "boucaner". Os indígenas costumavam defumar a carne que lhe serviria de provisão nas viagens e campanhas, pendurando-as em estacas atravessadas por cima de uma fogueira, ou suspendendo-as nos fuliginosos tetos de suas cabanas. Daí o moquém brasileiro e o verbo moquear (St. Hil. III, i. 269), sinônimos do "boucan" dos bucaneiros. Moquém tornou-se o nome de muitos lugares do Império.

[6] Assim a palavra me foi explicada pelo Dr. Alexandre. O Dic. Tupi dá "suaçu-caatinga", o veado do mato rasteiro. St. Hil. (I. i. 337) diz que o mau cheiro procede de "une matière d'un vert noirâtre que remplit une cavité profonde que l'on trouve entre les deus sabots des pieds du derrière".

7   Vi um grande couro vermelho, procedente do Rio Grande do Sul; o vulgo não tem nome melhor para o animal, além de cervo. O Dic. Tupi dá os nomes nativos dos cervídeos: 1. Suaçu-tinga (branco), o menor; 2. Suaçu-cariacu, assim chamado pelo seu hábito de dormir nos bosques e mostrar apenas as costas. Ferreira explica a palavra como "caa", folhagem, "ri", muito ou muitos, e "acu", o que se expõe; 3. Suaçu-anhangá, o veado-diabo, assim chamado porque sua carne é tida como malsã para os indivíduos atacados de febre ou sífilis.

8   O português, que ignora a palavra tapir, chama-a de anta ou búfalo (F. Denis, anta ou danta, "buffle"); do mesmo modo, seus antepassados chamavam o elefante de boi da Lucânia. Por outro lado, os tupis, que nunca tinham visto o gado bovino, chamavam o boi de "tapy'ra oçu" (tapir grande) e o bezerro de "tapy'ra curumim oçu" (filhote do tapir grande). A palavra "tapy'ra" virou, por corruptela, "tapir". Os puristas brasileiros preferem "tapyr".

9   Os brasileiros comem quase tão depressa quanto os cidadãos dos Estados Unidos. Só encontrei um que "aproveita a comida"; na verdade, essa é a regra do mundo. No Oriente Próximo, os homens sentam-se à mesa com uma oração, engolem a comida, bebem água, levantam-se dizendo outra oração, lavam as mãos e, arrotando fartamente, preparam o cachimbo. Aqueles que entre nós escrevem "Manuais de Saúde" jamais se esquecem de chamar a atenção para a necessidade de que o alimento esteja bem salivado antes de ser engolido e afirmam que cada refeição deve durar pelo menos meia hora. Presumo que tal necessidade, se existe, vem dos hábitos artificiais engendrados pela civilização, e da prática de se comer freqüentemente e com intervalos regulares, quando o estômago nem sempre está pedindo outro alimento.

10 O proprietário informou-me que enviara amostras de todos os seus minerais ao Instituto de Engenharia Civil de Londres.

11 St. Hil. (I. i. 255) descreve o "bolineté, un canal de bois beaucoup plus court et plus étroit que ceux dans lesquels on lave le cascalho".

CAPÍTULO X

NOTAS SOBRE O DIAMANTE

Terrenos diamantinos no Brasil; onde se encontram. Prospecção de diamantes. Concessão para exploração. Perfeição do diamante. Discussão sobre a origem da pedra. Refração, ensaios, etc.. Onde se formam. Terrenos diamantinos. Formações de diamante, ou pedras que o acompanham. Notas de M. Damour. Formato do diamante. Sua cor. Suas jaças. Seu peso e preço. Sobre os carbonatos. Pedras brasileiras célebres.

> "A substância que possui o maior valor, não só entre as pedras preciosas, mas de todos os bens humanos, é o adamante, um mineral que, durante muito tempo, foi conhecido apenas pelos reis, e por muito poucos deles". — Plínio, XXXVII, Cap. 15.

O Dr. Couto (p. 127) descreveu as lavras de diamantes de Bagagem, que ele visitou e chamou de Nova Lorena, em homenagem a D. Bernardo José de Lorena, Conde de Sarzedas, e décimo primeiro Governador da Capitania das Minas Gerais. Aquelas terras, salientou, são mais antigas que as regiões próximas do litoral, como provam suas formas degradadas e corroídas pela água. Podem, também, ser exploradas com mais facilidade, pois há planos mais amplos e rios maiores. As cristalizações das lavras do Serro ou de Diamantina têm facetas mais lisas e ângulos mais acentuados, ao passo que a produção é mais regular e constante. Por outro lado, as pedras são menores; 3.600 gramas raramente produzem um único diamante de 3,5 gramas. Em Bagagem, têm sido retiradas muitas pedras, variando entre 11 a 22 gramas, mas aos saltos, por assim dizer. A água é melhor e mais brilhante, mas os formatos são mais arredondados e as jaças são mais profundas, efeito da maior exposição ao tempo e ao atrito da água. Castelnau (ii. 231) descreveu, em 1844, as lavras de Goiás, no Rio Araguaia ou Rio Grande. Não dispomos, contudo, de uma descrição moderna das lavras perto de Cuiabá, em Mato Grosso, e da Chapada Baiana. Nessa última província, os diamantes chegam quase ao litoral; têm sido encontradas pedras a uma ou duas léguas de Salvador, no Engenho do Cabrito e em outros lugares perto da estrada-de-ferro. Merecem exame os Caldeirinhos do Paraí, a trinta léguas do Rio São Francisco, e as terras entre Crato e Icó, no Ceará. Falarei, dentro em pouco, sobre as formações das águas mais baixas da grande artéria. Nas províncias de São Paulo e Paraná, os rios Paraíba do Sul, Verde e Tibagi produziram diamantes, e tudo indica que os haja perto da costa, nas vizinhanças de Ubatuba.

Evidentemente, o Brasil conta com vasta extensão de terras diamantíferas reservadas para serem exploradas, pelas gerações futuras, com inteligência, e, especialmente, por meio de maquinaria.

A prospecção de diamantes é feita da seguinte maneira: o humo vegetal, a argila subjacente e o desmonte, ou areia da inundação, são removidos com o almocafre, até que seja alcançado o "cascalho" ou "gorgulho", portador da pedra preciosa. Esse trabalho inicial consiste, geralmente, num corte aberto de alguns centímetros quadrados. Os fragmentos maiores de quartzo são, então, removidos manualmente, o cascalho é lavado em um "baco", "canoa" ou "cuiaca" e, finalmente, emprega-se a bateia.

Depois das provas, é solicitada a concessão para a exploração do diamante, facilmente obtida, hoje em dia, do governo. O candidato deve especificar os limites do terreno que se propõe explorar. O terreno é posto em concorrência pública e concedido ao concorrente que fez a melhor oferta. O proprietário do terreno tem direito à preferência, e com aproximadamente 0$100 por metro, a concessão será sua, se quiser. Depois da morte do concessionário, a concessão vai, por herança, à sua viúva e seus filhos, ou, na falta deles, a seus irmãos. Para a utilização de uma certa extensão no Rio das Pedras[1], com 28.600 metros de extensão, o Sr. Vidigal paga um imposto de 1$000 por mil, e o Dr. Dayrell, em cujos terrenos está o Canteiro, poderia, por aquela importância, explorá-lo, se o quisesse.

O diamante[2], dizem os velhos autores, une todas as perfeições: limpidez fulgurante, brilho lustroso — resultado de sua dureza — as cores acidentais do arco-íris, reflexos que vêm e vão com a vivacidade do raio, e, finalmente, tem "tantos fogos quanto facetas". Sua estrutura é de finíssimas e brilhantes chapas estreitamente ligadas, e, assim, ele pode ser fendido com facilidade ao longo da linha de clivagem, que é paralela aos planos do octaedro e do dodecaedro[3]. Sua substância, não resta dúvida, é carbono cristalizado[4], mas ainda se discute qual é a sua origem. Alguns acreditam que os vapores do carbono, tão ricos durante o período de arenito, podem ter-se condensado e cristalizado para formar o diamante. Newton, como é bem sabido, argumentava, em vista do grande poder de refração do diamante, que ele é, "provavelmente, uma substância untuosa coagulada". Por motivos que serão expostos dentro em pouco, pode-se afirmar que o diamante é, evidentemente, às vezes, mais novo que a formação do ouro e possivelmente ainda esteja se formando, com capacidade para crescer. Outros têm conjecturado que a matriz de itacolomito pode ter estado saturada de petróleo, que, pouco a pouco, desapareceu, em conseqüência da oxidação, ou por outro motivo, exceto onde o carbono ficou acumulado em nódulos, formando-se, assim, a pedra preciosa, através de uma cristalização gradual[5].

Como já se viu, o peso específico do diamante varia de 3,442 a 3,556, sendo o do quartzo de 2,600 e o da água de 1,000; por isso, pode ser lavado com facilidade, e um trabalhador experimentado o distingue pelo peso. O índice de refração, ou o quociente resultante da divisão do seno do ângulo de incidência no vácuo pelo seno do ângulo de refração no vácuo, é equivalente a 5,0[6], sendo o da água e do vidro laminado de 1,5, do enxofre 16,0 e do bissulfeto de carbono, o líquido mais refratário até agora conhecido, 37,0. Segundo Sir D. Brewster, o diamante muda ligeiramente a luz que o atravessa; autoridades mais antigas observaram que o diamante decompõe a luz em suas cores prismáticas e apresenta uma distinta fosforescência depois de ficar exposto ao sol por algum tempo, absorvendo a luminosidade, mesmo através do couro. Em bruto ou lapidado, o diamante adquire, por atrito, eletricidade positiva, ao passo que outras pedras preciosas adquirem eletricidade negativa quando em estado bruto e positiva apenas depois de lapidadas[7]. Antigos autores observaram que a pedra, quando colocada na linha magnética da pedra-ímã, neutraliza a atração de maneira considerável. A maior parte das pedras preciosas arranha o vidro; o diamante o corta, produzindo um ruído característico, sendo esta uma prova preferida[8]. Outra prova é a do atrito peculiar entre dois diamantes, que é mais ou menos sonoro, de acordo com a dureza da pedra[9]; esta, contudo, exige uma longa prática. O diamante transmite às mãos uma sensação de frio, propriedade que é compartilhada por muitas outras pedras, especialmente pelo cristal de rocha. Afirma-se, finalmente, que o diamante é a única pedra capaz de arranhar a safira.

No que diz respeito à matriz do diamante, ainda persistem muitos erros populares. Ele tem sido retirado principalmente do cascalho arrastado pelos rios e depositado, quer no leito, quer nas margens. Devido a isso, muitos livros afirmam que "o diamante é sempre encontrado no meio do cascalho e de materiais transportados, cuja história não se pode traçar". Outros são de opinião que o diamante se formou no material de aluvião e arenoso que acompanha as eras terciária e quaternária. O preciso M. Damour, que escreveu dois estudos conscienciosos[10] acerca das areias diamantíferas da Bahia, nos diz (p. 11): "Ces roches crystallines, servant autres fois de gangue au diamant, ayant été brisées et en partie détruites par l'effet des commotions qui ont remué et sillonné la surface du globe, à certaines périodes géologiques, ne se montrent plus qu'à l'état de débris et de matières arénacées". O Professor Agassiz ("Viagem ao Brasil", 501) "está inclinado a acreditar que toda a formação portadora de diamante é um deslocamento glacial". Tal afirmativa, porém, é restringida por: "Não quero dizer as rochas em que ocorrem os diamantes em sua posição primária, e sim as aglomerações secundárias de material solto separados das mesmas pela água".

Muitos autores confundiram a formação secundária do diamante com a primária. A ganga, pelo menos nas proximidades de Diamantina, é o itacolomito branco e vermelho, granular e quartzoso, desgastado pelas comoções geológicas[11]. Disso desconfiava o Dr. Gardner, que observou que a matriz da pedra não é o solo cascalhento "diluviano", mas o xisto quartzoso metamórfico. Nem mesmo o vulgo, aliás, ignora tal coisa: a idéia geral é a de que a piçarra, arenito duro, ou saibro psamítico, tem diamante quando velha; não quando nova. O fato é facilmente provado. Todas as lavras que não ficam perto dos rios, estão na base de alguma massa de pedra[12]. Diamantes têm sido encontrados por muitos mineradores no itacolomito, e enviei à Inglaterra um exemplar incrustado em itacolomito. Talvez chegue o dia em que a rocha seja quebrada, triturada e lavada, para se procurar diamante em pó, como hoje se procura ouro em pó.

De acordo com os mineradores desta parte do Brasil, a melhor diamantação (para empregar uma expressão regional) é encontrada no gorgulho, massa solta de pedras pontudas[13]. Contam-se histórias maravilhosas de suas riquezas, descobertas de cinco ou seis diamantes arrancando-se um tufo de capim — sendo um pormenor pitoresco a respeito, que tal caso vem sendo contado desde os dias de Potosi, tornando-se uma lenda predileta, que tem sido sempre cuidadosamente registrada pelos escritores populares. O exemplar escolhido da mineração desse tipo é, segundo se diz, "O Pagão" nas águas do Caeté-Mirim, perto de São João.

Coloca-se em segundo lugar a mancha de diamante, procedente do cascalho, que tem sido comparado com o feijão cozido; um exemplo dela é o Rio das Pedras. O terceiro "habitat", que visitamos em São João, é o "barro", formação que contém todas as outras, misturadas e degradadas. Não se deve esquecer, contudo, que os terrenos diamantíferos variam muito em um país imenso como o Brasil[14].

Muito variados, também, são os indicadores de diamante, as chamadas pinta em diamantes, e quase todas as lavras apresentam uma novidade[15]. Os principais sinais são, em seguida, mencionados, em ordem de importância; a denominação geral é formação diamantina.

"Cativo", chamado antigamente "escravo do diamante", que se supõe acompanhá-lo, como o "peixe piloto" acompanha o tubarão. Essa pinta inclui, em Diamantina, pedaços de quartzo transparente, semitransparente ou enferrujado, sílex, cristal de rocha e, principalmente, espinélio[16]. Este último é transparente ou semitransparente, octaedro (cativo oitavado) e tem facetas toleravelmente regulares; distingue-se do diamante por sua falta de brilho e menor dureza. O "cativo preto" é, provavelmente, ferro titanífero, e os mineradores acreditam que, quando ele ocorre em grande quantidade, indica a presença de diamantes negros. Em certos lugares, esses cativos encontram-se espalhados no solo; indicam que pode haver diamantes ali, não que haja, necessariamente. O mesmo se pode dizer do quartzo, a "flor de ouro". A expressão se aplica a muitas formações diferentes. O Dr. Pohl a traduz por "thonseisenstein", hidróxido de ferro ou a limonita de Bendant (St. Hil. III. ii. 144). Um minerador prático informou-me de que, na Chapada da Bahia, o cativo inclui quartzo listado, crisólita, pedaços de minério de ferro magnético, piritas de ferro, etc..

Com o cativo, devemos associar a "siricória", prismas alongados de crisólita (crisoberilo, Werner, e cimofânio, Hauy), de um verde amarelado pálido, às vezes quase branco. Entre os cativos no Rio São Francisco, encontrei uma grande proporção de topázios cor de palha[17], com ângulos agudos e facilmente induzindo a equívocos.

"Pingo d'água" (St. Hil., I, ii. 6, "pingo de água") aplica-se a pedras redondas ou cilíndricas de todos os tamanhos, desde o de uma ervilha até o de um ovo de pomba; algumas são brancas, outras enferrujadas; os pingos são transparentes, semitransparentes, opacos ou listados. Incluem a cornalina, o topázio branco e, muito especialmente, o "quartzum nobile". As pequenas pedras com formato de diamante são as mais valiosas. Com o pingo d'água, devemos associar as bolas de quartzo, chamadas, devido ao seu formato, de "ovos de pomba" e as "pedras de leite", pedaços de sílex, calcedônia e ágatas, arredondados e desgastados pela ação da água. Ambos são claros e diáfanos, escuros e opacos ou listados e marcados com belas ondulações concêntricas[18].

A "fava", pedra que se parece mais ou menos com uma grande fava e que varia do tamanho de uma ervilha até 5 centímetros de diâmetro. Via de regra, é jaspe, cor de sangue, ou de uma das muitas variedades de quartzo branco, castanho ou amarelo. Muitas favas, contudo, são constituídas por argila revestida de ferro, com uma espessura de meia a duas linhas[19]. A fava branca e a fava roxa são, às vezes, de puro sílex ou de quartzo cristalizado. Diversas parecem capazes de fornecer boas pedras vermelhas para anéis de sinete.

O "feijão", uma pedra da forma de feijão, redonda e enrolada. Também se apresenta em diversos tamanhos e, geralmente, é turmalina (Schorl) ou turmalina hialóide, como as que acompanham as minas de estanho da Cornualha. As cores se situam entre o verde-escuro e o negro, e o vulgo acredita que foram vitrificadas pelo grande calor[20].

O "caboclo", mencionado pelo Dr. Couto como "pedras cabocolas", que explica se tratar de "ferrum smiris" e "rubrum", vermelho com mesclas escuras. Esse jaspe toma seu nome do matiz amarelo apagado, causado pelo óxido de ferro. É compacto e arranha ligeiramente o vidro. A superfície é polida e lustrosa, como se estivesse estado em contato com um calor excessivo; a cor habitual é amarelo-claro ou escuro, opaco e aproximando-se do castanho; e não há qualquer peculiaridade na forma, a não ser o fato de serem os fragmentos chatos, em sua maior parte. Há muitas variedades de caboclo. O caboclo oitavado é o que tem ângulos. O bronzeado, comum na Barra da Lomba, é amarelo-escuro. O comprido é, como o nome indica, um pedaço alongado de jaspe. O roxo é um arenito vermelho compacto, possivelmente alterado pelo calor. O vermelho, comum em Caeté-Mirim, é, segundo parece, o cinabre.

O "esmeril", semelhante ao feijão na forma, é, quase sempre, ferro oxidado. Segundo os mineradores, algumas pedras contêm de oitenta a noventa por cento de metal.

Também dessa pedra há muitas variedades. O esmeril caboclo é de um matiz amarelo-apagado. O preto, na opinião de Gardner, é uma espécie de turmalina. O lustroso é ferro quase puro, muitas vezes soldado, pelo calor, a uma fina brecha; às vezes se parece com o diamante negro, mas é amorfo. O agulha é uma tira de carvão férreo comprida e fina.

"Ferragem" ou "pedra de ferragem", é, ou chata, em forma de feijão, nodular, ou redonda como uma bala. Em geral, é de ferro oligístico ou especular, roxo-escuro ou negro-lustroso. Vi algumas amostras que se pareciam com piritas de ferro e outras eram balas de sílex, constituindo boas pedras de toque, de cor negra, aveludada.

A "Pedra Santa Ana", paralelepípedos e cubos de ferro magnético que afeta a agulha. O nome também se aplica a piritas de cobre, e estas se encontram, muitas vezes, degradadas para uma simples areia.

"Osso de cavalo"[22], com o qual se parece, no aspecto e consistência. É comprido ou redondo como um fragmento ósseo e parece ser puro arenito (itacolomito granular?) que está enterrado há muito tempo.

"Palha de arroz", fragmento de clorita amarelo-claro quase lustrosa, ardósia ou ardósia argilosa endurecida, que se parece com a semente do pepino.

"Agulha", ou "agulha de cascalho", ferro titânico, em feixes ou em agulhas isoladas.

"Caco de telha", cinabre ou argila avermelhada, amarela por dentro e apresentando mica e talco.

"Piçarra folhada", xisto de diversas cores, variando do branco-fosco-amarelado ao negro.

"Pedra pururucu"[23], um saibro friável de cor clara.

No que diz respeito à forma, a regra é que, quanto menor for a pedra, tanto mais bem formada será. Os exemplares maiores parecem não ter forma ou cristalização constantes; são redondas, chatas ou compridas, e, geralmente, cortadas abruptamente em uma extremidade, como se se estivesse faltando um pedaço. As facetas que, quando cortadas, aparecem chatas e planas, são, na pedra natural, côncavas, convexas ou arredondadas; por isso, o Abbé Hauy observou que as moléculas componentes devem ser tetraedros regulares. Wallerius (citado por M. Caire) atribui ao diamante três formas, o octaedro, a forma rasa e o cubo[24]. A forma normal do diamante, aqui como alhures, é o octaedro regular ("Adamas octahedrus turbinatus" de Wallerius), compondo-se de duas pirâmides de quatro lados e equilaterais, partindo de uma base comum. Este é o chamado diamante de pião, que perde muito com a lapidação. Com essa forma primária, são encontradas as formas modificadas, o hexaedro ou cubo, o dodecaedro (doze faces rômbicas), o hexágono piramidal (tetraexaedro, de 24 faces) e outros. Quando a ponta e a superfície chata superior do sistema se gastam, o octaedro torna-se um decaedro; o desgaste dos dois outros pontos ou ângulos (quinas) faz do decaedro um dodecaedro, forma geométrica aliada, mas que se aproxima da esfera, e, quando desaparecem duas outras bordas na base da dupla pirâmide, o diamante passa a ter quatorze faces. Essas pedras arredondadas (tesseladas ou boleadas, "Adamas hexahedrus tabellatus" de Wallerius) são regionalmente conhecidas por "primeira fórmula" e preferidas para o comércio, uma vez que perdem pouco com a lapidação. Há um sem número de maneiras de derivação do octaedro e do dodecaedro normais, tais como a hemiédrica chata e triangular ou o diamante manchado, de meio lado, efeito de clivagem secundária, chamada "diamante em forma de chapéu", que tem pouco valor. Os tetraedros (quatro lados são piramidais, de pouco valor quando os vértices são agudos. Há também os diamantes rolados (reboludos, M. Jay), que perdem todas as suas "pointes naives"; quando redondos ou ovais, estes são considerados de boa forma. Quando alongados, podem explicar os "dois cones unidos pela base" de Plínio; são, muitas vezes, revestidos de uma crosta opaca e ásperos como capim; em tal caso, não se distinguem do pingo d'água, a não ser por sua propriedade de arranhar as substâncias menos duras. Por outro lado, alguns pingos d'água, especialmente quando de puro "quartzum nobile" opaco tanto se parecem com o diamante, em seu estado bruto, que muitos homens inexperientes com elas perderam tempo e dinheiro.

A forma do diamante influencia muito o seu preço e é assim que o negociante lucra. Paga de acordo com o tamanho, peso e água; ganha na forma. Os compradores em larga escalas têm caixas de chapas de metal cheias de orifícios, que servem de crivos. As que me foram mostradas tinham jogos de dezenove chapas e traziam a marca de Linderman & Co., Amsterdam.

O diamante varia muito no que se refere à cor. Os mais valiosos são os brilhantes como baixelas de prata, claros como gotas de orvalho, vivos e mostrando o verdadeiro lustre diamantino. Todos os que são bem matizados com óxido são chamados diamantes coloridos ou "de fantasia". É muito comum o diamante ligeiramente amarelo, que perde muito de seu valor; o decididamente amarelo, o cor de âmbar e o de cor mais carregada valem ainda menos. Os cor-de-rosa são raros e muito admirados, os vermelhos raramente aparecem. Em Diamantina me foi mostrado um belo exemplar verde, mas o seu preço era enorme[25]. O Diamante negro, ou melhor azul-metálico, sendo muito raro, porém mais curioso que belo, tem muito valor para os museus; como sua forma é, muitas vezes, de uma boa dupla pirâmide, pode ser montado sem ser lapidado[26]. Os diamantes de um branco fosco não são apreciados e o mesmo se pode dizer dos de "cores falsas", especialmente o branco leitoso e os matizes indeterminados. O roxo ainda é, segundo penso, desconhecido. Ouvi falar de diamantes azuis, e muitos dos retirados em Caeté-Mirim são coloridos superficialmente com uma crosta azulada. Esta e vários óxidos de ferro podem ser removidos pelo aquecimento, com uma perda de cerca de um por cento[27]. As pedras do Duro distinguem-se por um matiz levemente verde, com uma crosta externa às vezes bastante pronunciada, mas tornam-se brancas quando lapidadas. Tavernier aprendeu na Índia que a cor do diamante depende do solo de onde é retirado: vermelha, se o solo é avermelhado, negro quando o chão é úmido e pantanoso, etc.. Isto tem sido reproduzido em livros populares.

Para descobrir as jaças, tão freqüentes nos diamantes, os compradores dispõem de vários recursos muito simples, tais como respirar sobre a pedra, quando aparecem os defeitos e as deficiências de cor, ou colocá-la sobre a palma da mão e olhá-la contra a luz, girando-a em todas as direções[28]. A jaça (em francês "givre" ou "gerçure") é uma linha ou mancha rasa, muitas vezes de cor mais escura, tal como é vista no quartzo cristalizado; há, também, um defeito semi-opaco, que nós chamamos de "milk" (leite) ou "salt" (sal). A "natura" é uma solução de continuidade ou vácuo onde os planos se encontram; a "racha" é uma fenda ou veia, e a "falha" é uma fratura séria, onde duas jaças se juntam, como se estivessem presas uma à outra. Quando se cortam essas jaças na lapidação, elas se abrem, e o diamante se fende, ou fica "estalado". O "ponto" é um corpo estranho que entrou na cristalização. Muitos autores observaram grãos de areia no diamante. Ouvi falar em uma pedra que continha um pouquinho de ouro e a mesma peculiaridade já havia sido noticiada antes[29]. Essa formação mostra a data relativamente recente da pedra, cuja cristalização de carbono ou protóxido de carbono deve ter-se feito em torno do metal, e vem a favor da opinião dos que pensam, como Brewster, que o diamante, como o carvão, origina-se de matéria vegetal, que passou pelo cadinho da Natureza. Em Bagagem, foi encontrada, recentemente, uma pedra com um pedaço solto nela encravado, como se estivesse dentro do seu corpo; semelhante implantação de cristal, suspeitava-se, existia na célebre pedra "Estrela do Sul". O diamante com jaça geralmente é chamado fundo. Possivelmente, muitos dos defeitos podem ser removidos, e a tradição recorda, vagamente, que o Conde de Saint Germain e outros que ostentaram riquezas imensas haviam-se tornado mestres em tal arte.

O negociante de diamantes do Brasil ainda se aferra ao velho sistema de pesos baseados no dinheiro, introduzido pelos portugueses no tempo da ignorância colonial. O Brasil tem, como nós, um peso especial para diamantes[30], mas, na prática, entre os mineradores só se ouve falar de grão e oitava. O quilate[31] não é popular. Assim, ao venderem pedras "de fantasia" ou coloridas, os velhos lapidários franceses dizem, por exemplo, "oito grãos", e não "vinte quilates".

Eis a lista completa dos pesos:

Dez réis	=	1 grão (0,892 gr. Troy). É o mais baixo de todos os pesos; abaixo dele, tudo se torna "fazenda fina", ou pó de diamante.
Vintém	=	2 grãos (2.25 port.) = 20 réis = 1/2 quilate. O vintém (plural vinténs, e não vinteis, como escreve St. Hilaire) é a unidade de medida.
Meia-pataca	=	16 grãos = 160 réis = 8 vinténs.
Meia oitava	=	32 grãos = 320 réis = 16 vinténs.
Cruzado	=	47 grãos = 400 réis (peso antigo)
Selo	=	480 réis (inteiramente desusado).
Oitava	=	64 grãos[32] (72 grs. port.) = 640 réis = 17,44 quilates = 32 vinténs = 16 quilates.

Acima de quatro vinténs, o diamante é considerado grande. Muitos mineradores trabalharam a vida inteira sem encontrar uma pedra que exceda vinte vinténs. O tamanho mais útil é, provavelmente, seis vinténs ou três quilates. As menores pedras são conhecidas no comércio como "pedra de dedo", porque podem ser levantadas apertando-se nelas a ponta do dedo. Diz-se "coberta", quando um lote consiste dos diamantes maiores, por ex.: "Partida de diamantes que tem coberta".

Nos últimos anos, o preço de diamantes aumentou prodigiosamente no mundo inteiro. Em 1750–1754, quando David Jeffries escreveu seu livro, uma pedra perfeitamente branca de um quilate valia £8; atualmente, vale de £17 a £18[33]. O motivo de tal coisa é facilmente compreensível. O afluxo de ouro elevou o preço das pedras. O mercado ampliou-se grandemente[34]; nos Estados Unidos, por exemplo, os diamantes são avidamente procurados pelos que ganharam dinheiro. E, em último lugar, nos países turbulentos, como, por exemplo no Oriente sempre que há ameaça de perturbações políticas, o diamante é usado "en cas" ou "en tout cas"; a extrema facilidade que tem ele de ser transportado – o fato é que seu valor é quase ao par em todo o mundo – e a dificuldade de ser destruído, eleva-o à categoria de uma moeda do mais alto valor[35]. No Brasil, como nas cidades da costa atlântica dos Estados Unidos, onde todos os que podem comprá-lo, até empregados de hotel e menestréis negros, usam diamantes nos anéis e botões de camisa, a procura produziu o mesmo resultado, que além disso é exagerado pela escassez de mão de obra servil, e pelo esgotamento das jazidas superficiais. Há trinta anos, a oitava custava 320$000; hoje, vai de 800$000 a 1:000$000, quase três vezes seu valor antigo[36]. Em 1848, durante a convulsão européia, o preço do diamante caiu 50 por cento na Bahia, mas o mercado não tardou a recuperar-se[37]. Castelnau (ii. 345) prevê que, no fim deste século, o diamante valerá apenas vinte por cento de seu valor em 1800. Aventuro-me a dizer que, a não ser que a pedra possa vir a ser produzida artificialmente, o contrário estará mais próximo da verdade.

Ao produzir diamantes, a Natureza preserva suas proporções naturais; os pequenos são relativamente numerosos e as pedras grandes progressivamente mais raras. Nas pedras não lapidadas, a proporção do valor mais do que dobra com o peso. Supõe-se, assim, que uma pedra de um vintém vale de 18$000 a 20$000, e que uma de 16 vinténs valerá 400$000 a 500$000, quando a oitava está a 1:000$000. Na Bahia, o preço é assim ajustado. Presumindo-se, por exemplo, que a pedra não lapidada vale £2 por quilate, o preço de uma pedra maior é calculado dobrando-se o quadrado do peso (por ex.: 2 quilates x 2=4x2=£8). Para os brilhantes, o peso deve ser dobrado, elevado ao quadrado e multiplicado por 2; por ex.: 2 quilates x 2=4x4=16x2=£32.

O Tenente-Coronel Brant deu-me a seguinte lista de preços de diamantes, mostrando que o valor em Diamantina difere pouco ao da Inglaterra. Os diamantes, convém observar, são divididos para facilitar a fixação dos preços, em primeira, segunda e terceira água.

Diamantes de 1 grão[38]   12 a 18 por quilate = 75 xelins.
                          6 a 9 por quilate = 77 xelins.

Para pedras isoladas		Paris, 1863	Paris, 1866
1 a 5 grãos	= 83 xelins	96 francos	110 francos
6 a 7 grãos	=107 xelins	125 francos	140 francos
8 a 9 grãos	=120 xelins	145 francos	160 francos
10 a 11 grãos	=148 xelins		
12 a 13 grãos	=160 xelins	156 francos	180 francos
14 a 15 grãos	=185 xelins	175 francos	200 francos
16 a 17 grãos	=195 xelins	190 francos	220 francos
18 a 19 grãos	=210 xelins	205 francos	235 francos
20 grãos	=220 xelins	250 francos	290 francos
24 grãos	=280 xelins	285 francos	325 francos
8 quilates[39]		2.500 francos	2.750 francos
10 quilates		4.650 francos	5.100 francos
12 quilates		5.650 francos	6.200 francos
16 quilates		7.800 francos	8.000 francos
20 quilates		12.500 francos	8.000 francos

A curiosa substância chamada pelos ingleses "boart[40]" e "graphite[41]", pelos franceses "boort" e "diamant concretionné", que quer dizer que não tem clivagem, e pelos brasileiros "carbonato", não tinha valor antigamente. Em 1849, começou a valer de um a dois francos por quilate, e hoje vale 56$000 por oitava. Supõe-se que seja o elo entre o carbono e o diamante; sua dureza é igual à da pedra preciosa e seu peso específico vai de 3,012 a 3,600. Sua massa amorfa e granular aparece, no microscópio, distintamente cristalina, sendo, de fato, um agregado de grânulos ou lamelas de diamante análogos a um saibro de areia quartzosa. Em alguns exemplares, há cavidades celulares, à semelhança da pedra-pomes, vazias ou cheias de areia, e geodos alinhados com pequenos cristais regulares de diamante incolor. É negro e sem brilho e quando queimado, deixa um resíduo de argila e outras substâncias. Esse "carbono-diamante" acompanha o diamante no arenito e no cascalho; aparece em seixos angulosos e arredondados, sendo os blocos irregulares muitas vezes do tamanho de uma amêndoa. Castelnau fala de um exemplar pesando mais de uma libra. Ouvi falar que foram pagos por um simples fragmento 2:500$000 (£250). Quando o carbonato é de tamanho grande, geralmente é quebrado, para se verificar se é oco ou maciço. É conhecido pelo grande peso, pela frialdade que transmite à mão, semelhante à do diamante e pelo ruído característico que faz, quando dois de seus pedaços são esfregados um contra o outro. Os mineradores, às vezes, metem-no no vinagre, como metemos toucinho na água, para aumentar-lhe o peso, e ele se parece muito com um pedaço de ferro magnético ou pirítico comum com o qual, se não tiverem cuidado, os mais entendidos podem enganar-se[42]. É reduzido a pó e usado principalmente para a lapidação de diamantes. As brocas afiadas com esse mineral, segundo me disseram, são empregadas, com grande êxito, na escavação de túneis, onde há rochas muito duras.

Dessa substância pouco conhecida, o comércio distingue três qualidades. A pior é o "carbonato" propriamente dito; a "torre" é um tipo melhor, com cristais mais bem formados, que vale 60$000 por oitava; o melhor dos três tipos apresenta-se sob a forma de pequenas bolas de aparência metálica e brilhante, chamadas "balas", cujo preço pode ir a 80$000 por oitava[43]. Alguns mineradores chapadistas ainda não aprenderam a distinguir as variedades.

As lavras brasileiras produziram alguns grandes e valiosos diamantes, todos os quais saíram do País.

O diamante Bragança foi usado por D. João VI, que era apaixonado por pedras preciosas e as possuía no valor de cerca de £3.000.000. Atualmente entre as jóias da Coroa portuguesa, aquela pedra foi extraída em 1741 na Mina de Caeté-Mirim[44]. Os autores divergem com relação ao seu peso[45], e não foi publicado, segundo creio, nenhum desenho da mesma; dizem que é maior do que um ovo de galinha e foi tomada, durante muito tempo, por um belo topázio branco, pedra que, no Brasil, como alhures[46], é muitas vezes confundida com o diamante.

O diamante Abaeté[47] foi encontrado em 1791, e as circunstâncias da descoberta foram relatadas por John Mawe, M. F. Denis e outros. Três homens condenados por crimes de morte, Antônio de Sousa, José Félix Gomes e Tomás de Sousa, degredados para o extremo oeste de Minas e proibidos de entrar em qualquer cidade, vagaram durante seis anos, enfrentando canibais e feras, à procura de riquezas. Quando procuravam ouro no Rio Abaeté, que estava excepcionalmente seco, encontraram o diamante, que pesava cerca de 30 gramas (576 grãos = 144 quilates)[48]. Os três homens confiaram o segredo a um padre que, apesar das severas leis contra os garimpeiros, levou-os a Vila Rica e apresentou a pedra ao Governador de Minas, cujas dúvidas foram dissipadas por uma comissão. O padre obteve vários privilégios e os malfeitores o perdão, não se sabendo de outras recompensas. Foi enviado, sem demora, um destacamento ao Rio Abaeté, que se revelou rico, mas nunca mais ofereceu um segundo troféu semelhante[49]. D. João VI costumava usar essa pedra, presa a um colar, nas grandes ocasiões.

O diamante "Estrela do Sul" foi encontrado em julho de 1853, em Bagagem de Minas Gerais, por uma negra[50]. Antes de ser lapidado, pesava 254 1/2 quilates. O dono vendeu-o por 30 contos (£3.000); foi imediatamente depositado no Banco do Rio de Janeiro, por 300 a 305 contos, quando valia de £2.000.000 a £3.000.000. Depois de lapidado pelos proprietários, os Srs. Coster, de Amsterdam, ficou reduzido a 125 quilates e pertence atualmente, segundo penso, ao Paxá do Egito. Embora não seja perfeitamente puro e branco, seu "fogo" o torna uma das mais belas pedras preciosas existentes[51].

A Chapada da Bahia também produziu uma pedra pesando 76 1/2 quilates, que, depois de lapidada, para se tornar um brilhante em forma de gota, apresentou extraordinário fulgor e beleza. Foi comprada por Mr. Arthur Lyon, da Bahia, por 30 contos, e é propriedade, atualmente, segundo ouvi dizer, de Mr. E. T. Dresden.

Algumas palavras para concluir. Até agora, as formações diamantinas do Brasil mal foram arranhadas, e os trabalhos de mineração têm sido comparados ao dos castores. Os rios não foram desviados, os poços e poções abaixo e acima dos rápidos, onde deve haver grandes depósitos, não foram explorados, sequer por escafandristas; o método de extração a seco, de há muito conhecido no Industão, é desconhecido aqui. Tudo é feito no venerando estilo do século passado e a maldita Rotina é mais mortal aqui do que a Burocracia na Inglaterra. A próxima geração irá trabalhar com milhares de braços dirigidos por homens cuja experiência na mecânica e na hidráulica permitirá a economia de mão-de-obra; e é de se esperar que as águas virgens portadoras de diamantes serão exploradas à montante. Tal foi a sensata determinação do velho Regulamento Diamantino, que, infelizmente, chegou muito tarde, quando os canais já estavam obstruídos pela escória, que não valia a pena remover.

NOTAS DO CAPÍTULO X

1 "Tiro do rio".

2 M. Caire ("La Science des Pierres Précieuses", Paris, 1826) observa que a palavra é derivada de αδαμας (em árabe e persa "almas") "indomável", "nulla vi domabilis", porque não pode ser vencido pelo fogo. Isso só é verdade quando dele é excluído o oxigênio da atmosfera e quando o calor é inferior a 14° Wedgewood. M. Caire também observa que, em nosso mundo moderno, "diamond", "diamant", etc., rejeitando o alfa privativo, etimologicamente significa o contrário.

3 Por isso, a prova que consiste em dar uma martelada no diamante, porque se ouviu falar de sua extrema dureza, tem destruído muitas pedras de grande valor, que se fenderam, seguindo a granulação ou o plano dos cristais. Os hindus ensinaram a Tavernier que as pancadas nos diamantes (com alavancas de ferro) produzem-lhes jaças. A lima mal aplicada à sua borda pode lascá-lo.

4 Acreditava-se, e ainda se acredita, que bastaria um dissolvente do carbono para se fazer o diamante artificial.

5 Tem-se afirmado que o itacolomito flexível é a matriz do diamante, o que é, indubitavelmente, um erro. Também não creio que qualquer dos itacolomitos contenha petróleo.

6 Afirmou-se ser apenas de 2,439 (Brewster).

7 A corrente eletromagnética afeta fortemente o diamante. Estraguei uma bela pedra lapidada em forma de rosa, deixando o anel no dedo quando usava uma corrente de Meinig. Minha atenção foi despertada por um ruído desagradável, muito característico, e verifiquei que as bordas do diamante estavam desgastadas, como se se tivesse limado um pedaço de vidro. Talvez disso possa surgir um método de economizar mão-de-obra, no caso dos diamantes que precisem de grandes cortes na lapidação. A "sensitividade odílica" de Reichenbach foi por ele vista quando "magnetizava" uma brilhante luz branca procedente do diamante; daí, talvez a idéia de que as pedras preciosas têm virtudes específicas.

8 Os diamantes, especialmente os que possuem ângulos agudos, podem estragar-se quando esfregados com força em substâncias duras. O processo de Plínio, de experimentá-los com o malho e a bigorna, pode facilmente fendê-los.

9 Tal coisa tem sido afirmada por alguns negociantes de diamantes e negada por outros.

10 "Bulletin de la Societé Philomatique", 5 février, 1853, e "Bulletin de la Societé Géologique de Paris", 2ª série. Séance du 7 avril, 1856. É lamentável que não tenham sido enviadas àquele sábio areias de outras partes do Brasil e do Ural, Industão e Bornéu.

11 Não vi diamante em itacolomito cristalino, mas não duvido que exista.

12 Tavernier, referindo-se à Mina de Gani ou Coulour, do Rei de Golgonda, onde eram empregadas 60.000 pessoas, observa: "O lugar onde se encontram os diamantes é uma planície situada entre a cidade e as montanhas, e quanto mais se aproxima destas, tanto maiores são as pedras encontradas".

13 Castelnau (ii. 323) afirma, a respeito das lavras de diamantes de Diamantino (Mato Grosso): "Il n'y a jamais de diamant dans le gorgulho".

14 O Dr. Dayrell informou-me existir na Serra de Grão Mogol, em Minas Gerais, um veio de arenito macio, com quase 35 centímetros de largura, contido em paredes de itacolomito duro, e ofereceu-me uma amostra da areia de Brucutu, perto de Cocais, onde abundam pepitas esponjosas de ouro de jacutinga, contendo um pequeno diamante, um rubi, uma safira e ferro piritífero, assim como especular. A curiosa formação chamada "boart" e sobre a qual falarei adiante, é também local. É desconhecida em Diamantina de Minas, e Bagagem a produz em pequenas quantidades. É encontrada em Sincorá, na cadeia de montanhas do sul da Bahia, e, em sua maior parte, procede da Chapada daquela província. Já observei que, em muitos lugares, o ouro acompanha o diamante. Platão acreditava que o diamante era o cerne de matéria aurífera, sua mais pura e nobre medula, condensada em uma massa transparente. Assim também se pode explicar a afirmação de Plínio de que o "adamas" é a "nodosidade" do ouro. O itacolomito é também matriz do topázio e do rubi. Foi-me mostrado um exemplar desse último; era uma pedrinha quadrada, de água tolerável, mas de cor muito clara, não o verdadeiro "sangue de pombo" da Ásia. São encontradas granadas aos punhados, mas sem valor.

15 John Mawe (ii. cap. 2) descreve as substâncias que acompanham o diamante como "Un mineral de fer brilliant et pisiforme (ferragem), un mineral schisteux silicieux ressemblant à la pierre indiqué 'Kiesel–Schiffer' de Werner (?), de l'oxide de fer noir en grande quantité, des morceaux roulés de quartz bleu, du cristal de roche jaunâtre, et toutes sortes de matières entièrement différentes de celles que l'on sait être contenues dans les montagnes voisines". Castelnau limita a "formação" a três espécies: cativo de diamante, pedra de osso e pedra rósea, um saibro de cor roxa. Segundo Tavernier, os hindus consideram a terra diamantina quando "vêem entre ela pedrinhas muito parecidas entre si, chamadas "pedras do raio".

16 Os brasileiros chamam esse cristal, segundo creio, de "saruá". Nesta expressão, contudo, inclui-se, provavelmente, o espato de flúor hexaedro, corindo, e talvez, também, certos titanatos. O crisólito lembra a descrição de Plínio: "nunca maior que a semente do pepino ou diferente de sua cor".

17 Os cativos podem ser comparados com os diamantes de Bristol e da Irlanda, tantas vezes associados com o "bog-oak" (madeira de carvalho conservada nas turfeiras). Têm sido mandados para a Europa, freqüentemente, mas com pouco proveito. Segundo se diz, quebram-se quando cortados.

18 Diz Mr. Emmanuel (p. 126): "Estes topázios (i. e., de Minas Gerais) encontrados em seixos redondos, são perfeitamente puros e incolores, sendo chamados "pingos d'água" ou "gouttes d'eau"; também são chamados Nova Minas (?). Os portugueses os chamam de "diamantes escravos". Há, aqui, uma evidente confusão do "pingo d'água" quartzoso com o "cativo", cristal. A expressão "Minas Novas" é tirada de John Mawe (ii. cap. 3).

19 Marumbé, ou pedra de capote.

20 Acredito que o feijão é, algumas vezes, de jade, também chamado nefrite, porque os hindus o usam para "a dor nos rins". Os aborígines do Brasil o empregam em botoques e outros ornamentos, e fazem machadinhas desse mineral verde-maçã, que é macio quando colhido, tornando-se duro e compacto com a exposição ao ar.

21 Não "ismirim", como escreve Castelnau (iii. 178) "L'oxide noir de fer, appelé ici émeri" diz John Mawe (i. cap. 12). Spix e Martius traduzem a palavra por "Eisenglanz".

22 Pedra-de-osso (Castelnau, ii. 323). O osso-de-cavalo não deve ser confundido com o "pé-de-cavalo", um jaspe amarelo, que merece seu nome.

23 A nota seguinte foi tomada no valioso estudo de M. Damour (Soc. Geol., p. 542, 7 de abril de 1856), descrevendo as areias diamantíferas que lhe foram enviadas da Bahia. Os números mostram as formações que ocorrem com mais freqüência:

1.— Quartzo hialino (o amarelo é o topázio ocidental e o azul é a safira oriental).
Jaspe e sílex.
Itacolomito.
Distênio ou cianita. Esta substância pode ser facilmente reconhecida; não se funde ao maçarico, consiste de pequenas agulhas ou cristais de lâminas muito finas, com as bordas arredondadas pelo atrito, e as cores são cinzento-pérola, azul-claro e verde-claro.

Zircão ou zirconita, também encontrado no solo aurífero da Califórnia. Este silicato mostra cristais bem conservados, com mais de um milímetro de diâmetro: apresenta-se em quadrados e prismas, terminando em pirâmides de quatro faces, com os ângulos e vértices às vezes modificados. Alguns são incolores, outros castanhos, amarelos, violetas ou vermelho-claros.

Feldspato, em raros fragmentos rolados de material avermelhado, com clivagem em duas direções, que se encontram em ângulos retos. Não é afetado pelos ácidos, mas se funde ao maçarico. Misturado com o carbonato de sódio, revela-se um composto de silício, alume e um pouco de óxido de ferro, provavelmente com alguma terra alcalina.

2.— Granada vermelha (almandina ou granada preciosa).

Granada magnesiana (espessartina ou granada vermelho-escura). Densidade, 4,16. Nos rombóides dodecaedros, há pequeníssimos cristais brilhantes de topázio amarelo. Funde-se ao maçarico, tornando-se um vidro negro e opaco à chama oxidante. O vidro feito com sal de fósforo (sal microcósmico) e aquecido ao rubro com um pouco de nitro, revela o manganês, tomando um matiz violeta-escuro.

Mica.

Turmalina (verde e negro).

3.— Turmalina hialóide (feijão). Densidade 3,082; arranha o vidro fracamente. No microscópio, tem a aparência de um certo número de pequenas agulhas cruzadas umas com as outras; a fratura é fibrosa. O pó é cinzento-esverdeado. Aquecida em proveta, libera um pouco de água; misturada com o bórax, produz uma reação de ferro e, diante do maçarico, incha e se funde transformando-se em uma escória negro-pardacenta ou verde-escura, que, depois de submetida às chamas de carvão, torna-se levemente magnética. A escória pode ser decomposta fervendo-se em ácido sulfúrico; queimada no álcool, produz uma chama verde, revelando a presença de ácido bórico. A análise também revela silício, ácido titânico, alume, magnésio, traços de cálcio, sódio, água e matéria volátil. Só se distingue da turmalina negra pela presença de água e ácido titânico.

Talco.

4.— Hidrofosfato de alume ou wavelita (caboclo). Densidade, 3,14 em Diamantina e Abaeté e cor de café. Na Bahia, densidade, 3,19; avermelhado ou cor de tijolo, formato de pedrinhas arredondadas. Composição: ácido fosfórico, alume, um pouco de cal, compostos de bário, óxido de ferro e 12 a 14% de água.

Fosfato de ítrio branco, que M. Damour chamou anteriormente de hidrofosfato. Ao maçarico, torna-se branco, sem fundir; o brilho é diamantino fosco e a cor branca ou amarelo-clara; risca o flúor e é riscado por uma ponta de aço. Os fragmentos irregulares e arredondados têm uma dupla clivagem que leva a um prisma retangular ou levemente oblíquo. Um cristal incompleto apresentou uma pirâmide de quatro faces, duas delas grandes e claras, com um ângulo de incidência no vértice correspondente a 96° 35'; as duas outras estreitas e espalhadas (miroitantes) com ângulos de 98° 20', ao passo que o das faces vizinhas era de 124° 23' 30".

Fosfato de ítria titanífero, anteriormente chamado silicato de ítria, por ter sido a silica confundida com o zircônio. Densidade, 4,39; risca levemente o vidro; é opaco e cor de canela. Os grãos arredondados têm orifícios na superfície; também se apresenta em octaedros de base quadrada, com faces semelhantes às do zircônio. O ácido sulfúrico em ebulição o decompõe, deixando um resíduo branco. Esta substância é encontrada nas areias auríferas da Geórgia e da Carolina do Norte.

Diásporo ou hidróxido de alumínio. Densidade, 3,464; composto de lâminas cristalinas e brilhantes de um branco-acinzentado, semelhantes ao feldspato. A composição é alumínio, ácido férrico e água; quando decomposto ao maçarico, torna-se opaco e de um branco-leitoso.

5.— Rutilo, em pequenos grãos rolados ou prismas quadrangulares, e com estrias ao longo do eixo maior, terminando em uma pirâmide de quatro lados com modificações.

Bruquita, que difere do rutilo por ser do tipo cristalino. Compõe-se inteiramente de ferro titânico. A única amostra examinada foi um prisma chato, estriado ao longo do eixo maior e terminando em diedro, com as formações encontradas no País de Gales.

6.— Anatase (titanato). Densidade, 4,06; brilhante, octaedro, transparente ou semitransparente, distinguindo-se do diamante pela menor dureza e reações diante do maçarico. Torna-se opaco, castanho e avermelhado depois da epigenia, que o converte, total ou parcialmente, em rutilo. Esses cristais transformados são ocos e compõem-se de uma multidão de agulhas, que se cruzam em todas as direções.

Ácido titânico hidratado. Desta substância não foi feita análise quantitativa. O material amarelo esbranquiçado crepita fortemente e desprende água na proveta de ensaio; com sais de enxofre, apresenta reações de ácido titânico.

Tantalato. Densidade, 7,88; é uma substância negra e amorfa, que risca o vidro.

Baierina ou columbita (niobato de ferro). Apresenta-se em cristais chatos, estriados e muitas vezes regulares; o pó é castanho-avermelhado.

7.— Ferro titanífero. Densidade, 4,82. Fórmula $3Fe\,O + 8\,(Tio_3,\,Ta\,O_3)$. Risca o vidro; a fratura tem um brilho semimetálico e o pó é verde-oliva escuro. Os grãos negros são quase sempre rolados; alguns cristais apresentam prismas romboidais oblíquos de 123°.

8.— Ferro oxidado (esmeril).

9.— Ferro oligístico (prismas romboédricos, de seis faces).

10.— Ferro, hidróxido.
Ferro, amarelo com enxofre.
Óxido de estanho.
Mercúrio com enxofre; aquecido em proveta produz um sublimado negro.

11.— Ouro solto.

[24] Diz Mr. Emmanuel (p. 49): "O diamante indiano é geralmente encontrado em cristais octaedros e o brasileiro em cristais dodecaedros".

[25] Mr. Emmanuel relata o caso de terem sido pagas £300 por um diamante de cor verde bem pronunciada, pesando 4 3/4 grãos, cujo valor normal seria de £22. "Até recentemente" diz Tavernier "os habitantes de Golgonda não se importavam de comprar diamantes externamente de cor verde, porque, quando lapidados, tornavam-se brancos e de muito boa água".

[26] "Um deles (diamante) era de um negro cor de azeviche, o que ocorre com certa freqüência. Assim diz Gardner (cap. 13), referindo-se à formação do Serro. Só vi um no Brasil, e fora trazido de Rio Verde, em São Paulo, por meu amigo, Dr. Augusto Teixeira Coimbra. Teve um fim inglório: caiu do bolso do colete do Dr. Coimbra e foi engolido por uma galinha. Nos lugares novos e ricos, as entranhas de todas as aves domésticas mortas são cuidadosamente examinadas, e muitas vezes são nelas encontrados diamantes — outra prova, se houvesse necessidade, de que a pedra não é venenosa. Possivelmente isso explique a fábula em que acreditou Marco Polo, em meados do século XIII: "Para procurarem diamantes, vigiam os ninhos das águias e, quando elas os deixam, apanham ali pequenas pedras, e também procuram diamantes no excremento das águias". Daí, também o Sindbad o Marujo, cujas aventuras constituem uma curiosa mistura de fatos reais deturpados pela lenda.

[27] Na Chapada da Bahia, os diamantes são colocados com salitre em um cadinho, que é fechado e posto no fogo, habitualmente durante um quarto de hora. Depois de suficientemente tostadas, para perderem a cor de óxido de ferro ou de terra, as pedras são jogadas na água fria e, naturalmente, perdem também um pouco de peso. Aquecer o diamante e lançá-lo, em seguida, na água fria, era uma prova empregada pelos hindus, para verificar a solidez e a ocorrência de jaças. Essas pedras com crosta geralmente são boas para serem lapidadas, segundo John Mawe.

[28] Os hindus experimentavam a qualidade do diamante cortando um com o outro e, se o pó era cinzento, a prova era suficiente, "pois todas as outras pedras preciosas, além do diamante, têm pó branco". — ("Descrição das Costas de Malabar e Coromandel" por Philip Baldaeus, 1670). Também examinavam os diamantes à noite, e verificavam a água e a clareza, segurando-o entre os dedos e olhando através deles uma lâmpada colocada em um nicho da parede.

[29] "Nous y avons constaté des paillettes d'or" diz M. Charles Barbot ("Traité Complet des Pierres Préciuses"), que chama de "crapauds" as jaças causadas por moléculas metálicas. Falando a respeito da "boart", M. Damour observa: "Des Paillettes d'or sont quelquefois implantés dans les cavités de certains morceaux de ces diamants". Sir J. Herschel (Geog. Fis. 291) cita M. Harting, que, em 1854, "descreve um diamante procedente da Bahia, que trazia em sua substância filamentos cristalinos de piritas de ferro diferentemente formadas — fato único em seu gênero e, levado em consideração tendo-se em conta as afinidades do ferro e do carbono a temperaturas elevadas, suscetíveis de esclarecer algo do obscuro assunto relativo à origem dessa pedra preciosa".

30   As medidas brasileiras (encontradas em livros) são:

		Libras de Lisboa 233,81 gramas	Libras da Alfândega Bras. 458,92 gramas
4 grãos	=1 quilate	= 0,203	= 0,199
6 quilates	=1 escrúpulo	= 1,218	= 1,195

Medidas inglesas:
16 partes   =1 grão   = 0,8 grãos Troy
4 grãos   =1 quilate = 3,2
151,51 quilates =1 onça Troy (8 oitavas, ou 256 vinténs)
16 onças   =1 libra.

31   A palavra quilate é derivada do árabe Kirat, através do grego κεριτιον. É a pequena semente vermelha, de ponta preta, da "Abrus precatorius", árvore provavelmente nativa do Industão, mas que migrou para a África Oriental, onde se tornou selvagem. Diz Mr. Emmanuel: "A origem do peso quilate vem da palavra árabe "Kuara", nome da semente de uma planta que produz vagens (?), e que cresce na Costa do Ouro, na África (?). A "Kuara" de Bruce cresce em uma região junto do Mar Vermelho. O equivalente hindu é o "rati", que Tavernier diz corresponder a 7/8 do quilate = 3 1/2 grãos*.

32   A oitava corresponde a = 60 grs. ingl.

33   Uma pedra perfeita pode alcançar o preço de £20 ou £21.

34   "No meio dos artigos suntuosos que distinguem a nobreza russa, nenhum, talvez, chama mais a atenção do estrangeiro do que a profusão de diamantes" diz Coxe, escrevendo em 1802. A Califórnia, a partir de 1848, expandiu a procura de diamantes nos Estados Unidos. Durante os dez anos que se seguiram a 1849, as diversas alfândegas registraram um aumento anual da renda da ordem de $100.000 para cerca de 1.000.000. O imposto foi mantido muito baixo, 4%, a fim de não estimular o contrabando; mas os tributos pagos, calcula-se, correspondiam a menos de um sexto da importação. As pedras, em sua maior parte, pesavam menos de meio quilate, e os joalheiros pediam 25 por cento mais que em Paris. Um bom artigo sobre "Diamantes e outras Pedras Preciosas", aparecido no "Harper's New Monthly", de fevereiro de 1866, diz ser "duvidoso existir nos Estados Unidos um só diamante de mais de doze quilates de peso", e acrescenta que o aumento de preço no mercado ocorreu entre 1863 e 1864, quando o ouro subiu acima de 200. Bons diamantes de três a quatro quilates eram vendidos então de $3.500 a $4.000. Finalmente, afirma o artigo que "99 de cada cem diamantes vendidos nos Estados são os que aqui chamamos brilhantes", em oposição ao "rose", "table" e "briliolette".

35   Só assim se pode explicar o fato de que muitas famílias, nobres, mas empobrecidas, tenham mandado seus diamantes do Industão, a própria pátria do diamante, para a Europa, e depois tê-los levado de volta, porque encontraram melhor mercado no país primitivo. Por outro lado, o estilo geral da lapidação da Índia Oriental, tornando a pedra sem brilho e vidrenta, pela falta de profundidade, prejudica-a perante a estima do público. Vi uma bela pedra, colocada como um pedaço de cristal sobre um retrato e, mesmo assim, foi avaliada em £1.000.

36   Em 1866-1868, a queda do mil réis provocou outras complicações no mercado de diamantes do Brasil. Atualmente (28 de julho de 1868), a oitava deve valer, em média, 1:000$000, no Rio de Janeiro.

37   Durante a Revolução Francesa, o pânico e a falta de procura acarretaram a queda de 25 por cento no preço dos diamantes em tempo curtíssimo, mas os "assignats" ajudaram-no a se recuperar. Em 1848, a "propriedade móvel" ficou sujeita a requisição, em toda a Europa continental, e os preços de diamantes subiram muito.

38   A tabela parisiense de março de 1853 apresenta:

Primeira água,   25 a 30 quilates,   por quilate 72 francos
    Do.   18   quilates,   por quilate 78 francos
Primeira água (com defeito) e segunda água por quilate 60 francos
Terceira do.   segunda água por quilate 45 francos
Oito pedras,   por quilate 90 francos

Chamam-se "mêlés", em Paris, as pedras que pesam menos de meio quilate.

---

*   Um quilate, é o correspondente ao peso médio das sementes de uma Leguminosa da região do Mediterrâneo, a *Ceratonia siliqua*. Equivale a 200 mg. (M. G. F.).

39   Acima de cinco quilates, é difícil fixar o preço, que depende da procura, da situação do comprador e vendedor, etc.. As pedras grandes ficam, às vezes, anos sem encontrar comprador. Ouvi falar de um brasileiro que empenhou quase todos os seus bens para fazer um "bom negócio" com um diamante, que nunca conseguiu vender. As pedras maiores são sempre vendidas isoladamente. Tavernier dá a seguinte regra para calcular o seu valor:

    15 quilates (pedra perfeita)   15 quilates (pedra imperfeita)
    15   15
    —   —
    225   225
    150 (valor de um só quilate)   80 (valor de um só quilate)
    33.750 libras   18.000 libras

40   Por mais incrível que pareça, os negociantes de diamantes da Bahia não concordam com a significação de "boart" que, em todos os livros tem o mesmo significado que se dá aqui. Um dos mais velhos e mais experimentados daqueles negociantes insistiu que se tratava da pior e mais barata forma do diamante perfeitamente cristalizado, desgastado pelo atrito, até se transformar em glóbulos esféricos, semelhante a chumbo de caça. Esse tipo é em geral impróprio para ser lapidado e, quando triturado, emprega-se o pó para polir pedras preciosas e para fazer gravações em pedras duras.

41   A expressão grafite é, habitualmente, aplicada ao carvão puro, sem betume, encontrado no terreno laurenciano e associado com o antracito nos sistemas câmbricos. Sua origem vegetal não está inteiramente estabelecida.

42   O "boart" ou carbonato, no entanto, não tem poder de atrair. Provam-no batendo-o entre duas moedas de cobre e, se quebra, ou não amassa o metal, é considerado sem valor.

43   O Dr. Dayrell deu-me uma amostra de "boart" de Sincorá, que se parece muito com a areia de ferro piritífera. A substância é encontrada em pedaços, que variam de um grão a meia oitava. Ouvi-o chamar de "bolo redondo" e, segundo me disseram, a cor é, às vezes, de um branco opaco.

44   M. Barbot diz que o lugar foi o Córrego Milho Verde, nas vizinhanças de "Cay-de-Mérin".

45   Segundo John Mawe e o Abbé Raynal, o peso é de 1.680 quilates (12 1/2 onças francesas). Romé de l'Isle, que estimou seu valor em 7 bilhões e 500 milhões de francos, atribui 11 onças, 3 grosas e 24 grãos do peso de ouro. M. Ferry fala em 1.730 quilates, calculando o quilate brasileiro 0,006 menos que o europeu. Mr. Emmanuel fala em 1.880 quilates, na p. 78, e 1.680, na p. 128, tratando-se, provavelmente, no primeiro caso, de um erro de imprensa.

46   Mr. St. John ("Florestas do Extremo Oriente", vol. i, 48) fala a respeito de um nobre, em Brunei, que ofereceu, por £1.000, um diamante do tamanho aproximado de um ovo de franga, que, segundo se verificou, não passava de um topázio cor-de-rosa.

Ao ler seus dois agradáveis e instrutivos volumes, só posso lamentar que o autor não nos tenha oferecido uma descrição da celebrada formação diamantífera de Bornéu. Nos velhos autores, lemos que as areias do Rio Sucadam produziam lindas pedras brancas de água muito boa, mas que as rainhas de Bornéu não permitiam que os estrangeiros as exportassem. Lembramo-nos, também, de que em Bornéu foi encontrado, em 1760, o maior diamante conhecido, cujo peso era de 367 quilates = 1.130 grãos. Esse diamante provocou uma guerra, que durou quase trinta anos, e permanece com o primeiro proprietário, o Rajá de Matam. A ilha assemelha-se muito ao Brasil, com seu núcleo de granito e sienita que se projetam no vasto maciço montanhoso chamado "Kina Balu", a "Viúva Chinesa", através de arenitos e pedras calcárias secundárias. Há curiosas semelhanças em pontos de menor importância. Assim, por exemplo, os habitantes das Ilhas Sulus guardam as pérolas, quando em pequenas quantidades, em bambus ocos, o que faz lembrar os "picuás" tão conhecidos pelos mineradores do Brasil.

47   M. Buril (427) chama de "O Regente" o diamante de Abaeté.

48   Em alguns livros, seu peso é dado como sendo de 138 1/2 quilates; em outros, 213.

49   Esse rio já foi mencionado. O diamante foi descrito por John Mawe, que diz ser ele de formato octaedro, pesando 7/8 de uma onça Troy, sendo, talvez, o maior do mundo. Passou pelas mãos do Vice-Rei e foi enviado, em uma fragata, ao Príncipe Regente.

[50] O "Estrela do Sul" possui uma história demasiadamente longa para ser contada aqui. Foi exposto na Grande Exposição de 1851 e, ao contrário do que sucede com a maioria absoluta dos diamantes de tal porte, não provocou derramamento de sangue; nem mesmo o homem que o encontrou foi assassinado — apenas ficou arruinado e morreu de desgosto. Das vinte ou quarenta pessoas que lucraram com sua descoberta, só Casimiro (de Tal), cuja escrava (não escravo, como diz o articulista do "Harper's") lhe entregou o diamante, para obter a liberdade, ficou decepcionado.

[51] M. S. Dulot ("France et Brésil", Paris, 1857, p. 20), parece confundir o "Estrela do Sul", que foi encontrado em 1853, com o Bragança, que data de 1741. Mr. Emmanuel (p. 61), diz, com razão, que o "Estrela do Sul" foi o maior diamante encontrado "nos Brasis".

CAPÍTULO XI

DE BOM SUCESSO À COROA DO GALO

*O Saco ou Porto dos Burrinhos. Dia da Independência. A Cachoeira do Picão.
Lapa dos Urubus. A palmeira buriti. Aves em silêncio.*

> "Cette partie si importante de l'économie publique, en un mot demeure encore livrés à un état d'abandon que le gouvernement ne peut trop s'empresser de faire cesser".– (M. Claude Deschamps, de "Rios Franceses", 1834).
>
> "Presume-se que o Brasil não tentará negar a doutrina, atualmente bem fixada, de que nenhuma nação que possui a foz de um rio tem o direito de impedir o acesso ao mercado de uma nação que possui (a terra?) o curso superior, ou de não permitir que tal nação mantenha comércio e intercâmbio com quem queira, através da via de comunicação comum".
>
> *(Tte. Herndon, p. 366).*

Sábado, 7 de setembro de 1867. — Tão logo minhas cartas foram escritas, o tropeiro Miguel e seus animais foram dispensados, com o reconhecimento de sua boa conduta, e, às 9,30 horas, depois de abraçar nosso amável hospedeiro, Dr. Alexandre, saímos da enseada "Bom Sucesso".

"O Menino", o novo canoeiro, escrupulosamente limpo, como aconteceu durante algum tempo, foi indicando cada pequeno córrego ou cada pequeno acidente nas margens do rio[1]. As rochas, arenito abundante em ferro e pedra calcária azul laminada, apresentavam-se confusamente. A orientação era para leste, nordeste, sudeste, oeste, noroeste e norte, e, algumas vezes, anticlinal, mais ou menos vertical e quase horizontal. Havia lajes de argila, com fraturas perpendiculares, inclinando-se para o rio, e, aqui e ali, canga e cascalho.

Depois de alguns acidentes geográficos sem importância[2], deixamos a estibordo o córrego e fazenda de Laranjeiras, propriedade do Coronel Domingos. Em frente, fica o Barro do Maquiné Grande, uma pequena enseada piscosa de água clara, que tem um braço de rio de cinco léguas para canoas, formando uma coroa (do Saco do Maquiné Grande), com um caminho limpo para a direita[3]. Na fazenda do Maquiné, há, segundo dizem, uma caverna que foi explorada durante quinze dias pelo Dr. Lund, tendo o sábio ali encontrado uma "pia batismal" de estalactite, que valeria 400 libras na Europa. Pouco depois de meio-dia, descemos a primeira corredeira daquele dia, a Cachoeira da Capivara, que tem dois canais, com um banco de areia no centro. O da esquerda é profundo, mas as embarcações têm dificuldade, avançando contra a margem, onde as varas não podem tocar o fundo. Assim sendo, flutuamos com a popa virada para a frente, lançamos uma corda e encostamos na coroa. O ar estava pesado com a fumaça das queimadas, que produzem aqui uma "primavera indiana" correspondente ao "verão indiano" da América do Norte; a maior parte dos brasileiros se queixa da fumaça, afirmando que ela dificulta a respiração. Nada pode ser mais pitoresco, no entanto, do que suas compridas espirais, que se erguem sobre o cimo dos morros e se dispersam, pouco a pouco, no ar[4].

Às quatro da tarde, passamos pelo Rio de Santo Antônio, bonito riozinho que pode ser navegado durante duas léguas por canoas de tamanho razoável, ao passo que as canoas pequenas alcançam o dobro daquela distância. Ele vai a (Santo Antônio de) Curvelo, cidade assim chamada em homenagem a um colonizador eclesiástico; está construída no campo e é a última dessa região, sendo considerada como servindo de demarcação ao "sertão"[5] ou região do extremo oeste. Os habitantes, contudo, nunca se mostram muito dispostos a se considerarem sertanejos; os viajantes estão sempre se aproximando do sertão e sempre descobrindo que ele ainda fica a alguns dias de viagem. Faz lembrar as terras dos "nyam-nyams" rabudos, que sempre fogem diante do explorador ou, em uma comparação mais modesta, os charcos de certos condados ingleses, que, de acordo com os pálidos informantes, atacados de febres palustres e de pés espalmados, não têm a honra de ser o lugar de sua residência.

Depois de passarmos pelas águas agitadas da Coroa de Santo Antônio e da Coroa e Corrida das Lajes, às cinco horas da tarde paramos para nossa "dormida". Era uma praia de areia, em uma enseada chamada Saco ou Porto dos Burrinhos, em frente à qual, à direita, fica a Boa Vista, ainda propriedade do Coronel Domingos. A Lua, amiga do viajante, companheira do homem solitário, como a lareira dos climas nórdicos, levantou-se por trás das copas transparentes das árvores e nos fez receber com alegria sua luz suave. Não temos os mesmos sentimentos para com as estrelas, ou mesmo para com os planetas, embora Júpiter e Vênus nos dêem mais luz do que dá o crescente na Inglaterra; estão muito distantes, muito acima de nós, ao passo que a Lua é da Terra, é terrestre, um membro de nosso corpo físico, complemento de nosso átomo.

Não nos esquecemos de saudar o Dia da Independência do Brasil. No intervalo de tempo que constitui a vida de um homem de meia-idade, o País elevou-se de uma infância colonial à puberdade de um império poderoso, e a história registra poucos casos de um tão rápido e regular progresso. Este "notanda dies" também abriu aos navios de todas as nações o Amazonas e o Rio São Francisco, medida tomada pelos liberais, mas, é curioso assinalar-se, uma das mais liberais que qualquer nação tem tomado. Em espírito, juntamo--nos ao regozijo que se faz sentir nos cursos inferiores dos rios libertados.

8 de setembro. — Tendo partido às 6,30 da manhã, passamos pelo Porto de Curvelo, na margem esquerda, com um rancho que assinala a estrada real para Diamantina. A corredeira e baixio chamado Saco da Palha, nos obrigaram a navegar primeiro para a esquerda, depois para a direita. Novamente as rochas se apresentam com grande irregularidade, com inclinações variando da horizontal à vertical. No princípio do dia, as margens do rio eram baixas, mas não tardaram a tornar-se altas e escarpadas; os morros cobertos de mata da direita formavam uma depressão quadrada. O primeiro rápido foi a Cachoeira do Landim[6], com sua "coroa" e baixio; uma linha de pedra, fraturada no centro, estende-se por quase todo o rio e dá passagem à esquerda. A partir desse ponto, há várias obstruções de menor importância[7], que não foram mencionadas por M. Liais, o qual sugere, porém, amplos "melhoramentos" no rio, "abertura de túneis", "dragagem", canalização para suprimir o "chanal" inútil e o "ataque" às margens.

Depois de Varginha, um banco de areia raso que nos deu passagem à esquerda, o Porto do Silvério nos mandou para a direita. Nesse ponto, um penedo, quase atravessa o rio, nessa época do ano, muito raso, e os "marumbés", ou pedra revestida de ferro, come--

çam a brilhar na margem. Depois, vêm o Saco e Cachoeira de Jequitibá, com roças e casas à esquerda. Desembarcamos na coroa e examinamos a barragem, um amontoado de pedras ferruginosas – possivelmente derivadas da Serra – que se estende através do rio, de nor-noroeste para sul-suleste. As canoas podem esgueirar-se ao longo da margem esquerda, mas nossa arca mergulhou valentemente no meio, que poderia ser facilmente aberto com algumas marteladas. Notamos a excelente cana-de-açúcar, cujo tamanho é maior que o da de Bom Sucesso.

Enfrentando mais algumas pequenas dificuldades[8], chegamos à Cachoeira da Manga. Esta palavra indica uma faixa estreita de terra apertada entre duas cercas, que chega até a beira da água. O gado é tocado para esse espaço, e a pressão das reses que vêm atrás obriga as que estão na frente a entrar na água e nadar para atravessar o rio. Uma clareira acompanha a rampa suave da margem direita, onde cavalos e bois aqueciam-se ao sol, e homens, estendidos, como africanos, à sombra das árvores, nos gritaram, advertindo contra o temível Picão e nos oferecendo um piloto, se pudéssemos esperar um dia. Manifestamos nossa gratidão, mas seguimos adiante.

Virando para a esquerda da brecha da Tronqueira e descrevendo uma circunferência para a direita, entramos, às três horas da tarde, no Saco do Picão. Nesse ponto, o rio, fazendo uma curva para a esquerda, vira-se de oeste para nordeste e leste. A princípio, uma barreira, quase que atravessando o rio e bem provida de troncos flutuantes, nos fez seguir, bem perto da margem, para a direita; o barranco era de argila dura e mole, com veias de quartzo e apoiada em canga, cuja orientação era leste e a inclinação 30° a 35°. Depois, passando à esquerda de uma ilhota, desembarcamos na margem direita, para aliviar a embarcação e examinarmos as formações.

O Picão merece sua má fama; talvez seja a pior obstrução do Rio das Velhas[9]. O rio é represado por uma larga faixa de pedras pontiagudas, e, além disso, rochedos e bancos de areia obstruem seu leito, na extensão de dois quilômetros, acima e abaixo dessa barreira. O material consiste de uma argila xistosa azul, muito dura, cujas lâminas facilmente se separam; tem um som metálico, não produz efervescência quando submetido a um ácido e endurece, sem ser afetado de outro modo pelo fogo; evidentemente, é um material útil para construção. As pedras que se levantam no meio do rio fazem com que a água passe entre elas espadanando, formando turbilhões e despenhando-se em pequenos rápidos ou corredeiras, com uma velocidade, às vezes, de três metros por segundo. Margeamos de muito perto o lado direito, mas calando, agora, 40 centímetros, vimo-nos muito em breve encalhados e tivemos de nos servir de alavancas. Passando à direita de um pequeno banco de areia, abaixo, pudemos admirar uma bela paisagem atrás de nós; a queda da água era de 1 metro a 1 metro e 30 centímetros, e não haveria dificuldade em abrir-se um canal no meio do rio. Às cinco horas da tarde, atravessamos para a margem esquerda e passamos a noite em uma praia de areia, ainda no Saco do Picão, diante de um morro e de uma pequena cascata, que parecia um brinquedo.

Nesse ponto, entramos nas terras mais adequadas aos imigrantes. Estamos fora do alcance dos grandes fazendeiros, que querem vender léguas quadradas de chão, às vezes bom, muitas vezes mau, pelo preço mais alto possível. Aqui, não há terrenos devolutos, isto é, do governo, mas os moradores pedem pouco. Nestas paragens, um pequeno proprietário mostra-se disposto a vender uma fazenda, com quatro quilômetros e meio quadrados, inclusive um bom córrego, por 300$000 a 400$000, menos do que paguei por minha jangada. As Gerais, ou terras que ficam além do rio, são ainda mais baratas, e, geralmente, onde a água corre em canais profundos, a terra pode ser comprada a um preço quase nominal; os moradores não têm aparelhamento para irrigação, que um motor a vapor resolveria eficientemente. As paisagens são belas, o clima bom e seco, suave e saudável, não havendo necessidade do vidro de quinino na refeição matinal, como em certas partes do Vale do Mississípi. Não há animais daninhos, exceto em certas épocas do ano, a praga dos mosquitos e de sua pouco simpática família. O leito do rio tem, às vezes, quatro e meio quilômetros de largura, e, depois do destocamento, será fácil usar o arado, e o rendimento do milho e de outros cereais é no mínimo de 50 a 100 por cento. Há todas as facilidades para criação de gado e de aves domésticas; além disso, há muitas lavras de ouro e diamante, e depósitos de pedra calcária e salitre, ao mesmo tempo que o ferro pode ser explorado em toda a parte. As comunicações fluviais vão estender-se, em breve, do Rio São Francisco, à jusante, até o excelente mercado de Morro Velho, à montante. E, em último lugar, os habitantes são hospitaleiros e amistosos para com os forasteiros; meu companheiro, que tinha algumas noções de engenharia, poderia ter arranjado emprego em qualquer fazenda.

9 de setembro. — O fim do Picão é um baixio, chamado o Portão; é formado por uma proeminência que se projeta da margem direita, muito alta e constituída por pedra calcária manchada de vermelho[10]. Segue-se um trecho reto do rio, com margens de boas terras e morros cobertos de matas à esquerda. Depois de remarmos por cerca de duas horas e meia, descemos, de popa para a frente, às Porteiras, e chegamos às corredeiras chamadas Cancela de Cima e Cancela de Baixo[11]. Esses desagradáveis obstáculos foram atravessados não sem muita gritaria e muito clamor, começando com "homem de Deus". O rio é mais raso que em qualquer outro ponto e podíamos ver a marca do nível habitual da água, muito acima do nível atual; evidentemente, as chuvas estavam fazendo falta nas cabeceiras do rio. A incrível secura da atmosfera continuava a enrugar as capas dos livros; ao amanhecer, nossos dedos ficavam dormentes e incapazes de escrever, embora a temperatura oscilasse entre 55° a 60° (F.). Ao meio-dia, o termômetro elevava-se a 75° e à uma hora da tarde a 85°. Logo depois, começava a soprar o vento sul, vindo da Serra Grande ou do Espinhaço.

Às onze horas da manhã, o rio fez uma curva de nordeste para o norte e passamos pela foz do Rio Paraúna[12] (Barra do Paraúna), agora um amigo velho. A largura desse rio, que é o mais importante afluente do Rio das Velhas, é de 30 a 35 metros, a extremidade da margem esquerda é coberta por montes de areia e, nas outras partes, há barrancos quase a pique de humo marrom, e argila branca e vermelha. Aquele ponto poderá ser uma grande estação, quando uma estrada-de-ferro puser o Rio de Janeiro em comunicação com a navegação a vapor do São Francisco.

Em Barra do Paraúna começa uma nova paisagem. Até então, as montanhas tinham o aspecto de papel amarrotado; de agora em diante, assumiram uma espécie de regularidade, e muitas vezes se estendiam paralelamente ao eixo do rio. À esquerda, há uma fila de penedos calcários, que o Rio das Velhas atravessa em sua confluência com o Paraúna; mais ao sul, a mesma saliência fica à direita, ou leste, e acompanha a margem do Rio Cipó, a oeste. O Rio das Velhas alarga-se para 200 jardas; o tortuoso rio torna-se relativamente reto, com uma direção geral para o norte, 11° oeste, e a declividade diminui sensivelmente[13]. Uma "região de fantasia" apresenta-se, erguem-se os blocos dos morros e as margens do rio são encostas suaves, cobertas, à beira da água, de vegetação pardacenta; nos níveis mais altos, vêem-se areia e argila amarela, com rochedos espalhados aqui e ali. Grandes faixas ondulantes de um verde delicado estendem-se nos flancos queimados pelo sol, indicando os leitos das enxurradas como na Somália, durante as chuvas, e, aqui e ali, o mato ralo contrasta com altas árvores dispersas, remanescentes de uma antiga floresta. O gado deita-se, tomando sol, nas úmidas coroas, e ouvimos, com prazer, as vozes de moradores e os latidos de cães.

À uma e meia da tarde, passamos pela Lapa d'Anta, formação que nos fez lembrar de Pau-de-Cheiro. O rio corre para nordeste e, em sua margem direita, há um paredão de alcantilada massa de pedra calcária voltada para oeste, levantando-se quase verticalmente da areia e da argila de ambas as margens e formando uma pequena baía, com uma curva graciosa. É a face perpendicular de uma longa cadeia de montanhas, que se estende de suleste para noroeste e rodeia o rio a leste; essa feição está de acordo com o que já foi anteriormente observado. A inclinação é de 25°, ficando apenas as extremidades expostas em direção ao rio; a parte mais baixa consiste em uma depressão formada por estratos ondulados, coloridos de azul, enquanto a metade superior é um conjunto pendente de material sólido, como que cristalizado, manchado de vermelho pela argila ferruginosa e encoberto por línguas negras, aparentemente tingidas pelas cinzas do solo queimado da parte de cima. Do alto, desce, para a parte de trás, um morro cor de tijolo, com árvores sem folhas, contrastando singularmente com a verdura metálica das margens.

À uma hora e 45 minutos, o rio virou de norte para oeste, e passamos por uma formação semelhante. Nesse ponto, uma gruta, o Poço do Surubim ou do Loango[14], olha para o sul e apresenta um arco de pedra calcária azul, com bordas semelhantes a sufitos, cor de tijolo, como que construídas por arte, com lâminas cor de chocolate incrustadas em uma pedra calcária parecida com mármore. Um pouco abaixo, um banco de areia, projetando-se da esquerda, reduz o rio à metade de sua largura e torna-o muito profundo. A paisagem é bonita, com morro empilhado em cima de morro, e mudando de cor, desde o vermelho pardacento até o azul, à medida que a perspectiva vai-se afastando[15].

Não tardamos a avistar a Lapa dos Urubus, um penedo de pedra calcária, como os seus vizinhos, mas que se eleva a cerca de 30 metros de altura; é coberta de árvores verdes e tem em cima uma vegetação cinzenta. Está voltada para oeste, ao passo que o rio corre do norte para o sul e os estratos são horizontais, exceto onde descem até a água. Na margem direita, em frente, há uma elevação aguçada que se projeta de um morro coberto de mato, ao mesmo tempo que a faixa de areia que margeia o rio está enfeitada de verdura. Um jequitibá, isolado e magnífico, com uma copa semelhante a uma couve-flor e uma grande riqueza de verdura, constitui um marco do lugar.

Cerca de cinco horas da tarde, desembarcamos e encaminhamo-nos para a lapa. Para além da margem, a uns 5 metros de altura, havia uma rocinha de tomates e quiabos ou quingombos (*Hibiscus esculentus*) misturados com o cordão-de-frade[16]. Depois de alguns passos, chegamos a um rochedo em cujas fendas crescem árvores, de ramos pendentes; os arcos têm um aspecto de tijolo e, no sopé, nota-se o alto cactos, semelhante a um órgão. A gruta está voltada para o sul; a entrada é meio obstruída por detritos de rochas e, mais para o alto, há uma grande laje, em forma de escudo, que oculta uma escura galeria com cerca de três pés de altura e, segundo dizem, com dois quilômetros de extensão. Há ali um poço raso, de onde se tem tirado salitre, e nada encontramos, a não ser morcegos e pedra calcária "osso de cavalo".

10 de setembro. — A noite foi fria, tendo soprado uma brisa de leste muito fresca, vinda das montanhas de Diamantina, e a corrubiana apareceu de longe, em nuvens lanosas estriadas de escuro. Depois de vinte minutos de labuta, chegamos à Cachoeira das Ilhotas[17], passagem difícil, mas que pode ser aberta facilmente, pois a crista da barreira é estreita. O sol começou a esquentar, o vento leste estava excepcionalmente frio e forte, e meus companheiros começaram a sofrer. João Pereira estava tratando um braço esfolado com arnica, e foi obrigado a "encostar"; uma perda séria, para uma tripulação tão pequena. Os outros homens vinham-se queixando, nos últimos dois dias, de certo mal-estar, dor-de-cabeça e falta de sono, sem nenhum motivo aparente. Resolvi iniciar um novo sistema, e fazer paradas às horas mais quentes do dia. Verificando estar "Elisa" mais pesado a estibordo, arrancamos uma tábua e descobrimos que, além da rachadura, o carpinteiro não se dera ao trabalho de retirar os cavacos. Na Baía de Benin, nenhum de nós teria escapado da febre e alguns teriam de ficar nas margens do rio.

Depois das Ilhotas, enfrentamos os três Jenipapos. O n°1 é uma ilhota coberta de mato, defendida por uma perigosa tranqueira; há rochedos em abundância, e a corrente gira em sua direção. Descemos ao longo da margem esquerda da ilhota e atravessamos a água, avançando sobre pedras submersas; ali, em junho de 1866, naufragou uma embarcação que transportava material para um engenho, no caminho de Sabará para Januária[18]. O Jenipapo n°. 2, onde o rio corre para nordeste, apresenta poucas dificuldades; há água suficiente no meio do rio. Depois disso, durante três quilômetros, avançamos para leste, sem novidade. Em seguida, atravessamos o Redemoinho do Beija-Mão. Não é um "Maelstrom", mas pode ser perigoso para uma embarcação pequena, durante as cheias. O terceiro Jenipapo era uma coroa, que contornamos pela direita, correndo o resto da água com muita violência. Pouco depois, passamos pela Ilha do Hipólito[19], com um serrote de pedras escarpadas, barrando o lado direito.

Às duas da tarde, prosseguimos a luta, enfrentando um sério vento norte. A margem direita mostrava um leito de conglomerado de quartzo de cerca de dois metros de altura, e abaixo ficava o Córrego do Brejo, seco em seu leito de pedra calcária. No Vau do Caraíba[20], há uma passagem a vau na época da estiagem e o Saco do mesmo nome apresenta um rochedo a estibordo, não perigoso, pois o canal da direita é bem marcado. Ali seguimos três lados de um quadrado, e um corte de 1 e meio quilômetro poderia economizar seis. Às cinco da tarde, passamos pelo Porto de Areias, em cuja margem direita havia gente acampada. O lugar era assinalado por um esquisito angico, sem folhas então, e expondo um tronco liso e amarelo, cor de ruibarbo[21]. Uma hora depois, estávamos no Saco da Manga, banco de areia de seis metros e meio de altura, onde se destaca o verde das mangueiras e que sustenta um solo fértil, de quase 3 metros de altura. Ali, as águas do Rio das Velhas, naturalmente afetadas pelas de algum afluente, mostravam-se muito escuras e sujas, com o cheiro característico de um lodoso rio africano antes de ser lavado pelas chuvas. Os canoeiros afirmaram que aquela água estava cristalina, em comparação com a da época das chuvas, quando as lavagens de minerações das cabeceiras lhe dão uma cor de sangue. À noite, contudo, o aspecto tinha melhorado e um forte vento soprava, vindo da Cadeia do Espinhaço.

11 de setembro. — Quando partimos, ao amanhecer, o céu estava claro, mas, com o correr do dia, o horizonte foi-se tornando amarelo, com as colunas de fumaça que se erguiam da água até se dispersarem na brisa suave, que acabou se transformando em um forte vento leste. Ao meio-dia, o sol estava cálido, e a tarde se tornou hibernal, mas de um inverno egípcio. Lembrei ao meu amigo que estava parecendo um dia de outono no Tennessee, quando os homens se sentem "diferentes". Ao anoitecer, nuvens semelhantes a flocos de fumaça atravessaram o céu e concentraram-se no norte, e a Lua nublada anunciou, segundo o piloto, não chuva, mas vento.

Fazendo uma curva, avistamos uma praia de areia branca e árvores altas, que anunciavam o Porto de Manga do Rio Pardo. Esse rio recebe as águas das encostas ocidentais do norte de Diamantina. As encostas contrárias alimentam o Caeté Mirim, afluente do Jequitinhonha. Em dois dias, subindo o rio de canoa, pode-se alcançar a serra, que fica apenas a doze léguas da Cidade de Diamantina. Na foz, o Rio Pardo tem 42 metros de largura, ao passo que o Rio das Velhas tem, ali, 215. Durante uma hora, descemos por um trecho raso do rio, formado por uma fratura, e passamos por uma linha de alcantiladas lajes de pedra calcária com orientação para oeste e quase perpendiculares, semelhantes a pedras tumulares semi-submersas. Um pouco abaixo, havia blocos de pedra calcária com orientação para suleste. Também ali a superfície da Terra apresenta extrema irregularidade, causada, provavelmente, pelo encontro de diferentes sistemas montanhosos que projetam suas faixas de ambas as margens do rio. Essa é uma das peculiaridades do Baixo Rio das Velhas e merece atenção.

Não tardamos a chegar à Cachoeira do Gonçalves[22], perigoso obstáculo. Pouco depois, chocamos com força e ficamos por algum tempo encalhados em um rochedo submerso no meio do rio, que fica abaixo da superfície durante todo o ano, e que não é mencionado no mapa. Vinte minutos depois, ocorreu outro acidente semelhante. Dessa segunda vez, contudo, os blocos de pedra calcária emergiam da água perto da margem. Esses obstáculos são perigosos para as embarcações; a cachoeira poderia ser cortada e as pedras deveriam ser removidas. Às 9 e meia da manhã, foi atravessada a foz do Rio Curimataí, que nasce ao norte e corre paralelo ao Rio Pardo. Naquele ponto, o bonito rio tem 35 metros de largura; sua margem direita é coberta de farta vegetação de árvores altas e perde-se de vista, fazendo uma curva graciosa.

O Rio das Velhas mais uma vez altera o seu aspecto. Durante algum tempo, tínhamos visto em nossa frente uma comprida linha cinzenta, a Serra do Bicudo, assim chamada por causa de um pequeno córrego que desemboca na margem esquerda. Ali, fizemos uma longa curva para oeste, compelidos pela Serra do Curimataí, montanha que se eleva a cerca de 500 metros acima do leito do rio e que, naquele ponto, dele se aproxima cerca de 300 metros. Ela se prolonga ao norte pelas serras do Cabral, do Paulista e da Piedade, enquanto que, em frente delas, na margem esquerda do rio, ficam as serras da Palma e da Tábua. Há uma notável correspondência nessas elevações. Os cumes são cobertos de capim e os arbustos aparecem nas depressões. Aqui, como em toda a parte, cai mais chuva nos pontos mais altos do que nos mais baixos, mas a água desce prontamente daqueles para estes. Entre as cadeias meridionais, que parecem constituir o limite do antigo leito, há um intervalo médio de quatro e meio quilômetros. As montanhas compõem-se de morros de ondulações suaves, com uma superfície de mato pardacento da qual foi removida a madeira, e com manchas ou linhas esparsas de verde, denotando a presença de água. Lajes de pedra azul, provavelmente calcária, formam grutas e fornecem salitre, segundo dizem. Na base das montanhas, há sangradouros e brejos, que ficam abaixo do nível mais alto das águas do rio. As margens apresentam uma diferença notável; a direita é um fértil solo calcário, tendo como base uma argila ferruginosa[23], usada como pedra de amolar. Na esquerda, onde aparecem pedra calcária e argila laminada, a vegetação é pobre e raquítica.

Ao meio-dia, ancoramos, para o descanso, perto de um leito de conglomerado, com dois metros de espessura, sombreado por um nobre jatobá, curvado sobre a água. O lugar é chamado Brejo do Buriti, e sustenta uma floresta rala de monocotiledôneas, sobre um tapete de dicotiledôneas. A palavra, escrita por Pizarro e St. Hilaire "bority", por Martins, Gardner e Kidder "buriti" e pelo "Sistema" "bruti", é uma corruptela vulgar do tupi "muriti"[24]. Essa *Mauritia vinifera* é, ao mesmo tempo, útil e elegante, mas fiquei decepcionado, lembrando-me das magníficas palmiras ou palmeiras de leque do Ioruba. Segundo dizem, contudo, as palmeiras de perto do rio são mais enfezadas, e a árvore só atinge seu pleno desenvolvimento nas altas e secas terras dos Gerais. Ninguém pôde me dizer até onde ela dá. A maior parte dos informantes afirma que a carnaúba reveste as margens do Médio São Francisco e que o buriti cresce no interior. Vi-o de todos os tamanhos, desde o que forma um leque junto ao chão, até o de alto tronco, coroado por um aglomerado de folhas.

Segundo Leblond e Codazzi, a tribo dos guaraúnos ou "Waraons" dependia para viver dessa palmeira, com a qual construía suas casas aéreas e cujas larvas constituía seu alimento favorito, como acontecia com os índios do Orenoco. Aqui, as folhas do buriti servem para fazer cestos, e as frondes, cortadas e desbastadas, são vendidas para a construção de cercas. A polpa oleosa e avermelhada que fica entre a casca da fruta e a substância albuminóide do caroço[25], é usada, com rapadura, para fazer um doce, vendido embrulhado em folhas. Esse doce é muito apreciado, embora se acredite que quem come a fruta do buriti fique com a pele manchada de amarelo. A fibra, amarelo-pardacenta, é usada para fazer redes, que duram mais tempo quando o material é embebido em óleo. No Rio São Francisco, essas redes custam de 1$000 a 1$500. O suco açucarado fornece o vinho de palmeira mais apreciado no Brasil, onde, é interessante se salientar, é desconhecido o do coqueiro, que é o melhor de todos. Esse suco é extraído de acordo com a devastadora moda dos negros, isto é, derrubando-se a árvore; são feitas incisões com o machado, de 15 centímetros de comprimento por 7,5 de profundidade, com intervalos de uns 2 metros, e elas logo se enchem do líquido avermelhado. Futuramente, há de ser encontrado um sistema mais econômico. O buritizal sofre muito com a formiga grande chamada içá.

Às duas horas da tarde, saímos da praia do Jatobá, que parecia estar sendo apreciada tanto por nós como pelas moscas e outras pragas. Avançamos em linha reta cinco e meio quilômetros, entre as cadeias de montanhas paralelas, depois do que a estreiteza do canal do lado direito nos levou à esquerda de uma coroa. Às três e quinze da tarde, passamos por uma ilha coberta de mato, ao norte. A margem ocidental era coberta de cascalho muito solto e cortado por um límpido regato. Nesse ponto, o leito do rio se estreita para cerca de 85 metros. Algumas derrubadas ou clareiras, com árvores mortas, cobriam o solo e algumas pequenas plantações de cebolas indicam que há moradores perto. Ali vimos pela primeira vez grupos de rochedos de pedra calcária acima da água e cobertas da copada arinda. A Cachoeira do Riacho das Pedras irrompe no centro e mostra as mesmas feições: blocos calcários, nus de qualquer coisa, a não ser arbustos. Afinal, deixamos à direita a Coroa do Galo, duas barras de pedra calcária quase à flor da água, e às 5 e 45 ancoramos no porto da margem, uma extensão de areia coberta de mato baixo e ralo[26].

Naquele dia, passamos sobre imensas riquezas, com as quais não nos preocupamos, como filósofos. O Rio Pardo, do mesmo modo que o Paraúna, recebe as águas de terras ricas em diamantes e ouro, e o leito do Rio das Velhas é um sistema natural de minérios. Futuramente, talvez, será considerado aconselhável desviar e secar certas curvas, nessa parte do rio, e há vários lugares em que tais empreendimentos são sugeridos pela própria disposição do rio.

Nas duas últimas noites, o joão-corta-pau e o curiango tinham estado silenciosos — eles que tantas vezes haviam perturbado nosso sono com suas lamentações, lançadas dos matos, nas duas margens do rio. Sem dúvida, os homens não são bastante numerosos para destruí-los. Talvez seus alimentos favoritos abundem em alguns lugares, e não em outros, e, por isso, eles não habitem as margens do rio em toda a sua extensão. Também pode ser que o desagradável vento frio tenha sido o que interrompeu o concerto.

NOTAS DO CAPÍTULO XI

[1] Por ex.: a Coroa do Neném, assim chamada por causa do apelido de um homem aleijado da mão, e a Coroa do Saco, ambas com o canal principal à esquerda. Vêm, em seguida, a Coroa

do Poço do Gordiano e a Coroa do Cedro, onde o Ribeirão do Cedro desemboca, na margem esquerda do rio; essas estão no talvegue do rio, à direita.

2. Córrego do Bom Sucesso Pequeno, na margem direita, a uma légua por água e um quilômetro por terra da fazenda. Depois, vem a Coroa do Saco do Cedro, com uma corredeira acima e outra abaixo do mesmo. Na margem direita, fica o Sítio do Antônio Alves, com sinais de cultivo.

3. O obstáculo seguinte, Coroa do Paulo, que nos levou à esquerda, não é mencionado por M. Liais.

4. Depois da de Paulo, vem a Porteira, assim chamada por causa de uma espécie de enseada, e a Coroa das Mamoeiras, com o talvegue à esquerda; nenhuma delas é mencionada por M. Liais. Segue-se o Córrego das Canoas (Ribeirão das Canoas, Liais), que expõe, na margem direita, uma massa de conglomerado aurífero e, para além dela, os penedos têm uma inclinação de 10° a 30°. Nesse ponto, a Coroa das Canoas bloqueia o canal direito. À esquerda, há um barranco perpendicular de argila marrom, com 3 metros de profundidade, onde crescem copaíbas de folhas vermelhas. Pouco há a falar do Porto e Córrego da Anta ou do Porto do Murici, assim chamado por causa de uma frutinha amarela comestível, semelhante à amora.

5. Southey escreve a palavra de acordo com a moda antiga, "sertam" e diz (ii. 565) não saber sua origem. É apenas contração do aumentativo "desertão", e muito usada na África e na América do Sul.

6. É o nome de um peixe e de uma árvore. M. Liais escreve Iandin.

7. A Coroa do Jataí, um pouco acima da água e com uma brecha à direita, mostra onde termina a propriedade do Coronel Domingos. Seguem-se, à direita das margens baixas, as coroas do Garrote e do Pau Dourado; à esquerda, uma terceira, onde dois bancos de areia reduzem a largura do rio a cinqüenta metros e, descendo, o Saco da Varginha ou Varzinha. Finalmente, outro pequeno obstáculo sem nome, onde o curso vira de leste para o norte com uma encosta cheia de mato até seu cume chato e que aparentemente atravessa o rio.

8. Barra do Brejinho, com uma curva para nordeste; na margem direita, cabanas e roças, com cercas de varas em frente. A Cachoeira do Saco, uma barragem de carvão férreo, com uma estreita passagem à esquerda e um morro coberto de capim em frente. A Cachoeira dos Tachos (Taxos, M. Liais), com uma barragem perigosa, de rocha, à direita, e passagem à esquerda, mas com dois rochedos no caminho.

9. M. Liais observa, a respeito desse Picão (p. 10): "une petite barque vide et à moitié portée par des hommes peut seule passer contre la rive droite, et en touchant souvent un fond de pierres".

10. Mais abaixo, havia pedra calcária na margem direita, orientada para noroeste e com inclinação de 45°.

11. A Cancela superior é formada por pontas de pedras espalhadas, projetando-se das margens. Encalhamos em um rochedo isolado no centro, e a pobre canoa tomou muita água; levantamo-la e encontramos passagem bem junto da margem direita. O resto do percurso foi ocupado por uma saliência que se estendia de noroeste a sudeste; tornamos a encalhar e gastamos um total de vinte minutos, antes de encontrarmos água profunda. Outra barragem, partindo da margem esquerda, dá passagem livre à direita; em frente, fica um Barreiro de Gado, com ranchos, canas-de-açúcar e jabuticabeiras. A Cancela de Baixo forma, na margem esquerda, um obstáculo composto de quatro compridos paredões e rochedos isolados, sendo a passagem ao longo da margem direita, onde há duas pedras separadas e duas linhas contínuas de pedras, representando a água. Também aqui encalhamos e perdemos vinte e cinco minutos.

12. M. Garber coloca a Barra do Paraúna em lat. sul 18° 50' 0", M. Liais em 18° 30' 19" 9 a 53 quilômetros, diretamente, de Casa Branca, cuja posição é 19° 23' 45", e 84 de Sabará (lat. sul 19° 54').

13. Segundo M. Liais, a declividade entre Traíras e Paraúna é 0,4355 metros por milha. Da confluência desse último rio, até a foz do Rio das Velhas, a declividade diminui para 0,2735.

14. Segundo o vulgo, loango é o surubim macho; outros dizem que o moleque é que é o macho do loango. Esse peixe corresponde aqui ao bacalhau do Amazonas, o pirarucu (*Vastus gigas*) e os habitantes da região hão de aprender a salgá-lo e exportá-lo. É uma espécie de esturjão, sem escamas, com manchas e jaspeado, de focinho chato e com "bigodes", como o "peixe-gato" (*Silurus*) que os negrinhos pescam nas águas do Mississípi, e feio como a jamanta. Freqüente-

mente alcança um metro e meio de comprimento e o peso de 64 quilos, produzindo duas latas de óleo. São mencionadas várias espécies; por exemplo, o surubim de couro. Afirma-se que é canibal, como o lúcio. É pescado com rede, e, pelos selvagens, com setas. A carne é secada ao sol e vendida no sertão. A carne é excelente, branca, firme e gorda. Nunca provei um peixe de água doce mais gostoso; goza, contudo, da má fama de causar moléstias da pele.

15 Nesse ponto, há a Ilha Grande, que bloqueia a margem direita. Depois, a Coroa do Clemente, com três bancos de areia, um dos quais com árvores e os outros de pura areia. Adiante, fica uma outra ilhota, que tem de ser passada pela direita.

16 *Leonotis nepetaefolia*, de Ukhete, na África Oriental Subtropical, enviei alguns exemplares dessa labiada, que cresce espontaneamente em toda a região baixa e úmida do litoral. Os negros usam-na para narcotizar os peixes e provavelmente ela foi introduzida no Brasil pelos portugueses.

17 Rochedos estendem-se através do rio, da direita para a esquerda, bloqueando-o nessa última direção. Seguimos para estibordo, passando rente à margem direita da Coroa, acima dos rochedos daquele lado e rodeamo-lo mais abaixo, por meio de cordas. Depois atravessamos um obstáculo perigoso, formado por um dique de pedra que vai de norte para o sul, e seguimos pelo lado esquerdo, para evitar duas formações semelhantes, uma pedra isolada e um baixio. A segunda ilhota nos obrigou a passar juntinho de seu lado oriental, a fim de evitarmos um rochedo na margem direita do rio, olhando, com cuidado, para não batermos em pedras ocultas pela água. Isso nos ocupou durante meia hora.

18 Abaixo, há outro obstáculo, constituído por pedras e uma ilhota, que atravessam o rio de norte para o sul; mais abaixo, as águas rodopiam sobre um banco recentemente formado, ao passo que mais abaixo ainda, existe uma barragem construída de carvão férreo.

19 M. Liais o chama de "San Hippolyto".

20 Também chamado Caraúba, Caroba (errado) e Carahiba; encontraríamos grande quantidade dessa planta no Rio São Francisco, onde há duas espécies: uma de um castanho pálido dourado, outra de flores menores, com uma bela cor lilás.

21 Os guias o chamam de pau-breu.

22 M. Liais, Cachoeira de Gonçalo. Duas linhas separadas de pedra calcária à direita têm orientação sueste e inclinação de 75°; abaixo, o terreno é todo acidentado, com rochedos espalhados. Descemos pela direita, passando rente a um penedo, dirigimo-nos para o lado esquerdo e depois atravessamos para leste.

23 Às 9 horas e 50 minutos, vimos, no rio e nas margens, carvão férreo, aparentemente rico.

24 Alguns viajantes antigos falam em "murichy".

25 Diz St. Hil. (III. ii. 344): "le tronc est rempli d'une moelle, dont on fait une sorte de confiture". Todos me afirmaram que é do fruto.

26 Em frente desse lugar, o mapa mostra uma casa de residência, "As Porteiras", mas do rio nada vimos.

CAPÍTULO XII

DA COROA DO GALO À ILHA GRANDE

"Cachoeira da Escaramuça" (nº. 10 e final). *Temperatura deliciosa. Bichos repugnantes. Eclipse da Lua. Os gritos dos macacos e outros indícios da aproximação das chuvas. O jacaré, ou crocodilo brasileiro. Gaivotas e aves barulhentas. Serpentes. Última noite no Rio das Velhas.*

> ... o clima doce, o campo ameno
> E entre arvoredo imenso, a fértil erva
> Na viçosa extensão do áureo terreno.
> (*Caramuru*, VII, 50).

Quinta feira, 12 de setembro de 1867. — Tínhamos sido preguiçosos na véspera. Eu cedera a mão e meus homens, naturalmente, tinham levado o braço. Começamos cedo, com a maior disposição e condenados, contudo, à decepção. Não tardou que a água rasa nos anunciasse uma queda, chamada por Liais de "Cachoeira dos Ovos"[1]. Ali, uma massa de blocos de revestimento verde e uma barreira nos mandaram primeiro para a esquerda e, depois, mais abaixo, para o meio do rio. Meia hora depois, alcançamos o Desemboque[2]. Um pouco além, rio abaixo, um velho morador surgiu na margem direita para comprar fumo de rolo, que o Menino tinha comprado por sete e vendeu por vinte cobres o metro. No entanto, toda a região tem magníficas condições para o cultivo da planta. O velho nos fez uma descrição terrível de um rápido a cerca de sete e meio quilômetros rio abaixo, afirmando que a cachoeira caía de quase dois metros de altura, e coisa alguma pôde persuadi-lo a acompanhar-nos. Provavelmente, ele nunca vira tal cachoeira.

Logo depois, apareceu, à esquerda, a foz do Rio Lavado, assim chamado devido às lavras de diamante de seu curso superior. O rio, com 50 metros de largura, parece revestido de verde. Vencemos, facilmente, um pequeno obstáculo guarnecido por três blocos de pedra e passamos à esquerda da coroa e seus baixios. Agora, um trecho reto de rio, cujas margens apresentavam aterros regulares e artificiais, tendo ao fundo uma bela serra azul, preparou-nos para a Cachoeira da Escaramuça, o décimo e último obstáculo sério do Rio das Velhas.

Esse rápido é formado por um paredão que quase atravessa o rio na direção noroeste para sudeste. A argila dura é revestida de ferro e as rochas amorfas erguem-se quase verticalmente. No centro, fica a passagem principal, com cerca de 1 metro de altura, e ali o canal poderia ser facilmente aberto[3]. Andamos meio caminho abaixo pelo talvegue raso, rentes à margem oriental, e, depois de seis minutos, avançamos com rapidez perto de um verdejante capinzal, de capim-d'água, que não é bastante doce para ser uma boa forragem, enquanto o piloto ia na frente do ajojo para examinar o caminho. Sob as árvores copadas, o redemoinho da água fria produzia agradável música e era interessante ver-se o velho balançando-se como um funâmbulo, em cima daquela madeira oca, sacudida pela correnteza.

Abaixo da queda principal, havia três canais. O que ficava à direita da coroa revelou-se raso demais. Acima do banco de areia, havia uma passagem difícil, rejeitada devido aos rochedos de sotavento. Entre elas e a ilhota de cascalho, ficava o caminho livre. O rio estava, então, em seu nível mais baixo e os troncos flutuantes mostravam que ele descera uns setenta centímetros recentemente. A tripulação foi obrigada a retirar os fragmentos do rochedo e o "Elisa" foi puxado, como uma teimosa mula, através do canal feito a mão. Na coroa, encontramos, pela primeira vez, as conchas bivalvas do mexilhão-de-rio[4], que se estende por todo o Rio São Francisco abaixo e que é muito apreciado como isca.

Depois de uma labuta de quase uma hora, dirigimo-nos à margem esquerda e ancoramos perto da foz de um córrego que serve de escoadouro às águas de um pequeno pântano, o São Gonçalo das Tabocas. Ali, os homens mudaram suas roupas molhadas e se preveniram com um trago contra o reumatismo. Às 2 horas e 20 minutos, prosseguimos viagem, passamos por algumas coroas[5] e navegamos ao longo da Serra do Paulista. Às quatro e meia, enfrentamos a Cachoeira das Prisões, que é formada por uma coroa de grandes calhaus, entre os quais crescem tufos de capim. Na extremidade setentrional, havia um grupo das árvores mais altas vistas até então. Como o canal da direita era estreito demais, tomamos o da esquerda e seguimos ao longo da ilhota, deixando o obstáculo a bombordo. Não foi fácil escapar de um penedo no meio do canal, onde havia também muitos outros rochedos. O mandim coaxava como uma rã e grunhia como um porco embaixo da embarcação.

Naquele dia, o sol foi escaldante, e, até uma hora da tarde, o ar estava parado de todo. À medida que descíamos o rio, a atmosfera começou a apresentar uma mudança notável, como o ar do Mediterrâneo, depois do da Mancha. Nada pode ser mais delicioso do que essa sensação; a gente se sente lavado; a "neve escorre dos olhos", o "gelo sai dos ossos" e o homem vê restaurado o gozo passivo da vida no meio onde ele foi, originalmente, destinado a viver. Por isso, nossos marinheiros, como é bem sabido, preferem a guarnição da África Ocidental, apesar de suas febres e disenterias. O "encanto do resfriado" explica facilmente a preferência.

Não podíamos, também, queixar-nos do calor, lembrando-nos de que estávamos a 17° de lat. sul, mais ou menos no paralelo de Mocha, na Arábia Meridional. Aqui, temos 85° (F.), lá 105°. O clima é temperado pela grande área de mar comparada com a terra, pela abundância de água que provoca uma ventilação regular, pela altitude acima do nível do mar, pelo fato de serem as horas de escuridão quase iguais às de claridade e, de um modo geral, pela forma do continente.

De vez em quando, contudo, especialmente sob a sombra das árvores, os bichos daninhos atacam seriamente. Das maiores pragas, eu ainda não havia visto durante a minha estada no Brasil a centopéia, a não ser alguns exemplares de lacraia conservados em álcool, assim como de escorpiões, embora Koster tivesse sido mordido por um deles, e, na Patagônia, o escorpião seja tão comum como no Hedjaz. O termo é, às vezes, aplicado ao bicho-cabeludo, chamado pelos índios taturana. O carrapato e o bicho-de-pé (*Culex penetrans*) são raros, a não ser nos ranchos. Não fomos atacados pelos bernes nem pelos marimbondos. O borrachudo é muito comum nas serras frias e matagosas e pode ser danoso. Sua mordida provoca uma gota de sangue, que deve ser apertada para sair, e o lugar esfregado com amoníaco, pois, se não for feito isso, a coceira se torna insuportável. Nunca viajei sem levar comigo grande quantidade de "sais de cheiro", que são igualmente eficazes contra a cobra e contra a dor de cabeça. Nessa árida atmosfera, é rara a mutuca ou motuca (que Southey escreve "mutuça"). O mosquito, geralmente chamado mosquito pernilongo[6], mas, nesta região, muriçoca (morisoca, Koster), às vezes entoa um cantozinho, que os ouvidos musicalmente educados consideram agudo demais. O inseto, contudo, não é da variedade grande como o "vincudo" do litoral, especialmente dos rios lamacentos, e sua ameaça é pior que sua picada. Em fevereiro e março, quando as águas baixam, e as margens dos rios, como os da África, estão cobertas de lama, as picadas são sérias, segundo dizem. O mais aborrecido dos mosquitos é o diminuto mucuim (muquim, St. Hil.) ou mosquito-pólvora. O maruim ou moruim (maroim, Koster; miruim, St. Hil.; merohy, Gardner), queima como fogo, produzindo inchações, especialmente em torno dos olhos, mesmo naqueles que não são afetados pelas outras espécies de mosquitos; onde eles são encontrados em grande quantidade, é aconselhável usar luvas e uma gaze protegendo a cabeça. A carapana é uma variedade menor, o puim, que se deleita no açacu (*Hura brasiliensis*), também picam de dia.

Às 5 e 45 da tarde, depois de um dia muito trabalhoso, não foi sem alegria que encontramos na margem esquerda uma roça chamada Curralinho. Um pouco acima, fica o Córrego do Negro, com uma ingazeira[7] enfeitada de branco e debruçada sobre a água. Um negro que ali morava vendeu-nos uma cabaça cheia de ovos, à razão de cinco por "moeda", cobre ou "penny". Ali vimos belas canas-de-açúcar, mamoeiros de 5 metros de altura e magníficos algodoeiros. Era um lugar bom para se fazer um estudo da vida selvagem. Os gritos de aves nos indicavam haver uma lagoa na margem direita; antes que a noite caísse de todo, bandos de patos do mato e do lindo colhereiro cor-de-rosa[8] atravessaram o rio a vôo.

A Lua, quase cheia, e quase obscurescendo Júpiter, levantou-se, majestosamente, acima da muralha de névoa, a Serra da Piedade, que limita o rio à esquerda. A sombra da vegetação sobre o lado oposto, enquanto o disco lunar subia acima das árvores mais altas, era quase tão bem desenhada nas águas tranqüilas como no ar azul e calmo. O rio parecia dormir e sobre suas profundidades reinava um ininterrupto silêncio, exceto quando um peixe saltava, perseguindo uma presa. As estrelas e planetas brilhavam, sem os raios bruxoleantes e indistintos que apresentavam nas terras nórdicas; os raios ferem logo a vista, com a ofuscação de sua beleza. Às vezes um sopro frio chegava das montanhas a nordeste, logo seguido por uma rajada quente e violenta do norte, que sacudia impiedosamente nossa desamparada embarcação. E recomeçava, então, o persistente clamor do curiango e as queixas do joão-corta-pau, enquanto, à distância, os lobos uivavam suas homenagens à rainha-da-noite. Que contraste com o ruído da civilização e o brilho do gás!

13 de setembro. – A manhã foi quente – 65° F. – e partimos com o levantar do "Sol de outono", cujo disco obscurecido pela fumaça, era tão inofensivo quanto na Inglaterra. Passamos logo pelo Rio Piedade, que nasce muito longe, ao nordeste[9]. Abaixo de sua confluência, o Rio das Velhas espalha-se em uma baía com a largura de 500 metros e meia milha – e meu companheiro lembrou-se do Rio Yazoo. As margens chatas e os barrancos das margens, de 5 a 8 metros de altura, revelam, por sua regularidade, a ação da água. Meia milha abaixo do Piedade, encontramos a Cachoeira dos Dourados[10], com rochedos à esquerda; o canal a leste é raso, e um fundo de pedras soltas e pesadas provoca uma obstrução. Abaixo da coroa, atravessamos para a margem ocidental, à força das varas, passando bem perto de duas árvores, junto à água.

Às 7 e 15 da manhã, passamos pelo Córrego de São Gonçalo[11], que toma seu nome de uma velha aldeia e sua capela, no curso superior. Depois de abrirmos outro canal, removendo pedras soltas e rebocando, com êxito, a embarcação, em uma passagem difícil[12], alcançamos outra Cachoeira do Desemboque, que M. Liais considera o ponto mais perigoso do Baixo Rio das Velhas[13]. Tem um aspecto complicado; ao norte, há uma ilhota de saibro, coberta de árvores; uma outra ilhota branca e arenosa também está sendo revestida de vegetação e, mais abaixo, há o habitual banco de areia. O ruidoso canal do rio à direita não tem água suficiente para permitir a passagem de canoas. Nesse ponto, saliências cobertas de verdura avançam para o rio, enfeitadas por grandes cachos de flores amarelas e de um vermelho ferruginoso, que se assemelham, de longe, à folhagem outonal e madura do bordo (*Acer saccharinus*). Esse pau-jaú[14], quando visto isolado, não é, de modo algum, bonito; os sertanejos fazem chá com as suas flores e as cinzas são usadas para fazer sabão. Seguimos pela esquerda da ilhota, descendo um talvegue com um pequeno banco de areia e duas pedras no meio. O segundo era mais perigoso; a água se chocava contra um rochedo submerso, produzindo grande quantidade de espuma. Avançamos, então, com a embarcação empurrada pelas varas, para o norte da coroa e descemos para o meio do rio, inclinando para direita.

Seguiu-se uma confusão de pequenos bancos de areia[15], enquanto diante de nós erguia-se a Serra do Brejo, estendendo-se de leste-nordeste para oeste-noroeste. Sua altura é de 400 a 500 metros, e apresenta dois planos, o primeiro coberto de matas, e o segundo azul, devido à distância.

Fizemos uma parada à uma e meia da tarde, quando um vento norte bem acentuado começou a soprar, indo até as quatro da tarde, hora em que o ar ficou inteiramente parado. Esse vento retardou muito a viagem, pois meus homens pareciam desdenhar o abrigo da margem. Surgiu, então, um belo trecho reto do rio, entre barrancos altos, alguns de 30 metros de altura, tendo encravados grandes blocos de rocha estratificada e desgastada pelo tempo. Abaixo da pequena Coroa da Carioca[16] (ou casa do homem branco), o Rio das Pedras desemboca à esquerda, tendo na foz 30 metros de largura. Vem de uma distância de dez léguas, mas, nesta época, está seco; isso acontece, em verdade, com todos os cursos de água, a não ser os maiores.

A "Coroa-cum-Ilha" do Cair d'Águia foi a maior que tínhamos visto até então; levamos quinze minutos para margeá-la, e, na Inglaterra, teria sido uma bela propriedade. O estreito canal da direita é sombreado por magníficas árvores de mata virgem, tendo em frente, na outra margem, uma vegetação secundária[17]. Mais ou menos às cinco horas da tarde, ancoramos perto da margem esquerda, no Porto da Palma, uma formação peculiar. Avançando pelo rio, recoberto de lama e detritos da última cheia, havia um dique natural com 150 metros de comprimento por vinte de altura, com uma inclinação de 5° e orientação para oeste. A substância que o forma é a "pedra de amolar", um xisto argiloso de cor acinzentada, às vezes nua e às vezes revestida de carvão férreo; a clivagem se faz em todas as direções, sendo a porção subaérea muito frágil, e a laminação varia da espessura de uma hóstia até a de 30 centímetros. Um pouco abaixo, na margem direita, há uma formação idêntica. Colhemos amostras desse xisto argiloso.

A planície ribeirinha que se estende na margem esquerda é coberta de lama esbranquiçada e salpicada de depósitos sedimentares, o que mostra que é regularmente inundada; pequenos sangradouros são acompanhados por filas de árvores, e o resto da vegetação é constituído principalmente pelo amargo capim-d'água, que não pode ser usado, sem sal, para a alimentação do gado. Para sudoeste, a terra, como mostra a floresta, está fora do alcance da água; ali, o solo deve ser melhor. A planície havia sido queimada recentemente, e os arbustos, bem aquecidos, vinham-se revestindo de uma tenra folhagem verde, em lugar das folhas escuras e requeimadas que pendiam dos galhos.

Naquela noite, a temperatura mostrou-se deliciosa, fresca mas agradável. Os homens pescaram com sucesso; os peixes morderam vorazmente as iscas. Cinco douradinhos[18] e oito mandins logo se viram atirados ao chão, e quando a linha, quase da espessura de um dedo, foi deixada dentro da água, não tardou a ser cortada, segundo o piloto por uma piranha. O barulho das aves aquáticas tornou a nos lembrar que devia haver uma lagoa a pequena distância. Nuvens altas corriam sobre o disco lunar, que lançava uma luz trêmula através da água e tingia de vermelho as ondulações que agitavam o rio, ao se chocar contra a margem mais afastada. A fisionomia mutável do rio não constitui o seu menor encanto. Sua expressão é inconstante como a de um rosto humano. Na noite anterior, era sossegado e raso como um lago de montanha, e agora rápido e fundo, recoberto de espuma.

O eclipse não tardou a se mostrar, e a sombra escura de nosso globo foi avançando, vagarosamente, sobre o disco da Lua, que assumia a sua velha forma de foice; agora, contudo, a curva do crescente voltava-se para o sul. Nada havia das sinistras aparências, mais aterrorizantes que imponentes, que acompanham o escurecimento solar, a lúgubre atmosfera cor de cobre, a fuga dos quadrúpedes e o silêncio das aves e, no homem, a sensação de que mesmo o Sol não está no alto e mudou os seus hábitos. Agora, a luz foi-se extinguindo aos poucos, as vozes variadas de rãs e das aves noturnas chegavam dos brejos e das matas, os morcegos voavam em torno, os vagalumes iluminavam o bosque e os peixes pulavam alegremente para apanhar a brisa suave. Como era de se esperar, os seres humanos mal tinham notado o fenômeno, olhando para o alto; um cometa não lhes teria despertado a atenção[19]. Depois, o glorioso satélite, atingindo o zênite, finalmente emergiu da sombra, e de novo derramou sua luz prateada e sua alegria sobre o mundo inferior. Admirado o contraste, "recolhemo-nos".

14 de setembro. — Partimos às seis horas da manhã, sob uma atmosfera quente e de todo parada; a espuma flutuava rio abaixo, formando linhas e desfazendo-se perto das margens, onde estavam as águas mais profundas. Uma hora de viagem nos levou à Ilha da Maravilha, onde, na margem esquerda, desemboca o Rio do Lameirão[20]. Na margem oposta, apareceu um bom "melhoramento": o solo era excelente e, junto da água, estendia-se uma cerca de estacas e moirões. Logo em seguida, ouvimos, pela primeira vez, de cima de um alto pé de jabotá, o forte urro do macaco guariba (*Mycetes ursinus* ou *stentor*). É conhecido aqui pelas denominações genéricas de bugio ou barbado; os colonos franceses chamam-no de "alouate". Diz John Mawe que ele ronca tanto quando dorme, que espanta os viajantes; o alargamento da laringe para se transformar em caixa óssea quadrada, que causa o barulho desproposital, é hoje bem conhecido pelos naturalistas. Esse macaco de pêlo castanho era comido pelos índios e, nas partes mais atrasadas do Brasil, sua carne não é desdenhada. O piloto referiu-se a uma espécie semelhante, que tem um pêlo preto e comprido, e que talvez seja o *Mycetes Beelzebub*. Segundo ele, o ronco do guariba era sinal de que estavam chegando as chuvas, e também se referiu a diversos outros sintomas, como: os bandos de borboletas em lugares úmidos, a gritaria dos sapos em voz mais alta, o canto das cigarras, as picadas dos mosquitos e o canto do sabiá, o príncipe dos "Merubidae".

Durante os três dias anteriores, também, a atmosfera leve e agradável tinha sido perturbada por ventanias; vapores, aqui espalhavam-se sobre o chão, ali acumulavam-se formando nuvens, e relâmpagos distantes cortavam os nevoeiros que ocultavam o horizonte. A fumaça das queimadas subia ao céu em colunas e podiam ser confundidas com a fumaça de um vapor; à noite, as que ficavam mais perto brilhavam como brasas, enquanto as mais distantes tinham um brilho azul. Preparamo-nos para uma semana de tempestades equinociais, mas esperávamos já termos descido bastante o São Francisco, antes do começo do chuvoso verão, que, habitualmente, ocorre em meados de outubro. Como se verá, estávamos iludidos.

Mais ou menos às 10 horas da manhã, passamos, na margem direita, pelo Ribeirão da Corrente, pequeno curso de água, que aumenta muito de volume durante a cheia, mas agora não passava de um fio de água; não é navegável, mas suas águas são abundantes em peixes, e esses lugares servirão para a preservação, quando a vida animal for eliminada do rio principal pela navegação a vapor. A foz desse ribeirão é assinalada por uma massa cônica, semelhante a uma coluna, e dando a idéia de um cipreste enorme, que é formada por cipós e trepadeiras, em torno do tronco quebrado de uma árvore. Ali, um cão, atravessando o rio a nado, não demonstrou medo do jacaré (*Crocodilus sclerops*); segundo o vulgo, ao passo que os jacarés de lagoa são perigosos, os caimões de rio não são[21]. Há pouco tempo, porém, uma mulher foi apanhada, na Ribeira de Iguape, por esse congênere do temível crocodilo africano. Dizem que prefere alimento "ao vivo", como faz seu irmão maior, e que, antes de deglutir, quebra os ossos das vítimas com pancadas de sua pesada cabeça. Segundo Koster, os selvagens o comem, mas os negros não tocam em sua carne, mesmo os "gabans" (negros do Gabão), que são tidos como canibais. Tanto no Rio das Velhas como no São Francisco, vimos, muitas vezes, o jacaré com o focinho fora da água, tomando sol na lama, ou escondido entre os troncos arrastados pela água. Nenhum exemplar ia a mais de um metro e sessenta centímetros de comprimento; no Apuré e nos rios equinociais, alcança quatro ou cinco vezes esse tamanho. Os negros, como é bem sabido, usam o fel do crocodilo em seus filtros e venenos; os molares do jacaré são pendurados no pescoço, para servirem de talismãs contra doenças. O cheiro de sua carne deve impedir de comê-la todo aquele que não for "índio", e os brasileiros não têm conhecimento das botas de couro de jacaré inventadas no Texas.

Um morro maciço, coberto de capim no alto e de mata embaixo, e estendendo-se de nordeste para sudoeste, alcança o rio nesse ponto, e o força a abandonar seu curso reto e fazer uma curva para sudoeste e nordeste; esse saco tem sete e meio quilômetros de comprimento, em vez de um. Logo depois, passamos por uma grande fazenda, na margem direita, onde o barranco de argila tem cerca de 12 metros de altura; essa fazenda pertence ao Dr. Luís Francisco Otto, de Guaicuí, e começamos a sentir o cheiro de civilização. Depois de algumas obstruções[22], descansamos, ao meio-dia, na margem esquerda, protegida contra o sério vento norte; há, ali, uma massa de pedra azulada, que parecia ser um calcário finamente laminado, quando, na realidade, não passava de xisto argiloso.

Prosseguindo caminho, passamos pelo Porto do Córrego das Pedras do Buriti[23], onde termina a grande curva, e por dois afluentes sem nome, que menciono porque são "córregos de morada", isto é, em cujas margens há moradores, bem situados, valorizando as terras em torno. Às quatro horas, avistamos uma alta montanha azul, que indicava o curso do São Francisco; a tripulação discutiu a respeito do seu nome[24], assim como a respeito dos nomes de dois córregos mais abaixo[25].

Às cinco horas da tarde apressamo-nos, aproximando da margem direita da Ilha da Tábua, que os canoeiros chamam de Ilha Grande. É uma grande coroa, que se estende para o sul, com uma elevação de argila dura, coberta de árvores de grandes raízes, que se estende de sudeste para noroeste. O braço direito do rio, nesse ponto, é esverdeado no centro, e claro e bonito perto das margens; do outro lado, avistamos uma fazenda, com uma fileira de belas árvores, enquanto para o norte fica uma pequena mata e capim.

Pela primeira vez, encontramos grande quantidade de aves na coroa[26]. O necrófago urubu, indiferente às carabinas, abre as asas ao sol e parece ter as costas prateadas. Pequenas "Charadriadae" saltitavam alegres na areia, juntamente com o manuelzinho-da-coroa, (*Scolopax*) de pernas vermelhas, muito parecido com o nosso maçarico. A tarambola sul-americana (vanneau d'Amérique, *Vanellus cayennensis*, Neuw.), também de pernas vermelhas e plumagem variegada, acompanha a trilha do gado. Na América Espanhola, é chamada pelo seu grito, tero-tero, mas, em português, seu nome é quero-quero ou espanta-boiada[27]; seus hábitos são os do pavoncino; pousa nos brejos e nos pastos, parece que não dorme jamais e é uma praga para o caçador. Em notável contraste com sua desagradável vivacidade, está o solene acará ou garça, com suas compridas pernas, sustentando um corpo sempre delicadamente branco e limpo. Uma andorinha-do-mar muito semelhante à *Sterna hirundo,* que parece branca como neve de encontro ao céu azul argiloso, voa baixo, com as subidas e descidas de uma borboleta. A gaivota, que os tupis chamam de atiati ou cara-caraí, de costas escuras e bico vermelho, fez lembrar ao meu companheiro aquelas que revelam a comunicação existente entre Mênfis e o Golfo do México, ou uma das colônias que vi no Lago de Tanganica. O bando inteiro levantou vôo e, traçando circunferências e fazendo descidas, parecia disposto a provocar a cadela Negra, variando, de vez em quando, o exercício de fingir que estava atacando os homens. As aves tinham-se irritado, naturalmente, vendo que estávamos invadindo sua propriedade privada e, com a proverbial estupidez, contavam em gritos os segredos de seu lar. Desforramo-nos, tirando seus ovos[28], que eram mais ou menos do tamanho dos ovos de maçarico, com manchas castanhas, claras e escuras, sobre um fundo creme. As aves vingaram-se, fazendo uma barulhada infernal em torno do nosso acampamento, que, de fato, nos impediu de dormir, e ao amanhecer, mostravam-se maldosamente interessadas em nos ver pelas costas, insultando-nos e maldizendo-nos.

O Menino encontrou na areia linhas paralelas que poderiam ser, facilmente, confundidas com o sulco deixado pelas rodas de uma carroça; afirmou que era o rastro da terrível sucuriú[29], ao passo que Chico Dinis opinava que a retidão do traço mostrava tratar-se de um filhote de jacaré. Aquela horrível cobra infesta as águas paradas, visitando, ocasionalmente, os rios; é anfíbia* e, quando não é morta pelo homem ou pelas queimadas, atinge o enorme comprimento de 10 metros. Ouvi falar de uma que alcançou 19 metros e que engoliu um boi; os velhos viajantes contam casos de homens que se sentaram no tronco caído de alguma árvore, e o tronco logo começou a mudar de posição — como a baleia com o fogo nas costas. Os índios comem a sucuriú, que, como a maior parte das cobras, constitui um alimento gostoso e saudável; os civilizados preferem comer enguia. O couro da sucuriú costumava ser curtido, para a fabricação de botas e artigos ornamentais, mas agora é conservado principalmente como curiosidade.

Em Maquiné, um morador atirou ao rio, antes que eu me pudesse me apoderar dele, um belo exemplar de surucucu, que foi mencionada pela primeira vez por Marcgraf. É a *Lachesis mutus* de Dandin, o *Crotalus mutus* de Linneu, a *Bothrops surucucu* de Spix e Martius, a *Xenodon rhabdocephalus* de meu amigo, Dr. Otho Wucherer (Soc. Geog. Londres, 12 de novembro de 1861) e a "grande víbora" de Caiena e do Surinam, que, supõe-se, provoca a morte em seis horas. O comprimento dessa trigonocéfala varia de 1 a 3 metros; a pele é de um amarelo sujo, com losangos castanho-escuros nas costas, e sua cabeça, muito larga, indica, pelo formato, para o conhecedor, que se trata de uma cobra perigosa. Dizem que é atraída pelo fogo, mas raramente ataca os viajantes. Há duas espécies dessa cobra, sendo a menos comum a surucucu-bico-de-jaca.

---

* As cobras são répteis e não anfíbios. Aqui, o autor usa a palavra desejando indicar dois modos de vida: em terra e na água. Mas, do ponto-de-vista científico isso não pode ser feito, pois anfíbios são um grupo de animais que sofrem metamorfose, passando certa fase de sua vida na água, e outra na terra. É o caso dos sapos, por exemplo. (M. G. F.).

Existem outras serpentes às quais o vulgo se refere. A cascavel (não cascavella, como alguns escrevem) é a *Crotalus horridus,* chamada pelos tupis de maracá, chocalho, ou boicininga, de boi, serpente, e cininga, chocalho ou campainha. É bem proporcionada, tendo de um metro e pouco a quase três metros de comprimento e sendo cinzento-acastanhada, com losangos de cor mais clara e mais escura. Prefere os lugares pedregosos e montanhosos, onde possa se aquecer ao sol com facilidade, e tem uma espécie de hábito doméstico, o de escolher uma morada. É muito preguiçosa e inofensiva, exceto quando provocada; por isso, provavelmente, tem fama de ouvir com mais boa vontade a voz do encantador de serpentes. O chocalho[30] dá logo o alarme e a cobra pode ser morta com uma paulada; o gado é freqüentemente envenenado por ela, mas não ouvi falar, no Brasil, de homem morrendo em conseqüência de dentada de cascavel. Possivelmente, a umidade do clima altere o veneno. A mais feroz das cobras de cabeça em forma de lança, e que se afirma atacar o homem, como a cobra de capelo da costa da Guiné, é a jararaca (*Cophias* ou *Viper atrox; Bothrops Neuwiedii* de Spix e Martius, ou *Crespidocephalus atrox*). É de um amarelo sujo e escuro, tornando-se quase negro na cauda, e, embora Koster lhe atribua três metros de comprimento, raramente vai além de um metro e sessenta, e a jararacuçu é o mesmo réptil, quando está velho e plenamente desenvolvido. A caninina, muitas vezes mencionada pelos antigos escritores, é uma cobra pouco perigosa, e a papa-ovo muito se parece com ela. A cobra coral comum, *Elaps corallinus,* chamada *Coluber fulvus* por Linneu, que a viu quando suas belas cores estavam desbotadas pelo álcool, tem faixas transversais pretas, vermelho-carmesim e branco-esverdeadas, em um corpo liso e fino. Todos declaram, tanto nos livros como à viva voz, que ela é tão venenosa quanto bonita, mas suas presas, embora de formação ofensiva, são tão mal colocadas que se tornam quase inúteis. Outra cobra coral (*Coluber venustissimus*) também é ornada com anéis tricolores, mas a cabeça e a boca são maiores que as da espécie acima mencionada. Uma terceira cobra de anéis coloridos, a *Coluber formosus,* com uma cabeça alaranjada, não é venenosa. Vem, afinal, a cobra-cipó (*Coluber bicarinatus,* a "cypô" de Koster), com uma linha de escamas carinadas de cada lado; é freqüentemente confundida com a cobra-verde, uma cobra dessa cor, fina e inofensiva. Matei uma em uma árvore, apesar dos apelos dos presentes, que afirmavam que ela pode projetar-se para o ataque, como uma seta. A mesma coisa se diz a respeito da cananina*, que é chamada de cobra-voadora por Koster.

Quando visitam o Brasil pela primeira vez, os viajantes vêm esperando encontrar serpentes em cada caminho, com o espírito cheio de animais ferozes; para eles, toda aranha é mortal; desconfiam das intenções das baratas, e a picada de um espinho leva-os a achar que se trata da mordedura de um escorpião. Até a infortunada mosca-de-macaco, a centopéia-africana (piolho-de-cobra), a *Amphisbaena* (mãe-dos-sambas), o inócuo *Dryophis* e a gitaranabóia[31] são capazes de produzir mortes repentinas. Logo verificam, porém, que os répteis recuaram diante do homem, ou para esconderijos na região marítima, ou para o sertão. Como na África, também aqui a palavra "cobra" significa algo mais ou menos fatal. Presumo que a aversão do homem por esse inofensivo e caluniado animal é, em parte, tradicional, originada do velho mito hebreu, e, até certo ponto, instintiva sendo os principais motivos o brilho dos olhos, os quais Mr. Luccock não conseguia fitar, e a forma da cabeça, que faz lembrar, singularmente, a humana. Tenho ouvido confissões, mesmo entre pessoas instruídas, de um horror hereditário às cobras, mas isso pode se relacionar com os velhos contos dos reis-serpentes e com a fantasia indiana de que o homem, quando mordido por cobra, não deve mais olhar para uma mulher.

---

*   Um pouco antes o autor escreveu caninina, agora cananina. As duas formas são incorretas. O certo é caninana. (M. G. F.).

Os brasileiros herdaram dos velhos habitantes do País[32] um meio sensato de tratar das mordeduras de cobra, mas seu sistema admite melhoramentos. Os selvagens aplicavam, acima da ferida, uma ligadura, para impedir o sangue de chegar ao coração durante algum tempo; os civilizados a apertam tanto, que acarreta a maceração do membro atingido. Ambos os métodos admitem um estilo de cirurgia semelhante ao do açougueiro, que foi imitado pelo cientista[33]. Quase sempre ministram, como sudoríferos, bebidas espirituosas em grande quantidade, e isso é o segredo da cura; a ação do coração é restabelecida, o veneno é expelido, e o cérebro retorna às suas funções normais. Quando o paciente, que, na maioria das vezes, se queixa de uma sensação de prostração, como na cólera, fica embriagado, está salvo. Por outro lado, costumam misturar com o álcool caldo de limão, o que é inofensivo, ou álcool em que foi macerada a cobra coral, ou, o que é prejudicial sem dúvida alguma, mercuriais. Há muitos símplices empregados, como a erva-cobreira, a *Aristolochia,* as folhas da *Plumieria obovata* e a gordura do teiú[34], enquanto Ave-Marias e Padre-Nossos fazem o resto. "On dit que les sauvages guérissent três bien les morsures des serpents, et l'on m'a même assuré que parmi eux personne ne meurt de cet accident"[35]. Evidentemente, o homem civilizado não deve morrer, a não ser que custe demais a aplicar o amoníaco, "eau de luce" ou a cura pelo uísque.

Nossa última noite no Rio das Velhas me trouxe ao espírito as palavras de um eloqüente escritor brasileiro. "Lanço agora os olhos sobre o rio marcado por uma linha luminosa refletida do planeta Júpiter, depois para as margens cujas belas matas escondem as ricas planícies. O rio, uma via natural de navegação, desprezado pela arte e desprezando a arte, rico em mil espécies de produtos, fertilizando em seu curso sinuoso milhões de acres de terra, estava repleto de tudo, menos de vida humana; em suas margens silenciosas, aqui e ali, estava amarrada uma canoa, e de suas águas erguia-se o tronco com o qual o pescador solitário faz a sua vara, enquanto, a longos intervalos, uma casa de moradia e roças que ignoram a agricultura civilizada pontilhavam as margens revestidas de mata. Tanta miséria e tanta necessidade no Velho Mundo! Aqui tanta riqueza negligenciada, tanta coisa que poderia fazer uma vida feliz! Terras que produzirão todas as espécies de plantas e sementes lançadas ao seu seio, cardumes de peixes para alimentar os pobres, uma riqueza em pedras preciosas e minérios, uma via fluvial que se ligaria facilmente ao resto do mundo! Há de chegar, porém, o tempo, e o dia já se aproxima, em que os homens acorrerão a estas regiões desconhecidas, em que jardins, cais e obras de arte adornarão a margem do rio, em que cidades e aldeias cobrirão a planície, quando as vozes de um povo feliz serão ouvidas onde hoje o profundo silêncio e a solidão só são perturbados pelos queixumes das pombas, pelos gritos das aves noturnas e pelo latido do cão selvagem".

Assim seja!

NOTAS DO CAPÍTULO XII

1 O Menino a chamou de Barra das Pedras e um velho morador da margem do Rio de Cachoeira do Ribeirão, por causa de um córrego na margem direita, por cuja foz passamos às 9,30 da manhã.

2 Em Minas Gerais há uma cidade chamada Desemboque. M. Liais escreve Desemborque e Embórque (p. 22), que é a pronúncia vulgar; não existe esse nome, porém. Nesse ponto, há um trecho raso do rio, provocando pequenas ondas (mareta), resultado de rochedos que se estendem a partir da margem direita. Descemos de popa para a frente, em dez minutos, e seguimos à direita de uma pequena coroa.

³ M. Liais sugere a abertura do canal direito, mas, na minha opinião, aquele trecho não tardaria a ser obstruído.

⁴ Esse é o nº. 1 de minha pequena coleção. Segundo os canoeiros, esse mexilhão, quando vivo, se mantém nas águas profundas e nas águas rasas só se encontram as suas conchas.

⁵ A primeira foi uma pequena coroa, com um pequeno dique e troncos arrastados pelo rio; a margem direita, um pouco abaixo, apresenta pontas de pedra negra, em que reaparece a areia e, freqüentemente, o material calcário azul. A coroa seguinte fica perto da Serra, que, no mapa, é colocada a uma milha mais para o leste.

⁶ Mosquito, tanto na América Meridional Espanhola como na Portuguesa é, propriamente falando, uma mosca pequena, quer dizer, o que chamamos em inglês "sand-fly" (mosca de areia), e a denominação, que nós deturpamos, é muito adequada.

⁷ Não "angaseiro", como diz Halfeld. O nome, ingá ou engá, é aplicado a várias espécies, algumas das quais têm uma vagem comestível.

⁸ Assim chamado por causa do bico em forma de colher. O nome zoológico, *Platalea ayaya* ou *ajaja*, é, evidentemente, derivado do tupi, "ay'áya".

⁹ Em sua foz, tem quase 40 metros de largura e a margem esquerda é recoberta de capim e belas árvores; dizem que o rio é muito piscoso e, apesar de raso, dá passagem a canoas, até a serra do mesmo nome.

¹⁰ O dourado, o "Aurata" do Dr. Levy, assim chamado, por causa de sua barriga amarela avermelhada e das barbatanas que brilham ao sol, é um dos salmonídeos, encontrados na água salgada e nos rios de onde não pode fugir para o mar. Parece-se com uma truta pelo formato do corpo, não da cabeça, e atinge o comprimento de até um metro. Pega a isca com facilidade e devora os peixes pequenos. Os moradores consideram-no como um dos melhores peixes de mesa e as partes preferidas são a cabeça e a barriga.

¹¹ M. Liais chama-o Córrego de Maria Grande.

¹² Abaixo do córrego, fica a Cachoeira das Tabocas, "meia braba". Partindo dali, uma longa massa de rochedos negros forma duas saliências distintas, e setentrional estendendo-se de sudeste para noroeste, quase que atravessando o rio.

¹³ Nesse ponto, M. Liais colocou ao lado direito um morro elevado, que não existe.

¹⁴ Os canoeiros o chamam de marmelo-do-mato. Jaú é também o nome de um grande *Silurus*, que não é encontrado no Rio das Velhas, mas é abundante no Rio São Francisco, no Alto Paraguai, no Tietê e em outros rios.

¹⁵ O primeiro é um baixio, Cachoeira da Canela, que fica logo abaixo da Coroa do Curral, onde há uma correnteza forte, com passagem à esquerda. A Cachoeira do Cotovelo é o nome de uma ilha comprida e a Coroa do Cantinho é uma ilhota dupla, com pedras soltas escuras de ferrugem, ao sul, e árvores altas, ao norte.

¹⁶ De "cariba" ou "carib", homem branco, português, e "oca", casa. A palavra "carioca" era, freqüentemente, empregada para significar um fortim e, por isso, passou a designar um subúrbio do Rio de Janeiro. Essa coroa tem muitas pedras soltas à direita, ao passo que, à esquerda, a velocidade da correnteza as empurra.

¹⁷ A margem esquerda apresentou um solo tolerável no começo do dia, mas esse melhoramento foi apenas temporário. Sendo rochoso, não é, nem de longe, fértil como o da outra margem.

¹⁸ Considerado como uma espécie menor de dourado.

¹⁹ Mr. Buckle, cujo primeiro volume teve a sorte de ser qualificado por um popular escritor como "um amontoado de tolices e erros", observa (p. 345): "provavelmente, nunca houve uma nação ignorante cujas superstições não tivessem sido estimuladas pelos eclipses". Possivelmente, no Novo Mundo, onde as operações da natureza são em tão grande escala, o homem esteja mais protegido contra as aparências que, em outros países, exaltariam a sua imaginação. Por que os habitantes de uma região assolada pelos terremotos iria ter medo de um eclipse, a não ser que, no espírito popular, os eclipses estivessem relacionados com os terremotos?

²⁰ Lamaçal. O piloto deu esse nome a um canal à margem direita do rio.

21 No francês arcaico, "caymand" e "caumande" são equivalentes a "faineant"; talvez os antigos viajantes achassem que o enorme lagarto era preguiçoso. Com a idade, ele se torna realmente lerdo, mas é muito ágil quando jovem.

22 Um banco de areia submerso (arcão) que deve ser passado pela esquerda; a coroa na curva é chamada Saco do Jequi e há uma dupla corredeira, tendo no meio, água parada; esta é formada por uma praia à direita, que reduz a largura do rio para 40 metros.

23 Córrego Grande dos Buritis, Liais.

24 Uma era chamada Serra do Jenipapo e outra Serra da Tábua; talvez seja a Serra da Porteira (Liais), na margem direita ou leste da confluência.

25 No mapa, Córrego da Gameleira e Córrego do Tamboril. A figueira selvagem atinge ali grande tamanho e, algumas vezes, seis troncos crescem juntos. O tamboril, que o vulgo pronuncia "tamburi" (M. Liais, "tambury"), também chamado vinhático-do-campo, é uma árvore alta, que fornece madeira de lei. O Menino insistiu que o afluente Tamboril deve ser chamado Gameleira, e que é de morada e não navegável, mas vindo de longe. Na foz, tem quase 30 metros de largura.

26 O seu número, contudo, ia aumentando, pouco a pouco, abaixo do Rio Paraúna.

27 Assim, o Sr. Ladislau dos Santos Tirará canta: Vão quero-quero pelo ar soltando.

28 No Baixo Purus, em julho, os ovos das gaivotas podem ser colhidos às dezenas nos ninhos, buracos redondos, de 10 centímetros de largura e 7,5 de altura e nos bancos de areia, nos quais uma camada superior de lama impede que sejam levados pelo vento; "os ovos, três ou quatro por ninho, são de cor verde clara e suja, com manchas cor de sangue; quando frescos, são muito gostosos e muito semelhantes aos ovos do papagaio-do-mar". ("Subida do Rio Purus", por W. Chandless. Rev. da Real Soc. Geog., vol. XXXVI, 1866).

29 A *Boa anacondo* de Dandin, a *Boa Murina* de Mart., *Cunectes murinus*. "Sucuriú", mais corretamente "sucuri", vem de "suu", animal, e "cury" ou "curu", roncador, aludindo aos seus poderes sibilantes. Segundo o Príncipe Max., essa cobra é chamada "sucuriú" em Minas e "sucuriúba" no Rio Belmonte. Pizarro prefere "sucruyu". Alguns escrevem "sucuruju" e mesmo "sucuriuh", e pronunciam "sucuriú". É também chamada cobra de veado, porque se supõe que gosta de caça, e Spix e Martius ouviram, da boca do Sr. Duarte Nogueira, a afirmação de que ela atacara um homem a cavalo e tinha até engolido um boi. Um brasileiro instruído assegurou-me ter visto o terrível réptil nadando em um rio, com um par de chifres saindo da boca.

30 O Dr. Renault de Barbacena diz que o chocalho é colocado perpendicularmente no macho e horizontalmente na fêmea.

31 Esse inseto, a respeito do qual o viajante muito irá ouvir, é descrito como tendo 5 centímetros de comprimento, com um corpo oblongo, uma cabeça parecida com a da cobra e que corresponde a uma terça parte do seu tamanho, e asas semelhantes às da cigarra, porém muito mais compridas. A probóscide fica dobrada sob o ventre, como uma lâmina de canivete; supõe-se que esse estilete penetre no corpo como uma baioneta, quando o inseto investe voando, como uma flecha e, como é cego, fere tudo o que encontra no caminho.

32 E dos africanos. Não encontrei, contudo, sinal do mandingueiro, ou encantador de serpentes, que, segundo Koster, é o "obeah" das Índias Ocidentais. Mas a palavra é, evidentemente, corruptela de "mandingo", velha e incorreta forma de "mandenza", uma raça muçulmana semi-semítica, bem conhecida em Serra Leoa. São contadas maravilhas desses "curadores de cobras", como eles mexem com os mais venenosos répteis, curam o paciente esfregando uma cobra domesticada em sua cabeça e seus ombros, ou recitando palavras mágicas, ou pelo uso de contas verdes, que, provavelmente, não passam das contas azuis de "Popo", sobre as quais falaram todos os viajantes que estiveram na África Ocidental.

33 M. Sellow fala sobre os tratamentos por meio da escarificação, repetidas queimaduras com pólvora e aplicação de cantáridas. Labat, para não falar em outros, escarifica o ferimento. Koster observa: "le rum est aussi administré jusqu'à produire l'ivresse".

34 O teiú ou teyu (*Lacerta teguixin,* Lin.) é preto com manchas amarelas e, incluindo a cauda, tem mais de um metro de comprimento. Yves d'Evreux escreve "tyvu", Marcgraf "teiuguaçu", M. Denis tiú (*Tupinambis monitor*) e afirma, com St. Hil., que sua carne branca, delicada e saborosa, é comida pelos brasileiros de boa situação econômica. Isso não ocorre no sertão, atualmente. Koster menciona o "tijaacu", que acredita ser o teguixin; o calango, variedade menor, também comestível; a vibra e a lagartixa, lagarto caseiro e parietário, animalzinho muito vivo, que destrói as moscas e outros insetos. Alguns viajantes confundiram o teiú com o jacaré, como o antigo grego que escreveu o *Périplo* fez em Zanzibar. O bom missionário Yves menciona o "tarouire" como um grande lagarto, mas, na realidade, é menor que o teiú.

35 Príncipe Max. ii. 294.

CAPÍTULO XIII

GUAICUÍ

Desembarque. Bicho-de-pé. O grande "Encontro das Águas". Descrição de Guaicuí, Manga e Vila-Serrinha e sua paisagem. O bom Delegado de Polícia, Sr. Leandro Hermeto da Silva.

> "A descrição das cenas da Natureza deleita, a dos costumes instrui.
>
> "Aquele que só deleita torna-se superficial, o que só instrui, aborrecível; casemos pois estas duas qualidades". — A. G. Teixeira e Sousa.

Em uma casa da margem esquerda, ficou aceso, durante a noite, um fogo avermelhado, que brilhava entre as árvores escuras, outra prova de que estávamos nos aproximando de um centro-povoado. Depois de alguns dias de vida de viajante e da liberdade, da existência ao ar livre, do sono dormido sob a placidez do céu azul, de dias sem gravata, a sensação de regressar à sociedade não é, de maneira alguma, agradável; todos têm sentido tal coisa, embora talvez nem todos tenham reconhecido o indizível esforço que lhes custa. A idéia de entrar em uma cidade, depois do encanto dos campos ou do rio, me é desagradável, como a um beduíno da estirpe mais pura, que tem de tampar as narinas com algodão, para não respirar a atmosfera poluída. Encarei com pouca satisfação a perspectiva de dispensar os tripulantes de minha embarcação e de entrar em Guaicuí.

O primeiro dia da semana das Têmporas (domingo, 15 de setembro) apresentou-se com uma manhã nebulosa e quente, com vento norte, sinais contraditórios. Passamos, à esquerda, pelo Córrego da Tábua, que vem da serra do mesmo nome, continuação da Serra da Palma; acerca de dois quilômetros de sua foz, há um arraialzinho. Logo depois, surgiu diante de nós a alcantilada Serra do Jenipapo. As margens uniformes do rio seriam chamadas de florestas na Europa; aqui, pareciam altamente civilizadas, com seus coqueiros, seus ranchos, suas hortas e suas roças, velhas e novas. O rio alargou-se e tornou-se um tanto raso; o único obstáculo encontrado foi um rochedo submerso, chamado Pau Jaú.

"Limpamo-nos e arrumamo-nos" — literal e não figuradamente — e preparamo-nos para entregar as cartas de apresentação, que, como eram dirigidas a ausentes, se mostraram inteiramente inúteis. Cerca de dez horas da manhã, tendo coberto a distância com rapidez, chegamos ao Porto da Vila do Guaicuí, porto esse que é um barranco de argila, coberto de mato, através do qual foi aberto um caminho até a povoação, situada no alto. Logo depois, recebemos a visita do Delegado de Polícia, Sr. Leandro Hermeto da Silva, e de vários amigos; amavelmente, ele encarregou um sargento de encontrar acomodação para nós no Porto da Manga, a algumas centenas de jardas rio abaixo, e perto da confluência dos dois grandes rios, das Velhas e São Francisco. Pouco após, estávamos hospedados na residência do Major Cipriano Medeiros Lima, que nos havia oferecido hospedagem em

Diamantina. A casa era do estilo comum, de paredes de pau-a-pique, com um quarto bem ventilado, tendo uma mesa, um quartinho escuro com dois catres, um dos quais com um couro de boi servindo de enxergão e o outro com tiras de couro trançadas. Um corredor quase obstruído por um enorme pote de água, levava a uma cozinha, com o chão forrado de pedrinhas, e a um pequeno cômodo gradeado, especialmente projetado para acomodar mendigos, porcos e cães.

Ali, na circunspecta velhice, termina o rio que tínhamos acompanhado desde o berço, durante os três últimos meses; não se trata, porém, de um "Thanatos", mas de um "Mokshi", de uma absorção. Era impossível contemplar sem entusiasmo o encontro dos dois poderosos cursos de água. O Rio das Velhas faz uma curva graciosa de nordeste quase que para oeste e, descendo por um trecho reto, com cerca de 183 metros de largura[1], mistura-se com o São Francisco, que vem de leste para recebê-lo. A margem direita do Rio das Velhas é constituída por barrancos quase perpendiculares de argila dura. Do outro lado, há uma pequena chácara, com uma plantação de mamoneiras, que avançam com suas folhas verde-azuladas em direção à água, tendo no fundo laranjeiras e bananeiras. Para além, na ponta que se projeta entre os dois rios, há uma mata cerrada de figueiras selvagens, pau-jaú e outras árvores nativas.

Fiquei em Manga de 15 a 18 de setembro; a casa, que estava de há muito desabitada, acomodava muitos bichos-de-pé, e dois deles resolveram morar comigo. É um bichinho que tem muitos nomes científicos: *Pulex penetrans, P. subintrans* ou *P. minimus*. O velho missionário francês Yves d'Evreux (1613-1614) o chama de "le thon" e os gauleses modernos falam em "des biches"[2]. Desse modo, as línguas neolatinas tomam o nome emprestado umas das outras, mudando apenas as vogais finais. Também ouvi falar em "brûlot" e "pou de pharaon", embora o faraó jamais tivesse estado na América. Os tupis conheciam-no por "tumbira". Os espanhóis preferiram "nigua" e "chigua"[3], das quais ainda os franceses tiraram "chique", e essa expressão veio para a língua inglesa em várias formas: "chigre", "cheger", "chegre", "chegoe", "chigo", "chigoe", "chigger"[4] e, finalmente, "jigger", assim imortalizado pelo menestrel negro:

> Rose, Rose, lubly Rose,
> I wish I may be jiggered if I don't lub Rose.
> (Rosa, Rosa, querida Rosa,
> Quero ficar coberto de bicho-de-pé se não tiver Rosa).

Essa praga existe principalmente nos armazéns de café e nas casas desertas[5]; os antigos viajantes se queixavam amargamente dela e levavam cânfora nas botas, tendo o cuidado de jamais andarem descalços. "Todas as pessoas, qualquer que seja a sua posição social" — diz Southey, referindo-se à Ilha de Santa Catarina (iii. 861) — "lavam os pés, cuidadosamente, todas as noites, como o melhor preservativo contra os "chiguas", o que não é verdade. Um tradicional naturalista, desejando levar para seu país um exemplar vivo, não o retirou, sofreu todas as conseqüências e tornou-se um "mártir da ciência". Vi, muitas vezes, meninos com os dedos dos pés pintados como se se tivessem sido salpicados de pimenta, mas nunca ocorreu morte em conseqüência disso, e já ouvi falar de negros descuidados, cujos pés tiveram de ser amputados.

Visto em um microscópio, o bicho-de-pé tem a aparência de uma pulga, com o corpo bem desenvolvido e de cor um pouco mais clara. Arrasta-se com maior rapidez, mas não pula tão bem quanto a pulga comum; o vulgo acredita que o macho jamais é encontrado. Penetra junto às unhas das mãos e dos pés, especialmente dos últimos; já extraí até seis no mesmo dia, mas nem uma só vez dos dedos das mãos. A sola dos pés é também um lugar favorito; na verdade, o bicho monta residência onde a pele é bastante dura — daí a sua preferência pelos negros. Seu "habitat" adequado é entre a cutícula e a carne, na qual não penetra, e, onde falta espaço para alojá-lo, ele cai, depois de chupar o sangue. Quando encontra lugar propício, o bicho-de-pé trata de crescer e multiplicar-se; o pontinho negro alcança o tamanho de uma ervilha, e não pode mais mover-se. A bolsa de cor clara que ele forma distende-se com ovos de uma cor amarelada e, depois de dar a vida à sua benemérita família, o velho bicho-de-pé, cumprida a sua missão, abandona este mundo.

O pontinho branco que aparece perto da unha é, geralmente, acompanhado por uma coceira que os veteranos apreciam; descrevem-na como "sui generis" e quase merecendo a classificação de ser um novo prazer. As pessoas de pele fina, sentem logo a picada e tiram facilmente o bicho, antes que ele penetre. Chamam, então, um negro, sempre o mais hábil e prático tirador de bicho-de-pé, e este extrai o intruso, com um alfinete, de preferência a uma agulha. Se a bolsa arrebentar e não forem retirados todos os fragmentos do bicho-de-pé, o lugar infecciona e o resultado é que a ferida se arruina; alguns pacientes têm de andar de chinelos e coxear durante semanas. A ferida, afinal, acaba se cicatrizando, com a aplicação de algum álcali leve, até mesmo rapé ou cinza de charuto, e um pouco de arnica completa a cura.

Se algum lugar merece o selo da grandeza conferido pela mão da Natureza é essa confluência. É o meio caminho do grandioso vale ribeirinho; tem, ou antes, pode ter, ligação fluvial com Sabará, Diamantina, Curvelo, Pitangui, Pará (ou Patafúgio), Dores do Indaiá, Campo Grande, Paracatu, São Romão e as outras localidades no Rio São Francisco. Faz a ligação das províncias de Goiás, Pernambuco, Bahia e Minas, e, dentro de alguns anos, os navios a vapor e a estrada-de-ferro farão com que ela se comunique com a Capital do Império. Falarei mais do que pareceria suficiente acerca das localidades atuais; assim, quando minhas previsões sobre sua futura grandeza se mostrarem justificadas, o viajante poderá comparar o seu Presente com o meu Passado, e encontrar, portanto, novo padrão para medir a marcha do Progresso, enquanto este avança e deve avançar, com passos de gigante, na Terra do Cruzeiro do Sul.

Nos antigos tempos coloniais, a junção dos dois rios e a povoação perto dela se chamava Barra do Guaicuí, e formava um julgado, ou sede judicial, que foi extinto há cerca de cinqüenta anos. As últimas gerações traduziram o nome tupi para Barra do Rio das Velhas. O distrito e o município foram criados em 1861 (Lei Provincial nº 1.112, de 16 de outubro), desmembrando parte dos municípios de Montes Claros, São Romão, Paracatu, Curvelo e Diamantina, e a localidade, sede do município tomou o nome de Vila de Guaicuí. Posteriormente, foram-lhe anexados Mumbuca e os novos distritos de Extrema, Pirapora e São Gonçalo das Tabocas e, atualmente, o município está dividido em quatro distritos, a saber: Guaicuí, São Gonçalo, Pirapora e Extrema. A população é calculada em 15.000 almas, com 1.200 votantes e 17 eleitores; estes últimos poucas vezes exercem suas funções, pois o colégio eleitoral fica em Montes Claros, distante de 130 a 220 quilômetros de cada distrito, por estradas péssimas.

A vila é dividida em dois bairros, ou quarteirões. Perto da confluência dos dois rios, fica o Arraial da Manga, chamado geralmente de Porto. A vila propriamente dita fica acima; é o antigo Arraial da Porteira, assim chamado devido a uma serra próxima, nome também mudado. O município tem uma única paróquia, a Freguesia de Nossa Senhora do Bom Sucesso e Almas de Vila de Guaicuí.

A Manga é uma povoação miserável, decadente, segundo tudo indica condenada ao desaparecimento. Fica em cima de um barranco quase vertical de argila amarelo-esbranquiçada, com 9 metros e setenta centímetros de altura, e as paredes das casas mostram a marca das águas a mais de 2 metros de altura; assim, o nível das cheias é de 12 metros, com um peso a que nada pode resistir. O rio, como é comum com os grandes cursos de água, corre sobre uma aresta e faz pressão sobre a margem setentrional, que vai desgastando-se; seu curso só será detido pela Serrinha da Manga ou Muritibá, um longo bloco montanhoso ao norte. A margem meridional lança no São Francisco uma comprida língua de areia, que mal tem 12,5 centímetros de água nesta época do ano.

O barranco de Manga é tão difícil de ser galgado quanto o "kuisambi" angolano e os grosseiros degraus ali abertos, quando escorregadios com a chuva, só são seguros para os pés semipreênseis dos nativos. O único prédio digno de nota, cujo telhado alto, espalhafatoso e inclinado chama logo a atenção do viajante, é a Igreja de Bom Jesus de Matosinhos; fica em frente da confluência dos dois rios, ou um pouco ao sul e ligeiramente a oeste, e hoje, quase que se encontra à beira do precipício. Construída de pedra de cantaria e cal, mostra que, no tempo da colônia, o lugar conheceu melhores dias; como sempre, é uma obra semiconstruída, uma obra de Santa Engrácia. A entrada do lado sul nunca chegou a ser coberta por um telhado; na sacristia, a leste, só há caibros e o campanário não passa de três barras de madeira, em forma de forca, sustentando o sino. Pilastras e púlpitos de pedra estão condenados a não passar de embriões e um arco de alvenaria destinado a marcar o lugar do altar-mor, ao norte, está coberto de ervas daninhas. Além da Igreja de Bom Jesus, há uma pequena destilaria de cachaça e, rio abaixo, o "mato".

Antigamente, Manga tinha dois logradouros, mas, em 1865, a inundação levou a melhor porção, e apenas uma parte da "Rua do Rio" mostra uma dupla fila de casinholas e cabanas, em número de vinte e quatro. Estão construídas sobre lajes de arenito azul duro, parecendo pedra calcária, às vezes com revestimento de ferro ou mostrando junções de gneiss avermelhado. O novo logradouro ao sul, paralelo ao primeiro, tem trinta e três casas, que dão realmente para um caminho onde os pés se afundam na areia até o tornozelo. Essas casas saem perdendo, em matéria de conforto, se comparadas com as de Daomé ou Abeokuta, na Terra de Egba; são casinholas de pau-a-pique sem pintura, cobertas de telhas meio cozidas. Todas as casas são ao rés do chão, exceto o sobradinho[6], pertencente ao Sr. João Pereira do Carmo, negociante e Juiz de Paz. No Brasil, essa autoridade tem poderes conciliatórios, no intuito de poupar trabalho ao Juiz Municipal. Nos lugares do interior, porém, os servidores da Lei, com bastante freqüência, fazem lembrar o velho ditado escocês sobre o grito distante ao "Loch Awe".

A maior parte das casas tem quintais, verdes de bananeiras, cuitezeiras (*Crescentia Cujete ou Cuyete*) e laranjeiras, cujas frutas são exportadas para rio abaixo. Há muita mandioca na localidade, e, como não se encontra farinha de trigo, compramos um sortimento de roscas de polvilho ou tapioca[7] e fubá, que são muito caros no Alto São Francisco. Como na África, as donas de casa não vendem ovos. Há muitos perus, que custam 2$000 cada um. Cerca de metade dessa quantia é quanto custam as galinhas e galinhas-de--angola, que são excepcionalmente criadas para ser bom alimento. Os moradores não se mostram muito dispostos a ceder seus mantimentos e são de uma frugalidade perniciosa. Um mês de trabalho com a mandioca lhes fornece pão durante um ano. Além disso, obtêm muito mais artigos por troca que por dinheiro. Todos acharam que éramos negociantes e ofereceram cem por cento para o fumo. Se tivéssemos sabido disso, eu teria aplicado muito capital no tabaco, e obtido algum lucro. Um boi gordo custa 30$000, uma vaca 15$000, um porco de 10$000 a 16$000 e boas cabras e carneiros, 2$000. O peixe, naturalmente, é barato. Um curumatã fresco, pesando 2 quilos, vale meio "penny" e um surubim salgado, de 16 quilos de peso, de 3$000 a 6$000. O valor elevado desse último é devido ao preço do sal, que tem de ser importado do curso inferior do rio, e o preço do prato, de 2 a 2,5 quilos, flutua entre 0$800 e 1$320. As lavadeiras e costureiras prestam serviço a preços baixíssimos.

Nesta época do ano, Manga é toleravelmente salubre, mas, entre janeiro e junho, a sezão, o tifo e as febres palustres malignas, chamadas carneiradas, dizimam os habitantes. Muitos são inválidos crônicos, paralíticos ou atacados de oftalmia e do bócio, que, de Guaicuí para baixo, deixa de oferecer aos olhos um espetáculo desagradável. O clima conquistou para si mesmo uma definitiva má reputação[8]; a culpa, contudo, cabe mais aos hábitos pouco higiênicos e dissolutos da população que à malignidade do rio[9]. O esgoto é absolutamente desconhecido, e os sítios menos aconselháveis são preferidos, porque ficam mais à mão. As casas são imundas. Os porcos vivem nas salas e a "sepultura intramuros" ainda persiste. A dieta — peixe e mandioca, mandioca e peixe — ajuda o trabalho da imundície; daí o aspecto doentio e decadente dos habitantes. Estes bebem em excesso cachaça nova, a "mata-homem" do Mediterrâneo. Na noite de domingo, era difícil encontrar uma pessoa que não estivesse embriagada, e dois de meus homens, o Menino e o Agostinho, mal se podiam manter de pé. Havendo pouco que fazer, a libertinagem é extrema. Os homens passam metade da noite conversando e fumando, jogando e cantando. Naturalmente, não conseguem trabalhar antes de meio-dia do dia seguinte. Isso, naturalmente, concorre também para a miséria, a ignorância e o atraso.

Os habitantes são todos mais ou menos escuros, e, do mesmo modo que a cútis amarela denota o brâmane, aqui o rosto mais claro é sempre indício de uma posição social mais elevada. O gênero vadio não falta, e, como esses vagabundos não deixam de furtar um pouquinho, fomos aconselhados a retirar a grelha de ferro da cozinha de nossa jangada. Nos dias de semana, muitos dos homens estão ausentes, em suas roças ou pescando com puçás[10] e compridas varas de anzol. Na rua e na outra metade de rua, só se vêem, aqui e ali, alguns vadios estendidos em um banco ou em uma esteira, para protegê-los da areia. Raramente passa um homem importante, com estribos de madeira, em um cavalo esquipador. Os animais são como os de Pernambuco, pequenos por falta de seleção, mas mostrando um bom sangue original, pelo formato e postura da cabeça. Às vezes, um caipira, em geral vaqueiro, aparece a cavalo, vestido de couro, mostrando que habita uma terra de vegetação espinhenta[11]. Os negrinhos montam na garupa dos magros animais, como os jovens egípcios na garupa dos jumentos. No asno, o lugar é correto, mas não nos cavalos. Nada mais se pode ver, a não ser aves, quadrúpedes e meninos nus. Os cães e porcos estão, segundo parece, em um estado de guerra civil crônica, e a única ginástica dos cidadãos e cidadãs consiste em "apartá-los".

Entre esses respeitáveis mestiços, há os que são, invariavelmente, bem educados e prestimosos. A falta de educação aumenta com a pigmentação da pele, e, às vezes, quando essa é muito escura, surge a arrogância peculiar do negro, que usa de uma grosseria bem intencional. Quando, contudo, os homens estão sóbrios, não mostram aquela insolência tão comum entre os europeus mal educados. Um estrangeiro poderá, muitas vezes, considerar sua atitude como ofensiva, quando, na verdade, tal atitude provém não de uma má vontade intencional, mas apenas de uma total falta de tato, da incapacidade de discernir a conveniência e da ausência de percepção de que está ofendendo. Os homens entram por uma porta, encostam no portal, ficam olhando fixamente, como os ofídios, como os deuses da Grécia e de Roma, com olhos que não piscam jamais. Não se preocupam em saber se o homem fitado está comendo, fazendo a barba ou tomando banho; começam a conversa e fazem "viva voce" comentários e observações pessoais, como fariam os habitantes da África Central. De fato o

"Reino de Bocchus, no mar da Terra Negra"

é o melhor mestre de paciência. Aprendemos, e temos que aprender, a suportar aquilo que o inglês mais detesta, talvez. As mulheres entram sem ser convidadas, de cigarro na boca, e se assentam, pela primeira vez, como se fossem velhas amigas. Temos uma bonita vizinha, muito parecida com a "Yaller Gal de New Orleans". A Srª Minervina Salgado amava, diziam as más línguas, um soldado, louca e pecaminosamente. Como o resto de seu sexo nesta região, trazia sempre um ombro nu, e pedia tudo, de valor ou sem valor, que lhe caía sob a vista. Agradecia calorosamente a dádiva do objeto mais desvalioso, porque antes pouco do que nada. As mulheres, por aqui, são bem independentes dos homens. Muitas vezes as vi atravessar os rios, com os filhos, remando.

Aproveitamos a primeira oportunidade para visitarmos Serrinha, que fica atrás, ou ao norte, de Manga. Além do leito, fica um braço do rio, lamacento e, em certos pontos, ainda verde; isso explica, em parte, as febres. Na úmida margem, cresce um círculo de creolizeiros, regulares e copados como enormes laranjeiras, com grossos troncos de dois pés de altura e a folhagem semelhante à da jabuticabeira de um verde mais claro; o perfume das flores se parece com o da baunilha e as pequenas frutas vermelhas, semelhantes à amora, são comidas pelas crianças. Formam um vivo contraste com os carrascos e cerrados do terreno acidentado e sem água, que fica mais afastado do rio. Essa vegetação é mais européia do que tropical pela falta de variedade, e não constitui uma perspectiva alegre essa mancha de inverno no calor dos dias de verão. Muitas árvores estavam sem folhas, como a aveleira em nosso inverno; algumas estavam mortas, segundo os moradores, pelo calor do sol; outros dizem que a geada é que as matou. No chão, havia, em grande quantidade, a "formiga doida", que gosta muito da laranjeira; é assim chamada, porque anda às tontas, como se fosse doida ou estivesse embriagada. Termiteiros[12] cobriam os galhos das árvores e eram, às vezes, perseguidos por um bando de furiosos marimbondos. Essa praga deve ser combatida pelos pássaros; encontramos poucos representantes da espécie alada, e ornamentais antes do que úteis, com brilhantes plumagens que enfeitavam a paisagem monótona e árida. Depois de passarmos por algumas choças, cada uma das quais mandou para nos saudar, um cachorro latidor, começamos a escalada. A terra, onde é desnuda, mostra arenito vermelho e amarelo, cuja estratificação é recente e regular; talvez seja o "vermelho velho", descoberto na Serra da Porteira pelo Dr. Virgil von Helmreichen, o mesmo que assinalou o granito na pedra calcária perto de Gongo Soco[13]. O capim seco ainda estava sendo queimado em algumas partes, para futuro benefício das poucas vacas, e a superfície era cortada por alguns riachos que só correm na época das chuvas. Nos níveis mais elevados, bem arejados pelas brisas frescas, podem ser construídas casas fora do alcance da malária, mas não há, ali, água superficial e ninguém, a não ser um louco, iria ter a idéia de levar água encanada para lá.

A vista do alto do morro deleitou-nos. Para o norte, o vale ribeirinho dos dois rios juntos era mais largo do que a vista poderia calcular, mas deve ter pelo menos dez quilômetros de largura. Para leste, fica a Serra da Porteira[14], em forma de crescente, uma comprida língua de terra elevada, convexa em direção ao rio. Para o sul, o horizonte era limitado pelas altas·linhas azuis das serras do Rompe-Dia e do Saco Redondo. Um pouco para noroeste, erguia-se a Serra do Itacolomi[15], formando, com as do Jenipapo e da Varginha, para sudoeste, outra meia-lua, cuja saliência se voltava para o rio. A Serra do Jenipapo, segundo dizem, tem um planalto em seu cume e é abundante em ouro. Essas montanhas ocidentais têm um aspecto de desolação, como se tivessem sido quebradas por vulcões, e há duas pirâmides ligadas por muralhas naturais, que constituem magníficos marcos assinaladores. Abaixo dos picos, há linhas horizontais gradativas, evidentemente formadas sob a água. A superfície apresenta a vegetação das grandes e áridas planícies chamadas Campos Gerais, e se parece com os "níveis" acidentados da Inglaterra e com as "carses" (terras aluviais) da Escócia. Aqui, tudo estava cinzento e sem viço, ali as árvores vestiam seus trajos primaveris do verde mais vivo[16].

Entre esses limites do rio nos dias de antanho, o São Francisco corre sinuosamente através de sua verdejante alameda, vindo de sudeste, espalhando-se em enseadas, com 600 metros de largura. Acima do estreito ponto de confluência, com árvores e areias, seu nobre tributário, o Rio das Velhas, serpenteia vindo de sul-sudeste e mostra um lago prateado em sua margem esquerda. Grandes são as curvas descritas nas terras baixas lacustres, os "straths" e "dales" de nosso País, cuja vasta extensão fumega, como um campo de batalha, com as queimadas. Durante as chuvas, a planície deve transformar-se em uma linha quebrada de lagos. Abaixo de nós, fica o ralo arruamento da aldeia e, espalhados perto da junção dos rios, verdes e viçosos canaviais.

Não me descuidei de visitar a Vila de Guaicuí, que tem, de igreja a igreja, cerca de três quartos de milha. O caminho acompanha a margem direita do Rio das Velhas, que é apenas parcialmente sujeita às inundações; seu limite é denotado pelo capim muito verde e pelas almecegueiras* de folhagem espessa; a árvore mais bonita é o pau-d'arco de flor roxa. Essa Bignoniácea, que dá muitas flores cor de malva, é usada como anti-sifilítica, e o cerne da madeira é de molde a cumprir o dever do "lignum guaiacum". Em certos lugares, há bom terreno para o algodão colhido anualmente e a "poda" transformará sua fibra em fio têxtil; aqui, a relativa aridez do solo pouparia o trabalho de cortar as raízes excedentes. Os moradores dizem que há muita areia e muito pouca água para o café; o cafezal é uma exceção, e os melhores ficam nas fazendas de Rompe-Dia, Beija-flor, Canabrava e Mumbuca. Atravessamos uma pequena elevação do habitual arenito xistoso e um regato agora seco; para além, fica um terreno de campo, com algumas reses[17]. Dois bois nos olhavam com curiosidade, mas o animal de estimação do romancista é aqui desconhecido.

Pouco adiante atravessamos, pulando sobre pedras, o Córrego da Porteira, que recolhe as águas da serra do mesmo nome, em forma de crescente; outros córregos podem ser-lhe acrescentados, e, assim, haverá água suficiente para a futura cidade. Passando pelo Quartel, um prédio melhor do que os outros, entramos na praça, onde a superioridade do local logo se tornou evidente. As cheias só atingem a parte mais baixa; a parte de cima sobe, pouco a pouco, a encosta do morro pedregoso, e apresenta uma bela vista dos dois planos que dominam a planície ribeirinha. Atualmente, a localidade compõe-se apenas da praça, e a praça tem um total de 45 casas, sem incluir a igreja. Sustenta-se exportando mantimentos; importa de Juazeiro sal e artigos secos e de Januária salitre, peles e couros. O correio a serve duas vezes por mês, nos dias 7 e 27.

O vigário, Rev. P.e Francisco da Motta, estava confessando em Desembargo; fiquei pesaroso de não me encontrar com ele, pois todos elogiavam muito os seus conhecimentos sobre a região. O excelente delegado fez questão de nos oferecer café e pão-de-ló; meu companheiro comprou em sua loja uma peça de algodão com a marca J. Branley Moore; estava cheia de goma, leucomaína e dextrina, em triste contraste com o bom produto caseiro de Minas. Nosso amigo nos levou à escola da vila, que pode, facilmente, ser encontrada, pela cantoria dos alunos. Os brasileiros têm ridicularizado o sistema de "viva voce" emprestado dos árabes[18]. Não se deve, contudo, condená-lo precipitadamente; ele ajuda a formar a pronúncia, fixa o assunto na memória e ensina ao pensamento a abstração. Meu sistema de aprender línguas estrangeiras tem sido o de "ler em voz alta" e repetir

---

* Almecegueira é a denominação vulgar de vários arbustos do gênero *Protium*, família das Burseráceas. Produzem almécega que é uma goma de mascar. (M. G. F.).

mentalmente o que me foi dito. O processo é tedioso, mas permite dominar-se um idioma em três meses.

O defeito de todas as velhas localidades no Brasil, a começar pelo Rio de Janeiro, é a estreiteza das ruas e, depois de certo tempo, é difícil corrigi-lo. Aconselhei o delegado, a traçar no espaço aberto paralelogramos regulares, com logradouros de pelo menos cem jardas de largura, e se preparar, assim, para os dias em que — perdoem-me os manes de Sir John Shelley — os carris urbanos se tornem universais. Visitamos a igreja, entregue aos cuidados do sacristão, nascido em 1796. Fundada há cerca de 150 anos, pela piedade de um velho filantropo, o Rev. P? Nicolau Pereira de Barros, ela se volta para a bela paisagem do nascente. Na fachada de pedra, abrem-se três janelas, uma porta e o que, por cortesia, pode ser chamado de clarabóia, e o material é taipa, consertada com cacos de louça nos lugares onde a chuva o estragou. Os sinos estão pendurados aos habituais barrotes, no lado de fora e uma das duas sacristias está em ruínas. Dentro, há um lugar para o órgão e dois púlpitos de madeira simples. O altar-mor apresenta a padroeira, apoiada por São Miguel e por Nossa Senhora Mãe dos Homens; foi dourada, mas descobri um ninho de passarinho em um canto mais acolhedor. À esquerda, há dois altares laterais, um de Santo Antônio, ainda inacabado, outro de Santa Ana, mais ou menos no estilo de colunas da Bahia, e dourado por um devoto dos velhos dias, João da Rocha Guerreiro. Em frente de Santa Ana, fica o altar de Nossa Senhora do Carmo, de um estilo mais moderno, com colunas e capitéis, donativo de Joaquim José Caetano Brandão. O quarto altar é inteiramente moderno, com colunas apoiadas em consoles, liberalidade de um genovês, Antônio da Costa. A pior coisa da matriz é o chão; a nave é assoalhada com tábuas soltas e o santuário com caixões e tachas de cobre, formando datas e iniciais. A sacristia tem as enormes arcas de praxe, a pia sem água, com uma bica que sai de um rosto humano e o confessionário de treliça.

O Sr. Leandro enviou-me os últimos jornais de Ouro Preto e os relatórios anuais do Presidente da Província, juntamente com a descrição original do São Francisco pelo Sr. Halfeld. Ele viajara pouco, e não conhecia sequer o Rio de Janeiro, mas reunira grande variedade de informações; sua sede de conhecimento era ilimitada, e muitas vezes, passava metade da noite estudando. Era muito interessado pelos problemas educacionais e, como político moderado, lamentava os excessos a que levam o zelo e os interesses, citando, com justeza, a fábula do moleiro, seu filho e o asno, para mostrar a dificuldade de agradar mesmo o seu próprio partido. Escreveu para mim várias cartas de apresentação, destinadas a seus amigos no grande rio; no Brasil, de um modo geral, a escrita à mão teria encantado Lord Palmerston, mas a caligrafia do delegado era, realmente, um modelo de perfeição. Tivemos todos os motivos de ser gratos ao Sr. Leandro, e valho-me da primeira oportunidade para manifestar-lhe meu sincero reconhecimento.

NOTAS DO CAPÍTULO XIII

[1] Liais calcula em 167 metros. Os dados referentes à junção dos dois rios são os seguintes: o Rio das Velhas descarrega 209 metros por segundo e fica, acima do mar, 520 metros (Halfeld) ou 567 metros (Gerber) ou 432 (Liais, na confluência). Em Manga, calculei 591 metros de altitude (P. B. 209°, 40 temp. 45). Antes da confluência, o São Francisco tem 359 metros de largura, mais do que o dobro da largura do Rio das Velhas, e o débito é de 446 metros cúbicos. A descarga limite é de 655 metros cúbicos por minuto.

A Barra do Rio das Velhas, lat. sul 17° 11' 54" e long. oeste (Rio) 1° 43' 35", pode ser considerada como um prolongamento quase reto da linha Rio de Janeiro, Barbacena e Sabará. A distância a partir do arco da grande circunferência unindo esses pontos é de apenas cinco léguas geográficas para oeste, embora os mapas antigos a coloquem muito mais a leste. O desvio da linha direta prolongada do Rio de Janeiro à Barra do Rio das Velhas é de apenas 3.800 metros, cerca da metade de uma légua brasileira, ou 1/172 da distância total, 656 quilômetros, ou 5° 55' 31" '4 (355 milhas geográficas).

2. "Bicho", em português, é uma palavra muito ampla, como Sir Charles Napier disse do hindustani; aplica-se a tudo, desde uma pulga até um elefante, e mesmo a uma locomotiva (bicho de fogo, bicho feio). Koster conta, divertido, que, sendo protestante, era chamado, nas paragens do sertão, de "bicho".

3. Também é usada "chica", e M. F. Denis, editor de Yves d'Evreux ("Notes", p. 416) escreve "niga".

4. O "chigger" ou "red bug" dos Estados Sulinos da União é, acredito, uma espécie de "tick", que, como o carrapato, fica nas plantas. Não reproduz no corpo humano, mas provoca uma inchação desagradável.

5. Segundo Koster (ii. xix.), ele não existe nos sertões do Norte e algumas pessoas, em regiões muito infestadas, viram-se tão preferidas pelo ácaro, que tiveram de sair do País.

6. O meio-sobrado é uma casa de um só andar, sobre uma plataforma elevada de alvenaria. O sobradinho é uma casa de um andar com um único quarto em cima e o sobrado é a casa com dois pavimentos — uma casa nobre, quando bem construída.

7. Comprei:

Meia quarta de farinha de mandioca	1$000
2 quilos de toucinho	1$280
16 quilos de carne seca	3$840
TOTAL	6$120

8. "Le long du Rio San Francisco, à l'époque où le fleuve baisse, le pays est affligé d'épidémies qui enlèvent beaucoup de monde et deviennent surtout très dangereuses pour les étrangers, ainsi que pour les voyageurs qui non sont pas acclimatés". (Príncipe Max. iii. 185). Isto é repetido por muitos escritores, e sensatamente modificado pelo Tte. Herndon (p. 326). "O simples viajante passa por esses lugares sem perigo. Quem sofre das sezões é o entusiasta da ciência, que passa semanas e meses colhendo objetos curiosos de História Natural, ou o comerciante, descuidado das conseqüências, na procura de dólares". Em via de regra, no São Francisco, as febres, embora às vezes do tipo maligno, geralmente não passam de "acessos" e os moradores, não podendo obter o quinino, que é muito caro, tratam delas com símplices, tais como o sal amargo, quina antifebril, o fedegoso purgativo e a amarga raiz de cipó-de-mil-homens ou de jarrinha (uma *Aristolochia* diaforética e diurética).

9. Sujeira não nas pessoas, mas nas casas. St. Hil. (III. ii. 37) observa: "En général, c'est là une des qualités qui distinguent les Brésiliens: quelque pauvres qu'ils soient leurs chaumières ne sont presque jamais sales, et s'ils ne possèdent que deux chemises, celle qu'ils portent est toujours blanche". Sem dúvida, ele falou por ter visto, mas escreveu muita coisa de memória. Minha experiência entre os pobres mostrou-me que eles invertem a prática dos holandeses, entre os quais vi uma mulher, cujos braços precisavam urgentemente de uma esfregadela com caco de telha, e que, diligentemente, esfregava um patamar, branco como a neve.

10. O puçá é um cesto feito de varas, que dois homens arrastam no fundo do rio.

11. Esses couros são feitos principalmente em Januária, no Rio São Francisco. Um traje completo custa de 5$000 a 25$000 e é muito superior, mais macio e mais duradouro do que aquele que um alfaiate de Londres fornece por £5. Os couros preferidos são os de veado, suçuapara, catingueiro e mateiro; um tipo inferior é o couro de caititu. O miolo de boi é usado para amaciar o couro, que se torna parecido com a casemira; sem dúvida, esse recurso foi herdado dos selvagens da terra. O traje completo consiste de: chapéu, algumas vezes dobrado para trás; gibão, um casaco curto aberto na frente e com bolsos do lado de fora; guarda-peito, uma peça oblonga de pele, que vai do pescoço à barriga, com uma abertura para enfiar a cabeça e que faz as vezes de colete, e perneiras, que vão da coxa ao calcanhar. Por baixo dessas botas, os pés são protegidos por sapatos sem sola, apertadamente amarrados, como os chinelos do Egito.

Logo adotei o couro. O viajante, no Brasil, especialmente no interior, gasta um par de guarda-pós por mês. Onde o mato não é muito espinhento, contudo, o traje de couro pode limitar-se à calça, ou mesmo às perneiras. Um autor moderno elogia o material, como muito durável, mas provavelmente nunca experimentou o que qualifica de "frais et léger". É, ao contrário, pesado e incômodo, quente no tempo quente, frio no tempo frio e úmido no tempo úmido.

12 A casa do *Termes arborum* é chamada panela.

13 Do mesmo modo, no Rio Amazonas, observadores mais antigos acreditavam que a ardósia e o arenito duro encontrados na margem do rio em Manaus, eram triássicos ou o vermelho antigo; o Professor Agassiz (p. 199) chegou à conclusão de que ambas fazem parte da "grande formação glacial".

14 O Sr. Halfeld chama a parte setentrional dessa serra de "Barra da Manga" e a liga ao sul com a Serra do Rompe-Dia. Ao sul da confluência, ele coloca as serras de Tábua e do Truichete.

15 Rio abaixo, perto da cidade de Remanso, fica, na margem esquerda, a Serra dos Columis e, na junção do Rio Preto com o Rio Grande, há um morro chamado Itacolomí.

16 A largura extrema do vale ribeirinho, determinada por seus tributários, fica entre a Serra Grande ou do Espinhaço à direita (leste) e as montanhas que dividem Minas Gerais de Goiás, com os nomes de Serra dos Pilões, da Tiririca, das Araras e do Paraná (chamada por St. Hil. Serra de São Francisco do Tocantins). Assim, sua largura extrema deve ficar a 240 milhas geográficas do Rio de Janeiro, long. W. 4° (Rio).

17 Nas regiões onde realmente se pratica a criação do gado, como no Texas e na República Argentina, algumas reses levadas a pastar, e completamente negligenciadas, multiplicam-se de maneira extraordinária, no mais curto espaço de tempo possível. Aqui, como na parte meridional da Província de São Paulo, isso não acontece, e é difícil atinar-se com a causa. O clima é excelente, e a superfície do solo favorável, ao mesmo tempo que abunda a forragem, se bem que possa não ser da melhor qualidade. Por outro lado, os animais não podem viver sem sal, e a falta de comunicação, que acarreta um aumento de 400 a 500 por cento do preço daquele produto, limita seriamente o seu abastecimento.

18 "Ouve-se um concerto infernal e monótono, uma espécie de canto descompassado e confuso, composto de gritos de uma modulação especial. Grita o mestre, grita o discípulo, gritam os monitores, e finalmente ninguém aprende".

CAPÍTULO XIV

A CACHOEIRA DE PIRAPORA

Significação de "Pirapora". Explicação do nome "São Francisco". Nova tripulação Visita à cachoeira. Diamantes. A tempestade e o "olho de boi". A barca. Procura do "horse-boat". O barqueiro do São Francisco. Sua poesia, seus improvisos e suas superstições.

> "Como se feitos para ele próprio,
> Com um simples gesto movimenta os rios
> Sinuosos ou retos, ora lentos,
> Ora velozes e encachoeirados".
> *Cowper.*

Fomos insistentemente aconselhados a visitar a Cachoeira de Pirapora, que, depois da de Casca d'Anta, no começo, e da de Paulo Afonso, no fim, era o acidente mais importante do Rio São Francisco. A palavra quer dizer "o pulo do peixe"[1] e encontramo-la empregada em mais de um rio brasileiro; tem, contudo, muitas significações. No Tietê, em São Paulo, os habitantes a traduzem por "sinal de peixe", fazendo de "pora" uma corruptela de "bora"[2]. Com alegria, vi-me sobre o leito daquele glorioso rio do futuro, cujas dimensões nestas paragens são, em média, cerca de 235 metros. Nada vira que pudesse ser comparado com ele, desde minha visita ao Congo, na África. Em tempo oportuno, os barrancos das margens serão nivelados, as inundações serão dominadas e a grande artéria merecerá ser chamada "coelo gratissimus amnis".

O autor de "Notícias do Brasil" (1589) informa-nos que as tribos, outrora numerosas e agora extintas, dos caetés, tupinambás, tapuias, tupiães, as amorpiras, ubirajaras e amazonas — naturalmente havia também amazonas — que viviam na margem desse rio, o chamavam de "Pará", o mar. Os antigos exploradores portugueses desceram a costa de calendário romano em punho, e, assim, o São Francisco (de Borja) deve seu nome ao santo jesuíta a quem é consagrado o dia 10 de outubro[3]. Varnhagen atribui a honra à pequena esquadra de cinco caravelas que, comandada por João da Nova e tendo a bordo como piloto cosmógrafo Vespúcio[4], partiu de Lisboa, em meados de maio de 1501. O rio não deve ser confundido com o pequeno Rio São Francisco da Província de Santa Catarina, também descrito pelo autor das "Notícias" (cap. 66) e convém, ainda, não se ter idéia da Califórnia, dando-lhe a forma espanhola San Francisco, em vez da forma portuguesa São Francisco[5].

O rio cedo atraiu a atenção dos moradores do litoral; como o Nilo e o Congo, ele se enche na estação da estiagem e vice-versa — o que era suficiente, naqueles dias, para lhe atribuir a faculdade de maravilhoso[6]. Aventureiros dispostos a esclarecer esse grande mistério e que, provavelmente, tinham ouvido falar do então abundante "pau-brasil" e de minas de ouro e prata, subiram, naqueles primeiros tempos, até as Grandes Cachoeiras. O "protomártir" foi um certo Sebastião Álvares, de Porto Seguro, que foi mandado explorar o rio pelo segundo Governador da Capitania de Pernambuco, Luís de Brito de Almeida, que sucedeu a Duarte Coelho de Albuquerque[7]. Depois de quatro anos de viagem, ele e seus vinte homens, força de todo insuficiente, foram massacrados — houve muito derramamento de sangue naquelas regiões. Logo depois, João Coelho de Sousa avançou até mais de cem léguas acima das Cachoeiras, e publicou um roteiro, que é hoje uma curiosidade.

Foram contratados dois novos homens para nos levar, na canoa "auxiliar", que eles qualificaram de "violenta e banzeira", isto é, pouco estável e difícil. Observamos com curiosidade o contraste entre o novo rio e o que havíamos deixado há pouco. Agora, a água era de um verde transparente, como do caudaloso Zaire; quando bebida, dizem que é mais "pesada" que a do Rio das Velhas; os afluentes, muitas vezes tão profundamente encravados, a ponto de se tornarem inúteis, eram claros, especialmente quando traziam a água de pequenas lagoas em suas margens. A água parecia brotar, sem ondulações, dos barrancos de argila dura, que era escavada em certas partes. As coroas, ou eram simples bancos de areia, cobertos de cascalho e montões de seixos, ou revestidas de arindá, que, em certos pontos, atingia seis metros e meio de altura. O gado, aqui a principal produção, faz delas seu lugar favorito. Barreiros, onde o gado vai lamber o sal, espalhavam-se por ambas as margens, mas perdemos a branca erupção aluminosa que distinguia o Rio das Velhas. Os barrancos das margens eram cortados, formando degraus, em conseqüência das inundações, e onde não eram interrompidos pela foz de riachos, ficavam acima da marca do ponto máximo alcançado pelas águas. Em certos lugares, havia montões de folhas caídas esmagadas e comprimidas, formando camadas, muitas vezes, de mais de um metro de altura. Ao meio-dia, passamos, na margem esquerda, por saliências cobertas de canga pesada; a água escorria delas sobre o cascalho solto e a argila feldspática igual à da Mina de São João. É uma formação diamantina de verdade. Da margem direita, projeta-se no rio um dique natural, de argila dura profundamente tingida de ferro; a violência das ondas era mostrada por uma raiz de árvore, pesando pelo menos uma tonelada e encravada na forquilha de uma figueira, cujos galhos gigantescos estavam retorcidos pelo peso.

Toda esta região é de grande beleza e fertilidade; quando o Rio das Velhas for aberto à navegação, ela tornar-se-á o vergel do País. Nas margens, há muitas roças e pequenos canaviais, partes dos quais os proprietários estão dispostos a vender. Canteiros de melões mostram que a fruta está se tornando grandemente apreciada e tornar-se-á, dentro em pouco, um alimento diário[8]; a mangueira e a mamoneira alcançam aqui 10 metros de altura, e vimos, por toda a parte, o tabaco brasileiro de folhas largas crescendo selvagem; os moradores preferem pagar preços elevados pelo procedente de Baependi e de Pomba. Diante das roças, as mulheres fincam, no alto de uma estaca, como na Terra de Harar, um chifre de boi, para espantar o mau olhado. Pescadores e meninos apareciam de vez em quando, e negros e negras lavavam roupa na beira do rio; aqui, não precisam ter medo do crocodilo ou do traficante de escravos. Em frente às margens, havia terrenos preparados para a plantação de cana, em outubro, se as chuvas começarem cedo, ou, se não, em novembro. Um peixe morto estava pendurado na popa de uma pequena canoa; seu rosto era a projeção de uma forma de cunha usada na África como cabo; e os urubus estavam assanhados, regalando-se com um cágado morto, que a compenetrada humanidade desta terra não comeria.

Durante a subida, acompanhamos à margem direita tão de perto quanto foi possível; a descida foi, até sermos alcançados pela tempestade, através do "fio de água", ou meio do rio, atravessando para as pontas e saliências em torno das quais a correnteza oscila. A distância seria, segundo disseram, de cinco léguas, se cada légua representa seis e meia milhas geográficas[9]. Depois de nove horas, aproximadamente, de árduo trabalho, dobramos uma ponta coberta de mato na margem esquerda e avistamos a Cachoeira de Pirapora. Aquele obstáculo se apresenta, nesta época, em seu pior aspecto; como a maior parte dos outros, pode ser mais facilmente transposto na época das chuvas e quanto mais água sobre ele, tanto melhor.

Pirapora era diferente de tudo que havíamos visto até então; é um artigo superior em qualidade, como em quantidade. É, na verdade, em parte, uma cachoeira de verdade, dividida em duas seções; mas tínhamos caminhado muito para ver uma coisa pequena, e tivemos medo ao pensar no que Paulo Afonso seria realmente. Na margem ocidental, ergue-se um morro íngreme, o Curral de Pirapora — algum dia construirão sobre ele — em cujo sopé fica uma estreita praia pedregosa. O curso do Rio São Francisco tem ali a direção de sul para o norte, e a massa rochosa o atravessa, formando saliências contínuas e pedras isoladas, em sua maior parte dispostas em diagonal. Há, evidentemente, várias brechas, e, para o sul, o azul escuro do rio, correndo veloz, tendo ao fundo o azul mais vivo da Serra do Saco Redondo, contrasta com a água agitada que forma o primeiro plano.

Satisfeitos por podermos estender as pernas dormentes, desembarcamos no Porto de Pirapora, na margem direita ou oriental, e tratamos de observar a cachoeira de cima. O caminho atravessa o Barrancão, uma caricatura do Arraial da Manga; sua característica principal é constituída por enormes redes e grandes peixes, cortados e pendurados em armações de madeira, secando ao sol. Os moradores não exportam sua produção, limitando-se a vendê-la aos tropeiros que por ali passam. Vendo que não comerciávamos, e desconfiando de que fôssemos agentes do governo, não se mostraram muito civis, mas propuseram-nos comprar seu "desmonte" de refugo — areia sem diamantes. Os cães eram ainda mais mal-educados que seus donos. Se tivéssemos levado fumo e outros pequenos artigos para barganhar, teríamos sido recebidos de outra maneira.

A princípio, caminhamos sobre areia solta; o resto da margem direita é constituída por um revestimento de rocha, que, provavelmente, se estende muito abaixo da margem oriental. O curso natural do rio fica daquele lado, e as canoas o preferem, durante as cheias. M. Liais opina que a canalização seria fácil, ali; é difícil, contudo, prever, até que tenham sido feitas sondagens cuidadosas. O Sr. Halfeld, além disso, propõe a construção de comportas, o que a autoridade francesa não considera necessário[10]. Não há perigo de que o Brasil venha a executar tal obra, na geração presente[11].

A plataforma de pedra compõe-se de lajes, algumas com quarenta pés de comprimento e, em sua maior parte, estreitas; a clivagem é perpendicular ao rio e aos caldeirões e canais abertos pela água, com o corte de uma jarda ou mais em profundidade, mostrando o efeito das inundações. A substância é, geralmente, um gneiss compacto duro (grauwacker sandstein, gris traumático) de matiz roxo-claro, com pequenas manchas de mica de um branco-brilhante. Encontramos, também, arenito e calcário impuro, que, submetido a ácidos, teve efervescência, mas reduzida. Daquele ponto, podemos facilmente distinguir os dois degraus principais, afastados um do outro cerca de 700 metros, distância que faz o declive dos planos da rocha do rochedo parecer muito suave. A queda de cima, com dois metros de altura, parece maior que a de baixo, que tem pouco mais de 3 metros. Perto da margem direita, elas formam catadupas, ou verdadeiras quedas; são também guarnecidas de escadinhas, miniaturas de cascatas, pelas quais a água cai furiosamente, através de canais estreitos e tortuosos, entre as pontas de pedras aguçadas, e despenca em contrafortes anões. Assim, a altura total entre o nível superior e o inferior é de cerca de 4 metros; acima da cachoeira, o rio se estreita para a largura de 600 metros, ao passo que, embaixo, no Porto de Pirapora, onde se unem os braços do rio, depois de se dividirem entre os rochedos, o leito do rio se alarga para 1.170 metros. Durante a estiagem, o caminho seguro, se assim se pode dizer, é um minguado lençol de água, perto da margem ocidental; não é possível, no entanto, a passagem de ajojos, e as canoas têm de ser esvaziadas e sirgadas; sem um bom piloto, há risco iminente. Na estiagem, o canal é interrompido por pontas de pedras e, durante as cheias, apresenta redemoinhos perigosos.

A Pirapora constitui um sério obstáculo. Não é irremovível, mas removê-la custaria muito dinheiro e levaria mais tempo do que para se fazer o mesmo com todas as obstruções mais sérias existentes no Rio das Velhas. Além disso, o trabalho não poderia ser executado na estação chuvosa, e as inundações iriam danificar os serviços executados durante a estiagem. Os trabalhadores teriam de ser mandados para o local, o que acarretaria grandes despesas e, apesar da fertilidade do solo, os gêneros alimentícios teriam de ser importados. Há, ainda, o fato de que, dali para cima, o Rio São Francisco torna-se uma sucessão de corredeiras e, quando se livra de uma, já se está ouvindo o barulho de outra. As canoas sobem com dificuldade até a foz do Abaeté[12]. Liais teve o cuidado de chegar até a foz do Paraopeba, e verificou que não haveria gastos suficientes para desobstruir mais de cem léguas do curso do rio.

Voltando ao Porto, visitamos as lavras de diamantes, que são mais ou menos antigas; antes, era explorado o ouro, mas essa atividade terminou. Os diamantes, que vêm, talvez, de longe, são encontrados no cascalho detido pelos rochedos. Muito provavelmente, o caixão, ou depressão existente embaixo de cada queda da cachoeira, forneceria uma melhor produção. Cerca de doze homens retiram o "desmonte" de uma panela, entre dois blocos de pedra, profundamente escavada pela ação conjunta da areia, do cascalho e da água. Para pedras pequenas e sem valor, pediram, por vintém (dois grãos), de 12$000 a 14$000, preço um pouco mais elevado que os correntes em Londres.

Essa parte do São Francisco deve ser eminentemente diamantífera. A leste, recolhe as águas do Serro, que já havíamos visitado. Para oeste, recebe o Rio Bambuí, onde há lavras, e que desemboca ao sul da cidade de Dores do Indaiá. Mais adiante, fica o Rio Indaiá ou Andaiá, onde, em maio de 1800, a turma chefiada pelo Dr. Couto retirou de um buraco 42 pedras. Para o norte, encontra-se o Ribeirão do Borrachudo, que também produziu um diamante, e seu vizinho é o Abaeté, que recolhe as águas do velho Sertão Diamantino. Esses quatro rios, para não mencionar outros, descem dos flancos orientais da grande cadeia, cujas encostas ocidentais fornecem os diamantes de Bagagem. Ainda mais ao norte, fica a Serra de Gameleira e o Vale do Sono, ramo oriental do bem conhecido Paracatu. Falarei sobre esses ricos depósitos diamantinos quando passar por eles.

Durante a última noite, um forte vento sul começara a soprar das montanhas, avisando-nos de que iria cair chuva. Era o começo da estação chuvosa, mas o povo chama essas primeiras chuvas de chuvas da queimada. Em toda a parte, acredita-se que as queimadas chamam as chuvas; sublimam a vasta massa de umidade, o calor e o vapor elevam-se, ocupando seu lugar uma fria secura e, assim, a atmosfera não pode suportar a condensação. Nas partes temperadas da América do Norte, durante a queda das folhas, os troncos das árvores devolvem ao chão a seiva que a primavera injetou nos poros da madeira e isso explica o fenômeno dos rios aumentarem de volume sem que caia uma gota de chuva*. Aqui, contudo, embora a estação seca esteja apenas acabando, a vegetação está assumindo seu verde primaveril.

---

* Este fenômeno está assim descrito, realmente, no original. Na verdade, com a queda das folhas há devolução de substâncias ao solo e cessa o consumo de água. Não há, no entanto devolução de seiva dos troncos ao solo. A elevação do nível dos rios pode ser talvez explicada pela liquefação de neve e gelo. (M. G. F.).

Quando iniciamos a descida, começou a relampejar para o lado do nascente e, logo em seguida, em todos os lados do horizonte, fazendo ouvir os roncos do trovão. À direita, aparecia o "olho de boi"; não era, contudo, a mancha branca no arco escuro do tornado africano. Aqui, é uma pequena parte de um arco-íris distante, brilhando com todas as suas cores no fundo cinzento da nuvem descarregada, mostrando que uma ventania iria desencadear-se junto com a chuva. Haveríamos de vê-lo principalmente no nascente, portanto, à tarde; quando é acompanhado por ventos que fazem o termômetro baixar 8° (F.), podemos esperar uma chuvarada, uma tempestade semelhante a uma carga de cavalaria. O povo diz, simplesmente, em tal caso: "com rabo de galo", isto é, acompanhada de cirros.

Não tardou que nossa frágil canoa fosse sacudida pela rajada de vento, um dos perigos especiais do São Francisco. Ouvia-se de longe o ruído do vento leste; e, quando ele começou a soprar sobre o rio, ondas muito brancas ergueram-se dentro de alguns minutos, desaparecendo com a mesma facilidade, quando o vento passou. Em julho de 1867, um sopro de vento, de duração mínima, destelhou todas as casas de Guaicuí.

Nossos homens preferiram a margem de sotavento, sobre a qual o vento incidia, deixando a água embaixo relativamente quieta, e, assim, escaparam do perigo de árvores caídas. Como a superfície do canal central estava bloqueada pela ventania, a corrente lateral, água represada durante nossa subida, agora nos levou rapidamente rio abaixo. Já estava inteiramente escuro, às sete e meia da noite, quando subimos o íngreme e escorregadio barranco da Manga. Pouco depois, os raios e trovões brilharam e roncaram, e uma pesada chuva despencou, felizmente em cima de um sólido telhado. Foi a primeira chuva que tínhamos experimentado, desde 21 de julho, e marcou o começo de uma estação tão tediosa quanto um dia de festa na Inglaterra.

Em Manga, vimos pela primeira vez a "barca"[13], que fez com que meu companheiro se lembrasse da "yawl" do Mississípi. Só apareceu nos últimos quarenta anos; antes daquele tempo, todo o serviço era feito por ajojos e canoas. O formato provavelmente é copiado do Douro, mas aqui assumiu mais o estilo holandês, arredondado, para se adaptar melhor ao rio; falta-lhe, também, a imensa quilha de deriva portuguesa, embora de modo algum esteja privada de um leme grande e forte. As pranchas são das melhores madeiras da região, cedro ou vinhático, a quilha é de aroeira e as costelas ou cavernas, do mesmo modo que as peças transversais e os passadiços, são da dura e resistente rosca. O comprimento médio é de uns 15 metros por 5 de largura, calando 1,1 ou 1,6 metros quando carregada, e podendo transportar 400 arrobas, calculadas em rapaduras, cada uma de 2 quilos, aproximadamente. Em Salgado, foi construída a "Nossa Senhora da Conceição da Praia", agora fora de serviço; tinha 27 metros de comprimento e 2 metros de calado. Essas grandes embarcações são sempre de fundo chato (de prato), por causa dos baixios. As quilhas são perigosas, pois provocam inclinações e desequilíbrio, quando a corrente leva a embarcação para os lugares rasos. As proas e popas são elevadas, como nas antigas caravelas, e o carregamento é coberto com esteiras ou couros, no meio da barca, deixando uma estreita passagem de cada lado. Acima de Paulo Afonso, o toldo é colocado, muito erroneamente, na popa, de modo que recebe todo sopro de vento. Os moradores do curso inferior do rio preferem a cabine na proa, e reduzem suas dimensões. É feita em forma de túnel, parecendo-se com os barcos da costa da Guiné, e merece ser imitada pelos moradores do curso superior. A cabine de popa, com 2,5 metros de comprimento no mínimo, às vezes ocupa uma quarta parte da extensão da barca e é feita de pranchas resistentes e, nas embarcações mais pobres, coberta com folhas das palmeiras indaiá ou carnaúba, ou mesmo com capim; as extremidades da cobertura prolongam-se dos dois lados, para proteção contra a chuva. O dono de barca mais rico, adota uma denominação pomposa para sua barca, como "Baronesa de Minas", e ostenta uma bandeira com uma "Santa Maria" e portas e janelas de vidro. Sua cabine, que é também sua casa de comércio, é guarnecida de prateleiras para as mercadorias; ele se balança comodamente em uma rede e não faz as refeições em uma mesa sem toalha.

A tripulação de uma embarcação de tamanho médio é, aproximadamente, de dez homens, sendo os extremos seis e quatorze. O piloto fica sentado ou de pé junto do leme, na popa elevada. Os homens, vestidos de saiotes brancos e, às vezes, de camisas esfarrapadas, com chapéus de couro ou de palha, trabalham pesadamente. Suas varas, de cerca de 7 metros de comprimento, são muito mais pesadas do que as do ajojo, e, como a lança dos beduínos, seu manejo exige mão adestrada. Usam, também, enormes remos, semelhantes aos remos de galeras, que um homem puxa, enquanto outro empurra. Durante as cheias, podem fazer a embarcação avançar à média de duas léguas por dia, à custa, como dizem, de buracos em seus peitos e expostos a todos os insetos das praias; por isso, via de regra, só fazem uma viagem por ano, e, no começo das chuvas voltam para a casa, onde cultivam a terra, para si mesmos ou para outros.

Fiquei surpreendido com a ausência de velas; elas só foram vistas em dois lugares, Pilão Arcado e Juazeiro, e, mesmo assim, eram limitadas a embarcações usadas para a travessia do rio. Dizem que o canal, além de cheio de pedras, é muito tortuoso. Isso, contudo, está longe de ser verdade. Também receiam as ventanias (pés-de-vento ou redemoinhos), suscetíveis de provocar acidentes. A principal razão, sem dúvida, é a ignorância. No Baixo São Francisco, onde a brisa marítima de suleste sopra regularmente às 9 horas da manhã, todas as barcas sobem o rio utilizando vela e com a marcha de um vapor.

O Alto São Francisco tem seus ventos alíseos regulares, que variam com a noite e o dia e, mais ainda, com a época do ano. O vento leste, às vezes virando para o norte, é chamado de vento geral[14] e é, muitas vezes, um vento útil em ambas as direções. À noite, nas partes mais baixas do rio, sopra um terral, vindo do oeste. Também com esse vento, os barqueiros acham que, se tivessem velas, as embarcações seriam arrastadas para fora do canal[15]. Durante os quatro meses de chuva, que, naturalmente, são diferentes, nas diferentes seções do rio, e que, via de regra, seguem-se à passagem do Sol pelo meridiano sul e pelo meridiano norte, os ventos alíseos mudam de sul para oeste e, assim, sopram na direção rio abaixo. A regularidade desse fenômeno meteorológico convém, admiravelmente, não só à navegação à vela, como a qualquer tipo de máquina simples e econômica.

Nesta parte do Brasil, onde ninguém cogita de poupar mão de obra, não se ouve falar do "horse-boat" (embarcação movida a H. P.) hoje tão comum nos rios da Europa Continental e ainda usados nos Estados Unidos. O motor poderia ser facilmente adaptado às jangadas e barcas. Uma plataforma com cerca de pouco mais de 2 metros de comprimento, e formando um ângulo de 20° a 31°, virada para a popa, o alojaria. Essa plataforma se compõe de cerca de 42 pranchas, cada uma com 10 centímetros, e as madeiras duras e não dilatáveis do País forneceriam o melhor material. Ligada por juntas verticais de ferro, que trabalham soltas umas sobre as outras, formando uma cadeia sem fim, a plataforma é ligada a um eixo "intermediário", na parte anterior do estrado e atrás da árvore transversa que faz funcionar as pás. Essa parte é presa a fortes colunas e o diâmetro da roda é de cerca de 3:1 do eixo. Seria, fácil, assim, fazer trinta e três quilômetros por dia, com a décima parte do esforço que se gasta atualmente.

Em Manga, despedi, com as melhores recomendações a futuros viajantes, meu velho e bom piloto, Chico Dinis, e seu robusto companheiro, João Pereira. A despesa foi a 190$000, mas no Rio das Velhas os salários são, atualmente, exorbitantes; no São Francisco, a oferta e a procura estão equilibradas. Joaquim ofereceu-se para acompanhar-me, mas tinha a vista ruim e o corpo fraco. O Menino concordou em ficar comigo, com a condição de lhe ser assegurada condução de volta, em Juazeiro. No grande rio, os barqueiros não abandonam sua profissão; é costume contratá-los por travessia ou viagem, das quais, como se verá, há onze. Contratei os serviços dos primos Manuel Casimiro de Oliveira e Justino Francisco da Conceição; ambos eram muito pretos, e o último, com 2 metros e 7,5 centímetros de altura, fazia-me lembrar o "Guled Comprido" da Somália. Os dois conheciam bem o rio, eram bem educados e cumpridores do dever, mas faltava-lhes o ânimo e a disposição da tripulação montanhesa.

Em geral, os piores trabalhadores são os que oferecem seus serviços aos forasteiros e estes podem ver-se assim, em apuros. Todos os homens desta região são mais ou menos "anfíbios"; a canoa, como dizem, é o seu cavalo. O barqueiro de verdade é um tipo tão característico como o barqueiro dos velhos dias na Inglaterra; é também um homem que nasceu livre; poucos viajantes gostam de empregar escravos. Mais industrioso que os nossos marinheiros, como o africano, ele está inteiramente familiarizado com todas as pequenas atividades necessárias ao seu bem-estar; é capaz de construir sua casa ou seu abrigo e de fazer telhas ou sua roupa — artes que, entre os civilizados, exigem a divisão do trabalho. Assim sendo, ele é, em geral, inferior aos de sua própria classe nas terras mais adiantadas, onde a sociedade dividiu-se em camadas mais estreitas. Aqui, como alhures, é surpreendente verificar como os homens quase não dizem palavrões. O mesmo se nota entre os homens do interior da América do Norte, e os aborígines de ambos os países, sabe-se, jamais praguejavam, sendo "homem mau" o pior insulto. O barqueiro exemplar é sossegado, inteligente, razoavelmente forte, e muito respeitador do patrão, o proprietário ou possuidor da embarcação. Habitualmente, evita beber em companhia de outros, receando as brigas que as bebedeiras acarretam. Os piores são os viciados incuráveis em cachaça e mulheres, no samba e pagode noturno, as "orgias" da terra. Minha última turma seria um bom exemplo dos maus elementos.

Todos são cabeçudos, um tipo de "autônomos", que seguem seu próprio caminho e não gostam de ser dirigidos ou contrariados. Fui aconselhado a levar comigo bastante cachaça e fumo, para impedir que os homens desembarcassem diante de cada casa que vissem. Têm um apetite enorme, que vem, dizem eles, do balanço do barco. É, provavelmente, uma herança dos índios; como se sabe, os selvagens sacrificavam tudo pelo alimento, e comiam com a voracidade de um jaguar. Embora soubessem que lhes fazia mal, os barqueiros, como os peruanos com a "chancaca", deleitavam-se com a rapadura; vi um homem comer um quilo de rapadura de uma assentada. Têm, pelo leite fresco, o horror habitual dos portugueses e dos habitantes das regiões tropicais; por outro lado, a forma azedada, aqui chamada "coalhada", e no Industão, "dahi", é altamente apreciada; sem dúvida, é antibiliosa. O resto de sua dieta é jacuba, que foi mencionada, carne seca, melancia e feijão[16] com toucinho. Quase todos fumam, poucos tomam rapé e pouquíssimos mascam fumo.

Uma característica do barqueiro é sua aptidão para a zombaria leve e a caçoada, o que repugna, em geral, ao brasileiro. "O senhor é muito caçoador" quer dizer: "O senhor não é muito simpático". Têm também o hábito do hindu carregador de liteiras que, quando impertinente, improvisa canções acerca do patrão. A língua facilita a rima, mas o estrangeiro fica atônito diante da facilidade com que homens e mulheres, acocorados[17], respondem uns aos outros, em versos corretos, sem um momento de hesitação. Embora tenhamos tido um Pastor de Ettrick, muitos zombam das pastorais, onde os rústicos preferem a poesia à prosa. Deveriam ouvir o barqueiro do São Francisco cantando um desafio com sua "moça" e fazendo canções a respeito de tudo; mas os negros da África Central mostram cantando quando seu sofrimento é profundo e os botocudos sul-americanos demonstram a excitação cantando, em vez de falar. "Ils ne parlent plus; ils chantent" — diz o viajante.

Naturalmente o assunto dos cantos é quase sempre o amor. O barqueiro deleita-se em ouvir, "a largas goelas", com a voz mais alta, versos assim:

> Ontem vi uma dama
> Por meu respeito chorar.

Exalta, eternamente, a cor de canela destas regiões e é severo para as mulheres que se atrevem a enganar o desventurado tropeiro ou barqueiro:

> Mulher que engana tropeiro
> Merece couro dobrado.
> Coitadinho do tropeiro, coitado! (Coro).

Assim manda Mariquinha pôr a panela no fogo:

> Bota o frango na panela.
> Quando vejo coisa boa
> Não posso deixar perder.
> Ô piloto! (Coro).

Algumas das canções ainda ressoam nos meus ouvidos, especialmente uma muito parecida com "Sam'All". Quanto mais alto eles cantam, melhor para a viagem; parece que revivem com elas, como os burros com os cincerros da madrinha.

As superstições dos barqueiros são tão numerosas quanto as suas canções. Acreditam firmemente no duende ou goaiajara, mágico e feiticeiro, no lobisomem de Portugal, no Angaí ou Anhangá[18], nas almas, na aparição do esqueleto, no Galo Preto em que se transformou um mau padre no capetinha. Contam casos curiosos a respeito do "cavalo d'água" e outros animais fabulosos. Aquela besta é do tamanho de um poldro, com cascos redondos, pêlo vermelho e gosta de pastar nas margens dos rios. O Menino afirma que já o viu em um poção abaixo da Cachoeira dos Gerais, no Rio das Velhas, e que um moço atirou nele. Talvez seja o manatim, tão conhecido nas águas do Amazonas, mas não creio que o peixe-boi (*Manatus amazonicus*) seja encontrado aqui. O cachorrinho d'água tem pêlo branco e uma estrela cor de ouro na testa; quem o avistar, terá o dom da fortuna. O minhocão, que corresponde à Midgard, à Grande Serpente do Mar, à Dabbat-el-Arz dos árabes, representa um papel tão importante quanto o dragão na China. Tem 40 metros de comprimento por 70 centímetros de diâmetro, a forma de barril, sem escamas, cor de bronze e uma boca pequena e bigoduda. É um "Verme de Wantley", no que diz respeito à antropofagia. St. Hil. (III. ii. 133) ouviu falar a seu respeito na Lagoa Feia de Goiás. A princípio, ele acreditava tratar-se do *Gymnotus carapa*, um gigantesco lepidosirenídeo, pois. O Coronel Accioli (p. 8) afirma que se trata de um monstro extinto. Castelnau (ii. 53) fala a seu respeito no Araguaia. Tinha de 30 a 40 metros de comprimento e sua voz terrível ressoava por muitas léguas. Halfeld ("Relatório", 119) conta que seus homens tomaram um tronco pelo minhocão, que considera fabuloso. Mais abaixo, iríamos passar em uma parte da margem do rio estragada pelo minhocão e muitos homens instruídos ainda não têm opinião formada sobre o assunto. Essa superstição é, evidentemente, de origem indígena[19].

Todas essas lendas têm um traço do tupi, selvagem grotesco, que se enfeitava espalhando sobre o corpo untado a plumagem de aves vistosas, que inventou o sistema de "alcatrão e penas", aplicando-o a si mesmo; "experimentum in corpore vili". Clássica, no entanto, e digna de ombrear com as histórias de fadas do mar, é a da Mãe d'Água, um espírito, uma náiade, uma sereia, que aspira tornar-se uma matrona do mar, e que habita o fundo dos rios brasileiros. De formas perfeitas, desdenhando de todo a cauda de peixe e vestida apenas pelos fios dourados da cabeleira, é também uma sereia. Seus olhos exercem uma fascinação irresistível e ninguém consegue livrar-se da atração de sua voz. Gosta de rapazinhos, como acontece com o seu sexo quando atinge certa idade, e seduz os barqueiros bonitos. Ao contrário das intratáveis Ondinas e Melusinas da Europa, quando propõe uma troca, despede-se dos amantes oferecendo-lhes grandes riquezas. O poeta Gonçalves Dias tornou-a uma fada malévola, uma Lorelei, cujo objetivo consistia em afogar os jovens; isso, porém, não a privou de seus encantos.

Olha a bela criatura
Que dentro d'água se vê.

NOTAS DO CAPÍTULO XIV

1. "Pira", ou "pyra", peixe, e "pora", salto. Assim, o Coronel Accioli explica a palavra: "O lugar onde o peixe salta". A palavra não deve ser escrita, como faz St. Hil. (III. ii. 213), "Pirapora".

2. Os dicionários explicam "pira-pora" como "habitante-peixe, um grande peixe que vive no mar alto, isto é, a baleia". "Bora", contração de "bor vera", é uma desinência verbal correspondente ao "wala" do hindustani, em expressões como "canheu-bora" que um hindu tornaria "fujne-wala".

3. Encontramos, assim, o Promontório de São Roque, visitado pela primeira vez em 16 de agosto; Cabo de Santo Agostinho, 28 de agosto; Rio de São Miguel, 29 de setembro; Rio de São Jerônimo, 30 de setembro; Rio de São Francisco, 10 de outubro; Rio das Virgens, 21 de outubro; Rio de Santa Luzia (Rio Doce?), 15 de dezembro; Cabo de São Tomé, 21 de dezembro; São Salvador da Bahia, 25 de dezembro; Rio de Janeiro, 1º. de janeiro de 1502; Angra dos Reis (Epifania), 6 de janeiro; Ilha de São Sebastião, 20 de janeiro; Rio ou Porto de São Vicente (São Paulo), 21 de janeiro.

    Frei Gaspar da Madre de Deus atribuía o batismo de São Vicente à frota de Martin Afonso de Sousa, que ali tocou em seu regresso do Rio da Prata, em 22 de janeiro de 1532. O porto, contudo, é o mencionado com o nome do santo no Diário de Pedro Lopes de Sousa, irmão de Afonso, antes que ali chegasse a esquadra, um de cujos navios comandava. Além disso, é encontrado no mapa de Ruysch de 1508 (Varnhagen, i. 425).

4. O Sr. Varnhagen (i. 27) reabilita, com felicidade, o nome de Américo Vespúcio, o padrinho contra o qual, por muitos anos, a América, e mesmo a Europa, investiram furiosamente. Cita o "Phisices Compendium", Salamantice, 1520 (oito anos após a morte de Vespúcio): "Prima est Asia, secunda Africa, et tertia Europa. . . addenda tamen vertiribus incognita America a Vesputio inventa quae occidentum versus", etc.. Colombo não se queixou dele, e o afortunado genovês morreu convencido de que descobrira a parte oriental das "Índias", à qual Castela acrescentou o adjetivo "Ocidentais". Sensatamente, observa o historiador: "E a designação de "Índias Ocidentais" não perpetuaria para nós a obra de Colombo e seu gênio, perseverando em concretizar uma grande idéia. Ela fará sempre lembrar à natureza humana o respeito devido ao gênio, mesmo quando ele erra consideravelmente, uma vez que esses erros levam à descoberta da verdade, que, nas ciências exatas, é alcançada partindo-se, às vezes, de hipóteses gratuitas".

5. Isso tem sido feito, inadvertidamente, por autores estrangeiros, de Southey a Agassiz. Só conheço um que o evitou, o Tenente Netscher, "Les Hollandais au Brésil", 1853.

6. O mesmo acontece com o Paraguaçu, no Recôncavo Baiano; na realidade, acontece com todos os rios que, nestas latitudes, nascem a oeste da cordilheira litorânea; suas cheias são na época da estiagem e seu volume diminui quando começam as chuvas. O motivo é simplesmente porque a estação seca no litoral corresponde à época das chuvas no interior.

7   A esse respeito, parecem incorretas as "Notícias para a História e Geografia das Nações Ultramarinas" (1º. de março de 1859), que têm um capítulo (nº. 20) "Sobre a Grandeza do Rio de São Francisco e suas Fontes". Luís de Brito de Almeida mais ou menos no fim de 1573, governava a Capitania da Bahia. D. Coelho de Albuquerque (o segundo donatário, que não deve ser confundido com Duarte Coelho, o primeiro) tornou-se, em 1560, Governador de Pernambuco.

8   Trata-se de duas espécies de frutas: a melancia e o melão. A primeira é apreciadíssima pelos barqueiros, que parecem ter seu nome sempre na boca. Acham, contudo, que ela provoca resfriados, e o mesmo acontece no Sul dos Estados Unidos: poucos têm coragem de comê-la quando trabalhando ao sol.

9   Fica a cerca de seis léguas a oeste do Rio das Velhas.

10   Liais calcula a extensão total do obstáculo de Pirapora em um quilômetro e a diferença de nível em 3,55 metros. Isso daria uma velocidade de apenas 3 a 4 metros por segundo.

11   A estimativa para a abertura de quarenta léguas é a seguinte:

Canalização acima de Pirapora	1.400:000$000
Até Cachoeira Grande	4.100:000$000
Até Porto das Melancias	3.200:000$000
TOTAL	8.700:000$000
	ou £870.000.

12   Etimologicamente, "o homem de verdade" ("abá", homem, e "eté", verdadeiro) ou herói. Esse é o rio onde foi encontrado o célebre diamante, em 1792.

13   Barco é o termo geral para grandes embarcações e barca é a embarcação maior. Nesse ponto, os portugueses estão de acordo com o italiano, que consideram o feminino maior que o masculino; por ex.: "trivella", aumentativo de "trivello". Algumas autoridades, no entanto, acham que barca é a embarcação menor.

14   O vento leste regular do Amazonas também é chamado "vento geral" (Mr. Bates, i. 213).

15   "O defeito das embarcações que navegam no Amazonas é a largura do vau e a falta de velas. Estou convencido de que um barco de proa escoante, uma chalupa de um só mastro, ou antes de dois mastros, com uma vela grande de bom tamanho, gávea, joanete e varredeiras — as três últimas aparelhadas para serem alçadas com vento pela frente e arriadas de maneira a descer, com a corrente, abaixo da vela grande, da bujarrona e da catita — faria boas viagens entre Pará e Engoás" (Tte. Herndon, 262).

16   É um alimento excelente, não somente para o gado (70 por cento de teor alimentício, comparado com 60 por cento da aveia). As principais espécies dessa Papilonácea são o feijão preto (*Phaseolus deraus*), feijão carrapato (*P. tumidus e sphaericus*) e feijão mulatinho (*p. vulgaris*). Há muitas outras.

17   Essa posição é habitual, nas regiões atrasadas do Brasil. Quem está acostumado com isso nas terras do Oriente, espanta-se, quando vê uma pessoa agachada, vestindo trajos ocidentais.

18   No "Tesoro de la lengua guarani", a palavra "Angaí" é traduzida por "espírito maligno", também chamado "Giropary", "Jurupari" e "Jerupari". Suponho que se aplique, realmente à alma de alguém que se tornou de todo malquisto. "Anhangá" é o fantasma, de "anho", vivo, e "anga", alma, espírito, isto é, alma apenas, alma sem o corpo. É claro que "alma" e "espírito" são expressões civilizadas, aplicadas a uma idéia bárbara. Denotam os subjetivismos que podem ser reduzidos à totalidade da ação central e nervosa. A "alma" é, como o "ghost" (fantasma) do Dr. Johnson, ou melhor, de Mr. Cave, "algo como um ser impalpável". Nóbrega e Anchieta escreveram "Anhanga", Yves d'Evreux "Aignan", Barrière "Annanh"; e outras formas usadas no continente e nas ilhas são "Uracan" (furacão?), "Hyorocan", "Amignao" e "Amignan" (F. Denis).

19   O Tenente Herndon (Cap. 8), falando a respeito da região lacustre do Amazonas Superior, observa: "Muitos desses lagos são, de acordo com a tradição dos índios, guardados por uma imensa serpente, que pode provocar no lago tempestades capazes de afundar suas canoas, depois do que, ela imediatamente engole as pessoas. É chamada na "lengua inga" (inca) "Yacu Mama", ou mãe das águas; e os índios jamais entram em um lago que não conheçam sem antes terem provocado um grande barulho com suas cornetas, a que a serpente responderia, advertindo-os, assim, de sua presença".

CAPÍTULO XV

O RIO SÃO FRANCISCO

O sistema do rio. Suas fontes. Direção. Extensão. Magnitude. Geologia. Rochas polidas. Jazidas de ferro. Riqueza do vale. O rio, considerado em relação à colonização e como via de comunicação. Rios do Brasil em geral. Deplorável negligência a respeito das vias de comunicação fluviais. Rios "versus" estradas-de-ferro. O Rio das Velhas, preferível ao Alto São Francisco. Cálculos de M. Liais para a desobstrução do Rio das Velhas. Cálculos do Sr. Halfeld para a desobstrução do São Francisco. Cálculos de M. de la Martinière. Estimativas do próprio autor. Navegação a vapor no São Francisco pelo Conselheiro Manuel Pinto de Sousa Dantas. Criação de nova província no Rio São Francisco. Aspecto geral da grande via de comunicação. Suas vantagens para o Império.

> "Uma das melhores dádivas da Natureza, em uma via de comunicação tão importante, parece aqui deliberadamente desprezada" – Darwin, *Viagem de um Naturalista*, Cap. VII.

O Tenente Maury tem, incontestavelmente, razão, quando observa que os vales do Amazonas e do Mississípi são complementos comerciais um do outro, um fornecendo o que falta ao outro, no vasto movimento comercial. A homologia geográfica das formações ribeirinhas nas divisões setentrional e meridional também tem sido notada por muitos autores. O Amazonas representa o relativamente diminuto sistema laurenciano[1]. O Rio da Prata é o Mississípi, o Paraguai é o Missouri e o Paraná o Ohio, enquanto o Pilcomayo, o Bermejo e o Salado são o Plata, o Arkansas e o Rio Vermelho.

O Rio São Francisco tem sido, sem base científica, comparado com o Mississípi e com o Nilo. Apresenta certa analogia com o Níger africano, mas não com qualquer rio da América do Norte. Um entre muitos, nasce ao sul, corre para o norte e ligeiramente para o nordeste e, quase no fim de seu curso, vira para leste e deságua no Atlântico. É o segmento externo de várias seções semelhantes de círculos, limitados por bacias que levam suas águas para o norte, ao Amazonas, e a oeste e sudoeste para o Paraná-Rio da Prata: os arcos incluídos são os grandes rios Jequitinhonha e Doce. Mais ao sul, fica o Paraíba do Sul e, ainda mais para o sul, a Ribeira de Iguape[2]. A não ser o último, todos esses rios correm rompendo barreiras que, mais ou menos desenvolvidas, subentendem essa parte da América do Sul, como fazem à parte correspondente do litoral africano.

As mais antigas tradições ("Notícias do Brasil", 1589), vindas dos selvagens, fazem o São Francisco nascer em um "grande e famoso lago, que seria muito desejável descobrir". Luccock (p. 530) observa que, "no São Francisco e no Paraná, observamos os es-

177

coadouros de um imenso lago interno, limitado a leste pelo Serro Frio e pela Mantiqueira, ao sul pela Serra do Maracanã e a oeste pelas que separam o Paraná do Paraguai ou ficam entre esses rios. As águas desse antigo mar elevado romperam suas barreiras a 15° e 20° de lat. S. e ainda estão escavando seus canais mais profundamente nas Cachoeira de Pirapora, ao norte, e de Sete Quedas, ao sul; do mesmo modo, os lagos de Erié e Ontário na América do Norte, irão, com toda a probabilidade, ser esgotados pelo desgaste do obstáculo que são hoje as Quedas do Niágara". O Sr. Halfeld ("Relatório", p. 108) está inclinado a pensar que as serras de Ibiapaba[3] e de Itacutiara, Brejo e Itacaratu, com os acidentes menores perto do Monte Escuro, constituíam as velhas paredes de um amplo "mar de água salgada". Imagina que ele foi drenado através da Cachoeira de Itaparica (317 léguas)[4], que irrompeu e formou a futura Cachoeira de Paulo Afonso. Abundam salinas ao longo de toda essa linha, as margas e os saibros calcários contêm grande quantidade de sal (cloreto de sódio) e salitre chileno (nitrato de sódio)[5], e, como no Vale do Indos, o sal da terra vem à superfície na estação seca. Devo acrescentar que a presença do iodo explicaria a ausência do bócio e o fato de crescer bem o coqueiro a distâncias tão grandes do oceano.

A principal nascente do Rio São Francisco é a vertente oriental da Serra da Canastra, a grande plataforma central de Minas Gerais, entre 20° e 20° 30' de latitude sul e 3° de latitude oeste (Rio de Janeiro). "Da brecha de um rochedo perpendicular de mais de 333 metros de altura, irrompe a nascente principal do São Francisco" escreve o Barão von Eschwege. O local foi visitado por St. Hilaire (II. i. 184) e "dele arrancou um grito de admiração". O sábio atribui à Cachoeira da Casca d'Anta 222 metros de altitude, e observa "qu'on se tâche de se représenter la réunion de tout ce qui charme dans la Nature; le plus beau ciel, des roches élevés, une cascade majesteuse, les eaux les plus limpides, la verdure la plus fraiche, enfin des bois vierges qui présentent toutes les formes de la végétation des tropiques".

As águas do jovem rio correm de oeste para leste em uma distância de cerca de cinqüenta e cinco léguas e meia e não passam de torrentes da montanha. Antes de receber o Paraopeba, a largura do rio é de 140 metros e a profundidade máxima de 3,25 metros, com uma descarga de 130 metros cúbicos por segundo. A direção é então, de sul para o norte, com a Serra Grande ou do Espinhaço a leste e a Serra da Mata da Corda formando a parede ocidental. Do Paraopeba até a Cachoeira de Pirapora, foi feito o levantamento do curso do rio, que se inclina a princípio para o oeste e depois para leste, sendo a distância de 40 e 4/5 léguas geográficas (226.845 metros). De Pirapora à Cachoeira do Sobradinho, em uma distância de 239-240 léguas, todo o curso do rio está em condições de permitir a navegação a vapor e, incluindo o Rio das Velhas, um total de 508 léguas pode tornar-se transitável sem muita dificuldade. Abaixo de Sobradinho, há vinte e nove léguas livres de obstáculos, seguidas de quarenta e quatro que, apesar de perigosas, podem ser navegadas por jangadas e canoas. De Várzea Redonda em diante, há de vinte e cinco a vinte e seis léguas em que o rio não pode ser navegado, e nessa parte está situada a grande Cachoeira de Paulo Afonso. Finalmente, abaixo do trecho das cachoeiras, quarenta e duas léguas, onde trafegam vapores atualmente, ligam o Baixo São Francisco com o oceano. Não é necessário aqui entrar em detalhes a respeito de direções[6] e distâncias, uma vez que iremos percorrer o caminho todo.

O "Annuaire du Bureau des Longitudes de France" coloca o São Francisco em quarto lugar, entre os rios da América do Sul. Segue o Amazonas (5.400 quilômetros)[7], até recentemente considerado o maior rio do mundo[8]; o Paraná-Rio da Prata (3.440 quilômetros) e o Tocantins (2.300). Liais, contudo, mostrou que é errôneo supor que o São Francisco tenha 2.100 quilômetros: de sua nascente até a foz do Rio das Velhas são 800 quilômetros e 2.100 quilômetros daquele ponto ao mar; o total, portanto, será de 2.900[9]. Assim, o lugar no mundo de nosso rio será o décimo sétimo ou décimo oitavo[10]. Na Europa, ele só é ultrapassado pelo Volga; na Ásia, pelo Ienissel, pelo Yang-tse-Kiang, pelo Hoang-ho, pelo Obi, Lena, Amour e Mei-Kong; na África, pelo Nilo, Níger, Zambési (?) e Congo (?); na América, pelo Amazonas, Mississípi, Paraná-Rio da Prata, São Luís, São Lourenço e Mackenzie.

Uma expedição anterior chegou à conclusão de que as bacias do São Francisco e do Amazonas são idênticas, e que ambas são, como a do Mississípi, formações cretáceas. Nem o Professor Agassiz nem Orestes St. John encontraram depósitos marítimos, mas estes podem ter escapado a um levantamento feito às pressas. Ambos consideram as formações como originadas da água doce. Durante o inverno cósmico, as geleiras desceram para os vales, sem, contudo, escavar seus solos ou deixar aquelas "inscrições glaciais", sulcos, estrias e polimentos que caracterizam a ação do gelo. Quando as massas congeladas foram levadas pelo degelo, as triturações se depositaram no fundo, e formam, hoje, os arenitos subjacentes, distintamente estratificados, e as areias soltas. Sobre eles, descansam as formações argilosas, laminadas, estratificadas com interseções e não estratificadas, com linhas e ondulações de saibro grosso e seixos, cujo material é quartzo, muitas vezes altamente ferruginoso. Capeando o conjunto está a argila arenosa e antes pastosa, vermelha de ocre, e comum no Brasil e na África intertropical. Ela se espalha sobre a superfície ondulada de arenito desnudado, acompanhando todas as suas irregularidades, e enchendo os sulcos e depressões. O fim do inverno geológico e o desaparecimento final do gelo formaram um vasto lago de água doce. Esse, depois de uma história um tanto complicada, acabou rompendo seu dique do lado do mar, efetuou a desnudação em escala gigantesca e desgastou a terra até seu núcleo rochoso, exceto onde os estratos eram duros demais para resistir. O Professor Agassiz encontrou morenas bem caracterizadas e mostra que, em vez de formar um delta, a foz do Amazonas sofreu amplamente em decorrência do desgaste provocado pelo oceano. No caso do São Francisco, o rio constrói mais depressa que o mar pode destruir, e o desnudamento da costa não pode ser comparado com o que ocorre mais ao norte. Seu delta não se compara, em tamanho, com os do Nilo, Níger e Zambési, mas está distintamente traçado.

Halfeld ("Relatório", p. 172) opina que o grés ou o saibro de arenito, é a formação característica do São Francisco. O rio nasce, como já foi dito, na grande plataforma central de Minas; seu material é o itacolomito ou arenito granular laminado, que parece formar as porções centrais e mais recentes do continente[11]. Tais depósitos poderiam ser comparados com os vastos leitos silurianos da América do Norte. Presentemente, faltam provas características. Chusin ("Bulletin de l'Académie de Bruxelles", VII, 5) encontrou os vestígios de um univalve nos modernos saibros vermelhos de Minas Gerais. Viajantes e mineradores, contudo, concordam que, até agora, o Brasil, e mesmo a América do Sul de um modo geral, se parece com a África, no que diz respeito à dificuldade de serem encontrados corpos fósseis, não sendo fácil, portanto, decidir-se a idade geológica dos imensos depósitos de saibro no planalto oriental e setentrional. Esse itacolomito reaparece em Bom Jardim (a 138 léguas) e desce pelo rio abaixo, alternando-se com o granito da costa.

Abaixo do gneiss e xisto de Pirapora, encontramos areia e arenito, ora castanho, ora de um ocre carregado, muitas vezes altamente ferruginoso, muito poucas vezes estratificado e mais ou menos noduloso e poroso. Essa formação assemelha-se ao "deslizamento" da costa e cobriu, outrora, todo o vale do rio, continuamente; ainda é superficial, exceto onde a lama das cheias se acumulou sobre ela, e, em certas partes, apresenta camadas intervenientes de argila. Também é atravessada por afloramentos de pedra calcária dura e azul, do tipo de montanha, e por pedra calcária argilosa ou hidráulica, compacta ou estratificada, e abundante em sílex.

Mais abaixo no rio, há muita pedra calcária parecendo quartzo ferruginoso e coberta por uma crosta polida, química ou mecanicamente. As rochas são enegrecidas, até tomarem a cor de carvão escuro nos lugares em que as cheias têm menos capacidade de polimento e a presença do brilho espelhento sobre a rocha marrom, amarela ou vermelha, arenito, granito e sienita, prontamente apresenta o sinal das cheias máximas. Em muitas partes, elas se parecem com o ferro magnético, e experimentei-as com a agulha magnética, sem qualquer efeito. O revestimento não excede a espessura de uma folha de papel e, em certos lugares onde se produziu o material mais macio, erguem-se, destacadas, lâminas vitrificadas e superfícies parcialmente vitrificadas. O vulgo chama essas rochas coloridas de pedras de marumbé, acreditando, evidentemente, que se trata de carvão férreo. A vitrificação, contudo, é de três espécies: a roxo-escura, que aparece negra à sombra, outra da cor de grafite (pedra negra) e a terceira de um amarelo-avermelhado, provavelmente pura matéria ferruginosa depositada sobre os blocos, cuja cor interna é a mesma (pedra cabocla)[12]. No São Francisco, quanto mais se desce o rio, mais carregada vai se tornando a coloração, até que, em certos lugares acima e abaixo ou junto das Grandes Quedas, as massas monstruosas parecem fundidas de metal maciço. Poder-se-ia supor que é obra do rio, mas é difícil decidir-se se o carrega em solução ou se seu atrito o faz surgir do interior para a superfície. Análises feitas por Berzelius e Charles Konig chegaram à conclusão de se tratar de óxidos de manganês e de ferro[13]. As amostras procedentes de Atures continham, além de óxido de manganês, carbono e ferro supercarburetado, mas enegreceram o papel em que foram embrulhadas. O caso aqui é diferente, e ninguém lhes atribui influência perniciosa sobre a atmosfera.

O assunto foi, segundo penso, abordado pela primeira vez por Humboldt[14], que comentou: "Sempre que o Orenoco, entre as missões de Carichana e Santa Bárbara, leva, periodicamente, as rochas graníticas, estas se tornam negras e lisas, como se revestidas de grafita". No Rio Congo, observei a fina e brilhante crosta, notavelmente semelhante ao revestimento das pedras meteóricas, a partir de Boma, até pouco abaixo da passagem estreita do Zaire, e estendendo-se até Yellah, ou às Grandes Cachoeiras, na realidade onde o rio é mais turbulento. Ali, ele foi observado, pela primeira vez, pela expedição de 1816, chefiada pelo Capitão Tuckey e as amostras foram descritas por Konig[15]. Em 1832, Darwin encontrou, perto da Bahia, onde um regato desaguava no mar, e onde as ondas e as marés asseguravam a capacidade de polimento das cataratas, camadas de um rico castanho, semelhantes às do São Francisco e observou, com justeza, que "as amostras não dão uma idéia adequada dessas pedras polidas que brilham nos dias ensolarados". Não pôde descobrir a razão por que aqueles capeamentos de óxidos metálicos permaneciam sempre da mesma espessura aproximada. Durante sua segunda expedição, o Dr. Livingstone (cap. II "Zambési e seus tributários") observa que as rochas das Quedas de Kibrabasa "são cobertas com uma fina camada negra vitrificada, como se tivesse sido bem polida e revestida de verniz negro de fumo". Segundo parece, isso fora depositado quando o rio estava cheio, pois só revestia as rochas situadas entre o ponto máximo atingido pelas cheias e uma linha situada a pouco mais de um metro acima do nível mínimo. Isso foi também observado nas cataratas do Nilo[16].

No vale do rio, paralelamente às rochas vitrificadas, ficam morros isolados, que se erguem abruptamente da superfície plana e são separados uns dos outros por espaços baixos[17]. Algumas dessas elevações, que parecem ter sido fincadas, como se fossem segmentos de diques destinados a conter o rio e impedi-lo de perambular, são compostas de ferro magnético quase puro[18]; subimos a vários deles e falarei mais tarde a respeito. As terras baixas compõem-se de argilas e areias finamente laminadas, com clivagem regular, queimadas pelo sol e aquecidas pelo ar, e manchadas de diversas cores, branco e preto, azul e cinzento, cor-de-rosa e amarelo, carmesim e alaranjado. Os níveis pontilhados de ferro são acompanhados por cadeias de montanhas desnudas, que, vistas do rio, parecem côncavas. Seus cumes, formando tabuleiros lisos, mostram que foram, outrora, paredões contínuos, agora isolados pela ação do tempo em ampla escala e que continuam a ser degradadas pelo sol e pelas chuvas tropicais. A grande dureza de seu arenito ferruginoso livrou-as de ser rebaixadas até os baixos níveis aluviais e as formações laminadas de sua base.

A grande formação granítica da costa reaparece mais ou menos a 238 léguas e continua, com interrupções, até a Cachoeira de Paulo Afonso, onde se transforma em sienito. Próximo dessa queda e ao sul do Planalto de Araripe, onde Gardner encontrou, em solo argiloso, peixes petrificados do sistema cretáceo, fim da era secundária, aparecem sinais de uma notável correspondência com o Amazonas. Em ambas as margens do rio, havia contrafortes arenosos, dando a impressão de terreno argiloso duro. O material mais grosseiro infalivelmente se encontrava nos níveis mais baixos e, acima, ficavam os saibros mais finos, chamados pelo povo de pedras de amolar. Nessa parte, ele encontrou ágatas e muito sílex, reaparecendo o arenito perto de Paulo Afonso e do Porto das Piranhas. No Baixo São Francisco, depois da passagem das cachoeiras, perto de Talhado (a 332 léguas), em Alagoas, vi o mesmo arenito, sobre o granito e por baixo da pedra calcária. Próximo da cidade de Propriá (a 367 léguas), há um afloramento de calcário, e grandes depósitos de calcários recentes encontram-se nos cursos inferiores dos rios largos e de pouca extensão que cortam a linha costeira.

St. Hilaire (I. ii. 14), ao descrever o curso do São Francisco, observou: "La rive gauche, plus élevés que la droite, est généralement moins exposée aux débordemens". O Coronel Accioli (pág. 14) parece confirmar essa observação, que era, provavelmente, apenas local. O grande rio, contudo, corre sobre um meridiano, e o resultado do movimento composto produzido por seu curso setentrional e a revolução da Terra de oeste para leste, tende, teoricamente, a retirar o peso da água da margem esquerda ou ocidental e lançá-lo contra a margem direita ou oriental. Tem-se observado que, ao longo das estradas-de-ferro que correm de norte para o sul, o desgaste se faz sentir nos trilhos que ficam do lado oriental. Praticamente, não verifiquei como essa teoria, que vem sendo amplamente discutida na Rússia, tenha afetado o São Francisco.

Esse curso de água não é um "rio sagrado", "caret quia vate sacro", mas seu futuro será mais honroso que o passado do Ganges ou dos hindus. O vale e os Gerais muito secos que o limitam de ambos os lados contêm todos os elementos de prosperidade necessários a um império. A população é calculada, atualmente, em 1.500.000 a 2.000.000 de almas. Como foi dito a respeito do Alto Amazonas, "aqui a cana-de-açúcar ou o abacaxi crescem diante dos olhos". Nos planaltos, será fácil criar, em qualquer quantidade, gado vacum, cavalos, mulas, carneiros, porcos e cabras, ao mesmo tempo em que não haverá dificuldade de aclimar o camelo. No que tange à riqueza mineral, além dos diamantes e opalas (?), ágatas, ouro e ferro, encontramos, mencionados por M. E. de la Martinière[19] e outros, platina, galena argentífera, mercúrio, cobre (perto de Sete Lagoas), antimônio, arsênico, manganês, cobalto e várias piritas. Sal e salitre, enxofre e alume têm sido encontrados em grandes depósitos. De materiais de construção, notamos mármore, pedra de cantaria e ardósia; cal, geralmente dispersa, e cimento hidráulico; sílex, pedras de afiar e argila plástica também são abundantes. A terra é admiravelmente apropriada para a criação do bicho-da-seda e cultivo do algodão, que, algum dia, há de rivalizar com a pesca em alta escala[20].

A bacia do São Francisco é terrestre, e não aquática, e completamente isolada por cataratas perto das nascentes e acima da foz. Assim, os peixes, que têm os mesmos nomes que os do Amazonas na realidade devem ser diferentes. Será seguida aqui a localização das espécies, encontrada, em maior extensão do que mesmo se esperava, pelo Professor Agassiz, que notou que a artéria principal da grande bacia do norte era dividida em diferentes famílias. Os habitantes ribeirinhos, que jamais se preocuparam com a classificação, distribuição ou limitação, em geral são capazes de dizer se um determinado peixe pode ou não ser pescado abaixo de certos lugares. O naturalista que se dedicar à ictiologia do São Francisco terá pela frente um trabalho para muitos anos. Os estupendos resultados obtidos pelo Professor Agassiz, a revolução da ictiologia de que ele fala, constituíram, realmente, uma colaboração imensa, pública e privada, no que diz respeito à coleta de dados. Aquele sábio pode-se dizer, teve o apoio das forças do Império.

O cânhamo e, até certo ponto, a vinha poderão ser cultivados. Entre os cereais, o milho e o arroz assegurarão uma riqueza, ao passo que a cevada, o centeio e, provavelmente, o trigo terão sucesso nos Gerais. Podem ser introduzidas quase todas as frutas e hortaliças pertencentes às regiões subtropicais e temperadas. Um canavial dura dez anos, embora a planta praticamente não receba o menor cuidado. O café dá admiravelmente; o chá, o mate e o guaraná (*Paullinia sorbites*)*, apreciadíssimo no noroeste do Brasil, poderão ser cultivados, com êxito, nos terrenos baixos, quentes e úmidos. O tabaco é dos melhores do Império; a salsaparrilha e o cactos da cochinilha, a bagosa e a baunilha são silvestres. A exploração da madeira é suscetível de amplo desenvolvimento; a aroeira, a braúna, a candeia, a peroba, a canela e, de um modo geral, as ótimas madeiras de lei brasileiras, estão aguardando aproveitamento. São abundantes as plantas oleaginosas e fornecedoras de cascas usadas para curtir couros, palhas e fibras, medicamentos e gomas, como jataí-copal, bálsamo do peru, copaíba e assa-fétida, e o mesmo pode-se dizer da cera de abelha e da cera de carnaúba, que é transformada em velas no Rio de Janeiro. As tinturas são muitas, do anil ao pau-amarelo, e das madeiras para marcenaria a lista seria grande, começando pelo jacarandá e pelo cedro-brasileiro. Em presença de tão vastas e inexploradas riquezas, aguardando as classes desfavorecidas da Europa, podemos exclamar, com Goethe: "Quem diz que não há coisa alguma para os pobres e os infames, a não ser a miséria e o crime?"

Iremos, agora, considerar o Rio São Francisco sob outro aspecto importantíssimo, como via de comunicação ligando as regiões litorâneas e sublitorâneas com o sertão, o norte com o sul, facilitando o comércio e a colonização, evitando a escassez, ao assegurar o escoamento dos excedentes das regiões centrais, especialmente quando a irregularidade das estações na costa prejudica a agricultura ou quando a faixa marítima fica bloqueada. E assim se completará o círculo estratégico de que o Império necessita grandemente, agora, para preservar sua integridade. Devo lembrar, aqui, que os rios do Brasil, entre o Amazonas e o Rio da Prata, são, como os da grande península africana, distribuídos em dois grupos. Muitos são curtos e diretos, mais estuários que rios, escoadouros superficiais das águas das cadeias de montanhas que acompanham a costa. Alguns outros, bem poucos, são longos e indiretos, como o São Francisco e os incluídos nos arcos antes especificados. Os primeiros são de valor limitado, os últimos podem ser amplamente utilizados.

O Brasil é, sem dúvida alguma, a terra dos grandes rios, mas ainda "não melhorados". Adquiriram, contudo, má fama[21], e as vias fluviais foram deploravelmente negligenciadas, como na Índia Britânica. Com os capitais para financiamento das estradas-de--ferro obtidos na Inglaterra, mediante pesados juros, os vários modos de comunicação foram concretizados no sentido inverso de seu mérito. As comunicações pela água, vasto

---

*   O nome correto, hoje, do guaraná é *Paullinia cupania* (M. G. F.).

e econômico recurso, que deveriam ter sido empreendidas em primeiro lugar, ficarão para o último; as estradas limitam-se ao uso da mula ou do carro-de-boi; e o Império está ameaçado com um sistema ferroviário de incrível inépcia. Na Europa, a Itália é, talvez, o único país que faz explorações antes de abrir o solo. Aqui, a falta de uma comissão topográfica em larga escala, ameaçou Pernambuco de colidir com a Estrada-de-Ferro Baiana em Juazeiro e a Dom Pedro II de cortar a Mauá, e organiza-se uma campanha contra a Cantagalo e a Santos a Jundiaí. Reservarei esse importante assunto para futuras considerações.

As comunicações pelo Vale do São Francisco ainda são embrionárias. O deputado geral, Dr. Mello Franco, chamou a atenção, em 1851, para a importância do Rio das Velhas. Como se viu, aquele rio recolhe as águas da vertente norte do Planalto de Minas, cujo ponto culminante é o Itacolomi. Sua parede oriental é a Serra Grande ou do Espinhaço, e, para oeste, é ele separado do Vale do São Francisco por um longo espigão de muitos nomes. Mais tortuoso do que este último, sua declividade, até a confluência, é menor, tendo uma média, por quilômetro, de $0,3941^m$ a $0,4890^m$. Durante os meses das cheias todo o rio é navegável e, excepcionalmente, as cheias podem tornar-se perigosas durante alguns poucos dias. Em março de 1852, um respeitável comerciante português, Manoel Joaquim Gonçalves, que conheci em Januária, desceu o Rio das Velhas com três ajojos, um dos quais se perdeu. Em 1862, quando o Conselheiro José Bento da Cunha Figueiredo era Presidente de Minas, o Governo Imperial mandou fazer um levantamento, do qual foi encarregado Liais, com dois assistentes, o Tenente Eduardo José de Morais e Ladislau de Sousa Melo; e seus admiráveis mapas do Rio das Velhas e do Alto São Francisco são hoje bem conhecidos na Europa.

Essa comissão preferiu o Rio das Velhas como a via de comunicação do Império, e, segundo parece, com boas razões[22]. A abertura do Alto São Francisco constituiria um trabalho gigantesco, para o qual o País ainda não está preparado; só a Cachoeira de Pirapora custaria mais do que a remoção de todos os obstáculos importantes do Rio das Velhas. Nas trinta e quatro léguas acima desse ponto, o São Francisco tem tantas cachoeiras quanto tem seu rival, entre Sabará e a sua foz. As arestas que atravessam este último são mais friáveis e xistosas; as barreiras poucas vezes vão além de seis a sete metros no alto, e muitos obstáculos não passam de pedras soltas e bancos de areia. No São Francisco, o material é constituído pelo mais duro gneiss e arenito, e disposto horizontalmente às vezes até 40 a 50 metros. Para a descrição de outros obstáculos, tais como os das terríveis nove léguas, tão fatais à vida humana, perto de Porto dos Passarinhos, o leitor poderá recorrer a Liais. O comércio, no entanto, preferiu o São Francisco, a partir da foz do Paraopeba; acima dessa confluência, mal desce o rio cada ano uma dúzia de ajojos, e muitos barqueiros, temendo por suas vidas, negam-se a trabalhar; durante as chuvas, quando as carneiradas empurram os habitantes para o interior, as margens do rio ficam quase desertas[23].

Por outro lado, como já se viu, um meridiano, com um pequeno desvio, liga a metrópole do Império com a via de comunicação representada pelo Rio das Velhas. Sabará fica apenas a 54 léguas, em linha reta, do Rio de Janeiro; um ponto análogo no Rio São Francisco corresponderia a 90 léguas — uma diferença que tem de ser levada em toda a consideração, quando se trata de estrada-de-ferro. Essa proximidade, juntamente com a superioridade do clima, deverá impor-se aos colonizadores. Além disso, será feita ligação com localidades mais importantes, como Diamantina e Curvelo.

Liais também chegou à conclusão, creio que com toda a razão, de que as comunicações fluviais são preferíveis às terrestres. Também a esse respeito, no Brasil como na Índia Britânica, a intercomunicação das pequenas localidades não foi levada em consideração no sistema de obras públicas. As "estradas naturais", quer dizer, os piores caminhos abertos pelos pés dos caminhantes e onde jamais se viu o sulco de uma roda de carroça, acompanham tanto as margens do Rio das Velhas como as do São Francisco. Umas e outras são más, mas, habitualmente, cada uma é pior do que as outras. Mesmo na época da estiagem, a canoa é preferível, e, durante as chuvas, aquelas vias de comunicação ficam, inevitavelmente, intransitáveis. Haveria as maiores dificuldades para construir, e mesmo para conservar uma estrada para carros; e as despesas de uma estrada de Sabará a Juazeiro (244 léguas) não iriam a menos de 12.200:000$000 (quer dizer £1.220.000); o pedágio muito alto afastaria os lucros. Uma objeção semelhante pode ser levantada às estradas que permitissem o rebocamento de barcos, a sirga.

Liais divide os obstáculos do Rio das Velhas em cinco variedades: molhes de pedra ou rochedos isolados; redemoinhos com eixos verticais; bancos de areia e curvas fechadas e rasas, troncos flutuantes e troncos obstruindo o leito do rio. Embora admirando muito seus planos, não posso concordar com o sistema por ele proposto, "pour assainir la rivière": quer fazer daquele rio selvagem um Sena ou o Ródano; e minha experiência, na Índia e nos Estados Unidos, aconselha muito maior atenção à economia. M. Liais gosta muito de minas e explosões aplicadas a pedras brandas, de "suprimir" molhes de pedras ou de marcar todos os rochedos ou mesmo baixios, onde possam ocorrer acidentes. Ali "un petit travail de canalization" não é brincadeira, e, no entanto, Liais quer suprimir canais; para impedir a "échouage", quer alterar o leito do rio, mudar sua direção, retificar todas as curvas abruptas e canalizar mesmo os lugares rasos; sem dúvida, a primeira enchente restabeleceria o "statu quo ante". Muitas vezes, também, ele fala em obstruir metade do leito do rio e canalizar a outra, trabalho precário. Já me referi aos seus projetos de dragagem e construção de barragens, com ou sem enrocamento; a remoção das corredeiras iria tornar inúteis essas dispendiosíssimas obras, aumentando a corrente e estreitando o leito de onde ele se extravasa na época da estiagem. Liais pretende "nettoyer" o rio de troncos flutuantes, o que, naturalmente, seria um trabalho incessante. Para evitar o depósito dos resíduos da lavagem de ouro em Sabará e suas proximidades, Liais queria obrigar os proprietários a escavar tanques, através dos quais os riachos lamacentos passariam e depositariam a escória, antes de entrarem no rio. Na situação presente do Brasil, todavia, tais precauções seriam impossíveis; e os lucros obtidos com a mineração de ouro, segundo penso, não permitiriam aos proprietários desembolsar o dinheiro necessário a tais trabalhos. Seria preciso criar uma polícia fluvial, para impedir que troncos de árvores fossem lançados ao rio; provavelmente, os policiais seriam os primeiros a lançá-los. Finalmente, a tônica do plano é que o canal deveria tornar-se independente dos pilotos, e não oferecer perigo mesmo a um vapor mal dirigido. Creio que nem há necessidade de qualificar tal obra como impraticável[24].

Uma considerável parte do trabalho teria de ser executada em água tranqüila e pouco profunda, quer dizer, durante três ou quatro meses por ano. Para a outra parte, bastaria água de profundidade média. Durante as enchentes, de novembro a março, nada se poderia fazer. Em abril, mais ou menos, costuma, muitas vezes, haver uma pequena inundação, chamada enchente da Páscoa, que limitaria a época do trabalho a seis meses. As cheias do sistema do São Francisco são quase sincronizadas com as do Amazonas, que começam em novembro e vão até maio ou junho, sendo a maior extensão do tempo resultado das dimensões superiores. Ambos os rios têm as cheias preliminares, que serão descritas dentro em pouco, e, em ambos, as oscilações são conhecidas pelo nome de repiquete. Durante as vazantes, tem-se de contar com a doença dos trabalhadores não aclimados, que viriam de lugares distantes, atraídos pelos salários mais altos.

As estimativas apresentadas por Liais são as seguintes:

	200:000$000	Entre Sabará e Macaúbas, a fim de admitir na estiagem um calado de 0,60m. para as embarcações (um calado maior exigiria considerável aumento das despesas). Canalização de quatro trechos e "supressão" de rochedos.
	1.730:000$000	Entre Macaúbas e Jequitibá, calado de 1,25m. Dragagem, supressão de um vau, retificação de Poço Feio e remoção de rochedos.
	195:000$000	Entre Jequitibá e Paraúna. É um dos trechos piores. Para o mesmo calado.
	480:000$000	Entre Paraúna e a foz do Rio das Velhas, a melhor parte do curso; calado de 1,50m.
Total..	2.605:000$000 – (ou £260.000)	entre Sabará e a foz do rio, 120 léguas.

São os seguintes os cálculos para a desobstrução do Alto São Francisco:

	1.400:000$000	desobstrução da Cachoeira de Pirapora;
	4.100:000$000	de Pirapora à Cachoeira Grande, inclusive;
	3.200:000$000	de Cachoeira Grande ao Porto das Melancias.
Total..	8.700:000$000 – (ou £870.000)	entre Pirapora e o Rio Paraopeba, 41 léguas.

Passaremos agora ao Rio São Francisco.

Halfeld apresentou, antes um plano pormenorizado, que um mapa; carece de meridianos, paralelos e a determinação astronômica de uns oito ou dez pontos, para que possa ser considerado correto. O texto descreve cada légua do rio; mas, como as distâncias não foram conferidas por meio de instrumentos, é evidente que, muitas vezes, pode ser confundida com outra. E, como se gastou muito papel, é de se lamentar que nada tenha sido dito sobre os planos de alargamento das cachoeiras e das partes obstruídas. Esse é um dos principais méritos da publicação de Liais. O engenheiro alemão, com uma meticulosidade bem teutônica, provavelmente mediu com a corrente todas as distâncias e deve ter verificado as larguras do mesmo modo; quando o rio é muito largo, não são fornecidos algarismos. Além disso, empenhou-se em seu gigantesco trabalho apenas durante dois anos, que seriam insuficientes para verificar, com precisão, a complicada topografia do trecho de 31 léguas situado entre Boa Vista (269 léguas) e Surubabe (300 léguas).

Para os pormenores de uma "desobstrução" que converteria aquele enorme leito em um claro canal – um canal acolhedor – semelhante ao Reno ou ao Ródano, Halfeld propõe um total de 1.089:000$000 (ou £108.900). Uma considerável parte de tal despesa seria mero desperdício; remoção de rochedos, construção de diques, aplicação de faxinas, retirada de troncos flutuantes e madeiras, diminuição da rampa dos barrancos das margens, construção de cais e outros melhoramentos – tudo isso poderia ser adiado para quando começasse a navegação a vapor. Devo observar que um total de 12:900$000 (£1.290) foi destinado à navegação a vapor entre Porto das Piranhas e Vila de Piassabussu, trecho em que os vapores estão navegando desde agosto de 1867, sem que se tivesse gasto um tostão. Também merece decidida oposição a idéia de abrir um canal de 11 metros de largura no fundo do rio, estendendo-se por 72 léguas (206 milhas geográficas) de Boa Vista a Porto das Piranhas, término, atualmente, da navegação a vapor. Dificilmente se conseguiria tal coisa; o terreno é, alternadamente, arenoso e pedregoso, profundo durante as cheias e sujeito a enorme evaporação na época da estiagem. Não resta dúvida de que uma linha ferroviária com trilhos leves seria o sistema de comunicação ideal.

Em comparação com as duas estimativas anteriores, a de Martinière é econômica. A importância total prevista para o Rio das Velhas e para o São Francisco corresponde a £368.900. Ele ainda fez uma redução para 2.000:000$000 (ou £200.000); e, por essa quantia, além de desobstruir o canal, ainda inclui a construção de pontes e oficinas, barcos, rampas de lançamento de embarcações e cinco rebocadores a vapor. O projeto, porém, só abrange o trecho de Sabará a Juazeiro. Outros autores adotam os cálculos de M. Liais para a desobstrução do Rio das Velhas, acrescentando 2.400:000$000 (£240.000) para limpeza do canal entre Sobradinho e Várzea Redonda, e 12.000:000$000 (£1.120.000) para construção de uma estrada contornando a intransponível Paulo Afonso. Esse cálculo representa uma despesa total de 17.000:000$000 (£1.700.000) para uma navegação de 476 léguas (1.428 milhas).

Apresentarei, agora, minha própria estimativa, deixando claro, apenas, que não se trata do projeto de um profissional, e que não tenciono solicitar ao Governo Brasileiro o privilégio de executá-lo.

£55.000	para o Rio das Velhas;
£40.000	para remover a Cachoeira de Sobradinho e as obstruções acima de Juazeiro;
£108.000	via férrea a locomotivas para contornar as Grandes Cachoeiras, entre Várzea Redonda e Porto das Piranhas, 36 milhas (a £3.000 por milha), bitola de 66 a 81 centímetros.
£203.000	

No primeiro trecho, seriam destinadas £4.000 para vinte toneladas de pólvora, que, contudo, talvez fosse possível comprar mais barato no local. A maquinaria iria, compreendendo o transporte, a £15.500, a saber: dois grandes martelos e dois menores, e duas picadeiras trabalhando em escatel ou berço, com junta de entalhe ajustável ao pistão, £1.000; dragas para as cachoeiras, £2.000; motor de 5 H. P. montado em uma jangada, £2.500; rebocador a vapor de primeira classe, para seguir e ajudar os trabalhos, £10.000. Os salários e o sustento dos trabalhadores poderiam ser calculados em £30.000; e o restante seria para "emergências", que, nestas terras, devem ser previstas com larga margem.

O cálculo referente ao segundo trecho, tomei-o de Halfeld, que propõe gastar na correção do leito do São Francisco (240 léguas) a Juazeiro (247 léguas) a importância de 416:320$000 (£41.632). É a estimativa mais alta possível; as obras são da mais absoluta necessidade entre a Cachoeira de Pirapora (1ª. légua) e a Vila de Boa Vista (269ª.), e, como veremos quando lá chegarmos, a Natureza está ali pondo em prática sua própria engenharia.

De Vila da Boa Vista ao Porto das Piranhas, 72 léguas (216 milhas), dificilmente se pode dizer que o São Francisco é navegável. Ajojos iguais ao meu e canoas atravessam, mesmo na estiagem, as primeiras trinta e quatro léguas, entre Boa Vista e Várzea Redonda, mas enfrentando mil perigos. As restantes trinta e oito léguas (114 milhas), entre Várzea Redonda e Porto das Piranhas, não são navegáveis, de maneira alguma. O mínimo que custará uma estrada-de-ferro será £342.000; o máximo, £648.000. Se se preferir uma estrada marginal, a despesa será reduzida à metade; uma estrada carroçável custará a terça parte. Regozijo-me em saber que o Governo de Sua Majestade Imperial encarregou o conhecido engenheiro alemão, Karl Krauss, de determinar os níveis suscetíveis de ligar o Baixo e o Alto São Francisco.

Quando estiver densamente habitado, o grande vale ribeirinho, a rápida drenagem irá aumentar as enchentes e as secas correspondentes. Tornar-se-á, então, necessário construírem-se represas na artéria principal e nos tributários, sólidos paredões partindo de ambas as margens, deixando uma forte corrente no centro, e criando a profundidade suficiente da água para a navegação. Desse modo, combinando-se tais providências com a remoção das cachoeiras, os vales inferiores ficarão protegidos contra as inundações. Também as secas do inverno poderão ser evitadas, com a liberação de águas retidas em lagos e reservatórios artificiais, construídos nos rios secundários. Esse plano foi proposto para o Mississípi, cuja área de drenagem é de um milhão e um quarto de milhas quadradas, e cujos cursos navegáveis alcançam dez mil milhas. Projetos tão ousados e formidáveis têm sido propostos e em parte executados no Novo Mundo[26], enquanto os engenheiros da Europa têm um medo crônico de retificar os grandes rios e defendem a teoria de que eles foram feitos para seguir seus próprios cursos. Será apenas uma questão de tempo, o Brasil seguir o exemplo dos Estados Unidos.

A navegação a vapor do Rio das Velhas está na iminência de ser iniciada. A 25 de junho de 1867, o Presidente de Minas Gerais, Conselheiro Joaquim Saldanha Marinho, firmou um contrato com o engenheiro, Henrique Dumont, pelo qual o Governo Provincial se compromete a pagar, até 30 de junho de 1867, a importância de 4:000$000 (£400); até 15 de julho, 33:000$000 (£3.300); 19:000$000 (£1.900), quando um rebocador a vapor de 25 H. P. no mínimo chegar ao Rio de Janeiro e o restante de um total de 75:500$000 (£7.550), depois da viagem inaugural e satisfatória da embarcação. A contar de 25 de junho de 1869, o engenheiro terá dez anos para usar o vapor, depois do que o barco será entregue, em boas condições, ao Governo Provincial. Este último também assumiu a responsabilidade de solicitar a entrada, com isenção de impostos, de todos os artigos importados, tais como vapor, barcos, ferramentas e maquinaria, necessárias para limpeza do canal, ou, no caso de não conseguir tal isenção, assumir ele próprio a responsabilidade pelo pagamento de tais impostos. As desobstruções do leito terão de ser executadas de acordo com as estimativas de Liais, informando-se que uma importância correspondente a £160.000 seria destinada à execução dos trabalhos, imediatamente.

Dumont, por outro lado, comprometeu-se, sob pena de multa, a colocar, a partir de dois anos da data da assinatura do contrato, um rebocador a vapor em Sabará. O barco terá de fazer duas viagens por mês, de ida e volta (viagens redondas) na parte do rio em que a desobstrução do canal permitir, na média de dez léguas por dia. A passagem custará 1$000 por légua e o frete das mercadorias será de 0$100 por arroba[27], ao passo que os funcionários públicos só pagarão a alimentação. O concessionário obriga-se a manter o vapor em boas condições e será responsável por acidentes pessoais e perdas de mercadorias (exceto por motivos de força maior) até que a linha passe à propriedade do Governo Provincial. O rio será reformado entre Sabará e Jaguara, de acordo com os planos de M. Liais, e será tornado navegável, se a situação do erário público permitir, até sua confluência com o São Francisco[28].

Dumont não perdeu tempo. Em março de 1868, trouxe, de Bordéus para o Rio de Janeiro, as seções do "Conselheiro Saldanha" e do "Monsenhor Augusto". Os vapores são, respectivamente, de 40 e 24 H. P. e sua velocidade será de oito milhas por hora, com um calado de 25 centímetros. No começo do próximo ano, deverão entrar em serviço no Rio das Velhas. Já me referi ao "horse boat", com planos inclinados que impulsionam rodas de pás, e espero que esse melhoramento acompanhe sem demora o aparecimento dos vapores.

Já em 1865, Sua Excelência, o Conselheiro Manuel Pinto de Sousa Dantas, então Presidente da Província da Bahia, resolveu colocar um vapor no Rio São Francisco. O pequeno "Dantas", de 30 por 5 metros e cerca de 94 toneladas, foi construído por Hayden, nos Estaleiros de Ponta de Areia, em frente ao Rio de Janeiro. As chapas e o motor foram divididos em peças, numeradas, e mandadas, com um modelo e desenhos pormenorizados, a Juazeiro, por terra. A estrada, contudo, era imprópria para veículos de roda, mesmo para carro de boi; dos 346 bois utilizados, sessenta morreram em curtíssimo intervalo de tempo e o mesmo aconteceu com os cavalos. É lamentável que a ótima madeira do Rio São Francisco tenha sido preterida pelas chapas de aço, e que os ciúmes regionais, sobre os quais terei mais a dizer, tenham atrasado a execução de um grande projeto.

Nos últimos anos, renasceu uma idéia que foi sugerida, pela primeira vez, segundo acredito, em 1825, por um certo Coronel Joaquim de Almeida e que foi esquecida, desde 1832. Consiste ela em transformar-se o Vale do São Francisco na vigésima primeira província do Império[29]. O objetivo principal de tal idéia consiste em remediar os males sociais, comerciais e políticos decorrentes do isolamento das localidades da região. A única objeção que se poderia fazer seria o aumento de despesas, aliás insignificantes; esse aumento, porém, seria em pouco tempo compensado. Estrangeiros que estão, em geral, acostumados a olhar para o Brasil superficialmente, falaram-me sobre o mal de se aumentar um corpo de funcionários públicos, já excessivo. Não parecem ter atentado para o fato de que o governo altamente constitucional, que tem sido corretamente descrito como uma república disfarçada em império, precisa ser fortalecido, de maneira tão legal quanto seja possível, e as boas "nomeações" (como são chamadas na Índia) constituem a forma mais rápida e mais prática de fortalecê-lo. E, se o Brasil se mantiver fiel ao número vinte, poderá tomar emprestado de seu irmão nórdico, os Estados Unidos, um admirável sistema de "territórios", que lá são estados, e aqui seriam províncias, "in statu pupillari", educando-se para o governo autônomo.

No Rio São Francisco, onde o assunto da Província número 21 é constantemente ventilado, cada cidade, vila ou arraial está disposta e resolvida a ser a capital. As grandes rivais são Januária, no sul, e Juazeiro, no norte; ambas prefeririam, segundo creio, permanecer como estão a aceitar uma posição subalterna. Os requisitos para uma capital são muitos: posição central, facilidade de comunicações com o litoral e com o interior, clima saudável e, se possível, terras ricas e férteis. Tendo em vista tudo isso, eu concederia a palma a Bom Jardim ou a Xique-Xique.

A nova província ou território poderia abranger todo o Vale do São Francisco. O sul receberia muito de Minas, a Serra de Grão Mogol, Minas Novas, Montes Claros e Formigas, a leste; a oeste, os vales dos rios Paracatu, Éguas, Urucuia, Rio Pardo e Carinhanha. Da Bahia, tiraria as vertentes ocidentais da Serra das Almas e da Chapada Diamantina e, de Pernambuco, a parte ocidental do vale ao norte de Carinhanha. A província chegaria até a Cachoeira de Paulo Afonso e comunicar-se-ia com o mar por uma estrada-de-ferro e pela navegação a vapor que se faz agora no curso interior do rio. E, quando a população e riqueza aumentassem, poderia admitir uma nova subdivisão, em um território meridional, com Januária como capital, e um território setentrional, tendo à frente Juazeiro. Cada um deles teria cerca de 500 milhas de rio e ambos mereceriam mais as honras provinciais do que as modestas províncias de Alagoas e Sergipe, esmagadas, como anões, entre dois gigantes, Pernambuco e Bahia.

A distância em linha reta do Rio de Janeiro a Sabará é de 3° 12' 39" ou 192 milhas geográficas e o cálculo correto para a extensão de uma estrada-de-ferro é de 276 milhas. Uma parte desse trajeto, porém, seria feito pela Estrada-de-Ferro D. Pedro II. Para a navegação a vapor, teríamos 366 milhas pelo Rio das Velhas e, no São Francisco, da foz do Rio das Velhas até a Vila de Boa Vista, 792 milhas, perfeitamente desembaraçadas, com exceção de um ponto. De Boa Vista ao Porto das Piranhas, a estrada-de-ferro cobriria 216 milhas, e do Porto das Piranhas até a foz do São Francisco, situada a 10° 27' 4" de latitude sul e 36° 21' 41" de longitude oeste (G.), há 129 milhas de boa navegação.

Temos, assim, o segmento de um imenso círculo, cujo arco tem 1.779 milhas geográficas, excedendo a largura média da Rússia. Desse total, apenas 492 milhas correspondem à estrada-de-ferro e o resto (1.287) corresponde à comunicação fluvial, considerada, em geral, dez vezes mais barata.

As comunicações, mesmo por vapor, não irão aumentar a população, exceto atraindo colonos; por outro lado, do mesmo modo que a estrada-de-ferro, as ligações fluviais beneficiarão a região, reunindo e centralizando as localidades hoje dispersas e isoladas. Essa rota, de cerca de 1.800 milhas, ligará o coração do Brasil com o seu cérebro, a metrópole, e, colocando as províncias mais ricas em comunicação direta com o exterior, constituirá a mais importante medida até então tomada. A abertura do São Francisco não só beneficiará diretamente as províncias de Minas Gerais, Bahia, Pernambuco, Alagoas e Sergipe e, indiretamente, as de Goiás, Mato Grosso, Piauí e Ceará, como contribuirá, grandemente, para manter a integridade do Império.

NOTAS DO CAPÍTULO XV

[1] Os vales dos rios Amazonas e Paraguai podem ser facilmente ligados, como os do São Lourenço e Mississípi.

[2] Esse rio nasce na encosta oriental, do lado do Oceano da grande Serra do Mar, que, na parte sul da Província de São Paulo, afasta-se da costa. A etimologia é "yg", água, "cua", cinto e "ipé", lugar onde. Falarei sobre a Ribeira em um futuro volume.

[3] J. de Alencar prefere escrever "Ibyapaba". Vieira traduz a palavra por "terra aparada" e Martins a explica como: "iby", terra e "pabe", tudo. "Iby" sofre corruptelas, com freqüência; assim, o nome da célebre tribo potiguara era, originalmente, "Iby-tiva-cua-jara", os senhores da terra do vale. Segundo Brunet, da Bahia, a altitude da serra não vai além de 2.200 metros. Keith Johnstone escreve Ibiapaba, e Gardner informa que o nome português é Serra Vermelha. Halfeld escreve "Hippiapaba".

[4] A contagem das léguas por Halfeld se faz a partir de Pirapora, e ele ali coloca a junção do Rio das Velhas.

[5] V. Cap. 19, onde se falará sobre o nitrato de potássio.

6. Podemos observar, em poucas palavras, que ele corre para o norte, com uma pequena inclinação para oeste, até o Rio Urucuia (30ª. légua a partir do Rio das Velhas) nor-nordeste até Bom Jesus da Lapa (106ª. légua); para o norte, e ligeiramente para oeste até a Vila da Barra (162ª. légua). Esse curso meridional é agradável ao viajante, que sempre lamenta quando tem de se dirigir para leste ou oeste e, assim, enfrentar o sol. Depois, começa a longa curva nordeste, cujo ápice é Cabrobó ou Quebobó (278ª. légua). Dali, o rio se curva para sul-suleste e, finalmente, para suleste.

7. O Tenente Herdon dá para o Ucaiali-Amazonas uma navegação ininterrupta de 3.360 milhas. Calcula, em números redondos, as linhas de navegação fluvial para grandes navios em cerca de 6.000 milhas e supõe que, incluindo os inúmeros rios menores, a extensão iria a 10.000 milhas (p. 280).

8. O Nilo vem-se revelando, de dia para dia, maior em comprimento do que se pensava. Meu amigo, o geógrafo A. G. Findlay diz (3 de junho de 1867): "Se a nascente estiver perto da Serra Muxinga. . . o curso total terá 3.500 milhas geográficas ou 4.050 milhas britânicas, quase sem paralelo em nenhum outro rio".

9. O Professor D. T. Ansted ("Curso Elementar de Geologia, Mineralogia e Geografia Física", p. 34) atribui ao São Francisco um comprimento total, em linha reta, de 1.000 milhas terrestres britânicas e de 1.600 milhas, incluindo as curvas, calculando, ao mesmo tempo, a área de sua bacia em 250.000 milhas quadradas. Sir John Herschel ("Geografia Física", p. 188) diz: "A bacia do São Francisco inclui o distrito (?) de Minas Gerais, a grande fonte de riqueza mineral do Brasil. Inclui uma área de 187.200 milhas geográficas quadradas em extensão até sua nascente na Sierra da Matta da Corda (?)". É lamentável ver a Geografia escrita por quem atribui a si mesmo a qualidade de geógrafo. Gerber apresenta como área total das duas bacias hidrográficas na Província de Minas Gerais, 20.000 léguas quadradas (180.000 milhas geográficas quadradas) e, entre elas, coloca em primeiro lugar a do São Francisco, à qual atribui 8.800 léguas quadradas, ou 79.200 milhas geográficas quadradas.

10. Liais o coloca em 16º. lugar. Presentemente, contudo, é muito difícil calcular-se a área dos rios Zambési e Congo. Presumindo-se que o primeiro destes tenha sua nascente a 16° de long. leste e sua foz a 36° de long. leste (e se estenda entre 8° e 18° de latitude), tendo-se para um grau a média de 58.472, teremos um curso maior em linha reta que o do São Francisco. O curso do Congo ainda não pode ser calculado, no presente estado de conhecimentos geográficos; provavelmente deverá equivaler ao do Nilo.

11. O mesmo saibro foi encontrado por Castelnau no Rio Tocantins e no caminho de Goiás para Cuiabá, em Mato Grosso. Perto de Santa Cruz de Minas Gerais, ele também menciona blocos isolados de um granito que não existe nas vizinhanças. Esse viajante registra a inexistência de fósseis e acredita que, via de regra, as partes baixas e quentes do continente sul-americano são muito mais antigas que a dos planaltos derivados das cordilheiras cujas formações são dispostas com regularidade, como as da Europa.

12. Nunca ouvi alguém dizer, como no Orenoco, que "as rochas estão queimadas" (ou carbonizadas) "pelos raios do Sol" ou que "as rochas são negras onde as águas são brancas".

13. Enviei à Europa amostras dessas curiosas incrustações rochosas do Rio São Francisco. Nos poucos meses decorridos após sua remoção, a vitrificação tornou-se relativamente sem brilho, dando a impressão de que precisa ser renovada.

14. "Narrativa Pessoal", vol. II, cap. 20; Biblioteca Científica de Bohn, Londres, 1852.

15. Aquele geólogo ("Apêndice" à "Expedição do Capitão Tuckey", nº 6), baseando-se nas formações rochosas primitivas do Baixo Zaire, admite a probabilidade de que as "montanhas de Pernambuco, Rio e outras partes adjacentes da América do Sul fossem, primitivamente, ligadas às cadeias de montanha opostas que atravessam as planícies do Congo e Loango".

16. Rozière observou a Humboldt que as rochas primitivas das pequenas cataratas de Syene revelam, como as do Orenoco, uma superfície acetinada de um cinzento-escuro ou quase cor de chumbo.

17. Nas primeiras e poucas léguas abaixo da foz do Rio das Velhas, o São Francisco corre apertado entre barrancos. Depois, até Urubu, na 127ª. légua, é limitado por escarpas de cadeias de montanhas que dividem os vales dos rios secundários. Os morros isolados, tendo ao fundo as "montanhas desnudas" aparecem abaixo de Urubu.

18   Essa vasta formação de ferro não foi noticiada por M. J. A. Monlevade, que, em 1854, dirigiu-se a Diogo de Vasconcelos, então Presidente de Minas Gerais. Afirmou, então, que a Província era peculiarmente adaptada à indústria siderúrgica, contando com um clima temperado, grandes extensões de florestas virgens para fornecer carvão e quedas de água que, em toda a parte, facilitariam a aplicação de maquinaria. Os depósitos, em conjunto, continham mais ferro do que toda a Europa, levando-se em conta a riqueza da ganga, que dá 76 por cento de metal puro. Este é, principalmente, martita, ou ferro magnético quase sempre acompanhado de jacutinga, ferro oxidado, com camadas de manganês e titânio em estado arenoso. A análise feita por Percy do itabirito micáceo deu 68,08% de metal, assim distribuído: sesquióxido de ferro, 97,25%; peróxido de manganês, 0,14%; cálcio, 0,34%; resíduo, sílica, etc., 1,88%; traços de magnésio e ausência de ácido fosfórico: total, 99,61%. Recobrindo os ricos minérios, há, muitas vezes, canga, ou hidróxido de ferro, aproveitado na Europa em fornos com ventilação; é posto de lado aqui, porque rende apenas de 25 a 35%. Há, além disso, enormes depósitos de mineral, ficando cinco depósitos principais a uma distância média de 18 léguas para leste e oeste de uma outra, em linha perpendicular à direção das mesmas. As jazidas mais ricas estão associadas com ouro, que aparece, principalmente, nos morros mais baixos, encostas e vales. Os estratos metalíferos têm direção de norte-nordeste para sul-sudoeste, inclinando-se para leste; a largura é de 1/8 a 1/4 de légua, e a profundidade é desconhecida.

N°. 1. Cordilheira, começando a leste, e estendendo-se de Perto de Sacramento, Município de Santa Bárbara, Paróquia do Prata, atravessa o Rio Piracicaba, passando por São Domingos e Jequitibá; em seguida atravessa uma vasta superfície perto do Ribeirão de Cocais-Grande e, doze léguas depois, perde-se no meio das matas. A terra é coberta de mata por toda a parte, em ambas as vertentes, o solo é fértil e a água farta.

N°. 2. Tem dez léguas de extensão. Começa na fazenda do Professor Abreu, 3 e 1/2 léguas acima do Arraial de São Miguel e forma a parede esquerda do Vale do Rio Piracicaba. "Morro Aguado" (Agudo?) é o ponto culminante; fica em frente à fundição de Monlevade e atravessa suas terras na extensão de uma légua completa.

N°. 3. Com 12 léguas de extensão, começa no Capão, ao sul de Ouro Preto, passa a oeste daquela cidade, avança, passando por Santa Ana e Antônio Pereira, forma o Morro de Água Quente e a cadeia transversal do Caraça e desaparece em frente à Mina do Guarda-Mor Inocêncio.

N°. 4. Com 20 léguas de extensão, começa ao sul do Caraça, a meia légua de Capanema e estende-se para o norte, passando por Cachoeira do Morro Vermelho, Roça (Rossa) Grande, Gongo Soco, Cocais, Brucutu e Serra da Conceição, formando o Pico de Itabira do Norte.

N°. 5. Com 18 léguas, começa ao sul de Itabira do Campo, compondo-se de puro óxido de ferro, acompanha a grande Cordilheira de Curral del-Rei, atravessa o Rio das Velhas em Sabará, forma a Serra da Piedade e, provavelmente, reaparece mais ao norte, em Gaspar Rodrigues, Candonga, na Serra Negra, e em Grão Mogol — Todos lugares ricos em ferro.

Evidentemente, diz Monlevade, nada falta, a não ser estradas, que economizarão 7$000 em cada 8$000 e um imposto de importação de 25% sobre ferro importado. Alguns poucos estabelecimentos-modelo dariam ímpeto à indústria.

19   Carta Oficial. Anexa à Relação Presidencial de 1867.

20   Os nomes de peixes que não aparecem nas páginas seguintes, mas mencionados por Halfeld e pelos moradores da região, são os seguintes.

De escama:

1. Camurupim (?), pequeno e espesso.
2. Camurim-mirim e camurim-açu (pequeno e grande), branco com riscos escuros de ambos os lados.
3. Tubarana dourada e branca, peixe grande, magro no Alto São Francisco, mas muito apreciado abaixo das Cachoeiras.
4. Bagre de ouro (?).
5. Robalo, uma espécie de lúcio, comum nos rios do Brasil.
6. Pacamom e pacamom-de-couro, que, diz Halfeld, é um peixe macio, que vive na lama. Gardner descreve o pocomó como um peixe preto e feio, com cerca de 70 centímetros de comprimento e coberto de duras escamas; vive perto do fundo do rio, é apanhado com facilidade na rede e é uma boa isca, mas raramente comido

pelo homem. O pacamum do Amazonas é, de acordo com as descrições, de cor amarelo-vivo e pesa 5 quilos.

7. Sardinha.
8. Sarapó.
9. Sibeirá ou aragu.
10. Cará.
11. Pirampeba, pequeno peixe branco e preto, chato, com dentes parecidos com agulhas.

De pele lisa:
1. Niquim.
2. Cumbá.
3. Prepetinga.

Também ouvi falar do tamburé, com cerca de 30 centímetros de comprimento e tido como saboroso, do pirugi e do lambari, peixes pequenos, dos quais se extrai óleo no Alto Paraguai. O tubarão (*Squalus tubero,* Linn.) tem atacado pessoas perto da foz do rio, e ouvi falar de outro grande peixe, o meru, provavelmente um *Squalus,* que alguns dizem ser antropófago, e outros não; também é encontrado na foz de alguns pequenos rios que desembocam no mar. Naturalmente, o manatim ou peixe-boi, que representa o dinotério, a toninha do Amazonas, não existem nas águas do Alto São Francisco.

21 Vim ao Brasil disposto a acreditar em Kidder, e a lamentar com ele, quando diz: "apesar do número e do volume dos rios que correm através das regiões setentrionais e ocidentais do Império, e que acabam misturando suas águas com o Amazonas e o Rio da Prata, a não ser o Amazonas, nenhum existe, desembocando no Atlântico ao longo de toda a costa brasileira, que seja navegável em extensão considerável, a partir de sua foz". A observação *in loco,* todavia, mostrou-me que os cursos inferiores de muitos rios podem ser ligados, por meio de estradas-de-ferro de pequena extensão, aos cursos superiores, que deveriam ser aproveitados para comunicações fluviais e têm sido completamente desprezados.

22 Os habitantes ribeirinhos observam, com razão: "O Rio São Francisco faz barra (desemboca) no Rio das Velhas". A descarga do primeiro destes, na confluência, é de 446 metros cúbicos por segundo e a do outro de apenas 209. Essa proporção, contudo, não dura muito. Em Porto das Andorinhas, a 62 léguas acima da junção, o débito do São Francisco é apenas de 59 metros cúbicos, e o Rio das Velhas tem o mesmo volume a 111 léguas de sua foz. O motivo é que o primeiro recebe mais afluentes no baixo curso e o segundo no alto.

23 Todos concordam a respeito dessas febres, embora o Alto São Francisco fique acima do Rio das Velhas.

24 O Brasil já se mostra inclinado em demasia a "obras monumentais". "Les ouvriers Mineiros" diz St. Hil. (I. i. 394) "s'ils mettent de la lenteur dans leur travail, au moins ils donnent beaucoup d'attention à leurs ouvrages, et je crois même qu'ils les finissent plus que ne feraient les ouvriers européens".

25 Creio não haver precisão de observar que tal calado é de todo desnecessário. Em 1849, segundo M. Claudel, no Alto Sena, os barcos vazios tinham um calado médio de 0,27m. e no Loire e no Mosela, 0,22m. Em vários rios da França e da Alemanha, segundo Mathias e Callon, os vapores têm calados entre o mínimo de 0,36m. e o máximo de 1,26m. (Bretanha, Baixo Loire). Nos Estados Unidos, encontramos vapores de fundo chato calando 50 centímetros, e um metro de calado é suficiente para uma embarcação de alto mar.

26 Ellet, "Nos Rios Ohio e Mississípi", Filadélfia, 1853.

27 O público imediatamente começou a queixar-se dessas condições. De Sabará a Jaguara, o passageiro pagará 20$000 e cada arroba (15 quilos) de mercadoria 2$000. A mesma distância, contudo, pode ser coberta, com a despesa de 4$000, por uma mula, transportando de 6 a 7 arrobas. Naturalmente, o tempo não é levado em consideração.

28 Liais calcula que um barco empurrado com varas, com o calado de 70 centímetros, com uma tripulação de 10 homens, trabalhando 8 horas por dia, e gastando 15 dias de Sabará à foz do Rio das Velhas, poderia transportar 4.000 arrobas (50 a 60 toneladas). Atualmente, isso pode ser feito por 340 mulas e 42 homens, em 36 dias. A subida do rio exigiria o triplo do tempo e o dobro da tripulação, mas, ainda assim, representaria uma grande vantagem sobre o transporte em animais.

Por outro lado, um pequeno vapor de 20 H. P., queimando madeira, que se encontra por toda a parte com fartura, transportaria a mesma carga, trabalhando doze horas por dia, em cinco dias rio abaixo e oito rio acima, com cinco homens trabalhando no rebocador e três no barco rebocado. As despesas com a descida, incluindo o comandante e o maquinista, seriam de 100$000, e com a subida, 160$000. Dobrando-se essas importâncias, devido ao tempo gasto em carregar e descarregar a mercadoria, e acrescentando-se 100$000 por viagem, por conta do desgaste do material, teríamos uma despesa total de 600$000 para cada descida e de 900$000 para a volta. Assim, a arroba de mercadoria custaria, no máximo, 0$150 de Sabará a Guaicuí e 0$225 de Guaicuí a Sabará.

29 "Verifiquei que, em sua maioria, os homens de posição social elevada da Província do Pará ridicularizavam a decisão governamental de elevar a Comarca do Rio Negro à província, mas creio ter sido uma medida sensata... Tem-se de agir assim, para que o País possa progredir" (Tte. Herndon, 329).

CAPÍTULO XVI

DE GUAICUÍ A SÃO ROMÃO

Primeira Travessia, 24 Léguas[1].

Aspectos do rio. Arraial de Extrema. Caçada. A lontra. Chuvas do caju. São Romão. Sua história. Figueiras gigantescas. Estado atual da cidade. Aproxima-se o tempo bom.

> Montanhas vimos, campos mil patentes,
> E um terreno nas margens tão extenso,
> Que poderá ele só neste hemisfério
> Formar com tanto povo um vasto império.
> *Caramuru*, VI, 27.

Pirapora tinha sido no São Francisco meu "terminus ad quem" e agora era "a quo" — sendo o resto da viagem rio abaixo. O tempo continuava enfarruscado, em decorrência da tempestade da noite anterior, mas a atmosfera estava transparente, livre de átomos, esporos e moléculas, e o aumento da umidade, como na Inglaterra, a tornava ainda mais clara. Os livros já não se enrolavam com a seca, como no Rio das Velhas, e julgou-se aconselhável um interesse redobrado pela garrafa de quinino. Começou a soprar o vento geral, o alísio de leste, mas estávamos, evidentemente, no começo da estação chuvosa.

Quarta-feira, 18 de setembro de 1867. — Dia dos Temporais. Naturalmente, o embarque foi demorado; os novos tripulantes tiveram de se despedir dos moradores. Era meio-dia, antes que o "Elisa" pudesse afastar-se, à força de varas, da margem do Guaicuí e entrasse, de "cabeça abaixo" no grande rio[2]. Deixamos à direita a Ilha do Engenho, na qual havia uma concentração de gente; as canoas aproximavam-se rapidamente dos barrancos aluviais das margens, que se elevavam em degraus regulares; aquele lado da ilha é arenoso e abetos* crescem em suas margens.

A Ilha do Boi estende-se junto à Barra do Jatobá, um rio que vem do oeste, e verificamos ser essa a regra de quase todos os grandes afluentes. Suas águas, chamadas "seizoentes", "sezonárias" e "pestíferas", provocam as sezões, segundo dizem. Um pouco abaixo, há pedras isoladas, Pedras do Agato; os pilotos não esperavam ultrapassá-las, pois o vento contrário, especialmente durante a tarde, freqüentemente é muito forte ali, mas não ofereceram a menor dificuldade. Passando pela Barreira[3], onde havia uma roça e alguns ranchos, na margem direita, vimos grandes depósitos de canga amigdalóide revestida de ferro. Mais adiante, fica a foz do Rio Jequitaí[4], que deságua na margem direita, com

---

* Abeto é designação vulgar de duas Ginnospermas que não ocorrem no Brasil, ao menos espontaneamente. *Abies* e *Picea*. (M. G. F.)

uma largura de cerca de 500 metros, curvando-se graciosamente, sob árvores baixas. Do lado oposto, fica um ponto notável, as Pedras de Bura do Jequitaí, estratos horizontais de pedra, dos quais blocos têm sido levados ao rio pela ação das águas.

Logo que o ar se foi tornando mais escuro, procuramos um lugar para passar a noite; as horas de trabalho vão, aqui, do amanhecer ao pôr-do-sol. Os barqueiros não viajam à noite; mesmo quando a lua é cheia, não podem ver as maretas causadas pelos troncos abaixo da superfície da água. Nossos homens preferiram a desabrigada margem esquerda, onde há madeira; a direita oferece melhor proteção contra o vento leste e contra as tempestades, que vêm daquela direção. No linguajar dos moradores ribeirinhos, a última é chamada Banda da Bahia e a outra Banda de Pernambuco. Esses velhos nomes vêm do tempo em que a Capitania de Pernambuco abrangia uma parte da atual Província de Minas Gerais.

Essa parte do Rio São Francisco, e, em verdade, podemos dizer, todo o curso, é mais civilizada, mais povoada e menos pitoresca do que o Baixo Rio das Velhas; dificilmente viajávamos uma légua sem avistarmos ranchos ou roças. Apressamo-nos e às cinco e meia da tarde encostamos em uma praia de areia; subindo o escarpado barranco, chegamos a uma casinhola, cercada por uma rocinha de mandioca, bananeiras enfezadas e algodão, que parece dar bem em qualquer lugar. A casinha tinha os fundos voltados para o poente, o lado da chuva, e parecia ter havido alguma dificuldade para erguê-la. Havia um forno de olaria construído na margem do rio, um círculo de um metro e trinta centímetros de diâmetro por 65 centímetros de profundidade; um fundo de argila com orifícios, separava o fogo embaixo do material a ser queimado; essa operação parecia ser muito mal executada, tanto no que se referia a potes como a telhas. O vale do rio, na margem ocidental, é limitado, a uma distância de cerca de cinco milhas, pela Serra do Itacolomi; não podíamos avistá-la, contudo, devido ao nevoeiro. No lado oposto, fica o povoado de Olho d'Água, algumas casinholas sumidas no meio de laranjeiras e jabuticabeiras.

Naquele dia, o rio apresentou uma largura média de 400 metros, alargando-se, em alguns lugares, para 1.600 metros. Os barrancos contra os quais as cheias investem são comidos embaixo e erguem-se perpendicularmente, enquanto o lado oposto assume o ângulo natural. A altura varia de 8 a 12 metros; o material consiste de uma base de areia branca ou avermelhada, suportando tauá dura e a superfície é um humo rico, misturado com sedimentos. O abastecimento de madeira está garantido durante anos, mas a vegetação é desinteressante, depois das magníficas alamedas do Rio das Velhas. A superfície compõe-se de ondulações, em cujas depressões há alagadiços. Agora, também, começa a ipueira, que corresponde, parcialmente, ao igarapé[5], ou passagem de canoa do Amazonas e do Baixo São Francisco. Quando o braço de rio é grande, retém a água durante todo o ano e é drenado por um sangradouro ao nível da estação seca. Essas pequenas baías são grandemente arenosas; e são, em sua maior parte, dispostas perpendicularmente ao rio, e ajudando a proteger contra as águas as ondulações de terreno não atingidas pelas cheias. Em muitos lugares, há morros maciços, cobertos de mato ou não e, em ambos os lados, as divisas do vale ribeirinho estão bem marcadas, com elevações que irão desaparecer algumas léguas mais adiante.

19 de setembro. — Partimos excepcionalmente cedo, mas nossos homens são pagos "por tarefa". A margem direita apresenta material de construção em grande quantidade, arenito xistoso e argiloso em lousas horizontais; do outro lado, fica o lugar chamado Lajes, uma roça, com bananeiras e laranjeiras. Logo adiante, elevou-se diante de nós o Morro da Extrema, em forma de tartaruga, acima das inundações, bem coberto de mato e com boas benfeitorias embaixo. A pequena aldeia do mesmo nome fica no fundo de um saco, formado pela curvatura que faz o rio visando a uma projeção da margem esquerda oposta. É construída na encosta de um terreno elevado e algumas casinholas cobertas de telha rodeiam a igrejinha, consagrada a Nossa Senhora do Carmo.

Ao meio-dia, paramos, para descanso, no "lado de Pernambuco", abaixo de um lugarejo chamado Serra da Povoação[6]. A montanha do mesmo nome forma uma linha meridional de blocos isolados, paralela ao rio, raramente afastando-se dele mais de três milhas. Na Serra ou Serrote do Pé do Morro, chega até a margem; o pequeno crescente é chamado Serra do Salitre, porque há nele uma gruta com salitre e dizem que se trata de um ramo nordestino da grande Cadeia da Mata da Corda[7]. Em frente dela, a Barra do Pacuí[8] forma a habitual coroa; um pouco abaixo, à esquerda, mostraram-nos um banco de areia, onde um grupo de sete folgazões passou por uma experiência dolorosa, há cerca de oito anos. Os sete estavam voltando de uma festa em Extrema, lugarejo onde há muita pândega; a embarcação em que navegavam bateu em uma pedra e todos morreram afogados.

Passando pelo Riacho da Fome, denominação de mau agouro, porém não muito rara, ancoramos, antes do pôr-do-Sol, na foz de um sangradouro chamado da Cachoeirinha, nome de uma aldeia próxima[9]. O barranco de argila do rio tem ali cerca de 11 metros de altura e o canal, que serve de escoadouro a uma lagoa, mede aproximadamente uma milha de comprimento. O mandim havia acordado e começou a roncar, e sua fome à tarde levou os barqueiros a concluir que era sinal de chuva. Logo depois, começou a soprar um vento frio de leste, as nuvens se acumularam, e o horizonte tornou-se lívido, com o reflexo das queimadas, o que facilmente poderia confundir-se com as "weather lights" elétricas. Durante o princípio da noite, o vento soprou com mais força e não demorou a provocar uma queda de chuva, cuja demora prometia persistência.

Aquele dia nos mostrou uma quantidade de vida animal acima da costumeira. Um jacaré nos olhou da margem do rio, com o focinho curto e redondo espichado, curioso, e outro estava estendido, como morto, sobre umas pedras. Jacus gritavam no alto das árvores, oferecendo uma boa caça, mas o mato era muito espesso para a caçada, embora tivéssemos feito esforço para melhorarmos a comida. Uma grande lontra mergulhou perto de nós, e, de vez em quando, ouvíamos seus gritos, que os barqueiros comparavam às gritarias de mulheres desbocadas e a freqüentes exclamações de "Diabo!". Há duas espécies de lontra, a comum (*Lutra brasiliensis*) e a lontra grande, também chamada pelo seu nome tupi, arinhanha. Segundo dizem, esse animal atinge o comprimento de 2 metros; a cor é de um castanho mais claro que o da espécie menor e há uma curcunferência branca ao redor do seu pescoço. Talvez essa espécie é que tenha dado origem à lenda da mãe d'água; morde terrivelmente, e os cães têm medo de persegui-la, quando ela foge em cima das pedras. A lontra existe em grande parte do Brasil, sendo comum nos rios do litoral e, se a mão de obra fosse mais barata, sua pele poderia alcançar os mercados da Europa. Os moradores do São Francisco a perseguem, porque ela ataca os peixes. Vive em famílias, abre túneis na margem do rio, furando um respiradouro ou suspiro na superfície. O caçador costuma tampar ambos os orifícios, depois abre o da entrada e, quando a lontra corre para respirar melhor, é morta "ad libitum". Muitas vezes, também, são mortas a tiro nos córregos, sendo seus corpos encontrados, flutuando, depois de algumas horas. As peles têm preços relativamente elevados; não comprei nenhuma por menos de 2$000.

20 de setembro. – Dia dos Temporais, outra vez. De manhã, os barqueiros pareciam urubus durante uma chuva pesada: estavam tão desorientados, que tivemos dificuldade em evitar os troncos submersos e uma perigosa pedra submersa, que dizem ser de sílex[10]. Depois de duas horas de trabalho, passamos, na margem esquerda, o Paracatu de Seis Dedos, que Mr. Gerber localizou na direita. Os barqueiros elogiaram-no como tendo boa água (rio bonito), mas nenhum soube explicar onde ele arranjou seis dedos. Perto de sua foz, há um lugarejo e uma roça nas margens bem cobertas de mato, e o ruído da roda de engenho anunciava rapaduras e cachaça.

Uma hora depois daquele ponto, paramos para o almoço na margem esquerda do grande Rio Paracatu[11]. Sua margem direita apresenta uma ponta ou baixio que empurra a correnteza para o outro lado, e o centro é guarnecido de perigosos "chevaux de frise" de madeira submersa; o curso, curvo como uma cimitarra turca, estava pintado com o pau-jaú vermelho. Os barrancos das margens, apesar de sua altura, ficam inundados na época das chuvas e o terreno, de areia misturada com humo e argila, se eleva até o alto, onde as árvores têm sinais das águas até uma altura de dois metros. Há pouca vegetação rasteira e a superfície estava coberta de folhas mortas; é cortada, em todas as direções, por trilhos e caminhos; o gado fugiu de nós, e os carrapatos nos fizeram logo bater em retirada.

Na véspera, só tínhamos visto um barco subindo o rio, junto à margem direita. Naquele dia, encontramos dois ajojos ancorados na foz do Rio Paracatu. O seu dono, um homem robusto e saudável, cuja aparência falava bem a respeito do clima, estava levando mantimentos a Capão Redondo, um garimpo de diamantes rio acima.

Nos velhos tempos, aquele vale chegou a exportar centenas de arrobas de ouro; as lavras das margens estão esgotadas, mas o leito do rio ainda é muito rico, segundo nos informou o tal homem. Halfeld diz que, antigamente, os ativos e enérgicos habitantes ribeirinhos forneciam carne e cereais ao Baixo São Francisco, até Juazeiro, a 700 milhas de distância. Nosso informante declarou que a atividade principal da região é a criação de gado, embora a agricultura também seja praticada, e que o bom terreno de massapê pode produzir frutas em grande quantidade, especialmente mangas. Ele acabou prevendo que não conseguiríamos chegar a São Romão naquela noite, como ele provavelmente não chegaria. Naturalmente, resolvemos desmenti-lo na prática, pois já não nos lembrávamos muito das informações desanimadoras que tinham começado no Rio de Janeiro e que ali terminaram.

Depois de receber aquele "tributário formidável", o Rio São Francisco torna-se mais largo e mais raso. Às 11 horas do dia, passamos por um enorme penhasco na margem esquerda, a Ribeira da Martinha[12], que empurra a corrente do rio quase que para leste. Antes de alcançá-la, o terreno era baixo e coberto de mato espesso, como o leito antigo de um rio, possivelmente do Paracatu[13]. A Barreira é extremidade principal de uma saliência cortada pelo rio; o material é argila compacta de muitas cores, branca e marrom, cor-de-rosa e amarela, recoberta de fina camada de humus, de superfície; ergue-se quase a prumo a uma altura de 27 metros, aproximadamente, e, em sua base, adquire a declividade habitual. Depois de um comprimento total de cerca de 440 metros, ela se estreita para tornar-se canga, e termina, depois, transformada em terra coberta de mato. Abaixo dela, a margem torna-se arenosa e apresenta os ranchos e benfeitorias habituais, que indicam a aproximação de uma localidade de certa importância.

Depois dessa Barreira, o rio é uma massa de escolhos, bancos de areia e barras de areia, e a correnteza varia de 0,87 a 1,28 milha por hora. O remanso, ou correnteza vagarosa, é temido pelos barqueiros e, habitualmente, o vento geral é contrário, criando dificuldade para a navegação. Durante algumas horas, as nuvens baixas e escuras, dissolvidas pelo frio vento norte, que, nestas alturas do rio, promete uma continuação do tempo chuvoso[14], nos ofereceu uma chuva lenta e firme; começou às dez horas da manhã e durou, com intervalos, até as quatro da tarde. Sem dúvida, o ajojo não é um lugar ideal durante as "chuvas do caju", mas, por outro lado, a água vinda de cima fez cessar a ventania.

À uma e quinze da tarde, desembarcamos no estreito canal de cascalho duro entre a margem esquerda e a Ilha do Jatobá. Os barqueiros foram obrigados a tomar pé, isto é, entrar na água e nos carregar. Nesse ponto, a largura total do rio, incluindo a ilha, é de cerca de 3.520 metros e (é maravilhoso contar) Halfeld propõe bloquear o canal ocidental com "estacas e faxinas". A Ilha do Jatobá é do tipo normal, um losango alongado com os ângulos laterais aparados e contornada por areia em todas as direções, exceto onde os barrancos das margens são mais altos. Nessa época do ano, é dupla: rio acima, há uma pequena formação argilosa, bem coberta de mato, que um comprido e chato banco de areia liga a uma formação semelhante e maior, a nordeste, havendo, nessa última, alguns moradores. Mais abaixo, fica a Pedra Preta, blocos escuros com moitas de verde arindá, como no Baixo Rio das Velhas, que empurra o rio, quase que em ângulo reto, para oeste. A curva seguinte é na direção do norte e, sem muita demora, depois de 36 milhas, chegamos ao nosso ponto de pernoite.

São Romão, ou, para dizer o nome inteiro, Vila Risonha (?) de Santo Antônio da Manga e de São Romão, tira seu nome de batismo do mártir São Romão, festejado a 9 de agosto, que é, acredito, praticamente ignorado pela Igreja Anglicana. Dois exploradores paulistas, os primos Matias Cardoso e Manuel Francisco de Toledo, tendo matado um ouvidor, fugiram, com suas famílias e escravos, para o sertão do São Francisco. Não se conhece exatamente a data de tal viagem, mas supõe-se que tenha sido entre 1698 e 1707. Chegaram, assim, à ilhota que fica em frente à vila e, tendo derrotado os índios, ali ficaram durante algum tempo, prosseguindo, depois, a viagem, fixando-se, afinal, em Morrinhos e Salgado. Entre 1712 e 1713, o Bispo de Pernambuco, ouvindo dizer que os índios da região eram dos mais ferozes, mandou o Padre Antônio Mendes catequizá-los. Antes de 1720, São Romão era um julgado, pertencente à Comarca de Sabará. Pouco depois, o distrito passou a fazer parte do Município de Paracatu, cidade então recentemente criada e que ficava a 200 milhas de distância — apenas. A 16 de agosto de 1804, o Bispo D. José Joaquim da Cunha mandou para lá o seu primeiro pároco, Rev. Padre Feliciano José de Oliveira. Uma capela foi consagrada a Santa Ana e São Luís, em um lugar situado acima da confluência do Japoré com o São Francisco; essa capela foi removida para São Romão, no seu próprio dia, e passou a ser consagrada a Santo Antônio; São Romão, freguesia em 1804, passou, em 1831, a município.

Descreverei, com algum cuidado, aquele lugar esquecido por Deus, não pelo que ele é, mas pelo que virá a ser. Muitos viajantes o mencionaram[15], e quase todos que o visitaram tiveram a pior impressão possível. O último foi um naturalista mandado pelo Professor Agassiz, que se viu metido em dificuldades, por usar armas. Não há motivo para que o lugar seja tão miserável e o povo tão atrasado. Bem perto, há um local muito adequado à construção de uma cidade; a região em torno é admiravelmente apropriada à agricultura e a posição da vila é favorável, como centro comercial. Não está distante o dia, espero, em que uma boa via de comunicação passará por São Romão; em breve se tornará obsoleta a descrição dos são-romanenses que vou fazer.

Perto da vila, o rio, com cerca de 1.300 metros de largura, corre em direção ao norte e faz pressão sobre a margem esquerda; é dividido pela Ilha de São Romão, com cerca de quatro milhas de comprimento por 400 passos de largura, coberta por mato cerrado, desabitada e ainda propriedade particular. No "porto" havia uma canoa encostada e meia dúzia de outras na água; o único "estaleiro" fica no alto do barranco. Estava encostada uma boa barca trazendo a bandeira imperial. Sua tripulação, incluindo o piloto, era de sete homens, e a tonelagem de 4.000 a 5.000 rapaduras, ou seja 10.000 a 12.500 quilos de peso.

Galgamos o íngreme barranco, com cerca de 10 metros de altura, castigados pela chuva; a parte baixa era de argila amarela, misturada com sedimentos e areia por cima. No alto, tivemos uma bela impressão, uma fila de seis enormes gameleiras[16], como as descritas no Rio Tocantins. Em um ponto onde o rio vira-se um pouco para leste; ur 1 tronco caído mostra que havia uma sétima gameleira, e dois dos gigantes estão, também, próximos da morte. As duas mais ao sul levantam suas copas majestosas de folhas ovais duras e lustrosas e sombreiam o rio com uma admirável umbrela de verdura. Os troncos, em vez de ser, como habitualmente, colunas baixas e grossas, são feixes de árvores compactas, com uns dois metros de altura, e, dos ramos projetados horizontalmente, um, que não é o menor, naturalmente, media mais de 30 metros. Os pássaros tinham estabelecido colônias entre os galhos e apenas algumas epífitas haviam nascido nos troncos. Em uma das duas que estão em frente do desembarcadouro, o tempo havia escavado uma câmara, usada como moradia; a idéia deve ter tido sua origem na África Central, onde as cabaceiras bulbosas servem, alternadamente, de residência e de reservatório de água.

Logo depois daquele alto, tão bem arborizado, o terreno desce até uma depressão que fica inundada durante as chuvas e que é coberta de mato baixo; deve ser um foco de miasmas durante o recesso das águas. Esse brejo é seguido por uma elevação que corresponde à aresta que se estende paralelamente ao rio e está voltada para o nascente. Ali, fica a Rua do Alecrim, que consiste em um rancho desmantelado, de um lado, tendo em frente sete miseráveis casinholas, uma das quais, sugerindo a forma de uma caixa quadrada, com um pavimento superior, ambiciona o título de "Sobradinho". Para lá desse logradouro de nome florido, e ficando lado a lado com ele, está a Rua do Fogo, mais alta e mais seca. Ali contamos 54 casas, cobertas de telhas grosseiras, com paredes de pau-a-pique[17], levemente caiadas com tabatinga. As mais pretensiosas apresentavam tentativas de ornamentação, volutas de reboco branco em fundo azul, portas com riscos azuis e janelas com pequenas rótulas em lugar de taipais ou de um pedaço de pano. Entre elas, havia três vendas, cuja ocupação principal é vender cachaça; e o ferreiro de avental de couro faz lembrar o Vulcano aldeão da Negrolândia. As casas mais ricas têm escadas de madeira que levam aos pavimentos superiores, as mais pobres toros de madeira acima do nível do lamacento caminho, chamado rua por cortesia. Para o sul, algumas casas estavam escoradas com estacas, outras arruinadas; não poucas tinham um quarto encravado no telhado, sem paredes, que os tupis chamam copiar ou gupiara, e alguns chamam de água-furtada. Nesse lugar, o viajante pode estender sua rede e cozinhar sua comida.

Indo em direção ao norte, passamos pelo quartel, tendo dentro carabinas penduradas, e ocupado por oito soldados, que, no papel, aparecem como um batalhão. Esses pretos de quépi e túnica pareciam, no cumprimento do dever, um tanto mais bisonhos do que o resto da população; olharam com curiosidade nosso cinto de couro, mas não nos importunaram. Além do quartel, fica o Largo da Cadeia, onde um telhado, sem paredes embaixo, representa, sugestivamente, a futura prisão. O joão-de-barro construíra, zombeteiramente, sua casa nos barrotes e em não poucas das cruzes transversais, profusamente espalhadas pelo prédio.

Para além da extremidade norte da Rua do Fogo, e cercada de mato, estava a Igreja do Rosário, já em franca ruína. Virando para a esquerda, subimos a Rua Direita, um embrião de logradouro, com doze casas, inclusive a de um ferrador. Essa rua sobe, em rampa suave, do rio até um cemitério, anunciado por um cruzeiro, do qual metade dos instrumentos da Paixão fora arrancada. A cidade dos mortos tinha na frente um muro de pedras grosseiras e o resto não tinha muro de espécie alguma; a superfície estava cheia de madeira e não havia mausoléus nos túmulos.

No centro da rua principal fica a praça da nova Igreja do Rosário, um templo caiado de branco, com três janelas, um modelo de pobreza. A oeste dessa igreja, está a Rua da Boa Vista, o bairro aristocrático, com trinta casas; dali se tem uma bela vista para o rio, para a ilha, para as vizinhanças da cidade, acima e abaixo do curso do rio e para os morros baixos e azuis do lado do oriente e da Bahia. Mandei um cartão ao delegado, Sr. João Carlos Oliveira e Sá. Provavelmente, ele não conhecia aquele instrumento civilizado, pois nos deixou na chuva, até que um amigo nos convidou, da janela, a entrar, e, depois de examinar uma pasta como um corvo examina um tutano duvidoso, voltou para perto de mim, dando um suspiro. Não me conformando com a derrota, apresentei minha portaria ou salvo-conduto imperial; ele passou os olhos sobre ela e devolveu-a, em silêncio profundo. Meu desejo de obter informações já estava esfriando, quando, por sorte, apareceu um homem decentemente vestido, que não se mostrou tão desesperadamente reservado. Contei o caso em todos os lugares rio abaixo, onde os moradores elogiaram o delegado; só se pode supor, portanto, que ele tenha sofrido a má influência de São Romão.

Continuando o passeio, depois desse episódio, para o sul de Boa Vista, encontramos uma segunda igreja, Nossa Senhora da Abadia; apresenta a habitual fachada caiada, com duas janelas, com o aspecto mutilado, de um rosto sem nariz. Para oeste, ou na direção do interior, há alguns ranchos espalhados, cujos terrenos são cercados de cactos. Ali fica o terreno mais alto e mais saudável, onde a vila deveria ter sido construída; infelizmente, é muito distante do centro comercial, da margem do rio. Assim, pois, como nos nossos "centros de condenados" da África Ocidental, os homens não se moverão; preferem ver as inundações entrar por suas casas a dentro. Em certas ocasiões, enchentes excepcionais puseram todos em fuga. Em 1838, a água elevou-se, em certos lugares, a quase 2 metros acima do chão e, em 1843, a rua mais baixa ficou 3 metros debaixo da água.

As árvores espalhadas pela cidade mostram a excelência do solo. A almecegueira atinge o seu tamanho máximo. Em nenhum outro lugar do Brasil vi melhores tamarindos, natural corretivo dos males do fígado. O imbuzeiro (*Spondias tuberosa*) é uma planta magnífica; o caldo de sua fruta, misturado com leite e açúcar, produz a imbuzada, tão apreciada em Pernambuco e na Bahia. Há grande abundância de frutas, limas e laranjas, mamões e bananas. Nos lugares mais altos, crescem a mimosa e a acácia, o algodão alcança altura superior às das casas e, nas partes mais baixas, a cana-de-açúcar dá muito bem. Atrás e acima da cidade, a vegetação é a do campo, excelente para a criação de gado. Nas ruas, vimos alguns poucos cavalos; as cabras e aves domésticas apresentavam aspecto tolerável, ao passo que os porcos e carneiros não pareciam de boa qualidade. Pode-se fazer uma idéia da apatia da população pelo fato de que, embora o rio que corre diante de suas portas produza peixes excelentes, e o sal possa ser comprado a poucas léguas de distância, ou talvez mesmo retirado do chão, os habitantes da cidade comem o duro, seco e insosso bacalhau, pescado na Terra Nova.

Em 1822, Pizarro atribuía a São Romão 200 casas e 1.300 almas. Gardner, em 1840, reduziu aquele número para "não mais de 1.000 habitantes". Halfeld ("Relatório", p. 27—28) fala em 200 casas e 800 almas. O "Almanaque" (1864) atribui ao município 8.676 habitantes, 723 votantes e 17 eleitores. Segundo meus informantes, as casas, ou melhor, moradias, vão a 200 e os moradores a 450. Quando St. Hilaire escreveu[18], a "aldeia de São Rumão" monopolizava o comércio de sal entre o rio e Santa Luzia de Goiás; também exportava considerável quantidade de couro. Naqueles dias, tinha seus ricaços, o Major Teófilo de Sales Peixoto, o falecido Tenente-Coronel Ernesto Natalista Amaral de Castro, o Capitão José Jacó da Silva Silveira e outros. Uma relíquia dos bons tempos é o Padre Antônio Ferreira de Caires; sabendo que ele era um "curioso"[19], capaz de dar muitas informações sobre a localidade, fui procurá-lo, mas, infelizmente, ele se encontrava em sua fazenda, e o sacristão me garantiu que não existia Livro de Tombo ou registro da paróquia.

Há cerca de dez anos, as lavras de diamantes de Santafé[20] e do Rio Paracatu provocaram um pequeno êxodo, o que explica, em parte, a queda da população e o número exagerado de velhos, mulheres e crianças. As febres aumentaram muito; podíamos ler a palavra "maleita" escrita na tez amarela, nos corpos magros e nas fisionomias abatidas das pessoas que sofrem terrivelmente durante a retirada das águas, de maio a julho. As causas são, como de costume, alimentação inadequada, excesso de bebida, libertinagem, o hábito de levantar tarde e a imundície, não das pessoas, mas das habitações. Nesse ponto, os habitantes parecem ter herdado os costumes dos indígenas, que tomavam banho várias vezes por dia, mas deixavam suas cabanas cheias de toda a sorte de refugos.

Não tive boa impressão dos são-romanenses. Não vi, entre eles, uma única pessoa branca; constituíam um "magote" de bodes[21] e cabras[22], caboclos e negros. A classe inferior — se ela existe, nessa terra onde reina a perfeita igualdade, teórica e prática — anda em mulambos; os mais ricos vestiam-se no estilo europeu, camisas de "pufos" e coletes de veludo, mas seus cabelos escorridos e rostos chatos relembravam a origem aborígine. Eram devotos, como mostravam as cruzes de madeiras penduradas nas paredes; mal-educados, mal tinham a energia suficiente para se reunirem em grupos nas portas e janelas, os homens para observar, as mulheres para comentar o forasteiro que passava. Algumas negras velhas trabalhavam em roças primitivas, mas a rede, apesar do tempo frio, era o local preferido.

São Romão, como já disse, está situada em uma posição favorável ao comércio. Uma boa estrada, com umas sessenta léguas de extensão, sobe o vale do Rio Preto, braço setentrional do Paracatu. Um pouco além da localidade chamada Os Arrependidos, atravessa a Serra de Goiás, que não oferece dificuldades. Dali, curva-se para o norte em direção à antiga Vila dos Couros, hoje Vila Formosa da Imperatriz. Lá, há comunicação com o grande Tocantins, tributário do Amazonas, passando pelo Rio das Almas, Corumbá[23] e Rio Paranã, navegável por canoas.

Ao cair da noite, voltamos para o brigue "Elisa", acendemos o fogo, estendemos o toldo e nos protegemos, da melhor maneira possível, contra a chuva e o vento frio. Não era fácil dormir, com a barulheira; parece que ali as horas da noite são feitas

"Para o homem beber, e a mulher rabujar".

O samba e o pagode formaram um concerto com os elementos; o retinir dos instrumentos e a agudeza das vozes davam a impressão de uma verdadeira cantoria africana, de uma orgia em Unyanguruwe. Evidentemente, muitas reformas têm de ser feitas, e elas se apresentarão sob a forma de um barco a vapor.

NOTAS DO CAPÍTULO XVI

1   A palavra travessia é escrita por Koster (i. iv) "traversia" e traduzida por Jay por "traversée". Provavelmente, é uma forma de travessa, passagem. Na América do Sul Espanhola, "travessia" é uma viagem por terra. No São Francisco, a travessia, ou viagem, começa normalmente, em Pirapora e se numera em trinta léguas. Ouvi um barqueiro, quando tínhamos dificuldade em atravessar o rio, falar em "travessa braba".

2   "Navegar cabeça abaixo", no dialeto do rio, é o oposto a "cabeça acima", isto é, rio acima.

3   Halfeld a chama de "Barreira dos Índios", nome dado a um lugar mais abaixo do rio.

4   Rio considerável, com 120 milhas de extensão em linha reta, recolhendo as águas do lado ocidental da cadeia de montanhas que alimenta, do lado oriental, o Jequitinhonha. É navegável por canoas, que sobem três léguas na estiagem e 28 léguas na época das chuvas.

5   Igarapé é derivado de "yg", água, "jara", senhor (i. e. a canoa) e "ipé" onde (vai). A respeito da ipoeira, falarei mais, no curso inferior do rio, onde ela assume importância. É o que o Tte. Herndon chama "caño" no Alto Amazonas, um braço natural do rio principal, em oposição a "furo" (braço pequeno) e a "furado", um corte artificial (mas às vezes natural). Aquele viajante também observou: "Igarapé é o nome indígena de um canal ou vala, cheio da água que reflui do rio; e a expressão Paranamiri (m) – literalmente, rio pequeno – aplica-se a um estreito braço do rio principal, que corre entre a margem e uma ilha próxima".

6   Serrote da Povoação (Halfeld).

7   Assim chamada por causa de seu formato estreito e comprido.

8   Esse rio corre quase paralelo com o Jequitaí e recebe as águas do Montes Claros de Formigas. Não há minas ali, mas as terras são boas para pastagens e para a agricultura.
O pacu, segundo Castelnau é o gênero *Characinus* de Artedi e o subgênero *Curimata* de Cuvier. Seu corpo, semelhante ao da carpa, tem de 40 a 60 centímetros de comprimento, e sua carne é apreciada, sendo o pacu-vermelho considerado o melhor.

9   Há um povoado chamado Cachoeira na outra margem, a direita.

10   Os barqueiros a chamam de pedra-de-fogo ou de espingarda.

11   O Dr. Couto e outros antigos escritores preferem Piracatu (pyra-catu) ou rio do peixe bom, em oposição a Paraíba (pyra-ayba), rio do peixe ruim. Esse importante rio nasce a 2° 30' de latitude por 3° de longitude. Seu braço setentrional, o Rio Preto, atravessa, como a maior parte dos grandes rios ocidentais, a cadeia de montanhas da fronteira de Goiás, a Serra de Tabatinga, ligada à grande vertente setentrional, a Serra dos Pirineus. Na foz, ele tem cerca de 330 metros de largura, sendo a largura normal 200 metros; vinte e oito cachoeiras e corredeiras obstruem seu leito, e ele é navegável, de certo modo, na extensão aproximada de 260 milhas, até o Porto de Buriti.

12   Ou Ribanceira da Martinha (nome de uma moradora, a proprietária). Rio acima, a extremidade é a Barreira da Martinha propriamente dita; o centro chama-se Ribanceira do Amâncio José, e a extremidade oriental, ou rio abaixo, Ribanceira da Martinha.

13   Os barqueiros negam tal fato, mas o motivo alegado é que nunca viram o rio ali.

14   A causa disso é o vento frio que, depois de alguns dias de sol quente e calmaria, produz o ar úmido. O povo chama essas chuvas, que são normais em agosto, chuvas do caju, expressão que, sem dúvida alguma, vem dos índios. Dizem os moradores que a estação chuvosa só começa em novembro, mas este ano erraram de todo.

15   St. Hil. (I. ii. 428) lamenta "de n'avoir pu visiter la Justice de S. Rumão" e define o símbolo de uma "justice" como "le poteau surmonté d'une sphère". Monsenhor Pizarro já havia feito uma descrição minuciosa a respeito.

16   Os brasileiros dividem a gameleira em preta e branca, baseando-se principalmente na cor da casca. Koster (ii. 11) diz que a última é inútil e que a primeira destila, depois de uma incisão, um suco espesso, que é usado como remédio, para uso interno, no tratamento de hidropsia e moléstias cutâneas. Segundo o "Sistema", o leite picante do figo branco (Figueira-branca ou *Ficus doliaria*) é um anti-helmíntico, mas acrescenta que muitos outros figos têm a mesma propriedade.

17   Os cidadãos dizem que não dispõem de pedra, embora o leito do rio seja uma pedreira.

18   III. i. 216 e 359.

19   St. Hil. (III. i. 104) observa: "le mot curioso rèpond dans notre langue, à celui d'amateur"; mais il a un sens moins limité". No Brasil, "aficionado" é um amador, e curioso também inclui o perito não profissional.

20   Esse lugar me foi descrito como uma aldeola, com um rudimento de igreja, no Município de São Romão.

203

[21] No Brasil, "bode", na gíria, significa mulato.

[22] St. Hil. (III. ii. 272) diz que cabra é um mestiço de índio e mulato, sinônimo do "chino" peruano. Nesta região, a palavra é aplicada, como termo geral, àqueles que não são pretos nem brancos; dirigida a um homem, é um insulto pesado, mas já vi um canoeiro aplicar a expressão a si mesmo, em tom de brincadeira.

Os selvagens, segundo me disseram, davam o nome de macaco da terra aos africanos. Viajantes, no entanto, informaram que eles gostam dessa carne de macaco e que suas mulheres tinham "un goût très-vif pour les nègres". Alguns têm aconselhado, para livrar o "homem vermelho" do extermínio, misturar seu sangue com o do negro. É uma coisa verdadeiramente antiantropológica. Não há necessidade de preservar uma raça selvagem e inferior, quando suas terras precisam de ser melhor aproveitadas; e, nesse caso, a raça artificial seria ainda pior que qualquer das duas raças naturais.

[23] Homens bem informados, tanto de Januária como de São Romão, falaram no rio e arraial de Corumbá. Espero que não tenham feito confusão com outro Corumbá, o grande afluente setentrional do Parnaíba do Sul ou Paranaíba. Habitualmente, os comerciantes embarcam na Vila das Flores, ou Paranã, ou Paraná (St. Hil., Parannan), cabeceira oriental do Tocantins. Afirma Castelnau (ii. 106): "Le Parana peut être descendu en canot jusqu'au Pará". Meus informantes descreveram o rio como muito "bravo" acima de São João da Palma, na confluência do Araguaia, ou grande junção ocidental, e alguns gastaram seis meses subindo-o. Por isso, dizem, mercadorias que custam 0$700 no Pará, à beira-mar, são vendidas na Vila das Flores a 5$000, e uma garrafa de vinho, comprada por 0$500, passa a valer 4$000.

CAPÍTULO XVII

DE SÃO ROMÃO A JANUÁRIA

Segunda Travessia, 26,5 Léguas

"Ilhas do Vapor". O Rio Urucuia. Arraial das Pedras dos Angicos. Quixabeiras. O Rio Pardo. Proximidades da Cidade de Januária. Vegetação no Arraial de Nossa Senhora da Conceição das Pedras de Marim da Cruz. Porto do Brejo do Salgado. A atual Cidade de Januária. Sua história e situação presente. Perigo de ser arrasada. Recepção. Furto. Civilidade do Sr. Manuel Caetano de Sousa Silva. O pequizeiro. Missioneiros e missionários. Passeio a Brejo do Salgado. Situação real. Lenda romântica sobre a origem do povoado.

> ... outro se engrossa
> De São Francisco, com quem o mar se adoça.
> *Caramuru.*

Sábado, 21 de setembro de 1867. — A chuva, caindo incessantemente, tinha reduzido os homens, de certo modo, a um estado de hibernação. Depois de enfrentarmos dificuldades na partida, seguimos a longa linha de baixios e ilhotas. Em alguns lugares, avistávamos, ao mesmo tempo, até seis bancos de areia; todos eram de material finamente joeirado, sem o cascalho das coroas do Rio das Velhas. Depois de passarmos pela Roça de Porto Alegre e outras roças[1], chegamos ao primeiro de muitos de um tipo de acidente geográfico que iríamos encontrar até Remanso: é um banco comprido e estreito de areia dura, alteado nas duas extremidades, com o formato semelhante ao de um vapor fluvial dos Estados Unidos; em muitos lugares, o mato formava as rodas do "vapor" e os estratos de rocha, a linha de flutuação. Pusemos nomes nessas ilhas de "ilhas do vapor" ("Steamboat islands"). A vegetação era, geralmente, verde-amarelada, devido à falta de húmus.

Um vento de frente, empurrando nuvens leves e azuladas nos levou para a margem direita. O mercúrio marcava 71° F., mas tremíamos de frio; tal é o efeito do movimento do ar, que parecia zombar de um sol quase a pino. Recolhendo o toldo, avançamos mais depressa para a foz do grande Rio Urucuia[2]. A margem direita é coberta com uma vegetação verdadeiramente magnífica; pela primeira vez, apresentava-se a caraíba de flor roxa, uma árvore alta, com flores cor de lilás, que, dali para diante, se tornou comum, e ali observamos que todos os grandes afluentes ocidentais aumentam, com suas águas, o volume do rio. A foz do Urucuia tem cerca de 105 metros de largura e, atrás da mata, a margem baixa de argila amarela é coberta apenas de arbustos.

Uma casa caiada de branco, agora uma novidade, apareceu do lado baiano, e, logo depois, seguimos à esquerda da Ilha do Afunda, que quer significar que ali as águas são profundas; a ilha se compõe de areia pura, amarela, facilmente fusível. A parte superior da ilha é argila, coberta por diversas vegetações. Seguimos, depois, pelo meio do rio, passando pela segunda Afunda[3] e, depois de onze horas de dura e incômoda, tediosa e monótona navegação, ancoramos em uma praia da margem esquerda.

22 de setembro. — O vento norte que soprara furiosamente durante toda a noite, cessou ao amanhecer, e partimos com alegria. As margens eram achatadas e, em certos lugares, com magníficos canaviais e algodoais, mas, em geral, apresentavam matas de segundo crescimento, onde tinha havido esplêndidas florestas. Passamos, na margem esquerda, pela foz do pequeno tributário Acary[4] e encontramos outro alto rochedo branco, com cerca de uma milha de comprimento, dividido em duas seções, a Barreira do Índio (do Honório, Halfeld) e a Barreiba Alta. Ali notamos a abundância do angico-preto, uma acácia* que, naquela parte do rio, tem a copa muito feia; sua madeira é seca demais para ser usada, mas a resina é empregada como remédio nas doenças do peito; a casca do tronco contém muito tanino e a cinza, potassa.

Mais ou menos ao meio-dia, atingindo 16° de latitude sul, chegamos a um novo tipo de acidente geográfico, "As Pedras" (dos Angicos), e desembarcamos na margem direita para observá-lo. Uma parede de cerca de 14 metros projeta-se de uma depressão rasa, de frente para oeste, e empurra o rio para noroeste, prolongando-se por cerca de uma milha rio abaixo e termina em uma depressão mais funda, a nordeste da pequena povoação. O afloramento é, evidentemente, a base de uma elevação de terreno observada a leste. O solo perto da água é de pedra calcária azulada e dura, do tipo que apresenta efervescência quando submetida ao ácido muriático; acima, fica um estrato de argila xistosa laminada, friável, revestida de um calcário mais azul, com deslocamentos, blocos quebrados e faixas horizontais, variando em espessura de 7,5 centímetros a pouco mais de um metro. Gotas de água aparecem nas lajes expostas do alto, que fica sempre a dois metros acima da água e que, em certas partes, é revestido e de argila ferrosa, ao passo que há uma pequena porção de conglomerado de quartzo ligada a um bloco. Aquele é um dos muitos lugares suscetíveis de fornecer admirável cimento hidráulico.

Na margem do rio e na povoação, vêem-se várias quixabeiras, belas árvores, muito copadas, cujas flores aromáticas e cuja sombra perfumada atraem multidões de abelhas[5]. A capelinha de São José, padroeiro da localidade, fica a cerca de 3 metros acima do nível das cheias, e ainda conta com alicerces de pedra. Caminhando pela arenosa rua, perpendicular ao rio e mostrando sinais de calçamento, encontramos a habitual depressão paralela ao barranco, que fica periodicamente coberta pela água. No solo de terra solta, o algodoeiro, que é uma planta essencialmente amante do sol, cresce mesmo sem cuidados, atingindo 5 metros de altura e a mamoneira atinge 6,5 metros. Na Rua do Rio, cujas casas e ranchos eram superiores às de São Romão, apareceram três vendas, com homens sentados fora do balcão ou se utilizando deles como mesas para jogo de cartas. Dois sapateiros e uma loja de secos parecem estar fazendo bons negócios. Ao sul da povoação, havia três canoas, vendendo boas melancias. Embaixo de um velho angico, de tronco coberto de musgo, estava a estrutura de uma barca, solidamente construída de cedro[6]. Na margem norte, lavadeiras faziam seu serviço, enquanto seus filhos nadavam perto ou brincavam com carrinhos com rodas de uma só peça, algumas com 45 centímetros de altura. Cavalos e mulas descansavam, depois de terem sido transportados através do rio, e uma pequena tropa apareceu na margem oposta. Isso explicou imediatamente a prosperidade e a civilidade do lugar. O delegado mandou imediatamente providenciar acomodação para nós. O

---

* É uma Leguminosa, provavelmente do gênero *Piptadenia*. (M. G. F.).

arraial comunica-se com o Rio Acary, onde, a uma distância de dez léguas da foz, há mineração de diamante. São José das Pedras dos Angicos tem, atualmente, 95 casas e uma população de 500 almas; saímos de lá convencidos de que lhe está assegurado um próspero futuro.

Prosseguindo viagem, debaixo de um sol causticante, passamos, logo adiante, na margem esquerda, pela Barra do Acary[7], que abre caminho através de uma coroa de areia. Abaixo de sua foz, há três "ilhas do vapor" do mesmo nome e a Ilha do Barro Alto, coberta de verdura. Em seguida, vem a foz do Rio Pardo[8], com cerca de 45 metros de largura; ali começam os magníficos capões de cedro, vinhático e bálsamo, encontrados em todos os rios e córregos. Passamos a noite do outro lado desse ponto. A atmosfera tornara-se úmida e tropical, como a das Índias Ocidentais e, pela primeira vez, desde que tínhamos saído do Rio de Janeiro, deixamos de usar cobertor. Não é preciso dizer que nos lembramos com saudade da encantadora paisagem do Rio das Velhas: o ar claro, límpido e rico em oxigênio, o esplêndido cenário das florestas nas margens desertas, a música das aves e de outros animais, mesmo o ruído das cachoeiras e das corredeiras, e a alegria da Natureza em geral.

23 de setembro. — Depois de uma hora de viagem, apareceu o Barro Alto, um barranco de argila branca na margem direita, onde o rio forma uma espécie de baía. Desembarcamos um pouco abaixo, na foz de um córrego chamado Braúna; ele se estende de sudoeste para nordeste e termina no que se chama uma "batida", uma margem baixa, de areia, coberta de lama. Ali encontramos a verdadeira formação diamantina, o cativo, o siricória, de fato todos os sintomas, mas não a pedra preciosa. Esses sinais aparecem, sem muita continuidade; dizem que são, aparentemente, arbitrários, isto é, a fonte de onde se originam ainda não foi investigada.

Para além desse ponto, o rio apresenta, na margem esquerda, grande quantidade de pedras; à direita, no fundo de uma paisagem pobre, ergue-se, no céu azul, a Serra do Brejo[9], que, vista daquele ponto, aparece como um monte de lombada cônica e cortado, erguendo-se abruptamente entre árvores e areias. A estibordo, passamos o Riacho do Peixe, perto de cuja foz fica a fazendinha de um colono alemão, Dr. Otto Karl Wilhelm Wageman; mais adiante, está o Riacho dos Pandeiros[10], cujo curso sinuoso permite a navegação de canoas, na extensão de cinco léguas, aproximadamente; quase em frente, está o Riacho do Magaí. O limite setentrional do Município de São Romão apresenta, na foz, um bosque de árvores magníficas e um pouco abaixo, um grande leito de cascalho. Em frente, eleva-se a notável montanha achatada, chamada de Itabiraçaba, que deu Piaçaba[11] por corruptela; a expressão é traduzida por "monte de fogo". Estávamos, evidentemente, aproximando-nos de um lugar importante; a vegetação primitiva desaparecera, as casinholas eram caiadas e cobertas de telha, e os moradores ofereciam peixe para vender.

Depois de alguns acidentes sem grande importância[12], chegamos a um lugar que vínhamos avistando desde muito tempo, sob a forma de uma linha confusa na margem direita, e subimos uma série de degraus, escavados pelas águas ao baixar. O leito, ali, é de bela pedra calcária branca, com pouco mais de 3 metros de espessura. O lugar é chamado Nossa Senhora da Conceição das Pedras de Maria da Cruz, e a primeira edição da capelinha foi construída em 1725, mais ou menos, pelo paulista Miguel Domingos, depois da derrota no Rio das Mortes, de 1708. Seu adro, construído sobre um outeiro, é forrado de bom ladrilho e dele se divisa uma vista magnífica. O rio, interrompido por bancos de areia e ilhas, faz uma bela curva de sudoeste para oeste e, naquele ponto, vira-se quase para o norte. A ondulada margem em frente é coberta de árvores imensas e, a cerca de oito milhas de distância, o horizonte é fechado, para o lado do poente, pela Itabiraçaba, de formato esquisito, erguendo-se muito alta acima de sua cordilheira.

A população do povoado está espalhada em casinholas de pau-a-pique, forradas de telhas ou de sapé. Algumas mulheres, que trabalhavam com renda de bilros, não estavam vestidas com muita decência, e na margem do rio havia uma jovem amarela, de seio descoberto, como se estivesse na Baía de Biafra. Todas, porém, eram mais ou menos escuras, e ali, como alhures, a cor escura simula as vestes. Cabras andavam soltas pelo mato, parecendo apreciar muito as suculentas folhas dos gigantescos crótons* que atingem um tamanho anormal. Essa *Jatropha curcas*[13] de muitos nomes fornecia o pavio para os lampiões de Lisboa e assim, durante certo tempo, evitou que a população de algumas das Ilhas de Cabo Verde morresse de fome. Seu "habitat" é amplo. Tenho-o visto em altitudes que variam do nível do mar até 1.000 metros de altitude. Os negros da Guiné empregam como remédio as sementes verdes, juntamente com a polpa; a dose, creio, é a quarta parte de um coco, misturado com água, que é bebida[14]. Doses de meio dracma costumavam ser ministradas no Brasil, mas o "medicamento" foi posto de lado, como purgativo perigoso ou mesmo fatal. Quando a chuva começa, nasce por toda a parte uma linda flor cor-de-rosa, muito parecida com a prímula, solitária, com uma haste fina e frágil, com cerca de 35 centímetros de altura; o povo a chama de cebola-brava e afirma que o gado não a toca[15]. Nos barrancos mais altos, onde não chegam as enchentes, crescia o juá, *Solanácea,* que ainda trazia os frutos enegrecidos do ano anterior; o cactos órgão; a pitombeira (*Sapindus edilis*), árvore grande, de fruto comestível; o pingui, aqui chamado em imbaru, e a copada aroeira de Minas, também chamada capicuru. Esta última se parece com a *Melia azadirachta*** do Industão, mas as folhas não são amargas.

Avançando para o norte e curvando um pouco para nordeste, vimos, a grande distância, uma capela caiada de branco e três grandes sobrados. À esquerda, ficava a Ilha do Barro Alto, uma comprida "ilha de vapor". Fomos obrigados a contornar bancos de areia grandes e chatos, antes que pudéssemos chegar a Porto do Brejo do Salgado, pois o canal acima da localidade não dava passagem sequer para o nosso ajojo. Este é a localidade mais importante do Alto São Francisco e sua única rival é Juazeiro, que fica a 190 léguas rio abaixo. O local é um chapadão na margem esquerda, distante quatro ou cinco léguas da Serra do Brejo, que se avista no horizonte, estendida para o noroeste e o norte. Um certo Maciel, do qual voltarei a falar, construiu ali uma capela de tijolo e cal; moradores se ajuntaram em torno, e o Bispo de Pernambuco mandou para lá um cura, o Padre Custódio Vieira Leite. A povoação principal, contudo, ficava mais para o interior, no sopé da montanha, e o lugarejo na margem do rio tomou o nome de Porto do Brejo Salgado, abreviado para Salgado. Naturalmente, as duas localidades eram rivais e inimigas. Em 1833, o Porto tornou-se Vila de Januária, em homenagem à irmã do Imperador reinante; em 1837, a honraria foi transferida para a povoação do interior; em 1846, devolvida para o Porto; em 1849 mais uma vez atribuída ao Brejo e, finalmente, em 1853, voltou a ficar com a localidade ribeirinha[16]. Esta última argumenta que a localidade do pé da serra fica muito longe do centro comercial; a outra replica que, pelo menos, não corre o risco de ver até os seus santos arrastados pelo rio. O município, que é grande, e abrange grande extensão de terras incultas, conta com cinco distritos, a saber: o da Cidade e os de Brejo, Mocambo[17], Morrinhos, São João da Missão e Japoré, o último distante cerca de 20 léguas da sede.

Lutamos seriamente contra a forte correnteza, que apresentava sinais de uma cheia incipiente. Passamos pelo alto sobrado do Capitão José Eleutério de Sousa, que tem na

---

* No original está realmente escrito crótons, mas trata-se, sem dúvida do pinhão-de-purga ou pinhão-do-paraguai (*Jatropha curcas*). (M. G. F.).

** *Melia azederach* é o nome científico atualmente válido. É planta melífera, de nomes vulgares santa-bárbara e cinamomo. (M. G. F.).

frente uma dúzia de palmeiras altas e curvadas pelo vento e uma rampa coberta de capim-uçu que chega até o rio. Esse capim tem um brilho metálico, como de um arrozal novo. Não é destruído pelas inundações e serve de alimento para o gado. O porto é formado, nessa época do ano, por dois bancos de areia em frente da margem esquerda. Foi sugerida a sua remoção, mas as melhores autoridades concordam que eles protegem a margem, em direção à qual se forma uma forte ondulação, durante as chuvas. O rio tem, nesta época do ano, mais de 1.000 metros de largura e o peso da água não provoca mais dano que a lavagem superficial. Não será fácil salvar a localidade; há cerca de vinte anos, metade da Rua do Comércio transformou-se em leito do rio. Foram fincadas algumas estacas, para medir as cheias, e uma paliçada de troncos de árvores defende o barranco de argila arenosa que dá acesso ao rio, muito perto do qual, em posição extremamente vulnerável, há uma fileira de casas baixas, caiadas de branco e com telhados vermelhos. O perigo principal é acima da cidade, onde um pequeno canal admite um vasto afluxo de água das cheias. Ali seria fácil construir um daqueles diques com que bloqueamos o Indos, perto de Hyderabad[18].

Encontramos no porto um certo número de canoas e oito barcas movidas com as varas habituais. A praia, como a margem do rio é chamada, imediatamente trouxe-me ao espírito um mercado africano, e a cantoria monótona dos negros medindo feijão não concorria para diminuir a semelhança com cenas do distante Zanzibar. Mulheres, aqui mais numerosas do que os homens, lavavam roupa no rio, ou andavam abaixo e acima, carregando potes de água; os meninos, mais que seminus, catavam pedaços de madeira ou pescavam. Os escuros barqueiros, vestidos de coletes sem mangas (jaleco ou camisola) ou saiotes da Costa da Guiné passeavam ou, estendidos no barranco, brincavam com lindas araras[19], que tinham trazido rio abaixo e cujas penas brilhavam ao sol. Em um nível mais elevado do terreno, estavam plantadas sete barracas feitas de uma armação de madeira, cobertas de couro, onde os negociantes que não se dignam de alugar uma casa trocam sal e panos por mantimentos e produtos semelhantes.

Chegando à cidade, mandei meu cartão e as cartas de apresentação ao Tenente-Coronel Manuel Caetano de Sousa Silva. Januária mostrou sua civilidade reunindo-se para nos examinar com extrema avidez. Um rapaz muito bêbedo, com dentes pontiagudos como os dos felinos — aqui muito em moda — chamou Agostinho de "moleque", o que é uma ofensa grave para um escravo que não é mais menino, provocando uma "briga" sem violência. Outro nos furtou um "Livro de Campo do Engenheiro" e quis vendê-lo a um português, que, imediatamente, nos devolveu o livro. As autoridades policiais não tomaram conhecimento do furto, talvez porque o ladrão estava meio embriagado, e consolaram-nos com a lembrança de que poderíamos esperar ser muito furtados rio abaixo. Tal não se deu, contudo; Januária foi o único lugar onde se fez uma tentativa semelhante.

Não tardamos a nos livrar de tal situação pelo Sr. Manuel Caetano, que, acompanhado de alguns amigos, nos convidou a visitar a cidade. Gostei muito da vista do alto do barranco da margem. Para oeste, os montes arroxeados estavam desmaiados como nuvens flutuando sobre um mar de névoa rosada, o último esforço do dia. Em frente, fica o vale do rio, tendo pelo menos doze milhas de largura, e sugerindo uma vasta expansão das águas, durante as cheias. Cerca de duas léguas de distância, ergue-se o Morro do Chapéu, com a forma curiosa de um barrete frígio; é um contraforte de um longo paredão quebrado, que se estende de nordeste para sudoeste, até onde se pode avistar. Essa Serra dos Gerais de São Felipe é excepcionalmente rica, e abastece o rio de toucinho, fumo e farinha de milho. Seus pontos de destaque são o Pico do Urubu, que, visto do ponto onde estávamos, parecia uma pirâmide regular; a Serra das Figuras; o Morro da Boa Vista, em forma de mesa, e três cabeços arredondados, chamados os Três Irmãos.

O templo de Nossa Senhora das Dores é mais uma capela do que uma igreja e, às vezes, segundo disseram, tem-se apanhado peixes dentro dela; o prédio tem na frente um alto cruzeiro, rodeado por um diminuto terreno quadrado, fechado por um murozinho baixo. Do outro lado da cidade, fica a Igreja de Nossa Senhora do Rosário, derrubada pelo vento e ainda não reparada. As ruas são cobertas de areia, e, em certos lugares, há trechos de passeio, feitos de lajes da pedra calcária azul de Pedras dos Angicos. As árvores exigiriam um terreno menos pobre; cada casa tem seu quintal, murado ou cercado de estacas, mas a árvore maior é o mamoeiro e uma palmeira chamada "gariroba"[20]; é alta, com um tronco marrom-escuro, copa pequena e fruta comestível, do tamanho de um ovo, aproximadamente. As ruas são retas, mas, como de costume, muito estreitas; seus nomes são cuidadosamente escritos nas esquinas, mostrando que a Câmara Municipal cumpre o seu dever, e as casas são numeradas. Na Praça das Dores, fica a cadeia, com janelas gradeadas, onde as sentinelas e guardas se refestelam, e, perto, fica o modesto prédio da Câmara. Há grande necessidade de um hospital; vimos muitos aleijados nas ruas.

O total das casas deve andar em 700, das quais pelo menos uma quinta parte é constituída por vendas. Em 1860, o ano da fome na Bahia, a população chegou a 6.000 almas; cinco anos depois, caiu para 4.000 e agora deve andar por umas 5.000, incluindo os escravos. Há algum tempo, os cativos estão sendo mandados para o Rio de Janeiro e, ainda bem recentemente, saíram de lá trinta cabeças. A cidade é sustentada pela corretagem e pelo comércio. Os "quatro-mãos"[21] dos arredores trazem-lhe muito pouco algodão, uma certa quantidade de rapaduras e cachaça, excelente fumo e gêneros alimentícios, especialmente arroz e mandioca, plantados nos tabuleiros que ficam além do vale do rio. Boas canoas do melhor vinhático e tamboril[22], com mais de 39 metros de comprimento, custam em Januária 100$000 e são mandadas rio abaixo, onde há falta de grandes troncos de árvores. As importações se fazem principalmente via Juazeiro, que os habitantes colocam à distância de 220 a 240, e não de 190 léguas; consistem sobretudo de secos e sal. Quem não visitou o interior do Brasil não pode fazer idéia da necessidade desse tempero para a prosperidade. O sal tem de ser dado a todos os animais domésticos, ao gado vacum, muar e suíno; os animais "lambem" todos os lugares que parecem suprir a falta de sal e até mesmo mastigam ossos, para encontrá-lo. Sem o sal, os animais adoecem e morrem; na realidade, aqui o deserto pode ser definido como um lugar onde não há sal. Um sucedâneo popular é constituído pelo óleo e pólvora, e mesmo isso é melhor do que nada. Em 1852, um carregamento de oito arrobas, transportado por mula, vindo do Rio de Janeiro (200 léguas)[23], via Diamantina, custava 45$000; atualmente, custa de 15$000 a 16$000 por arroba, quase três vezes mais. Por conseqüência, a capital só exporta "quinquilharias" e "artigos de luxo". A Bahia (186 léguas) fornece couros e sal, louça, munições e ferragens; o preço do transporte varia de 12$000 a 14$000 por 16 quilos. Goiás, assim como as terras dos Gerais[24] de ambos os lados do rio, fornecem gado e mantimentos, doces e queijos e um pouco de café e algodão; algumas daquelas terras produzem uma pequena quantidade de trigo. As "fortunas colossais" diz o "Almanaque", "são raras", mas há homens que têm mais de £4.000 e o dinheiro rende, com segurança, de 24 a 36% ao ano.

Nosso anfitrião era um destacado "liberal", que preferiu a política ao comércio ou à agricultura; tornou-se conhecido na região por uma generosidade maior que a habitual. Ofereceu-nos as novidades de absinto e conhaque, obrigou-nos a jantar com ele e pôs sua casa à nossa disposição. Para ter mais liberdade, preferi o ajojo, também para escapar da gritaria das crianças, que, no Brasil, formam a música doméstica, terrivelmente persistente. As mães, desconfio, sentem um prazer físico em ouvir a barulhada da prole, os pais não se opõem e, assim, os músicos jamais são castigados. Na verdade, seríamos considerados como "brutos", se nos opuséssemos a perder uma noite de sono, quando o corretivo poderia ser ministrado em um segundo. O único lugar, acredito, onde as lamentações das mulheres e o choro das crianças são silenciados é na Ilha da Madeira.

O Sr. Manuel Caetano convidou-nos para visitá-lo em sua fazenda, onde tencionava dormir e prometeu-nos mandar animais ao amanhecer do dia seguinte, mas, pelo que parece, o dia nasce em Januária depois de 9 horas da manhã. Nós, portanto, partimos a pé, guiados por Cândido José de Sena, ex-professor de primeiras letras. A estrada segue para o norte, através de um tabuleiro inundado, que parece destinado a desaparecer, e uma linha de nevoeiro mostrava o Córrego Seco, que precisa de um dique. Durante as chuvas, ele extravasa, e depois só conserva poções, freqüentados pelas lavadeiras. Na frente e um pouco à esquerda, fica a montanha em forma de mesa, que já foi escalada a cavalo; no sopé da mesma, está a fazenda do Capitão Bertoldo José Pimenta, e, perto do cume, há um poço natural, segundo dizem.

Depois de caminhar uma milha, chegamos a uma subida, e trocamos a areia branca por um solo avermelhado, rico de húmus. Esse terreno não foi atingido nem mesmo pela inundação de 1792–1793, quando a água se elevou a 13 metros acima do nível do rio. Em 1843, houve outra inundação, quando um surubim foi pescado na igreja, seguida por uma terceira, em 1855. Em 1857, os habitantes da cidade refugiaram-se naquele terreno, e passaram vários dias divertindo-se com piqueniques. É chamado Pequizeiro[25], devido à abundância que ali havia, antigamente, daquela árvore silvestre, e tornar-se-á, provavelmente, a margem esquerda do Rio São Francisco. Sem dúvida alguma, é, mesmo agora, o ponto mais adequado para a localização da cidade, que uma linha de trilhos de madeira ligaria facilmente ao porto; a atmosfera é mais fresca e mais saudável, há fartura de água e de material de construção e as terras de suas proximidades, de solo vermelho e solto, são excelentes para o cultivo de algodão e da cana-de-açúcar.

Cabanas dispersas estão surgindo em torno do Pequizeiro, onde foi construído um novo cemitério. Nosso anfitrião mandou abrir um rego, para fornecer água aos construtores, e o lugar está repleto de adobes e belas lajes de pedra calcária azul. Um alto cruzeiro de cedro sustenta uma cruz menor e a inscrição "Salus. P. R. G. C. 1867". Esse cruzeiro foi erguido, recentemente, por Fr. Reginaldo Gonçalves da Costa, vigário destacado para uma campanha missionária, afastando-se de sua paróquia, perto de Montes Claros, pelo Bispo de Diamantina. Arrecadou um cobre dos pobres e um tostão dos ricos. Cerca de 6.000 almas, em sua maior parte femininas, encheram a planície, enquanto ele exaltava o Pão da Vida, e os fogos de artifício com que terminou a jornada pareciam um vulcão, segundo me disseram. Januária foi, recentemente, visitada por um espanhol, convertido, pervertido ou divertido, a soldo de uma certa Sociedade de Distribuição da Bíblia. Quando estive lá, ele havia partido, para puxar brasa para a sua sardinha no Rio de Janeiro, e confiara a um português o encargo de converter, perverter e distrair. Os padres de rio abaixo ficaram profundamente escandalizados com a distribuição de "Bíblias falsas", e não pude deixar de concordar com eles, sabendo como, nestes países, o espírito popular se deixa conturbar por questões de somenos importância. Certamente, chegará o dia de protestantizar o mundo, quando ele tiver sido cristianizado. Do mesmo modo, o missionário[26] e o missionário, o jesuíta e a Igreja Anglicana perderão seu tempo na Abissínia, cuja igreja data do século III e, sem dúvida, se assemelha muito mais à forma primitiva que as igrejas de Roma ou de Londres. Alguns massacres constituíram o resultado direto e uma campanha abissínica, o resultado indireto de uma misericordiosa interferência. Enquanto isso, até bem recentemente, os enfeitados galas têm sido deixados em pleno gozo de seu selvagem fetichismo.

"Revenons!" Depois de uma caminhada de quatro milhas, chegamos a uma admirável plantação de mangueiras, talvez as mais belas que eu já havia visto no Brasil. As árvores se alinhavam nas proximidades da propriedade de nosso anfitrião, a Fazenda de Santo Antônio do Brejo do Salgado. Fica à margem direita do Rio Salgado, que nasce em uma bela planície, a Fazenda de Caraíba, e deságua no São Francisco, um pouco abaixo da fazenda, à qual deu seu nome. No ponto em que estávamos, ele atravessa o Boqueirão, uma garganta na Serra do Brejo, onde adquire um gosto salobro, que faz supor a existência de salitre. Quando a inundação da artéria principal bloqueia a sua foz, pode ser subido por canoas, mostrando que o seu leito poderia ser transformado em um canal. O povo evita beber sua água, por ter efeito laxativo muito acentuado; e, depois de usá-la, os forasteiros devem compensar o efeito com uma laranjada feita de laranja-da-terra, doce, descolorida e medicinal[27]. Em dois anos, sua água depositou, na calha de madeira que alimenta o engenho, uma camada de material calcário com cerca de 7,5 centímetros de espessura. Seu cálcio e seu sal dão uma maravilhosa fertilidade ao seu pequeno vale, o lugar mais rico que já havíamos visto no Rio São Francisco; e, durante toda a viagem, vimos poucos que a ele se pudessem comparar.

Entre as mangueiras, reconheci, por sua coroa de folhas, um velho amigo de outro hemisfério, chamado coqueiro-da-praia. Era uma espécie alta e robusta, *Cocos nucifera,* carregada com dezesseis cocos. Essa árvore existe em abundância na costa, do Rio de Janeiro ao Pará[28]; a não ser, contudo, nas margens dos rios, não frutifica nas regiões interiores, o que justifica a crença popular de que precisa do ar marítimo. Ali, a distância ao Atlântico era de 350 milhas em linha reta, e encontramos o coqueiro crescendo, em moitas durante todo o caminho, rio abaixo. A maior plantação fica no Lugar da Aldeia do Salitre, a sete léguas a sudoeste de Juazeiro; o fruto é exportado pelo Dr. Joaquim José Ribeiro de Magalhães, que preferiu ser fazendeiro e construtor de estradas a ser desembargador na Relação do Maranhão. Ambos esses lugares têm águas salinas ou salitrosas. O coco-da-baía, contudo, é encontrado em muitos lugares onde o terreno, possivelmente um antigo leito do mar, compensa a falta do ar da atmosfera marítima.

Nosso anfitrião levou-nos a seu quintal e mostrou-nos, metido no chão, formando um ângulo de 45°, um fragmento semicircular de "cavitaria", o verdadeiro granito branco e preto da Baía do Rio, com 70 centímetros de largura, 80 de comprimento e um metro de espessura. Os lados tinham sido lascados e a face usada como pedra de afiar. Um velho "quatro-mãos" afirmou que os Gerais tinham morros inteiros de tal rocha, mas ninguém acreditou nele. Provavelmente, a pedra foi levada do curso inferior do rio, e, nas proximidades de Juazeiro, verificamos que a formação é comum. Os enérgicos holandeses, convém lembrar, construíram um Forte Maurício na foz do São Francisco e saquearam Penedo; é mais do que provável que, durante seus trinta anos de guerra, tenham subido o rio. Halfeld observou que, na inundação de 1792, apareceram na margem do rio diversas telhas com mais de 30 centímetros de comprimento e 12,5 de espessura cada uma, e acredita que vieram do tempo dos holandeses.

A praga dos quintais é o cupim, e coisa alguma, a não ser o arado, poderá removê-lo daquele fértil terreno. Os cafeeiros, plantados à sombra das mangueiras e das viçosas jaqueiras, parecem estar sujeitos às lagartas, não acontecendo o mesmo com as folhas expostas ao sol. Vimos uma árvore plantada em 1828, e fomos informados de que, em seus bons dias, produzia quinze arrobas por ano. A cana-de-açúcar é ótima e, uma vez plantada, dura quase tanto quanto a vida de um homem. A araruta cresce bem; o feijão guandu era comum e havia um capim grande, cuja raiz seca se parece muito com patchuli. As flores eram o perfumado bogari, que dá a idéia de uma rosa branca; lírios; gigantescos, jasmins brancos como a neve, e a bonina, uma espécie da nossa "pretty-by-night" (bela-da-noite).

Para o nordeste, avistávamos a torre solitária de Nossa Senhora do Rosário, brilhando contra o fundo verde de um morro. Para o sul, estavam os telhados de Barro Alto, uma bela fazenda, e, atrás deles, a Fazenda do Boqueirão e a garganta, onde se encontra em ruínas a Igreja de Santo Antônio, construída por Maciel, o explorador. Para oeste-noroeste, via-se o alto da Igreja do Amparo, origem da cidade de Januária. E o fundo era constituído pela Serra do Brejo, coberta de mato ralo e ostentando paredões de rochedos cinzentos de uma estratificação tão regular que dá a impressão de ser artificial, manchada, aqui e ali, por um vermelho ferruginoso brilhante.

Visitamos, depois, o engenho[29], que tem uma maquinaria precária, mas excelente material de trabalho. Em vez de gamelas, havia jacás, cones de taquara, cada um com a capacidade de quatro alqueires, e escorrendo para buracos que ficam embaixo. Havia boas mulas pastando pelas proximidades; as nativas custam 30$000 e as que vêm da Província do Rio Grande do Sul, passando por Sorocaba e São Paulo, em uma viagem de dois anos, valem de 50$000 a 60$000. Um jumento mostrou-me que o cruzamento está em voga aqui; mais abaixo no rio, os asnos tornaram-se comuns. A carne é escassa, e uma vaca, da pequena raça curraleira, que dá boa carne, vale de 8$000 a 10$000. Vimos onde são feitos os chapéus de aba larga do imbé-vermelho, uma Arácea usada como o "tie-tie" africano; suas fibras tomam uma boa cor; as roupas de couro eram macias como pano; havia panos de algodão muito resistentes e panos de lã listados ou em xadrez, tecidos pelas mulheres de Tamanduá e tingidos com anil e com uma Cucurbitácea que é um poderoso purgativo, chamada bucha-dos-paulistas[30]. Almoçamos na habitual hora bucólica, nove horas da manhã; preferimos ao vinho de Lisboa o vinho de Minas, isto é, restilo, e o característico requeijão[31], que sempre acompanha o café. Terminamos com charutos feitos em Januária; o fumo vem dos montanhosos Gerais, a três léguas para noroeste da cidade, e a folha custa 3$000 o alqueire; os charutos são melhores do que muitos "havanas".

Afinal, cavalgamos bons animais e, seguindo a estrada ocidental, que vai a Mato Grosso, visitamos o venerável Arraial do Brejo do Salgado. Fica ele no sopé oriental da Serra, o que dá à atmosfera alguma semelhança com o ar que se respira em uma estufa, e curiosos blocos de pedra calcária fumegavam com o calor. O lugarejo consta, atualmente de uma concentração de casas em torno de uma praça, cujo centro é a Igreja de Nossa Senhora do Amparo, que nada tem de notável, a não ser as portas de madeira sólida, pintadas de vermelho, com altas almofadas. Perto, fica um cubo de pedra com janelas gradeadas, representando a cadeia, e um telhado alto, necessitando o acabamento das paredes, mostra que não precisou ampliação. A população tinha a pele amarela, de comer peixe e mandioca[32]. Entre os habitantes, havia um judeu polonês, Moses Mamlofsky, que não se referia lisonjeiramente ao seu novo lar; era sócio de um companheiro de crença alemão, Samuel Warner, que nos procurou em Januária. Este último dizia ser natural de Nova York; infelizmente, não sabia falar inglês; há vinte anos, fixou-se naquela região, ganhou dinheiro e gastou-o.

A glória do Brejo era o Cônego Marinho, já antes mencionado, como historiador do movimento de 42. Distinguia-se igualmente como liberal, como orador e como estadista. Procuramos várias das notabilidades do lugar, que nos aconselharam, com veemência, a visitar a Lapa de Santa Ana, a duas léguas de distância. Ali, os antigos conquistadores encontraram, ou a fantasia levou-os a acreditar que tinham encontrado, algumas cruzes feitas pelos índios, imagens de Santo Antônio, etc.[33]. Ouvimos, também, falar de outra gruta, onde podia ser soltado um foguete, sem alcançar o teto; talvez um viajante com mais tempo disponível ache que valha a pena visitar aqueles lugares. No Brejo, contaram-nos a romântica lenda a respeito de sua origem. Quando o explorador português Manuel Pires Maciel estava descendo o rio, foi atacado, no afluente Pandeiros, por um poderoso régulo, que dominava 120 milhas da região, da foz do Rio Urucuia à do Rio Carinhanha. Os vermelhos fugiram apressadamente e a esposa do chefe escondeu uma recém-nascida embaixo de um monte de folhas, como, segundo se diz, o jacaré faz com seus filhos. Os cães do conquistador encontraram a criancinha, que foi batizada como Catarina, criada como cristã e que, afinal, se casou com seu captor. Deu-lhe duas filhas, Ana, que foi morar com seu marido João Ferreira Braga, no Rio Acary, e Teodora, que se tornou esposa de Antônio Pereira Soares. O nome de Maciel misturou-se, então, ao de muitas famílias portuguesas, Bitencourt, Gomes, Moreno, Proença e Carneiro. A descendência de Catarina forma hoje um clã de 4.000 almas, cujos cabelos negros e escorridos, tez acobreada e olhos oblíquos, ainda revelam os traços de seus antepassados nativos.

Voltamos a Januária encantados com a vista, mas, com razão, antecipando alguma dificuldade no recrutamento de uma tripulação. Os homens do Guaicuí, apesar de ofertas liberais, negaram-se, peremptoriamente, a prosseguir viagem; sem dúvida, estavam com muita saudade das esposas. O Sr. Manuel Caetano e seu cunhado andaram comigo por toda a cidade e verificaram que seis das barcas estavam querendo partir, mas não encontravam tripulantes. Muitos dos barqueiros tinham sido recrutados para a guerra, outros fugiram de seus lares e alguns negavam-se a sair da cidade, receosos de serem recrutados em terra estranha. Além disso, é a época, como fomos advertidos pela ventania, em que o vento traz a água do lado baiano, quando os campos devem estar preparados. E, finalmente, não há verdadeira miséria nesta parte do mundo; o pobre tem, pelo menos, uma vaca ou uma égua para cavalgar, e um poder ilimitado de mendigar ou pedir emprestado mantimento do vizinho; em conseqüência, não trabalha, senão quando compelido pela necessidade premente. Os que aceitavam, faziam-se de rogados, pediam três dias, pelo menos, de demora, e um sujeito, livre, mas preto como meus sapatos, não podia começar sem antes lavar uma camisa.

De Januária a Juazeiro, o aluguel de uma barca é de 1$000 por dia, e os barqueiros, habitualmente, recebem 14$000 por cabeça, quantia muito pequena, mas não se pode esquecer a alimentação. Não adiantou oferecer 20$000, naturalmente incluindo fumo, bebida e comida. Afinal, contratei um piloto e um remador, que pediram 35$000 e 30$000. Meus excelentes amigos tinham enviado para bordo tudo necessário a uma longa viagem[34], e resolvemos partir imediatamente. O céu estava ameaçador para o lado do poente, trovões roncavam e raios riscavam o céu em todas as direções. Os novos tripulantes sacudiam a cabeça, e comecei a recear a perda de pelo menos a metade do dia seguinte. Eles se animaram, contudo; partimos, e poucos minutos depois passávamos diante das ruínas da Igreja do Rosário.

Sentiríamos saudade da franca e cordial hospitalidade de Januária e, à medida que avançávamos, iríamos encontrando as coisas menos satisfatórias no que dizia respeito à recepção. Essa alteração nos levaria a lembrar ainda mais do bondoso e prestimoso Tenente-Coronel Manuel Caetano de Sousa Silva; de seu cunhado, Capitão Antônio Francisco Teixeira Serrão; do Promotor Público, Luís de Sousa Machado; de Gonçalo José do Pinho Leão, e de outros que mostraram tanto interesse por forasteiros de passagem.

NOTAS DO CAPÍTULO XVII

1   Halfeld chama essa bela localidade de "Povoado do Porto Alegre". Esses povoados são, geralmente, chamados pelos barqueiros de "fazendas". O seguinte foi a Barra do Barão, uma roça

comprida e baixa, à direita. A margem esquerda também apresenta benfeitorias, mas é inundada em maior extensão.

2   Também chamado Aracuia, que significa, segundo dizem, "fartura", em uma alusão à fertilidade das terras mais elevadas, perto do rio. Esse rio recolhe as águas da encosta meridional do Chapadão do Urucuia e é separado do Vale do Paracatu pela Serra do Rio Preto. Sua bacia fica a 2° de latitude e 1° 30' de longitude. O rio, embora interrompido por muitas cachoeiras, é navegável por ajojos e canoas até Campo Grande, a 120 milhas de sua foz.

3   Halfeld a chama de "Ilha das Carahibas" e, em outro lugar, escreve "Caraíbas".

4   Segundo os barqueiros, o verdadeiro Acary fica mais abaixo.

O nome desse peixe (um loricária de muitas espécies) também se escreve "acari" e "acarehy". O nome tupi era "acará", com as terminações "apuã", "açu", "tinga" e "peixuna". No rio, encontramos o a. de pedra, a. de casca (ou cascudo) a. de lama e a. de espinho. É o juacaná que Marcgraf viu em Pernambuco e o cachimbo, ou cachimbau de Ilhéus. Uma espécie é, provavelmente, o cará bandeira (*Mesonata insignis, Gunther*) do qual Bates (ii. 140) apresenta uma ilustração. Ele grunhe, como o mandim, e os barqueiros dizem que, quando come a lama e ervas do fundo da canoa, esfrega a cabeça na madeira, produzindo o ruído peculiar. Segundo eles, o peixe vive em buracos, ao longo das margens; muita gente o considera venenoso e, quando pescado, em geral é jogado fora, por causa da dificuldade de cozinhá-lo. Tanto a espécie branca como a preta têm escamas duras e pontudas, com linhas pontilhadas longitudinais, nadadeiras muito perigosas e ganchos acima das barbatanas da cauda. Outro conhecido loricarídio e peixe "grunhidor" é o cascudo, muito comum nos rios do interior. Sua carne é apreciada, mas eu a achei macia, insossa e cheia de espinhas.

5   Uma Sapotácea, árvore que cobre grandes extensões das margens do São Francisco, acima e abaixo das Grandes Cachoeiras. Lembra *Zizyphus* e produz uma baga comestível e dá boa sombra e abrigo para o gado. O "Sistema" menciona a "quijaba" e a "catinga-branca" (aqui chamada catinga-de-porco) como leguminosas abundantes em "stryphnum".

6   As barcas menores custam, em Januária, 200$000, as de tamanho médio 500$000 e as maiores (15 x 5 metros), 1:600$000.

7   Esse Rio Acary não é mencionado por Halfeld, nem consta do mapa de Gerber. A foz tem cerca de 50 metros de largura; o alto barranco da margem esquerda, de argila amarela, é coberto de capim e arbustos e, do lado oposto, a vegetação chega quase que até a água.

8   O Rio Pardo recebe as águas das encostas meridionais do Chapadão de Santa Maria. Seu comprimento corresponde a 1° 30', mas só navegável por canoas na extensão de doze léguas.

9   Brejo do Salgado, que visitaríamos pouco depois.

10 O pandeiro é um instrumento cigano, herdado da África. Os selvagens, como era de se esperar, apreciam muito a sua música; por isso, o nome foi dado a muitos lugares do sertão. Perto deste Pandeiros, morreu recentemente um homem com 107 anos, segundo se diz.

11 O piloto disse, com razão, que essa serra era a do Brejo, a nordeste da primeira.

12 Ao meio-dia, passamos por três ilhotas, perto da margem pernambucana, e uma hora depois avistamos a Ilha das Pedras, uma formação arenosa, coberta de arbustos, com algumas rocinhas e cães latidores. Na margem oposta, havia arestas de canga; para além, aparecia, sobre uma base de argila dura, de cor clara, uma parede de argila ferruginosa, preta e vermelha, crivada de pedras soltas, variando, na espessura de 30 centímetros a 3 metros, e estreitando-se do norte para o sul.

13 Na região, conhecido vulgarmente como "pinheiro-de-purga" ou "pinhão-do-paraguai". Os dicionários tupis dão "madubi-guaçu" (amendoim-grande ou *Arachis*), mistura de palavras africanas e americanas. Labat fala em "médicinier" ou "pignon d'Inde" e, quando descreve os seus efeitos, oferece um sensato conselho aos viajantes, isto é, não comer as frutas que as aves recusam.

14 Na África, a polpa não amadurecida, devidamente preparada, também é usada, segundo creio, como poderoso medicamento.

15. Em outras partes, dizem, o gado é envenenado por ela.

16. Segundo o Almanaque, a paróquia foi criada pela resolução real de 2 de janeiro de 1811 e o Porto tornou-se sede do município pela Lei Provincial n°. 288, de 12 de março de 1846.

17. Grande parte das terras do Mocambo não têm dono, e sua admirável fertilidade aconselha a colonização. As melhores terras custam, na região, 500$000 por légua, não, na verdade, uma légua quadrada, que teria nove milhas geográficas, mas meia légua de cada lado. A esse respeito, não há regulamento, e cada um adota o seu próprio sistema.

18. Ao se fazer esses diques, deve-se abrir um fosso e retirar, cuidadosamente, as raízes das árvores e tudo mais suscetível de provocar infiltração. O dique deve ter uma base de 3:1.

19. Como já observei, "ará" é um papagaio ou periquito; o aumentativo ará-ará contraiu-se para arara, na denominação do *Psittacus* maior. É lamentável que a língua inglesa não tenha adotado essa bela onomatopéia, em vez do grotesco e semi-espanhol "macaw", e vulgarizado o nome científico *Arainae*.

    As variedades selvagens na região são a araruna (araraúna) e a arari, também chamada canindé, ou arara azul. A primeira (*Psittacus hyacinthinus*) é, como o nome indica, uma ave negra, ou melhor, de um roxo escuro, e tamanho menor que a comum; voa aos pares, alto, soltando gritos muito altos, como o papagaio. A arari (*Psittacus ararauna*) é a bem conhecida e linda ave, com as penas das costas do azul mais vivo e as do pescoço cor de ouro. St. Hil. (I. ii. 376) salienta o erro de Marcgraf, que deu o nome de araraúna, que significa arara preta, justamente a outra espécie.

20. Ou guariroba (*Cocos oleracea,* Mart.), uma palmeira comumente encontrada no sertão.

21. Quadrumano. A palavra é usada, na região, como sinônimo de caipira.

22. Uma grande árvore leguminosa. St. Hil. (I. ii. 331) escreve "tamburi", de acordo com a pronúncia dos sertanejos.

23. As distâncias me foram fornecidas por meus amigos de Januária. De acordo com as mesmas, Diamantina fica a 70 léguas de distância e Lençóis de 76 a 80.

24. Nesta parte, os Gerais são, normalmente, chamados de acordo com os rios, isto é: Gerais das Palmeiras, Gerais do Borrachudo, etc..

25. De acordo com Arruda, o *Acantarix pinguis;* a árvore prefere o terreno arenoso dos tabuleiros e chapadas, onde seu cultivo merece todo o estímulo. Sua altura é de 17 metros, com largura proporcional; sua madeira é boa para fazer canoas, e o fruto, do tamanho de uma laranja, fornece uma polpa oleosa, farinácea e muito nutritiva, apreciadíssima pelos habitantes do Ceará e do Piauí (Koster, ii. p. 486–487).

26. A "Saturday Review", comentando um livro que escrevi após meu regresso do Daomé, notou o uso da palavra "missioneiros" ("missioner"). O redator parece não ter prestado atenção ao fato de que, nos últimos anos, "missioneiro" foi adotado pelo catolicismo (romano), em oposição ao "missionário" ("missionary") protestante. Talvez seja mais antropológico chamar por esta forma a fase de fé adotada presentemente pela Europa Meridional, em oposição à jovem Igreja a que pertence a Europa Setentrional e à velhíssima Igreja Grega, que domina o semi-oriental leste da Europa. Do mesmo modo, observamos que no Islam, certos artigos de fé destituídos de importância – destituídos de importância porque nem o Alcorão nem a Tradição se manifestaram a seu respeito – foram adotados por uma escola simplesmente porque a escola rival preferiu outro ponto de vista. "Ragban l'il Tsa Tasanun" – ódio dos sunistas – é a razão por que o Shiah adotou alguns de seus usos de importância secundária.

27. A flor perfumada dessa laranja é muito apreciada pelas abelhas. Dizem que a fruta fica azeda ou sem gosto, se não for, periodicamente, revigorada com enxertos, e mostraram-me uma laranjeira com seis anos, mas ainda estéril.

    St. Hil. (III. ii. 409) diz, a respeito de Salgado: "Cette bourgade doit son nom à l'un de ses premiers habitants, et non, comme on pourrait le croire, à la qualité, um peu saumâtre, de ses eaux". Creio que é um erro. Pizarro explicou corretamente a origem da expressão; ele observa que as águas são estomacais, desobstrutivas, digestivas e capazes de curar ou diminuir o bócio.

28. Convém relembrar que o *Cocos nucifera* não foi encontrado no Brasil pelos primeiros exploradores.

29 O açúcar claro de Januária vem de Pitangui (120 léguas). Seria fácil cristalizá-lo e refiná-lo. Sugeri o emprego do carvão animal; mas quem se dará ao trabalho de fazer tal coisa, quando encontra o barro pronto?

30 O exemplar que nos foi mostrado era uma fibra contendo sementes oleaginosas escuras. Cerca de dois e meio centímetros quadrados dela é deixada na água, durante a noite, e bebida na manhã seguinte, como emético, etc. pelos que sofrem de "ar" ou "estupor" provocado pelas febres do rio. O "Sistema" informa que, em São Paulo, a planta é chamada "purga de João Pais" (*Momordica operculata*) e alude a seus vários usos. Também ouvimos falar a respeito de uma variedade menor, que seria de ação ainda mais violenta, dizendo-se que a planta se parece com a "flor-da-paixão". Provavelmente, trata-se da buchinha ou *Luffa purgans*, cujo extrato é usado como a coloquíntida.

31 Para se fazer o requeijão, o leite é coalhado, como para o queijo, juntando-se, depois, manteiga e creme. Dura dois anos, conservando-se macio.

32 Não vivem pouco, porém. O pai de nosso anfitrião, com a idade de 81 anos, anda a cavalo como um homem de 40, e o vigário, Padre Joaquim Martins Pereira, ainda está vigoroso, aos 77 anos.

33 Não afirmo, positivamente, que se trate de fantasia. A costa oriental da América do Sul, muito antes de Cristóvão Colombo, foi, sem dúvida, visitada por europeus e africanos, possivelmente por cristãos, do mesmo modo que asiáticos chegaram, ocasionalmente, à costa ocidental. Reservo para um futuro livro revelar as bases de minhas conclusões.

34 Os gêneros comprados em Januária foram:

16 quilos de fumo de rolo	6$000
20 rapaduras	2$400
Um garrafão de restilo	1$800
Toucinho	3$500
Farinha	1$280
6 medidas de arroz	1$920
2,5 quilos de carne	0$600
Uma quarta de feijão	2$000
TOTAL	19$500

CAPÍTULO XVIII

DE JANUÁRIA A CARINHANHA

Terceira Travessia, 30,5 Léguas

Mau tempo. Remanescentes dos índios. A povoação e a grande igreja de Nossa Senhora da Conceição dos Morrinhos. Decadência e desolação. A povoação de Manga do Amador. Canto dos pássaros. Rio Verde, rio salobro. Rio Carinhanha. Povoação de Malhada e sua recepção. Tenente Loureiro. Visita à Vila de Carinhanha. Dom Rodrigues. Noite má.

> Ergue-se sobre o mar vasto penedo,
> Que uma angra à raiz tem das naus amparo,
> Onde das ramas no intricado enredo,
> Causa o verde prospecto um gesto raro.
>
> *Caramuru,* VI, 18.

Foi uma noite abominável. A tempestade, como freqüentemente acontece no Brasil, assumiu a forma de um ciclone, rodando do norte, passando pelo leste, para o sul, e houve momentos em que pensei que o toldo do "Elisa" fosse ser arrancado pelo vento e pela chuva. Os novos tripulantes, tanto naquela ocasião como depois, mostraram ser profissionais de verdade; falaram muito, mas trabalharam mais e, melhor ainda, nenhum deles bebia, nem tinha sarna[1]. O piloto, José Joaquim de Santa Ana, oficiava vestido de preto; era calado e compenetrado, raramente se misturando com os barqueiros. De temperamento muito diferente era Manuel Felipe Barbosa, que se rejubilava com o apelido de Manuel das Moças ou Barba de Veneno; cantava, berrava, improvisava versos metrificados; falava pelos cotovelos e a fluência e virulência de sua sátira tornaram-no um repentista[2] famoso, celebrado como Barba de Veneno. Não desprezava, porém, o lado prático da vida, e partiu esperando ganhar dinheiro, investindo capital em chapéus de palha e tijolos de laranjada e outros doces, que contava vender rio abaixo.

Sexta-feira, 26 de setembro de 1967. — O mau tempo nos levou a partir às cinco horas da manhã. Depois de passarmos por alguns lugares sem interesse[3], vimo-nos paralelos a Mocambo, que já foi mencionado, como um dos distritos de Januária. Para lá do arraial[4], eleva-se à margem esquerda do rio, o Morro do Angu e sua comprida ilha arenosa e parcialmente cultivada; as elevações são, aparentemente, contrafortes da Serra do Brejo, uma montanha coberta de arbustos, com paredes escarpadas de pedra calcária cinzenta e manchada de vermelho. Logo depois, a chuva e os raios, vindos do norte, nos levaram a procurar refúgio em um estreito canal formado por uma "ilha de vapor" perto da margem direita. O furacão não passou de uma peta; depois de perdermos meia hora, prosseguimos viagem, e não tardamos a ancorar na Praia do Jacaré, que fica em frente ao arraial do mesmo nome. Tivemos o cuidado de seguir a barlavento, isto é, perto da margem baiana, a fim de evitarmos a vizinhança de árvores muito altas. Para o norte, ergue-se o Pico de Itacarambi[5], denominação que ninguém soube explicar; mais cedo, durante aquele dia, o pico se mostrava aos nossos olhos como uma alta pirâmide azul. Mais de perto, verificamos ser ele o contraforte meridional de uma série de montanhas espalhadas, que se dirigem para nordeste. O cone baixo apresentava uma aparência curiosa, a cor era um tanto mais escura que a de ardósia do céu que lhe servia de fundo, e parecia expelir baforadas cinzentas de névoa pesada, que formavam linhas condutoras de vapores elétricos, cingindo os nimbos.

27 de setembro. — A lua nova trouxe consigo uma atmosfera ainda mais pesada e úmida. Pouco depois de partirmos, a margem ocidental nos mostrou uma larga rampa de areia, a estrada para São João das Missões (ou dos índios), distante do rio três léguas e objeto de grande romaria no dia de seu padroeiro. Ali, removidos para dezoito léguas de distância de seu antigo lar — o belo Brejo do Salgado, um paraíso selvagem — estão aldeados os remanescentes de três grandes tribos: os xavantes, ainda poderosos nas cabeceiras do Tocantins; os xacriabás (xicriabás) e os botocudos, nome geral indefinido de algumas raças. Antigamente, os Gerais eram ocupados pelos acroás, vulgarmente conhecidos pelo nome de coroados, ou tonsurados, os xerentes e os aricobis, que ainda eram perigosos em 1715. Agora, os selvagens mais próximos são os moquéns[6], de Goiás, a uma distância de 125 léguas, mais ou menos.

Depois de uma sucessão dos acidentes habituais[7], vimos, à uma e meia da tarde, Cascalho, na margem direita, e lavadeiras, como é hábito perto de qualquer cidade. Subimos uma rampa natural e entramos em uma espécie de rua, muito estragada pela água; dali, virando para a direita, chegamos à grande praça, com seu cruzeiro central e o começo de um segundo. As inundações nunca chegaram até ali. Ao norte, ficam a Casa da Câmara, cujas janelas estão fechadas, e a cadeia, cuja porta está aberta. As vinte e uma casas, inclusive duas ruínas, são das mais humildes, e, rio abaixo, há duas fileiras paralelas de treze a quatorze ranchos. O lado oriental da praça é ocupado pela Igreja de Nossa Senhora da Conceição dos Morrinhos, que deu nome ao lugar. É um "delubrum mirae magnitudinis", que goza de grande fama, o que leva o forasteiro a perguntar como isso aconteceu. Ela deve sua origem à piedade de um certo Matias Cardoso, já antes mencionado, que, com sua irmã, Catarina do Prado, casada em São Paulo com um português, fixou-se no sertão deserto e, por seus serviços contra os índios, obteve o posto de Mestre de Campo, dignidade que se estendeu por três gerações. Ele, e depois seu filho Januário, construíram, naturalmente com o suor do rosto dos índios, o santuário, e o último mandou buscar pedreiros e carpinteiros na Bahia.

O templo, voltado para nordeste, ergue-se em um adro de bons tijolos, que têm trinta centímetros de comprimento e 5 de espessura; a igreja é construída com esses tijolos e cimento[8]. Teria sido fácil construí-la de pedra, pois maciços blocos calcários aparecem, descobertos, acima do chão. A fachada tem o frontão habitual, protegido por beirais com três filas de telhas, um esboço de clarabóia e janelas com taipais e grades, em cima e embaixo. A porta é de madeira maciça, guarnecida por grandes pregos de cabeça redonda; parece que nunca foi aberta e vêem-se sinais de fogo perto do chão. Em torno dela, estão pendurados pedaços de cruzes, fios de contas e escapulários estragados. As torres são maciças e terminadas por pirâmides caiadas, como as de São Bento, no Rio de Janeiro. O tijolo, contudo, está caindo acima das janelas, e traves encostadas na fachada mostram que há reparos em perspectiva. No lado norte e no sul, há ruínas de claustros, arcos suportados por seis grandes colunas quadradas; ambos terminam em direção ao nascente, em aposentos destinados a sacristias. Do lado de fora, o reboco, embaixo está verde com a umidade e manchado de vermelho pela terra de ocre em cima. Dentro, o claustro do lado norte está cheio de areia e de excremento de cabra; do outro lado, há montões de argila vermelha marcando os lugares das covas; há também um esquife embaixo dos arcos e um caixão de defunto quebrado, encostado na parede.

Tivemos alguma dificuldade em encontrar as chaves; afinal, apareceu o sacristão, com o "rabo" habitual. O interior estava em pior estado que o exterior: no teto faltavam algumas das tábuas de cedro que o cobriam, o coro estava em ruínas — em geral é onde a decadência começa — e os púlpitos estavam, igualmente, na iminência de cair. Os quatro altares laterais no corpo da igreja pareciam altares portáteis. Um arco original e bem construído, revestido de boa madeira e grades de jacarandá torneado, levava ao altar-mor, que não mostrava qualquer sinal de ter sido dourado ou pintado. Abaixo de uma laje quebrada de ardósia de Malhada, via-se a inscrição:

>AQVI IAS
>JANVARIO C
>ARDOSO DE
>ALMEIDA.

A data tinha sido esquecida, e o sacristão só nos soube dizer que em Morrinhos morrera, recentemente, um homem de 113 anos de idade, que afirmava que o túmulo já estava ali quando ele nascera.

Subimos ao alto do pequeno morro em cujo sopé se encontra a igreja. A substância é pedra calcária azul, em alguns lugares cortada por faixas de quartzo duro e capeada por arenito aglomerado; o solo, manchado por óxido de ferro, produz marcas vermelhas que jaspeiam aquelas elevações. Antigamente, Morrinhos produzia salitre; hoje a produção está esgotada ou negligenciada. Do alto do morro, verificamos que a margem esquerda é de formação semelhante e ainda mais sujeita a inundações. Dali, contamos quatro elevações, o Morro da Lavagem, o Morro do Salitre, etc..

A névoa fumacenta erguendo-se de uma árvore flutuante que deixava uma espumarada em seu rasto, espantou-nos por sua semelhança com o esperado vapor[9]. Descendo à direita de uma comprida ilha, a Manga do Amador, vimos a aldeia desse nome, vantajosamente situada no "lado pernambucano". Foi a primeira localidade não sujeita às inundações que vimos no Alto São Francisco, e a superioridade dessa localização far-se-á sentir futuramente. Dois barrancos se erguem a pelo menos 33 metros acima da margem do rio, de cor escura e pontilhada de árvores, e são separados por uma profunda depressão, que serve de escoadouro a uma lagoa que fica atrás da aldeia. A terra tem uma cor vermelho--escura — o melhor dos solos — e até alcançar a argila branca da margem do rio. Contei dezessete portas na elevação do lado norte, e o povoado, apesar de novo, não deixava de apresentar ruínas.

Depois de uma hora de trabalho, encontramos local para ancoragem perto da Ilha do Carculo. À noite, vimos as estrelas e os planetas como se fossem os rostos de amigos há muito tempo ausentes. Os vagalumes cintilavam na escuridão das árvores, a gaivota gritava contra nossa intrusão, o sapo-boi e o cururu (*Rana ventricosa*) coaxavam como a roda de um engenho posto em movimento; e de novo ouvimos o lamento do joão-corta-pau e do curiango, que nos fez lembrar com saudade do Rio das Velhas. A rude umidade tornou-se suave e confortadora, os raios só apareciam no horizonte longínquo, e para o lado do norte a noite se clareava em um azul-escuro. Na verdade, a Esperança nos visitava mais uma vez, e muito enganadora.

28 de setembro. — Partimos, como de costume, às cinco horas da manhã, apesar de uma pesada chuva, e, depois de três horas de trabalho, desembarcamos na margem direita, para examinarmos a foz do Rio Verde Grande. Esse rio nasce nas montanhas ao norte de Montes Claros, dirigindo-se ao sul, recebe o Rio Verde Pequeno, que recolhe as águas da vertente ocidental da Serra das Almas, ramo da cadeia de Grão Mogol, e contravertente do grande Rio Pardo, que se mistura com o Jequitinhonha, curvando-se os dois, unidos, para noroeste, na fronteira das províncias de Minas e da Bahia. O rio pode ser navegado por canoas na extensão de trinta léguas a partir de sua foz.

Há, na foz do Rio Verde Grande, uma larga praia, que faz a correnteza fluir ao longo da margem direita do São Francisco. Acima da margem do rio, que é coberta de lama, encontramos, como era de se esperar, uma bela formação diamantina. A parte alta da margem era ocupada por uma família de negros, junto de cujo rancho havia uma pequena plantação de feijão e melancia. Esta última cresce na areia, quase que inteiramente destituída de húmus, onde o milho só dá curto e raquítico. Os negros nos venderam por três cobres cinco melancias, muito barato, em comparação com o que a fruta iria custar dali para diante. As abelhas estavam ativas entre as flores, a crista-de-galo cor-de-rosa, parecida com o nosso "cockscomb", e o sarrão (*Argemone mexicana*), flor amarela, semelhante à rosa canina, chamada "cardo-santo", em virtude de suas reais ou supostas propriedades medicinais[11]. A partir daquele ponto, iríamos ver sua folhagem verde acinzentada ao longo de todo o rio. Outra planta de flores alvas, estigma cor-de-rosa, compridos estames, folhas delicadas que se dobram ao sol e haste viscosa iria nos mostrar seu verde-escuro nos lugares úmidos, perto das povoações. É chamada mustambé, e Davidson, depois de examinar-lhe a tintura, declarou que se trata da "stink-plant" do Vale do Mississípi. A tiririca, tão comum nos rios do Brasil, é parecida com o papiro e cresce acima do capim amargoso, de folha larga, muito apreciado pelo gado. Vimos poucas reses na margem do rio, pois os criadores haviam começado a levá-las mais para o interior. Alguns anos antes, um fazendeiro perdeu 300 cabeças, devido a uma enchente inesperada do Rio Verde.

Esse rio descarrega, através de uma sinuosa alameda de árvores de madeira de lei, um volume bem considerável de água, tendo 50 metros de largura. A água era de um verde sujo, lamacento, "pesada", como observou a tripulação, e sensivelmente salgada, sem ter, contudo o gosto de salitre. Esses afluentes salinos do Alto São Francisco foram observados pelo Dr. Couto; atraem cardumes de peixes, que gostam, como os outros animais, de "lamber o sal". Daquela parte do vale para baixo, vimos muitas formações semelhantes: o Riacho do Ramalho, a dez léguas abaixo de Carinhanha; o Riacho dos Cocos, que desemboca no Rio das Éguas setentrional, e outros. Merecem ser explorados; salinas ou depósitos profundos de sal-gema seriam melhores do que minas de ouro e abririam uma fonte de riqueza para os homens empreendedores. A água poderia ser tratada como para o salitre, transformada em lixívia, e deixada secar em grandes recipientes. Atualmente, o sal para aquela zona tem de ser importado da Vila da Barra do Rio Grande, ou mesmo de Juazeiro; em conseqüência, custa de 8$000 a 12$000 por quarta[12].

Na margem direita, para além do Rio Verde, há mais terras cultivadas. Ficamos encantados com a bela e agradável paisagem em torno da Fazenda das Melancias, tendo ao fundo a Serra da Malhada, um ramo de nordeste dos Montes Altos, o último paredão do Rio Verde Pequeno. Pouco depois, passamos pela foz do Japoré, rio considerável, que recebe as águas dos Gerais reunidos em nossos mapas como Chapadão de Santa Maria; a confluência é chamada Barra do Precepé, denominação que os barqueiros não souberam explicar. Acredito que seja o nome de algum chefe indígena. O afluente seguinte, também na margem esquerda, foi o Riacho da Ipueira. O Sr. Halfeld traduz essa expressão indígena por "lagoa" ou "tanque d'água", mas a ipueira é temporária, ao passo que a lagoa é perene. Ela se torna uma feição constante, onde as margens do rio se apresentam achatadas, e não vimos, como acima de Januária, ondulações de terreno alto perpendicular à artéria principal e dividindo os tributários do leste e do oeste. Sentíamos saudade daquelas elevações, que, muitas vezes, se erguem acima da água, a salvo de todas as inundações, e formando um dique natural para conter o canal. As terras baixas junto ao rio são, periodicamente, cobertas pelas cheias, que, desse modo, são impedidas de se estender mais longe, como no curso superior do rio. Os brejos, posteriormente, secam, ou tornam-se nateiros, isto é, lamaçais. São feitas, nas ipueiras, rendosíssimas pescas, principalmente de surubins e de traíras, e algumas partes do vale são literalmente adubados com barbatanas. Os ramos das árvores, que se estendem sobre a água, atingem qualquer barco carregado, e pode-se apanhar os ramos ao passar.

Não tardamos a ultrapassar o Pontal da Barra do Rio Carinhanha[13], um grande afluente ocidental, que recolhe as águas da Serra de Tabatinga e é a contravertente do Paraná ou Paranã, cabeceira oriental do Rio Tocantins. É navegável, na extensão aproximada de vinte léguas até a Serra, que ele atravessa; a partir de então, torna-se uma sucessão de cachoeiras e corredeiras. Naquele ponto, são abatidas muitas árvores de grande porte, especialmente cedros; os troncos cortados são ajuntados para formar balsas ou jangadas, de maneira a flutuarem com mais segurança rio abaixo. Visto do sul, o solo baixo mostra-se coberto inteiramente pelas árvores, mas, olhando-se do oeste, vê-se um rio com cerca de 100 metros de largura, curvando-se através da vegetação cerrada, e provavelmente deslocando-se para sudoeste ou rio acima. A margem esquerda da foz é uma massa de areia, disposta em linhas onduladas; um pouco mais embaixo, e formando uma linha escura, fica um depósito de bela ardósia roxa em lajes ou camadas. Não está inteiramente negligenciada. Vi vários pedaços, com 5 centímetros de espessura e 6,5 de comprimento, e pedaços menores, cortados em lajes redondas ou oblongas; não têm manchas ou sinais de piritas[14]. O Carinhanha constitui o limite ocidental entre as províncias de Minas Gerais e da Bahia, e, no Pontal ou Ponto do Escuro, encontra-se estacionado um guarda e são cobrados impostos sobre as mercadorias. O posto estava abandonado, devido às febres tifóides malignas chamadas "carneiradas", que matam os homens como carneiros. Desde 1852, a recebedoria foi transferida para a margem direita.

Seguimos para Malhada, ou, para dar o nome completo, Nossa Senhora do Rosário da Malhada, um lugar sombreado, onde o gado se ajunta, nas horas quentes do dia. Nesse ponto, o São Francisco alarga-se, atingindo 833 metros, e curva-se para nordeste; o Carinhanha, descendo pelo canal esquerdo, enche a corrente principal de troncos flutuantes e galhos de árvores e forma um banco de areia e um baixio, que se estende rio abaixo até uma certa distância. Fomos obrigados a contornar a extremidade setentrional do último, e dirigir o "Brigue Elisa" para suleste. Estando a praia exposta ao vento sudoeste, que sopra com muita força, agitando o rio, mandei a embarcação ensacar-se a sotavento da Coroa da Malhada, acima da localidade. A única barca que estava ali ancorada seguiu o exemplo, mas as canoas continuaram encostadas à praia.

O porto é um barranco de areia e argila, escavado em degraus pelo efeito das enchentes, com algumas ervas, mas sem árvores. Alguns cavalos e burros caminhavam à procura do escasso alimento, e havia meninos pescando e tomando banho perto de um poço de areia, onde a água é rasa demais para a temível piranha. A localidade é voltada para o noroeste; as casas na margem do rio são de barro e cobertas de telhas, sendo apenas uma delas caiada; as fachadas, a maior parte das quais é ocupada pela porta, estão voltadas para o rio, e as cercas dos quintais são usadas como varais, para secar roupa lavada. A localidade consiste de uma rua perto do rio e dois logradouros paralelos, com uma praça central. Ali fica a Igreja do Rosário, que está ao nível do chão, tendo diante um pórtico profundo; em frente, fica um mal feito cruzeiro, apresentando, entre os instrumentos da Paixão, um galo realmente mal feito, e que é rodeado de barbas-de-barata[15].

As casas mostram um sinal da água de um metro de altura. Acima da Malhada, fica o Sangradouro de Santa Cruz, que, todos os anos, durante cerca de uma semana, em janeiro ou fevereiro, permite que a cheia quase cerque a localidade. Depois disso, a correnteza é cercada pelas águas estagnadas, tão profunda em certos lugares que uma vara de barco não consegue alcançar o fundo. Naturalmente, esse mal pode ser facilmente remediado, mas quem tratará de aplicar o remédio, a esta questão que "interessa a todos"? Para o leste, a terra torna-se arenosa e produz bom algodão e cana-de-açúcar, a mamoneira e o sempre verde juazeiro, gigantesca umbrela que serve de sombra ao homem e aos animais[16]. O nível ali começa a se elevar acima de todas as cheias, em direção à Serra de Iuiu ou Iuiuí[17], distante seis léguas. É um segmento de arco, estendendo de leste para suleste, oposto à concavidade do rio; segundo parece, há um cotovelo que se projeta ou um contraforte que forma um ápice voltado para oeste. Segundo dizem, é calcária e abundante em salitre. A margem ocidental do São Francisco é uma vasta planície; a serra mais próxima fica a quinze léguas. Essa Serra do Ramalho, mais conhecida simplesmente como a Serra, é também calcária e se destaca da grande cordilheira que se ergue na fronteira da Bahia e Goiás.

Eu tinha uma carta para o Tenente Silvério Gonçalves de Araújo Loureiro, Administrador da Cobrança do Tesouro Provincial da Província de Minas Gerais. Procuramo-lo em sua casa, na Rua do Rio e ficamos lá, conversando, depois do café. Ele viera de Ouro Preto; e tendo passado doze meses naquele horrível buraco, onde, de sua escolta, um sargento e quatro soldados, todos, com exceção de um único, tinham morrido, pretendia regressar o mais depressa possível.

O Tenente Loureiro deu-me um papel impresso, datado de 19 de outubro de 1860, e mostrou-me que as diversas "recebedorias" arrecadavam um total correspondendo a £600 a £800 por ano[18]. Tanto as importações como as exportações são tributadas, e apenas o sal que vai para rio acima está isento de imposto. São cobrados 3% sobre o algodão, gêneros alimentícios secundários, fumo beneficiado (inclusive o pixuá, preparado para mascar), panos, louças, canoas e madeiras para marcenaria, redes, chicotes, selas, etc.. O café paga 3 1/2% e 6% são cobrados de cereais, gêneros alimentícios em bruto, inclusive aves domésticas, que é a melhor coisa naquele lugar, couros, ipecacuanha, quinino e pedras preciosas, com exceção do diamante. O cavalo, que vale o equivalente a £5, é tributado em 3$160; a mula nativa (58) em 4$960; a mula de São Paulo 5$000 e uma rês 0$600. Esses animais são levados para a Bahia através de uma péssima estrada, aberta por seus próprios cascos, que atravessa serras escarpadas e não têm pontes ou qualquer obra de arte e cuja extensão é de 130 léguas.

Um homem branco aproximou-se enquanto estávamos conversando com o Tenente Loureiro e nos espantou por seu aspecto civilizado, no meio de toda aquela gente de cor; foi-nos apresentado como Dr. (médico) João Lopes Rodrigues, formado no Rio de Janeiro, e residente em Carinhanha. Ninguém cometeu a indiscreção de perguntar-lhe porque fizera aquilo; ele se queixou da preguiça do sertão e da falta absoluta de estímulo, a não ser quando aparecia um forasteiro. Ouvi dizer o mesmo na sociedade de Dublin; possivelmente, o Dr. Rodrigues, como um certo viajante da Abissínia, verificou que "acostumar o espírito" era um processo difícil e demorado. Sofria com o clima do vale do rio, sempre quente e úmido ou frio e úmido, tão diferente do ar seco e das boas águas dos tabuleiros arenosos de ambos os lados e situados, geralmente, a curta distância do rio. Não tinha, em absoluto, os modos pretensiosos e a atitude geralmente adotada pelo baiano, que se julga a nata da nata brasileira, e aceitou, prontamente, o oferecimento de ser transportado no ajojo até sua casa, que ficava a cerca de duas milhas rio abaixo.

Os moradores de Malhada têm a febre refletida no rosto e seus lábios são tão descoloridos quanto suas faces. Ouvi, no entanto, dentro das casas, cantos acompanhados de palmas, como na Guiné; e, quando embarcamos, uma pequena multidão de mulheres reuniu-se para nos ver. Vestiam-se com uma saia de chita ou de algodão leve, uma camisa, ou melhor uma blusa, geralmente um xale, um lenço na cabeça e chinelos.

Começamos a descer de novo a forte correnteza, naquele ponto, traiçoeira e muito temida. O vento forte muitas vezes prende as embarcações no porto até quatorze dias; essas embarcações vão pesadamente carregadas, e as ondas podem danificar o carregamento. O tempo estava muito feio, mas nosso companheiro nos consolou, dizendo que, dentro em pouco, ficaríamos livres das chuvas. Ali, os aguaceiros tinham começado a cair apenas cinco dias antes e eram chamadas "chuvas de enramar". A verdadeira estação chuvosa só iria começar em novembro, quando o vento geral vira para o sul, o quadrante normal. Escapamos de afundar com alguma dificuldade e não tardamos a alcançar a ponta da Ilha de Carinhanha, que divide o rio em dois canais, de profundidade mais ou menos igual[19]. O curso do rio volta-se, ali, para o nordeste, e o braço ocidental está, aparentemente, se alargando; antigamente, as crianças podiam atravessá-lo a nado. A ilha tem cerca de duas milhas de comprimento, é arenosa, mas admiravelmente fértil. Produz um bom algodão e, como no São Francisco dali para baixo, a mandioca plantada durante a vazante geral (março e abril) produz uma grande raiz da qual se pode fazer farinha antes da época das cheias, novembro e dezembro.

No desembarcadouro, há grandes blocos de piçarra ou saibro do rio, uma argila feldspática, amarela tingida de ferro; o barranco tem 18 a 25 metros de altura, ou 1,5 a 8 metros acima da cheia anual. É, contudo, muito cortado pela drenagem superficial, não um esbarrancado, mas um córrego, durante as chuvas, dividindo-o em ondulações de terreno alto e baixo, e precisando urgentemente de um dique. São José do Carinhanha é uma localidade maior do que parece vista de rio acima; tem cerca de 450 casas[20], nenhuma das quais é sobrado, e a maioria flanqueada por uma gupiara ou água furtada. Embora não falte madeira de lei, empregava-se quase que exclusivamente a madeira ordinária. Nos quintais, os cacaueiros crescem bem, e a produção, naquele solo salino-nitroso é de 200 frutos por ano.

Ao norte da cidade, encontramos uma praça enorme, o Largo do Socavém[21]; tem um cruzeiro e vestígios de uma capela. Para além da vila, um sangradouro, de leito arenoso, tendo por base uma argila dura avermelhada, atravessa a margem do rio, em uma brecha de cerca de cinqüenta metros de largura e as cheias formam uma água represada, que não se estende muito longe. As melhores casas ficam na praça do lado sul, onde poucas pessoas se sentam, em troncos de árvores, diante de suas portas; há uma Casa da Câmara e uma cadeia; na última, nosso homem de Januária encontrou um amigo, que ali residia há cerca de quatro anos, depois de ter esfaqueado um colega barqueiro, em uma briga conseqüente de cachaçada. A Matriz de São José de Carinhanha nada sugere, a não ser um velho "termitarium", mas tinha um sino que tocou o "Angelus" para nós.

Tornou-se difícil, de então para diante, colher informações locais. A grande Província da Bahia está atrás da maioria de suas rivais em referências topográficas populares, e as que têm são pesadas e palavrosas demais para o viajante, ao passo que Minas Gerais tem seus almanaques e São Paulo dois manuais.

Carinhanha, desmembrada de Vila da Barra, foi elevada a cidade há trinta anos e, atualmente, é sede da Comarca de Urubu, na Província da Bahia. Seu município estendia-se antes até o Rio das Éguas, ramo ocidental do Paracatu; ali, contudo, foi criada uma vila, recentemente, com o nome de Nossa Senhora da Glória do Rio das Éguas. Mesmo assim, o município ainda tem cerca de 10.000 habitantes, dos quais 1.000 a 1.200 na cidade; os escravos são raros, e poucos fazendeiros têm mais de 40 a 50 cabeças. O correio chega três vezes por mês[22], e cada margem do rio tem uma estrada, utilizável na época da estiagem, para Januária, que fica a 30 léguas de distância[23]. As principais importações vêm de Juazeiro e incluem sal e artigos secos e molhados. Não há gente rica, e os homens mais importantes são criadores de gado, para exportação. Também vendem peles e couros — ali custam 1$200 e abaixo de Juazeiro pelo menos o dobro — e um pouco de rapadura e peixe seco. A terra poderia produzir arroz e algodão em abundância. Nos Gerais próximos, cresce uma planta medicinal, conhecida em todo o curso inferior do rio por calemba ou calunga[24].

O Dr. Rodrigues nos levou à sua casa, na praça, oferecendo-nos o luxo de um sofá e cadeira de balanço, velas de cera e um mapa da guerra — e, além disso, me ofereceu uma fotografia. Mandei uma carta de apresentação ao Delegado de Polícia, Capitão Teotônio de Sousa Lima. Aquele jovem sequer acusou o recebimento; possivelmente, ele, um liberal, tinha me visto andando em companhia do médico, que era conservador. Outra vez, o estrangeiro tinha vontade de dizer: "Vão para o diabo com a sua política!" Infelizmente para nós, o Juiz de Direito da Comarca, Dr. Antônio Luís Afonso de Carvalho, estava na Bahia, em gozo de licença; todos se referiam a ele como um distinto "curioso".

Chegamos ao ajojo a tempo de nos prepararmos para uma noite infernal. Um vento frio, vindo do norte, atingiu o ar quente e precipitou o embrião de um dilúvio. Depois, o vento virou para o sul e provocou uma chuvarada ainda pior. Houve uma pausa traiçoeira, e tudo começou de novo, com o vento soprando e uivando de leste. O trovão troou e raios cortavam o espaço em todas as direções; o rio foi agitado por ondas que varriam o "Elisa", sacudido pelas pancadas da canoa de reboque. Afinal, pouco antes do amanhecer, o tempo melhorou, e pudemos gozar de alguns minutos de um sono tal como as cabeças quentes e os pés frios e os latidos persistentes dos cães puderam permitir.

NOTAS DO CAPÍTULO XVIII

[1] Os índios, desde tempos imemoriais, costumavam tratar suas sarnas extraindo, com um espinho pontudo, o ácaro (ou aracnídeo) que a produz. A psoríase é muito comum entre os barqueiros do São Francisco, mas eles jamais adotaram o sistema dos selvagens para curá-la. Alguns se tornam repugnantes, com a pele manchada e riscada, mesmo depois que as feridas já se transformaram em cicatrizes. No Baixo Congo, a enfermidade é altamente contagiosa e difícil de ser curada; na verdade, muitos a consideram incurável.

[2] O repentista é um "improvisatore". Não preciso dizer que a prática veio de Portugal, onde a "justa" ou duelo verbal ainda é apreciada pelos camponeses. No Brasil, ela se ajustou ao temperamento dos índios, que tinham também o hábito de fazer cantos improvisados.

[3] A Ilha de Boa Vista, à direita; a Ilha de Rodeador, com casas na frente, e a Ilhota da Vendinha, à esquerda.

[4] A Barra do Pau Preto, um pequeno rio de água amarela, que desemboca na margem direita; a Fazenda e a grande Ilha do Amargoso; e a Varginha, onde há uma casa forrada com telha. Depois do meio-dia, passamos pela Ilha do Jatobá, um penedo que fica à esquerda do rio e, no fundo do saco, o Arraial de Jatobá, com canoas em frente, composto de casinholas forradas de telha ou de sapé, diante do rio, que deve, nas cheias, ultrapassar os barrancos das margens.

⁵ St. Hil. (O. ii. 24) menciona uma Fazenda de Itacorambi, fazendo derivar a palavra de "ita", pedra e "carambui", pequena e bonita; o que, certamente, não se aplica ao lugar. A melhor explicação é a que lhe foi dada por um espanhol do Paraguai, bem versado em guarani: "itaacabi", uma montanha dividida em dois ramos. Pizarro acredita que o lugar foi descoberto em 1698 pelo paulista, Capitão Miguel Domingos. St. Hil. (I. ii. 303) atribui a descoberta a Fernão Dias Pais.

⁶ Já expliquei a significação dessa palavra (e do verbo moquear), que o "Caramuru" define da seguinte maneira:

> Chamam moquém as carnes que se cobrem
> E a fogo lento sepultadas assam.

Corresponde ao nosso "grushen". O termo, contudo, também é aplicado à carne defumada ou ligeiramente exposta à chama.

⁷ A Ilha do Capão, onde Halfeld coloca uma aldeia; em frente dela, na margem esquerda, a Fazenda da Barreira (H., As Barreiras). Depois, a ilha arenosa e Fazenda da Ressaca (H., Resacca) nos fez tomar o lado esquerdo.

⁸ Não "templo de pedra", como diz Halfeld.

⁹ O Capítulo 25 conta como nos decepcionamos.

¹⁰ Também conhecido como pirilampo e caga-fogo (*Elater noctilucus*). Estes exemplos mostram que a língua portuguesa tem algumas das mais belas e algumas das mais feias expressões.

¹¹ Azara (i. 132) menciona seu uso no tratamento das febres; o Príncipe Max. (i. 391) refere-se à planta como remédio para mordedura de cobra. A palavra faz lembrar o *Carduus benedictus* do Velho Mundo, a respeito do qual podemos perguntar: "Benedictus! Por que benedictus?"

¹² A antiga bruaca de 24 pratos (cada um de 2 quilos) já não é mencionada. A menor medida é a que corresponde a 2 quilos e se chama mesmo medida; vinte medidas correspondem a 16 quilos (em Juazeiro), ou 40 a 64 quilos fazem uma quarta, que varia de lugar para lugar.

¹³ Também escrevem Carynhanha, Carinhenha, Carunhenha e Caronhanha (preferida pelo Dr. Couto); supõe-se que a palavra seja corruptela de arinhanha, a lontra grande.

¹⁴ Halfeld menciona essa pedreira e a chama de filado, ou xisto argiloso.

¹⁵ É a *Poinciana pulcherrima,* um belo arbusto da família das leguminosas, que se supõe tenha sido trazido da Ásia. Segundo o "Sistema", é rico em "stryphno", o princípio adstringente.

¹⁶ *Zizyphus joazeiro* (*Aceifafa joazeiro*), é uma espécie da jujuba; relacionada ao pilriteiro (Prof. Agassiz). Segundo o "Sistema", sua casca ácida, amarga e adstringente promove o emetismo. No São Francisco, como no Sertão do Ceará, a árvore conserva, durante a seca, sua folhagem, que é comida pelo gado.

¹⁷ É uma palavra tupi, cuja significação ninguém soube explicar. A montanha é também chamada Serra da Malhada.

¹⁸ Em 1852–1854, segundo Halfeld, o valor das exportações foi de £21.200 e o das importações de £34.500, havendo, pois, um saldo a favor das últimas de £13.300.

¹⁹ Halfeld observa que o canal direito é raso e cheio de baixios. O barranco da margem oriental tem apenas metade da altura do da margem ocidental.

²⁰ Em 1852, havia 265.

²¹ É o nome de uma cidade de Portugal, mas ninguém em Carinhanha sabe o que significa.

²² A distribuição da correspondência se faz nos dias 5, 15 e 25 do mês, e essa distribuição trimensal é a regra no Rio São Francisco. Naturalmente, não se pode contar com a pontualidade.

²³ Os caminhos vão ser retificados, e as comunicações por terra, que têm várias ligações, são pouco menos extensas que a fluvial.

[24] A palavra, provavelmente, vem do africano "colombo" ou "calomba" (*Cocculus palmatus*), que dá a raiz colombo. É mencionado por St. Hil. (III. i. 164–165). O "Sistema" (p. 93) a chama de erva-amargosa (*Simaba ferruginea* ou *Pichrodendron calunga*). A casca da raiz e do tronco dessa Rutácea, que é muito apreciada como remédio caseiro, tem um gosto desagradável, amargo, ácido e adstringente; é estomacal e antifebril. Ouvi falar a seu respeito por toda a parte, mas não era possível arranjar-se uma amostra sem uma demora de dois dias.

CAPÍTULO XIX

DE CARINHANHA A SENHOR BOM JESUS DA LAPA

Quarta Travessia, 24,5 Léguas

*Dia de São Miguel sem ganso. O Lugar da Cachoeira. Rio Parateca e o questionado Rio Ramalho. Jazidas diamantinas. Extermínio do jacaré. O Conde da Ponte.
O assassino Guimarães. Descrição do Morro da Gruta Sagrada.
O arraial. A Gruta Sagrada. O corajoso vigário, Rev.
Francisco de Freitas Soeiro. Os "Uniformitários" invejam os "Catastróficos".*

... lapa que esconde alto mistério.

Caramuru, VII, 8.

O Dia de São Miguel nos encontrou sem ganso, cansados e mal-humorados; não se ouviram as canções e a voz das conversas ficou em silêncio. Depois de duas léguas tediosas, chegamos ao Lugar da Cachoeira, famoso por sua cerâmica. A argila é transformada em talhas e quartinhas, enfeitadas com tauá vermelha, colocada, naturalmente, sobre o fundo amarelo, antes de ser queimada. O que aqui se compra por dois cobres, vale seis em Juazeiro; os barqueiros fizeram uma compra regular, e a perspectiva de lucro reanimou-lhes o espírito. O lugar tomou seu nome de uma saliência de rocha que forma uma espécie de corredeira, em diagonal, através do rio. Um banco de areia se formou e passamos pelo lugar ignorando o velho obstáculo. Na margem esquerda, fora do alcance das cheias, e que é protegida por dois "escoadouros", ficam algumas choupanas. Mais para baixo, está a Fazenda dos Angicos[1], onde é comum a variedade amarela da acácia.

Fizemos uma parada, ao meio-dia, na margem esquerda, perto da Fazenda do Espírito Santo; há ali uma grande plantação de juazeiros, cuja casca é vendida para ser empregada em curtume. Os trechos em linha reta às vezes de vinte milhas de extensão, e a estreiteza do rio, 486 metros, vão, pouco a pouco, aumentando a velocidade da correnteza, que tem uma média de três nós por hora. A chuva da manhã diminuíra de intensidade, tornando-se um chuvisco, mas um vento forte vinha do sul e voltava-se para oeste. Aqui, o povo não grita

"Seja honrado Mudjekeewis",

que é também da família Pau-puk-Keevis. Esses sinais e sintomas induziram os tripulantes calafetar a canoa de bombordo, que, tantas vezes tinha batido no fundo, que acabara ficando com uma fenda. Às três horas da tarde, tivemos de repetir a operação, em uma grande praia à direita, em frente à Fazenda das Pedras. Encontramos ali pedaços de salitre puro e um tronco de braúna já quase transformado em lignita, ao mesmo tempo em que aparecia a formação diamantina debaixo ao nível e acima da água. Mais ou menos às cinco da tarde, paramos para pernoitar em uma comprida praia junto à foz do Parateca[2]; embora o chamem de rio, não passa de um filete de água, desaguando na margem direita, e mesmo durante as cheias, não admite a navegação de canoas por mais de duas léguas. Uma barca e algumas canoas pequenas estavam sendo consertadas por um carpinteiro preto, que nos disse cinco mentiras em três minutos e que, segundo parece, tinha andado a cavalo vinte léguas para se aliviar. Ele nos indicou, como "o lugar mais bonito do São Francisco", a Barra da Ipueira em Pernambuco, pois, como os barqueiros, ainda chamava assim a margem agora baiana. Tratava-se do habitual penedo de grande altura, vermelho em cima, branco na parte de baixo, com areia rio acima e vegetação rio abaixo. Os ranchos bem construídos que se viam no terreno plano fizeram-me lembrar, pelo seu pequeno tamanho e seu aspecto "limpo", as bonitas aldeias de uma só rua dos rios Velho Calabar e Gabão.

30 de setembro. — Caiu chuva durante a noite. Ao amanhecer, nuvens baixas e pesadas estavam acumuladas sobre Carinhanha, e vapores mais leves passavam de suleste para noroeste, muito atrás de nós. Sem demora, o clima tornou-se o de Malabar, e, antes de oito horas da manhã, o piloto tirou seu casaco preto. Mais ou menos ao meio-dia, um vento sul varreu a bem lavada atmosfera. Havia nimbos ao sul, assim como a norte, mas não fomos molestados, e o tempo se mostrava particularmente agradável e bom para o trabalho. Foi um "dies notanda", o primeiro dia de bom tempo que passamos no Rio São Francisco.

Partimos às cinco horas da manhã e, depois de passarmos pelos acidentes habituais[3], desembarcamos, às sete e meia, abaixo do Sangradouro da Volta de Cima, para examinarmos o grande Rio Ramalho que, de acordo com Mr. Keith Johnston, desembocava naquele ponto, na margem ocidental. Nada vimos, a não ser um simples riacho[4]. Quase todos os barqueiros afirmavam que o Rio Ramalho é um ramo do Rio Corrente, que fica mais abaixo no São Francisco. Daí, possivelmente, a confusão em nossos mapas, que dão um Rio Corrente desembocando no imaginário Ramalho, e, ao norte, um Rio Corrente que é o verdadeiro Rio Corrente. Também ali a praia apresentava bons indícios de diamante, incluindo o cativo, o cristal e a canga. Barbosa, o Barba de Veneno, encontrou na praia um pé de cera, algum ex-voto que se perdera a caminho de Bom Jesus. Ele se esqueceu de levá-lo para o santuário, e todos os pequenos acidentes e contratempos que nos aconteceram dali por diante foram atribuídos a tal descuido.

Passamos, sucessivamente, pela Barra do Riacho das Rãs, à direita, e pela Pitubinha e Pituba, antigas fazendas. O Rio das Rãs, também a leste, não passa de um córrego, cujas águas dizem ser fétidas. O lado oposto mostrava um barranco regular e tabular, coberto de capim e enfeitado com árvores altas. Na Ilha da Coroa Grande, uma extensão de areia com uma moita de vegetação, há um baixio e um redemoinho. Tomamos o canal da direita, e ambos são cheios de troncos flutuantes. Halfeld disse, a respeito desse trecho: "há muitos jacarés de um marrom acinzentado e um com o pescoço amarelo, chamado o ururau, que é o crocodilo (!)[5]. Apareceram, ameaçadores, em grande número, e meus barcos foram cercados por mais de trinta". Também fala-se em capivaras, que, do mesmo modo, "deixavam pegadas".

Perto do Rio das Rãs, avistamos uma serra azul, muito comprida, perpendicular ao rio e estendendo-se muito longe, para o interior[6]. Na foz do rio fica a Ilha da Batalha, recordação de algum combate esquecido com os selvagens. Às três e meia, passamos pela Ilha da Boa Vista, um banco de areia no meio do rio. Na margem esquerda, havia uma fazenda com o mesmo nome. Ali, nos velhos tempos da Colônia, começava a enorme propriedade de um português conhecido apenas como Conde da Ponte; sua família já se mudou, há muito tempo, do Rio São Francisco. A fazenda da Boa Vista pertenceu depois ao assassino (Antônio José) Guimarães, que, há dezesseis anos, matou seu irmão, o Comandante Superior José Guimarães. Foi morto em Goiás, depois, segundo dizem por um grupo de tropeiros. Havia uma canoa amarrada na margem do rio e contamos vinte ranchos, tendo em frente um cruzeiro, alto e fino. Os homens, indolentemente estendidos embaixo das árvores, responderam de mau humor às extemporâneas canções e ao estridente coro dos meus barqueiros. Ali, eles se contentam com um curral, para prender o gado quando vem do pasto, e umas rocinhas de mandioca e milho, melancias plantadas na areia e, em raros lugares, alguns pés do algodoeiro arborescente. O mobiliário e os utensílios dos ranchos consistem em um jirau, um couro para dormir, alguns bancos, arreios, gamelas e panelas de barro; por outro lado, a espingarda e a vara com o anzol não permite jamais aos moradores saber o que é ter fome. São comodidades bem humildes, mas muito maiores que as alcançáveis pelos moradores perto das Grandes Cachoeiras.

As choupanas são tão bem mobiliadas que não faltava mesmo, pendente do teto, a palmatória para castigar as mulheres.

Perto da Fazenda de Volta de Baixo, na margem direita, ouvimos o ruído da chuva caindo, e às cinco e meia da tarde desembarcamos para pernoitar em uma das três Ilhas do Campo Largo. A areia clara, seca miúda, fazia um ruído peculiar quando pisada, semelhante ao ruído da neve sob atrito do pé; também ali jazidas de diamantes estendiam-se em linhas paralelas ao rio. Estávamos mais ou menos na latitude da Serra das Almas, cujo ramo oriental, a Serra de Sincorá, é uma das mais ricas zonas diamantíferas do Brasil. E, pelo estado da areia, é evidente que ela veio flutuando de longe.

1º. de outubro. — A chuva caiu durante a noite, e tivemos alguma dificuldade para partir. Observamos os cirros e os cirros-cúmulos no alto, o piloto mencionou um ditado semelhante ao nosso próprio[7]. O canal entre a margem e o banco de areia estava repleto de madeira flutuante. À direita, ficava a foz da ipueira que forma uma pequena lagoa no curso central e volta à artéria principal acima da Lapa. Abaixo, fica a Ilha do Medo, outra reminiscência dos dias sombrios e sanguinolentos. Ao fazermos uma curva para a direita, ou nordeste, o Serrote da Lapa ergueu-se, alto e abrupto sobre a vegetação que crescia na areia do rio. Em cima, havia uma ligeira depressão central e um corte amarelo indicava a posição da misteriosa gruta. Abaixo dela, corre, diagonalmente ao rio, uma espessa avenida de jacarés[8] e de outras árvores, mostrando onde a ipueira torna a entrar no rio.

À medida que avançávamos para o norte, o Serrote, visto do oeste, foi mudando a sua forma para a de uma esfinge sem cabeça, ou um leão agachado, a comparação popular. E, agora, podíamos distinguir as peculiaridades do cenário, cuja novidade o elevara à santidade. Trata-se de um mero esqueleto de montanha, disposta no rumo de nordeste para sudoeste, e que fica isolado em um terreno plano. É notável pelas linhas perpendiculares que se erguem no ar, com ressaltos que parecem remates ou pináculos. Os lados, ornados e rendilhados como os arcobotantes de um templo gótico, são cortados em ângulos salientes e aguçados em pontas, pelo efeito do tempo. É uma clivagem, mais do que uma estratificação; profundas fendas negras, em alturas que variam de três a dez metros, correm horizontalmente, formando gigantescas massas de cantaria. No lado nordeste, essas linhas são ligeiramente deslocadas, inclinando-se para a depressão coberta de mato que fica no centro. O lado sudoeste é um precipício vertical, com uma longa e larga lista amarela, onde a pedra foi removida. A cor da massa, de um modo geral, é ardósia cinza, aproximada do azul, com belos cristais do calcário mais branco[9].

Umas poucas casas cobertas de telhas e uma caiada, elevando-se no sopé do morro, acima das árvores e arbustos, dirigiram-nos ao porto. Desembarcamos na margem direita da ipueira, que, durante as cheias, torna-se um porto de refúgio. Um barranco alto, muito afetado pela erosão da água, leva a um terreno plano, coberto de capim, arbustos e árvores altas; uma destas últimas, uma acácia, com flores douradas, desprendia um cheiro forte e enjoativo. Escavações profundas, feitas para a fabricação de adobes, mostravam a natureza do terreno: areia e argila, com algumas pedras calcárias. Por isso, a agricultura floresce no lugar; os moradores plantam alho, cebola, melões e melancias, abóboras — especialmente o jerimum — feijão, mamona, quiabo, arroz e um pouco de milho, batata-doce e excelente algodão. Também passamos por um campo muito bem cercado, cujo capim, recentemente cortado, conservava um aroma de feno.

Entramos logo na povoação, que é detestavelmente situada; até mesmo os africanos evitam a vizinhança dos grandes rochedos. Há ali dezoito casas, dispostas na forma de um arco, com as frentes voltadas para uma igreja inacabada, que tem uma sólida base de pedra. Todas as casas são ao rés-do-chão, com alicerces de pedra calcária grosseira, e uma delas é de construção sólida, com rústicas pilastras. O total das casas parece ser de 200 e, como todas são habitadas, a população deve ir a 1.000 almas[10]. Encontramos carne fresca e compramos bolos de tapioca; todos os vendedores, por seu lado, nos pediam que lhes fornecêssemos remédios. Não podíamos admirar-nos de que eles sofressem de psoríase, erupções cutâneas, febres terríveis e inflamações conseqüentes da opilação. Além da reverberação da pedra calcária, ainda gozam da vantagem de um grande brejo da ipueira. Assim, a pedra eleva a temperatura do ar, e o veneno mais pesado do pântano sobe para ocupar o seu lugar.

No largo em forma de meia-lua, um grupo de peregrinos estava montando a cavalo, e partiu saudados pelo grito:

— Bom Jesus da Lapa que te guie!

Caminhamos rumo a sudoeste, observando, na face ocidental do penedo, várias entradas ogivais, sem dúvida naturais. Nos níveis altos, onde a rocha foi degradada em terra, árvores exibem a folhagem verde-clara da primavera; as mais notáveis são o juazeiro, o angico e a delicada Mirtácea, pitombeira. A pedra estava revestida de líquen e plantas aéreas, cinzentas como ela própria.

Na extremidade sudoeste, fica a parte mais alta do rochedo, que contém a gruta. Ali ameaça cair uma enorme coluna, horizontalmente fraturada em três partes e separada da parede principal por uma fenda perpendicular. No sopé do rochedo, fica o canal da ipueira, e ali grandes fragmentos de pedra calcária, cortados em formas curiosas pela água, bloqueiam áreas que antes permitiam passagem.

Seis rudes degraus de pedra calcária levam à Lapa, que está voltada para o poente. Uma forte porta de madeira, com uma fechadura respeitável, e, acima dela, duas janelas fechadas, com clarabóia e cano de escoamento, são flanqueadas por finas pilastras de tijolo queimado e cal, constituindo a entrada. Dentro, dez degraus de tijolo, colocados de quina e perigosamente estreitos para os devotos aleijados, conduzem ao corpo da Gruta Sagrada. Procurei em vão por algo que justificasse a viva imaginação de Rocha Pita, que disse ter visto ali uma entrada tão grande que poderia conter uma cidade, um sino de pedra[11] feito pela mão da Natureza, maravilhosas colunas de estalactite e um altar-mor com altares laterais, prontos para serem usados pelo homem.

A caverna, que tem um aspecto muito vulgar, curva-se para a direita, e estende-se por quarenta passos em profundidade até a extremidade final. O chão é coberto de terra, que, sendo, do mesmo modo que toda a Serra, milagrosa, é levada pelas pessoas de cor, para ser utilizada como medicamento. Não tem rival para dor de cabeça. Perto da entrada, o teto é chato, desgastado pela água e enfumaçado; sobre o santuário, é um tanto arqueado. Acompanhando, mais em baixo, a pedra calcária azul, corre uma faixa amarelo-clara, formando estalactites truncadas. Na vizinhança dos degraus, há uma estalactite parecida com um "lingam" hindu. A extremidade mais estreita e ambos os lados da gruta são apoiados por alvenaria. À esquerda de uma das aproximações do altar, degraus de madeira conduzem a uma caixa coberta com seda vermelha e pano rendado. Mais adiante, em um recesso profundo, foi enterrado algum eremita. Do outro lado, na parte mais larga do túnel, projeta-se a varanda ou balcão, uma abertura natural na parede. Ali, sentados em um banco, alguns desocupados, principalmente negros, gozam o ar fresco, vindo da ipueira embaixo. A atmosfera me fez lembrar a de Yambu, embora o termômetro marcasse apenas 85° (F.)[12].

O altar-mor fica na extremidade mais distante e mais larga da Caverna. É alcançado por uma plataforma elevada de tábuas soltas, de formato oblongo, mostrando antigos túmulos. O santuário tem na frente um elevado arco central, entre dois de tamanho menor, todos os três cintados com madeira pintada e repletos de ex-votos. À direita, abre-se um estreito corredor atrás do ádito; a subida é difícil, o piso de madeira ameaça cair e há um cheiro de morte — talvez o calcário seja daquela espécie vulgarmente chamada de "pedra fedorenta" ("stinkstone"). O arco da esquerda é a entrada de um recesso coberto de cabeças e rostos, braços e pernas de cera e outras partes do corpo, que comemoram os poderes curativos do lugar.

Na parte mais alta, sob o arco central, e protegido por um teto de madeira abobadado, fica o Senhor do Bonfim da Lapa. O pequeno crucifixo é moderno, a se julgar pelo pavoroso estilo do colorido. Um atencioso devoto me afirmou que ele fora encontrado ali e que, apesar de muitas tentativas, ninguém conseguira afastá-lo de lá[13]. No ressalto a seus pés, há pequenas imagens e dois castiçais com velas acesas. No altar embaixo há mais imagens e seis velas; uma lâmpada de prata, maciça e cara, trazida da Bahia, está pendente do teto, do lado de fora. Para além da grade de madeira pintada, ficam altares portáteis de Nossas Senhoras, cada uma com três metros e trinta centímetros de altura, fazendo sentinela ao altar-mor. Também, e mais importante de tudo, uma sólida caixa de ferro, ostentando um letreiro enorme "Papel-Cobre", atrai de pronto a vista.

Esse centro de romaria goza da mais elevada reputação; para visitá-lo, vêm devotos de todas as direções e das maiores distâncias, mesmo do Piauí. Às vezes, há uma multidão de 400 visitantes[14]. A receita média diária, segundo me disseram, é de 20$000 e, aos domingos, 50$000. As "esmolas" são pagas a um certo Tenente-Coronel Francisco Teixeira, que é o procurador do santuário. Meus barqueiros, quando exortados à visitação, sob pena de seu patrão ser chamado de "herege", alegaram "quem reza, paga". Foram, contudo, e o piloto deu 14 vinténs e os outros dois vinténs. Deixei alguma coisa ao pé do crucifixo; o velho sacristão na verdade não correu a apanhá-la logo, e apressou-se a transmitir uma mensagem, pedindo a salvação da minha alma.

Saímos do santuário muito pouco impressionados, a não ser com o calor úmido. Nossa visita seguinte foi ao porto, à margem direita da Ipueira. Ali fica o centro do comércio. Encontramos umas poucas casas, meia dúzia de barracões, uma barca e cinco canoas. A atividade principal é a fabricação de salitre, que é encontrado em grande quantidade na encosta suleste do Serrote. É um componente de todos aqueles solos calcários, efeito da decomposição da pedra calcária pela atmosfera. O processo de extração consiste em mera lixiviação; a terra cor de chocolate, misturada com pedra, é lançada em um banguê. Este consiste, geralmente, em uma pirâmide quadrada de madeira, com a base voltada para cima, igualmente útil para extrair salitre ou lixívia. As pessoas mais pobres usam um couro, sustentado por quatro estacas, e em um caso ou outro, o processo é semelhante ao da confecção de geléia. Quando submetidas à água quente, as partículas nitrosas se dirigem, devidamente filtradas, para um tubo, que dá para um cocho ou calha, muitas vezes o fundo de uma canoa velha. A decoada, como é chamada, então, é um líquido fino e esverdeado, que deve ser fervido em um tacho, muitas vezes montado em uma casa de cupim, e semelhante aos usados para a fabricação de rapadura. O produto é purificado, repetindo-se a operação, e aparece em colunas regulares de seis lados de uma cor branco-amarelada. O preço aqui é de seis cobres; no Alto Rio das Velhas, vende-se por 10$000 a arroba. No sertão, o salitre é usado, medicinalmente, em lugar do nitro. Minhas amostras infelizmente se perderam e não pude verificar se o material é ou não o nitrato de sódio como o do Chile, que, apesar de utilmente empregado em compostos e produtos do ácido nítrico, atrai tanta umidade, que não é bom para a fabricação de pólvora[15].

Apresentamo-nos nós mesmos ao Vigário, Rev. Padre Francisco de Freitas Soeiro, natural de Lamego, perto do Douro. Ele se referiu com muita reserva aos milagres do lugar e disse que a imagem deve ter cem anos. O Santuário da Lapa, contudo, data de 1704 e foi descoberto por um lisbonense, o Padre Francisco de Mendonça (ou da Soledade), homem de consideráveis posses. Ele entronizou as imagens de Nossa Senhora do Bom Jesus e Nossa Senhora da Soledade, e o Arcebispo Dom Sebastião Monteiro de Vide[16], depois de mandar ali um visitante, criou uma capela na Lapa, confiando-a ao Padre Soledade.

De modo algum tão reticente ou tão sensato como o Padre Soeiro foi o Padre Balduíno, de Vila da Barra, que fora procurar o vigário. Ele afirmou, gravemente, que todo o Serrote era abençoado pelo Céu e, em conseqüência, devia conter ouro e diamantes. O crucifixo, disse ele, devia ter pelo menos 367 anos — data em que o Brasil foi descoberto — e era adorado pelos selvagens, antes de ser encontrado pelos cristãos. Seu rosto vermelho tornou-se mais vermelho ainda, quando perguntei se um outro crucifixo não faria o mesmo papel. Afirmou, com argumentos diversos, que a eficiência residia naquela imagem particular; que ela era obra de um milagre; que fora formada por um milagre e por milagre permanecia. Não poderia ser substituída por coisa alguma e todas as virtudes provinham da Lapa. Ouvi dizer, mais tarde, que aquele sacerdote fora, outrora, homem de altos conhecimentos, mas sua devoção a Baco alterara-lhe em parte a inteligência.

O vigário curara-se, há pouco, de um abcesso na perna, que, apesar de Lanman e da salsaparrilha de Kemp, quase o matara. Quando falamos em escalar o Serrote, ele escondeu seu estado e ofereceu-se para nos guiar. Foi, de fato, extremamente prestimoso e fez a subida de chinelos. No sopé do morro havia alguns pés de xiquexique, uma espécie de cansação ou *Jatropha urens*. É um arbusto alto, com espinhos pontudos e venenosos, que saem de centros comuns. Sobe para o alto do morro, em grupos, e é muito temido pelo povo. Outra planta desagradável é uma pequena bromélia, com serras cortantes. Na parte mais baixa, encontrei várias conchas novas de um caramujo, cor-de-rosa nas bordas, que ali atinge um grande tamanho (*Achatina* n°. 2). John Mawe (i. Cap. 12) conta seu espanto ao ver os ovos postos por essa "nova espécie de *Helix*". O ar estava perfumado com o cheio de hortelã-pimenta de uma florzinha azul, que parece não ter nome. Subimos pela depressão coberta de mato do lado ocidental, atrás do rochedo principal, onde um íngreme caminho fora aberto pelos lenheiros. O termômetro marcava à sombra 94° (F.). A pequena formiga vermelha mordia sem dó e enormes iguanas nos olhavam preguiçosamente, não se dignando de fugir. Encontramos agarrado à cal um arenito vermelho duro, com manchas pretas parecidas com sinenita e sílex com uma fratura concoidal, que tinha a coloração e a consistência do "rosso antico"[17].

Chegando ao alto da subida, espantamos bandos de urubus, que tinham feito uma limpeza no cume do morro. Não há ali no chão nada, a não ser pedra decomposta em seus elementos originais. A superfície acidentada se parece com as ondas de um mar agitado, e, em certos lugares, dá a impressão de que gotas de chuva caíram sobre uma substância macia. Uma grosseira triangulação, feita embaixo, deu ao morro 50 metros de altura, ou um total de 60 acima do rio[18]. Entre os penhascos, gozamos uma bela vista do São Francisco, cujas inundações se estendem, em certos lugares, até três léguas de distância. A larga faixa que brilha ao Sol como ouro e prata, serpenteia em curvas majestosas em torno da Ilha do Bom Jesus, da bem cultivada Canabrava e da Itaberava, ou Pedra Brilhante[19]. Ao norte, há um cômoro verde, o Brejo de São Gonçalo, para além o Rio Corrente e, para nordeste, uma linha comprida e roxa, a Serra do Bom Jardim e dois morros baixos, perto de Urubu. Mais perto, está a Fazenda de Itaberava, onde só a margem do rio fica inundada; seus bons pastos estão repletos de cavalos e gado vacum. A nossos pés, estendia-se o arraial, com suas três pequenas ruas, irradiando-se do núcleo, a praça.

Naquele grande penedo de pedra calcária não há sinal de convulsão ou catástrofe. O crescimento ou levantamento deve ter sido tão gradual, que as longas linhas horizontais ainda mal estão quebradas. É muito de se desejar que algum "catastrófico", escrevendo sobre a "dinâmica geológica", esclareça precisamente o solo no qual acredite que as antigas oscilações, deslocamentos e inversões de estratos não sejam totalmente explicáveis pelos fenômenos existentes, tendo atrás deles as eras hindus e as épocas tropical e glacial. E, quando os "uniformitários" tenham saído vitoriosos — e presumo que os que acreditam na continuidade, no "mecanismo ordenado" de vagarosos e demorados movimentos rompidos por periódicos paroxismos, vencerão, compreendendo quanto venceram[20] — é de se esperar que farão melhor que o Cosmos, que inclui no vulcanismo os "movimentos de crosta", juntamente com os terremotos e os vulcões. Foi sugerido Anteu para ter a honra de denominar aquele lento crescimento que pertence à Terra como a outras coisas inanimadas; assim também Enosigeu. Desejamos algo que não nos faça voltar tanto.

NOTAS DO CAPÍTULO XIX

[1] Halfeld, como já observei, chama de povoações o que os barqueiros chamam de fazendas. As palavras na região são quase sinônimas; as fazendas são centros de criação de gado ou agricultura, muitas vezes com uma capelinha e meia dúzia de casinholas, pertencentes a outros tantos condôminos.

[2] Esse rio também apresenta sinais de diamantes em suas margens cobertas de areia.

[3] Uma ilhota verde do lado de Pernambuco precede "As Barreiras", um penedo vermelho, ondulado, com projeções e reentrâncias; a depressão central é a única parte coberta de água durante as cheias. Depois apareceu a Ilha da Volta de Cima, onde o rio se curva para este-nordeste; é uma tira de vegetação verde-amarelada, com um rude penhasco de uma légua de comprimento e um sangradouro.

[4] Algumas autoridades me disseram que existe um pequeno Rio Ramalho perto de Pitubinha. Halfeld mostra um riacho, mas não lhe dá nome.

[5] Provavelmente trata-se do jacaré-de-papo-amarelo, que é considerado o mais perigoso dos comuns *Crocodilus sclerops*. Não sei se há, como se supõe, qualquer diferença específica entre os dois.

6   O mapa de Mr. Keith Johnston coloca ao longo do rio uma serra que não existe.

7
> Céu pedrento,
> Ou chuva ou vento,
> Ou mudança de tempo.

8   Assim chamada por causa de sua casca escamosa; a palavra possivelmente é uma contração de "jacaré ihuá" (ou "igá", canoa?), que fornecia aos índios canoas de uma só peça, com 6,50 a 10 metros de comprimento.

9   O Coronel Accioli o chama de formação granítica; é, porém, pura pedra calcária.

10   Halfeld fala em 128 casas e 250 almas, uma proporção muito rara, exceto onde o abstencionismo é a regra.

11   Querendo dizer, presumo, uma fina chapa de pedra, que podia ser usada como gongo. Os únicos sinos que lá existem atualmente são dois sinos pequenos, pendurados na habitual armação de madeira e protegidos por um pequeno telhado.

12   Halfeld encontrou 95° (F.), quase a temperatura do corpo. Os morcegos, de que ele se queixa, desapareceram, sem deixar sinal, e os mortos já não são enterrados dentro da gruta.

13   Do mesmo modo, no Cairo e em outras cidades muçulmanas, os mortos são enterrados nas paredes das casas residenciais. Isso acontece onde os carregadores de caixão se vêem impotentes diante dos obstinados cadáveres, que insistem em escolher sua própria sepultura, e tornam-se tão pesados, que ninguém os agüenta.

14   A partir de Januária, a melhor estrada é a que acompanha a margem oriental do rio.

15   A pólvora contrabandeada, contudo, freqüentemente era feita com salitre levado de Minas, mesmo quando o artigo constituía monopólio real; ele era vendido, em 1816, a 4$000 por arroba, no Rio de Janeiro. Uma análise recentemente feita do salitre escuro baiano revela uma boa composição.

16   Esse sacerdote publicou as "Constituições" da Bahia em 1707.

17   Isso parece ser um sinal da ação ígnea; nossas lentes não conseguiram notar sinais de conchas na pedra calcária; e o carvão férreo vitrificado e conglomerados espalhados perto da base dão idéia de exposição ao calor.

18   Halfeld dá 57 metros.

19   Itaberava ou Itaberaba, "pedra que luz", é, de acordo com Rocha Pita, o nome de toda a Lapa. A fazenda pertenceu ao Conde da Ponte.

20   No começo do século atual, M. Bobée e outros explicaram o aparecimento de aerólitos, blocos erráticos e semelhantes "problemas" supondo que a Terra reduzira a pedaços outra estrela ou planeta menor. Isso não passa de uma modificação do semibarbarismo que vê no plano mundial desordem e destruição, a obra de divindades ofendidas. Buckle (i. 800) queixa-se, com razão, de que muitos cientistas ainda se guiam, na geologia, pela hipótese das catástrofes, e, na química, pela hipótese de forças vitais.

CAPÍTULO XX

DE BOM JESUS DA LAPA AO ARRAIAL DE BOM JARDIM

Quinta Travessia, 26 Léguas

O Rio Corrente. Povoado de "Sítio do Mato". O "Olho de Boi" e a tempestade. Visita à Vila de Urubu. Urubu não será uma metrópole. Seguimos viagem. Completa mudança de clima e aspecto da região. Povoação de Extrema. Bom Jardim. Proximidades de Bom Jardim. Seu ribeirão e jazidas diamantinas. O verdadeiro itacolomito. Bom Jardim, bom lugar para uma grande cidade.

> Os três reinos aqui que a opulência,
> E bases são da humana subsistência,
> Em minas e animais e vegetantes,
> Tão ubérrimos são e tão patentes
> Que não resolve a subida sutileza
> Por onde mais pendeu a natureza.
>
> Frei F. de S. Carlos, *Assunção*, Canto VI.

Despedimo-nos do bom vigário e prosseguimos viagem, apesar de já ser bem tarde. Não tardou que uma forte tempestade seguisse o pesado mormaço, e veio violentamente do sul. Os raios, vistos através da chuva, parecem um fogo branco, ao passo que são rosados no ar seco. Molhados como pintos, e, como era de se esperar, não muito satisfeitos da vida, aportamos, ao cair da noite, no Sítio do Mato, uma ilha bem cultivada; jantamos e preparamo-nos para "abençoar o homem que inventou o sono". Misturados com os ruídos da humanidade, o grito da garça noturna parecia o de uma onça, e os peixes acrescentavam um soprano ao soturno *basso* do rio.

Quarta-feira, 2 de outubro de 1867. — Os cirros outra vez e o céu encarneirado nos prepararam para mais tempo mau. Partimos, contudo, às 4,45 da manhã e descemos margeando a ilha que nos acolhera; ela se estreita e mostra-se ainda mais bem cultivada que acima. Junto de altos barrancos da margem esquerda, desemboca o Rio da Corrente[1], assim chamado devido à sua forte correnteza. Passamos pela foz desse grande rio, com cerca de 170 metros de largura, o qual corre de oeste para leste; sua margem direita projeta-se em um comprido banco de areia, e uma alameda escura em sua margem esquerda indica o curso de um afluente, o Riacho da Barra.

Abaixo do porto, que está inundado, o barranco da margem se eleva a 12 metros, empurrando o rio principal para o nordeste. O terreno alto é dividido em duas ondulações e, na depressão situada entre elas, existe uma manga, comunicando-se com o embarcadouro de gado, de onde ele é transportado, em um ajojo, para Sincorá e a Chapada Baiana. Acima, fica a aldeia de Sítio do Mato, que se estende, aproximadamente, na direção norte-sul, constituída por uma fileira de ranchos de barro e três casas caiadas. Desembarcamos abaixo do povoado, pisando a tauá, uma argila branca e dura, que formava a base de uma rampa arenosa, muito íngreme. Do outro lado, ficava a aparatosa casa — cantos do telhado enfeitados com pombos de gesso branco e assim por diante — pertencente a um criador de gado, Theodoro Antônio de Oliveira. Ele nos virou as costas, quando passamos perto, e, naturalmente, era um "cabra" ou um "bode", provavelmente o último. Mais ao norte, havia um telheiro, abrigando um altar portátil e uma cruz com seu sudário; atrás, fica um pequeno cemitério, e um monte de adobes, que se destinavam à construção de uma capela mortuária, a qual, mal iniciada, foi levada pelas águas, em 1860.

Para o interior da terra, o mato se estende até o povoado, e as terras em torno são boas, segundo se diz, para o cultivo do algodão e da mamoneira. A oeste, mas invisível, fica uma serra conhecida como "A Ribeira"[2]; entre ela e o povoado, há muitas pequenas lagoas e ipueiras, o que não recomenda o Sítio do Mato para uma futura capital. A aldeia propriamente dita fica ao sul; ali, a água das cheias penetra entre as ondulações do terreno e estende-se até as habitações situadas atrás da manga. As pequenas indústrias consistem na fiação de algodão e produção de lixívia; encontramos o banguê por toda a parte; os animais eram os insuportáveis cães latidores, porcos e aves domésticas, especialmente perus. Quando quisemos comprar peixe, o pescador negou-se a vendê-lo, sob a alegação de que tinha uma família grande; e, sob um frondoso juazeiro, encontramos, em excelentes condições, o velho e querido tronco[3], o banco da aldeia, que só há bem pouco tempo desapareceu da Inglaterra rural. Ali, são formados por duas compridas pranchas, colocadas a boa altura, e com cinco buracos, podendo acomodar cinco homens "na madeira", como dizem os africanos. Às vezes, é usado como pelourinho, mas só quando o delito é muito grave.

Ao nos afastarmos do Sítio do Mato, encontramos a água tão profunda que as varas não conseguiam alcançar o fundo do rio. O efeito provocado pelo Rio Corrente é um grande saco para a esquerda, depois outro para a direita. O barranco da margem oriental tem apenas três metros de altura e o da outra margem ainda é mais baixo; durante a época das chuvas, canoas atravessam o terreno, até a Vila de Urubu, apesar do perigo das árvores submersas e da praga dos insetos. Ao lado, fica a Fazenda da Bandeira e, abaixo dela, uma parte da margem oriental, a grande Ilha de Santo Antônio[4], da qual um outro atalho, dirigindo-se a nordeste para Urubu, junta-se ao primeiro. Apareceu um avestruz, caminhando ao longo da praia, mas os barqueiros não se interessavam em matá-lo para aproveitar suas penas.

À uma e meia da tarde, enquanto nos dirigíamos para nordeste, abriu-se diante de nós, em toda a plenitude, uma perspectiva que já vínhamos avistando, confusamente, há cinco horas, e que nos preparou para uma mudança de topografia e de clima. Na margem esquerda, surgiu como que uma "língua", projetando-se em outeiros de formato regular, de uma cor avermelhada, escura, e sem árvores. Era um contraforte da Serra Branca, que, de acordo com Halfeld, é uma montanha calcária; as amostras que me foram apresentadas eram de saibro de arenito revestidos de quartzo. Atrás da serra, começa o planalto chamado o Alto do Paranã, que sobe, quase imperceptivelmente, até as elevações onde se encontram as nascentes daquele rio. Ao longo do lado meridional dessa encosta, começa a estrada real para a Cidade de Goiás[5], que, segundo dizem, fica a uma distância de 150 léguas. A estrada, informa-se, é boa e não lhe falta caça e água; o único inconveniente é um trecho desabitado, em uma extensão de 30 a 40 léguas, onde os mantimentos têm de ser transportados pelos viajantes. Na margem direita, no segundo plano, fica um reto paredão azul, a Serra do Boqueirão, três léguas além de Urubu; e o terceiro plano, ainda mais a leste, consiste de um monte de lombada côncava, de uma serra e dois cabeços maciços, partes dos Gerais ligados à Serra do Boqueirão.

Pouco depois, a margem direita, vermelha em cima e branca em baixo, mostrava o Povoado do Mangal e sua Igreja do Rosário, com a fachada caindo. Para além de sua ilha, o rio curva-se para nordeste e, atrás de uma ilhota central de um vermelho vivo, divisamos os pontos brancos de uma cidade. Mas já se declaravam por si mesmos os efeitos do céu encarneirado. Nuvens pesadas surgiram do oeste e do sul, escondendo os morros com cortinas de chuva. Para o nascente, surgiu o agourento "olho de boi", ou parte do arco-íris, prometendo temporal. Acompanhamos, com pressa e disposição, a margem de barlavento, onde, às 4,15 da tarde, a tempestade nos obrigou a ancorar e enramar o "Elisa"[6]. Passamos a noite sem o menor conforto. As galinhas-de-angola gritaram na aldeia até o amanhecer, e houve outros aborrecimentos. Até então, tínhamos dormido perto das coroas ou praias, para evitar os insetos, que são, muito apropriadamente, chamados de "imundícies". Ali, o mau tempo nos obrigou a empoleirarmos embaixo de um barranco, um simples trilho de gado e um solo de grande riqueza para a criação de um diminuto mosquito cuja picada era como a pontada de uma agulha. Via de regra, o rio tinha sido maravilhosamente livre de insetos e de troncos submersos; aquele lugar, todavia, era uma exceção. Quando menos precisávamos de calma, o temporal acalmou e quando as luzes eram inúteis, as estrelas começaram a brilhar no céu sem nuvens. Os barqueiros disseram que tínhamos escapado da chuva para cairmos em poder do vento; ver-se-á que eles tinham toda a razão. Nosso curso era contra o Sol, que iria em breve trazer consigo tempo chuvoso, mas os pesados aguaceiros, agora caindo atrás de nós, deviam aumentar a evaporação e abrir caminho para o vento frio e seco.

3 de outubro de 1867. — Logo que amanheceu, começaram a soprar rajadas furiosas do avermelhado céu do nascente, que estava riscado por cirros de um cinabre opaco e pintalgado de nuvens tão duras e sólidas como se tivessem sido recortadas em papel cinzento escuro. Esse aspecto do céu iria, em breve, tornar-se muito familiar e provocar muita impaciência quando se mostrasse. O rio volta-se quase que para leste, de sorte que cada lufada era uma ventania pela proa. Na margem esquerda, ficava a Povoação de Pernambuco, um lugarejo de ranchos de barro aglomerados no sopé do Ponto do Morro, contraforte sudeste da Serra Branca. Ali o rio se divide em dois braços pela rica e fértil Ilha do Urubu, uma massa de capim, arbustos e árvores, de uma légua de comprimento e de formato semelhante ao de um pernil, com o pé voltado para jusante. O canal da esquerda é mais largo, mais fundo e mais reto; tomamos o da direita, junto ao qual está construída a cidade, e logo encalhamos em um banco de areia. Ambas as margens são baixas e ficam inundadas nas cheias; à direita, em um "porto" só identificáveis pela presença de mulheres carregando potes, fica a foz do Sangradouro, que, durante a estação chuvosa, permite a navegação de canoas até o Sítio de Santo Antônio.

Desembarcamos, sem demora, para visitar a cidade do Urubu. A planície ribeirinha é baixa e coberta de lama, que logo se transforma, quando pisada, em impalpável poeira. Um pequeno bosque de araticum — arbusto de que os habitantes da região mencionam três espécies — mostra o limite da área inundada. Para além, começa a vegetação de uma terra seca e estéril. Vi, pela primeira vez, a faveleira, *Jatropha** arborescente de folhas onduladas, descrita por Gardner. Seu tamanho varia entre o de uma amoreira e o de uma macieira, e seu aspecto rijo e esquisito chama logo a atenção. As folhas se parecem com as do carvalho, mas é preciso cuidado ao tocá-las, por causa dos cruéis e venenosos espinhos, que, como acontece freqüentemente com as plantas do "campo", são apenas terminais e não axiais e implantados em tufos, na extremidade dos galhos. Essas folhas são usadas

---

* A faveleira é uma Euforbiácea (*Cnidosculus phyllacanthus*) comum nas caatingas (M. G. F.).

para narcotizar os peixes; o fruto, que é semelhante à mamona, fornece um óleo comestível. A resina, cor de ruibarbo, com um leve cheiro, é comparada à goma-arábica e da madeira se fazem colheres de pau. A família das Liliáceas é bem representada, especialmente pela "babosa"*; o caldo de sua folha, misturado com óleo, chamado "azeite de babosa", é usado para combater a calvície. Um rebanho de carneiros brancos, muito sujos, com a lã despedaçada pelos espinhos, andava ao léu, procurando o que pudesse pastar.

Uma caminhada de duzentos metros levou-nos à cidade, que consiste na habitual fileira de casas, comprida e estreita, voltada para noroeste. Os componentes são capelas, casas de adobe, ranchos cobertos de folhas de palmeiras, quintais rodeados com cercas de pau e pouco cuidados, onde o coqueiro se destaca, com sua coroa de folhas. O logradouro principal, Rua de São Gonçalo, corre em toda a extensão da cidade, e está acima do nível das inundações. Duas casas mostram a distinção de vidraças, entre as rótulas, janelas de pau e pedaços de pano; dessas duas, uma era a Casa Nobre[7]. Enviei minha carta ao Juiz de Direito, Dr. Joaquim Rodrigues Seixas, que nos mandou entrar, ofereceu-nos café e, valentemente, se expôs a um bombardeio de perguntas.

O juiz queixou-se de ter perdido a memória, vivendo em tal buraco, e concordei imediatamente com ele. O clima, como tantas vezes acontece nos lugares secos, desagradavelmente próximos de lugares úmidos, é perigoso. As febres, ou melhor, os "acessos", são benignos, cedendo facilmente aos remédios comuns, tártaro emético e quinino[8]; geralmente, contudo, acarretam moléstias do baço. Em agosto, as pleurisias são perigosas quando tratadas com os símplices habituais, fatais quando expostas à prática científica de "lancetas e sanguessugas", copiosas sangrias, tártaro emético, pesadas doses de nitrato de potássio e tisanas de um certo hibisco emoliente[9], a única parte inofensiva da "cura".

Santo Antônio do Urubu era conhecida antes como Urubu de Cima, em oposição a Urubu de Baixo, um belo nome, hoje mudado para Propiá ou Propriá, no Baixo São Francisco. Segundo seus habitantes, ali começaram as descobertas diamantinas, que logo se espalharam para a Chapada Diamantina, então distrito da Vila do Livramento do Rio das Contas. Deve-se observar, contudo, que, em 1755, foram descobertos diamantes em Jacobina, no flanco oriental da Chapada Baiana, e que o Primeiro Ministro, Pombal, proibiu a exploração dos grandes tesouros ocultos, com receio de que a agricultura saísse prejudicada. Os efeitos daqueles tempos de ignorância prevaleceram até 1837.

O juiz congratulou-se pelo fato de ter havido em sua jurisdição apenas quatro homicídios, em quatro anos. O município só tem 3.051 votantes; em 1852—1854, Halfeld atribuiu ao distrito 731 fogos e 7.204 habitantes de ambos os sexos e de todas as idades. A cidade não pode ter mais de 300 casas e, quando muito, de 1.600 a 1.700 habitantes. Estes vivem e morrem na maior ignorância. Fiquei atônito diante da ausência de qualquer progresso naquelas paragens ocidentais da grande Província Baiana, cuja capital foi, outrora, a metrópole do País e cujo litoral é, atualmente, uma das partes mais prósperas e mais populosas do Império. Tudo que ali vemos denota miséria, atraso e negligência; as fazendas do interior de São Paulo e de Minas são iguais às cidades daquela região; e, embora o majestoso São Francisco corra diante daquelas moradas e existam excelentes vias para comunicação, tanto com o litoral, como com o interior, os habitantes as ignoram de todo. Tal fato é, ao mesmo tempo, a causa e o efeito de seu semibarbarismo; eles se deixam ficar sentados, apelando para Hércules, o Governo Imperial, mas não metem o ombro na roda.

---

*   Trata-se de planta pertencente ao gênero *Aloe*. (M. G. F.).

Urubu não será uma metrópole. O porto é mau, as terras ficam profundamente submersas pelas águas, todos os anos, e a Serra do Boqueirão é longe demais para ser utilizada. Ouvi falar, contudo de olhos d'água que possivelmente ali existem, e essas formações metamórficas talvez sejam ricas em minerais. Todos exaltam a fertilidade da região mais para o interior, a leste e suleste; afirmam que quatro arbustos dão 1,5 quilo de algodão em rama, produto que antigamente era exportado para a Bahia. A chamada batata irlandesa é pequena, mas muito boa e as cebolas dão com sementes próprias e não importadas. Além dos produtos habituais, o solo produz pepinos, amendoim (*Arachis hypogaea*, chamado na zona mandubi, mundubi ou manobi) e o sésamo-oriental (gergelin). Laranjas e limas[10] são cultivadas e o tamarindo, embora enfezado, produz muitos frutos, que os africanos sabem preparar, mas os baianos não. Também ouvi falar sobre terrenos onde a mandioca-brava torna-se, espontaneamente, o aipim ou a macaxeira (mandioca-doce). O Juiz de Direito e o Juiz de Paz, Dr. Claro Francisco Negrão, também me afirmaram ter visto filhotes de três mulas cobertas por garanhões, acrescentando que eram todos animais disformes.

A principal "curiosidade" que nos foi mostrada foi um pedaço de alume compacto não cristalizado, procedente de Mocaúbas[11], cidade situada a 14 léguas a sudeste. Segundo dizem, ele aparece, à semelhança de estalactites, nas cavernas da Serra do Maxixe e, quando descíamos rio abaixo, para noroeste, o piloto apontou para um ponto branco, que afirmou ser a mina, em uma serra bem atrás de nós. Os habitantes ignoram a fácil arte de purificar a pedra-ume.

A avermelhada resina do angico, que forma, na zona, verdadeiras florestas, é tida como excelente peitoral e expectorante, e a resina amarela do jatobá, leve como o âmbar, serve para calafetar embarcações. A principal das pequenas indústrias é a fabricação de chapéus, para os quais a palmeira aricuri[12] fornece a matéria-prima; custam 0$200 e são vendidos no curso inferior do rio por 0$500.

Caminhamos até a Rua da Palha, que corre paralela à de São Gonçalo e é mais afastada do rio; duas fileiras de casas humildes conduzem a uma praça quadrada, atrás da Matriz de Santo Antônio. Esse templo é de tijolos, misturados com pedra rolada vindas do Ponto do Morro, do outro lado e com carvão férreo vindo das margens do rio; as torres ainda estão faltando. Há uma Casa da Câmara, uma cadeia separada e uma casa do vigário geral, mas não registros paroquiais ou documentos públicos.

A planície seca e arenosa é coberta com o quipá*, uma cactácea, com cerca de 20 centímetros de altura e espinhos finos, semelhantes a fios de cabelo, mas aguçados, que se irradiam de pontos brancos. Sua forma chata contrasta curiosamente com a de outras Cactáceas que o rodeiam: o alto, semelhante a um órgão, o parecido com um candelabro de cinco lados (*C. candelabriformis*), o que tem a forma de um cilindro curto e grosso (*D. brevicaulis*) e os em forma de serpente. Meus amigos mostraram-me no quipá algo que se parecia com uma teia branca, mas que, quando esmagada, manchava os dedos de um sumo cor-de-rosa. É a cochonilha, que se estende por toda a região ribeirinha seca. É considerada, como acontece com quase todas as coisas desconhecidas, uma formidável fonte de riqueza, mas terão de se passar muitos anos até que ele possa tornar-se útil no comércio.

---

*   Quipá é o nome vulgar de muitas espécies do gênero *Opuntia* das Cactáceas. (M. G. F.)

Falei aos meus interlocutores a respeito do Tenerife, que importara do México o suculento e grande nopal e o gordo inseto. Eles defenderam seu conterrâneo, o quipá[13], que tem menos caldo que uma sola de sapato, afirmando que, durante as chuvas, ele incha, ficando três vezes maior do que estava então. Ali, como em todo o Brasil, os homens têm o "esprit du mieux ennemi du bien"; no que diz respeito aos conselhos, são menos domesticáveis do que as moscas; seu espírito precisa evoluir, como o das crianças e dos índios, pelo exemplo mais do que pelo preceito, e, embora inteligentes e imitativos, sempre necessitam de ver com os seus próprios olhos.

Nossos amigos nos acompanharam por algum tempo, ofereceram-nos laranjas e limas e nos levaram ao embarcadouro, às onze horas da manhã. O vento de nordeste, frio apesar do sol escaldante, soprava em fortes refegas, freqüentemente repetidas até três horas da tarde, prejudicando nossa navegação. Notamos, então, que ocorrera uma completa mudança do solo e formação, clima e fisionomia — sendo a fronteira Urubu e sua porta das montanhas. A região de pedra calcária, com sua grande capacidade produtiva — e a rica argila de massapé cederam lugar ao arenito, e às margens cobertas de árvores altas seguiram-se as cobertas de "carrascal" ou mato baixo. Esse terreno, em certos lugares, produz o milho miúdo, mas a agricultura e a criação de gado só florescem nos Gerais, nas terras mais afastadas do rio. Este, que antes se espalhava por seu vale largo e plano, agora se estreitava, apertado por elevações, entre as quais seus afluentes maiores tinham de serpentear; a parede oriental ainda se manteria com roturas até perto das Grandes Cachoeiras, a margem ocidental até a Vila da Barra. Não há um nome geral para essa cadeia de montanhas, batizando cada lugar, sua própria seção; a da direita é habitualmente chamada "A Serra", enquanto que, perto de Urubu, o paredão oposto é a Serra Branca; depois, torna-se Serra de Santa Catarina, o Furado (ou Serra Furada) etc.. O efeito desses paredões é de formar um funil, através do qual, o vento, que então se transformara em nosso inimigo mortal, sopra violentamente; a evaporação grandemente aumentada é levada para o sul, do que resulta serem as terras do curso mais alto do rio bastante úmidas, enquanto as do trecho que agora percorríamos eram de todo secas.

Essas serras são dispostas em linhas retas ou ligeiramente onduladas, que, vistas do rio, parecem com luas cheias ou crescentes, aproximando-se e afastando-se. A regularidade de seu formato, a chateza da linha dos cumes e os degraus e plataformas que as acompanham, em linha reta, dão a idéia de que elas foram formadas sob a água e que logo se elevaram, para se tornarem os contornos do rio. Como o leito, cujo curso é de sul para norte, serpenteia entre elas, a elevação de uma das margens é, muitas vezes, confundida com as elevações da outra margem. Dos terrenos planos que ligam seus sopés com as margens do rio, erguem-se outeiros, ora isolados, ora em grupos, ora perpendiculares, ora paralelos às serras; em certos pontos formam alcantis, que incidem sobre o rio em ângulo reto. O material de todas essas elevações é o arenito, em certos lugares revestido de quartzo e contendo ouro, segundo afirmam os habitantes da região; vimos, muitas vezes, os estratos em flancos alcantilados, diante do rio. Mais abaixo, iríamos encontrar ferro nos outeiros das terras planas. A superfície dessas formações é um mato ralo e enfezado, principalmente de plantas espinhosas, e ali uma Cactácea gigantesca, a acácia e a mimosa são as rainhas.

Mais ou menos às três horas da tarde, encostamos em Extrema, na margem direita, que, apesar de ficar sobre um barranco alto, é inundada pelas grandes cheias; ali se encontram uma casa caiada, alguns ranchos e muitas cercas de madeira. Ouvimos dizer que o proprietário tinha uma cabra para vender; ele estava ausente, e ficamos decepcionados. Ao anoitecer, dirigimo-nos a uma coroa, em frente a um lugarejo, o Riacho das Canoas. A tripulação estava vivendo à custa de bacalhau seco, enquanto o peixe saltava no rio em todas as direções; não havia isca. Envergonhado por eles, mandei o jovem Agostinho preparar um anzol, com uma isca de carne e, em poucos minutos, tínhamos o suficiente para a alimentação de um dia. O pior peixe é a curuvina[14]; o matrinchã[15] não é mau e uma espécie de pirá[16] morde a isca com freqüência.

4 de outubro. — Tanto o crepúsculo vespertino como o nascer do sol tinham sido vermelhos, e nada podia ser mais agradável do que a aurora, mas sentíamos que, como no Industão, o meio-dia e a tarde iriam nos impor sofrimentos ilimitados. As rajadas de vento que tinham soprado, às vezes, durante a noite, diminuíram muito de intensidade, o que, contudo, não iludiu as suspeitas do cauteloso piloto. Naquele ponto, o próprio rio oferece condições de primeira ordem para o vento; alarga-se para uma milha e meia e divide-se em canais, muitas vezes de igual profundidade, e ambos repletos de árvores flutuantes e troncos submersos. As ilhas do rio aumentam muito de tamanho; dentro em pouco, iríamos passar por uma com cerca de uma milha de largura por cinco de comprimento. Essas formações são, em sua maior parte, de areia, cobertas por uma fina camada de húmus, verde pela cobertura de capim, nos lugares cultivados, e com árvores altas, entre as quais se destaca o grão-de-galo.

Depois de alguns acidentes geográficos secundários[17] e de uma prudente alta em uma "espera" do lado baiano, avistamos, no fundo de uma grande curva, o Arraial do Bom Jardim. Casinhas cobertas de telha apareceram na margem direita, uma ondulação de terreno elevado que partia da Serra; estavam cerca de cinco milhas atrás ou para leste. Essa serra é manchada de verde, dando a impressão de ser melhor irrigada do que os montes em torno de Urubu, e a superfície mais próxima se apresenta como se o mato tivesse sido queimado, ou fosse uma nuvem que o estivesse manchando de sombras. Rios e lençóis escuros, aparentemente espalhados por uma erupção, invadiam uns aos outros, alternados e lutando pela supremacia; afinal, intrigado, subi uma encosta da montanha e verifiquei que os lugares escuros eram produzidos por um arbusto aromático, com ramos marrons e sem folhas, crescendo entre as pedras, realçados pelo brilho do capim amarelo, cor de ouro.

A margem oposta a Bom Jardim fica em nível mais baixo, apresentando uma floresta emaranhada, cortada por muitas ipueiras, e somente um caminho elevado, protegido por um dique, permitiria a passagem por ali. A curva tem em frente a montanha que limita o vale pelo oeste, a Serra Furada, um paredão alto e regular, que se estende do norte para o sul; naquele ponto, fica a umas sete milhas de distância do rio, porém mais abaixo apenas a uma légua. Junto da água, aparece o lugarejo, Passagem (do Taí ou Bom Jardim), com sua capela arruinada de Nossa Senhora do Bom Sucesso. Ali, onde estacas e traves de madeira podem ser pescadas no rio, ninguém pensa em colocá-las abaixo do assoalho de suas casas, de maneira a assegurar a ventilação e escapar das inundações.

Desembarcamos no Riacho de Santo "Inofre"[18], acima da povoação, da localidade. Ele nasce a sueste, recebendo, juntamente com seu afluente, o Boqueirão, as águas da encosta noroeste das serras das Almas, Sincorá e Lençóis[21]; as encostas orientais dessas serras constituem a vertente cujas águas são recolhidas pelo grande Paraguaçu. Pequenas canoas podem subir aquele rio, durante as cheias, por algumas léguas, até a Vargem de Nossa Senhora da Guia. Na estiagem, ele fica quase seco, mas calhas e regos facilmente criariam reservatórios nos níveis inferiores. A foz, sob uma alameda verde, tem cerca de 13 metros de largura, sua ponta esquerda é de arenito e a direita uma plataforma de pedra, composta de canga ferruginosa e conglomerado de cascalho, cimentado com hidrato de ferro. Futuramente, tornar-se-á um cais para vapores; o rio serpenteia em sua direção, permitindo sempre uma aproximação em água profunda; o local fica inundado durante uns poucos dias por ano, mas um dique mais alto, poderia, se necessário, evitar esse inconveniente. Atualmente, só é usado como lavadouro de roupa. Os poços rasos e as panelas apresentam os mais belos sinais de "diamantação"; os moradores, que não se dão ao trabalho de explorá-lo, dizem que tais sinais são trazidos por um afluente oriental, o Riacho do Pé da Serra, onde ainda há mineração de ouro.

Abaixo da foz do rio, fica o pequeno arraial. A água espuma de encontro ao barranco de pura argila de olaria, de um branco sujo, cheia de buracos, feitos pela língua dos animais; nos pontos mais altos, está misturada com areia. A localidade consiste principalmente de uma única fileira de casas, cujos quintais, limitados por cercas, se estendem em direção ao rio. Além dessa fileira, e em direção oposta ao rio, há casas esparsas, inclusive um rancho para viajantes. O total deve andar por umas quarenta casas, ao passo que em 1852—1854 havia 300 habitantes em 103 tetos. Os habitantes vivem da criação de gado, agricultura e pesca. Compramos provisões para três dias do bom caçunete[20], por dez cobres (0$400). Para além do arraial, estende-se uma planície arenosa, com cerca de cem passos de largura, com um pasto ralo e apresentando indícios de inundação. Mais para diante, o terreno, coberto de arbustos, eleva-se bem acima do nível das cheias, e ali será localizada a aldeia. Por enquanto, só existe ali a igreja, desprovida de vigário, de Nossa Senhora da Guia, cuja fachada sem janelas tinha sido caiada recentemente. Como o arraial, está voltada para o sudoeste. Junto de sua parede, havia um monte de pedras de enxurrada, que revelavam imediatamente a origem do diamante e do ouro. Eram grandes pedaços de arenito quartzoso laminado, na realidade o verdadeiro itacolomito. Em sua maior parte, eram avermelhadas, como um tijolo queimado, extremamente compactas e riscadas e pontilhadas de mica finamente disseminada; outras eram inteiramente brancas e sua contextura mais grosseira mostrava distintamente os grãos. A formação é encontrada nos montanhosos Gerais, de três a seis léguas a nordeste da margem direita do rio, sendo os estratos, muitas vezes, espessos e sólidos demais para serem usados; fornece, contudo, chapas para grandes fornos, que são iguais, em tamanho, às "pedras de forno" que eu havia visto perto de Camilinho de Diamantina.

Ficamos entusiasmados pelo aspecto geral e perspectivas daquelas terras; até o fleugmático alemão exclama: "É uma das mais agradáveis paragens à beira do Rio de São Francisco". A população parecia relativamente saudável, depois dos rostos sinistramente pálidos dos habitantes de Urubu, e até mesmo os cavalos aparentavam ser de melhor raça. A vista é encantadora, e isso deve ser sempre levado em consideração, quando se estima o futuro valor de um lugar. O leito do rio é estreito, compacto e livre de baixios, e a correnteza não é rápida demais; curvando-se para nordeste e freqüentemente para noroeste, o rio empurra sua corrente principal de encontro à curva, e, como o vento geral é sempre de leste, e sopra sobre uma região alta e seca, são corrigidos os males derivados de ipueiras, lagos e lagoas. O espaço para construção é imenso, o material não falta e a vizinhança é constituída por montanhas que permitirão mudança de clima.

Bom Jardim, um nome de bom augúrio, é o único lugar até então visto, merecedor de tornar-se uma cidade grande, ou que pode pretender tornar-se capital da província ou território há tanto esperada. Em alguns pontos, especialmente no que diz respeito à navegação fluvial, é melhor, e inferior em outros, que a sua rival de rio abaixo, Xique-Xique. A posição é central, quase eqüidistante de Januária ao sul e de Juazeiro ao norte. Fica quase a oeste de São Salvador, a metrópole da opulenta Província da Bahia; e quase a leste de Palma, uma das cidades mais importantes, na Província de Goiás, rica na agricultura e criação de gado, onde o navegável Paranã, ou ramo suleste, se une com o Rio Maranhão, para formar o grande Tocantins. Está, assim, ligado ao Atlântico por dois caminhos, mais ou menos em linha reta. A via fluvial é pelo São Francisco abaixo. A via terrestre é através do Rio Paraguaçu, que passa pela Cidade de Cachoeira, ponto terminal da navegação baiana a vapor. Nada direi sobre a estrada-de-ferro a vapor, que se pretende construir ao longo do vale meridional daquele rio, uma vez que o terreno para além de Cachoeira me é inteiramente desconhecido. Um olhar ao mapa, todavia, mostrará que o traçado apresenta a vantagem de uma planície ribeirinha, ao passo que as linhas troncos anglo-brasileiras, tanto na Bahia como em Pernambuco, são, visivelmente, "através do interior". Tal traçado tem sido defendido, veementemente, por John Morgan, da Bahia, que tem a vantagem de 35 anos de residência; e, segundo fui informado, as obras foram iniciadas, com pleno êxito.

Finalmente: Bom Jardim está ligado, por água e por terra, com o Mediterrâneo Brasileiro, o Amazonas; e podemos prever seu alto destino, do qual ele próprio, ingenuamente, não tem hoje consciência.

NOTAS DO CAPÍTULO XX

[1] Esse grande afluente recebe as águas do espigão meridional que separa a Bahia de Goiás. As embarcações o sobem, apesar dos troncos submersos, até Porto de Santa Maria, a 28 léguas de sua foz; suas margens, segundo se diz, são cobertas de florestas e, em certos lugares, cultivadas. Um de seus muitos tributários é, ao norte, o Rio das Éguas e este, por sua vez, tem um importante afluente, o Rio Acanhuão.

[2] Na margem direita, vê-se uma comprida serra azul, que o povo chama de Sant'Inofre (Onofre ou Onófrio).

[3] Trunco, em St. Hil. (I. ii. 42 e III. ii. 101), que o descreve pormenorizadamente, mas o faz como o "tornilho", um castigo militar, e diz que o pescoço é colocado no pelourinho. A invenção é, provavelmente, devida aos árabes, cujo "makantarah" estendeu-se da costa do Zanzibar à África Oriental.

[4] Os habitantes de Urubu contaram que, naquela serra, um negro velho de Minas, que estava procurando ouro, encontrou grãos redondos e semelhantes ao aço, que, na copela, revelou-se refratário. O descobridor morreu e a descoberta perdeu-se, no caminho da Bahia. Naturalmente, acham que se trata de platina, a cujo respeito, o povo tem visto pouco e ouvido muito.

[5] A região que fica a oeste da cidade é uma das poucas que, no Brasil, ainda oferece interesse ao explorador, em oposição ao viajante.

[6] Para impedir que as ondas varram aquelas embarcações rasas, os barqueiros adotam a sensata prática de cortar as copas de pequenos arbustos ou ramos cheios de folhas das árvores, que, colocados, longitudinal ou transversalmente, sobre o barco, atuam como anteparos protetores.

[7] Pertenceu a Gualtério José Guimarães, comerciante que, por ocasião de nossa visita, estava peregrinando na Lapa.

[8] O sulfato de quinino é muito usado no Brasil pelo povo, e com pouca prudência; assim, enquanto alivia uma moléstia, freqüentemente provoca outra. A homeopatia prestou muito benefício, pregando contra o abuso, e substituindo por pílulas as doses de 300 a 500 miligramas.

[9] Cozimento de altéia, que Morais traduz como malvaísco (*Hibiscus*). O "Sistema" (60) também fala em alcéia e descreve o uso da *Sida althaeifolia*.

[10] A lima doce (*Citrus limomium*) é chamada limão doce; a lima azeda ou limeto (*C. limetta*) é simplesmente limão ou lima.

[11] No mapa de Mr. Keith Johnston, "Macaúba".

[12] Comumente escrito "ouricury" e também alicuí, aracuí e arari (*Cocos schizophylla*). Segundo o "Sistema", o caldo é usado na Bahia para curar oftalmia.

13 O figo dessa Cactácea é comestível, mas cheio de caroços.

14 Gardner escreve curvinha, Halfeld caruvina. Esse peixe tem cerca de 65 centímetros de comprimento quando plenamente desenvolvido, é escamoso, e a carne branca, mole, e tudo mais, menos deliciosa. A cabeça tem um osso branco, que é socado e usado como remédio para várias enfermidades.

15 Gardner escreve "matrixam"; pertence à família dos Salmonídeos, menor do que o dourado e muito comum nas águas mais altas. Escamoso e amarelo, tem até 65 a 90 centímetros de comprimento, e é um dos pratos favoritos dos pescadores.

16 Também chamado tamanduá; é um peixe de cabeça comprida, de uma cor azul-clara, com cerca de 65 centímetros de comprimento e de carne mais ou menos gostosa. Uma variedade é o pirá-de-couro, outra o pirá-pitanga (Halfeld, pripetinga). Também há um peixe do mar do mesmo nome.

17 Uma hora depois, passamos ao largo da verde Ilha do Saco e, na margem esquerda, quando o talvegue fica à direita, está a Fazenda (H. Povoado) do Saco do Militão. Uma alcantilada serra em frente, aparentemente do lado de Pernambuco e, na realidade do lado da Bahia, apresentou logo picos e vários planos e, no ar puro, parecia ficar pertinho. Mais uma hora de viagem nos levou à Ilha do Gado Bravo (H., Ilha do Barreiro), com cerca de duas milhas de comprimento. Seguimos o caminho normal, o canal de oeste e, de frente para o nordeste, fomos obrigados a ancorar com vento pela frente, o que, com uma correnteza semelhante à de uma calha de moinho, acarretou uma forte ondulação.

18 No mapa de Keith Johnston, o "R. S. Onófrio" é assinalado por meio de pontos e apresentado como vindo da vertente ocidental, de onde parte, para o Atlântico, o Rio das Contas.

19 Em um mapa publicado recentemente pelos concessionários da linha do Vale do Paraguaçu, o "Paramirim" é o principal rio da vertente ocidental, correspondendo ao Paraguaçu a leste. Os pormenores do texto me foram fornecidos por moradores de Bom Jardim e estão, pois, sujeitos a dúvida.

22 Um peixe com pouca espinha, muito apreciado, e tido como uma espécie de surubim.

CAPÍTULO XXI

DO ARRAIAL DO BOM JARDIM À VILA DA BARRA
(DO RIO GRANDE)

Sexta Travessia, 29,5 Léguas

A carnaúba ou palmeira da cera. Vinténs oferecidos a Santo Antônio. Primeira vista da Serra do Araçuá. Concentração de gaivotas. Grandes garças. A Toca ou Gruta de Santo Antônio. Os espinhos. As aldeias do Pará. O casaca-de-couro e o camaleão. Proximidades da Vila da Barra do Rio Grande, uma capital proposta. Rio Grande, um afluente importante. Descrição da vila.

> Onde a natureza
> Bela e virgem se mostra aos olhos do homem
> Qual moça indiana, que as ingênuas graças
> Em formosa nudez sem arte ostenta.
>
> (*Poesias*, B. J. da Silva Guimarães).

Como o vento diminuía, paramos e desembarcamos logo na margem direita, abaixo de Cachoeirinha. Naquele ponto, uma curta projeção de pedra faz a água correr com força e rumorejar, mas de modo algum prejudica o talvegue. Atravessamos o mato cerrado e encontramos uma planície arenosa entre o rio e uma colina de arenito espesso, situada a uma distância de cerca de 100 passos. A superfície subia, afastando-se do rio, em direção a uma depressão coberta de lama; deve ser um curso de água, durante a época das chuvas. Todo o terreno era cortado de estradas, que levavam a diversas fazendas; o gado pastava o capim fino e os carneiros, além de gordos, tinham lã e não pêlos.

Entre os angicos e as Mirtáceas, uma das quais o Menino tomou por uma jabuticabeira — que, ai! nunca mais! — observamos um arbusto coberto de alva inflorescência, muito parecido, no perfume e no aspecto, ao "may" inglês. E ali vimos, pela primeira vez, a linda palmeira chamada no Brasil carnaúba e carnaíba (*Corifa cerifera,* Arrud. *Copernicia cerifera,* Mart.), a caroudai da América Espanhola. Seu "habitat" é a terra ribeirinha, nos rios de Pernambuco, Paraíba do Norte, Ceará e Piauí; durante os últimos anos, tem sido introduzida nos quintais do litoral.

Ao aparecer, a carnaúba não passa de uma aglomeração de folhas projetando-se acima do chão. À medida que avança, o tronco se cobre com uma completa armadura de espinhos. As folhas, quando caem, deixam seus pecíolos castanho-escuros formando espirais que se dirigem para a esquerda ou para a direita. Quando não é mais alta que um homem, o jovem tronco produz, se esmagado na água, uma fécula semelhante à tapioca, branca como a mandioca, e útil nos tempos de seca ou de fome. Quando em idade mais avançada estende uma haste fina, macia, limpa e cinzenta, como uma seda, que contrasta estranhamente com os 2 metros dos corrugados "chevaux de frise" — os impressionantes espinhos — que protegem sua base. Depois do quinto ano, assume toda a sua beleza, as folhas espinhentas com uma forma de leque bem distinta e com longos raios que se elevam de uma estipe que atinge o máximo de 12 metros e são particularmente pitorescos. Nos velhos exemplares, o tronco se levanta, à feição das demais palmeiras, sobre um maciço cone de fibras ou radículas aéreas, de 35 centímetros de altura. Alguns exemplares excêntricos apresentam estreitamentos e dilatações do tronco, outros estimulam as trepadeiras a formarem massas sobre os pecíolos da fronde embaixo e dão a idéia de uma saia arregaçada. A vitalidade da árvore é grande, ela resiste às mais severas secas e vi casos de troncos cortados em que a fronde continuava viva, lutando contra a morte até o fim. Vive muitos anos; os moradores, em geral, não dizem quantos.

A carnaúba é considerada, com justiça, tanto pelo homem como pelos animais, a mais valiosa palmeira do sertão. Sua resina é comestível e as raízes são usadas como a salsaparrilha. As nervuras das folhas são empregadas, no curso inferior do rio, para fazer cercas, e a fibra é aproveitada para confeccionar fortes cordames. As folhas servem para a alimentação do gado[1], são excelentes coberturas para casas e a fibra é, ainda, empregada para fazer chapéus de palha, e fios para redes de pescar. O fruto dá em grandes cachos, que caem e, em certos lugares cobrem o chão. Quando verde, o coco parece uma azeitona pequena; quando maduro, fica de um negro-brilhante e atinge o tamanho de um ovo de pomba. A polpa, fervida para remover sua adstringência, torna-se macia como milho cozido; é considerada boa e saudável, em especial quando comida com leite, e os animais engordam rapidamente com ela. O coco maduro é, via de regra, comido cru.

A mais notável propriedade dessa palmeira, de acordo com Koster, foi descoberta em 1797, pelo naturalista português, Dr. Manuel Arruda da Câmara[2] *; este a comunicou a Frei José Mariano da Conceição Veloso, que publicou a comunicação no "Paládio Português". As folhas da árvore jovem, quando esta atinge 65 centímetros de comprimento por uma largura mais ou menos igual, são cortadas e secadas à sombra. Desprendem-se, então, da superfície escamas poeirentas, de um amarelo pálido acinzentado que, quando derretidas, no fogo, transformam-se em uma cera marrom. A matéria cerosa também é obtida ferventando-se os cocos verdes[3], e, principalmente, raspando-se a haste central que prolonga a árvore. A cera aparece misturada com substâncias heterogêneas, casca ou fibras, e perde muito quando peneirada. O material é sem gosto e macio ao toque; o cheiro pode ser comparado ao do feno novo. Seu principal defeito é a fragilidade; isso, contudo, pode ser remediado, misturando-se três partes da cera vegetal com uma parte de cera animal, ou 1/8 a 1/10 de sebo. No litoral, fazem-se velas com cera de carnaúba; mas só vi uma no São Francisco, onde, um pouco abaixo, a palmeira é encontrada formando florestas. A cor era do ruibardo ou do açúcar mascavo, e a luz não se comparava com a da pior vela de parafina[4].

Outra légua nos levou à ponta da Ilha da Pedra Grande, a maior que já havíamos visto e onde o rio tem mais largura em terra do que em água. Seguimos pelo canal da direita,

---

*   Arruda Câmara não era português, mas brasileiro. Nasceu em Pernambuco em 1752, professou na Ordem dos Carmelitas, em 1783. Seguiu depois para Coimbra a fim de estudar Medicina e Filosofia. Empolgado pelas idéias liberais estimuladas pela Revolução Francesa, foi por isso perseguido em Portugal. Despiu a sotaina e foi para a França graduando-se em Medicina em Montpellico. Regressou ao Brasil onde se dedicou à Botânica. Descreveu várias espécies novas de plantas, como o imbuzeiro, *Spondias tuberosa*. Faleceu em 1810. (M. G. F.)

embora o da esquerda estivesse assinalado no mapa; talvez a tripulação não desejasse desembarcar na Gruta de Santo Antônio, em um maciço de pedra (Morro da Imagem de Santo Antônio), perto de um notável contraforte, o Morro do Pixaim. Contentou-se em jogar um vintém na água, o que me fez lembrar de minha escolta em Beloch e de seu donativo ao santo mas colérico Shaykh, que fica à margem do Rio Pangani. Iludimos os mosquitos ancorando em uma praia de areia abaixo da Fazenda do Barro Alto, onde nos regalamos com a música dos cantos e pandeiros que se estendeu até alta madrugada.

5 de outubro de 1867. — Na palidez do amanhecer, apareceu um belo lugar, a Fazenda do Limoeiro, tendo ao fundo o Serrote do Limoeiro, um conjunto de cabeços e morros de arenito, aqui e ali ligados e unidos por costelas e saliências; a parede continente desaparece para o noroeste. Abaixo da Fazenda Grande, apareceu um homem, oferecendo à venda uma sela novinha, semelhante a uma sela egípcia para jumento, por 8$000. No Caraíbas, um barco carregado com os festeiros da noite anterior nos saudou com gritos e retribuímos igualmente com gritos. A hierarquia do rio era antes estabelecida com um certo rigor que, contudo, desapareceu rapidamente diante das "tendências niveladoras da idade". A canoa deveria parar e cumprimentar o ajojo, tocando as trombetas de chifres; o ajojo, por sua vez, devia a mesma deferência à barca, e a embarcação saudada passava orgulhosamente ou sem se dignar de responder.

Pouco antes de meio-dia, quando passávamos pelas ilhas do Meleiro e do Sabonete, o vento parou e fez-se uma perfeita calmaria; toda a Natureza parecia dormir a sesta, a atmosfera não tinha uma nuvem e a longa planície em frente mostrava uma faixa de prata, estreitando-se para o horizonte até tornar-se um fio. Atrás de nós, ficava uma bela paisagem, estratos de areia dourada suportando matos de esmeralda, um rochedo escarpado elevando-se de uma montanha de arenito, um plano de montes arredondados, roxos, e, muito ao longe, picos azuis. Mais ou menos ao meio-dia, passamos pelo Riacho das Canoas[5]; é o pouso que fica a meio caminho para os pilotos de Juazeiro, como em Vila da Barra fica o dos pilotos de Januária, e assim as embarcações se combinam.

O rio, ali se curvando para leste, mostrava uma elevação achatada, aparentemente na margem esquerda, e muito próxima; era o Morro do Pará, na margem direita e distante. Em seu sopé, parecia abrigar-se o Penedo da Toca, amarelo em cima de capim seco e escuro em baixo de arenito vitrificado pela água. O fundo do horizonte era cortado, do lado baiano, por uma alta serra, com uma elevação piramidal acima dela, uma elevação arredondada no centro, ligada, por um paredão baixo, com um "lion couchant" à esquerda. Foi a primeira vez que vimos a Serra do Araçuá.

Ao nos aproximarmos do contraforte do Penedo, a súbita curva tornou veloz a correnteza do rio, formando, perto da margem esquerda, um remoinho que os barqueiros chamaram de "remanso". Um banco de areia à direita mostrou-nos uma espécie de "concentração de gaivotas". Os *Larus* e os *Sterna*, aves essencialmente errantes e inquietas, talvez estivessem se reunindo como preparação para uma viagem durante as chuvas que se aproximavam. Entre elas, o colhereiro rosado (*Platalia ajaja*) reunia-se em bandos, que formavam canteiros de flores, e o guará ou íbis vermelho (*Ibis rubra* ou *Tantalus rubra*)[6], com plumagem ainda mais brilhante, fazia-me lembrar das companhias de flamengos. No meio da variedade dos feios mergulhões e das alvacentas garças, grandes e pequenas, ficava de pé o jaburu (jabirus)[7], ali chamado tuiuiu (ou touyouyou, *Mycteria americana*, Linn.), de cerca de 1 metro e meio de altura, com uma cabeça preta por cima da plumagem inteiramente branca. Freqüenta os barrancos, as margens do rio e os bancos de areia, onde passa o tempo pescando[8]; por isso, o povo não o come, dizendo que ele tem tanto gosto de peixe como de ave. Iríamos vê-lo muitas vezes rio abaixo, especialmente de manhã, voando bastante baixo para poder ser alvejado; e, entre os gritos das aves menores, sua voz forte soa "como o canto de um frade". Davidson comparou-o ao "sandhill crane" (grou-das-dunas) da Flórida[9]. Por meu lado, não pude deixar de lembrar-me do "ajutant-bird" (marabu) dos antigos.

Remamos para a margem esquerda, fomos levados rio abaixo pela correnteza e, com as varas, dirigimo-nos a um ponto de desembarque, na base de um rochedo. Um rude cruzeiro, a leste, nos levou à Toca de Santo Antônio — as grutas sagradas estão se tornando banais. Esse túnel, com sete passos de comprimento por seis de largura, abre, para o sul, uma boca de 2 metros e 70 de altura. O teto é aberto por um orifício natural; o chão é de lama seca e a mais alta marca da água é de 3,30 metros acima da entrada. Encontramos dentro um bando de morcegos, cujo cheiro era exatamente o oposto de perfume, e havia uma casa de marimbondos na parede. A formação é de itacolomito duro, vermelho e laminado, com pontos e partículas de mica; a inclinação é quase vertical.

Visto do rio em frente, esse penedo parece um alcantilado rochedo, algo semelhante a um chapéu posto de banda, virado para noroeste. Externamente, o perfil tem uma direção aproximada de norte para o sul, e as linhas de clivagem apresentam uma inclinação de 45°, cortadas por outras fissuras mais ou menos em ângulos retos. Não conseguimos escalar o paredão oriental, que era pior que um precipício. O cume, a trinta e três metros acima da planície, é eriçado de lajes dentadas e dispostas quase em sua beira. O itacolomito era atravessado por largas faixas de quartzo branco, e a junção pode ser o berço do diamante. A pedra teria facilmente assado um bife, e, no entanto, abrigava os curiangos, que voavam aos pares, passando velozes como uma seta, e se escondiam, pousando a poucas jardas de nossos pés. Naquelas rochas também os coelhos procuram refúgio. O mocó marrom (*Caira rupéstris*)[10] saiu de sua casa, olhou com curiosidade para ambos os lados e, pressentindo o perigo, voltou para trás, com a rapidez de um coelho. Os moradores ribeirinhos caçam esse animal e dizem que sua carne é excelente. É congênere da variedade domesticada, que conserva a voz, muda o pêlo durante o processo de domesticação e ilude o mundo, ao ser chamado de "Guinea pig" e "cochon d'Inde" (porquinho-da-índia). É fácil indagar, na Guiné, se ele existia ali.

Santo Antônio não foi tão bem sucedido com os espinhos como São Pedro com as rãs. Travamos um desagradável conhecimento com a macambira*, Bromeliácea cujos espinhos, semelhantes às esporas de galos de briga, são afiados como sovelas. O gregário quipá faz o possível para espetar. O pior de todos é a Urticácea aqui chamada cansanção-bravo (*Loasa rupestris*)**, uma verdadeira praga. A alta haste era guarnecida de cerdas curtas e afiadas, que parecem autômatos, encontrando seu caminho no ar. Piores que qualquer *Dolichos,* penetram na pele às dúzias, provocando uma violenta coceira e acarretando uma erupção, que só desaparece depois de supurada***. A única árvore não espinhenta que crescia naqueles rochedos era uma *Cecropia* enfezada e prateada. Era assim que os antigos índios encontravam crescendo juntas as duas plantas: a grande planta urticante e a árvore-da preguiça, que fornecia fibra para os seus tecidos, espessos, pesados e duradouros.

---

* A macambira responde ao nome científico *Bromelia laciniosa*. (M. G. F.).

** Há evidente equívoco do autor. Cansanção é uma Euforbiácea (*Jatropha urens*), enquanto que *Loasa* é gênero pertencente a outra família, Loasácea. (M. G. F.).

*** Também aqui o autor ocorre em equívoco, por ter, provavelmente, dado ouvidos a narrativas de outras pessoas, e não ter presenciado os fatos. O cansanção provoca, realmente irritação da pele, em grau variável em diferentes pessoas. Mas dificilmente vai a ponto de supurar, a não ser que sobrevenha uma infecção secundária por falta de cuidados higiênicos. (M. G. F.).

Do alto do rochedo, tem-se uma linda vista sobre a magnífica planície ribeirinha embaixo. O rio, pontilhado e manchado de ilhas, forma um comprido saco de sul para nordeste. Os morros do Pará e da Torrinha, à direita e esquerda, parecem plantados para mantê-lo no lugar devido. A nordeste, a Serra de Araçuá descobre suas enormes ondulações e encostas, e longe, para suleste, rampas gigantes estendem-se entre o chão e as nuvens. No meio dos blocos, havia um terreno inteiramente plano, que, de acordo com alguns informantes, se estende até as cabeceiras setentrionais do vale do grande Paraguaçu[11]. A planície ribeirinha é populosa e bem cultivada. Mostra os aspectos habituais, grupos de cabanas, roças verdejantes, bosques de um verde-escuro e capinzais amarelados, com quatro queimadas, de onde partia um novelo arroxeado de fumaça.

Mais uma vez atravessando o redemoinho, alcançamos a curva em cuja margem direita fica a povoação do Pará, onde o Barbosa das Moças cantou:

Não me querem bem, não me querem mal,
Pará é longe, não vou lá.

A foz do Pará-mirim, ou, como diz o piloto, Paraná-mirim[12], se mostra, com uma faixa de verde, ao sul do lugarejo e forma uma praia de areia, na qual o gado descansa. As casas de barro vermelho e cobertas de palhas cinzentas, erguidas perto de algumas abóbadas de refrescante verdura, estendem-se em filas para o sopé sudoeste do morro de cor sombria.

O acidente geográfico seguinte foi o Morro da Torrinha, uma elevação pedregosa, começando junto da água e formando uma linha dupla, sendo o cume mais distante o mais alto. Naquele ponto, havia árvores altas e acima cresciam arbustos escuros. Aquela fazenda foi feita pelo Comendador Antônio Mariani, e as dez cabanas e casas estão dispostas de tal modo que os moradores podem fugir das inundações para o alto do morro. Passando por algumas ilhas, todas mais ou menos habitadas, ancoramos, ao anoitecer, perto de um banco de areia abaixo da Ilha do Timbó. Nossa visita perturbou centenas de aves aquáticas e, à noite, tornamos ouvir o som de cantos e pandeiros. Não falta alegria naquelas paragens. Na véspera, contudo, um cego branco pedia esmolas, com a voz lamurienta de um pedinte profissional — acontecimento bastante raro para que mereça ser registrado.

6 de outubro. — À noite, o vento geral cedeu lugar à brisa oeste da terra e a sensação foi do frio habitual. Quando acordamos, o rio havia subido umas dezoito polegadas, fazendo flutuar um de nossos remos e colocando-nos a alguma distância do banco de areia[13]. Esses "repinhetes", como os barqueiros os chamam, são dilatações e rebaixamentos preliminares às cheias anuais; segundo os pilotos, ocorrem de três a quatro vezes, sucessivamente. A manhã foi agradável, mas mostrou indícios distintos de ventania. À medida que o Sol, entre as seis da manhã e o meio-dia, ia aquecendo a terra e a água, a brisa fria alternava-se com rajadas mais fortes, até que, cerca de duas horas da tarde, o equilíbrio se restabeleceu na atmosfera. Sucedeu-se, então, aos poucos, uma calmaria, que muitas vezes dura até o anoitecer. Perto de Remanso, teríamos alternadamente um dia de vento e outro de chuva.

Tendo partido ao amanhecer, logo avistamos, a uma distância de quatro a cinco milhas, a Serra do Brejo, montanha que limita o vale ao poente, dirige-se para oeste, e se curva para o norte; fica em frente à Serra do Assarauá, que se elevava como um paredão gigantesco, coberta no alto por uma nuvem branca, como um segundo andar de uma ilha, no céu azul e claro. As margens do rio eram de barrancos chatos e cobertos de capim, produzindo, em abundância, a jurema, dura, nodosa e de casca escura[14]. As árvores eram cobertas, nas pontas dos galhos, de ninhos com cerca de um metro de comprimento, feitos de gravetos secos e espinhentos, com uma pequena abertura, e comodamente forrados

com capim macio. Provavelmente, recebem um "anexo" anual, como a casa do joão-de-
-barro. O morador é chamado casaca-de-couro[15].

Tivemos de lutar contra os ventos e as pequenas ondas que se formaram, como por um passe de mágica, e, na Fazenda do Angical, o inimigo levou a melhor, e tivemos de fazer uma parada de três horas. Angical é uma grande fazenda de criação de gado, situada em um saco da margem direita, que é arenosa e produz coqueiros, carnaúbas e quixabeiras. De um ponto um pouco abaixo dali, as canoas, durante as cheias, atravessam por terra, encurtando muito o caminho, até a ipueira de Xique-Xique.

Aproximando-nos da Ilha do Camaleão[16], vimos, adiante, as casas brancas da povoação, ligadas a um enorme maciço que se projeta sobre a verdejante margem esquerda. O caminho setentrional para a Vila da Barra do Rio Grande é pela estreita corredeira ou canal, formada perto da margem ocidental pela comprida e estreita ilha semelhante a um navio, a Ilha do Laranjal; para leste, fica a linha principal do São Francisco, uma massa de bancos de areia e de praias. O caminho é, então, através da foz do Rio Grande, que ali corre para nordeste e desemboca no São Francisco. Sua ponta direita lança, partindo de terrenos cobertos de matos e inundados, uma ponta de argila, coberta de mato ralo, no centro da qual há um capão. A correnteza da confluência, onde 400 metros de largura avançam para encontrar 2.000, investe fortemente sobre o Pontal, uma projeção que avança para sudeste, separando os dois rios. O material, afortunadamente para a cidade, consiste em um barranco perpendicular de argila dura, fortalecido com hidróxido de ferro e, nessa época do ano, a 2 metros acima da água; estende-se por algumas léguas à jusante, na margem esquerda do Rio São Francisco. Da menos acentuada das elevações, podemos avistar o baixo Vale do Rio Grande, serpenteando a partir de sudoeste, onde há uma ruptura na cortina azul que se estende além da planície. É um delta chato, de vegetação densa, de pelo menos vinte milhas de comprimento em linha reta. Essa confluência acarreta um duplo risco, partido tanto da artéria principal como do afluente; as pesadas chuvas ali são muitas vezes dilúvios locais e, assim, um dos rios pode provocar danos, quando o outro se acha com inclinações pacíficas. Na noite anterior, o Rio Grande subira vários centímetros ao passo que o São Francisco descera; os moradores declararam que jamais tinham visto tal coisa acontecer tão cedo, e começaram a prever que faltaria água quando mais necessidade se fosse ter dela.

A vila estende-se de oeste para leste, ao longo da margem setentrional do Rio Grande[17], começando cerca de uma milha à montante e estendendo-se até o Pontal. Tem um aspecto mesquinho, sendo as casas baixas e pequenas, com quintais rodeados de cerca, para o lado do rio, onde as inundações impedem as construções, e várias delas estão inacabadas, sendo algumas meros telheiros sem paredes. Aqui e ali, nos níveis mais altos, há uma plataforma de pedra e cal, trazida de Porto Alegre, seis léguas à jusante; essas plataformas sustentam casas caiadas de branco ou metade de branco e metade de amarelo, com janelas pintadas de verde. O Porto[18], um sujo desembarcadouro de areia e argila, é o esgoto comum; de manhã, vira um mercado de peixe, durante o dia torna-se uma confusão de varais para secar roupa, crianças misturadas com cães, jumentos, aqui uma "característica", porcos de pernas compridas, patos e galinhas, misturados com grous semidomesticados, brancos e cinzentos, e mulheres lavando roupa.

A água usada para finalidades caseiras tem de ser trazida do rio à montante da vila; junto dela, é escura, cheia de espuma e suja. Algumas canoas e barcas oscilam, amarradas a estacas no ancoradouro, e uma embarcação muito apreciada é a "balsa" ou jangada de frondes de buriti. Os feixes compridos são amarrados uns aos outros, em cinco ou seis lugares, e mantidos na posição devida por peças transversais; ficam a 30 centímetros acima da água, e, como são elásticas, estão menos sujeitas a sofrer as conseqüências dos baixios e cachoeiras. Transportam rio abaixo enormes pipas cheias de cereais e "trens" semelhantes; chegando ao seu destino, são desmanchadas, para serem aproveitadas em moirões e cercas, que são razoavelmente duráveis.

Há uma grande festa, no dia do padroeiro, São Francisco das Chagas. Ao nos aproximarmos da cidade, os homens importantes, envergando ternos pretos, cavalgavam cavalos pequenos e mulas ainda menores, ao longo da imunda praia, dirigindo-se ao ofício divino. O resto da multidão andava com chapéus de todos os tipos, altos, de palha de buriti ou de feltro e metida em ternos, brancos ou marrons de algodão. Havia o habitual negro velho grotesco, vestindo um sobretudo de casemira azul da mais grossa, em uma atmosfera a 98° (F.). As mulheres ficam todas na igreja, até o fim da cerimônia, e os homens se ajuntam à porta, como um enxame de abelhas. A "função" não tardou a terminar, com uma girândola de fogos de artifício — ainda era dia claro — que pareceu ministrar muito conforto espiritual. Uma procissão saiu a perambular pelas ruas, e os dignitários, com suas opas vermelhas e brancas, causaram bastante sensação. Moças vestidas com as cores mais vivas, e crianças com as roupas mais leves, e muito pouca roupa, corriam desabaladamente, procurando as esquinas "para ver outra vez". Visitei, à noite, a capelinha de Bom Jesus, que tem cotos onde deveriam estar as torres — como um homem fardado, sem platinas. A iluminação não era brilhante, mas mostrou-me que o elemento feminino predominava: o dever principal parecia ser o de se ajoelhar diante de uma mesa e beijar os pés diminutos do Santo — e, principalmente, depositar alguns cobres em uma mesa próxima. A noite apresentou muitas das cenas que seriam de se esperar em um porto comercial, nas ocasiões festivas.

Halfeld falou com entusiasmo dos habitantes da cidade[19]. Achei-os civis e corteses, como, em verdade, é a regra no Brasil, mas o baiano não brilha, em comparação com o paulista ou o mineiro. Minha carta de apresentação ao Tenente-Coronel Joaquim Francisco Guerreiro não teve qualquer resultado; em compensação, o Tenente-Coronel Carlos Mariani, neto de um corso que emigrou para o Brasil, "nos dias da República Genovesa", foi imediatamente procurar-me, levou-me à sua casa e mostrou-me todas as suas curiosidades. Tinha pedaços octaédricos de ferro magnético, que se encontram espalhados nas fazendolas, e na Vereda do Curral das Éguas, do outro lado da serra que delimita o vale do lado ocidental. Seus cristais de rocha procedem de um serrote do lado oriental, ao passo que a Cadeia de Tauatinga e Natividade, no Vale do Tocantins, forneceram arenito vermelho com ligação de quartzo, mostrando na junção linhas regulares de ouro livre e traços difusos de cobre. Disse-me ele que um viajante alemão fora, recentemente, roubado de algumas opalas, que dizia ter sido encontradas perto da Vila de São Domingos, na estrada para Cuiabá, em Mato Grosso.

Passei muito tempo caminhando pela vila e procurando descobrir seus méritos latentes. Começando a leste e fazendo uma volta pelo norte, verificamos que o local é uma grande várzea, com uma altura de 6 a 7 metros acima do nível do rio. Os terrenos que ficam logo atrás da vila são, nas inundações, cobertos de água até uma altura de 2 metros, ou mesmo mais; para o norte, há um grande brejo, com escoamento para leste. Muitas das casas naquela direção mostram a marca da água até pouco mais de um metro de altura, e algumas afundaram de 60 a 90 centímetros em seus alicerces encharcados e arenosos. É provável, contudo, que isso possa ser atribuído aos depósitos feitos pela inundação; o Mississípi deixa, em alguns lugares, anualmente, uma camada de lama e areia de quase um metro de espessura. A noroeste, há um cemitério de muros caiados e, mais além, outro de barro. Nessa parte também fica o "Tezosinho" (pequena elevação) da Conceição, um retiro onde os habitantes da cidade se reúnem, quando suas casas ficam embaixo da água; é o resistente penedo que impede que a planície seja varrida pela água. Na extremidade ocidental, encontramos a origem de todos esses males. Fica ali o "transbordamento", onde as águas do Rio Grande entram, formam uma ipueira e, com a ajuda do brejo, transformam o lugar em uma ilha[20]. A entrada da ipueira dificilmente pode ser fechada: é larga demais e o terreno é demasiadamente frouxo e lamacento para que se possa construir um dique. Como a cal é cara, a argila é utilizada no local, e os profundos buracos abertos para procura desse material, sob um sol que queima às seis e meia da manhã, são outros propagadores de febres palustres. O único remédio será remover a vila para um local melhor, mas o problema é como encontrá-lo.

A localidade tem a forma estreita habitual, com logradouros lamacentos e areentos. Adiante, ao norte da Rua do Rio, fica a Rua do Santíssimo; além, a Rua do Rosário, em cuja extremidade ocidental há uma praça, um imenso cruzeiro e uma capela térrea com duas janelas; ainda mais para o norte, fica a Rua do Amparo, um subúrbio arrasado, e, mais adiante ainda, o Retiro. Essas ruas mais compridas são ligadas entre si, como de costume, por travessas. Há poucos sobrados e meios-sobrados, tendo em frente os habituais pedaços de passeio de tijolo e ostentando vidraças, orgulhosamente. Em sua maior parte, as casas são pequenas e com os beirais dos telhados salientes; muitas, mesmo nas partes mais altas, parecem meio enterradas. Há poucas casas comerciais de artigos secos, e um estabelecimento fotográfico, que vende cartões de visita à razão de 8$000 à dúzia; um açougue fornece carne tolerável, e uma quantidade de vendas negocia em cachaça e rapadura, cebola e alho.

O coração da vila é o Largo da Matriz. A população resolveu mostrar sua disposição, construindo uma igreja de grandes proporções dedicada a São Francisco. Tais coisas começam sempre com muito entusiasmo no Brasil. O Governo Provincial concedeu o correspondente a £400, que, com esmolas e contribuições, se elevou a £2.400. Procurou-se na Bahia um projeto e um arquiteto; a pessoa escolhida foi um alemão, Heinrich Jahn, que levou consigo a família. A pedra fundamental foi lançada no dia 4 de outubro de 1859. A igreja tem, ou melhor, terá, quase 35 metros de comprimento por 15 de largura, duas torres e um clerestório. O material da construção consiste de tijolo e cal, com alicerces de pedra. A frente tem as habituais três entradas e cinco janelas, e o frontão gradeado introduziu uma pequena mudança na habitual monotonia da fachada. No interior, paredes divisórias separam duas sacristias, o que diminui seriamente o espaço. Atualmente, tudo está cheio de andaimes de troncos de carnaúba, e as obras estão paralisadas, por falta de dinheiro. A idéia da construção da igreja foi inteiramente desproposiṭada em relação ao tamanho da localidade, e a Vila da Barra parece ter-se tornado um anexo de sua matriz.

A suleste da praça da igreja fica a Casa da Câmara, isolada, com um sino e seis janelas em cima e uma grade mostra a existência da cadeia embaixo. Em certas ocasiões, as enchentes tornaram necessário salvar os arquivos em canoas. Os presos parecem tão bem dispostos quanto os demais habitantes da cidade e ali não precisam cantar como o estorninho: "Não posso sair". A força militar, paga pela Província, consiste de um sargento e dez soldados, cujo dever parece consistir principalmente em tocar corneta. A sentinela da porta da cadeia encosta-se na parede; não tem colarinho nem sapatos, e sua única arma é uma baioneta, e nos fez lembrar a composição de certos corpos militares da Costa do Ouro, agora debandados. O último edifício público é o Hospital de São Pedro. O governo subvencionava uma irmandade, cuja mensalidade era de 1$000, e continuou a subvencionar durante algum tempo. A casa ainda existe, mas os internados são no máximo dois, e pode-se dizer que a bem intencionada instituição foi posta de lado.

A Vila da Barra data de 1753–1754. Seu município tem de 10.000 a 12.000 almas. Há uma única freguesia: São Francisco das Chagas. Em 1852–1854, o número de casas da vila era de 660 e a população de 4.000 habitantes; não houve aumento até 1867. A ligação com o litoral é muito precária. A estrada para a Cidade de Lençóis (60 léguas, cada uma de 6.500 metros) não passava de uma picada em 1855, cheia de rios a vau, lamaçais e montanhas, muito difícil, na verdade, de ser percorrida. A melhor estrada para a Bahia é a que passa pela velha cidade de Jacobina (75 léguas), um longo caminho no rumo do nascente. Descrevem-na como atravessando uma planície em três jornadas ou estágios de doze a quatorze léguas cada uma, sem água durante a seca; as tropas de mulas, contudo, cobrem cada uma em 24 horas; em seguida, vem a Serra do Tombador, conduzindo à cidade, uma ladeira pedregosa, para a qual, no entanto, as mulas estão desferradas, e, finalmente, de Jacobina à Cidade de Cachoeira, o terreno é relativamente plano.

Os habitantes de Vila da Barra criam gado vacum e algum muar; sua principal atividade, contudo, é o comércio[21], e, como ocorre nos portos da África Ocidental, servem de intermediários entre forasteiros e os habitantes do interior. Estávamos, então, nas proximidades das grandes formações salinas, o que não impedia que o sal fosse importado do litoral, via Juazeiro. O material salino é depositado pela água principalmente na vizinhança dos rios e o sal-gema ainda não foi encontrado. Visitamos, mais abaixo no rio, vários lugares onde o sal fora plantado, isto é, misturado com a terra, com o fim de espalhá-lo e, de certo modo, ser cultivado. Os salineiros o coletam entre os meses de julho e outubro. É tratado como o salitre, coado em bangües, evaporado no fogo e deixado cristalizar. Algumas vezes, é exposto em cochos à ação solar e essa simples operação poderia ficar mais compensadora se fosse feita em larga escala. O que é mais necessário é a purificação e a separação de outros sais, de magnésio, por exemplo, que são igualmente desagradáveis e nocivos. Por vezes o sal é branco e fino como o marinho; muitas vezes, contudo, é amargoso e trigueiro, só servindo para os animais. Depois de purificado, ele é acondicionado para exportação em sacos de couro chamados surrões[22].

A Vila da Barra do Rio Grande goza de alta e imerecida reputação. Cedo verifiquei de onde vinha. Os mineiros querem que Januária seja a capital da nova província. Os baianos preferem Carinhanha à Vila da Barra, e a causa desta última foi habilmente patrocinada pelo ex-Ministro e Senador João Maurício Wanderley, Barão de Cotegipe. Esse influente conservador é filho do lugar e tem um interesse filial por sua prosperidade. Minha convicção é a de que a Vila é um dos piores lugares que já vi, e que só tem condições de ser um porto ou posto de acesso para Bom Jardim ou Xique-Xique.

NOTAS DO CAPÍTULO XXI

[1] Li a respeito, mas não vi; a parte geralmente dada ao gado é o miolo.

[2] Ele publicou, no Rio de Janeiro, em 1810, duas brochuras, que foram analisadas por Koster. *Apêndice*, vol. ii.

[3] Isto também consta dos livros. Não acredito que o fruto seja usado para se extrair cera.

[4] Koster nos conta (citando o vol. XXXI, p. 14. Trans. Soc. Fil. 1811) que o Conde de Gálveas (o Ministro Pombal, Conde de Veiras) mandou do Rio de Janeiro a Lord Grenville uma amostra da cera de "carnaúba", como sendo um artigo de exportação produzido entre 3° a 7° de lat. N.. O pó de cor amarelo-escura foi tratado com ácido nítrico e exposto ao ar em pratos de vidro. Depois de três semanas, tornou-se de cor amarelo-clara, com uma superfície quase branca.

A mesma mudança foi alcançada reduzindo-se a cera a camadas muito finas e pingando-lhe uma solução aquosa de ácido muriático. Transformada em velas, com um pavio devidamente proporcionado, queimou uniformemente e com combustão perfeita. Verificou-se que diferia das outras espécies de ceras vegetais, tais como a *Myrica cerifera,* laca e laca branca. A mais recente autoridade no assunto é a "Notice sur le palmier Carnauba", publicada em Paris, em 1867, pelo Sr. M. A. de Macedo, 1º. vol. in-8º.

5   Keith Johnson apresenta o "R. Canoas", nascendo perto do Rio Corrente, a sudoeste. É um regato de pouca importância. Em sua foz, está Passagem, um lugarejo bem situado, em uma ondulação de terreno, segundo parece; seus moradores vivem do transporte em balsa de viajantes e animais que se destinam à Chapada Diamantina e à Capital da Província.

6   Esse íbis tinha grande importância para os índios, que usavam as suas penas em trajos de cerimônia. Há várias espécies, o branco e o verde (*Tantalus cayannensis*), que os tupis chamavam de garaúna, íbis preto ou escuro, e que, por corruptela, deu "carau".

7   Bates (i. 282) menciona o jaburu-moleque (*Mycteria americana*), grande ave, da família das cegonhas, com 1,5 metros de altura.

8   O Príncipe Max. (iii. 146) ouviu dizer que era uma ave de rapina, que devora outras aves. O piloto nega tal fato. O Tte. Herndon encontrou o tuiuiú cinzento no Amazonas; o casal "que ele conseguiu levar aos Estados Unidos era branco". Ele também menciona um "grande grou branco, chamado jaburu" (p. 229).

9   Outras espécies comuns são: a curica branca (*Ciconia americana*); uma *Tantalus albicollis,* de plumagem branca e preta e voz áspera, mencionada por Piso e Marcgraf; a garça-real (*Ardea pileata,* Lath.) de cabeça preta e corpo branco amarelado.

10 É chamado "Kerodon" por Fréd. Cuvier, e mencionado por todos os viajantes que estiveram no interior do Brasil, de Koster até os dias atuais. Nas Serras do Peru, o Tte. Herndon (cap. 4) parece ter achado muito gostoso um cozido de porquinho-da-índia.

11 A estrada passa por uma cidade chamada Nosso Senhor do Bom Caminho; apesar disso, muitos informantes se queixam do seu péssimo estado.

12 Este é o Paramirim que o mapa de Mr. John Morgan faz abranger o Riacho do Bom Jardim. Segundo os moradores da região, é um curso de água sem importância e, a se julgar pela foz, não deve ter um longo curso.

13 Como disse, levamos uma âncora, que não se revelou de grande utilidade. Geralmente, os ajojos, e mesmo as barcas, são amarradas em estacas verticais, e têm ocorrido muitos acidentes, quando se soltam. Os barqueiros trabalham muito, especialmente se querem alcançar uma cidade a tempo de apanhar uma festa; não se adotam as vigias noturnas, e a embarcação estaria entre os rápidos antes dos dorminhocos acordarem.

14 Essa acácia foi notada pela primeira vez perto de Malhada e Carinhanha, onde é tida como fornecendo excelente carvão. Iria tornar-se mais abundante, à medida que nos aproximávamos das Grandes Cachoeiras. Os habitantes falam em duas qualidades (espécies?), a jurema (também chamada gerema, *Acácia jurema*) e a jurema pesta. A proliferação de acácias e mimosas, angico, barbatuirão e ingá, combinada com o solo salino dessa parte do vale, mostra quanto é ela adequada à criação de camelos.

15 Talvez seja o mesmo gibão-de-couro, (*Musicapa rupestris*): Não vi a ave. O Príncipe Max. (iii. 95) descreve um ninho semelhante do *Anabatis rufifrons* ou *Sylvia rufifrons,* com abertura na parte de baixo; ele encontrou o pássaro na parte de cima e na de baixo estava uma espécie de rato do mato (rato-das-catingas, *Mus pyrrhonicus*).

16 O autor do *Caramuru* afirma (vii, 58) que o camaleão alimenta-se de vento. No Brasil, contudo, o camaleão é um lagarto (*Lacerta iguana*) que muda um pouco a cor da pele, mas não pode ser comparado com o verdadeiro camaleão. Esse animal, nas partes mais atrasadas do sertão, é considerado como tendo uma carne mais delicada que a da galinha; aquela gente, contudo, não é muito exigente; come carne de onça, de jacaré, de gato-do-mato, de seriema e outras semelhantes.

17 O Sr. Halfeld fez o levantamento desse grande afluente e dedicou-lhe três mapas. Merecendo bem seu nome, ele recebe as águas da vertente oriental da cadeia de montanhas da fronteira norte de Goiás. A foz fica (aproximadamente) a 12° 10' de latitude sul e 1° 3' de longitude

oeste (Rio). É navegável na extensão de 45 léguas, até a Vila de Campo Largo, onde ainda tem 115 metros de largura; sua profundidade é de cerca de 4 metros, a corrente é de 0,77 por segundo e a descarga de cerca de 190 metros cúbicos, ou mais ou menos o dobro do Sena em Paris. Para além daquele ponto, a navegação é difícil, mas canoas pequenas podem ir até 20 léguas além, alcançando Limoeiro. O Rio Preto, seu grande braço de nordeste, tem uma extensão navegável de 32 léguas, até Formosa, passando por Santa Rita. Dessas terras, são exportados arroz, farinha, milho, legumes, rapaduras e outros mantimentos; algum sal é também feito na Barra do Boqueirão, a 16 ou 18 léguas da foz do Rio Grande. O Rio Preto é aquele cujas águas o Tte. Morais pretendia lançar através das montanhas, no Lago Paranaguá. Aludi a esse portentoso projeto no Cap. 26.

18 Não compreendo o que quer dizer Halfeld com "este porto parece artificial". É raro se encontrar uma coisa mais desgraçadamente natural.

19 "O nobre e leal caráter dos habitantes da Vila da Barra, especialmente das classes elevadas, revela-se, em todos os seus atos, civis e religiosos, cordialidade, a mais cavalheiresca educação e, na vida social, uma extrema polidez, que rivaliza com as cortes mais civilizadas".

20 Depois do pequeno dilúvio de 1792, a vila já foi várias vezes ameaçada de destruição, especialmente em 1802, 1812 e 1838. Em 1857, a Vila escapou melhor do que Januária; esta última, assim como Urubu, não foi tão severamente atacada quanto a primeira em 1865.

21 A seguinte lista de minhas compras mostrará os preços vigentes na Vila da Barra:

1 garrafão (4 garrafas) de cachaça	0$500
1 quilo de sal	0$130
5 quilos de carne de vaca	1$000
8 quilos de toucinho	3$000
5 quilos de arroz	1$600
1 réstia de cebolas	0$100
1/2 quarta de farinha	0$800
TOTAL	7$130

22 A medida varia em toda a parte; no local tem 24 pratos, i. e. 25 quilos.

CAPÍTULO XXII

DA VILA DA BARRA (DO RIO GRANDE) À VILA DE PILÃO ARCADO

Sétima Travessia, 29 Léguas

As dunas de areia. Complicada aproximação de Xique-Xique. Descrição da localidade. A Cactácea xique-xique. Bons carneiros. Aluguel de animais para viagem às lavras de diamantes. O velho preto forro. Árvores e aves. Fazendas de criação. Bosques de carnaubeiras. Lagoas. Escalada de morros. O serviço ou mina de diamantes de "Pintorzinho". Arraial de Santo Inácio. Origem das lavras e outras particularidades. Regresso a Xique-Xique. Reinício da navegação. Os portais. Tempestade. Chegada a Pilão Arcado.

"Ce beau pays peut se passer de l'univers entier".

Voltaire.

Não tivemos uma noite agradável. A atmosfera, durante as primeiras horas, estava parada e pesada (82° F.). Depois começou a soprar o frio vento de terra. A princípio, um canto comprido e monótono tornou as horas tediosas; depois, vieram os ruídos feitos, ao pular na água, pela piranha, o "peixe do diabo", e o ruído abafado do rio, que parecia nutrir más intenções.

Abaixo da Vila da Barra, o São Francisco alarga-se, as elevações que o contêm retraem-se e o vale ribeirinho torna-se chato. O calor aumentou muito, embora o leito corresse entre o norte e o nordeste, na direção do vento geral. Algumas vezes, as embarcações ficam encalhadas durante dias nos bancos de areia, e as tripulações se regozijam quando podem trabalhar doze horas seguidas. Os acidentes são tão comuns, que dificilmente se encontra um barqueiro daquelas paragens que não tenha naufragado ao menos uma vez. De súbito, quando a atmosfera está claríssima, o vento varre com força a superfície das águas, formam-se as ondas, e a canoa ou ajojo submerge. É preciso o maior cuidado para se observar os menores sintomas, especialmente os redemoinhos, colunas de areia que se levantam a 20 ou mais metros de altura, ao mesmo tempo que se deslocam sobre o terreno. Em tais casos, as embarcações devem navegar a barlavento, ao longo da margem mais abrigada, ou procurar depressa um refúgio antes que comece o vendaval.

Não pudemos partir antes de 9,30 da manhã. O vento começou cedo. A primeira légua mostrou-nos, à direita, um canal sem saída, a Ipueira Funda, que, durante as enchentes, permite comunicação direta com Xique-Xique. Um pouco adiante de Cajazeira[1], do Capitão José Vicente, há outra ipueira, que também não pode ser navegada nesta época do ano, convergindo para sua vizinha do sul. Essas ipueiras merecem cuidadoso exame. A estreita abertura, tornada praticável para admitir embarcações durante todo o ano, facilitaria muito a navegação para Xique-Xique e livraria aquela localidade de maior dificuldade que enfrenta, a falta de uma aproximação direta. O leito do rio, dizem, poderia ser melhorado sem dificuldade. Dentro de pouco tempo, iríamos acompanhá-lo, quando viajamos por terra, indo de Xique-Xique para o interior. Por outro lado, deve ser verificado se tal abertura não irá lançar o talvegue para a direita e aumentar consideravelmente o volume das enchentes.

Há fazendas e fazendolas espalhadas em todas as direções, em ambas as margens do rio. Desembarcamos na margem direita, para examinarmos um lugar onde, segundo nos informaram, havia pedra calcária. Vimos que se tratava de um simples barreiro. Depois de passarmos por diversas roças[2] e bosques de carnaubeiras, que se erguiam como altas paliçadas, o vento furioso nos obrigou a ancorar na ponta de um pequeno banco de areia, a Ilha do Mocambo do Vento. Essa ilha, que tem um nome de mau augúrio e bem adequado, é considerada um dos piores lugares. O leito do rio curva-se para leste e sudeste. É extremamente largo e o rio corria dominado pelo vento. Na coroa, encontramos cristais diamantinos, e havia muitos acaris, o peixe revestido de couraça, jogados fora, depois de colhidos na rede. A pele dura se mumificara e a atitude ainda era a das vascas da morte.

Terça-feira, 8 de outubro de 1867. — O vento, depois de uma luta feroz durante toda a noite, fez menção de parar. Voltou, contudo, com o sol e cobriu a coroa com uma cortina de areia, que me fez lembrar os desertos da Arábia. Mesmo à uma hora da tarde, quando partimos, era difícil avançar. A margem esquerda estava pontilhada de pequenos morros isolados e, entre Areia Branca e Icatu[3], entramos em um terreno de lençóis, como eram chamados pelos antigos exploradores portugueses. Camadas planas e montículos de areia branquíssima, degradação do itacolomito, brilhavam ao Sol, como as que existem em torno de Diamantina. Aqui e ali, havia pontos negros, matagais de um verde escuro, que, de vez em quando, a miragem transformava em altas florestas. Em certas partes, a substância torna-se amarela e se parece muito mais com as dunas baixas que acompanham a costa marítima. A rocha subjacente é, provavelmente, pedra calcária, e a formação se iria estender por muitas léguas, à jusante, em especial na margem esquerda. Nada podia ser mais pitoresco do que aquele pedaço de Saara, particularmente tendo ao fundo um pedaço sombrio do céu setentrional — ali um sinal de vento e não de chuva — e diante de si o rio brilhante como aço, colorido pelo ouro glorioso do sol poente.

O canal principal do leito do rio corre muito para noroeste de Xique-xique e não havia água suficiente para que navegássemos em linha reta; tem cerca de duas milhas de comprimento, passando ao sul das ilhas do Gado[4] e do Miradouro. Fomos obrigados, portanto, a ladear toda a margem ocidental da última dessas ilhas, que tem pelo menos sete milhas de comprimento, com quatro milhas de largura máxima. Em sua extremidade nordeste, o canal navegável, continuação da ipueira sem saída, vira para o sudoeste, a fim de chegar a Xique-Xique. Tem pelo menos oito milhas de extensão, sem contar as numerosas voltas. É a Barra da Picada, assim chamada por causa de um lugarejo que há em sua boca. Há uma outra passagem, praticável em certas ocasiões, entre o curso principal do rio e a ipueira, chamada Barra da Esperança, que passa entre a ilha menor do Galo e a do Miradouro. Essa parte do São Francisco é excessivamente complicada, e a rede de canais dificilmente pode ser compreendida sem um mapa.

A grande artéria alarga-se para mais de uma milha, e é marcada por montículos de areia branquíssima, dispersos na verdura mais escura, em frente da boca da Barra da Picada. Esse canal começa com uma largura de 170 metros, entre a terra firme e a Ilha do Miradouro, que, em sua extremidade nordeste, se afina em uma ponta pantanosa, a Ponta da Ilha. Sua largura logo cai para 50 metros, e, onde se junta à ipueira, a nordeste de

Xique-Xique, alarga-se para 700 metros. A princípio, descreve uma comprida "ferradura" para oeste. Depois, seu curso é em linha reta. A profundidade admitirá embarcações em todas as épocas do ano, e a largura não é suficiente para permitir a formação de ondas. Sua tranqüilidade, especialmente depois das dificuldades oferecidas pelo grande rio, me fez lembrar das lagunas da África Ocidental, que acompanham as praias do agitado mar e que tanto ajudam os embarques nos navios negreiros. As margens baixas, de ambos os lados, a densa vegetação, às vezes interrompida por um barranco nu, e as pequenas manchas de roças com seu verde-claro, rodeadas de grosseiras cercas de pau, traziam-me ao espírito, com nitidez, a lembrança do Whydah de Daomé.

Passamos por algumas casinholas cobertas de telhas, na margem direita daquele tranqüilo canal, e a capela caiada de branco e o lugarejo de Santa Ana do Miradouro[5], na margem oriental da ilha. Entramos, então, na larga boca da ipueira — nessa época do ano um braço sem fim — e encontramos ancoragem segura, onde o incômodo vento norte não pode acarretar muito dano. No porto, estavam algumas canoas, pertencentes a pescadores e vendedores de melancias. Havia uma barca amarrada à margem, e outra estava sendo calafetada na praia. Acima de nós, erguia-se a cidade, que não era menos "divertida" que suas vizinhas. Pandeiro e canto, dança, risadas e gritos de aplauso, prolongados até de madrugada, mostravam que, apesar da ausência de uma festa, a folia não estava ausente.

O dia seguinte começou tão mal, com as nuvens de vento, que resolvi dar uma folga à tripulação e proporcionar a mim mesmo uma curta visita às lavras de diamantes mais próximas. Começamos visitando Xique-Xique. O "porto", ao longo da margem oriental, é formado por um molhe natural, um pequeno rochedo, naquela época do ano a um metro e trinta centímetros acima da água. O material é um silicato de cal cinzento esbranquiçado, tendo, em certos lugares, granulações de carvão férreo e apresentando conglomerados de quartzo grandes e bem disseminados. Contendo sílica e considerável proporção de argila[6], pode fornecer o melhor cimento hidráulico. As principais pedreiras de cal são esta e a da Lapa. Xique-Xique manda, anualmente, tanto para o curso superior como para o curso inferior do rio, entre Vila da Barra e Juazeiro, de 1.500 a 2.000 alqueires de calcário. Na praia, havia canoas repletas de ótimas melancias. Cavalos estavam sendo lavados, pelo habitual processo de lhes jogar água em cima, tirando-a do rio com uma grande cabaça. Meninos *in naturalibus* preparavam-se para tomar banho e lavadeiras e carpinteiros dedicavam-se aos seus trabalhos. Os colhereiros (*Platyrhynchus*) passeavam entre as pequenas canoas de uma só peça que haviam trazido peixes em quantidade para serem vendidos. As aves não melhoraram com a civilização, e sua linda plumagem cor-de-rosa tornara-se cinzenta com a lama.

No alto do barranco, verificamos que fora deixado um amplo espaço para o rio, com um cruzeiro central, apoiado em um pedestal de pedras. No fundo, voltada para oeste-noroeste, está a Capela de Nosso Senhor Jesus do Bonfim[7]. É uma pobre e mesquinha igrejinha de tijolo e cal, com alicerces de pedra. A fachada grotesca, como de costume, tem quatro janelas, e não há torres-campanários. O interior, antigamente lugar de enterramentos, apresenta um altar azul e dourado, com um teto pintado de afrescos e dois altares laterais, onde as andorinhas fizeram ninhos. As paredes apresentam um único papel certificando milagre, datado de 1804 e a congregação consiste de três velhas, duas de hábito preto e a terceira com o cordão branco de São Francisco. A cidade se estende de ambos os lados e atrás da igreja, formando uma cruz truncada. As casas perto do rio mostram uma marca de água de 65 centímetros de altura. Podem facilmente ser elevadas, por meio de plataformas. As enchentes não alcançam as partes mais altas, e os moradores alegam, com razão, que seu "assento" é o melhor que há, com relação ao rio. As chuvas pesadas começam a cair em outubro e vão, com interrupções, até maio. As cheias duram cinco meses, de novembro a abril. Na verdade, já há um braço de rio de seis palmos, e o fato do curso de água ser indireto em Xique-Xique faz com que a elevação de 35 metros na cidade corresponda a 1 ou 1,5 metro no verdadeiro São Francisco.

É interessante visitar e descrever estes lugares, hoje as mais atrasadas "rancharias", mas destinados a se tornarem centros de poderosos Estados. Xique-Xique se estende mais ou menos do norte para o sul; como de hábito, as ruas retas são paralelas ao rio e, ali, têm uma largura quase que suficiente. O calçamento ainda é desconhecido, mas pedaços de carvão férreo espalhados no chão tornam igualmente impossíveis a poeira e a lama. Uma "praça" triangular, a suleste da igreja, cerca uma Câmara-cadeia isolada e as barras de ferro da última estão presas em armações de madeira. Mais para o norte, há um cemitério bem cuidado, com muros caiados e túmulos incipientes. Uma casa nobre, com sacadas de grades de madeira espalhafatosamente pintadas e alguns meio-sobrados foram construídos. O resto consiste em casas térreas, com seus grandes quintais e "jardins suspensos" de gerânio, manjericão e alfazema[8], assim como cebolas e verduras; esses jardins consistem, em geral, de uma canoa velha, sustentada por estacas, fora do alcance de formigas e porcos. As casas devem ir a umas 180, mas muitas só se abrem nos dias de festa, quando 1.500 almas encontram acomodação.

A região que fica além da cidade é um campo de vários cactos, que apresentam muitos contrastes. O anão da família é o quipá, com seu grande figo carmesim, tão apreciado pelo papagaio (*Psittacus cactorum*) que seu bico fica manchado de vermelho. Outro pigmeu é um bulbo de cerca de 35 centímetros de diâmetro (*Melocactus* ou *chinocactus*) enrugado como um melão e protegido nos ângulos por terríveis espinhos; no alto, há uma inflorescência, semelhante ao fez dos turcos, e é chamado de cabeça-de-frade*. Os cavalos aprendem a apreciar a substância esponjosa e macia, que a planta toma tanto cuidado em preservar; isso os põe em boas condições, e eles alcançam um preço mais elevado do que os animais que se recusam a comê-la. O vulgo afirma que os cavalos e os bois aprendem a abrir o exterior tão bem armado da planta, quebrando-o com o casco. Há também a *Opuntia* comum e o xique-xique[9]**, que é plantado em sebes e que deu nome à localidade. Segundo Halfeld, assada e descascada, tem gosto de batata ou batata-doce. Essa expressão quase geral é usada diferentemente em vários lugares. Nesta região, aplica-se especialmente a uma Cactácea semelhante a um órgão, que é quase uma árvore; os ângulos variam com os anos, na juventude tem muitos lados e no fim da vida é quase cilíndrica. O formato também varia; aqui, estende-se, como uma serpente, pelo chão, ali se levanta firme e verticalmente. Uma espécie tem uma flor carnosa e branca, semelhante à flor-de-cera; outra (*C. mamillaris*) é manchada de uma lanugem branca, que parece tirada de um carneiro e que quase esconde a flor vermelha escura. Iríamos encontrar outras formas no curso inferior do São Francisco.

Fiquei surpreso ao ver, em um lugar tão rico em cactos, cabras tão pequenas e raquíticas, ao mesmo tempo que os carneiros eram os melhores do Brasil, e sua carne é, com justiça, preferida à de vaca. Dificilmente se poderia descobrir uma pastagem naquelas terras, a não ser de espinhos, e, no entanto, uma perfeita assimilação do alimento, como na Somália e nas campinas orientais dos Estados Unidos, mantinha os animais em ótimas condições. Os cordeiros têm uma lã espessa, que desaparece no adulto; destes, alguns são

---

* Em verdade o nome vulgar correto é coroa-de-frade. Trata-se da espécie *Melocactus bahiensis*. (M. G. F.).

** O nome da localidade é Xique-Xique, mas o da Cactácea é xiquexique. Seu nome científico é *Pilocereus gounellei*. (M. G. F.).

brancos, outros castanhos, todos com lã escassa; e não poucos têm barba. Sua criação não dá trabalho; os donos, contudo, têm o cuidado de, durante a noite, prender os carneiros em currais, com trinta a quarenta animais cada um[10]. O preço habitual é de 2$000 a 3$000 quando o animal é muito gordo. Os cavalos, pequenos mas resistentes, e com sinais de bom sangue, custam 60$000; mulas resistentes para viagens, que vão até Jacobina (sessenta léguas curtas) em quatro dias, valem de 80$000 a 100$000. O gado tem bom aspecto e não parece ser atacado de carrapatos ou bernes. Além da criação de gado, a região fornece, anualmente, de 1.000 a 2.000 alqueires de sal ao Alto São Francisco; a mandioca, plantada antes e colhida depois das chuvas, dá boa farinha; milho e excelente fumo vêm da Serra de Assuruá. Os habitantes se vangloriam de que sua terra é das mais ricas, senão a mais rica, das proximidades do rio; produz ouro e diamante, peixe e sal, e as carnaubeiras crescem formando vastas matas.

Depois de alguma dificuldade, consegui alugar por 3$000 cada um, um cavalo e uma mula, com o seu dono servindo de guia. Ciríaco Ferreira era um negro velho alto e magro, com um aparelho mastigatório dos mais esquisitos e testa pequena e franzida. Consultou-me, sem vergonha nenhuma, diante de sua mulher, a respeito de certa enfermidade "galicana"; aqui, mesmo os brancos conversam sobre isso na presença das famílias, como se se tratasse de um resfriado. As freqüentes mutilações que agora começam a dar na vista procedem, sem dúvida, do uso, ou melhor, do abuso, dos mercuriais, aos quais se acrescentam a ignorância e a falta de cuidado dos pacientes, que, mesmo quando os ossos faciais estão atacados, continuam a tomar bebidas alcóolicas e rapé.

Nosso negro tinha sido um homem bom e fiel como escravo; uma falsa idéia de caridade o emancipara e, com a liberdade, surgiram os males de sua raça. Fazendo festas, como um cachorrinho de estimação, aos que conheciam sua origem, na qualidade de mastim mostrou-se grosseiro para conosco; teimoso como uma mula, retardava quando queríamos avançar; "andava em nossos calcanhares" a todo o momento e, com o real estilo servil, chegou a nos dar ordem. Os viajantes que têm aversão constitucional por uma "briga", às vezes são forçados a aceitá-la. Quando isso acontece, o único recurso é "ir para a frente", com toda a disposição. Isso foi feito; algumas palavras fortes e ameaça de ação logo fizeram o velho escravo voltar ao seu lugar, mas, de vez em quando, ele ainda deixava escapar um arrebatamento de recente homem livre.

Descendo a Rua das Flores, entramos em um campo, rumando para uma comprida serra pedregosa, azul, com um cume chato, a sueste da localidade. Essa Serra do Pintor seria avistada do rio durante vários dias ainda; parece um cone truncado, com um segundo plano elevando-se acima em uma serra aclivosa. Algodoeiros de tamanho menor que o habitual cresciam nos arredores da vila; e a zona seguinte, Praia Grande, apresentava argila cortada por piritas de ferro, que, a não ser que sejam neutralizadas por cal subjacente, devem produzir o nocivo ácido sulfúrico. Nosso caminho acompanhava a margem esquerda da grande Ipueira Funda, que, alargando-se, forma uma lagoa em torno de uma ilhota central, coberta de mato. À montante, ela envia para sueste um canal ou braço navegável, que iríamos ver dentro de pouco tempo.

A Fazenda da Prainha foi construída em um terreno estéril, que só produz espinheiros anões; no entanto, ligado ao rancho, havia um grande curral de troncos de palmeira e em torno perambulavam os carneiros mais gordos. Encontramos pouca gente na estrada; todos os homens estavam armados, e a maior parte deles conversava sobre um recente assassinato em três atos: uma cachaçada, uma facada e um tiro. Um velho proprietário viajava com duas imensas garruchas saindo acima do coldre e acompanhado por um escravo que carregava uma espingarda no ombro. Um espetáculo típico foi uma mulher a pé e um homem a cavalo, carregando a criança. Os tropeiros em sua maioria montavam em cavalos, mas estávamos entrando na região do boi de carga. Aqueles homens afirmavam que viajavam o dia inteiro, e não só até o meio-dia, como os tropeiros das províncias do sul, e que, assim, percorrem um número maior de léguas. Quase todos eles, porém, iam montados, em selas suportadas por duas bruacas[11], que levavam sal e cereais; além do mais, as léguas são mais curtas e é fácil fazer duas em uma hora e meia.

Meu companheiro não podia viajar sem querer beber água, o que divertia muito os brasileiros. Para esse fim, paramos na Fazenda de Suassica, uma das muitas fazendas de criação — casinholas de telha, ranchos e grandes currais — espalhadas a curtas distâncias umas das outras. Dois rapazes, filhos de um proprietário vizinho, que, com meia dúzia de pardos olhando, jogavam dominó em um quarto rebocado de barro, com redes estendidas, chegaram à porta e nos convidaram a apear. Terminando o café, vieram as perguntas de costume:

— Pois que trouxeram de negócio?

A inevitável resposta conturbava todos os espíritos; deviam ter pensado que haviam acolhido indesejáveis "diabos" — agentes do governo ou demônios errantes — mas mantiveram a cortesia até o fim e seguraram nossos estribos quando montamos a cavalo.

Para lá de Suassica, o solo é coberto de uma areia funda, cor de ferrugem e, pouco depois, passamos, como indicavam as paredes das casas, por uma argila vermelha cor de sangue; tinha manchas de cal e devia ser fertilíssima. A faveleira (*Jatropha* arbórea*), raquítica perto de Xique-Xique, ali era uma árvore alta e vigorosa. As espinhentas mimosas e acácias estavam carregadas de flores douradas e prateadas e o encantador imbuzeiro perfumava o ar. O terreno era baixo ali e a árvore quase encostava no chão os seus galhos carregados, como as figueiras selvagens nas margens do Baixo Rio Congo. Muitas árvores apresentavam as cascas lisas e as hastes retas das Mirtáceas, especialmente o pau-branco, que fornece madeira duríssima; contrastam curiosamente com a retorcida imburana[12] (*Bursera leptophloeos,* Mart.), cujo tronco é coberto de saliências amarelas, uma cutícula que, descascada, expõe a camada verde-azulada de baixo. Essa árvore produz uma resina ou bálsamo de cor amarelo-esverdeada, parecida com a terebentina, e seu cheiro é muito apreciado pela abelha silvestre, como se vê pelos muitos lugares cortados a machado, para serem alcançadas as colméias.

Aquelas faixas de florestas abrigam, principalmente nas orlas, uma grande variedade de aves. Lavadeiras atravessam os espaços abertos, grandes papagaios verdes gritam nas árvores e araras das duas espécies comuns, a vermelha e a preta, apareceram-nos, pela primeira vez, em estado selvagem. A grande pomba azul e de asas brancas de Diamantina, aqui chamada pomba-verdadeira, é uma visitante das montanhas; segundo parece, prefere as formações de itacolomito. A alma-de-gato, uma grande coprófaga (?) de cor castanho-clara procura lagartos e outros animais pequenos. Nos galhos mais altos, especialmente nos arbustos, embalança-se uma ave branca como neve e com as penas das asas pretas, provavelmente uma *Muscicapa;* era a primeira vez que a víamos. Bem alto, voa o urubu-caçador, de cabeça vermelha e asas com listas prateadas.

Atravessamos devagar aquele interessante pedaço de mata e logo nos vimos diante de uma paisagem africana: sebes de Cactáceas cercando um vasto campo, cujas árvores tinham cerca de três anos de idade**. Era a Fazenda do Saco dos Bois, com uma capelinha

---

*   Já informamos, páginas atrás, que não se trata de *Jatropha,* mas de *Cnidosculus phyllacanthus.* (M. G. F.).

**   Na África praticamente inexistem Cactáceas que são substituídas por outras suculentas: Liliáceas, Euforbiáceas, Asclepiadáceas. (M. G. F.).

de Nossa Senhora do Amparo e algumas casinholas, habitadas pelos proprietários em parceria. Fomos recebidos gentilmente por um homem que se encontrava "stratus in umbra", sob um copado e então florido juá[13]. O local é elevado, não sendo alcançado pelas enchentes, embora fique a poucos metros do Canal, o braço sul-oriental da ipueira, pelo qual tínhamos passado perto da Fazenda da Prainha. A água da ipueira estava, então, correndo para a Lagoa de Assuruá, que ela enche durante as chuvas e da qual serve de sangradouro durante a estiagem; estava coberta de aves aquáticas, mas o líquido era tão lamacento e sujo que nossos animais se recusaram a tocá-lo. O bem-educado agricultor, pois não posso chamá-lo de roceiro, aconselhou-nos a não perder tempo; a montanha, antes paredões azuis, agora parecia próxima e podíamos distinguir faixas de rochas brancas e manchas de capim queimado pelo sol. As distâncias, porém, são ilusórias naquela atmosfera límpida; o calor era o habitual e pesadas nuvens de tempestade estavam surgindo para o lado do poente – o ponto especialmente chuvoso[14]. Os montes devem atrair todas as nuvens, e o tempo seco vem de todas as direções. Todos estavam rezando para que viessem as "chuvas da mangaba" (*Hancornia*)[15] ou do puçá (*Mouriria pusa*, Gard.)[16], as chuvas que acompanham o aparecimento dessas frutas.

Deixando a Fazenda do Saco às quatro horas da tarde, novamente entramos na areia funda, com um labirinto de caminhos espalhado entre as touceiras de capim enfezado. A poucos metros, ficava a orla setentrional de um grande carnaubal, que se estendia por cerca de quatro léguas de nordeste para sudoeste, bastante grande para fornecer velas a todo o Vale do São Francisco. Lá se encontravam todas as formas, idades e tamanhos da palmeira, desde a infante de 35 centímetros de altura até o alto e magro ancião, que bastará um sopro para fazer cair. As copas, empurradas pelo vento, faziam uma força terrível, e, em alguns lugares, jaziam troncos derrubados pelos furacões de nordeste, como as finas aléias que a metralha abre em uma coluna de homens. Em outros lugares, a água permanece no chão lamacento, e os troncos das árvores, segurando as ervas flutuantes, mostram até onde chegaram as enchentes; é um efeito curioso, quando as palmeiras são numerosas. Durante as maiores inundações, grande parte do carnaubal tem de ser atravessada em canoas.

Depois de uma cavalgada de duas horas, a carnaubeira começa a se misturar com exemplares estranhos: a árvore chamada baú, o murici (*Byrsonima verbascifolia*)[17], o puçá e a mangabeira. Pouco depois, desapareceu de todo, e avistamos, à direita, a Lagoa do Pintor, rodeada de vegetação, com cerca de 200 metros de largura e uma ilhota central, coberta de plantas aquáticas. Durante as enchentes, fica ligada com o ramo sul-oriental da ipueira, e, em certas ocasiões, apresenta-se quase seca. Entre as árvores, para além da água, há algumas cabanas, cujos moradores parecem tomar pouco conhecimento da riqueza que têm diante de si. A lagoa recebe, das encostas da montanha, alguns regatos diamantíferos e as pedras devem nela se depositar. Torna-se necessária, contudo, a dragagem artificial e tais operações estão de todo fora das possibilidades dos atuais ocupantes das terras.

Logo depois, chegamos ao sopé da montanha, atravancado por blocos de pedra grandes e pequenos, que rolaram de cima. Aquela é a contra-escarpa ocidental da Serra do Assuruá, cadeia meridional que prolonga a formação diamantina da Chapada Baiana. A ladeira era uma sucessão de degraus, pedras soltas e lajes, entre as quais aparecia o solo arenoso. Chegando ao cume do monte, viramo-nos para olhar o tabuleiro sobre o qual havíamos passado; as grandes salinas que fornecem sal ao rio aparecem nele, em manchas brilhantes, e a Lagoa de Assuruá, com cerca de uma légua de comprimento, era cercada por montes de areia, como os lençóis do Rio São Francisco. Aquela lagoa recebe as águas da Serra do Pintor, e a aldeia Itaparica, em sua margem, nela pesca peixes no valor equivalente a £300 por ano, que não é uma importância desprezível para o lugar. Os moradores falam a respeito de enormes cardumes, que aguardam exploração.

 Descendo a contra-escarpa da elevação, avistamos embaixo um pequeno serviço, com uma única casa e alguns ranchos de capim, de ambos os lados de uma estreita garganta de pedra. Aquele Riacho do Pintorzinho corre, como os cursos de água vizinhos, de nordeste para sudoeste e desemboca na Lagoa do Pintor. Não levávamos cartas de apresentação, mas dirigimo-nos ao povoado e nos apresentamos ao proprietário, Capitão José Florentino de Carvalho, que, depois do trabalho diurno, estava descansando à sombra de uma figueira. Essa figueira, diga-se de passagem, era nativa, e levara apenas oito dias para se cobrir de densa verdura, tal é a excepcional fertilidade daqueles solos de itacolomito, nos raros lugares em que são férteis. O capitão e sua amável senhora vinham minerando diamante naquela ravina desde 1864. Ofereceu-nos um excelente surubim cozido, com seu habitual acompanhamento de pirão e molho de pimenta; a dona nos trouxe uma xícara de aromático café, as redes foram estendidas em um quarto junto da figueira, e nós teríamos dormido como justos, se não fosse a pesada chuva que caiu à meia-noite e o tremendo ronco de Ciríaco Ferreira. Nem posso chamar aquilo de ronco: o ruído era como o feito por alguém que estivesse rasgando o morim mais forte e mais novo que encontrasse. Quando ele não roncava, tossia e — o lugar era muito próximo — como o leopardo não pode mudar as suas manchas, a pele do negro, mesmo em um homem livre, continua negra. A convivência com o hamita não nos dispõe a seu favor.

 A manhã seguinte foi quente e agradável, mas chuviscava de vez em quando, o que parecia prometer chuva para a tarde. Nosso desgracioso guia era oito ou oitenta; assim resolvemos visitar Santo Inácio sozinhos. O caminho seguia por uma sucessão de morros de uma bela irregularidade, formando regos em formato de prismas, cujas águas cristalinas, deliciosamente límpidas e puras, iam cair na Lagoa Assuruá, e onde o itacolomito se apresentava em toda a sua grotesca originalidade. Havia figuras de animais estranhos, colossais cabeças e máscaras; arcos, túneis e funis, formados e trabalhados pelo vento e pela chuva; enormes portais, torres e paredes ciclópicas, a sotavento lisas e sólidas, do lado do vento costuradas em filas de alvenaria que mostravam uma imponente seqüência. O quartzo granular não era tão finamente laminado como na formação do Serro; uma parte dele era dura, branca e polida, como blocos de mármore e, à primeira vista, poderia ser facilmente confundida com pedra calcária, que, como mostra o leito do rio, ali, como em Diamantina de Minas, sustenta o arenito. É também mais geralmente manchado com óxido de ferro e tem largas veias de quartzo, que, às vezes, formam camadas externas. O quartzo cristalizado e a matéria ferruginosa, externamente vulcanizada, apresentam-se esparsos. A feição característica, também notável na Chapada Baiana a leste, é um conglomerado em bloco, não de cascalho, que se parece com o "old red" (vermelho-velho) da Escócia. Os enormes blocos, muitos deles pesando várias toneladas, continham seixos proporcionados, alguns rolados, outros angulares, ora inteiros, ora quebrados, como caroços de amêndoas pela metade. A dura pasta de arenito, com incrustações de pórfiro multicolorido, pode ser cortada em lajes de grande beleza.

 Atravessamos o Riacho Largo, um estreito valo à frente de um alto penedo; sua água deliciosa, prerrogativa das terras de itacolomito, irriga uma pequena faixa de capim muito verde. Para além dele, havia três lugares onde a rocha se degrada em areia de um branco estonteante e esta, nos níveis mais baixos, onde crescem os espinheiros, passa para o solo, ficando castanha, em virtude de uma leve mistura de húmus. Alcançamos, então, o ponto mais alto; um largo lençol de arenito apresenta depressões e buracos semelhantes a sinais deixados por cascos de cavalos. A vegetação era a do Serro, a mimosa-anã e a canela--de-ema (*Vellozia*), com poucos centímetros de altura, ao passo que, em Minas Gerais, sua altura é muito maior. À direita, a vista mergulhou nas planícies arenosas que mostram os sinais das enchentes e onde brilhavam outras salinas; à esquerda, ficava uma antiga exploração de diamantes, da qual se retirara a areia, segura pelos grandes penedos. Em frente e abaixo de nós, estendia-se a pequena aldeia de Santo Inácio, na margem esquerda de um córrego, cujo estreito vale era limitado, no lado mais afastado, por um alcantilado paredão de pedra, disposto em camadas, montões e picos. A vegetação verde-amarelada revelava a pobreza do solo.

Entramos a pé na aldeiazinha de mineração, provocando grande admiração dos moradores. A localidade tinha uma Rua Formosa, um alargamento chamado praça, uma miserável capela, por cortesia denominada igreja, e homens de chapéu panamá, sobrecasacas pretas e guarda-pós brancos. Todas as segundas-feiras, há ali uma feira, freqüentada por gente que vem de muito longe, e o movimento de compra e venda alcança a importância de £150 a £200. Os preços são altos: o que custa 0$100 no litoral, ali custa 1$000. Encontramos uma loja de um mineiro de Formiga, que parecia excepcionalmente civilizado no meio dos atrasados habitantes da província que ainda se orgulha de possuir a Capital Eclesiástica do Império. O pequeno estabelecimento vendia quinquilharias e provisões, latas vermelhas de pólvora inglesa, potes, panelas e terrinas; cebolas, alho, sardinha em lata e cachaça em garrafões. Como a esposa do negociante estivesse doente, não pudemos almoçar, mas tomamos café e comemos biscoitos, sob as vistas dos homens de pele bronzeada, cuja principal ocupação na vida parece ser a de expectorar. Esse hábito é geral, como nos Estados Unidos; talvez o clima do Novo Mundo o tenha preservado da abolição. Brasileiros disseram-me que isso evita a obesidade.

Já em 1803, sabia-se da existência de ouro na Serra de Arassuá e a partir de 1836 ele foi explorado. A mineração de diamante começou em 1840, em Santo Inácio, que havia sido transferido do Município de Urubu para o de Xique-Xique, e a primeira lavra, perto da Pedra do Bode, um pouco à jusante, no córrego, ainda não está esgotada. Em 1841, verificou-se que, na Chapada do Coral, cerca de vinte léguas para o sul, havia cascalho de onde foram retiradas pepitas de ouro pesando quatro libras. Em 1842–1843, Mucujé, na Comarca do Rio das Contas[18], tornou-se Santa Isabel do Paraguaçu, sede de município. Logo depois, foram encontradas jazidas de diamantes em Lençóis, assim chamado devido aos lençóis de rocha no pequeno rio do mesmo nome, cabeceira ocidental do grande Rio Paraguaçu. Esse lugar era apenas um povoado no Município de Rio das Contas. A descoberta foi atribuída a M. Fertin, um francês depois fixado na Bahia. Revelou-se, contudo, que, antes de 1844, um grupo de escravos recolhera, em vinte dias, cerca de 700 quilates, que pusera à venda. Esses garimpeiros foram presos, mas se negaram a revelar as lavras; foram soltos, acompanhados e apanhados trabalhando à meia-noite. Em 1841, o Município de Lençóis foi desmembrado do de Rio das Contas. Logo depois, teve lugar uma migração de 20.000 almas e a cidade tornou-se importante[19]. M. Reybaud, Cônsul da França na Bahia, calculou que, a partir da data da descoberta (1º. de agosto de 1845), houve uma produção de 1.450 quilates por dia, com um total de 400.000 quilates = 18.300.000 francos.

No regresso, subimos o córrego, para visitar a lavra de nosso amável hospedeiro. A parte inferior do leito do córrego pertence a outro dono, que, dispondo de água com facilidade, pode fazer a lavagem o ano inteiro. Ali encontramos uma fenda de rocha convertida em "canoa" ou "batedor"; o cascalho é ali lançado e os diamantes são detidos por travessas. Seguindo pela margem esquerda, chegamos a um poço com cerca de 7 metros de profundidade, onde o proprietário, sentado em uma poltrona, e tendo nas mãos um livro e uma caixa de rapé, estava superintendendo os trabalhadores, que podiam afastar-se do serviço para tirar uma soneca, se, pelo menos, não encontrassem alguma coisa para furtar.

Dois homens, armados de alavanca e almocafre, retiravam do barranco uma pedra e raspavam o desmonte ou areia da inundação, que era levado para junto do poço por uma moça, um rapaz e um menino, todos negros. O cascalho tem de esperar ser lavado pelas chuvas, e ali se reza para que ocorram grandes enchentes, ou chuvas, mesmo pequenas. O nosso hospedeiro queixou-se de que o alto custo dos salários não permitia qualquer lucro, e não me surpreendeu; obras de profundidade em escala tão pequena não podem ser compensadoras. A formação é ali chamada pé-de-bateia, pequenas pedras escuras, semelhantes a limalhas de ferro, que ficam no fundo da bateia; há também a fava, a ferragem e fragmentos de argila clara ou verde clara, deselegantemente chamada bosta de barata. O Capitão mostrou-me um picuá[20], uma pedrinha amarela. Os diamantes são, em sua maior parte, pequenos, sendo os maiores produzidos por aquele poço de meio-vintém, um grão ou um quarto de quilate. O Riacho do Pintorzinho produziu uma pedra de dois vinténs e um córrego vizinho uma de quatro vinténs. Nos anos anteriores, foi encontrado um diamante de meia oitava (oito quilates) e disso resultaram "dificuldades", terminando em um assassinato e no desaparecimento da pedra.

Despedimo-nos de nosso amável hospedeiro, o Capitão e a Dona, e regressamos a Xique-Xique, com a maior presteza possível. Aquela curta excursão nos provou que a "cidade do cacto" tem em torno de si terras de imensa fertilidade, montanhas de clima saudável, que mal foram arranhadas na procura de diamantes e ouro, em resumo, todas as condições necessárias a uma capital. Está ligada ao litoral via Jacobina, Lençóis e Caiteté[21], e, para o oeste, as províncias de Piauí e Goiás. Podemos facilmente prever que, a despeito do satírico, dentro de algum tempo ter-se-á orgulho de

Ser Barão de Xique-Xique.

11 de outubro. — Descemos facilmente a Barra da Picada, que, todavia, é mais tortuosa do que aparece no mapa de Halfeld, e, dentro de três horas, alcançamos a artéria principal. A margem esquerda continuava a mostrar os outeiros limitando o vale, ora escuros de vegetação, ora manchados de areia branca ou amarela, e essa paisagem se estenderia por onze léguas rio abaixo. A terra é árida em toda a parte, e as principais feições eram o carrascal e a salina. À tarde, passamos pelo Arraial da Boa Vista das Esteiras, um povoado com uma capela e cerca de cinqüenta casinholas, na margem direita; pouco depois, ancorávamos a uma coroa, chamada Ilha da Manga ou da Porta. Existe ali uma rica formação diamantífera, e as gaivotas, impacientes, como em qualquer lugar, com a presença do homem, gritaram durante toda a noite, justificando o epíteto de bicho aburrido[22], que lhe deu Agostinho.

12 de outubro. — Estávamos na iminência de entrar em uma porta ou funil, onde o rio, depois de se espraiar até cinco vezes aquela largura, era apertado para 500 metros. De ambos os lados, erguiam-se enormes penedos, alguns nus, outros elevando-se pintados pelas sombras das verdes fileiras de arbustos raquíticos, ou caindo no rio, ou formando blocos que o enfrentam de alguma distância. Descendo ao longo da praia de areia, passamos, com imensa dificuldade, pela primeira porta. Na margem direita fica a povoação de Tapera de Cima, com sua larga ipueira. Do outro lado, a Pedra da Manga, projetando rumo ao sul no rio, um morro semelhante ao de Santo Antônio, em forma de prisma, com cerca de 30 metros de altura, por 17 de largura, vermelho embaixo e escuro em cima. Nesse ponto, começam as grandes jazidas de ferro magnético, o itabirito ou jacutinga, que já havíamos visitado em Sabará e Gongo Soco; ainda não se fez nenhuma pesquisa quanto ao ouro, segundo acredito. A direção do metal é nordeste e sueste[23], e ele se prolonga em ambas as margens do São Francisco.

Abaixo dessa porta principal, o rio, correndo para nordeste, alarga-se consideravelmente. O vento geral, que se mostrara espasmódico e incerto ao amanhecer, não tardou a provocar rajadas frias e chuva, embora o mercúrio marcasse 73° (F.), acima da temperatura de um confortável clube das Índias Ocidentais. Encostamos em uma coroa, até a tempestade esgotar a sua fúria, e enfrentamos, então, a segunda porta. De novo, ali, os penedos de ambas as margens do rio se correspondem e ambos são continuados por praias de areia à jusante. Ao norte, ficavam as poucas casinholas da Tapera de Baixo, tendo atrás um morro arredondado, e ao sul as Pedras (do Ernesto). Desembarcamos nesse último lugar, uma curta fileira de cabanas e uma única casa de paredes caiadas. Ali, o espinhaço de rocha, prolongando a elevação atrás, dirige-se a noroeste; é dividido em blocos e apresenta clivagem, assim como estratificação. Pedaços de pedra apanhados por acaso movem a agulha magnética em torno da rosa dos ventos, e a substância parece mais dura e compacta que a que tínhamos visto em Minas Gerais.

De novo o leito do rio alargou-se, quando saímos da segunda porta, que termina em um rochedo amarelo arenáceo na margem esquerda. Mais uma vez os nimbos cinzentos no céu roxo do norte mandaram-nos fortes rajadas de vento e a chuva nos obrigou a ancorar três vezes. O piloto concluiu, afinal, que estávamos na época das chuvas e lamentou ter saído de casa. Pouco depois, chegamos a um banco de areia no rio, e preparamo-nos para passar a noite. A oeste, havia um pico azul, perdendo-se à distância. Estávamos, então, colocados quase paralelamente ao Paranaguá do Piauí, nas cabeceiras meridionais do grande Rio Paranaíba do Norte[24], na serra que separa os dois vales, chamada nos mapas Serra dos Dois Irmãos, e ali Serra do Piauí.

13 de outubro. — Como naquele dia o trabalho não tivesse sido demasiado, resolvemos experimentar a noite em lugares de menor interesse; a lua, também, já estava quase cheia, e os troncos submersos, portanto, já não metiam tanto medo. De novo, a cor amarela e lamacenta dos barrancos revelava que o São Francisco tinha descido seis polegadas; olhávamos, zelosamente, todos os sintomas, desejando o máximo de enchente possível, pensando nas cachoeiras. Às 3 e 10 da tarde, houve uma neblina, ou melhor um chuvisco, a primeira garoa que víamos desde que deixáramos o encantador Rio das Velhas, e, sob a sua influência, o rio apresentou um horizonte marítimo. Às sete da noite, avistamos, na margem esquerda, coberta de verdura, o Serrotinho (Serrote do Verde do Sr. Halfeld), com dois cabeços de um verde mais claro. Um pouco ao sul dali, desemboca o Baixo Rio Verde, cuja foz tem cerca de 80 metros de largura e cujo leito admite pouca navegação. Como seu xará, tem a água bem salgada. A nordeste, ficava a Serra do Boqueirão, uma comprida linha de penedos formando três blocos distintos, que se perdia no horizonte. Na margem esquerda, elevava-se uma colina sobre a qual está situada a Vila do Pilão Arcado, fim desta travessia altamente interessante[25].

NOTAS DO CAPÍTULO XXII

1   Provavelmente de acaiá ou acajá (*Spondias venulosa,* em tupi "ibametara"), uma burserácea semelhante ao imbu ou imbuzeiro.

2   Sambaíba, um povoado, com milho estendido para secar em um varão, ou armação de três paus; o Arraial de Porto Alegre, perto de uma elevação coberta de carnaúba e caatinga, etc..

³ Água boa.

⁴ Esta é a Ilha do Gado menor, a oeste da grande Ilha do Miradouro. A Ilha do Gado maior é o espaço incluído entre a ipueira sem saída e o leito do rio; fica ao sul da Miradouro e só se torna ilha durante as enchentes.

⁵ No mapa de Keith Johnston, Santa Ana do Miradouro torna-se uma cidadezinha na margem oriental do São Francisco.

⁶ A pedra calcária hidráulica comum contém 15% de argila, a boa 16%, e nas que dão o melhor cimento, a proporção se eleva para 25 e mesmo 30%.

⁷ Nossa Senhora do Bonfim (Sr. Halfeld).

⁸ As mulheres apreciam muito essas ervas perfumadas e enfeitam os cabelos com as flores.

⁹ Gardner escreve Shuke-Shuke, de acordo com a pronúncia para um inglês. Eu teria preferido a forma "Chique-Chique" para a vila e "xique-xique" para a planta, mas a distinção não é aceita.

¹⁰ A variedade brasileira, chamada no Amazonas "carneiro de cinco quartos", não é vista na região.

¹¹ Esses sacos quadrados, para selas de montar, são geralmente chamados de surrões de couro.

¹² St. Hil. (I. ii. 105) explica imburana pelo guarani "Ibirañae", significando "baril, sébille, tirvir". Mas a terminação "rana" na língua geral, equivalente ao português "bravo" ou "bravio", significa venenoso.

¹³ É uma denominação local do espinhoso juazeiro ou *Zizyphus*.

¹⁴ Segundo outros, o nordeste é o quadrante das chuvas, por excelência.

¹⁵ St. Hil. (II. ii. 215) menciona duas espécies de mangaba, a *Hancornia speciosa* (Gomez) e a *H. rubescens* (Nées e Mart.).

¹⁶ Esse arbusto produz uma pequena ameixa preta.

¹⁷ Também se escreve "murusi"; a casca produz uma tintura preta.

¹⁸ Geralmente escrito Rio de Contas, o que, acredito, é uma corruptela.

¹⁹ Tornou-se, também, a sede da Repartição Diamantina. Os bilhetes distribuídos aos faiscadores eram cobrados anualmente, a princípio a 0$020 por braça quadrada, agora a 2$000. Davam-lhes o direito de estabelecer o garimpo.

²⁰ A palavra tupi "picuá", significando madeira em geral, é aplicada a um tubo de bambu de algumas polegadas de comprimento, com o qual as pedras são viradas, sem que caiam. Castelnau (ii. 343) descreve o "picoi", "Sorte d'étui fait d'une écorce très flexible". Os mineradores têm várias superstições a respeito desses objetos.

²¹ Ou Vila do Príncipe. A palavra, escrita de vários modos, por ex., Caïteté e Caíteté, é uma corruptela de "coa-été", floresta virgem, e é, pois, sinônima de Caeté. Nos dias de Spix e Martius sua vizinhança era conhecida como centro de plantio de algodão.

²² A palavra é "aborrecido", contraída para "aborrido" e pronunciada pelo caipira "aburrido".

²³ No mapa de Halfeld, a direção é aproximadamente do norte para o sul. Provavelmente, enganei-me; aquelas formações "desorientam" a tal ponto a agulha magnética, que são necessárias precauções especiais.

²⁴ St. Hil. (III. ii. 250) explica Paranaíba como corruptela de Pararaíba, "rivière allant se jeter dans une petite mer". J. de Alencar apresenta a verdadeira derivação: "para", o mar, "nhanha", correr, e "iba", braço corrente do mar", isto é, um rio com maré. Três palavras da língua geral são facilmente confundidas: "iba", braço, "aiba", botão e "ibá", ou "iná", árvore, especialmente árvore frutífera, e muitas vezes usada como desinência.

²⁵ No mapa de Keith Johnston, a linha pontilhada do Rio Verde é colocada a uma certa distância abaixo do "Pilau", onde ele entra no São Francisco, cerca de duas milhas a montante de Pilão Arcado.

CAPÍTULO XXIII

DA EX-VILA DO PILÃO ARCADO À VILA DE SENTO SÉ

Oitava Travessia, 31,5 Léguas

Descrição de Pilão Arcado. Ruínas causadas por guerras particulares. Grandes formações ferríferas. Tempestade de novo. Difícil chegada à Vila de Remanso. Descrição da vila. Reinício do trabalho. A grande curva oriental do Rio São Francisco. A palmeira tucum. Pedra calcária. Um morro de ferro. Serrote do Tombador. Conchas. O monstro "Minhocão". Os Salgueiros. Chegada à Vila de Sento Sé.

> "Os rios Missouri e Mississípi, com suas centenas de tributários, dão à grande Bacia Central do nosso continente o seu caráter e o seu destino".
>
> *Mr. Everett, 4 de julho de 1861.*

Pilão Arcado é ainda um mero lugarejo; os primeiros colonizadores do lugar nele encontraram um pilão de madeira torto, daí o nome, fruto de uma corruptela[1]. Um molhe natural de argila revestida de ferro projeta-se para nordeste e força a correnteza do rio para a margem direita, onde ele forma um saco; o leito então curva-se para noroeste. A praia apresenta um conglomerado, constituído por um xisto macio, verde, que é atravessado por veias de quartzo. Três ruas sem nome, paralelas ao rio, contêm cerca de duzentas casas, inclusive a casa nobre, com janelas de pau. A Igreja de Santo Antônio não passa de uma tapera de pau-a-pique, sem pintura. O terreno em elevação que se estende atrás da localidade mostra um solo marrom, onde cresce um algodão tolerável e cactos em grande quantidade; mais para o alto, há, espalhado nele, quartzo, branco e enferrujado, com fragmentos de itacolomito de várias cores. Halfeld coloca ali o começo do gneiss ou "gneiss--granito", que logo depois passa a granito de verdade.

Antigamente, Pilão Arcado tirava ouro de suas montanhas, produzia rapadura, preta mas razoavelmente pesada e cheirosa, e, sendo o centro das salinas, fornecia sal às localidades situadas à montante e à jusante do rio[2]. Tornou-se vila, cabeça de um termo e residência de um juiz; mas não tardou em perder o privilégio, que foi transferido para Remanso, a dezesseis léguas de distância; "desvilou-se". O principal motivo de sua decadência foi uma guerra privada que durou algumas gerações, e que faz lembrar os dias dos Percy de Northumberland. Tais fatos eram, antigamente, comuns em todo o Brasil, como tinham sido na Europa, e as reminiscências do sistema de Montague e Capuleto ainda são encontradas em muitas cidades do interior. Em Pilão Arcado, as casas rivais eram as famílias Guerreiro e Militão, nomes bem de acordo com sua ferocidade. O chefe da primeira, nos últimos anos, era Bernardo José Guerreiro, ao passo que a outra era capitaneada pelo Comendador

Militão Plácido de França Antunes. Esse destacado valentão[3] desafiou, durante nove ou dez anos, o poder do Governo Imperial, aqui um fato sem precedente, e parece ter sido, como o temido "Defterdar" do Egito, um homem de grande coragem pessoal. Na Vila da Barra, vi uma de suas vítimas, que perdera ambas as mãos, e ouvi falar de outro homem que, devido a uma ofensa mais séria, ele capara. Morreu em 1865[4], com a idade de 62 anos, e foi dito, como a respeito de um certo St. Paul da Escócia, que Militão merecia o epitáfio: "Aqui jaz aquele que nunca temeu a face do homem". Desde a morte desse homem enérgico, que será lembrado por muito tempo como o "brigador Militão", Pilão Arcado e suas vizinhanças têm conhecido dias de tranqüilidade. Como novidade, vimos ali velas aplicadas a uma grande barca de transporte através do rio.

Prosseguindo viagem, encontramos o rio dirigindo-se geralmente para nordeste, mas muitas vezes se curvando para oeste, enquanto uma profusão de ilhas e bancos de areia tornava o seu curso muito sinuoso. O leito, em alguns lugares com duas milhas de largura, continha muito mais terra seca do que água; seus braços eram, freqüentemente, mais largos do que o Rio das Velhas e, em certos pontos, em especial na margem esquerda, formara-se um estreito canal natural, o "paramirim" do Rio Amazonas, pelos terrenos insulados, compridos e finos. Um pouco acima do Remanso Superior (Remanso do Imbuzeiro) o rio se curva, de súbito, de nordeste para leste, com um certo avanço para o sul. A região tornara-se populosa e, na margem esquerda, os campos eram rodeados de cercas. Nas proximidades do rio, cresce em abundância o capim-cabeludo e, acima, há uma ondulação de terreno coberto de mato, com um cone verde azulado no plano superior. Na outra margem, fica a Serra do Boqueirão, extremidade setentrional da Serra de Assaruá. Os blocos, separados por terreno baixo, por onde passam os cursos de água, eram bem definidos pelas sombras das nuvens e faziam face ao rio como rochedos em frente do oceano. Perto do cume, há longas linhas brancas de um paredão perpendicular, regular como se tivessem sido levantadas fortificações pelos titãs; abaixo, fica a rampa marrom-avermelhada, aparentemente revestida de arvoredo anão, com as encostas nos ângulos habituais. O material é itacolomito, baseado, segundo Halfeld, em granito ou gneiss (granito xistoso).

No Boqueirão Grande, entre os penedos, o rio de novo se curva para nordeste e, um pouco abaixo, na Fazenda da Praia, há um rochedo perigoso no meio de seu leito. Logo depois, passamos por Carauá[5], na margem esquerda, uma grande casa branca e outras casas forradas de telhas do "Brigador Militão". Um "olho de boi" nos olhou ferozmente do lado do nascente e uma chuva com sol, bem africana, nos advertiu de que deveríamos ser prudentes. Dirigimo-nos ao norte de uma coroa, chamada Ilha do Bento Pires, devido a uma povoação composta de alguns ranchos, existente na margem esquerda; ali encontramos uma grande barca amarrada, na expectativa do temporal. Este só chegou depois que escurecera; em compensação, durou a noite toda.

14 de outubro. — Avançamos cautelosamente pelo leito do rio, que, nesse ponto, é raso e eriçado de pedras. O vale recebe a leste as águas da Serra do Boqueirãozinho, prolongamento da Serra do Boqueirão, em cujo cume há um tabuleiro alto, com terras férteis. Às onze horas, desembarcamos perto do Serrote do Velho, o mais meridional de três contrafortes em forma de pião, que tinham sido avistados desde o amanhecer, parecendo, então, azuis e pequenos. O estreito barranco sustentava alguns ranchos miseráveis e apresentava um mato ralo em uma argila vermelha, ferruginosa demais para ser fértil sem cal. Depois de atravessarmos uma água imunda, atrás da povoação, galgamos a encosta da montanha; há espalhado nelas itacolomito vermelho, cortado por veias de quartzo e com ferro magnético, a mais dura jacutinga possível, negra e amorfa. Como o combustível é abundante e estão à mão o transporte fluvial e a força hidráulica, algum dia aquele material há de se mostrar valioso.

Do alto do morro, tem-se uma bela vista do rio, que ali é estreito, com um leito perigoso, em conseqüência de troncos submersos, baixios e um grande rochedo no centro. Também aqui Halfeld sugeriu regular o rio por meio de faxinas — tarefa irrealizável. Atravessamos para a margem esquerda um chão pedregoso, notavelmente rico em conchas (n°. 3), que se haviam tornado comuns no rio e iriam aparecer até as Grandes Cachoeiras; as que havia nas margens arenosas estavam vazias, e o animal parece preferir as águas rasas perto da beira do rio. A tempestade avançava para o sul, e a cena parecia "feia" como a boca do Rio Gabão antes de um "tornado". O céu estendia sobre a Terra nuvens quase negras e nuvens entre brancas e cinzentas, de consistência de algodão, e a água brilhava com uma cor amarelo-pálida. Foram colocados dois homens no leme e, sem demora, os furiosos "rebojos"[6] caíram sobre nós, empurrando o "Elisa" com furiosa velocidade e despedaçando a superfície do rio. Fomos compelidos a remar através do rio — sempre um processo arriscado, pois as ondas provocadas pelo vento encharcam a embarcação; tufos de arbustos emergindo da água mostravam onde havia antes uma coroa. Uma ondulação em forma de arco, à direita, denotava a margem em que havíamos desembarcado; a água se espalhava por toda a parte, até que o "Elisa", vigorosamente empurrado e sacudido, atingiu o lado seguro. No fim do trecho reto que segue na direção de sul a norte, tínhamos avistado Remanso; a localidade está em uma ondulação de terreno que desce, aos poucos, até a água funda e parada, que deu nome ao lugar[7]; de longe, o aspecto é notável, mas a perspectiva de perto não proporciona muita coisa para se admirar.

Uma única barca estava sendo construída no banco argiloso do rio, onde havia diversas embarcações desmanteladas. A Vila de Remanso, que ainda há oito anos era um simples arraial, estende-se ao longo do rio, de norte para o sul. As casas se amontoam em direção à água e os subúrbios se espalham pelo terreno mais alto. Em frente dela, há uma grande ilha chata e, abaixo, o leito do rio é estreitado por bancos de areia e pedras. Para oeste, uma montanha azul se projeta da cadeia que divide os vales do São Francisco e do Paranaíba[8], ao passo que à jusante estão o Morro do Marco e a pitoresca Serra do Sobrado, cujos retorcidos cones, cunhas e planaltos formam uma linha que se assemelha a um mar encrespado, estendida em direção ao noroeste.

As casas da nova vila devem ir a umas 300 e muitas delas mostram o sinal das cheias a 70 centímetros de altura. As chuvas tinham deixado poças em todas as ruas, e o calor úmido me fez lembrar o de Zanzibar. Uma praça cheia de buracos, ao norte, ainda mostra o coreto levantado para comemorar o Dia da Independência Provincial, 2 de julho. Há outro espaço aberto ao sul e a Capela de Nossa Senhora do Rosário, que parecia tão grande vista do rio, não passava de uma capelinha, com uma sacristia arruinada ao norte.

O número de habitantes é de 1.500, mais ou menos. Os homens são ali tão pouco curiosos que, depois de viverem trinta anos em um lugarejo de cinqüenta casas, nunca tiveram a curiosidade de contar o número de telhados e de cabeças. Encontramos, contudo, alguns sinais de adiantamento; o alfaiate estava trabalhando e a cerveja — em toda a parte uma prova de civilização — encontrava-se à venda no comércio. Salinas e boas terras para a criação de gado[9] existem em ambas as margens do rio. A tez dos habitantes, contudo, revela indícios de discrasia, e um "commis-voyageur" francês, que estava cobrando as dívidas de seus empregadores brasileiros, queixou-se da febre e declarou ser a vida em Remanso "heute roth morgen todt". Os curandeiros têm apresentado algumas idéias dietéticas e ensinaram aos enfermos que é melhor o uso de amargos que de doces. O Tenente--Coronel José Cirino de Sousa, que acusou, com uma visita, o recebimento da carta de apresentação, ficou estupefato ao ver Mr. Davidson devorando açúcar, depois de ter sido gravemente atacado de malária.

Às quatro da tarde, partimos, e, tendo descido o rio na extensão de uma légua, ancoramos em uma coroa, diante da Serra do Sobrado. Ali parecíamos estar destinados a passar uma noite de

Mali culices renaeque palustres

e, além dos borrachudos, as muriçocas, que, durante o dia tinham se escondido no toldo e nos recantos do ajojo, começaram a cantar e a picar. Estas últimas, contudo, partiram, depois de alguns minutos; apenas algumas, particularmente teimosas, passaram a noite conosco. Logo que o sol desapareceu, bandos de grandes morcegos cor de ferrugem (noctiliones) começaram a voar e passar raspando pela superfície do rio. O termômetro caiu rapidamente para 68° – 70° (F.) e o forte vento, combinado com a atmosfera saturada, nos fez tremer de frio. Ao mesmo tempo, silenciou de todo o concerto dos sapos.

15 de outubro. — Este tempo horrível é, segundo dizem, efeito da lua cheia, e o vento não dá sinais de querer diminuir de intensidade. Na margem direita, um bloco de montanhas elevou-se de súbito da baixada, prolongando-se até o rio. À esquerda, fica a abrupta Serra do Sobrado, com cones e prolongamentos. As partes mais altas são marrons e as mais baixas já estão se tornando verdes; o rápido escoamento das águas é a causa provável desse fenômeno excepcional. Halfeld chama o material de "itacolomito com hidróxido de ferro e piritas", sinal de formação aurífera. O nome é derivado de uma feição que iria se tornar comum de então para diante: uma alta pilha de pedra branca, emergindo do mato, e que realmente faz lembrar uma casa de dois pavimentos. Quando nos aproximávamos (7,25 da manhã) da baixa e arenosa Ilha da Tapera (do Muniz), um "olho de boi" nos conduziu através das ondas, que varriam a plataforma da embarcação, e em poucos minutos encontramos abrigo entre os baixios à esquerda. Ali passamos o dia, prisioneiros do vento nordeste. Felizmente, eu trazia comigo alguns clássicos de bolso, tormento de minha juventude, negligência da minha idade madura e alegria de minha velhice, e com Hafiz e Camões, Horácio e Marcial, não me faltou ocupação.

Para além de Remanso, o leito do rio se curva diretamente para leste e corre em longos trechos retos, mais ou menos no rumo do norte, mas algumas raras vezes voltando-se para oeste. O tempo úmido iria cessar então; a estação chuvosa começaria em meados de novembro e duraria apenas quatro meses; e os aguaceiros, que, em outras partes, marcam o início e o fim das chuvas de verdade, muitas vezes não ocorrem. O céu conservar-se-ia de um azul ultramarino e a evaporação excessiva; as capas dos livros iriam enrugar-se de novo e a tinta secar no tinteiro. A sensação foi, a princípio de um "verão de São Martinho"[10] e, embora tivéssemos sido ameaçados pelo sol com todas as espécies de sofrimento, achei o clima muito saudável. Por outro lado, tínhamos entrado em um funil, um bom condutor de vento e as barcas às vezes levam quinze dias para percorrer as 108 milhas[11] que há daquele ponto a Juazeiro. A ventania iria prolongar-se algumas vezes, mesmo durante a noite inteirinha, e verifico, no meu diário, que cada dia o vento era pior que no dia anterior. A seca aumentou, porque o solo se tornava cada vez mais arenoso, e eram freqüentes trechos extensos de rica jacutinga. Abaixo de Remanso, também deixamos de ver a coroa de formação diamantina e isso leva a crer que o material do curso superior não é levado pela água a uma grande distância.

16 de outubro. — Apesar do vento pela frente, partimos ao amanhecer. Ao passarmos pela Ilha Grande do Zabelê, uma ilha monstruosa, vimos no rio blocos de rocha de pedra esbranquiçada, que verificamos ser a mais pura pedra calcária[12]. Depois de duas horas, fomos obrigados a procurar refúgio na margem direita. A terra é ali inundada e a mandioca pequena tem de ser colhida antes das cheias. As roças são defendidas contra o gado por uma profusão de madeira. O solo brejoso produz os maiores e mais espinhentos tucuns; as estipes têm, pelo menos, 10 metros de altura, o dobro do tamanho normal, e os espinhos são bastante fortes para furar um couro de boi. Essa palmeira (*Astrocaryium tucum*)[13] se parece tão pouco com as palmeiras, que Sellow não queria admiti-la na família, e, à primeira vista, o forasteiro se mostra disposto a concordar com ele. Cresce à beira-mar e até em altitudes de 350 metros, onde prefere os lugares sombreados. Habitualmente uma "frêle palmier", tem de 4 a 5 metros de altura e de 12 a 15 centímetros de diâmetro. O coco preto e duro produz uma amêndoa comestível; a fibra é tirada dobrando-se o folíolo e puxando-se a nervura do parênquima com uma pancada peculiar. O novato que não sabe como torcer, sem dúvida alguma quebrará a folha antes que a fibra esteja retirada e nua, e mesmo um trabalhador com muita prática só consegue fazer um oitavo de libra por dia. O uso vem, sem dúvida, dos índios, que faziam as cordas de seus arcos com fibra de tucum, algodão ou fibra de Bromeliáceas. Foi experimentada a maceração, mas sem êxito, pois a folha apodrecia no fim de uma semana. No litoral brasileiro, a fibra de tucum é usada para redes de pescar, e os fardos do fio esverdeado valem dinheiro, com o valor médio de 2$000 por libra. Também no Rio São Francisco o tucum é apreciado pelos fazedores de redes de pescar. As folhas, quando novas, servem para fazer esteiras e cestos e, quando velhas, coberturas de casas. Cortamos muitas dessas espinhosas palmeiras para fazer bengalas. São resistentes, pesadas e elásticas, tomando uma bela cor escura quando envernizadas, como as da palmeira brejaúba (*Astrocaryum ayri*).

Encontramos ali um caminho para gado que rumava para oeste e o seguimos. A superfície era arenosa, com plataformas de lajes ou blocos compactos ou dispersos de carbonato de cálcio, quase mármore. Não poderia haver nada melhor que o solo, que, em certos lugares, estava alagado com as últimas chuvas. Ficamos encantados com a vegetação. O ingá, uma mimosa, estava carregado de seus frutos brancos e macios, enquanto o juazeiro (*Zisyphus*) e a faveleira, florescidos, produziam um cheiro muito agradável. O pau-pereiro[14], (uma *Cassuvia**) dá frutos semelhantes à maçã; produz cera; a casca é usada como remédio para febres; um extrato da planta mata, como o mercúrio, os bernes que aparecem nas feridas do gado. O pau-de-colher**, uma leguminosa, congênere do afamadíssimo pau-brasil, levanta suas folhas semelhantes às do azevinho, como a galinha arrepiada as suas penas. O convólvulo apresenta suas belezas especiais e as espécies de Bignoniáceas (?) conhecidas pelo nome geral de açoita-cavalo*** ultrapassam as árvores, formando esplêndidos dosséis, com perfumes deliciosos. Uma ostentava flores semelhantes à madressilva da mais bela cor de malva e outra, argênteo-prateada com folhas de um verde-claro, era uma verdadeira delícia para os olhos. Iríamos vê-la muitas vezes viajando rio abaixo. Muitas das plantas tinham cheiro de especiarias. As Cactáceas estavam em toda a parte e não faltavam as Bromeliáceas. A espécie *Vellozia aloifolia* ostentava compridas espigas de flores cor-de-rosa escuro, com orla roxa e azul-claro. Outra, chamada pelo nome geral de caroá (*Bromelia variegata*)****, tinha riscos transversais de um verde esbranquiçado sobre a superfície verde-escura, e um esporão, afiado como o ferrão de um escorpião, que lembrava o "hig" da Somália. Essa espécie produz a melhor fibra branca para redes de dormir e fica mais forte quando macerada na água.

---

*   O pau-pereiro é, em verdade *Aspidosperma pyrifolium*, uma Apocinácea. (M. G. F.).

**   O pau-de-colher não é uma Leguminosa, mas uma Celastrácea, *Maytenus rigida*. Nada tem, pois, a ver, com o pau-brasil que, este sim é uma Leguminosa (*Caesalpinia echirata*). (M. G. F.).

***   Açoita-cavalo é *Lühea divaricata*, uma Tiliácea. (M. G. F.).

**** O nome científico do caroá é, atualmente, *Neoglaziovia variegata*. (M. G. F.).

Não tardamos a alcançar o sopé do Serrote do Tombador. Era um contraforte isolado, então um acidente comum, e, visto de diferentes pontos de vista, apresenta-se como circular, piramidal ou cuneiforme; parece mais alto do que é, por falta de comparação. O material é ferro magnético[15], do qual são encontrados traços na argila do barranco do rio; é baseado em pedra calcária, seu fluxo natural. O minério era quase puro, e grandes fragmentos poderiam servir de bigorna; quebra-se em romboedros, brilhando com mica finamente difundida, tem faixas de quartzo branquíssimo, e é, aqui e ali, revestido de uma pasta de pedra-pudim. A agulha imantada era tão afetada por ela, que fomos obrigados a nos guiar pelo sol. Havia, espalhado em torno, cristal de rocha, a "flor de prata", e o quartzo tinha incrustações de mica negra, brilhante como galena.

Uma saliência alcantilada, com orientação para leste e oeste, servia de crista do morro, que devia ter uns 80 metros de altura; o flanco setentrional era alcantilado, mas a escalada era fácil, pelo sul e pelo suleste. As mimosas e árvores espinhentas tornaram-se raras à medida que fomos subindo e dentro de pouco desapareceram; a bromélia caiu para sete e meio ou nove centímetros de altura, sem, contudo, diminuir os malfazejos espinhos; as Cactáceas cilíndricas, em sua maioria, mostravam-se em decadência, e, da irregular clivagem do cume do morro, a macambira erguia suas altas espigas de flores, que oscilavam no ar. Iguanas e lagartos, verdadeiras salamandras diante da luz solar, tinham ali suas moradas. Passamos pelas terras do pequeno mocó, e os caramujos de conchas brancas (n°. 4), raros embaixo, são comuns em cima. Nessa época do ano, infelizmente, todos estão mortos e os da nova geração não aparecerão senão quando as chuvas chegarem definitivamente. Um casal de belos gaviões de penas cinza-pérola (*Falco plumbeo?*) gritou quando nos viu, voou sobre nossas cabeças e pareceu se preparar para a batalha; provavelmente, o ninho estava perto. Essas aves têm o vôo rápido e, segundo dizem, são boas caçadoras.

Do alto, avistamos uma paisagem que revelou, ao primeiro lance de vista, a gigantesca escala do desnudamento[16]. O rio amarelo corria em uma larga faixa aos nossos pés, através de uma planície sujeita às inundações e com uma largura mínima de seis léguas. Era flanqueada por um certo número de cones ilusórios, como aquele em que estávamos; alguns coloridos de cinzento com pedra calcária, outros escuros com o oligisto, e sua maior dureza os havia preservado da destruição comum. Ambos os lados do vale eram constituídos por elevações; para o norte, as formas eram menos regulares, e as partes menos rijas tinham sido carcomidas. Ao sul, apareciam três longos terraços, curvando-se em diversas reentrâncias; abaixo, as superfícies horizontais das elevações superiores, longas linhas brancas de paredes perpendiculares, como os rochedos marítimos, cobriam suas encostas, com tal regularidade como se tivessem sido colocados pela mão do homem.

Ao descermos o morro, encontramos o vento quebrando as águas do rio de modo a formar espumaradas amarelas que rolavam contra a correnteza. Abrigando-nos, ocasionalmente, sob um jirau de quatro estacas com teto de faxina, recolhemos as conchas do caramujo zebrado espalhado nos campos. Esses campos estavam plantados principalmente da maniba[17], a mandioca anã, que amadurece em seis ou sete meses. Às duas e meia, embarcamos, mas pouco depois um opalescente "olho de boi", coroando uma fina coluna de chuva que caía em compridos lençóis por toda a parte, levou-nos a ancorar sob as Queimadas. Ali, o barranco, de 7 metros de altura, está cortado em largos degraus pelas enchentes, que se espalham em torno, na extensão de duas milhas. Os habitantes atribuem a ampla escavação[18] daquele lado, onde, a propósito, o rio forma uma passagem estreita, às artes do monstro "minhocão" nos dias de antanho. Ninguém, contudo, ousaria afirmar jamais ter visto o gigantesco verme.

O pequeno povoado tem cerca de cinqüenta ranchos cobertos de palha, e os moradores pescam, criam gado vacum, carneiros e porcos de pernas compridas, cultivam milho e mandioca e mandam para Remanso laranjas e limas plantadas na outra margem do rio. A despeito do crepúsculo da mais pura cor de ouro, o forte vento leste soprou a noite inteira e baixou o mercúrio para o tiritante ponto de 68° (F.). O repouso não foi reconfortante; a pequena canoa se chocou durante toda a noite com o "Elisa", e a última sacudiu-se como aquele grande navio que admitiu uma vaca no camarote das damas; o ébrio local nos visitava, periodicamente, pedindo fogo, até alta madrugada, e a cadela Negra o acolhia com os latidos mais furiosos.

17 de outubro. — Um belo céu e um sol prometendo calor eram condições perfeitas para uma tempestade. Passamos pela Fazenda do Monteiro, na margem direita, uma roça com casinholas cobertas de telha. Atrás, fica o Morro do Monteiro; é um cone, visto do oeste, e, de leste, uma elevação arredondada com um complemento menor; a cor é cinzenta, e só colhemos arenito e quartzo ferruginoso. Depois de três horas de esforço improfícuo, ancoramos em Traíras, na margem meridional; também ali há um morro, que apresenta itacolomito e quartzo[19]. Do lado oposto, a Serra da Piedade, com seu cônico Morro do Chifre, forma um segmento de arco, cuja concavidade é o rio. É uma massa baixa, com "flancs tourmentés" e cortes que, devido à ação do tempo, dão a impressão de crateras parasitárias; uma grande ipueira corre perto de seu flanco meridional.

Prosseguindo viagem à tarde, chegamos pouco depois à Fazenda do Oliveira, a seis léguas de Sento Sé. O lugar regurgitava de negrinhos e aves domésticas, entre os quais um jacu (*Penélope*) manso e um pavão, que nos surpreendeu com seu grito melancólico. Um bom porco capado, gordo, era oferecido por 10$000. O proprietário, Tenente-Coronel Antônio Martins, estava do lado de fora de sua residência, mas não nos dirigiu a palavra, porque não havíamos levado cartas de apresentação; se fosse paulista ou mineiro, teríamos conhecido mais o interior que o exterior de sua casa.

18 de outubro. — Uma séria calmaria ao amanhecer foi um mau sinal. O rio tinha baixado muito durante a noite; encalhamos pesadamente no começo, e mal tínhamos nos posto a caminho de novo, quando começou a soprar o cortante vento de leste que nos empurrou para a praia, enquanto as massas de nuvens azul-escuras nos ameaçavam manter "in quod". Todas as nossas tentativas de fugir da prisão foram improfícuas, até a tarde, quando o calor, aumentando, acarretou a mudança da viração para o sul. Passamos por uma povoação constituída por cabanas de palha, tendo, entre elas, aqui e ali, uma casa coberta de telhas, chamada "Areias" e "dos Carapinas"[20], tendo ao fundo altas ondulações de areia branca. Depois de lutarmos cinco horas para cobrirmos nove milhas, fomos levados para a margem direita, perto da povoação de Lagoa. Um brejo que há atrás do lugarejo regurgitava de aves aquáticas, e na margem setentrional ou oposta, há um pequeno rio, a Barras das Intãs[21].

19 de outubro. — Naquele dia, o tempo refletiu o da véspera. Partimos às cinco horas da manhã e logo depois fomos compelidos a abrigar-nos sob a proteção de uma coroa. Na margem setentrional, erguendo-se de um matagal cor de chocolate, surgiu uma cúpula coroada de branco, com um cabeço calvo e, mais para a leste, o Pico de Santarém, um pequeno cone aguçado. Ali, a tripulação vendeu parte de seu estoque a um rapaz muito robusto, cuja vestimenta principal consistia de um pedaço de couro. Podia sempre pescar peixes e vendê-los depois de pescados, e manifestava a mais profunda indiferença do mundo por tudo que não fosse chapéu de palha ou doce. As areias nos forneceram uma farta coleção de conchas, com caramujos vivos ou mortos.

À uma e quarenta da tarde, quando a ventania já esgotara a sua força, voltamos a serpentear entre a ilha, bancos de areia e baixios, que tornavam a pilotagem uma tarefa difícil. A margem direita, populosa, cheia de aldeias e fazendas, era uma terra muito rica; havia canoas amarradas na praia e pilhas de madeira, cortada e amontoada, pronta para a venda. O rio era margeado por arbustos, cujas belas formas já havíamos notado recentemente. O povo o chama de mangui; (aqui *Hibiscus*); é, todavia, um salgueiro anão, que cresce em grupos e fornece fortes e flexíveis vimes. As folhas são espinhentas nas bordas, mais ou menos como a azinheira*, mas de modo algum muito bem armadas; o resto do arbusto me fez lembrar do *Salix Humboldtiana* (Willd.), da Amazônia, que é, segundo Spence²², a única espécie de verdadeiro salgueiro conhecido nas planícies equatoriais.

À medida que avançávamos, o rio apresentava um leito mais limpo e passamos pelas barras de dois rios, na margem direita, o da Ipueira e do de Sento Sé²³. O primeiro recebe as águas de uma lagoa a oeste-sudoeste, e o último as águas das montanhas meridionais. Às quatro da tarde, de novo gastando cinco horas em nove milhas, chegamos a um ancoradouro — o Porto de Sento Sé.

NOTAS DO CAPÍTULO XXIII

1   Corretamente, "pilão arqueado". A expressão "do Pilão" ou "dos Pilões" é, freqüentemente, acrescentada aos nomes de rios, montanhas e povoados novos no sertão. Ou um rude pilão de madeira usado pelos aborígines era encontrado no local, ou havia, nas proximidades, picos ou outros acidentes que os recém-vindos comparavam a pilões.

2   St. Hil. (III. i. 293) menciona o sal de Pilão Arcado, transformado, por corruptela, em Pilões Arcados, na Província de "Fernambom", agora Bahia.

3   Não preciso advertir ao leitor que não devemos dizer, como na tradução francesa das "Viagens" de Koster, "le valentoens s'agenouilla".

4   Halfeld (Rel. p. 105–111) fala desse valentão como já estando morto.

5   Halfeld escreve "carná". Em tupi, contudo, é carauá ou carauatá, que deu, por corruptela, caroá, caroatá, caragoatá, gravatá (na Baía do Rio de Janeiro) e (*Bromelia Karatas*) para os botânicos. Em um futuro volume, direi alguma coisa sobre esse importantíssimo gênero, cujo fruto comestível fornece espírito e vinagre, e cuja fibra, valiosa para a confecção de redes de pescar e de dormir, serve de moeda em algumas partes do Brasil.

6   O rebojo é um vendaval semelhante ao pampeiro do sul do Brasil; no plural, é sinônimo de refegas.

7   No momento em que passei no "remanso" em frente da cidade, o mesmo se transformara em forte correnteza.

8   A serra não tem importância, pois nela só nascem pequenos afluentes.

9   Apanhamos ali os primeiros carrapatos, desde que saíramos de Urubu.

10 Os barqueiros chamaram-no, na verdade, de veranico, que interrompe a estação chuvosa em dezembro ou janeiro. No Peru, ocorre mais ou menos, por ocasião do Natal, sendo, por isso, chamado "El Verano del Niño". Os espanhóis, deve-se notar, são muito mais poéticos, no pensamento e nos sentimentos, do que os portugueses; é o árabe "versus" o romano. Por outro lado, os portugueses produziram muito melhores poetas do que os espanhóis.

11 Os barqueiros, que, como já disse, sempre exageram as distâncias, falam em 40, em lugar de 36 léguas, de Remanso a Juazeiro, e 18, em vez de 16, de Remanso a Sento Sé.

---

*   Azinheira é um tipo de carvalho, *Quercus ilex*, de folhas pequenas, com bordos denteados, espinhentos. (M. G. F.).

12 Halfeld ("Relatório", p. 117) chama-as de "rochas vivas", seja lá o que for que isso possa significar.

13 Este é o "tucoun" de P. Yves d'Evreux (1613). É mencionado por Piso e Manoel Ferreira da Câmara ("Descrição Física da Comarca de Ilhéus"). Arruda (Cent. Plant. Peru.) tem muito má opinião a respeito dessa fibra, e a descrição que dela fez foi analisada por Koster (Apêndice, vol. II). John Mawe tentou fazer o mesmo, e foi devidamente criticado pelo Príncipe Max. (i. 118). No "Compêndio da Língua Brasílica" de F. R. C. de Faria (Pará, Santos e Filhos, 1858), vemos que os tupis chamavam de "tucuma" o fruto do tucum; Bates (i. 124) escreve "tucumá"; os peruanos chamam-no "chambira".

14 O pereiro; é mencionado pelo "Sistema".

15 Ferro oligisto, Halfeld (Rel., p. 118).

16 "Eles me fazem lembrar da descrição por Mr. Bates dos morros de cume chato entre Santarém e Pará, na parte estreita do vale, perto de Almeirim, que se elevam a 2.640 metros acima do nível atual do Amazonas".

17 Habitualmente, "maniba" ou "maniva" é a haste da mandioca; a raiz é a mandioca propriamente dita, o caldo é "manipuera" e as folhas "manisoba". A última é, provavelmente, a "manacoba" que Gardner aplica a uma grande espécie da *Jatropha*. A raiz era alimento de importância para os índios brasileiros, e os civilizados herdaram dele uma imensa terminologia descritiva da planta; com ela, poder-se-ia, facilmente, encher um volume.

18 "Desmoronamento". Halfeld (Rel., p. 119) também ouviu contar a lenda.

19 Nesse ponto, Halfeld encontrou veios de clorita e piritas.

20 "Carapina", da língua geral, é traduzido por carpinteiro; possivelmente, é uma corruptela indígena da mesma palavra, mas é muito usada em Minas Gerais e no São Francisco.

21 Também se diz itãs e intanhas. "Itã", em tupi, significa, de um modo geral, concha.

22 (Rev., R. Soc. Geog., vol. XXXVI, p. 90 de 1866). Mr. Davidson observou que, naquelas terras, tudo é espinhento, até mesmo o salgueiro. Não me descuidei de colher amostras desse curioso arbusto; infelizmente, perderam-se.

23 No mapa de Keith Johnston, encontramos, abaixo de Sento Sé, a foz de uma comprida linha pontilhada, o "R. do Salitre", que, com um curso de 35 léguas, recebe as águas das encostas ocidentais da "Serra Chapada Diamantina". Os habitantes da região me afirmaram que o rio que desemboca acima de Sento Sé é de extensão muito limitada; e, como iríamos ver, o Riacho do Salitre desemboca no São Francisco pouco acima de Juazeiro. Nessa zona, os afluentes diminuem muito, em número e em importância; as elevações que delimitam o vale do rio dele se aproximam, e o tornam muito diferente de seu curso superior.

CAPÍTULO XXIV

DA VILA DE SENTO SÉ À CACHOEIRA DO SOBRADINHO E À
VILA DO JUAZEIRO

Nona Travessia, 18,5 Léguas

*Descrição de Sento Sé. Indolência do povo. O porto. As mulheres. Grande atraso causado
pelos ventos. Beleza da região. Aldeia perto da Ilha de Santa Ana. Enfrentamos a
Cachoeira do Sobradinho, o primeiro obstáculo depois de 720 milhas.
Nossa vida no rio. Precauções para a proteção da saúde.
Chegada à Vila do Juazeiro.*

> O prospecto, que os olhos arrebata
> Na verdura das árvores frondosas,
> Faz que o erro se escuse a meu aviso
> De crer que fora um dia o Paraíso.
>
> *Caramuru,* VII, 15.

O Porto de Sento Sé[1] consiste de cabanas de pescadores em fileira, separadas por um alto cruzeiro de madeira; algumas casas são cobertas de telhas, mas a maior parte de palha, e as paredes mostram a marca da água nas cheias do rio a um metro de altura. Todas têm um pequeno quintal, onde se plantam arbustos, especialmente a mamoneira. O solo é branco e arenoso e as enchentes penetram profundamente pela terra a dentro. É difícil compreender-se porque os primeiros moradores não preferiram a margem oposta, onde, a alguns metros mais acima, o leito do rio é livre e há duas ondulações de terreno que as águas jamais atingirão. Caminhamos até a Vila de Sento Sé, que fica cerca de uma milha (1.550 metros) a sudoeste. A estéril planície seca, então uma grossa areia amarela, torna-se o leito do rio durante as cheias; vimos ervas arrastadas pelas últimas enchentes ainda presas aos troncos dos arbustos. Espalhavam-se no terreno, dispersas, carnaubeiras, que parecem se deleitar com essa situação de extrema secura e excessiva umidade. À esquerda do caminho, havia um pouco de água, que, com as filas regulares de árvores que a rodeavam e sua ilhota no meio, parecia artificial; o silencioso colhereiro passeava por lá sua delicada plumagem cor-de-rosa e o barulhento mergulhão fugiu, gritando, quando nos aproximamos.

A vila fica à beira desse "brejo seco"; ao sul e oeste, o horizonte é limitado pelas carnaubeiras, que assinalavam o curso do rio. Cerca de meia légua atrás, havia dois morros maciços, apresentando pedreiras vermelhas e cinzentas, cortados por linhas e manchas de arenito e quartzo branco. Aqui, formam penedos e paredes, ali, contrafortes isolados; a cor geral é a do solo queimado pelo Sol e parecem fumegar com o calor. Essa Serra do Mulungu[2] é, aparentemente, um ramo da Serra do Brejo que, à montante do rio, mostrava seus paredões de rochedos e que, agora se curvava de sudoeste para noroeste. O material é granito, que irrompe através do arenito, e formações secundárias; estávamos descendo rapidamente para o solo de rocha, o coração da Terra, e começávamos a sentir, sem que nos dissessem, que devíamos estar nos aproximando de uma sucessão de rápidos.

À entrada da vila passa-se pela cadeia, uma casa de pau-a-pique coberta de telha e com grades de ferro pregadas a armações de madeira. Em frente dela, fica a Igreja de São José, que só tem de notável seus excelentes tijolos e a cantaria de granito quartzoso, com manchas de mica negra em uma matriz cinzento-azulada[3]; com exceção do bloco isolado que nos fora mostrado em Brejo do Salgado, era o primeiro que víamos desde que deixáramos as montanhas litorâneas. Dali em diante, ele se estenderia, com intervalos, por todo o baixo curso do São Francisco.

Ao lado da igreja, de frente para o noroeste, e acima do alcance das enchentes, havia meia dúzia de casas caiadas de branco e cobertas de telha; atrás, ficavam ranchos com cobertura de palha, e a única casa decente era a do vigário. O viajado Menino zombou daquela vila, onde encontramos carne fresca e cachaça, mas ele não conseguiu achar ao menos pimenta da terra. Apareceram, no chão, sinais da existência de um ferreiro[4], mas nenhuma forja estava à vista. Ali, preferem o pão de milho, um "pão de sete dias", sem fermento, feito de farinha de milho amassada com água fervendo. Outro alimento apreciado é a farofa ou paçoca, carne socada, misturada com farinha, fubá ou mesmo banana.

A vida desses lugares do interior tem uma bárbara uniformidade. Os habitantes dizem que o lugar "é muito atrasado" e, ao mesmo tempo, mostram, em suas próprias pessoas, a razão do atraso. O objetivo de cada homem é fazer o menos que possa, e limita sua maior atividade aos trabalhos da menor fazenda possível. Esses preguiçosos levantam-se tarde e almoçam cedo, talvez uma batata-doce e uma xícara do inevitável café; às vezes, há mesa; freqüentemente uma esteira é colocada no chão, mas não falta uma toalha. Chega, então a hora de "ku amkia", como dizem os "sawahilis", de "dar uma passada" pelos vizinhos e de matar o tempo com uma conversinha. As horas quentes do dia são passadas na rede, balançando-se, cochilando, fumando e comendo melancia. O jantar é às duas horas da tarde, com uma alimentação mais substancial, peixe ou carne e mandioca, com legumes de vez em quando, e em toda a parte, salvo em Sento Sé, com molho de pimenta. O café e o fumo servem para encurtar as longas e tediosas horas, e a tardinha é dedicada a uma pequena caminhada, ou a "tomar a fresca", que consiste em sentar-se a uma sombra, protegido contra o vento, ou receber visitas. A ceia é feita ao anoitecer, e em todas as ocasiões possíveis, os cantos, o pandeiro e a dança se prolongam até o amanhecer. Assim, perdem a energia e perdem a memória, não podem convencer-se a empreender qualquer coisa, e todo esforço lhes parece absolutamente impossível. Em Sento Sé, os cidadãos conversam, languidamente, a respeito de um canal que deve ser aberto a partir do São Francisco, por um custo equivalente a £1.680. Ninguém, contudo, pensa em fazer coisa alguma, além de conversar. O "governo" deve fazer tudo por eles, que não devem fazer coisa alguma para si mesmos. Depois de um ou dois dias de parada naqueles viveiros da indolência, eu começava a me sentir como um daqueles que ali são criados.

Voltando ao porto, divertimo-nos observando o povo. Disseram-nos que dois velhos poderiam dar informações interessantes, mas estavam ausentes, e a coisa mais próxima à humanidade que havia no lugar era um rapaz vestido com um terno de algodão marrom e um chapéu de pele de gato-do-mato. Conseguimos descobrir, no entanto, uma velha moradora, inteligente, que fez o possível para nos esclarecer. As lavadeiras, oficialmente consideradas brancas, trabalhavam nuas da cintura para cima; o outro vestuário consistia em uma camisa que expunha pelo menos um ombro; revelando os contornos mais do que o necessário, uma saia e um xale de algodão de cores vivas, muitas vezes colocado sobre a cabeça. Os pés estavam descalços, mas os cabelos admiravelmente espessos e lustrosos, eram partidos no meio e penteados até abaixo das orelhas, onde caíam em uma densa massa de cachos rígidos, lembrando os da Núbia. Algumas mulheres e muitas crianças tinham o cabelo levantado, às vezes 20 centímetros, como o "mop" do somali ou de um negro papua. Uma moça arranjara como animal de estimação um cachorro cor de chumbo, sem pêlo[5], cuja pele nua apresentava um contraste interessante com a cabeça de sua dona. O único sinal de ocupação era o som de um "jango", arco musical africano, que, nas mãos de um rapazinho, produzia um murmúrio que não era desagradável.

Antes do anoitecer, uma pequena frota de barcas, que tinha sido retida pelo mau tempo, e que o pequeno ajojo havia ultrapassado, chegou, como em uma regata, regulando com as buzinas e os cantos o ritmo de suas longas remadas. Nas cheias, essas barcas podem ir em 24 horas de Remanso a Juazeiro; agora gastavam nove dias. Aquela era a última viagem do ano, e todos estavam ansiosos para terminarem-na. Em quase todas as barcas havia mulheres a bordo, com vestuários tão simples quanto os da praia. O patrão, por outro lado, muitas vezes usava velhas roupas de procedência francesa, sinal de que estávamos nos aproximando da civilização.

20 de outubro. – Partimos às três horas da madrugada, quando todos nas barcas estavam dormindo; o termômetro marcava 78° (F.), o que nos animava, esperando mormaço, tempo nublado e sem vento. Não nos decepcionamos, pois foi um dia proveitoso. À direita, estendendo-se de sudoeste para nordeste, estava a Serra da Cumieira[6], de um formato semelhante a um grande mirante; dois dias antes, havíamos avistado distintamente seus rochedos brancos como neve, semelhantes a paliçadas de dolomita e rampas terminais ligeiramente côncavas. Essa serra é prolongada pelo Morro do Frade, de formação semelhante, que toma seu nome de uma coluna isolada ou tubo de órgão, que se ergue de um precipício abrupto. Os formatos das montanhas mudam, na região, para planaltos e cunhas, saliências, blocos e rochedos pontudos de um terreno granítico; são, provavelmente, ramificações das cadeias primitivas próximas do litoral. O rio tem a imponente largura de 1.625 metros e sua margem direita, perto do Sítio de Jiquitaia[7], era agradável aos olhos. Perto da água, tão fartos como os hibiscos do curso superior, cresciam, em moitas de um verde fresco e veludoso, pontilhadas com as folhas decadentes de um ouro escuro, as grandes flores semelhantes à madressilva e cor de malva da sensitiva chamada canudo, que, todavia, com toda a sua beleza, só serve para envenenar o gado. Em terreno mais elevado, e pontilhado de carnaubeiras, ficavam plantações de mandioca-anã (maniba) e pastos, onde pastavam jumentos e cavalos de aparência excepcionalmente boa. As cercas feitas com as frondes da carnaubeira protegem, com eficiência, as roças contra a voraz capivara e chegam até a margem do rio, havendo, aqui e ali, passagens abertas para a água. O roceiro é, sem dúvida alguma, mais diligente do que o citadino, e fiquei surpreendido de ver tantas provas de civilização, onde, segundo se supõe no Rio de Janeiro, o atraso é total.

Desde o amanhecer, observávamos o aparecimento de rochedos no meio do rio e em ambas as margens. Eram, provavelmente, pedra calcária, que Halfeld chama de "pedras vivas". Perto de Encaibro, há um depósito de material calcário em uma pedreira de certa extensão. Mais abaixo, onde desembarcamos para almoçar, o barranco era vermelho de ferro e sarapintado de piritas; ao longo da margem do rio, há blocos de calcários, desgastados pela água em formas curiosas, fêmures, articulações, círculos, protuberâncias e espinhas dorsais. Perto, na margem oposta, ficava o Riacho da Canoa, que dizem correr próximo de uma rica salina; daí, provavelmente, a capela vizinha, bem coberta de telhas e cuidadosamente caiada de branco, para a qual grupos de pessoas em roupas domingueiras estavam se dirigindo de canoa.

O sol, quase a pino, estava quentíssimo. No entanto, embaixo do toldo, o calor, temperado pela brisa, jamais ia além de 87° (F.), e na praia ficava em torno de 90° (F.). Às duas horas da tarde, avistamos, na margem esquerda, a Casa Nova, uma casa grande, caiada de branco e coberta de telha, perto da foz de seu riacho[8]. Tem em frente um grande banco de areia, que a água cobrira em parte, e uma vegetação raquítica cresceu, segundo parece, no fundo. Para baixo, a margem do rio estava verde, com o adocicado capim-cabeludo, o capim-d'água; o taquaril, um bambu fino, usado para pequenas canaletas e para foguetes, e do zozó ou sosó, uma espécie de *Pistia,* semelhante à *P. stratiotes* dos lagos da África Central. Nos barrancos cobertos de pedrinhas soltas e nos bancos de areia cresce o angari, também chamado jaramataia ou jarumataia, que não morre mesmo quando inteiramente coberta pela água; este arbusto rijo e lenhoso, que se assemelha a um forte vime, iria se mostrar dali para diante até as Grandes Cachoeiras. O araçá nos era familiar desde o curso médio do Rio das Velhas. Ao crepúsculo, o São Francisco nos ofereceu um grande espetáculo, com uma largura imensa, liso como óleo e refletindo o Sol e a Terra, como um espelho de aço. A formação típica aparecia, agora, claramente desenvolvida em ambas as margens; já não víamos os montes arredondados e ondulados, que constituem a regra nas regiões montanhosas do Brasil; havia, contudo, cadeias que continuam a ter, em muitas partes, faces pedregosas e faixas brancas em cima. Em frente, um bloco distante, a Serra do Capim, mostrava um bloco arredondado e baixo, que brilhava como a neve em um verão suíço. Também para além da Fazenda do Matias, na margem direita, avistamos um baixo serrote, com o formato das costas de um camelo.

Naquele dia, tínhamos feito 33 milhas em nove horas, um feito excepcional, e ao pôr-do-sol, ancoramos perto da margem esquerda, acima da Ilha de Santa Ana. Tínhamo-nos preparado para um agradável repouso, quando o vento nordeste caiu sobre nós e atirou as pequenas ondas do rio sobre o que chamávamos de nosso tombadilho; a única mudança era de mau para pior e vice-versa, até o amanhecer.

21 de outubro. — O vento estava danado, como disse o piloto, o rio tornou a descer e, apesar da maior velocidade da correnteza, não conseguíamos avançar. Ancoramos de novo, portanto, mais uma vez, na margem esquerda e fomos "caçar" provisões, que já estavam se tornando escassas. A margem do rio apresentava amostras esparsas de granito e calcário, onde estavam disseminadas conchas quebradas e bons exemplares de quartzo laminado maciço da maior brancura. A superfície da planície ribeirinha é arenosa; os aguaceiros só duram quatro meses, havendo dois de chuvas mais leves; no entanto, o solo, enriquecido pelo material calcário de baixo, sustenta rebanhos de carneiros e cabras. Ali, o convólvulo de flores cor-de-rosa (*Ipomoea arenosa*), era uma reminiscência das costas da África. Dentro em pouco, chegamos a uma picada, que levava a dois ranchos, junto dos quais havia uma roça de bom algodão, protegida por cercas de madeira. Os moradores, contudo, estavam esfarrapados; e os farrapos, embora na Inglaterra não lhes prestemos muita atenção, aqui espantavam: as mulheres não se tinham dado ao trabalho de aproveitar os fios dos algodoeiros, que cresciam quase junto da porta de suas casas. Havia um "jardim-jirau" de alfazema e gerânio, para enfeitar os cabelos, mas ninguém pensara em plantar laranjas ou melancias, bananas ou verduras; nem mesmo arroz havia ali. A região pode produzir todos os artigos essenciais — nada produz; os moradores poderiam viver na abastança — andam esmulambados. Comparei essa situação com a que existia apenas a poucas léguas mais acima, e só pude explicar aquela inferioridade por alguma dificuldade de comunicação.

Depois de caminharmos 400 metros, atravessamos terreno baixo alagado e chegamos ao que se poderia chamar a verdadeira costa. Ali, a subida era margeada de cascalho lavado e gorgulho, em filas regulares. O solo era mais seco do que de costume, e, entre os cactáceos, erguia-se, alto, o mandacaru ou mandacuru (*C. brasiliensis,* Piso)*. Tem um desenvolvimento singular, alcançando, muitas vezes, 10 metros de altura por 70 centímetros de diâmetro e as enormes ramificações, guarnecidas com duros espinhos, elevam-se verticalmente. A madeira é de uma cor amarelo-brilhante com riscos brancos, longitudinais; é excelente para caibros e, na parte mais baixa, dá ótimos remos. O peso, contudo, torna-a pouco manejável e a madeira recém-cortada, se cair na água, afunda como chumbo.

À tardinha — tudo para uma mudança! — descemos duas milhas no rio, até a aldeia de Santa Ana. Foi sugerido que, durante a estiagem, ali estacionasse o vapor, que, durante as cheias, ficaria em Juazeiro, a nove léguas abaixo. Presentemente, não passa de um conjunto de pobres choupanas construídas um pouco acima do barranco, cujas pedras soltas roladas e manchadas de ferro iriam nos acompanhar rio abaixo. Por quatro patacas (1$140)[10], contratamos um piloto para o rápido chamado do Sobradinho ou do Vidal Afonso[11]. Durante as últimas 720 milhas, não tínhamos encontrado obstáculos maiores que águas encrespadas pelo vento; ali estava a porta de uma nova região, e o São Francisco iria oferecer-nos dificuldades sempre crescentes, culminando em uma impossibilidade. Examinamos atentamente a disposição da terra e do rio. Diante de Santa Ana, fica o Ilhote do Junco, uma simples faixa de areia, tendo atrás de si a Ilha do Junco ou de Santa Ana, que é habitada e cultivada e tem quatro milhas de comprimento por uma e meia de largura. O rio, que corre de oeste para leste, curva-se, no fim da Ilha de Santa Ana, para suleste e avança entre rochedos esparsos durante cerca de uma légua, o que torna de todo inavegável o canal do lado direito. Na margem esquerda, as serras da Cachoeira e do Sobrado aproximam-se do rio com uma direção de nordeste para sudoeste. No lado oposto, a Serra de Tatauí, estendendo-se do suleste, completa a extremidade de um amplo arco, formado com a Serra da Castanheira[12], que vem do sudoeste. Essa última tem um contorno semelhante a um beiral de telhado curvado no meio, e, perto do rio, projeta um morro branco, a Serra do Capim. Os recifes não são mais que o prolongamento subaquático dessas linhas de granito aéreas[13].

22 de outubro. — Apesar do vento e do sol e das "solenes advertências" — as precauções dos outros em face da possibilidade de acidentes, e de minha "Eu assumo a responsabilidade" — embarcamos o piloto Jacinto José de Sousa, e partimos às duas horas da tarde, para enfrentar a Cachoeira do Sobradinho. Depois de navegarmos durante uma hora pelas águas calmas ao norte da Ilha de Santa Ana, chegamos à extremidade da Ilha da Cachoeira — uma estreita faixa de terra bem arborizada — que tem cerca de quatro milhas de comprimento, havendo um estreito canal entre ela e a margem esquerda do rio. O curso principal do rio, ainda seguindo pela direita, é interrompido por um certo número de ilhotas cobertas de mato; o piloto declarou que seria um suicídio seguir aquela rede de recifes, que vai de nordeste para sudoeste, formando a Cachoeira do Junco e terminando na perigosa Cachoeira de Tatauí.

O canal navegável da esquerda é chamado Braço da Cachoeira ou do Sobradinho; a boca superior, com 200 metros de largura, logo se estreita para metade daquilo e a direção geral é sudeste, com desvios para sul e leste. Ali terminam as águas tranqüilas e a velocidade da correnteza aumenta grandemente, jamais excedendo, porém, a seis milhas por hora[14]. O primeiro obstáculo era uma pirâmide no meio do rio, com uma plataforma de rocha "en cabochon" projetando-se da margem esquerda. O material é um granito de grandes buracos, nos quais os salineiros evaporam a água salina que obtêm coando a terra.

---

*   O atual nome científico do mandacaru é *Cereus jamacaru.* (M. G. F.).

Logo abaixo da pirâmide, o canal é de novo dividido por duas ilhotas, as Ilhotas da Cachoeira. A de cima tem vegetação baixa; a de baixo apresenta árvores; e, naqueles lugares, o juazeiro e o jatobá, as únicas plantas de alguma importância, desenvolvem-se grandemente, em conseqüência da excessiva umidade do ar. Em 1857, a ponta da segunda ilhota foi levada pela correnteza, que também arrastou um pedaço da própria margem esquerda do rio, sobre o qual havia quatro casas. Até que seja detido pelo granito, o rio continuará a fazer o mesmo, e assim a Natureza será seu próprio engenheiro. O caminho livre deixa à esquerda a ilhota de cima, cuja ponta é guarnecida de rochedos maciços, e segue, como de costume, o vértice de um triângulo; duas pequenas brechas, atravessadas em menos de quatro minutos, fazem a água agitar-se e referver de ambos os lados. As pedras maiores ficam à direita, onde está se formando uma ilhota, e podem ser facilmente removidas, por meio de explosões.

Abaixo da segunda ilhota, fica a verdadeira Cachoeira do Sobradinho, assinalada por um belo conjunto de árvores copadas, na comprida ilha situada à direita; na margem esquerda, há casas e cercas, que se estendem ao longo de todo o trajeto da descida. Aquele principal obstáculo é uma parede que atravessa o rio, com uma brecha central[15], por onde a água se precipita em dois lugares. Nesse ponto, as barcas preferem ser arrastadas à sirga; os barqueiros são ajudados pelos prestimosos moradores, que ficam de pé em um rochedo baixo do lado esquerdo; os acidentes, contudo, não são raros, de modo algum[16]. Viramos a popa para diante e, trocando os remos pelas varas, tomamos, com o vento pela frente, o lado esquerdo da brecha. A abertura entre os dois blocos de rocha, escavados em caldeirões e sulcados pela água, era tão estreita, que quase raspava os flancos da embarcação. As pedras submersas abaixo desse ponto foram facilmente evitadas.

Depois de duas horas de trabalho, chegamos à Cachoeira do Bebedor, em frente ao lugarejo do mesmo nome; também ali os rochedos e os troncos submersos não ofereceram dificuldade. Em seguida, veio a Cachoeira Criminosa, o pior da qual é o nome; os rochedos submersos, contudo, têm de ser contornados com repetidas passagens de um lado para o outro. Estávamos, agora, no sopé sul-ocidental da Serra do Sobrado, notável formação, que já vínhamos avistando de há muito. Vista de Santa Ana, ao sul, é uma massa em forma de cunha, com linhas brancas descendo pela encosta em direção ao rio; e parece estar à direita, quando, na realidade, está na margem esquerda, comprimindo o leito do rio. Uma observação mais próxima revela que três quartas partes da montanha estão revestidas de mato espesso, com árvores altas, cuja altura, porém, vai diminuindo, à medida que a altitude aumenta; abaixo da crista, há dois blocos quase paralelos de pedra nua, inclinando-se para o rio e separados um do outro por uma vegetação viçosa, mas baixa. No rochedo inferior, aparece a entrada escura de uma caverna; e mais embaixo existe, dizem, um túnel maior.

O maciço tem o aspecto de ser composto de pedra calcária, baseada em granito, com afloramentos no rio[17]. A peculiaridade de seu aspecto deu origem a várias lendas. Segundo diz o povo, foi encontrada uma grande corrente, estendida do cume ao fundo. Nosso piloto, que não era homem imaginoso, ridicularizou a corrente, mas afirmou que, às vezes, especialmente perto da estação chuvosa, ocorrem na montanha estrondos, acrescentando que o último fora suficiente para amedrontá-lo. Como já observei, são comuns no Brasil os casos contados a respeito de montanhas que roncam; talvez, em certos lugares, os ruídos misteriosos possam ser explicados por uma súbita elevação ou depressão da montanha.

No sopé da Serra do Sobrado, evitamos, passando para a direita, uma sucessão de barreiras menores. Uma pequena corredeira foi o último obstáculo e, às 4 e 25 da tarde, chegamos à Boca do Braço, onde a extremidade sul-oriental da Ilha da Cachoeira projeta alguns blocos dispersos de pedra no leito principal do São Francisco, então limpo e estreito. Gastamos, assim, na travessia da Sobradinho, duas horas e 45 minutos, mas o vento esteve sempre contra nós. Desembarcamos Jacinto José de Sousa na margem esquerda e lhe agradecemos muito, ao partirmos e o gratificarmos: é um bom homem, cuidadoso e destro e — coisa maravilhosa de contar-se — trabalha sem fazer barulho.

A obstrução, em seu estado atual e nessa época do ano, constitui um obstáculo fatal à navegação a vapor; durante as enchentes, a única dificuldade deve ser proveniente da correnteza. A abertura de um canal através da rocha granítica não parece ser compensadora e o estágio da civilização não parece de molde a justificar o emprego de comportas na região. A remoção das rochas dispersas e bancos levará a água para o talvegue central, e permitirá uma passagem segura, que, uma vez feita, não será, provavelmente, obstruída. O Sr. Halfeld calcula as despesas em £39.000, o que talvez seja o mínimo, para que pelo menos as três milhas possam tornar-se navegáveis por rebocadores a vapor, durante todo o ano. Em conjunto, a Cachoeira do Sobradinho, primeiro indício, no sul, dos grandes rápidos, interessa igualmente ao engenheiro e ao geógrafo.

Continuamos a descer o rio, que se estreita de duas milhas para um quarto dessa largura, e logo chegamos a outro indício dos rápidos, a primeira ilhota de rocha avistada no São Francisco. Essa "cumiada" no meio da correnteza é um prolongamento de um serrote na margem setentrional; entre as lajes quebradas da parte inferior, meio mascarada pela vegetação, existe uma caverna que não goza de boa fama. A novidade da feição, como é habitual, gerou fábulas; os barqueiros, embora feios, não dormem ali, com medo da sereia de cabelos de ouro que lá os está aguardando. Chamam-na de Mãe-d'Água; as "pessoas sérias", porém, que "desaprovam" Melusine de Lusignan, chamam-na de Santa Rita, para a qual o impossível é possível, e que, pouco conhecida na Inglaterra, é festejada (12 de julho) no Brasil com novenas e foguetes, o que torna o dia detestável. Ao anoitecer, ancoramos no banco de areia do Lameirão; estávamos, agora, cerca de 9° 20' do Equador; grande astro já quase a pino e, no entanto, o tempo se mantinha frio e borrascoso. Cinco pequenas cabanas à vista na margem esquerda marcavam o "Pau da História", a divisa entre a Bahia, ao sul, e a Província de Pernambuco ao norte.

23 de outubro. — Depois de remarmos uma hora e meia, o vento, vindo de nuvens turvas, nos empurrou para a margem direita, onde ancoramos. Ali, uma moita de figueiras silvestres, repletas de erva-de-passarinho (*Polygonum*)* e nascendo em um leito da macia, curta e verde graminha, o capim-baiano, abrigou nossas esteiras, de modo mais agradável que qualquer barraca. Aquelas demoras eram inevitáveis e o único remédio era delas tirar tanto prazer quanto possível. A paisagem ajudou muito nesse sentido. O lustroso céu azul, aprofundando-se através das folhas carnosas escuras, era a "moldura", o quadro era um grande rio, flavo como o Tibre, correndo atrás dos retorcidos troncos e das raízes reforçadas das gameleiras. Não faltavam vida e ação ao poema. Beija-flores, pouco maiores que libélulas, com bicos vermelhos e plumagem de um verde-opalino, olhavam para os forasteiros, pousados nas mais finas e leves pontas de galhos, depois pairavam imóveis no ar, com as penas da cauda para cima e as asas piscando, enquanto mergulhavam o bico de agulha no cálice de uma flor ou esvoaçavam ao seu lado[18]; a seguir, cortavam o ar como uma seta lançada pela mão do homem, para procurar algum cacho mais rico e mais novo. Comparado com os outros colibris brasileiros, que são, contudo, mais frágeis e

---

* Há equívoco do autor: as ervas-de-passarinho são Lorantáceas e *Polygonum* pertence a uma família diversa, a das Poligonáceas. (M. G. F.).

delicados que a menor das carriças européias, aquele pássaro era como a Vênus de Canova ao lado da Esfinge. E aqueles corpos diminutos contêm poderes formidáveis de amor e de ódio – lutam tão furiosamente quanto amam; e nenhum bípede sem penas jamais morreu de "heimweh" tão pronta e certamente quanto um beija-flor aprisionado em uma gaiola[19].

Nosso dia se passa da maneira seguinte. Levantamo-nos antes de amanhecer e, depois da merenda de café com biscoito ou roscas, cuidamos de escrever diários ou arrumarmos as coleções. Os tripulantes comem feijão com toucinho entre 7 e 8 horas da manhã; eu adio a refeição até as 11 horas, quando o grosso do trabalho diário já foi feito. A proa de uma das canoas é um bom lugar para um banho frio, e não há melhor preparativo para as horas mais quentes. Depois de meio-dia, o trabalho torna-se mais leve; e entram em jogo as pequenas atividades aprendidas pelo viajante africano. Por exemplo: a confecção de grosseiros cigarros com o fumo de três cordas, comprado em Januária. Ler é, sem sombra de dúvida, mais agradável do que escrever, em uma jangada vacilante, em cima de um colchão recheado de palha de milho, que serve de mesa, e o desfilar das paisagens do rio e das montanhas, combinado com a sutil delícia do simples movimento, é um antídoto do "ennui". Quando a brisa se transforma em ventania, exploramos o vale, procurando conchas e metais, ou galgamos os morros, para apreciar a paisagem; ou, se o demônio da preguiça resolve dominar seu próprio lar, estendemo-nos debaixo das árvores, gozamos a sombra perfumada e uma vida macia como o musgo, uma aproximação da "terra silente". Ao anoitecer, comemos, com a maior humildade, arroz, quando há, e carne ou peixe, nas mesmas e restritas condições. Quando as aves noturnas começam a despertar do sono diurno, escolhemos algum lugar bem situado, onde as "imundícies" não nos persigam, e entregamo-nos ao sono. É uma vida perfeitamente à vontade, e o único receio ou dificuldade é que a noite seja muito fria, ou o dia muito quente ou o vento muito forte; a esperança é, e será, a última coisa que resta.

Durante cerca de quatro meses de viagem descendo o Rio São Francisco, com alternativas de tempestade e chuva, vento frio e vento quente, névoas e sol escaldante, não tive uma hora sequer doente. Davidson, é certo, teve sezões; mas já chegara ao rio com a doença, e seu estado de saúde, na verdade, melhorou. Por outro lado, não se pode esquecer que não viajamos na época má, que, no São Francisco, como em todos os demais rios brasileiros, ocorre quando as águas baixam e secam. Adotei poucas precauções e quase todas compreendidas no meu velho sistema de alterar a dieta o menos possível; é minha convicção íntima que, apesar de permanecer em terras estrangeiras durante um certo tempo, o viajante não deve se conformar a seguir "os hábitos e costumes do povo". No que diz respeito à água potável, o único cuidado necessário é lavar todas as noites as vasilhas em que ela é guardada, e deixar que se decantem, os elementos estranhos, o que prontamente ocorre, sem necessidade de alume ou óleo de amêndoas. O café conserva o calor vital e o caldo de lima corrige a tendência para o escorbuto que, muitas vezes, acompanha os desarranjos intestinais. Nas manhãs frias e todas as noites eu me esquentava com um cálice de bebida, bom conhaque (assim chamado) quando era encontrado – cachaça, quando não havia outra coisa. Evitávamos, religiosamente, estimulantes, mesmo vinho e cerveja, durante o dia; e 100 miligramas de quinina corrigiam, prontamente, a depressão nervosa. Minha principal preocupação era estar bem agasalhado quando dormindo, precaução aprendida com os árabes da África Oriental. A caminhada e a conversa faziam parte essencial da higiene; mas, acima de tudo, atividade de espírito, "muita coisa para fazer", contentamento e, repito, nada de "spes finis".

24 de outubro. – A noite estava tão tranqüila, que uma vela sem proteção queimaria até o fim. Mas não a manhã seguinte. Passamos pela Barra do Riacho do Salitre, na margem direita. O pequeno rio salobro pode ser navegado, por canoas, durante as cheias, na extensão de algumas léguas[20]. O barranco da margem é alto e branco com blocos, camadas e fragmentos da melhor pedra calcária; as terras são bem cercadas e até o carnaubal é rodeado de espinhos. Mais abaixo, encontramos um labirinto de rochas submersas e acima da superfície; não há necessidade, contudo, de melhoramentos. Depois de quase ficarmos, mais uma vez, encharcados, passamos a bombordo da Ilha do Fogo e encontramos abrigo em uma angrazinha[21] na extremidade oriental da Vila de Juazeiro, defendida por uma capoeira de arbustos, que chega até o rio. Os mercadores geralmente ancoram mais a oeste.

NOTAS DO CAPÍTULO XXIV

[1] Millivet ("Dic. Geog.") transformou a expressão, de acordo com a gramática e em desacordo com o bom senso, em Santa Sé, o que foi adotado por Keith Johnston. Halfeld, seguindo a pronúncia, escreve, indiferentemente, Santocé, Sentocé, Centocé e o mapa Sento Sé. Há muitos nomes semelhantes nessa parte do rio, como Urucé e Prepecé, já antes mencionados. Sento Sé, como Sabará, era o nome de um cacique indígena, a quem pertenciam as terras, e segui a ortografia adotada pela família Sento Sé.

[2] Mulungu* (provavelmente uma palavra africana) é o nome de uma árvore espinhenta, leguminosa, que dá favas vermelhas e pretas semelhantes (mas muito maiores) às de *Abrus precatorius*. São esmagadas e aplicadas às feridas dos animais, quando entra "bicho".

[3] Halfeld (Rel. 124) chama a rocha de "gneiss-granito" e afirma que nela encontrou piritas que podem ser auríferas.

[4] O ferro, segundo nos disseram, é trazido da vizinha Fazenda de Sento Sé de João Nunes, no rio do mesmo nome.

[5] O Príncipe Max. (i. 219) nos informa jamais ter visto um exemplar desses horríveis caninos, que não são raros, hoje, na Bahia. Refere-se a Humboldt ("Ansichter der Natur", p. 90), que os menciona na América do Sul Espanhola.

[6] Vem de cume, a parte mais elevada de uma casa; dizemos cume de um monte. A cumieira (Halfeld, p. 126, "Comieira") se opõe a "caibros", que suportam as "ripas", ou estreitas tábuas longitudinais sob as telhas.

[7] Halfeld escreve "giquitaia" e explica ("Rel.", 126): "pimenta socada com sal".

[8] Acima de Casa Nova, Keith Johnston coloca o "R. Casa Nova", que apresenta como a fronteira entre Bahia e Pernambuco, correndo cerca de vinte léguas do grande rio, mais ou menos a oeste da longa cadeia de serras divisoras das águas dos vales do São Francisco e do Paranaíba. Como se verá, a fronteira fica na 241ª. légua, e não na 234ª. Halfeld localizou-a corretamente.

[9] Essa útil planta é desconhecida no curso superior do rio; deriva seu nome de aspereza do caule e da parte inferior da folha.

[10] As barcas pagam 4$000, e quando nada perdem.

[11] "Sobradinho" é um penedo, geralmente no alto de um morro e menor que o "sobrado". No que diz respeito ao nome antigo, "Vidal Afonso", que hoje só se encontra nos livros, não posso dar a menor informação.

[12] Halfeld a chama de Serra do Saco do Meio.

---

* Mulungu é, em verdade, o nome vulgar da Leguminosa *Erythrina mulungu*, arvoreta espinhenta, diversa de *Abrus precatorius,* outra Leguminosa. (M. G. F.).

13 Atrás dessa larga seta e como que formando seu fuste, está a Serra do Salitre ou do Mulato, que se parece, pela rampa marrom e pouco acentuada e pelo penedo branco de cima, com a Serra da Cumieira abaixo de Sento Sé. Quando se aproxima de Juazeiro, a parte mais alta dessa serra Parece ter em cima um gorro, como a do Pintor de Xique-Xique.

14 Naturalmente, estou me referindo à ocasião em que por lá passamos. Mesmo então, as seis milhas poderiam ser diminuídas para uma média de quatro milhas por hora.

15 Halfeld chama essa parte de "Caixão"; atribui-lhe 2 a 2,5 metros de largura e, nas secas, quase que estreito demais para permitir a passagem de barcas. A maior altura do rochedo acima da água é de cerca de 3 metros; a correnteza é de 4,17 milhas por hora e a altura da queda um metro e vinte centímetros.

16 Nesse ponto, a barca de Halfeld, "Princesa do Rio" arrebentou o cabo de sirga e quase se perdeu. Lemos no "Relatório" (p. 132): "Informaram-me que o piloto que havia dirigido minha embarcação na descida do rápido morreu no mesmo lugar". Afirmaram-me que Manuel Antônio, o piloto em questão, caíra de sua canoa e se afogara em águas tranqüilas, naturalmente depois de haver "bebido demais". Nada, a não ser um completo descuido, pode ocasionar um acidente em Sobradinho.

17 O piloto afirmou que o material era mármore. Halfeld (p. 133) o descreve como "itacolomito alternado com estratos de xisto talcoso e quartzo, correndo de sul-sudoeste para norte-nordeste, com inclinação para oeste".

18 Muitas vezes encontrei a fúcsia furada na parte inferior do cálice.

19 Na região, o povo acredita que o beija-flor se transforma em uma mariposa (*Macroglossa titan*). Bates tratou desse assunto (i. 182).

20 Keith Johnston coloca um rio muito acima de Juazeiro e outro muito abaixo, mas nenhum perto da vila.

21 Chamada ressaca na região.

CAPÍTULO XXV

VILA DE JUAZEIRO

A vila tem um grande nome imerecidamente. Descrição da vila. As terras em torno. Preços atuais de mercadorias. A vinha. Coronel Sento Sé e o vapor "Presidente Dantas". Visita à Ilha do Fogo. As estradas-de-ferro da Bahia e Pernambuco a Juazeiro. O fracasso das estradas-de-ferro no Brasil. Negligenciamento das comunicações fluviais. A Companhia Baiana de Navegação e uma pequena via férrea ao longo das cachoeiras, o verdadeiro sistema de explorar o São Francisco.

> Encrespava-se a onda docemente
> Qual aura leve, quando move o feno;
> E como o prado ameno rir costuma,
> Imitava as boninas com a escuma.
>
> *Caramuru*, VI, 44.

Há muito tempo, ouvia falar naquele lugar como o futuro ponto terminal onde deveriam encontrar-se as grandes linhas ferroviárias; no Alto São Francisco, referiam-se a ele como um centro de civilização, uma pequena Paris, e o Governo Provincial da Bahia determinou que se levantasse uma planta pormenorizada da cidade, para ser conservada em seus arquivos. Até aqui, a imaginação. Vamos agora à realidade.

Juazeiro tem um ar de família, muita semelhança com a Vila da Barra do Rio Grande. É uma comprida fileira de casas diante do rio, que, tendo ali um pouco mais de 800 metros de largura, corre em linha reta de oeste para leste. Os barrancos das margens elevam-se de 7 a 8 metros acima do nível da água, mas muitas das casas mostram sinais das enchentes. Todos os habitantes da vila afirmam que o Sr. Halfeld enganou-se quando escreveu ("Relatório", p. 140): "a maior cheia, em 1792, foi de 10 metros" sobre a altura habitual, de modo que, naquela ocasião, a igreja ficou com 2,5 metros de água e o mesmo aconteceu, mais ou menos, com todas as habitações". Em 1865, dizem os moradores, a inundação foi igual à de 1792, e, embora tivesse atingido o cemitério, ficou de 45 a 65 centímetros abaixo da igreja e da praça principal.

Algumas casas dão frente para o rio, principalmente no bairro do oeste, que é o melhor da vila; o centro apresenta uma escada arruinada com largos degraus de pedra, e ali as casas apresentam suas paredes de trás e os muros dos quintais voltados para o rio, que arrancou o reboco e expôs o esqueleto de adobes ou de pau-a-pique. O solo arenoso exige alicerces de pedra calcária ou de cantaria, da qual há uma pedreira na região; as ruas, contudo, são totalmente destituídas de calçamento, e apenas as melhores casas são toscamente ladrilhadas. Algumas poucas árvores, à cuja sombra se vende sal e são feitas pequenas transações, acham-se espalhadas pela praia que é coberta de seixos, pedra-pudim e quartzo cimentado com ferro, nos níveis mais baixos. A vila só tem um sobrado, pertencente a cerca de quatorze proprietários, e mesmo esse não tem sinais de vidraças.

A oeste, há um cemitério, de muros caiados e cobertos de telhas, incluindo uma capela diminuta. Dali, parte a Rua do Mourão, paralela ao rio. Atrás daquele logradouro, fica a Rua do Açougue e ainda mais para o lado da terra, a Rua Recuada, ambas compostas de fileiras irregulares de casinholas miseráveis, em sua maioria cobertas de palha. Essas ruas têm a pretensão de se equiparar às do Rio de Janeiro, dando as direções que as carruagens devem seguir, quando não há uma carruagem no raio de 300 milhas.

A meio caminho, na prolongada depressão, fica a Praça do Comércio, cuja areia solta, onde os pés se enterram até o calcanhar, forma um excelente refletor do calor solar: sua principal finalidade parece ser a de uma arena para a briga de perus. Foram feitas tentativas para arborizá-la com tamarindeiros, que estão enfezados, e com a almendreira de folhas carnudas[1], de cerca de oito anos de idade, mas pouco desenvolvida em comparação com as encontradas mais no interior. Ali ficam as principais casas de comércio; antes de 1857, eram cinqüenta e duas, mas muitas falências reduziram o número para quatorze — sem contar as vinte e cinco vendas. Aquele termômetro da civilização, a agência postal, é também uma loja de artigos secos; o caixeirinho, não com muito boa vontade, me deu licença de olhar as "cartas retidas", guardadas em uma caixa de água de colônia sem fechadura. O correio deve sair no 3º., 13º. e 23º. dia de cada mês, e chegar no 2º., 12º. e 22º.; aquele era o dia 24º. e não dava sinal de chegar, e quem se preocupava com aquilo? Há na vila uma única farmácia, e o capitão que a mantém receita ele próprio os remédios; não há médico e, portanto, a mortalidade é pequena. A população não é, de modo algum, uma raça saudável; a altitude acima do nível do mar não vai além de 300 metros, e, no entanto, abundam os resfriados e pleurisias, febres e pneumonias, para não se falar em outras doenças. Uma das moradoras tinha o nariz prolongado como a tromba de um filhote de elefante e um olho nas mesmas condições; a horrível afecção se chama cabungo ou erisipela.

A parte central da praça é ocupada pela nova Matriz de Nossa Senhora das Grutas, de pedra, tijolo queimado e cal, e, naturalmente, inacabada. Supus que o motivo fosse a falta de dinheiro, mas os citadinos disseram que tal não era o caso; provavelmente é a "política". É muito mesquinho o templo original, que dizem ter sido construído pelos jesuítas e seus acólitos indígenas. Em cima, ficam duas janelas abertas, ou melhor, dois buracos; em baixo, há um par semelhante, com uma grade de finas hastes de madeira; os campanários, como em Sienna dos Terremotos, são meras paredes, com aberturas nas quais os sinos estão suspensos e os esquisitos remates dão a impressão de orelhas de burros, levantadas, quando o animal se espanta. Atrás da igreja, fica a Rua Direita, um pedacinho de rua, que acaba sem mais nem menos. Naquele ponto, o rio tem em frente a Rua dos Espinheiros, cujas casinholas e vendas acolhem uma pequena atividade comercial; um grande barracão, coberto de telhas pela metade, abrigando enormes roscas de madeira e carroças novas do estilo antigo, representa as docas, onde o vapor será lançado à água — quando chegar.

Juazeiro foi desmembrado de Sento Sé, sob cuja tutela chegara à freguesia, e tornou-se vila em 18 de maio de 1833. É, hoje, sede de uma comarca e residência de um juiz de direito; possui, também, uma câmara municipal e uma cadeia. O município é bastante povoado, contando com 1.500 votantes. A população urbana era de 1.328 almas em 1852 e atualmente deve ir a 2.000, uma quarta parte das quais é servil, ao passo que as casas, cujo número não aumentou, são 344, sujeitas ao imposto chamado décima urbana.

A situação de Juazeiro é, comercialmente, boa — um ponto onde se encontram quatro vias principais: o curso superior do rio, o inferior, a grande estrada real para a Bahia e as estradas para as províncias do Norte. Essa posição central assegurar-lhe-á importância na proposta Província de São Francisco; naturalmente, ela espera tornar-se a capital, mas qual a vantagem de uma capital perto da fronteira? Sua posição será a de um grande empório, transmitindo ao litoral a produção do sul de Piauí e do leste de Goiás. Mantinha, antigamente, ativo comércio com Oeiras (oitenta léguas), ex-capital do Piauí, e esse comércio continua, mesmo depois que Teresina, a noventa léguas mais longe, tornou-se a metrópole. Encontrei no porto apenas duas barcas, e o custo do transporte prejudica muito o comércio. A "viagem redonda", ida e volta à Cidade de Cachoeira, ponto final da navegação a vapor do Recôncavo Baiano, teve o seu custo elevado, ultimamente, de 15$000 para 25$000 ou mesmo 30$000, por mula, carregando no máximo dez arrobas — cerca de 10 xelins por 32 libras. A viagem de ida, via Vila Nova da Rainha, leva de dez a treze dias, sendo o deslocamento mais rápido o de oito léguas por dia; e dizem que uma estrada devidamente construída reduziria a distância de 92 para 70 léguas.

As terras das proximidades imediatas de Juazeiro, especialmente as do lado baiano, são pobres, duras e secas; as chuvas duram de outubro a março, e não caem as chuvas fertilizantes da estação seca. O preço da terra é bastante elevado, dificilmente se comprando duas léguas quadradas por menos de £2.000. Tem-se feito um pouco, no que diz respeito à criação de cavalos e mulas, gado bovino, carneiros e cabras, porcos e aves domésticas, especialmente perus. Sal e salitre, pedra calcária e açúcar com gosto de sal são fornecidos pelo Riacho do Salitre; esse rio nasce perto de Picuí, recebe os tributos do Jacobina Nova e do Jacobina Velha, e desemboca no São Francisco, depois de um curso de quarenta léguas. Um lugar chamado Brejo, distante da vila cerca de quatro léguas, para sudoeste, é o celeiro local e, como é pequeno, os mantimentos têm de ser importados do curso superior do rio. O Brejo produz, em abundância, abóboras e melancias, especialmente no começo das chuvas; as laranjas são pequenas e verdes, como a variedade selvagem, não encontrando clima apropriado e, abaixo de Boa Vista, não dão de modo algum; as limas não têm caldo e metade é caroço. A cochinilha é primitiva e não há fumo, para o qual o solo nitroso é bem adaptado. Fui aconselhado por um rapaz que passara, há pouco, três dias em Boa Vista, a levar uma razoável provisão de feijão, farinha de mandioca, arroz e milho, pois não encontraria coisa alguma nas famintas localidades situadas entre Juazeiro e as grandes cachoeiras. A precaução foi tomada por segurança, mas, como se verá, era de todo desnecessária; além disso, causou considerável incômodo. Não conseguimos comprar uma libra de arroz com casca; o preço era elevado e o artigo vermelho e ordinário, digno apenas de um "kruboy"[2]. O peixe era abundante, e o surubim, o salmão do rio, era pescado por meninos. Alguns se queixavam de que o aumento da correnteza, o fundo rochoso e as águas agitadas dificultam a criação de peixes, e que o São Francisco já não é um Mississípi, o pai dos peixes. Outros afirmam, e com razão, que o que falta são pescadores, e não peixes, que jamais uma rede é atirada em vão e que as lagoas, enseadas e ipueiras produzem grandes cardumes.

Na margem oposta, ou setentrional, fica o Porto da Passagem do Juazeiro, ultimamente chamado Petrolina de Pernambuco. Consistia de uma capelinha, Nossa Senhora de Tal, e meia dúzia de casas cobertas de telha em frente do rio, tendo atrás umas poucas cabanas e uma ondulação de terreno mais alto e mais saudável do que na margem direita. As duas localidades estão unidas por um barco de transporte, que faz uso do "vent traversier" e leva de 30 a 35 reses. Cada passageiro paga por travessia 0$080, cavalo ou mula 0$400 (a carga e o tropeiro atravessam de graça) e as reses 0$300. A situação mudou pouco, depois de 1853, quando Halfeld calculou o movimento anual em 7.500 a 8.000 pessoas, 10.500 reses e 1.300 mulas e cavalos, bravos e mansos, velhos e novos, destinados ao mercado baiano[3].

Minha carta de apresentação era para o Comandante Superior, Tenente-Coronel Antônio Luís Ferreira, que não se dignou de tomar o menor conhecimento. Procurei, então, José Vieira, jovem comerciante, que havíamos conhecido no rio; seu armazém ficava na Rua do Mourão, a rua do lado oeste de frente para o rio, tendo em frente um cruzeiro de madeira preta, em um pedestal de tijolo e cal. Dos homens que estavam ali reunidos, nenhum foi capaz de me dar uma informação, sequer os nomes das ruas. Felizmente, travei conhecimento com o Capitão Antônio Ribeiro da Silva Júnior, filho de um português e nascido na localidade; já estivera na Europa e imediatamente nos convidou para jantar e conversar.

O capitão falou a respeito de uma gruta, que descreveu como tendo uma entrada semelhante à Gruta do Mamute; estende-se por três a quatro milhas, e fica distante 19 léguas do leito do Riacho do Salitre. Correm ali velhas lendas a respeito de minas de prata perto de Santa Ana e minas de cobre na Fazenda da Caraíba, a 18 léguas a leste-sudeste. Nosso anfitrião encontrara uma formação diamantina, cobrindo pelo menos vinte léguas quadradas, na rica região agrícola e cafeeira da qual Jacobina Nova é o centro. O capitão ofereceu-nos um excelente doce de batata-doce, que se apresenta no local em uma variedade vermelha, semelhante à beterraba, com lista branca. Seu jardim tinha cinco belas parreiras, com cinco anos de idade, formando um caramanchão, mas que mal podiam suportar-se. É uma região de uvas, e quase todas as casas têm um parreiral; as parreiras produzem, durante todo o ano, uma *Uva durencina,* que é vendida em Juazeiro por 0$240 e na Bahia por 2$000 o quilo. Muito se tem escrito sobre a capacidade de produzir o Brasil, seu próprio vinho. Isso, na minha opinião, dificilmente será possível, nesses climas em que a estação quente é também a estação das chuvas. O mesmo cacho conterá uva madura, meio madura e verde, o que faz um bom vinagre. Não há cura para os males sofridos por esta

"Non habilis Cyathis et inutilis uva Lycaeo".

Por outro lado, onde o tempo chuvoso começar com o solstício de inverno, e onde o verão do Hemisfério Sul for seco e ensolarado, a uva, acredito, está destinada a prestar bons serviços.

Minha visita seguinte foi ao Sr. Justino Nunes de Sento Sé, natural da cidade cujo nome tem; aquele cavalheiro me apresentou à sua senhora e às suas bonitas filhas, que, depois de uma experiência de três meses em Juazeiro, preferiam a Bahia, sua cidade natal. Seu pai fora escolhido pelo Conselheiro Manuel Pinto de Sousa Dantas para superintender o vapor que, desde 1865, deveria ser lançado às águas do Alto São Francisco. Infelizmente para o projeto, o Sr. Dantas assumiu a pasta da Agricultura e Obras Públicas, e seu sucessor como Presidente da Província não se mostrou, de modo algum, vivamente interessado em levar avante os planos de seu antecessor. Sento Sé queixou-se muito da oposição de particulares. Um proprietário juazeirense, Tenente-Coronel Domingos Luís Ferreira, oferecera o correspondente a £1.600 para receber o vapor das mãos do governo, no Porto das Piranhas, limite atual da navegação a vapor no Baixo São Francisco e, transportá-lo desmontado por cavalos e mulas para passar as Grandes Cachoeiras, depois em barcaças. Seus amigos ficaram ressentidos com a rejeição da proposta e espalharam a informação de que o candidato preferia gastar inutilmente £6.200, que as peças do "Presidente Dantas" estavam espalhadas pela estrada da Bahia e que um engenheiro, mandado do Rio de Janeiro para montar a maquinaria, tinha, depois de quatro meses de espera improfícua, regressado, em julho de 1867.

Então o navio, que os jornais tinham anunciado haver chegado a Juazeiro, e que Sua Excelência esperava estar em serviço ao mais tardar em setembro de 1867, não se encontrava, na realidade, em lugar algum. Sento Sé parecia estar aborrecidíssimo com o caso, e falou em organizar uma empresa particular para a navegação a vapor do São Francisco. É lamentável ver uma grande idéia assim destruída por ciúmes particulares e mesquinhos interesses individuais. Por mais que eu tenha lamentado a utilização de engenheiros estrangeiros neste Império, onde podem ser encontrados profissionais do País, há casos em que a designação de um estrangeiro não lançará contra ele cem inimigos, como acontece a um brasileiro.

Ficamos retidos em Juazeiro até que os dois homens contratados em Januária concordaram, por consideração, em me deixar em Boa Vista; ali, o pessoal não gozava, em absoluto, de bom conceito, e contavam-se vários casos de barqueiros roubando de seus patrões e os deixando "limpos". Bebem e são perigosos; assim, os homens abaixo de Boa Vista são sempre preferidos a eles. José Joaquim e Barbosa "Barba de Veneno" conquistaram para sempre a minha gratidão ao concordarem em me acompanhar até mais abaixo; não assim o Menino, que à noite voltava ao "Elisa" se arrastando, como um réptil, enquanto o escravo Agostinho andava abatido com "enjôo" e tornara-se muito malcriado.

Foi um tempo desagradável, como acontecia sempre, nas paradas forçadas perto de cidades. Os negrinhos pulavam na água junto de nós e jovens mulatos vinham regatear chapéus de palha, bilhas e doce de laranja. Estávamos ancorados no meio das lavadeiras, que eram objetos grotescos. Uma delas protegia a cabeça com uma cabaça, o que me obrigou a pensar no Tritão cantado por Camões (v. 17); era muito feio e

Na cabeça por gorra tinha posta
Uma mui grande casca de lagosta.

Em nenhum lugar do Brasil, eu tinha visto uma tão excessiva exposição de ombros; ia além da moda da quitandeira baiana, e tornou-se realmente notável, depois de sairmos da Província de Minas Gerais.

Quando me enfarei de ombros, visitei a Ilha do Fogo, aquela pequena Monte de São Miguel, pela qual havíamos passado acima da vila. É um acidente interessante e foi o primeiro que vi do seu gênero, uma ilha fluvial compósita, de rocha terminando em uma comprida ponta de areia; as partes planas eram cobertas de arbustos e um esplêndido jatobá não contribuía pouco para a sua beleza. O braço setentrional em que se divide o São Francisco é, embora navegável, perigoso, devido às pedras submersas; por isso, provavelmente, Juazeiro preferiu a margem direita.

Desembarcamos entre os blocos e saliências da extremidade ocidental. O material era um granito cinzento, revestido, em certos lugares, de uma substância vítreo-arroxeada, semelhante ao ferro que tivesse sido exposto a um grande calor; havia várias massas de amigdalóides e veios de quartzo, mas não apareciam piritas[4]. Foi fácil escalar a torre de lajes quebradas, com cerca de dois mil, seiscentos e quarenta metros de altura; alguns passeantes diligentes haviam aberto um caminho entre macambiras e cortado o quipá. No alto, tinha-se uma ampla vista do São Francisco, um panorama de planície bem dotada de morros baixos e serras anãs, postos avançados das grandes paredes do vale ribeirinho. A leste da Ilha do Fogo, há dois pequenos afloramentos da mesma rocha, emergindo de matos espinhentos.

Juazeiro, como eu já disse, é o ponto final escolhido para as duas estradas-de-ferro anglo-brasileiras, a de Pernambuco e a mais jovem, da Bahia. Ambas são frutos da Lei de 26 de junho de 1852, que decretou a concessão da Estrada D. Pedro II. Uma garantia de 7% (5% por parte do Governo Imperial e 2% do Governo Provincial) facilmente abriu as bolsas dos acionistas. As informações a respeito de um interior rico e fértil, que só esperava comunicação ferroviária, determinaram a direção da costa rumo ao Rio São Francisco.

Os trabalhos foram iniciados com uma temeridade característica das grandes expectativas Não foi organizada uma comissão geral para fixar o sistema em que se basearia a grande linha-tronco. Deveria ter-se organizado um grupo para proceder a sérios estudos preliminares do terreno; disso não se cuidou, e, no Brasil, tenho visto cálculos de cortes e aterros baseados em um levantamento cujos níveis foram verificados em simpiezômetros. O resultado foi o que se poderia esperar. As linhas foram abertas e construídas com quase todos os defeitos possíveis; começaram nos lugares errados e correm nas direções indevidas; têm acabamento custoso nos lugares onde poderia ter sido simples; custam caro, quando poderiam ter sido baratas; têm túneis onde não há a menor necessidade. Assim, as estimativas foram vergonhosamente excedidas e os 7% tornaram-se uma tremenda desilusão. Não foram construídos os ramais e linhas adutoras. De tudo isso, resultaram queixas e recriminações; os acionistas tiveram prejuízo e o governo se viu sobrecarregado com uma dívida enorme, que se calcula será paga com aumento das tarifas das estradas. Aqui, e somente aqui, o trem-de-ferro contribuiu apenas para tornar mais atrasada a região, afetando as comunicações, que, antes, eram muito más, e agora são piores. Aqui, e somente aqui, a mula consegue rivalizar vitoriosamente, com a máquina: escritores antibrasileiros, têm comparado o progresso do Brasil com o da preguiça, e, realmente, nesse passo, ele ficará atrás até do Canadá. Finalmente, ambas aquelas linhas-tronco pararam a poucas milhas das capitais provinciais onde começaram, e construíram suas últimas estações ou na floresta virgem ou no terreno de campo, pouco mais produtivos que as favorecidas regiões em torno de Suez. No presente momento, pode-se dizer que os empreendimentos ferroviários no Brasil encontram-se paralisados, e o Império sofreu no mercado financeiro da Europa, devido ao desgoverno cuja maior responsabilidade cabe a estrangeiros.

Por outro lado, a navegação a vapor prosperou, e, de Juazeiro para baixo, iríamos verificar que a chegada, todas as semanas, de uma pequena embarcação ao Porto das Piranhas[5] galvanizou toda a região, em um raio de 270 milhas, até Crato, no Ceará. Homens vestidos de couro, que nunca haviam saído da terra natal, estão agora carregando de algodão seus animais e fazendo compras com as quais nem teriam sonhado, ainda há alguns meses atrás. Em 1852, Halfeld observou: "devido às grandes cachoeiras do Rio São Francisco, tanto acima como abaixo da Cidade de Cabrobó, o tráfego fluvial tem progredido pouco". A afirmação perdeu a razão de ser em 1867, mostrando como é vitalizante, mesmo nessas regiões escassamente povoadas, o efeito de melhores comunicações. Espero ver a Companhia de Navegação Baiana — Bahia Steam Navigation Company (Limited)[6] aumentar sua pequena frota de dezesseis para cinqüenta navios. Ela seguiu a linha certa, e com energia e economia deve prosperar.

NOTAS DO CAPÍTULO XXV

[1] Nunca vi a flor nem a fruta dessa árvore, que se parece com *Sterculia*. Cresce na atmosfera de Pernambuco, que não é úmida, e foi plantada, possivelmente, pelos antigos portugueses de Quiloa, na África Oriental.

2   A lista de preços é a seguinte, devendo-se lembrar que o alqueire é quatro vezes maior que o da Bahia:

1 alqueire de feijão (em 1852, 11$500) = 20$000.
1 alqueire de farinha de mandioca (6$400) = 12$000.
1 alqueire de sal (12$000) = 24$000.
1 arroba de toucinho (7$680) = 10$000. Este foi o preço que paguei, mas estava 1 s. 3d. mais caro.
1 arroba de farinha de trigo (0$240) = 14$000 ou 16$000.
1 arroba de biscoito (10$000) = 16$000.
1 arroba de cera da região (5$000). = 6$400. O mel é também barato e abundante.
1 arroba de cera de carnaúba (5$000). Não se faz atualmente.
1 arroba de carne seca (3$400) = 6$000 a 7$000.
1 arroba de algodão em rama (2$500) = 2$000.
1 arroba de algodão limpo = 8$000.
1 arroba de açúcar (7$000) = 4$000 a 5$000.
1/2 quilo de aço = 0$400.
1/2 quilo de chumbo, em barra ou em grãos = 0$400.
1/2 quilo de salitre = 0$080.
1/2 quilo de enxofre = 0$320.
1 vara (jarda de 43 polegadas) de tecido de algodão (0$320) = 0$400.
1,10 metro de fumo de rolo = 0$160.
1 rapadura de Januária (0$240) = 0$160.
1 rapadura (pequena e salgada) do R. Salitre = 0$080.
Folha-de-flandres = 0$240.
Tábuas (1$600) = 2$000.
1 garrafa de vinho de Barcelona (0$640) = 1$000.
1 garrafa de vinho do Porto = 2$500.
1 garrafa de vinagre (0$320) = 0$800.
1 garrafa de cachaça (de Jacobina, má) = 0$200.
1 garrafa de cachaça (de St. Amaro, a melhor) = 0$500.
1 vidro de óleo de rícino = 0$240.
1 vidro de azeite doce (1$000) = 1$600.
65 centímetros de chita (média) = 0$280.
Couro de boi ou vaca (1$280) = 2$800 a 3$000.
De bezerro, de acordo com o tamanho, a partir de 0$800.
De carneiro ou cabra = 0$320.

3   O imposto sobre o transporte é recebido na Vila de Boa Vista, que iríamos visitar mais abaixo no rio.

4   Halfeld descreve a rocha como granito com veias de quartzo; ele encontrou talco, manganês e piritas.

5   O primeiro vapor comercial partiu de Penedo no dia 3 de agosto de 1867 e chegou a Porto das Piranhas no dia 5 do mesmo mês.

6   Essa companhia foi organizada em 1861. Seu estatuto foi aprovado pelo Governo Imperial em 1862 e ela começou a funcionar, como companhia inglesa, a partir de junho daquele ano. O capital é de £160.000, do qual cerca de £150.000 foi realizado. As subvenções concedidas pelos governos do Império e da Província vão a £20.000 por ano, equivalendo a uma oitava parte ou 12,5% do capital. O contrato atualmente em vigor tem vigência até 1872 e um decreto imperial (Nº. 1.232, de 1864) autoriza o governo a, no fim daquele prazo, rever e prorrogar o contrato e as subvenções, por mais dez anos. As obrigações da companhia compreendem a comunicação com os principais portos do litoral brasileiro, estendendo-se, para o norte, da Bahia a Maceió e para o sul a Caravelas ou São Jorge dos Ilhéus; igualmente, a navegação interna do Recôncavo, da capital provincial às cidades de Cachoeira, Santo Amaro, Nazaré, Valença e Taperoá, tocando nas aldeias intermediárias; em terceiro lugar, a navegação do Rio São Francisco, de Penedo a Porto das Piranhas; e, em quarto, a navegação das lagoas do Norte e Manguaba, na Província de Alagoas. A frota compõe-se dos 16 vapores seguintes, seis dos quais são empregados na navegação costeira, e dez na navegação interna, isto é, na Baía de Todos os Santos e na navegação fluvial:

1.	São Salvador	280 toneladas de registro	150 H. P.
	Dantas	295 toneladas de registro	165 H. P.
	Gonçalves Martins	298 toneladas de registro	126 H. P.
	Sinimbu	312 toneladas de registro	126 H. P.
5.	Santa Cruz	178 toneladas de registro	103 H. P.
	Continguiba	195 toneladas de registro	103 H. P.
	São Francisco	153 toneladas de registro	60 H. P.
	Dois de Julho	261 toneladas de registro	50 H. P.
	Jequitaia	250 toneladas de registro	60 H. P.
10.	Santo Antônio	153 toneladas de registro	40 H. P.
	Boa Viagem	153 toneladas de registro	40 H. P.
	Itaparica	62 toneladas de registro	30 H. P.
	Lucy	30 toneladas de registro	12 H. P.
	Victorina	3 toneladas de registro	3 H. P.
15.	(Em construção)	200 toneladas de registro	75 H. P.
	(Em construção)	200 toneladas de registro	75 H. P.

No que diz respeito a bens imobilizados, a companhia dispõe, na Cidade da Bahia, de oficinas, etc. para reparo dos navios e armazéns para guardar materiais e carvão. Completou, recentemente, a construção de novos molhes de embarque e armazéns para cargas e também se construíram desembarcadouros satisfatórios, em todos os portos da baía.

Estas informações me foram fornecidas por Mr. Hugh Wilson, da Bahia, Superintendente da Companhia, enérgico e amante do progresso. Só posso esperar que seus pontos de vista sejam aceitos, com a habitual liberalidade, pelo Governo Imperial, e que uma pequena linha férrea ligue, em breve, o Porto das Piranhas a Juazeiro. Evidentemente, essa deveria ter sido a primeira providência tomada; mas, se for a última, não nos queixaremos.

CAPÍTULO XXVI

DA VILA DE JUAZEIRO À VILA DE BOA VISTA

Décima Travessia[1], 22 Léguas

Observações gerais sobre a travessia, o jardim do São Francisco. Os "Dois Irmãos". A Cachoeira do Jenipapo. A Vila da Boa Morte, antiga Capim Grosso. Sua origem. Falta de civilidade. Reinício da viagem. Belos arredores da Vila da Boa Vista. O projetado Canal. Outro canal. Chegada à vila. O Comandante Superior. Recrutamento de conservadores. Origem da vila. Descrição de seu estado atual. Contratada nova tripulação, piloto Manuel Cipriano e o remador "Capitão Mole". Feitos novos remos para as corredeiras.

> Terra feliz, tu és da Natureza
> A filha mais mimosa; ela sorrindo
> Num enlevo de amor te encheu d'encantos.
>
> (*Poesias*, de J. B. da Silva Guimarães).

Íamos, agora, entrar em uma região que me deixou as mais agradáveis impressões. Entre Juazeiro e Boa Vista, fica o jardim do curso inferior do São Francisco, talvez um trecho mais belo do que o de perto de Pirapora. A correnteza torna-se rápida, fazendo uma média de quatro nós por hora e, embora as pedras submersas apresentem algum risco, a viagem é muito mais agradável, e a agitação e efervescência da água mostram que ela tem uma considerável profundidade. Em ambas as margens, há fazendas e roças, cada uma com um espantalho para assustar as capivaras e as aves, e não há aridez, embora o ar seja intensamente seco, efeito da evaporação. O orvalho é pesado, e o vento seco leva as partículas da água para formar chuvas no curso superior do rio. As encostas das margens são todas verdejantes, com mandioca, milho, arroz e capins nativos. O vale é pontilhado de morros em forma de pirâmides, dos quais ficam à vista juntos, às vezes, até cinco; atrás deles, estendem-se ondulações de terreno cobertos de mato ralo ou espesso; essas caatingas altas continuariam até Várzea Redonda. O cajueiro e o caju rasteiro são comuns, então[2]; a principal vegetação é constituída pelos cactos: o gigantesco mandacaru; o facheiro*, cuja madeira seca serve para tochas; a coroa-de-frade; o xique-xique, o achatado nopal e o diminuto quipá. Os principais arbustos são o araçazeiro (*Psidium*) e o tingui (*Magonia glabrata,* St. Hilaire). As maiores árvores são o pau-pereiro (*Aspidosperma*); a leguminosa caraíba**, cujas vagens verdes, grandes e amargas, são apreciadas pelas cabras

---

* A Cactácea facheiro é conhecida pelo nome científico *Cereus squamosus*. (M. G. F.).

** Aqui há equívoco do autor: a caraíba, ou caraibeira não é Leguminosa mas Bignoniácea (*Tabebuia caraiba*). (M. G. F.).

e veados; a leguminosa catinga-de-porco³*, cuja folha se parece com a do barbatimão; o salgueiro⁴ e o pau-preto, cujo tronco negro parece tostado pelo fogo⁵. Em muitas partes, falta combustível perto do rio. Tínhamos deixado atrás de nós a formação diamantina e os campos de ferro; ali encontramos piritas, traços de ouro e grandes afloramentos de pedra calcária. Os ventos são furiosos naquela quadra do ano, mas não têm mais força abaixo de Boa Vista; onde estávamos, porém, as árvores e as ervas são curvadas para o rio por sua força e persistência. Haviam-nos dito que deveríamos contar com noites ventosas e dias secos e tranqüilos; tivemos vento noite e dia, frio e furioso de noite, quente e furioso de dia. As manhãs eram frescas e nubladas, mas o sol logo começava a castigar-nos de dez para onze horas, e assim fazia até as últimas horas da tarde.

Sexta-feira, 25 de outubro de 1865. — Tratamos de partir às 11 horas do dia e passamos por Juazeiro Velho, na margem direita; o lugar ficou superado, depois que o leito do rio o abandonou. O vento alísio era moderado, mas os redemoinhos, turbilhões de areia rolando sobre a planície ribeirinha, nos obrigaram a abaixar o toldo. Dos cinco morros à vista, apenas um bloco, branco e coberto de mato, estava próximo do rio, que as muitas ilhas, bancos de areia e ilhotas dividiam em vários braços independentes, nunca menos de dois. Pedras vitrificadas vermelhas e roxas espalhadas pelo leito do rio trouxeram-nos, de novo, o ruído já familiar da cachoeira⁶. Encalhamos uma vez, ao nos aproximarmos demais da margem esquerda e, durante alguns minutos, ficamos montados na crista de uma pedra submersa, que não percebêramos. As margens estavam verdes do duro capim-cabeludo, plantado para servir de forragem na época da seca; se não é afogado pelas enchentes, vive, segundo me disseram, vinte anos.

Depois do anoitecer, ancoramos ao largo das cabanas de Mato Grosso, na margem direita. Ali, o São Francisco corre para o norte, com uma leve inclinação para leste, e o leito já não é tão largo como acima de Juazeiro. Em frente de nós, ou quase para oeste, ficava um belo ponto de referência, o Pico da Serra do Aricori ou Ouricori⁷, ligado a uma cadeia maciça, cuja direção é nordeste. Apesar da distância de cinco milhas, suas características são bem distintas.

26 de outubro. — A tripulação, ansiosa por ir para diante, começou a trabalhar às cinco horas da manhã, e passamos rapidamente pela Ilha de Manisova⁸ e outros acidentes sem importância; fomos, contudo, obrigados a ficar ancorados de nove da manhã à uma e meia da tarde, enquanto ventava e pegava fogo no mundo. A terceira légua mostrou-nos a Fazenda do Pontal; ali, na margem direita ou do sul, uma linha de cones esparsos, estende-se de nordeste para suleste. Do outro lado, desemboca o Riacho do Pontal⁹, e, abaixo, fica a ilha do mesmo nome, de grande comprimento. Mais para baixo ainda, a margem baiana apresenta o pequeno Arraial da Boa Vista e sua Capela de Nossa Senhora dos Remédios. Durante muitas horas, vimos em frente o curioso Serrote dos Dois Irmãos, pirâmides gêmeas, com encostas suaves e regulares de ambos os lados; suas faces alcantiladas de pedra branca eram salientadas por um mato, então verde; depois do pôr-do-sol, uma cor cinzento-escura os recobriu. Quando começou o crepúsculo, apressamo-nos, passando pela Cachoeira da Missão, umas pedras sem importância a estibordo e, logo depois, desembarcamos na margem de Pernambuco, em um lugar chamado Pontalinha, em frente da ilhota do mesmo nome. Eu dera condução, a partir de Juazeiro, a um moço que ali morava; três mulheres apareceram no lugar de desembarque e levaram nas cabeças, com muito coquetismo de relutância as poucas rapaduras e a dúzia de garrafas de cachaça que ele trouxera para revender. Eram seres de aspecto selvagem, com os rostos muito pequenos rodeados

---

*   Catinga-de-porco ou catingueira é a espécie *Caesalpinia pyramidalis*. (M. G. F.).

por uma vasta cabeleira e os olhos pequenos e redondos surgindo dentre uma profusão de cachos desleixados, que faziam lembrar as bruxas.

27 de outubro. — Passando além dos Dois Irmãos, fomos empurrados para ancorar no começo da Cachoeira do Jenipapo, uma pequena obstrução com a respectiva brecha, cerca de oito milhas acima da cachoeira propriamente dita. Tendo sofrido um atraso de sete da manhã às duas da tarde, vimos, às três horas, do lado da Bahia, a Barra Grande[10] do Curaçá; a boca tem cerca de 75 metros de largura e a ponta direita projeta na artéria principal uma grande abóbada de pedra. À montante, o rio apresenta uma linda paisagem, de muita verdura. Mais ou menos a três milhas abaixo, fica a Cachoeira Grande do Jenipapo, com casas na margem direita e pedras espalhadas pelo rio; encontramos, porém, um caminho livre no meio do rio. Longe, a nordeste, aparecia uma serra maciça, com uma superfície marrom, verde e riscada de branco; a margem de estibordo mostrou, alternando-se com xistos graníticos cinzentos, grandes blocos alvíssimos de pedra calcária laminada, cujas disseminações são, freqüentemente, confundidas com habitações humanas[11]. Em Barrinha, um pequeno curso de água e uma aldeia mais abaixo, duas pedras quebradas de um rochedo que se projeta estendem-se paralelas uma a outra ao longo do leito do rio, de sudoeste para nordeste. O vento nos empurrava furiosamente e a correnteza era muito veloz e quase que o piloto nos faz bater em uma dura ponta. Queixou-se de sezão, atribuindo-a às subidas e descidas do rio; de fato, estava sofrendo de excesso de café e jacuba.

Quando o Sol já estava bem baixo, avistamos longe, na margem direita, uma pitoresca aldeia, a Vila do Senhor Bom Jesus da Boa Morte, cujos vulgares vizinhos persistem em chamar de Capim Grosso, o antigo e original nome. De frente para noroeste e virada para o rio, mostrava-se no alto de uma elevação de terreno uma igreja caiada de branco e coberta de telhas vermelhas, à moda baiana, com pináculos em lugar de torres, e uma fachada brilhando com cacos de louça incrustados. Ao longo do rio, havia dois sobrados, e uma fila de casas pintadas de branco, tendo atrás choupanas cor de barro. As cercas estendiam-se até junto do rio e, no barranco da margem, havia duas árvores altas e frondosas[12], que pareciam gigantescas ao lado dos arbustos espinhentos. A meio caminho no barranco, a seco e em terra há muito tempo, estava uma velha barca, ali deixada pelas últimas enchentes.

Ancoramos em um lugar abrigado, abaixo da pedra que ficava em frente à igreja; ali, contudo, o rio é interrompido por duas ilhas, a Ilha do Torres, ao sul, e a Ilha do Jequi bem perto da margem esquerda. Mal tínhamos aportado, quando correu o boato de que o vapor chegara. Correu para a margem do rio um "posse comitatus" de notáveis, em sua maioria bodes e cabras, envergando sobrecasacas, paletós (palavra que ali virara "pariatoca") e etcéteras (sic) brancos. Apenas um homem era mais ou menos claro; tratava-se, ao que parece, de um professor de primeiras letras; agachou-se, como um hindu, em uma pedra, e começou a lavar o rosto com ambas as mãos, enxugando-as, depois, com um lenço que tirou do bolso. A decepção causada pelo ajojo provocou gargalhadas e as pilhérias mais insossas eram ditas com a voz mais alta e mais áspera possível. Tive a impressão de estar ouvindo o órgão do Ugogo africano. Coisa raríssima de se ver no Brasil, todos ignoraram a presença de forasteiros, e faziam descorteses observações acerca da impossibilidade de uma embarcação igual àquela conseguir chegar a Várzea Redonda. Eu já havia sido ameaçado de naufrágio, porém, desde que saíra de Sabará. Pouco depois, sabendo que ia ser abatido um boi, todos saíram correndo, como um bando de urubus.

Capim Grosso, que merece ser chamada Vila Grosseira, era arraial até 1853; elevou-se a município com a supressão de Pambu (283ª. légua). As casas devem ir a 70 e os habitantes a 350. As ruas largas não são excessivamente mal feitas e o logradouro paralelo ao rio está atravancado de lajes de dura ardósia talcosa e granito listado de quartzo, que podem fornecer bom material de construção. A cadeia, repleta de recrutas para a guerra, olhando por trás das grades de madeira, era guardada por quatro soldados, e a Câmara podia ser identificada pelos papéis pregados à porta. A igreja, de tijolo queimado sobre alicerces de gneiss, era de todo desproporcionada com as demais coisas. Na habitual praça, encontramos algumas casas comerciais e uma Aula Pública Primeira. Seguimos, então um caminho coberto por espessa camada de areia, até o cemitério e o barracão que lhe servia de capela, atrás do lugarejo. Ali começam as espinhentas caatingas altas, onde, contudo, o algodão parece dar bem. O chão era coberto de seixos e blocos de quartzo de todas as cores e tamanhos, e a pedra parecia ser aurífera. Daquele lugar, tinha-se uma bela vista para a Serra do Roncador, na outra margem, onde, segundo se diz, o vento "ronca" furiosamente. Cerca de uma légua e meia para leste, está a Serra da Capivara, um comprido bloco quebrado, que todos afirmavam conter ouro, embora o metal jamais tenha sido extraído. Daí, provavelmente, os seixos auríferos.

Capim Grosso é o lugar mais atrasado que já tínhamos visto até então; não apresentou o menor sinal de hospitalidade, ou mesmo de civilidade. No entanto, os habitantes eram razoavelmente "abastados". Muitos deles estavam a cavalo, sendo as selas feitas "à moda do lugar", com fortes rabichos e peitorais apropriados para subir e descer morros. Os caipiras usam, para proteção contra o sol, feios sombreiros e os elegantes levantam um pedaço da larga aba, e, prendendo-a com um grande botão metálico, fazem do chapéu um tricórnio. Esses chapéus são feitos de couro de cabra, carneiro ou veado; os últimos são os melhores, mas qualquer um serve, e se parecem com os couros "babool-stained" das Índias Ocidentais. O número de mulheres é muito superior ao dos homens. Inadvertidamente, aproximamo-nos do lugar onde elas se banhavam; tendo anoitecido, elas se divertiam dentro da água, em torno de nós, e discutiam, pilheriando, sobre a conveniência de tirar as peças mais íntimas do vestuário. O local de Bom Jesus da Boa Morte é favorecido pela natureza, mas este é o único mérito que reconhecemos na povoação. Espero que futuros viajantes tenham motivos de descrevê-la de maneira mais favorável.

28 de outubro. — Os homens de Januária encontraram parentes, e isso nos atrasou até seis horas da manhã. Depois de duas léguas e meia, chegamos a um obstáculo com a respectiva brecha, a Cachoeira das Caraíbas; o rio tinha, mais uma vez, tomado água, esta se tornara grandemente clara e pudemos, com facilidade, encontrar o canal seguro, perto do molhe de pedra natural, à direita. Nesse ponto, esperava-se que as chuvas iriam começar em breve; o tempo, contudo, estava seco desde setembro, quando tinham ocorrido chuvas curtas e copiosas[13]. À esquerda, ficava a Serra do Curral Novo, notável por seus cumes arredondados, plataformas e lombadas côncavas. As terras de ambos os lados do rio eram muito férteis, apresentando a aparência mais amena e risonha. Na Fazenda de Goiás, com uma casa bem feita, caiada de branco e coberta de telhas, o rio começou a mudar o curso, rumo ao norte, para oeste-leste. Na margem esquerda, apareceu, a alguma distância, a Pedra Branca, uma ondulação coberta de mato com um bloco de pedra calcária branca, bem visível, no flanco. Abaixo, fica uma formação semelhante, o Morro da Boa Vista[14], que parece ser dois morros, mas, na realidade são três, dispostos em triângulo, com a base na direção do rio; o terceiro era coberto de uma caatinga rala, assemelhando-se a uma cabeça, quando começa a ficar calva. A sul-sudoeste do último, estava a Vila da Boa Vista, nosso destino.

À esquerda, mais ou menos a uma légua acima da cidade, passamos pela Ilha do Icó[15]. A margem, uma baixada, é interrompida pela Barra Grande da Boa Vista. Ali, o Sr. Halfeld ("Rel.", 149—150) colocaria o início do grande canal sugerido pelo Dr. Marcos Antônio de Macedo[16] e por outros "homens cultos". As águas do São Francisco seriam levadas, através de um canal, para o Riacho dos Porcos, que desemboca no Riacho

Salgado, afluente do Rio Jaguaribe, que atravessa a parte ocidental do Ceará, de sul-sudoeste para nor-noroeste. É um "projeto gigantesco"; iria, realmente, resolver a horrível praga da fome e despertar de sua profunda letargia a população do interior do Ceará e seus vizinhos das províncias de Paraíba e Rio Grande do Norte. Infelizmente, a uma distância de cerca de quarenta léguas, o caminho é cortado pela Serra do Araripe, que separa o Ceará de Pernambuco. Halfeld aprova decididamente a idéia, se for encontrada uma baixada entre a serra, que dê passagem.

Os habitantes de Boa Vista nunca ouviram falar do Dr. Marcos e de seu canal, e, quando lhes li a parte do "Relatório" a ele relativa, riram com gosto. O autor do projeto, segundo se diz, ainda vive, no Crato, Província do Ceará, onde nasceu, e que lhe deve ser grata por suas boas intenções. Mesmo se o canal fracassasse, a grande movimentação de dinheiro que ocorreria ainda que com a simples tentativa seria, indubitavelmente, fecunda.

Já que estou falando de canais, não custa lembrar que outros também já foram sugeridos. Talvez a idéia mais ousada de todas foi a que deve sua origem ao Tenente Eduardo José de Morais. Esse oficial, foi, ao que parece, estimulado pelo relatório "de M. Emmery" sobre o Canal entre o Rio Hudson e o Lago Champlain e pelo brilhante quadro de prosperidade que Michel Chevalier apresenta do resultado da canalização nos Estados Unidos. Ele, simplesmente, tomaria as águas do Rio Preto, principal afluente do Rio Grande[17], e as lançaria no Lago Paranaguá ou Parnaguá, perto da cidade desse nome, nas cabeceiras do Rio Gurgeia[18], o grande afluente central do Parnaíba do Norte. A distância entre os rios é apenas de vinte léguas, que, afirma-se, poderiam ser reduzidas para quinze; mas, infelizmente, uma linha divisória barra o caminho. Essa dificuldade é admitida com a maior candura[19] e confessa-se que "le Rio-Gurgeia n'ait pas encore été exploré". "Un inconvénient (!) se présente cependant dans le tracé de ce canal, c'est l'existence d'une chaine de montagnes entre la vallée du San Francisco et celle du Parnahiba, et qui a éte pour cette raison appelée des Vertentes[20] par le Baron d'Eschwege, qui la trouve la moins élevée de tous les autres systèmes de montagnes du Brésil. Il est donc naturel de penser qu'une partie de ce canal pourrait être souterraine, cependant rien ne vient prouver ce fait puisqu'une reconnaissance n'a pas encorre été faite dans ce sens; peut-être existe-t-il une gorge, une dépression où l'on pourra le faire passer même à ciel ouvert". E, para tentar quimeras desse porte, o autor tributaria as companhias inglesas do Brasil, que nunca pagaram o menor imposto.

Obrigados a atravessar para a margem direita, através de uma pequena brecha acima da cidade, quase naufragamos com a violência das rajadas. Conseguimos, contudo, encostar na margem, atrás de um promontório de pedra e mandei, sem demora, minha carta de apresentação ao Comandante Superior, Sr. Manuel Jacomi Bezerra de Carvalho. Ele imediatamente nos procurou e tratou de nos arranjar um piloto e um remador. Conversamos sobre o projeto de uma estrada-de-ferro dali a Porto das Piranhas, que venceria todas as cachoeiras; o Sr. Bezerra de Carvalho nos afirmou que o caminho era areento e sem morros, e, como era tortuoso, poderia ser reduzido de setenta para sessenta léguas. Nem ele nem seus amigos conheciam o Niágara próximo; muitas vezes, quando se dirigiam a cavalo para o porto, tinham passado a poucas milhas de lá. Os últimos jornais eram datados de setembro e, no entanto, estávamos a menos de duzentas milhas da navegação a vapor. O Comendador logo nos deixou, apressadíssimo, por ter de dirigir a remoção de dez, que ele chamava de vinte, recrutas. Esses recrutas foram mandados para o quartel de Tacaratu, e encontramos, em seu regresso, a escolta de quatorze homens armados de espingardas que os levara. Eram indivíduos mal-encarados, escravos ou livres, e só o chefe andava a cavalo; estavam vestidos com camisas antiquadas e calças apertadas de tecido de algodão forte, chapéus, coletes e sandálias de couro. À noitinha, vi um "conservador" perseguido, no mato, por homens a cavalo, que não tardaram a capturá-lo, a fim de mandá-lo para a guerra. Não é de se admirar que aqueles lugares se assemelhem às ruínas que as guerras de escravos provocaram no Baixo Congo.

A Fazenda da Boa Vista, a cerca de cinco léguas à jusante, e pertencente ao sogro do Comandante, José de Carvalho Brandão, era, originalmente, uma aldeia, ou povoação de índios, e sede administrativa daquela zona. Logo foi construída uma igreja onde é hoje a vila, e as cabanas que a rodearam tomaram o nome de Arraial da Igreja Nova, que ainda é conservado pelos moradores ribeirinhos. Em 1838, tornou-se a Vila da Boa Vista, sede de uma comarca, e residência de um vigário, de um juiz de direito e de um juiz municipal, além de outros requisitos para o governo próprio. Suas duas freguesias, Santa Maria da Boa Vista e a da Igreja do Senhor de Bom Jesus, na Povoação de Cachoeira do Roberto, na margem esquerda do rio, contam com umas 6.000 almas, estimativa baseada no fato de uma única paróquia ter 1.000 votantes[21]. A cidade deve contar com umas 85 casas, e, durante as festas, com 500 habitantes. Estes vivem da criação de gado e da agricultura, e falta-lhes quase tudo; encontramos carne verde à venda, mas absolutamente mais nada, nem sequer uma melancia. Muitos nos falaram a respeito da Serra da Talhada, que fica cerca de quatorze léguas de distância, na margem esquerda. Segundo dizem, contém alume e salitre, mas não foi possível ver uma única amostra. Um homem me levou uma caixa de fósforos cheia de pirita de ferro, que, por ser brilhante e bronzeada, estava sendo vendida como ouro; disseram que procedia da região a oeste.

A cidade, como era de se esperar, tem pouca coisa que se veja. Visitamos o molhe natural na extremidade ocidental, que está virado para sudoeste e se estende na direção do nordeste. A substância é ardósia talcosa, contendo muito quartzo distintamente estratificado, com linhas de clivagem orientadas de leste-sudeste para oeste-noroeste, ou quase perpendicularmente à direção dos leitos. As partes mais duras podem fornecer grandes blocos, prontos para serem cortados como material de construção; em certos lugares, é macio e desgastado pelo estreito caminho para passagem de pedestres que o desce, em degraus. Mais para oeste, grandes fragmentos escorregaram para o rio. Na extremidade oriental, há outro afloramento com orientação para suleste e inclinação noroeste de 35°; essa parte espalha-se, sem regularidade, pelo íngreme barranco da margem do rio, formado de pedra, areia e pedra pulverizada. Em geral, é atravessada por faixas de quartzo branco e incrustada de linhas de amigdalóides. Perto do rio, sua superfície está revestida de uma camada cor de chocolate escuro, a habitual vitrificação ferruginosa; o ferro, contudo, não é encontrado ali, e deve ter sido trazido da parte mais baixa do rio. As maiores enchentes, mesmo as de 1857 e 1865, as piores registradas, não alcançam metade do molhe. A crença geral é que as inundações estão diminuindo e, com elas, as febres.

Visitamos a Igreja de Nossa Senhora da Conceição, de um formato típico, alta, estreita como os moradores do lugar; a única coisa bonita que tem é a localização, uma plataforma de pedra formando o ponto mais elevado da vila e dando frente para o rio. Ao norte, ou mais para o interior, aparece um cemitério de muros caiados, separados por um valo, no qual entra a água das enchentes, sem contudo, isolar a localidade. Ao sul da igreja, fica a cidade, que só tem um logradouro, a Rua da Beira do Rio. Com a habitual falta de senso, os moradores construíram suas casas com frente para o ofuscante templo e o quente morro de pedra, ao passo que os quintais, no fundo das casas, com romãzeiras e canteiros de flores, têm uma linda vista e são refrescados pela viração que sopra sobre o rio, vinda das duas direções. Para o sul, as serras da Capivara e do Curral Novo cortam a linha do horizonte, e o largo rio, com rochedos acima da superfície e rochedos abaixo do nível da água, serpenteia através de seu vale. A suleste, ficam as serras do Periquito e do

Estêvão; das quatro pirâmides, uma se destaca pelos ângulos agudos, ao passo que as outras três elevações revelam a Serra dos Grós. Não há vidraças nem mesmo nas melhores casas, e, a cadeia, na extremidade oriental, é um prédio como outro qualquer.

Boa Vista é o ponto final da navegação de barcas; nessa época do ano, apenas ajojos e canoas vão até Várzea Redonda. Ali despedi, com um pagamento adicional pelos serviços extraordinários, José Joaquim dos Santos e Manuel Felipe Barbosa, ou das Moças, ou Barba de Veneno, e, ultimamente, conhecido pelo apelido de "Manuel Diabo". Este último, tendo brigado com o pai, a quem irritara, fugira da família, que morava dali a algumas léguas rio abaixo, e não a via há quatorze anos. Limitou-se a escrever-lhe uma carta de Boa Vista e meteu-se, discutindo com o amigo, em uma pequena canoa, que levaria pelo menos um mês para chegar a Januária. Separamo-nos satisfeitos, espero, uns com os outros.

Não houve dificuldade em arranjar pessoal[22]. O Comandante recomendou ao piloto Manuel Cipriano que nos procurasse sem demora; sua tarifa de 25$000 não era má para cinco dias de trabalho naquelas regiões, e o homem, realmente, logo nos procurou. Era um senhor escuro, nascido em 1817, mas aparentando pelo menos 65 anos; disse ele que sua prematura velhice fora causada por uma vida de abstinência e que já passara de muito o tempo em que os homens começam a morrer. Tinha um gênio esquisito, gostava de brincar com o pessoal que se encontrava nas margens do rio, tocava violão, tomava rapé como a maioria dos barqueiros, mas isso exigia uma grande caixa, como as dos nossos avós, e tinha, para uso próprio, uma garrafa de cachaça da região, que embrulhava com tanto cuidado como se estivesse agasalhando uma criancinha. Nunca trabalhava sem já estar "tocado" pela bebida, e eu não confiava nele quando inteiramente sóbrio; era vagaroso em excesso e levava cinco minutos para vestir o casaco e enfiar os velhos chinelos. No entanto, foi o único piloto de verdade que vi no rio; conhecia perfeitamente o ofício, fazia questão de ser o mestre a bordo e manejava um remo difícil com a unção de um remador de Oxford — no meu tempo. Sem dúvida, M. C. não era uma perfeição, mas era intrépido e leal. Logo aprendemos a confiar em sua coragem, força e precisão. Havia algo mais interessante mesmo que a beleza, em seu olhar, refletindo o perigo, quando, manejando o remo como a nadadeira de um monstruoso peixe e firmemente plantado na canoa de popa da balouçante e sacolejante embarcação, ele se curvava de leve para a frente, olhava, fixa e tensamente, o sombrio paredão para o qual estávamos sendo arrastados a uma velocidade de vinte nós por hora e, graças a alguns engenhosos toques no leme, no momento exato, fazia a proa curvar-se, quase raspando no rochedo.

Dei a Manuel Cipriano carta branca para escolher os remadores, e isso foi um erro palmar. Como acontece com quase todos os seus patrícios, ele tinha um certo defeito amável, uma incapacidade constitucional de dizer "não", que, muitas vezes, é pior que a incapacidade moral de usar o "sim". Assim, quando foi procurado por um tal José Alves Mariano, opôs-se debilmente à pretensão do outro, conversou demoradamente com ele na margem do rio e acabou contratando seus serviços. No entanto, sabia, perfeitamente, que o tal homem era um refinado mandrião, conhecido no rio pelo apelido de Capitão Mole e que ninguém contrataria para tripular uma embarcação.

Mariano era, segundo disse, natural de Petrolina, o que, de modo algum, era uma boa recomendação. A sua imensa e torcida cabeleira cor de azeviche provava sua ascendência africana e o princípio jurídico "partus sequitur ventrem" é verdadeiro em mais de um sentido. Mariano cantava bem, tinha um repertório imenso e, como repentista, adquirira fama local. "Ergo", presumo, adotara o nome poético e arcádico de manjericão (*Ocymum basilicum*), que ele pronunciava mejelicão, e que não tardaria a transformar-se em

"Manjar de cão". Gostava de remar depressa onde a correnteza era mais rápida, de modo a tornar fatal uma pancada da embarcação contra as pedras; nas águas tranqüilas, ele se recostava, tomava rapé, conversava ou cantava. O pior é que eu não conseguia ficar verdadeiramente com raiva do miserável: tinha um gênio abominavelmente bom e parecia olhar para si mesmo como a coisa mais engraçada do mundo. Foi um alívio, de qualquer maneira, quando ele recebeu seus 16$000 e nos virou as costas.

O dia seguinte foi de paragem forçada. O escrivão de órfãos, Sr. Felipe Benício Sá e Lira, teve a bondade de permitir que eu usasse sua casa e sua secretária, o que fez com que as horas corressem mais depressa do que teriam corrido em outras condições. O vento soprava, forte e contrário. O piloto descera em canoa para sua casa, à jusante do rio, de onde traria algum mantimento. Estávamos precisando de remos grandes; na véspera, o único carpinteiro do lugar estivera ocupado com o transporte de recrutas, e só depois de tão importante operação ficar concluída, é que ele pôde ir cortar um mandacaru. Esses remos parecem adequados ao trabalho que deles se exige: rudes e pesados, mas compridos e elásticos; são perfeitamente retos, com um metro e 65 centímetros de comprimento e uma força de alavanca de 2:1. Os pequenos remos usados no curso superior do rio eram divididos quase da mesma maneira, e o efeito é como o da utilização de uma grande concha de cozinha. Terminado o trabalho, o carpinteiro pediu cerca de quatro vezes mais do que ele valia, e aproveitou a oportunidade para oferecer 100$000 pelo "Elisa". Se tivesse recebido o que pretendia, poderia ter oferecido 1:000$000.

NOTAS DO CAPÍTULO XXVI

[1] Antigamente, essa travessia abrangia 29 léguas, indo até a extinta cidade de Santa Maria (276ª. légua), ponto final da navegação a barca no Baixo São Francisco; agora, está reduzida, terminando em Boa Vista (269ª. légua). Durante as enchentes, as embarcações vão de Juazeiro a Boa Vista em 24 horas.

[2] A árvore, quando desci o rio, ainda não tinha frutas.

[3] Tem um cheiro forte, mas que não justifica o nome.

[4] Produz um fruto inútil; a madeira, muito dura, é utilizada para as cavernas das barcas.

[5] A cera que escorre da casca da árvore é utilizada para fazer velas, que são muito duras; se um pingo dela cai na mão, arranca a pele.

[6] Halfeld propôs a remoção desses obstáculos, com a despesa de £340 e £500, e de três outros, por £680, £170 e £720, ou um total de £2.410 em vinte milhas. Isso pode ser feito, mais tarde; presentemente, é inútil gastar um mil réis. Um bom piloto pode livrar-se das dificuldades, e nós saímos sãos e salvos com homens que, se jamais conheceram aquela parte do rio, dela tinham-se esquecido inteiramente.

[7] Também se escreve aricori e ouricori (nome de uma palmeira); na língua geral, as terminações "i" e "y" são equivalentes e usadas indiferentemente, como em tupi ou tupy, guarani ou guarany.

[8] Trata-se, sem dúvida, da "manacoba" ou a grande *Jatropha* de Gardner. Geralmente, maniçoba é a seringa, ou árvore da borracha*. Os pontos de menor importância foram a Fazenda de Paulo Afonso e alguns poucos rochedos na Barra do Vieira, que não exigem remoção.

* Maniçoba é uma Euforbiácea, a *Manihot glaziovii*. Não deve, no entanto, ser confundida com a seringueira, a árvore-da-borracha, *Hevea brasiliensis*. (M. G. F.).

9   "Pontal" e "começo" são expressões aplicadas à ponta de uma ilha, especialmente quando é um rochedo. O Riacho do Pontal vem das caatingas altas e, embora tenha muitos obstáculos, pode ser subido por canoas, durante as cheias. Meus informantes deram-lhe uma extensão de trinta léguas. Keith Johnston apresenta o R. Pontal como recebendo as águas da cadeia divisora.

10 Keith Johnston a ignora, e não creio que o rio possa ter importância, apesar de seu nome grandiloqüente.

11 Halfeld ("Rel.", p. 147) diz que a rocha é branca e cinzenta, com veias atravessando os estratos em "bichas onduladas de formação primitiva parecendo mármore, e sua espessura é suficiente para a serra, podendo ser aproveitadas para obras de arte, pedras tumulares, etc.". As que examinei eram um excelente material de construção.

Essas são as feições que deram às montanhas e morros os nomes de "Sobrado" e "Sobradinho".

12 São chamadas pelo povo de moquém; foi tudo que consegui saber a seu respeito.

13 Ali chamada manga ou repiquete de chuva.

14 Também chamado "Dos Dois Irmãos", embora sejam três; os habitantes da zona ignoram esse nome.

15 O icó (*Colicodendron icó*)*, que dá nome a uma cidade, no Vale do Jaguaribe, no Ceará, e que iria tornar-se comum no São Francisco, é um arbusto com uma fruta comestível, que se parece com a ameixa amarela do Brasil, onde de há muito se naturalizou. As folhas da icó são prejudiciais ao gado, produzindo inflamações dos intestinos e rins. O "Sistema" indica como remédios, para tais casos, o sal de cozinha e o óleo de mamona.

16 Esse nome é mencionado por Gardner; não sei se trata da mesma pessoa.

17 V. Cap. 21.

18 No mapa de Keith Johnston, "R. Grugeia".

19 "Relatório", etc. p. 29.

20 A Serra das Vertentes fica a cerca de 1.260 milhas ao sul; passamos por ela em Lagoa Dourada. O Rio Preto nasce, segundo se supõe, na Serra dos Pirineus, que Gerber e outros estendem das cabeceiras do Tocantins até o lado ocidental do Vale do São Francisco.

21 Um modo aproximado, mas rápido, de estimar a população nesses lugares é pelo número de votantes, que todo o mundo conhece. Em alguns lugares, paga-se um imposto sobre portas e janelas, mas isso também acarreta equívocos na contagem de tetos, ou "fogos", como as casas ainda são chamadas, segundo a fraseologia dos índios norte-americanos.

22 Diz Halfeld ("Rel.", p. 61) ser difícil encontrarem-se ali tripulantes para barcas e canoas, devido às cachoeiras. O único obstáculo é a grande preguiça do povo. Tenho, no entanto, de confessar que perdi apenas um dia.

---

*   Icó é nome vulgar da *Capparis ico* da família das Caparidáceas. (M. G. F.).

CAPÍTULO XXVII

DA VILA DA BOA VISTA A VÁRZEA REDONDA

Décima Primeira Travessia, 45 Léguas[1].

As corredeiras e os trechos desembaraçados do rio.

> "Les Brésiliens avant la conquête de leur pays par les Européens étaient au dégré le plus bas de la civilisation".
>
> *Prince Max.*, ii, 396.

SEÇÃO I

DAS BOAS CACHOEIRAS A CABROBÓ

Um pouco abaixo de Boa Vista, o rio, depois de uma volta para o norte, curta e bastante visível, volta à direção de leste e penetra naquela série de corredeiras e rápidos que se prolonga por uma extensão de cerca de trinta léguas. A Terra começa ali a mostrar a nudez de seu gigantesco esqueleto. O leito do rio se alarga, em muitos lugares, para uma légua e se reduz ao seu fundo de granito; é um conjunto de ilhas e ilhotas, todas com nome, de recifes e rochas polidas pela areia, cortadas pela água, que abre canais entre elas e que lhes dá um brilho vítreo de um negro acinzentado. Via de regra, o leito é demasiadamente sinuoso para que os ventos formem ondas, mas de modo algum isso ocorre sempre. As elevações de rocha quartzosa, dispostas aparentemente sem qualquer sistema, aproximam-se do leito e lançam através dele suas paredes de pedra. As cachoeiras oferecem algum risco aos que descem, porém mais ainda durante a subida[2]. Há muitos triângulos de água, e a velha regra do Rio das Velhas, quer dizer, avançar rumo ao único vértice, continua a vigorar; em alguns lugares, temos de entrar na água agitada, para evitar pedras submersas e, certas vezes, temos de avançar em linha reta para uma rocha e fiarmos no leme e na correnteza para dela escaparmos.

O único trecho realmente mau ocorreria em nosso sexto dia[3]; tinha nove corredeiras, dois redemoinhos e dois baixios, que formam, no espaço de cinco léguas, obstruções tão sérias como em todo o curso do Rio das Velhas. Naquele trecho, uma comissão de pilotos poderia fixar o melhor canal, que seria desobstruído, assinalado[4] e tornado transitável; seria preferível, contudo, abandonar aquela parte do rio e construir-se, ao longo de seu leito, uma estrada-de-ferro para Porto das Piranhas, que fica a 70 ou 72 léguas de distância.

A beleza das margens continuava, e casas, fazendas e pastagens estendiam-se por todo o caminho. Freqüentemente, apareciam, em ambas as margens, cascalho de ouro, ardósia talcosa e quartzo. Nessa época do ano, a vegetação está muito queimada, e as árvores mais belas se encontravam nas ilhas relativamente úmidas. A ausência quase total de palmeiras dava à paisagem o aspecto das regiões temperadas. A agricultura e a criação de gado constituem os recursos principais da população, mas, onde o rio é baixo, eles têm idéia de nora e do moinho. As margens do rio, especialmente a direita, são muito cortadas por alagadiços e por ipueiras, que, naquela zona, tomam o nome tupi de igarapé. Os afluentes, assinalados pelo capim de um verde vivo nas bocas, são meros regatos, devido à estreiteza cada vez maior do vale do rio; nessa época do ano, seus leitos curtos e estreitos ou estão secos ou se reduzem a uma fita frouxa de cacimbas e poções, transformando-se, durante as chuvas, em perigosas torrentes.

Tinham-nos dito que, nas noites sem vento, poderia ser usada uma vela sem qualquer proteção; isso só ocorreu uma vez. As serras de Araripe e Borborema, ao nordeste, obstruem, de certo modo, a viração. O alísio muda com a direção do rio e, nessa época, sopra, invariavelmente a montante. Pela manhã, tínhamos uma viração muito leve, mas o vento soprava com força durante as horas ensolaradas e os cúmulos se juntavam à tarde. Havia uma imensa evaporação, provocando uma sede constante e transformando o fumo em pó; em seu conjunto, aquela seção é um laboratório que destila um poderoso vapor para o curso superior do rio. As chuvas vêm em geral do norte, algumas vezes do sul; aguaceiros só ocorrem em março e abril, as chuvas caem entre novembro e dezembro e, mais embaixo, são piores em fevereiro e março.

Estávamos, então, entrando na sede das extintas missões jesuíticas, uma terra de ruínas, estranha em um país tão jovem; e vimos, estupefatos que, há um século, a região circunvizinha era muito mais adiantada que hoje. A Companhia, como é sabido, foi extinta e dissolvida, com o confisco de seus bens, que foram incorporados aos domínios portugueses, pela célebre lei de 3 de setembro de 1759. Os jesuítas — "abstraction faite de leurs institutions vraiement nuisibles, et du mal résultant de leur domination" — sem dúvida ensinaram a seus neófitos a civilização do trabalho, e agora os índios "aldeados" deixaram cair suas capelas e estão rapidamente voltando à selvageria. Afinal, o lugar dos jesuítas foi, fracamente, ocupado pelos missionários italianos e de outras nacionalidades, que, nos últimos anos, se espalharam muito entre esses postos avançados.

Quarta-feira, 30 de outubro de 1867. — Com grande dificuldade, conseguimos partir às 11 horas da manhã. O velho Menino estava bêbedo e absolutamente incapaz de fazer qualquer coisa e o novo remador, "Herb Basil", depois de um curtíssimo período de disposição, começou a se desinteressar de tudo que não fosse cantar. Descemos entre a margem esquerda e a grande Ilha Pequena; vêem-se nela campos cercados e tetos de colmo sustentados por quatro estacas, sob os quais os pastores se abrigam dos cálidos raios solares. Os carneiros e as cabras são magros e maltratados e os proprietários pedem 1$000 por um feixe de ossos. Nos morros cobertos de mato, ao norte, há muitos "sobrados", a elevação semelhante a uma casa, de pedra calcária; abaixo, há casinholas cobertas de telha e, aqui e ali, uma grande fazenda, onde os negros roçam o terreno, cantando. As margens são de boa qualidade; da embarcação, não vimos depressões no solo e as raízes das plantas crescem em linha reta para baixo.

Esse Canal da Roça, que tivemos de tomar para evitar a furiosa Cachoeira do Ferrete, no lado direito, fez-me lembrar o Rio das Velhas, antes de sua confluência com o Paraúna. Logo adiante, encontramos, à direita, a Ilha da Missão (Nova) e seu santuário arruinado, um dos estabelecimentos mais meridionais dos jesuítas. A ilha estende-se na direção oeste-leste, com uma convexidade para o norte, e tem, no mínimo, três milhas e meia de comprimento. Várias ilhotas estão dispersas entre ela e a margem esquerda; há poucos obstáculos, mas as muitas pedras submersas exigem uma pilotagem cuidadosa[5]. O

Serrote do Pau Torto, à esquerda, agradou-nos a vista; mais embaixo, os Morros dos Grós, os três outeiros vistos de Boa Vista, formam um maciço e aproximam-se do leito do rio, que é comprimido ainda mais pela Serra de Santo Estêvão[6], do outro lado. Ambas as margens projetam no rio molhes naturais de rochedo, que tornam as águas do rio escuras e remoinhosas. Acima da aldeia, os Grós aparecem como um penedo; partindo desse terreno encantado, os barqueiros ouvem, muitas vezes, o som de tambores e cantos, e os passos de multidões passando. À medida que vão aumentando os perigos do rio, também o vai a crença nas coisas invisíveis e, perto do fim, cada rochedo tem sua própria superstição.

Naquele ponto, viramos de leste para o norte, e passamos entre a margem esquerda e a Ilha da Missão Velha. Há ali uma capela arruinada, tendo um cruzeiro na frente; antigamente, era populosa e cultivada; hoje só tem um morador. O Capitão Mole chegou à conclusão de que já trabalhara bastante aquele dia — eram três horas da tarde — e como me neguei a desembarcar na margem esquerda, onde tinha amigos, ele deixou cair na água o novo remo de mandacaru, forçando uma parada. Não poderíamos tentar a passagem do rápido, que ouvimos roncando à jusante sem todo o nosso aparelhamento. Obriguei-o a mergulhar — ele nada como um peixe — mas a correnteza era muito forte e, sem dúvida, já havia arrastado a pesada madeira.

Paramos na margem esquerda, em frente da Missão Velha, e Manuel Cipriano tratou imediatamente de cortar um mandacaru. Ranchos e moitas de belos juazeiros e quixabeiras davam à margem um aspecto agradável. O zozó ou *Psistia* formava leitos brilhantes na água, especialmente na boca dos regatos e, em certos lugares, o alto ubá[7] fora, aparentemente, plantado pelo homem; ressaltos com uns dois pés quadrados nos barrancos da margem estavam plantados com cebolas, hortelã-pimenta, de que se fazem bons julepos, e o meru, um tubérculo comestível, com uma folha semelhante à do arão, enquanto as forquilhas baixas das árvores tinham potes plantados com alfazema e flores, para os cabelos das mulheres.

Logo fomos saudados por uma voz conhecida, vinda de cima, e reconhecemos, a despeito de certos trajes emprestados, o rosto alegre de Manuel Diabo. Seus irmãos, sabendo que ele saíra de Boa Vista sem visitar o lar, haviam-no perseguido, indignados, e trazido de volta "nolentem volentem", para receber a bênção materna. Ele "tomara emprestado" o casaco preto e os chinelos de seu amigo, o piloto, e os tirou logo que nos levou para a fazenda.

A margem ali é chata e sujeita aos excessos da seca e das enchentes. Tem ao fundo um morro cinzento de ardósia talcosa, veiada de quartzo, com o qual acaba se confundindo embaixo. O algodoeiro arbusto dá ali muito bem e cada pé, segundo dizem, produz quinze quilos; tem sido exportado um pouco, mas o velho lavrador se queixou de uma praga que tem aparecido ultimamente; provavelmente, a planta está precisando de novas terras. A maioria das cabanas tem teares, que em nada são melhores, todavia, que os de Unyamwezi. O gado vacum, carneiros e as cabras parecem razoavelmente tratados, e os barqueiros encontram abundância de aves; os bandos de pombas selvagens foram comparados aos dos Estados Unidos. À noite, prepararam uma festança, homens e mulheres saudaram o truão em versos improvisados, que ele respondeu com entusiasmo; e os pandeiros não fizeram silêncio até o Sol nascer. Ouvimos, pela última vez, o canto do joão-corta-pau e suas lamentações ficaram ao cuidado de outra ave, que sempre se queixa, como o cão-do-mato da África Ocidental, de que o fogo apagou[8].

31 de outubro. — O velho piloto trabalhou deveras em sua obra de carpintaria sob uma árvore frondosa e até mesmo Majelicão deu uma mãozinha — eu tinha adiado o almoço até que o remo ficasse pronto. Às dez e meia, apertamos as mãos de todo o mundo em torno e partimos para o lugar de onde vinha o barulho no rio. Essa Cachoeira da Panela do Dourado, de cima[9], a primeira abaixo de Boa Vista, tem sido descida pelas barcas mesmo na estiagem, mas é perfeitamente capaz de causar danos. Dirigimo-nos para o norte da Ilha da Missão Velha e, enfrentando uma forte correnteza, passamos entre ela e sua vizinha do norte, a Ilha do Serrote. Depois, virando a popa para a frente, avançamos pelo canal habitual[10], com a Ilha de Angicos à direita e a das Cabras à esquerda, e escapamos sem nada mais sério que um longo roçar nas pedras. Era uma cena selvática e bravia, uma série de rios dentro de um rio, um tortuoso labirinto de correntes formado por sete grandes rochedos e uma multidão de menores, entre os quais a "eau sauvage" corre reta como uma seta. A jarumataia ou angari, arbusto que se parece com uma vassoura, castanho escuro embaixo e verde em cima, cresce em moitas nas ilhotas e nas águas rasas, e pilhas de troncos arrastados pelas águas eram lançados nos ângulos e saliências, prendendo-se. As rochas, cortadas por faixas de quartzo branco e vitrificado, rolados em linhas retas pelos diversos níveis da água em certos lugares furadas em bacias, pareciam singularmente características. Mais abaixo, onde a água repousa em profundidades, recoberta de espuma, e onde a correnteza roda, em círculos preguiçosos, encontramos a causa de todas as dificuldades. Na margem esquerda, sem correspondência com o outro lado, um serrote de 26 a 30 metros de altura e projetando-se para nordeste, envia uma saliência de rocha nua através do rio, de noroeste para suleste. O penedo apresentava estratos de arenito duro com orientação para sudoeste, dividindo-se em cubos semelhantes a tijolos pela clivagem perpendicular; a face era recoberta de ramificações finas ou espessas de quartzo alvíssimo[11], que, em toda a parte, jazia em fragmentos sobre a superfície. Visto do sul, assumia uma forma de cunha, com uma cumiada coberta de mato, inclinando-se para o poente.

Para além da Ilha das Marrecas, entramos no leito principal do rio. Não o tínhamos visto unido desde que costeáramos a Ilha Pequena, e, agora, o víamos correndo, como Arar "incredibile lenitate". À margem esquerda daquele trecho reto, com cerca de quatro milhas de extensão, abria-se a foz do então seco Riacho do Jacaré[12] e a ilha que forma à jusante. Abaixo, o canal passa entre a margem direita e a Ilhota do Serrotinho, uma saliência de arenito duro e quartzo branco, coberta de árvores; na extremidade inferior, tem clareiras e roças.

Logo depois, viramos quase que para leste e avistamos adiante outra massa de obstruções. Eram causadas por um certo número de cones de pedra na margem direita, e à esquerda pela Serra das Caraíbas. Esta é constituída por um bloco de pedra e partes dele separadas, com ondulações cobertas de caatingas altas, que, ao contrário da regra no Brasil, não mostram fímbrias de árvores no alto.

À uma e meia, passamos a Ilha Grande, onde Halfeld coloca, com gratidão, a residência do seu piloto, Ciríaco, cuja destreza e coragem grandemente elogia. Casos curiosos são contados a respeito do velho, que parece ter herdado de seus antepassados índios uma cabeça fria, uma clareza de vista e uma força física e força de vontade quase excepcionais. Os barqueiros disseram que ele conhece cada pedra do rio e que pode viajar à noite, entre os maiores perigos, especialmente quando "tocado", isto é, ligeiramente embriagado. Entramos por um caminho rochoso, entre a Ilha Grande e a Ilha da Vila de Santa Maria, antigamente o fim da décima e começo da décima primeira travessia. Dois ajojos, carregados de sacos de sal e mal se erguendo dez centímetros acima da água, subiam penosamente o rio.

Desembarcamos na ilha, para examinarmos uma ruína que havíamos visto de longe. O solo é de imensa fertilidade[13]; produz algodão, em pequena quantidade; mandioca onde quer que o homem se der ao trabalho de plantá-la; o pinhão-bravo, de que se alimentam os caramujos, e campos de icós cujos antepassados foram provavelmente plantados ali pelos jesuítas. Os moradores, de cabelos escorridos e largos rostos amarelos, mostrando sangue indígena, eram mais bem vestidos que os de rio acima e viviam nas mesmas cabanas miseráveis. Depois de um passeio de cem metros rumo a sudoeste, chegamos a um templo voltado para o poente, em direção à margem direita do rio, a montante, de onde a vista era realmente bela. Mosteiro, igreja e capela, tudo não passava de um simples invólucro, e a última tinha escrito acima da entrada

RESVRGE
NT IN NO
VISSIMO DIE
1734.

O material era o melhor tijolo, e o tamanho máximo do mesmo sessenta e cinco centímetros quadrados. Era quase tão durável quanto a pedra de cantaria de ardósia talcosa com que estava misturado, e o cimento, provavelmente cal de mariscos, era da melhor qualidade[14]. Um dos campanários caíra, e as Cactáceas cresciam entre as paredes onde tinha havido antes telhados e tetos. As dimensões da igreja eram 30 x 8 metros. Havia remanescentes de um arco sob o trono (para a Hóstia) e uma fila de pilares fortes e quadrados, formando uma nave lateral ou sacristia, do lado do norte. Os lagartos e os pombos eram os únicos habitantes da sombria ruína. Saí dali triste. Deixam-nos uma impressão penosa esses trabalhos transitórios, nos quais foram esperdiçadas vidas humanas. O conjunto da cena me fez lembrar da outrora famosa Cidade de Wari, no Reino de Benin.

Prosseguindo viagem, descemos margeando a Ilha de Santa Maria e logo chegamos a outro trecho pedregoso do rio, junto ao sopé da Serra de Orocó. Aqueles montes formam um crescente vazio entre a Serra das Caraíbas e o rio. Sua aparência torna-se peculiar pela presença de dois morros, ligados por uma elevação, e um outro isolado, o Orocó de Cima propriamente dito[15], aproxima-se da margem esquerda. O rio corre como em uma comporta, e levamos uma pancada forte na Cachoeira de São Pedro, onde, a despeito das advertências do piloto, os remadores preferiram olhar para trás a remar. Seguimos, então, pelo meio do rio, embora estivesse coberto de ilhas[16]. No papel, os canais parecem as fissuras azuis de uma geleira. A Ilha de São Miguel mostrava um templo deserto em uma elevação de terreno. A Ilha de São Félix revelou no meio de sua densa vegetação de árvores uma igreja caiada de branco e coberta de telhas, com um campanário e duas torres terminais; ali ainda reside o santo.

Ao sairmos desse "cinturão", a água tornou-se tranqüila como uma chapa metálica; as perspectivas, no entanto, não eram menos sérias. Na margem direita, estava a Serra do Aracapá, agachada como uma esfinge de juba no pescoço e mais à jusante a cabeça será distintamente traçada. Remamos, então, entre a Ilha Aracapá e a margem esquerda, onde deságua o Riacho da Brísoda (Brígida)[17]. Esse rio corre por cerca de duas léguas, acima da foz coberta de verdura, e, de lá para diante, é, nessa estação, um rosário de lagoas. Encontramos um bom terreno para ancoragem no Porto de Aracapá, perto da fazenda do mesmo nome, que fica em frente à ilha. Os moradores criam cavalos, mulas e gado vacum, que vendem em Cabrobó, e um bom boi custa 20$000. A noite esteve calma, tranqüila, favorável aos mosquitos. As nuvens esbranquiçadas do nascente, ao anoitecer, ameaçavam vento, e os jacarés pulavam em torno de nós, enquanto o som da flauta e dos cantos vinham da terra.

1º. de novembro. — Partimos às seis horas da manhã, mas a ventania logo nos obrigou a procurar refúgio na margem ocidental da Ilha de Aracapá, onde encontramos algumas choupanas pertencentes aos moradores e pescadores de traíras. As terras baixas são freqüentemente inundadas, mas há uma elevação para onde os habitantes podem retirar-se. Aproveitei a demora para contratar outro remador. A vivacidade e a rapidez de movimento das corredeiras, depois das águas mortas de rio acima não deixavam de ser divertidas; mas o processo parecia de certo modo "uma tentação à Providência", naquele "Elisa" agora louco, tripulado por homens que não trabalhavam. O piloto, que conhecia melhor os perigos, mostrava-se mais preocupado do que nós; e, logo depois, voltou com um barqueiro que, mediante o pagamento de 10$000, concordou em nos acompanhar. Antônio era um jovem robusto, escuro, com ombros largos e braços musculosos. Justificou tudo que se diz de bem dos moradores do rio abaixo de Juazeiro. Tendo recebido um pequeno adiantamento, atravessou o rio para ir buscar seu couro de carneiro e pegou seu remo às 11,30 da manhã, enquanto o velho Menino ia para a proa para se divertir com sua colher de pau.

Descemos o resto do perigoso Canal de Aracapá, passando por uma ilhota à direita e pela Ilha do Tabuleiro à esquerda. Logo em seguida, avançamos através de uma passagem estreita, formada por várias pedras, a bombordo, e, a estibordo, por um enorme bloco que assumira a forma abobadada que a ação do tempo dá, tantas vezes, às massas de granito. A cor era, na parte de cima, cinzento-escura e, abaixo, negra luzidia à semelhança de uma pedra meteórica. Aqui, como alhures, a matéria colorante não penetra a superfície, exceto através das fissuras. O revestimento varia pouco em espessura, e, quando quebrada a martelo, os fragmentos mostram que a vitrificação pode ser removida facilmente da pedra. Já aludi anteriormente a esse fenômeno de coloração, que é comum em ambos os hemisférios[19]. Torna-se necessária uma longa série de observações, antes que se possa responder à pergunta: "Manteria o rio os óxidos suspensos como a areia e outras substâncias terrosas, ou elas se encontram em estado de solução química?"

Para além da porta com sua torre acinzentada, havia um remanso, metade de água movediça, metade de água parada, que exigia muito esforço dos braços dos remadores. Corremos, depois, através de um "violento rápido" formado pelos rochedos entre a extremidade oriental da Ilha de Aracapá e a margem esquerda do rio. É conhecido pelo sugestivo nome de "Desata Calções", e não se precisa dizer mais nada a respeito. Em seguida passamos, na margem esquerda, pelo Serrote da Ponta da Ilha da Assunção, onde uma ipueira, dirigindo-se ao nordeste, isola uma extensão de terreno com três léguas e meia de comprimento por cinco oitavos de légua de largura extrema, mais do dobro da largura da água do rio[20]. O Serrote é um morro maciço, meio calvo, com uma vegetação rala espalhada por uma superfície esbranquiçada. Na parte superior estão espalhadas pedras de coloração mais clara, dispostas paralelamente ao rio e diminuindo aos poucos para jusante.

Com grande esforço, seguimos o canal principal, à direita ou sul da Ilha de Assunção. A margem consiste principalmente de areia com base em argila dura e seu cascalho se estende até a beira da água. Junto às terras baixas, há caatingas altas, para onde os moradores fogem, nas inundações. Recordam-se de 1838, uma enchente excepcional, quando as águas subiram 11 metros. O solo é bom, segundo dizem; na ilha são criados cavalos e, ao que afirmam, o gado vacum tornou-se selvagem. As montanhas da terra firme em frente são como um quadro. A linha quebrada da Serra dos Milagres contrasta com o aspecto maciço da Serra da Bananeira, na qual existe, pelo que dizem, um olho de água; e, ao passo que o vale é sequíssimo, as montanhas são alimentadas pelas chuvas. Longe, à esquerda, duas pirâmides, regulares como se tivessem sido cortadas artificialmente, alimentam reminiscências de Quéops e Quéfren em um certo vale do Velho Mundo. Vistos do suleste, esses morros perdem a aparência venerável e tornam-se tão banais quanto o seu nome, Serrote do Jacaré[21].

Às duas horas da tarde, entramos no "espumejante rápido" de Cachauí, chamado da Assunção, para distingui-lo de dois outros a jusante. Forma-se na extremidade da Ilha das Vacas pelo Serrote do Salgado, um morro da margem direita. Descemos pelas passagens onde a água rodopia entre as pedras esparsas, e executamos a salvo a sempre delicada operação de atravessar o rio. Desembarcamos na Ilha da Assunção, para ver a igreja, uma parte de cujos tijolos atravanca a praia em grandes blocos. Nada pode salvar-se. Em 1852— —1854, ela estava a 17 metros do rio, que agora desnudou o lado meridional. A igreja foi construída em 1830, por um cidadão de Cabrobó, cujo nome já está esquecido, e o estilo e os materiais são muito inferiores aos dos jesuítas. É de se esperar que os viajantes futuros encontrem os mortos enterrados naquele recinto sem telhado tratados com mais respeito.

Os moradores reuniram-se para nos ver. Ao que parece, inclinados à "belicosidade", surgiram com facas e pequenos arcos e setas. Os antigos selvagens já tinham todos morrido, e aquela gente era, em sua maioria, de sangue misturado; seus cabelos emaranhados vinham da África. Os de puro-sangue mostravam os conhecidos indícios: cabeças grandes de calmucos, rostos largos de mongóis, com maçãs do rosto muito salientes; olhos oblíquos de chinês, com bastante freqüência "bridés", antes castanhos que pretos e cujo olhar se prendia fixamente aos objetos; sombrancelhas escuras e espessas; bigodes ralos encimando a boca grande, cheia de dentes pontudos, e barbas pequenas que não cobriam os pescoços compridos e maciços. O cabelo, caindo sobre a testa, era o do hindu, mais liso e grosso que o do puro caucasiano. O nariz tinha um abominável sinal de vulgaridade, pequeno e chato, com grandes ventas; em resumo, as suas feições eram tudo o que não são as de um árabe. Eram homens bem feitos de corpo, com a restrição de que os troncos pareciam excessivamente largos e compridos em comparação com as pernas, e os ombros pareciam projetar-se horizontalmente logo abaixo das orelhas. As extremidades mostravam aquela delicadeza de tamanho e formato que se transmitiu de maneira tão acentuada para o sangue brasileiro, e a pele era amarelo-bronzeada, e avermelhada apenas quando exposta à luz e ao ar.

Visto do alto barranco da margem, à jusante, o aspecto do rio era amedrontador. Havia um belo clarão do sol, livre das nuvens, caindo no poente, e as linhas prateadas da água para sugerir

"Den Silberbach in goldne Strome fliessen".

Os nimbos arroxeados, com uma comprida aba cinzenta em frente, todavia, ameaçavam um vendaval e a superfície da água ricamente tingida estava salpicada de escuras pedras assassinas. Ali, o Serrote da Lagoa Vermelha[22] corre paralelamente à margem direita e estende para ela muitos pequenos contrafortes, que cobrem o rio de recifes. Facilmente atravessamos o rio e tropeçamos através da Cachoeira da Pedra do Moleque, que irrompe e referve bem no meio; no ponto seguinte, contudo, quase tivemos um desgosto.

Ali, o leito do rio se curva para suleste e investe em direção a um morro de pedra e argila vermelha. Esse Alto da Lagoa Dourada torce o rio, quase que em ângulo reto, para nordeste. A água corre junto do morro e podíamos ver e sentir distintamente o ângulo formado pela plataforma da embarcação. Era uma correnteza violenta, deslocando-se à velocidade de 10 a 12 nós por hora sobre as rochas, redemoinhando em torno delas e produzindo uma complicação de correntes. Há, no percurso, uma visível convexidade de superfície e a água se levanta como se em decorrência de sua compressão nos lados; e, entre as torrentes, há ebulições mais tranqüilas, como se produzidas por fontes subterrâneas. Quando estávamos entrando na pior parte, o forte vento leste nos atingiu e, dentro de um minuto, fomos atirados, desamparados, a um rochedo. Eu tomara a precaução de amarrar com cordas tudo que havia a bordo; se não tivesse feito isso, a água que varreu a plataforma quando adernamos teria levado tudo. O piloto deu o melhor de seus esforços; os remadores conservaram sua presença de espírito, e a correnteza, entregues a cujo poderio nos encontrávamos, benevolamente mandou o "Elisa", de popa para a frente, rio abaixo, sem mais dano que arranhões no casco. A tempestade fez-se sentir com fúria. Era bastante para o dia. Conseguimos passar pelo Serrote da Lagoa Vermelha e ancoramos na margem direita, um pouco abaixo da extinta cidade de Pambu.

A localidade, de nome ininteligível, fica situada em um saco da margem meridional, a leste de um riacho sem importância. O sítio é uma planície, no sopé de uma elevação coberta de mato. A distância entre o alto paredão de sudoeste é pequena, e as casinholas vão, no máximo, a trinta e cinco. A igreja, construída e dedicada a Santo Antônio por um rico proprietário de Cabrobó, permitiu-se uma excentricidade arquitetônica. Tem duas fachadas, a de trás caiada de branco, e a da frente de barro escuro, e o efeito é o de um homem com duas cabeças.

Passamos a noite em Pedra do Bode, em frente à Ilha do Pambuzinho, que tem atrás a grande Ilha da Assunção. Uma faixa de areia limpa era salpicada do oiti-da-praia (*Pleragina odororata,* Mart.), arbusto ali considerado inútil; do icó silvestre, curvado ao peso das frutas, e da piranha, uma árvore escamosa, que é verde e viçosa em cima, ao passo que as partes inferiores fornecem boa lenha. Atrás da praia, eleva-se o alto e pedregoso morro, sobre o qual se espalham seixos de quartzo e sílex vermelho, semelhante ao "rosso antico". Ao atravessarmos o mato ralo, fomos atacados pelos carrapatos, então uma novidade, mas não das mais agradáveis.

2 de novembro. — Navegamos meia légua até a extremidade da Ilha do Pambuzinho, depois viramos para noroeste, entrando no Braço do Tucutu, o canal que separa a terra firme de Pernambuco da Ilha da Assunção, que dela depende. Essa ilha apresenta-se, naquele ponto, em diversos planos, que vão-se elevando, voltados para o nascente e para o sul. A manhã estava deliciosa; o ar puro, depois de lavado pela chuva; e a temperatura era a do Cairo na estação fria. Quanto valeria um dia assim em tal estação às margens do Tâmisa! Toda a criação se apresentava em seu melhor aspecto, e as aves, excepcionalmente numerosas, cantavam, cheias de alegria, no mato, em especial o manso e conhecido cabeça-vermelha de muitos nomes[23]. O cinzento maracanã[24], com sua longa cauda cuneiforme, saía da mata para saquear todo o milho que encontrasse, e o grande alcedo-azul[25], rei dos pescadores, atravessava o rio com seu "vol saccadé" ou pousava sobre a verdura, escolhendo o que iria devorar. O ágil *plotus,* negro acastanhado, passou voando rapidamente perto de nós; a ictiófaga graúna[26], de plumagem escura e bico amarelo em forma de maçarico, movia pesadamente suas compridas asas, e o socó-boi (*Ardea virescens*), assim chamado por causa de seu grito, parecido com o do boi, pensava duas vezes antes de tomar o trabalho de voar. A pilhagem parecia a regra geral; até os porcos andavam com colares de triângulos de madeira[27], para moderar seu amor pela mandioca.

Naquela quadra do ano, o leito mais baixo do rio está desimpedido; quando, porém, a estiagem se faz sentir ao máximo, a Cachoeira da Boa Vista, ou da Boca do Braço, deve ser perigosa. O cenário consistia nas habituais pitiás e capim-cabeludo perto da água, a fina mimosa crescendo mais ao alto e roças nas terras mais elevadas ainda. Há abundância de peixes, mas os pescadores pedem por eles preços exorbitantes. Depois de quatro horas de avanço bem monótono, à força de varas, fizemos uma curva de sudoeste para noroeste e chegamos a um grupo de choupanas e um grande recinto murado, todos voltados para o rio. Um pouco acima, ficava o porto, onde há um barco de transporte entre a ilha e a terra firme. É uma embarcação larga, pintada de verde, com um mastro curto, que navegava rumo a um íngreme barranco em frente. Encontramos ali as cenas habituais: mulheres lavando, homens enchendo odres e "borrachas" com água e crianças nadando e apanhando a piaba e o piau. Há muitos cavalos e gado vacum bem tratado, alimentados com os montões de sementes de algodão atiradas à margem do rio. Os outros seres vivos eram porcos muito magros, cães vadios e aves domésticas, inclusive perus e galinhas-de-angola.

Subindo pela margem, encontrei inesperadamente uma grande praça, sem o letargo que caracterizava Juazeiro e Boa Vista; o lugar é a terra firme, na Comarca de Boa Vista, Província de Pernambuco. Nessa época do ano, é uma terra muito seca; a evaporação enrosca as folhas das laranjeiras, ao passo que os altos mamoeiros parecem gostar da temperatura. Às vezes, a umidade é grande; a água das enchentes invade a localidade, cobrindo o chão de argila arenosa e expulsando a população para as caatingas altas, que estão espalhadas em torno. A parte principal da cidade, que deve contar com 125 casas e 700 habitantes, é formada por uma larga rua, ou melhor praça, na direção norte para o sul, onde fica a desmantelada Igreja de Nossa Senhora da Conceição. As casas são excepcionalmente baixas e maciças e são usados taipais de madeira em vez de vidraças. A estrada para a Bahia, segundo disseram, tem 140 léguas de extensão e em muitos de seus pontos falta água. Ao norte da localidade fica o cemitério. No centro, vê-se a nova matriz e o inevitável cruzeiro, obra de uma rica devota, D. Brígida Maria das Virgens, cujo marido construiu o hoje arruinado santuário da Ilha da Assunção; ambos são no mesmo estilo e a matriz data de 1844. O interior está inacabado, mostrando um teto de barrotes nus; há, contudo, dois púlpitos, um lugar para o órgão e tapetes no chão, apresentando sinais de que têm sido usados. O vigário celebra a missa todas as manhãs, e todas as "pessoas de respeito" de ambos os sexos devem comparecer, com uma regularidade que me fez lembrar a da mesquita. Aqui e ali, há algumas casas comerciais apresentáveis, e comprei, sem dificuldade, carne e aves domésticas, arroz e melancia, sal e bebidas. Um telheiro representava o mercado, que estava repleto de homens de chapéu de couro, vindos do interior, regateando seus fardos de algodão[28] e bruacas de rapaduras, que trocam por artigos secos e molhados.

As montanhas e planaltos mais ao norte, onde chovera na véspera, constituem uma região de grande fertilidade, que se estende ao norte até a Serra de Araripe[29], situada a trinta léguas de Cabrobó. Essa serra é descrita como uma sucessão de morros de rica argila vermelha, através da qual há uma fácil passagem, ficando atrás dela a pedregosa Serra de Borborema, que se liga à Serra de Ibiapaba, limite entre o Ceará e o Piauí. No sopé meridional da Serra de Araripe, fica Exu, cujo município foi transferido para Granito. Na contra-escarpa setentrional, ficam Crato e a Vila da Barra do Jardim. Nessa cadeia gredosa, o Dr. Gardner descobriu o ictiolite, que agora é conhecido como "pedra penedo". Os blocos nodulares e arredondados de pedra calcária impura de cor castanha, quando partidos ao meio, mostram esqueletos de mesossáurios e peixes pertencentes à recente época cretácea[30]. O povo conhece a sua existência e alguns têm sido mandados para o litoral como curiosidade.

Compreendemos logo a causa da prosperidade de Cabrobó. A estrada que liga por terra Vila da Boa Vista e Várzea Redonda passa por ali, e lá encontra as estradas reais que vêm de Ouricori, Crato e do Cairiri[31], ao norte e nordeste. Os fardos de algodão são embarcados em ajojos ou levados em mulas para o Porto das Piranhas, cerca de 55 léguas (165 milhas). E lá, depois de uma longa peregrinação, encontram um vapor, que transporta a mercadoria para a Bahia. Em 1852–1854, como eu já disse, tudo era desalento, onde agora encontramos vida e energia. Uma boa estrada de rodagem, e especialmente uma estrada-de-ferro, dariam novo impulso ao comércio, facilitando-o; e muitos homens retirados do trabalho de transporte tornar-se-iam logo produtores.

Procurei o jovem e cortês delegado, Sr. Bertino Lopes de Araujo, de Paraíba do Norte, que se casara e fixara residência no lugar, há seis anos. Durante aquele tempo, ele não se lembrava da ocorrência de um único crime de morte, embora, naturalmente, tivesse havido brigas. Nem ele, nem qualquer de seus conterrâneos, puderam explicar a significação da palavra Cabrobó, também escrita "Quebrobó"; todos sabem que é um nome indígena, dado a uma fazenda que pouco depois se tornou uma vila. O delegado aconselhou-me, como já haviam feito outras pessoas, a ter todos os objetos bem protegidos a bordo do "Elisa", pois iríamos nos ver em dificuldades dentro em breve.

SEÇÃO II

DAS CACHOEIRAS PERIGOSAS A SURUBABÉ

3 de novembro. – Depois de muitos atrasos – o delegado estava escrevendo cartas para nós, o piloto assistindo à missa, o Majelicão se escondera no bordel mais próximo – partimos, descendo pelo estreito braço do rio, atravessamos sem novidade sua "camboinha" central e, depois de uma hora de trabalho, avistamos o Banco de Areia[32], na margem baiana, abaixo de Pambu. Nesse ponto, o Rio São Francisco começa a grande curva para suleste, e a mantém, com algumas variações insignificantes, até o fim do seu curso. O vento geral de nordeste, torna-se, então, um vento lateral, e, às vezes, quase que sopra por trás. O sol estava decididamente quente, nuvens ajuntavam-se no nascente e, no poente, e vimos de longe os sinais de um repiquete ou aguaceiro; esperávamos, portanto, uma ventania, senão uma tempestade com raios.

Na margem direita, uma ilhota arenosa escondeu de nós a foz do Riacho da Terra Nova ou do Jequi (Giqui), ravina de certa importância[33]. Adiante dela, entramos na Passagem do Ibó, a parte mais estreita do São Francisco, onde as pessoas podem conversar de uma para outra margem. A formação é uma profunda garganta no curso do rio, que, contudo, não apresenta feições especiais; as margens são arenosas, a direita não fica inundada nas cheias, ao passo que a esquerda fica, e uma baixa fileira de pedras isoladas se estende no meio do rio. A água, naquela época do ano, com 32 a 33 metros de profundidade, remoinha em abóbadas palpáveis e espuma em caldeirões rasos. Um pouco abaixo, da Fazenda do Ibó e de uma ponta que se projeta da margem direita, os 256 metros do rio se espalham para mais de uma milha. A largura total do rio, abaixo do estreito, é de três quartos de légua, mas a maior parte é ocupada pela Ilha da Vargem, que tem na frente o leito principal e atrás o braço menor do São Francisco. Bem povoada e com solo fértil, essa ilha, que tem a forma de um L, com o ângulo apontando para sudoeste, é uma das maiores, tendo cada braço cerca de uma légua e meia de comprimento.

Tendo passado o estreito com facilidade, navegamos ao longo da margem esquerda, entre ela e a Ilha do Estreito[34]. É o único canal por onde se pode passar no leito do rio. Para além dessa ilha, a margem esquerda projeta uma ponta arredondada em direção à concavidade do L, enchendo o rio de rochedos e corredeiras; as pedras salientes são, segundo parece, calcárias, e de novo vimos, ao longo da borda, conglomerados de ferro em grande ressaltos. No vértice, começa o Cachauí de Antônio Martins, o segundo do mesmo nome. O barulho desse rápido é pior do que sua dentada; o canal por onde se passa, contudo, é comprimido à direita pela Ilha do Cachauí e, mais embaixo, pela alta e arenosa Ilha do Caruá.

Em seguida, atravessamos o rio de oeste para noroeste, atrás da Ilha da Vargem, para o Largo do Brandão, a leste-sudeste, um longo trecho reto de água tranqüila e profunda, que parecia um remanso depois da agitação de mais acima. Uma ilha desolada, a Ilha dos Brandões[35], defende, ali, o leito do rio contra os rochedos da margem esquerda, ao passo que a margem direita nos protegia contra o vento. Em frente à extremidade da ilha e no lado baiano, fica a foz do Riacho da Vargem, que, segundo se diz, tem um curso de vinte léguas, vindo de uma elevação chamada Tombador. Havia arrozais em suas margens e meninos espantavam as aves gulosas, aos altos gritos de "diabo!" Às quatro horas da tarde, o piloto nos disse que deveríamos ancorar, pois não havia lugar seguro entre as corredeiras, que iriam estender-se dez léguas à jusante. Não era, de modo algum, o caso, mas os olhos de Manuel Cipriano não eram de primeira qualidade, e ele não gostava de passar por lugares perigosos ao amanhecer ou nas sombras do crepúsculo vespertino.

Aportamos à Fazenda do Abaré[36], em frente à extremidade da Ilha Grande, uma estreita faixa de terra com cerca de duas léguas e meia de comprimento, que sucede imediatamente à dos Brandões. Ao longo da margem há, ali, nódulos de cal. A pequena povoação, de casas cobertas de telha ou de palha, tem sua capela, e não tivemos dificuldade de comprar um porco e aves domésticas. Os barqueiros me censuraram por eu não ter matado uma inocente cobra d'água e divertiram-se maltratando uma infortunada rã de grande tamanho, que o vulgo acredita engolir fogo. Os barqueiros contam histórias do sapo subindo ao céu com ajuda das aves, e o animal parece ocupar, nessas regiões, o papel da aranha na costa da Guiné[37].

4 de novembro. — Esse foi um dia crítico — o apogeu de nossas dificuldades com os rápidos; iríamos atravessar nove lugares perigosos, em seis ou sete léguas. A largura do rio variava constantemente, mas em geral o leito era excepcionalmente estreito, em virtude do aumento da declividade. A margem esquerda consistia em uma comprida fileira de pequenos morros, ao passo que a direita era, em geral, plana e coberta de mato. O perfil do leito do rio é um plano inclinado de rocha e saibro, dividido em seções, por espaços planos. Ilhas compridas e ilhas curtas, rochedos e recifes, bancos de areia e baixios, atravancam o leito, e as ilhas estão cobertas de belas matas. Há algo de majestoso no aspecto do São Francisco, cujas águas turvas, aqui se elevando, ali se abaixando, acolá correndo em silenciosa grandeza, espalhadas pela brisa suave e refletindo o ouro e o azul do céu, assumem um aspecto enraivecido, triste e implacável quando algum obstáculo de excepcional importância barra seu caudaloso curso.

Tendo levantado ao amanhecer, mas só partindo às sete horas, seguimos pelo canal formado pela Ilha Grande ao norte, e, logo adiante, raspamos nas pedras cobertas de arbustos, ao passarmos pelo meio do grande baixio Tubanara. Fica ele situado na extremidade da Ilha da Missão, onde aquela faixa de terra, também comprida e fina, fica paralela à Ilha Grande. À direita, fica a Barra do Tubarana, ou da Fazenda Velha, outra ravina com um leito constituído por lagoas. Às dez horas, descemos o meio da Cachoeira do Imbuzeiro, formada entre a margem baiana e a Ilha do Meio e pelas ilhas da Missão e Grande.

Gastamos vinte minutos para ir dali à "impetuosa Cachoeira do Rosário". É uma brecha entre a Bahia e a ponta da Ilha do Serrotinho. Raspamos na margem direita e investimos por uma elevação de água que nos fez cair sentados na embarcação, como um cavalo, depois que salta um obstáculo. O canal é liso, luzidio e visivelmente mais baixo — agora uma feição geral — do que o resto do leito do rio, que avança, com um ímpeto de trem-de-ferro, em ambos os lados. Uma forte pancada foi o único contratempo; a regra naqueles lugares é uma batida e uma raspagem por dia, pelo menos.

Depois da Rosário, seguimos pelo estreito canal entre a margem direita e a Ilha da Barra, uma ilha alcantilada, de um grupo de três, dispostas em forma de unicórnio, sendo as duas outras a Ilha do Meio e a Ilha da Patarata. Perto de um afluente conhecido por

Barra do Mucuré[38] o toldo foi arrancado; o termômetro marcava ao sol 114° (F.), o que fez meu companheiro passar mal; mesmo os negrinhos da margem agachavam-se, embaixo de seus pequenos abrigos de palha amarela. Na extremidade da Ilha da Barra, havia um estreito que logo se alargou para formar uma enseada. Olhando para trás, através de uma brecha para o noroeste, avistamos, caiada de branco, a Igreja de Belém — outra denominação de missionários — sobre uma planície seca, tendo ao fundo uma cadeia de montes ondulados.

Às onze horas, enfrentamos nossa terceira provação, a "furiosa Cachoeira do Cantagalo". É um longo salto, de meia milha, com duas quedas distintas. A primeira é muito pior do que a outra. Descemos pelo centro do rio, no meio de água borbulhante, ladeados pelas barulhentas ondas. No fim, passamos juntinho da margem esquerda da Ilha do Cantagalo, uma planície piriforme de areia, com um pequeno serrote de pedra. À direita do leito do rio, fica o terceiro Cachauí (do Pianoro, P. N.),[39], que é sempre evitado. O rio, obstruído em seu curso irrompe ali em ondas que investem com a violência do raio contra os recifes, correndo entre as fauces da rocha em borbotões de espantosa velocidade.

Tínhamos agora pela frente uma légua livre de rápidos, mas exigindo muito cuidado. Rochedos, baixios e muitas pequenas obstruções, que o piloto chamava simplesmente de pedras, se espalhavam pelo rio. Na margem esquerda, fica o Serrote do Papagaio, que estava visível desde que deixáramos a Ilha da Barra. Seu aspecto, visto de oeste, era o de um barrete frígio, formato que, no Brasil, é geralmente chamado de bico de papagaio; do rio, em frente dela, é uma elevação vertical de rocha nua[40]. Ali começa a ruptura superior da Cachoeira da Panela do Dourado, que o piloto chamou, jocosamente, de o Testo da Panela. Abaixo, fica o famoso "redemoinho e rápido" daquele nome; o único sinal de um "maelstrom" foram ondas cruzadas vindas da esquerda ou noroeste; mas na extremidade, à jusante, de um bloco de rocha junto ao qual navegamos, fomos apanhados em cheio por uma correnteza que mais parecia voar que correr, e, mais uma vez, quase naufragamos, mas ficou no quase.

Depois de uma curta parada para tirar água da embarcação, prosseguimos viagem. A n°. 5, a Cachoeira do Boi Velho, não teve muita importância; permite bem a passagem pela direita, deixando para a esquerda a séria obstrução.

De novo o rio se tornou limpo, e as margens eram cobertas de fazendas e povoados; queimadas, indício das esperadas chuvas e preparo para novas roças, apareciam por toda a parte, mas eram pequenas, pois os moradores precisam de capim para o gado. O ar tornou-se ainda mais seco que antes e a superfície da terra era pura poeira. A margem direita nos mostrou o Arraial da Missão de São João Batista de Rodelas, resumidamente chamada "as Rodelas"; era uma aldeia de caboclos, cabanas miseráveis reunidas em torno de uma igreja grande e bem caiada, tendo atrás uma alta ondulação de terreno. Em 1852, o templo estava em ruínas, mas um missionário capuchinho, Frei Paulino de Lusione, arrecadou esmolas e o reconstruiu. O piloto contou-me uma história pouco edificante a respeito de um santo homem, ali servindo, que mostrava acentuada inclinação pelas caboclas de menos de doze anos. Uma de suas vítimas fugiu e contou o fato ao delegado de polícia, que prendeu imediatamente o reverendo, e obrigou-o, depois, a sair do lugar. Foram contados outros casos semelhantes, entre os quais um da água benta com pronunciado gosto de cachaça; verdadeiros ou não, provam que os padres modernos não merecem o mesmo respeito que rodeava os antigos jesuítas.

Descansamos na margem esquerda, em frente de Rodelas, e os barqueiros tomaram banho, preparando-se para o final, um pesado trecho de duas léguas. O leito do rio alargou-se, pela última vez, para pouco menos de três quartos de légua e virou-se para sudoeste, quase para o sul, tornando-se uma massa de ilhas. Dessas, oito são áreas consideráveis de terra coberta de mato espesso[41].

Às 3,15, partimos e atravessamos com facilidade a Cachoeira do Urubuzinho, que tem uns cem metros de comprimento. À direita, estava a Ilha-Morro do Urubu, uma espécie de Careg-Luzem-Kus, que, de montante, parece um elefante monstruoso, com orelhas brancas e cara parcialmente virada, deitado no meio das árvores; sua espinha é crista eriçada de pedra nua e oca[42]. À esquerda desse "rochedo branco no mato", estende-se a comprida e fina Ilha da Viúva; dali, passamos diretamente para a "furiosa Cachoeira do Fura-Olho". Confesso ter sentido as mãos frias ao avistar as horríveis voltas, os remoinhos, que o "Relatório" chama de terror dos navegantes, e os caldeirões com cerca de três metros e 75 centímetros de profundidade. Investimos de frente sobre os rochedos — aqui nus, ali recoberto de arbustos — e mais de uma vez preparamo-nos para o choque; mais de uma vez, também, o piloto, com uma volta em seu pesado e poderoso remo, levava-nos a salvo por lugares onde quase podíamos tocar a morte em ambos os lados. Era uma cena selvagem; o "Elisa" balançava-se para os lados, subia e abaixava, descendo as águas rugidoras e agitadas que lhe varriam a plataforma; as ondas ofuscavam os olhos, quando apanhadas pelos raios solares, e, na água tranqüila, esses raios se refletiam, como em um espelho.

— Gritem, rapazes! — exclamou o velho, metido em seu elemento cachoeirense. Gosto de ouvir gritar nestes lugares!

— Ei Fura Olho! — berraram eles com suas vozes esganiçadas, invocando Nossa Senhora e chamando: "Ó bicho feio!" aos remoinhos e aos horripilantes e negros rochedos, cujas faces brilhavam como o hipopótamo que acabou de vir da profundidade, e cujos pescoços eram engravatados com faixas de água branca de espuma e de uma gaze fina e semitransparente.

Livramo-nos de "Fura Olho" em quinze minutos e decidimos que é muito interessante atravessá-lo gritando — quando a travessia acabou.

A elevação de terreno abaixo, nem de longe semelhante aos "Gallops Rapids" do Canadá, nos colocou entre a Ilha de Tucuruba[43] e os rochedos esparsos dela saindo ao noroeste, na margem pernambucana. Estávamos entrando na 299ª légua, que se diz ser a pior do rio, mas achamo-la menos assustadora do que a légua que a precedera.

O curso começa com uma estreita passagem no meio das pedras, entre a margem esquerda e a Ilha dos Espinhos[44], coberta de mimosas ostentando flores cor-de-rosa e bem armadas de espinhos. Logo adiante, passamos por uma ilhota sem nome à esquerda; depois o canal segue por bem perto da margem, para evitar recifes e baixios; mais uma vez, serpenteia entre ilhotas de rocha, acima da extremidade da Ilha de Sorobabé, e, finalmente, volta ao lado esquerdo. A velocidade da correnteza do rio é a de uma calha de moinho, e, em certos lugares, teria ultrapassado qualquer vapor; tivemos, porém, muitas vezes, de fazer força para trás, e, em um total de duas milhas, gastamos vinte minutos.

Depois, quando o Sol já começava a se esconder atrás dos imbuzeiros, ouvimos rugir na frente a Surubabé, o nono e último obstáculo, onde termina essa elevada Cordilheira de Cachoeiras, que prefacia os Grandes Rápidos. Manuel Cipriano, cuja divisa parecia ser "festina lente", propôs deixá-lo para o dia seguinte, mas eram apenas 4,40 da tarde e, por velhas razões, opus-me, de pronto, à sugestão.

Durante as cheias, entre dezembro e maio, que, contudo, são muito incertas, Surubabé é atravessada por canoas e mesmo por pequenas barcas, sendo o único perigo representado pela rapidez da correnteza, que reduz as embarcações a pedaços, no caso de serem elas atiradas contra a terra. Na estiagem, sempre se faz transporte de mercadorias por ali. O rio havia, então, subido de 1,10 a 17,80 metros[45], e, assim, estavam bem reduzidas as dificuldades que teríamos de enfrentar.

A Surubabé, também chamada Cachoeira do Vau[46], começa com um sério rápido entre sua ilha e a terra firme. Ali, o São Francisco "fervet immensusque ruit". Tendo atravessado aquele trecho, desembarcamos na margem esquerda da ilha, acima da grande obstrução, uma parede de granito, estendendo-se de leste-nordeste para oeste-sudoeste e que pode, facilmente, ser aberta. Em sua maior parte, tinha uma queda livre de dois pés, e um reconhecimento nos levou a tentar o lado direito, mais semelhante aos lugares com os quais já estávamos acostumados. O maior perigo consistia na impetuosidade com que a embarcação era impelida sobre o vau, ou leito granítico abaixo e em frente da queda; a água recuava em ondas de até um metro de altura e poderia cobrir o intruso.

O piloto e dois homens manejavam as varas, enquanto quatro de nós guarnecíamos a corda utilizando as árvores, onde o caminho estava coberto de capim escorregadio, arbustos secos e grossas raízes. O ajojo desceu precipitadamente, fazendo sua plataforma afundar-se muito e passando de raspão em uma pedra do lado direito. Quando chegamos ao fim da queda, Manuel Cipriano e seus homens detiveram o avanço com os remos, entramos a bordo, viramos para a esquerda do vau, dirigimo-nos à ilha à força de varas e, depois de outra pequena dificuldade, que também exigiu a sirga, trocamos as varas pelos remos, seguimos para a margem esquerda e desembarcamos às 5 horas e 15 minutos da tarde. Em nosso dia de trabalho, tínhamos coberto 27 milhas em vez de 14, a média desde que havíamos saído de Boa Vista.

Passamos, então, da apreensão e tormento dos rápidos para um rio de correnteza tranqüila, cujo azul-claro era manchado pelo esplêndido vermelho do poente. Terminaram, assim, satisfatoriamente, todas as minhas dificuldades com cachoeiras no Rio São Francisco e é claro que a sensação foi de um profundo alívio. Passamos uma noite calma e agradável em cima do capim-d'água e do cascalho manchado de ferro que margeavam o leito do rio; sob uma "abóbada de aço acenderam-se as estrelas"; e ouvindo interiormente o monótono ruído dos rápidos — talvez meus ouvidos, por preconceito, tenham feito essa injustiça — sentia como que abafada a música da brisa. Não havia um traço de orvalho, o que em parte explicava o aspecto requeimado da terra.

SEÇÃO III

TRECHO DESEMBARAÇADO DO RIO

Morro do Papagaio. Formações de greda semelhantes às do Rio Amazonas. Jazidas diamantinas. Inscrições nas rochas, até agora, negligenciadas. Fim da viagem no rio.

Depois das "Mil Ilhas" e dos terrores que as acompanham, o São Francisco torna-se um belo rio; ali, como disse o piloto, a gente pode amarrar um galho na proa e navegar sem perigo rio abaixo, até Várzea Redonda. A paisagem faz lembrar, de certo modo, os vales do Nilo e do Indo, quando chegam às regiões secas; mas as glórias artificiais do rio brasileiro, muito mais rico, ainda terão de vir. A bacia é estreitada por cadeias de montanhas de ambos os lados; há poucos afluentes, e nenhum de importância; a largura do leito do rio diminui muito, em vista de uma imensa evaporação sempre sugando as águas e reduzindo seu volume, quando deveria ser aumentado. Por outro lado, a profundidade é mais considerável, e a correnteza, se não rápida, é firme, compensando a diminuição da largura. Em conseqüência, as ipueiras tornam-se um fator destituído de importância, e sentimos saudades das longas cadeias de ilhas e ilhotas construídas pelas águas nos lugares mais rasos. O clima torna-se excessivamente seco e os três meses de chuvas não são suficientes para o sedento terreno arenoso, rico apenas em espinhos. Falta-lhe, contudo, apenas água para torná-lo fértil como o Sindth, e a canalização semelhante à do Egito será muito facilitada pelas encostas compósitas das terras perto do rio. A agricultura e mesmo a população estão limitadas às margens, onde as plantas se desenvolvem por atração capilar, através do solo poroso. Jamais se lança sobre o solo sequer uma cabaça de água, e escavar um valo profundo, com um dique, a fim de preservá-la para a época das secas, é coisa que está fora do alcance da geração atual.

Ali passamos do cenário selvagem, rígido, agitado, de uma região granítica, para as linhas suaves, amenas e arredondadas das formações cretáceas e de arenito. A margem direita mostra as caatingas altas à curta distância e, de vez em quando, outeiros em frente do rio; a margem esquerda é baixa, e, com exceção de alguns morros isolados, estende-se ininterruptamente até a Serra de Araripe, invisível daquele ponto. A beira da água, até Várzea Redonda, é, freqüentemente, coberta de cascalho de todos os tamanhos, alguns de fino conglomerado, que fratura com facilidade, outros de jaspe e várias formas de sílex, revestido de líquen negro ou manchado de ferro e produzindo, quando batido, um som metálico. Aqui e ali, a formação mostra pontos de ouro, que os moradores chamam de "gorgulho brabo". Iríamos gastar três dias nas quatorze ou quinze léguas que nos separavam de Várzea Redonda. O São Francisco faz uma grande curva para o norte, cobrindo sete léguas, quando, em linha reta, a distância mal chega a cinco milhas. Não tenho motivos para lamentar a falta de tempo; essa seção revelou-se a parte mais interessante da viagem.

5 de novembro. – Verificamos que o rio, sem canais, media apenas 660 metros, e essa relativa estreiteza é realçada por uma elevação em forma de corcunda da margem direita, naquele ponto um trecho de aspecto normal. Fiquei surpreendido vendo tantos sinais de trabalho, roças estendendo-se junto ao rio e compridas cercas descendo pelas encostas suaves até a beira da água. Era uma cena pacífica e agradável, onde ninguém parecia se irritar, a não ser um negro velho, que remava em uma canoa quebrada e praguejava como um celta, porque perdera o chapéu.

Em qualquer lugar onde haja irrigação, o milho e a cana-de-açúcar podem crescer, e as cebolas e o amendoim darão uma farta produção e a batata-doce atingirá tamanho fora do comum. O pessegueiro é muito abundante, como em qualquer outro lugar do Brasil, mas tanto quanto alcança minha experiência, posso dizer que a fruta é dura e sem gosto, servindo apenas para doce, depois de cozida. Como na região montanhosa do Rio das Velhas, a cor característica das flores é um amarelo de laburno; mesmo a caraibeira muda a cor de suas flores, da cor de malva para a de ouro.

Na margem esquerda, passamos por um pequeno afluente chamado Riacho do Pau Jaú[47], e logo depois entramos na grande curva setentrional. Essa curva arredondada estende-se sob a Serra do Penedo[48], uma cadeia longa e regular com contornos de arenito.

No lado norte, um rochedo muito pequeno alcança o rio; o material é arenoso e grosseiro, estratificado quase horizontalmente, com fratura perpendicular, tingido de vermelho e amarelo e, em alguns lugares, negro com um brilho de ferro; foi escavado pela água e apresentava longas linhas retas de conglomerado embebido, que parecia ter sido depositado em um lago calmo.

Nosso Manuel Cipriano, que se queixara de febre durante a noite, não era o mesmo naquele dia, e tivemos de nos resignar à preguiça dos barqueiros, deixando a embarcação descer pelo meio do rio. Irrompeu uma forte ventania vinda do nordeste, levantando ondas em poucos minutos, e quase nos fez naufragar, na parte menos perigosa da viagem, o que não é muito raro na navegação, britânica ou outra qualquer.

Depois de alguma dificuldade, encostamos na margem esquerda e retiramos água do ajojo. O alto barranco da margem estava branco de marga, e mais acima, o algodão, muito maltratado, cobria o chão de neve. Quando a ventania melhorou um pouco, atravessamos o rio para o Serrote do Pico, cuja corcunda natural e rochedos cortados davam a impressão de haver rápidos por perto, mas não encontramos nenhum, por ser o leito do rio muito fundo. Aquele maciço ergue-se abruptamente de um lençol de areia que desmoronou dele próprio; a altura é de cerca de 36 metros e o material é o agora normal arenito coticular, vitrificado com ferro embaixo e cor de tijolo ou amarelo esverdeado nas partes superiores. O cume é um penedo, e no meio a encosta assume o ângulo natural, ali crescendo algumas árvores; os estratos têm orientação nítida para o norte, ou a montante do rio, e a fratura perpendicular forma blocos em coluna nos cantos. Ao galgarmos o morro, um pequeno mocó saiu de sua casa para olhar e voltou a esconder-se. Daquele ponto, parte a estrada direta para Itacoatiara, que fica a uma ou duas horas a cavalo, ao passo que, pelo rio, iríamos levar três dias.

Seguimos à direita da Ilha da Tapera, a única ilha que já havíamos visto abaixo dos rápidos; chata, verde e coberta de mato, a ilha ficava notavelmente perto do árido solo vermelho e do mato ralo e seco da margem. Mais abaixo, a margem baiana mostrou-nos a povoação da Tapera do Valentão. O divertido nome é devido aos antigos moradores, uma raça de desordeiros "muito entusiasmados" — de acordo com a grandiloqüente expressão do piloto. A igreja, alta, bem caiada e orgulhando-se de um campanário, que contrasta com as casinholas, é, segundo dizem, decepcionante, quando vista por dentro[49].

O redemoinho soprou em torno de nós e a cortina de chuvas, à distância, nos induziu a procurar o abrigo da margem; encostamos em um átimo de tempo.

Ao mesmo tempo em que tudo em torno de nós, até as folhas pinadas, mostravam-se profundamente calmas e quietas, elevou-se o ronco de um forte vento, vindo de nordeste, e colunas de poeira de sedimentos amarelos acastanhados caíram sobre nós, como se estivéssemos no Vale do Indo. O vendaval, então, irrompendo entre o mato, agitou a superfície tranqüila da água e subiu, violentamente, rio acima. A ventania, que trouxe consigo apenas algumas gotas de chuva, pareceu ter sido, como o tornado africano, meramente local. Uma borrasca independente foi vista mais abaixo. Levou uma hora para nos alcançar, atingindo-nos de novo, dessa vez vindo de sudoeste, às quatro horas da tarde. Estávamos, então, todavia, bem seguros; em uma curva do rio, onde a água era pouco profunda, protegida por juncos, perto de um lugarejo chamado Sabuiçá.

A noite trouxe vento e chuva violenta, que espantou os mosquitos; os barqueiros, contudo, pareciam temê-los menos que o besouro grande, um inseto preto e amarelo, semelhante à mamangava, cuja picada, diziam eles, provoca febre. Naquele dia, vimos, pela primeira vez, sob o gorgulho bravo, ágatas e ônix, com faixas vermelhas e amarelas.

6 de novembro. — Reiniciamos viagem, seguindo ao longo da margem direita, que era coberta de fileiras de cascalho escuro. Logo depois, o rio começou a curvar-se de nordeste para leste, resultado das ondulações de terreno da margem esquerda, especialmente o Serrote do Ambrósio, cujo contorno branco e verde-claro poderia, facilmente, na névoa da manhã, ser confundido com uma árvore gigantesca. Fizemos, então, uma "travessa braba", isto é, uma travessia perigosa, tornada mais séria pelas pedras submersas, para o

Riacho dos Mandantes, na margem esquerda; a ravina seca em cuja boca o capim fora cortado para forragem, torna-se uma ipueira durante as chuvas. Nesse ponto, o leito do rio se curva, pouco a pouco, de leste para sul-sudoeste; a causa é a Serra do Papagaio, um bloco através do qual o rio parece ter aberto caminho à força e que era, antigamente, continuada pela Serra do Penedo, pela qual havíamos passado na véspera. A montante, a Serra do Papagaio parece um "morro do castelo", com uma torre alta e arruinada do lado direito, ligada por um lanço de muro a uma torre menor à esquerda e estendendo-se de leste-nordeste para oeste-sudoeste. Avançamos cautelosamente, à força de varas, e logo desembarcamos, para examinar a montanha; ao mesmo tempo, começou a soprar uma furiosa ventania de suleste, que tornou impossível prosseguir viagem.

No sopé do "Morro do Castelo", há uma ravina que vem do lado do nascente e era, antigamente, coberta de pedras riscadas (pedras lavradinhas), que tornaram conhecido o lugar; agora, porém, está recoberta de areia. Caminhamos até uma ladeira pedregosa mais ao norte e encontramos na face do lado do rio exemplares de pederneiras e quartzo colorido que logo encheram nossas sacolas. O formato mais comum era o do seixo vermelho e riscado de amarelo, semelhante aos que são tão comuns em Cambaí, nas Índias Ocidentais; alguns poucos eram listados de branco e preto. Havia, também, pedras com nítidas manchas cor de sangue; ônix próprios para fazer camafeus; olhos-de-gato como nos rios do Ceilão; pingos-d'água (quartzum nobile); quartzo cristalizado, fragmentos de cristal de rocha, e, naturalmente, formação opalina[50]. Antigamente, as pedras de valor abundavam, mas, com o correr dos anos, foram sendo retiradas, e encontramos um colecionador rival, sob a forma de um jovem brasileiro.

Voltamos, então, para o "Morro do Castelo", atravessando algumas elevações, que eram cortadas por saliências de pedras, como as vértebras de cobras monstruosas. A superfície irregular nada apresentava, a não ser pedras e espinhos, as espécies habituais de cactos e bromélias. A ascensão para a torre mais baixa nos deu algum trabalho; até mesmo o Marco Antônio, de Shakespeare, em matéria de resistência física, o ideal do viajante, como do soldado, ter-se-ia queixado de pernas bambas e palpitação, depois de dois meses de dieta de mandioca, arroz e peixe. O material é saibro friável, quase que quebrável com a mão, furado em buraquinhos, como se atacado por insetos, e muito grosseiro para ser usado como pedra de amolar; nas partes mais elevadas, as partículas são menores e mais estreitamente dispostas. Sobre a superfície, há ramificações de material mais duro, elevando-se em alto relevo e formando compartimentos irregulares; mesmo essas cristas, porém, podem ser quebradas com um pedaço de pau. Nas partes mais macias, há panelas e cavernas abertas pela ação do tempo, as quais, de longe, parecem-se com um pombal. As partes mais baixas mostram uma ligeira descoloração esverdeada, que imediatamente faz lembrar as areias verdes que recobrem os rochedos azulados da Inglaterra; e as paredes mais altas são cinzentas, vermelhas e amarelas, sem dúvida uma coloração ferruginosa; na verdade, aparecem por toda a parte, sinais de ferro. Embebidos ligeiramente no material arenoso, e, sem dúvida alguma, depositados por águas tranqüilas, há faixas horizontais de seixos de tamanho menor do que os espalhados abaixo; daí, certamente, vem a formação diamantina que encontraríamos, em abundância, mais à jusante do rio.

Aproximando-nos do alto do morro, onde as cabras abriram um bom caminho entre o saibro friável, atravessei um lanço que se desmoronava, é o que se chama facão de morro, uma estreitíssima lombada, com quedas de ambos os lados e em processo de rápida degradação, para ser, em breve, nivelada com o terreno plano. Termina na torre mais baixa, onde um bloco de arenito, grande, perpendicular e estriado, mais branco do que o habitual, olha do alto, como um "dique" de quartzo. A viração fresca e úmida e as nuvens arrastadas pelo vento prejudicaram a vista do alto; podia-se ver, no entanto, que o terreno mais baixo era constituído por planícies de arenito, das quais se elevavam morros semelhantes àquele sobre o qual eu me encontrava. Era a formação que já havíamos observado, pela primeira vez, na margem do Ibó. À jusante, eu podia ver, na margem esquerda, o Serrote dos Campinhos, monte semelhante; e a substância estendia-se, com afloramentos de granito e alternação de pedra calcária, até a Cidade de Penedo, no Baixo São Francisco. Foi observado por Gardner em Crato, no Ceará, e vestígios do período cretáceo foram assinalados do Maranhão ao Alto Amazonas[51].

7 de novembro. — Da Serra do Papagaio, parte uma estrada, no rumo suleste, para Várzea Redonda, distante quatro léguas por terra e sete por água. Os barqueiros calculam, respectivamente, em cinco e oito, com exagero, a distância, que é medida pela preguiça das tripulações e pelo passo dos lamentáveis sendeiros. Partimos às quatro horas da manhã, no escuro, sob um chuvisco frio, às vezes cortado pelas rajadas de vento, e, uma légua adiante, passamos pelo Serrote dos Campinhos (de Baixo), na margem esquerda; nesse ponto, o arenito levanta-se nu e forma colunas isoladas, desgastadas pela ação do tempo, às vezes semelhantes às "pedras do Logan". O lugar é conhecido por um feio rochedo de duas cabeças que se projeta do rio. O ponto seguinte de interesse é Icó, na margem esquerda, com sua ipueira, que, segundo dizem, alimenta cardumes de peixes[52]. Em frente, na margem direita, ergue-se, muito alta, a Serra da Itacoatiara, tendo ao fundo as caatingas altas e defrontada por uma formação semelhante do lado oposto, a Guixaba.

O vento forte começou a uivar de novo e nos levou a procurar abrigo na margem esquerda; na praia, mulheres fumavam seus compridos cachimbos de taquara com fornilho de barro, e carregavam água, enquanto os homens descamavam peixe, que se recusavam a vender. Ninguém estava em mulambos, como em Juazeiro. A tez era mais amarela do que descorada; as feições eram regulares e, às vezes, belas; as mãos e os pés muito bem formados, mas grandes, mostrando o sangue português, e os cabelos compridos e lisos eram indígenas, ao passo que os dentes pontudos vinham, provavelmente, dos africanos. Todos estavam armados, e alguns carregavam sacolas de couro de maracajá, um gato do mato pintado como a onça e que causa grandes estragos às aves domésticas e cabritinhos. Os que passavam a cavalo, calçavam sapatos com solas muito compridas, às quais se prendiam as correias das esporas; usavam cabrestos e não freios, e os estribos tinham proteção para o peito do pé. Não eram descorteses, mas independentes como seus antepassados selvagens e, exageradamente frugais, ignoravam as necessidades da civilização. No entanto, a terra era boa, produzindo, em abundância, milho e mandioca, feijão e amendoim, batatas-doces, abóboras e cebolas, melões e melancias, cana-de-açúcar e arroz, ao passo que o algodão crescia, como habitualmente, nas terras mais altas.

Na praia, em uma curva do rio de sudoeste para suleste, reconhecemos, de novo, pela primeira vez depois de um intervalo de 93 léguas, a verdadeira formação diamantina. Ao longo da água, havia montes enfileirados de cativo branco e preto; a ferragem, cor de azeviche; a quadrada "Santa Ana"; a agulha, ali muito grande; o níveo ovo de pomba; a siricória (crisólita ou topázio branco) cor de palha, e o feijão, a fava e muitas espécies dos polidos caboclos, cujo brilho lustroso é considerado bom indício. Mais abaixo no rio, encontramo-la depois de levantar os grandes seixos (gorgulho brabo) e também está espalhada em fina camada, sob o humo superficial. Essas jazidas continuariam até a Cachoeira de Itaparica, oito léguas abaixo, e ali seriam notadas outra vez. Os habitantes nunca viram um diamante, e suas reses pisam sobre o que poderá ser uma mina de riqueza. Quando nos viram colhendo conchas e pedrinhas, lamentavam seu "atraso", mas, no presente estado de coisas, a exploração é impossível. O lugar está apenas a 90 ou 93 milhas do ponto terminal da navegação a vapor, e estou convencido de que deveria ser cuidadosamente examinado.

Dois jovens, Rufino Alves de Sá e Francisco Maria de Sá, das terras do Engenho Novo, estavam passeando pelas proximidades e fizeram as perguntas de costume, por exemplo: se os ingleses tinham um rei. Interroguei-os a respeito de um "letreito" ou inscrições, acerca das quais ouvíramos falar no curso superior do rio; os moços responderam que conheciam o lugar, e a vista de uma nota de um mil réis facilmente os persuadiu a servirem de guias. Embarcaram no ajojo e participaram da travessia da brecha de Itacoatiara, que dificilmente poderia ser chamada de rápido.

Naquele ponto, o rio, curvando-se para o nascente, passa entre o longo dorso da Serra de Itacoatiara e os penedos da Guixaba; as duas se ligam por uma saliência de arenito recoberto de ferro vitrificado. À direita, há um canal por onde as embarcações podem passar, de dia ou de noite, descendo ou subindo o rio; no centro, fica um rochedo de um formato original, semelhante a um cogumelo e, entre ele e a margem esquerda, o leito é muito sujo. Quando nos aproximávamos da pedra, e éramos levados a toda velocidade com a água, o Capitão Mole largou o remo, deitou-se de costas e ficou rindo feito um idiota. Os estranhos prepararam-se para um banho frio, afrouxando o cinto, onde traziam indefectíveis faquinhas; felizmente, porém, o velho piloto, manejando furiosamente o remo do leme, e usando, ao mesmo tempo, a linguagem mais enérgica que se possa imaginar, nos conduziu, sem novidade, através do último obstáculo.

Desembarcamos no Sítio de Itacoatiara, na margem direita, ao norte da montanha, e, caminhando através de um mandiocal, chegamos a uma parede de pedra, chamada Talhada. Ela se estende a sul-sudoeste do último obstáculo do rio, e forma um ângulo, cujos lados se voltam para leste e suleste, obliquamente, pois, quanto ao rio. O material é arenito grosso, com linhas de conglomerado, amarelo avermelhado acima e vitrificado embaixo, como se o rio o tivesse lavado outrora. A pouco mais de 3 metros do solo, há uma projeção semelhante a um telhado, e acima dela o rochedo é empilhado em blocos. O estrato mais alto da massa da montanha é cortado para a retirada de pedras para amolar e pedras de moinho. Sob a parte semelhante a um telhado, a parede está coberta de caracteres, cujos tamanhos variam de alguns centímetros a 70 centímetros de comprimento, estendendo-se cerca de 7 metros de cada lado do vértice do ângulo.

Fiquei satisfeitíssimo com a descoberta, a primeira do gênero que eu fazia no Brasil, e que não tinha sido anunciada antes[53]. Jacinto Barbosa da Silva, o proprietário da fazenda, disse-me que se tratava de um roteiro indicando onde havia um tesouro escondido, e essa é a opinião geral a respeito daquelas inscrições. Um viajante italiano, do tempo do avô de nosso interlocutor, chegou à conclusão de que as inscrições indicavam um buraco em uma ravina próxima e, atirando pedras, verificou que a cavidade era profunda. Foram mandados escravos para trabalhar no local, mas logo vieram as águas, e o lugar ficou perdido para sempre.

Prosseguimos viagem, e facilmente nos livramos da passagem de Itacoatiara. Em ambas as margens, havia pequenas povoações chamadas Pé da Serra[54]; diante delas, há um remoinho maior e depois uma série de remoinhos menores, que têm um aspecto perigoso. O leito do rio, contudo, apresenta um canal desembaraçado à direita. Um pouco abaixo, na margem baiana, há um rochedo de arenito amarelo avermelhado, uma "pedra escrita" semelhante à primeira que havíamos visitado, porém menor, que projeta no rio um ressalto de cor escura, muito esburacado e desgastado pelas inundações. Deve haver algum risco em subir e descer desse penedo, quando o vento está forte; e observamos nas margens que as canafístulas, curvadas quase que em ângulo reto para montante, apóiam no chão seus galhos, voltados para a direção do vento. Ao Pé da Serra de Pernambuco, uma linha de penedos de arenito vermelho, dá frente para o rio, com um contorno de fragmentos empilhados e rochedos, ao passo que uma planície baixa, formada por seus próprios desgastes, separa-a do rio.

O próximo acidente geográfico de importância é chamado Morro do Sobrado, devido à sua semelhança com uma casa. Na margem esquerda, abaixo de uma grande coroa de areia, coberta de mato ralo e com árvores esparsas, que se estende por três quartas partes do leito do rio, há dois rochedos gêmeos, altos e amarelos, separados por uma faixa de areia com 400 metros de comprimento. Estratificados e com clivagem, eles apresentam locas ou cavernas de tamanho excepcional, cujas negras entradas parecem revestidas de ferro; são lugares favoritos das aves para nidificar, especialmente o grande gavião-cinzento (*F. plumbeus?*) que causa tantos estragos entre os filhotes dos rebanhos. Grandes blocos caíram na água e receberam, como os granitos, uma camada vitrificada. Na margem direita, uma massa de marumbés negros e brilhantes penetra no rio como um leito de lava recente, contrastando com os morros vermelhos, a frouxa areia amarela e o pardo-escuro das caatingas altas.

Virando para o nor-nordeste, logo avistamos um dos mais pitorescos trechos do vale. O rio, agora de imponentes dimensões, alarga-se e estreita-se em curvas graciosas e a vista, a jusante, é fechada pela longa e baixa Serra de Tacaratu. As margens, descendo suavemente, têm suas encostas divididas por sebes de espinhos secos, e apresentam casas cobertas de telhas; são arenosas, verdes de capim e milharais. À direita, fica o lugarejo de Casa Nova, que consiste em umas vinte casas, tendo à frente três magníficos cajueiros, cujas copas verdejantes chegam quase até o chão. Do lado oposto, fica o Porto de São Pedro Dias da Várzea Redonda[55] — nosso destino. O rugido de uma cachoeira abaixo de nós nos dizia que tínhamos acabado nossa viagem.

Ali estava, então, o grande término da navegação no imponente Rio São Francisco, no qual tínhamos flutuado por cerca de 309 léguas, ou três vezes o comprimento da Inglaterra. Senti a calma que acompanha o fim bem sucedido de uma empresa duvidosa, ao mesmo tempo que a beleza do lugar e o esplêndido futuro que o aguarda me faziam acalentar os mais agradáveis pensamentos.

Volto, agora, às inscrições.

Essas "pedras escritas" parecem ser comuns no Baixo São Francisco. Naquela zona, são encontradas em Icó da Ipueira, em Itacoatiara e no Pé da Serra. Abaixo, falam a seu respeito em Saltado, a duas léguas da balsa de Curral dos Bois (320ª. légua) e no Brejo, uma fazenda de criação pertencente ao Capitão Luís da Silva Tavares, do outro lado do Porto das Piranhas e a uma distância de seis a sete léguas. Os habitantes contam casos de estrondos e fantasmas que andam naqueles lugares de tesouros escondidos; e no Brejo há um olho d'água onde se ouve o ruído de barras de aço.

Tais inscrições eram conhecidas dos viajantes antigos. Yves d'Evreux, falando a um acólito, diz de "Sainct Barthelemy": "Tien, voila ce grand Marata qui est venu en ton pays... c'est luy qui fit inciser la Roche, l'Autel, les Images et Escritures qui y sont encore à present, que vous avez veu vous autres". Seu editor, M. Denis, refere-se à "grand voyage pittoresque" de M. Debret (i. 46), a que não falta um certo interesse; as pedras ficam na montanha de Anastábia, perto do Rio Japurá, na Província do Pará. Muito antes dele, Koster (ii. Cap. 3)[56] menciona "uma pedra na Província de Paraíba na qual estava gravado grande número de caracteres e figuras desconhecidas, especialmente a de uma índia". A pedra, que era de grande tamanho, fica no leito de um regato seco; as pessoas que viram o desenhista trabalhando disseram-lhe que havia muitas inscrições semelhantes nas proximidades e revelaram os nomes das localidades. O Conde de Castelnau copiou inscrições de pedras do Rio Araguaia, que lhe foram mostradas pelo Capitão-Mor Antônio

Rodrigues Villares[57]; ele as encontrou (v. 113-114) em Serpa, i. e. "pierre gravée"[58], no Baixo Amazonas e alude a figuras esculpidas na rocha no Rio Negro e inscrições na pedra nos rios Orenoco e Essequibo. No Alto Paraguai, cabanas de índios e troncos de árvores vizinhas estavam cobertos de "singulares hieróglifos" de formas muito variadas, mas o viajante não soube concluir se era uma escrita mística ou meras cópias de marcas que os moradores tinham encontrado em reses furtadas. S. M. I. D. Pedro II, diligentíssimo estudioso das antigüidades brasileiras, coligiu todas as informações correntes acerca daquelas "rochas marcadas", e me disse ser de opinião que as mesmas eram trabalho de quilombeiros. Não posso aceitar esse ponto de vista, pois os africanos em sua terra ignoram toda espécie de escrita.

Os glifos encontrados no São Francisco eram de formato muito menos europeu que os publicados pela Revista Trimestral do Instituto Brasileiro[59]. Os símbolos apresentam considerável monotonia, sendo as formas mais notáveis a mão, o casco com uma linha vertical ou linhas verticais dividindo-o ao meio e o antigo ∞ gótico de duas dobras. Meu amigo, A. Moreira de Barros, Presidente de Alagoas, e Carl Krauss encontraram outros caracteres no Rio da Água Morta, na aldeia de Olho d'Água do Casado, perto de Porto das Piranhas, cerca de uma légua em linha reta do Rio São Francisco. O lugar consiste em uma gruta, com três e cinco metros de largura, com paredes perpendiculares do granito duro (sienita?), do qual a mica quase desapareceu, e tinto de vermelho pelo óxido de ferro. Krauss acredita que as inscrições tenham sido feitas com instrumentos de ferro. Notei, contudo, que os machados de jade dos nativos eram capazes, com perseverança selvagem, de marcar a pedra mais dura[60]. C. H. Williams, da Bahia, que subiu o Panema, afluente do Baixo São Francisco, encontrou, a duas léguas de seu leito, caracteres gravados em tinta vermelha na parte inferior de uma grosseira laje de granito. Seria muito de desejar-se que todos esses antigos remanescentes fossem fotografados, antes de se estragarem; presentemente, cada caipira que aparece, instintivamente mete a ponta de seu canivete no "letreiro", como para vingar-se, por não poder descobrir o seu segredo. A interpretação esclarecerá um ponto obscuro da idade pré-histórica do Brasil[61], e basta mencioná-los para ver que não tinha razão o viajante ao afirmar: "Au milieu des rochers et des arbres gigantesques de ces forêts qui défient les siècles, il ne se trouve pas d'hiéroglyphes ou aucune espèce de signes gravés sur la pierre"[62].

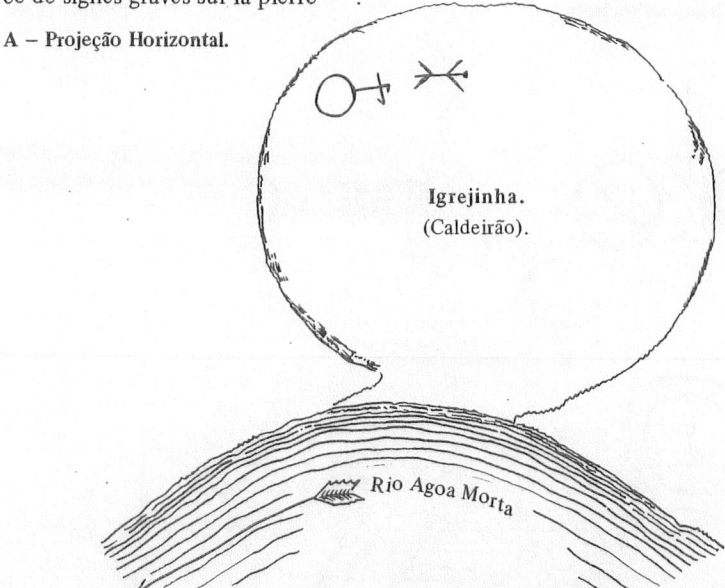

A – Projeção Horizontal.

Igrejinha.
(Caldeirão).

Rio Agoa Morta

Estes caracteres se encontram no fundo de um caldeirão natural, que o povo chama de Igrejinha, e que tem cerca de 3 metros de diâmetro, 4 de profundidade e fica a 2,5 m. acima do nível do rio. Escala – 1:40.

A inscrição, a 20 ou 30 metros rio acima, mostra apenas metade do que era, provavelmente, seu tamanho original. Neste, como na letra **A**, a seta tem a mesma direção do rio, e parece indicar um certo ponto sob a areia, onde, possivelmente, houve antigas minerações. É certo que foi retirado ouro desse lugar, em tempos antigos. Krauss nada encontrou ali, mas sua visita foi apressada. Ele considera as figuras um mapa do rio.

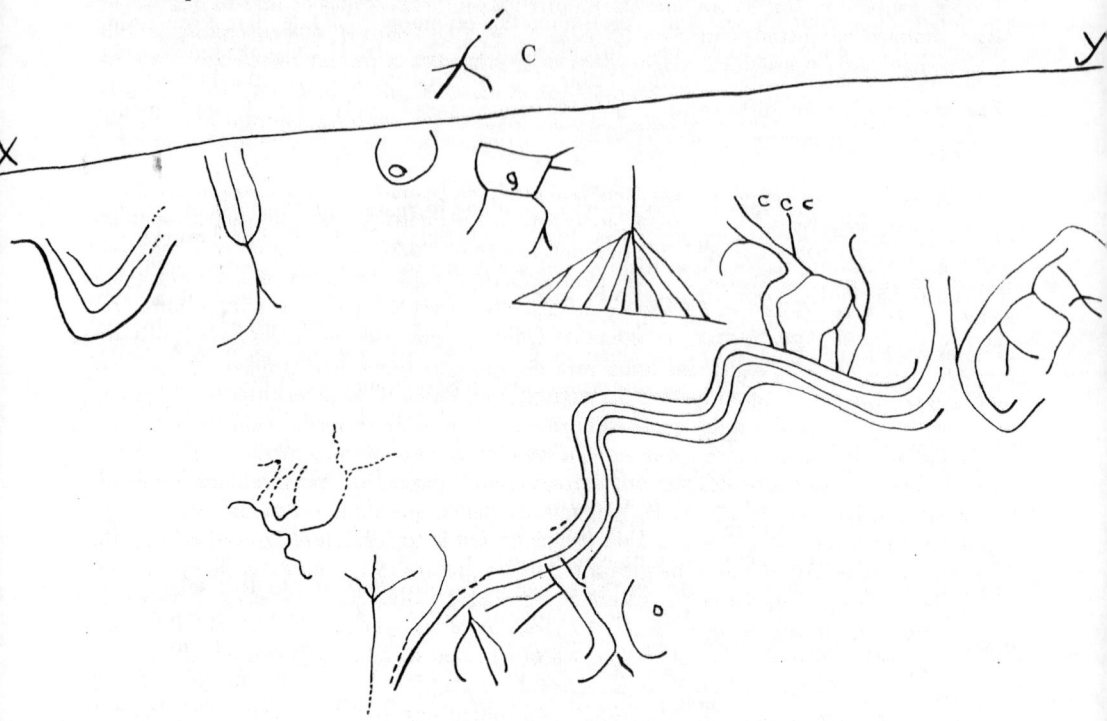

A linha reta mostra a fissura no rochedo.   Escala — 1:20.

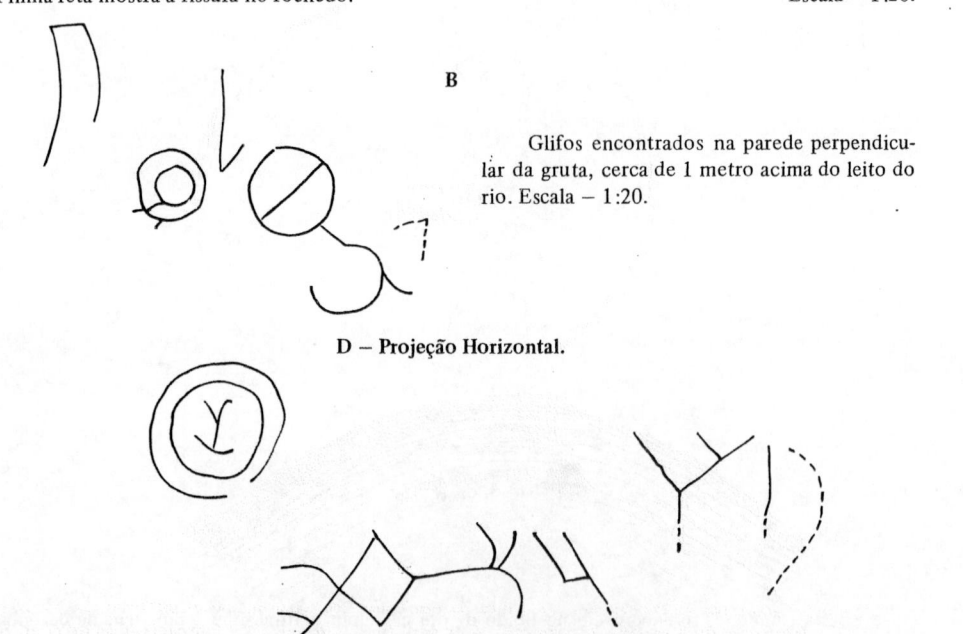

B

Glifos encontrados na parede perpendicular da gruta, cerca de 1 metro acima do leito do rio. Escala — 1:20.

D — Projeção Horizontal.

Também este deve ser metade do tamanho natural. Fica no fundo de uma pequena gruta, cujo plano está a uns dois metros acima do rio e que pode esconder duas pessoas. Escala — 1:20.

Planta do Local

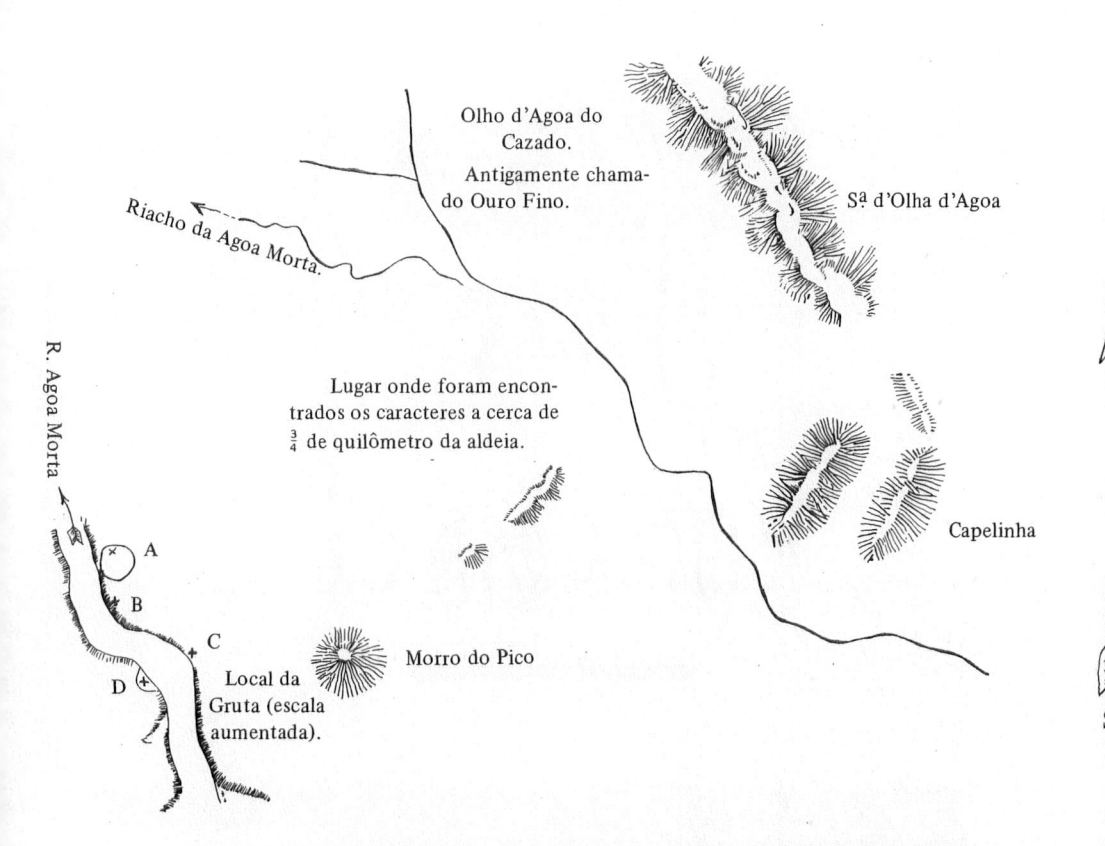

Olho d'Agoa do Cazado.
Antigamente chamado Ouro Fino.

Riacho da Agoa Morta.

Sª d'Olha d'Agoa

R. Agoa Morta

Lugar onde foram encontrados os caracteres a cerca de ¾ de quilômetro da aldeia.

Capelinha

A
B
C   Morro do Pico
D   Local da Gruta (escala aumentada).

C. H. Williams teve a gentileza de oferecer-me uma cópia dos caracteres que reproduziu do Panema, e estas são as formas mais notáveis:

331

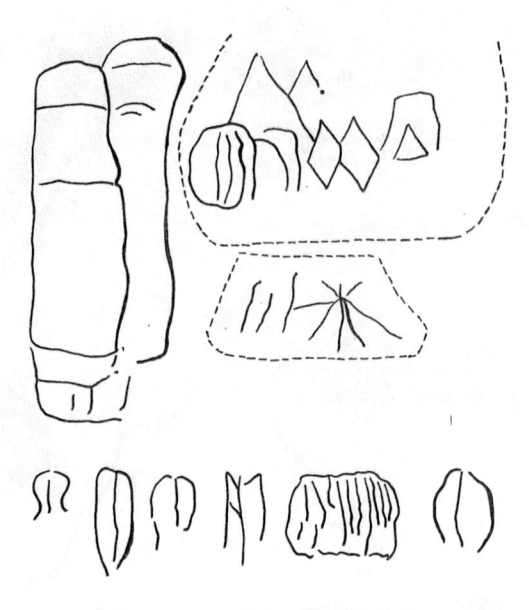

Abaixo, estão os tipos normais que observei em Itacoatiara.

NOTAS DO CAPÍTULO XXVII

1. Halfeld, por um curioso equívoco ("Rel." p. 6) atribui a essa décima primeira travessia 38 léguas e conta a distância a partir de Santa Maria, e não de Boa Vista. Os pilotos aumentam a distância para 52 léguas, a saber, 16 até Cabrobó e 36 a Várzea Redonda.
2. Os moradores afirmam que nunca ocorreram acidentes, mas iríamos encontrar dois naufrágios "en route".
3. Entre a 295ª. e a 300ª. légua de Halfeld.
4. "Os canais são tão intricados que encontramos, nas bifurcações, pedaços de pano pendurados nos arbustos, para orientar os navegantes no caminho do Pará". (Tte. Herndon, p. 333).
5. Provavelmente, Halfeld estudou essa parte do rio quando ele estava baixo. Fala de várias cachoeiras e cachopos (na região chamados baixios ou bancos de areia) que são meras "corridas". Entre a Ilha Pequena e a margem, ele coloca a Cachoeira do Fuzil, que, quando passei por lá, mal podia ser chamada um rápido.
6. Halfeld chama-a de Serra do Inhanhum, nome da grande ilha da curva do rio.
7. Esse *Saccharum* é, provavelmente, a frecheira do Rio Amazonas.
8. Seu grito parece dizer "Fogo-pagou" (apagou).
9. O nome deve vir do fato de algum dourado ter caído em alguma panela do rio. Panela significa, ou algum buraco aberto pela água na pedra, ou um pequeno remoinho, produzido por uma depressão cônica do terreno.
10. Há outro canal, à direita da Ilha do Serrote, mas pareceu muito perigoso.
11. Halfeld diz que o serrote era formado por quartzo, clorita, mica, ferro e titânio.
12. Segundo o piloto, ele vem de Queimadas, a trinta léguas de distância. Halfeld mostra uma foz muito estreita. No mapa de Keith Johnston, o riacho recebe as águas da encosta oriental da cadeia ocidental, perto das cabeceiras do Canindé, o rio que passa em Oeiras, no Piauí.
13. Abaixo de Santa Maria, o terreno tornar-se-ia arenoso, menos leve e rico.

14 Por isso, as pilastras são chamadas por Halfeld ("Rel.", p. 156) colunas de pedra. Observa ele: "Na igreja acima mencionada, ainda enterram defuntos, mas com tão pouca piedade, que os corpos, mal cobertos com terra frouxa, exalam um insuportável mau cheiro". O cheiro desapareceu, e não tivemos de nos queixar da atmosfera.

15 Há um Orocó de Baixo na margem esquerda, cerca de duas milhas à jusante.

16 A estibordo, passamos, sucessivamente, de oeste para leste, por: Ilha das Almas, do Juá, de São Miguel e da Piedade, com inúmeras outras, especialmente a Ilha Comprida, entre elas e a margem direita. A bombordo, fica a Ilha de S. Félix, que o piloto chamou de São Pedro; tem, mais ou menos no centro, um outeirinho, sobre o qual foi construída a capela, quase ao norte da elevação onde se encontram as ruínas da Igreja de São Miguel. Entre S. Félix e a margem esquerda, fica a Ilha da Tapera; a leste de São Félix, está a Ilha do Aracapá, com cerca de quatro milhas de comprimento. Seu canal tem muitos obstáculos e aparece cascalho na margem esquerda. Nesse ponto, a maior largura do rio é de cerca de duas milhas (geográficas).

17 Keith Johnston o chama de "R. Bregido" e o faz provir, segundo penso, corretamente, das encostas meridionais da cadeia que divide Pernambuco do Ceará.

18 No mapa de Halfeld, é chamada Ilha dos Bois.

19 Cap. 15.

20 Iríamos subir a parte mais oriental dessa ipueira para chegar a Cabrobó. O caminho direto é pelo oeste, mas não pode ser seguido nessa época do ano. Os principais rápidos, descendo-se o rio, são: 1. Bom Sucesso; 2. Cachauí; 3. Tucutu; 4. Camaleão; 5. Urubu; 6. Cauã; 7. Foice; 8. Catarina e 9. Cachoeira do Gavião ou do Portão. Esta última, situada meia légua acima da cidade, é considerada um "despenhador", que só pode ser atravessado no auge das enchentes.

21 Nenhum desses nomes é dado pelo Sr. Halfeld. Jacaré parece ser a Serra do Timbó.

22 Alguns a chamam de Serra do Milagre, outros de Serra da Lagoa Dourada.

23 É chamado cabeça-vermelha, galo-da-campina ou tico-tico-rei. O Menino afirmou ter vendido, no Rio de Janeiro, por 10$000, um casal desse pássaro, que é muito apreciado, por causa de seu canto.

24 Há duas espécies: *Psittacus macavuanna* e *P. gulannensis,* (Lin.).

25 O povo o chama de sacó, e diz que ele tem carne gorda e gostosa.

26 A palavra é, sem dúvida, corruptela de "guaraúna", "ave preta"; mas é pronunciada "craúna" e muitos lugares no curso superior do rio assim são chamados. O povo gosta da carne dessa ave, depois de frita na gordura.

27 Localmente chamada canga ou cambão, uma palavra rústica portuguesa.

28 Os fardos têm, em média, de cinco a seis arrobas; não são comprimidos, mas bastante apertados com as cordas.

29 Gardner descreveu essa formação de greda. O nome Araripe foi inteiramente omitido por Keith Johnston. O Sr. Cândido Mendes de Almeida não o esqueceu; não mostra, contudo, a serra tendo a de Borborema atrás, que, falando rigorosamente, inclui os dois Cairiris. A respeito dessa última palavra, logo se falará.

30 Peixes do cretáceo foram encontrados, há pouco, pelo excelente viajante, William Chandless, no Rio Aquiri, afluente do grande Purus. Em sua maior parte, segundo o Professor Agassiz, ocorrem entre 10° a 11° de latitude sul e 67° a 69°, de long. oeste (Gr.), em localidades situadas de 145 a 217 metros acima do nível do mar. Ali, a latitude de Araripe é de cerca de 7° sul.

31 Esse nome é dado à região situada entre Crato e Jardim, mais ou menos. Cairiri, que também se escreve Cairiry, Cariri ou Kiriri, era o nome de uma tribo tapuia, antigos donos da Ilha de Itaparica, na Bahia de São Salvador. Em 1699, um missionário jesuíta, Pe. Luís Vincêncio Mariani, publicou em Lisboa sua "Arte da Grammatica da Lingua Brasilica da Naçam Kiriri". Muitos lugares da região têm o nome de Cairiri; são, sem dúvida, localidades para onde migraram os antigos selvagens. Há duas cadeias principais: Cairiris Novos, na Província de Paraíba do Norte, e Cairiris Velhos, em Pernambuco.

32 É um grupo de cabanas, em torno de uma grande praia de areia, chamada Coroa do Bom Jesus.

33 Dizem que tem cerca de 30 léguas, a partir de seu começo na Serra do Araripe, no lugar chamado Cairiris Novos. Keith Johnston chama o braço nordeste de "R. Terra Nova" e o noroeste "R. S. Domingos".

34 Ilha da Boa Vista, nos mapas de Halfeld.

35 Na margem esquerda, há três fazendas chamadas Brandão, provavelmente de alguma família que foi a primeira a fixar-se ali. Na Brandão do Meio, há uma boa casa branca e uma plantação de coqueiros.

36 Um pouco abaixo desse ponto, fica a Barrinha do Abaré. Ambos são reminiscências dos jesuítas, um dos quais era chamado Abaré bebé, o "padre voador", porque estava sempre em movimento. Eles, como os prelados, tomavam o título de Pai Abaré Guaçu, sendo o Papa conhecido por Pai Abaré Guaçu Eré (o maior de todos). Os frades de Santo Antônio eram chamados "abaré tucura", Padre Gafanhoto, porque os índios achavam seus capuzes parecidos com gafanhotos.

37 Halfeld ("Rel.", 215) fala no "calborge", um sapo cantador e anfíbio, que se cobre de espuma. Tem também sua lenda.

38 Halfeld a chama de Barra do Tarraxi. Dizem que o rio nasce em um lugar chamado Imburanas, na Ponta da Serra, e que seu curso tem 40 léguas.

39 Halfeld fala, nesse lugar, em um Cachauí de Cima e um Cachauí de Baixo.

40 No "Relatório" (p. 168) ele é chamado Serrote da Pedra; a orientação é de nordeste para sudoeste, e o material, segundo dizem, é gneiss-granito (gneiss não estratificado), granito e quartzo.

41 As ilhas, a partir de cima, são: 1. Ilha do Cuité; 2. Ilha da Viúva ou dos Cubaços, confundindo-se este último nome com uma ilhota ao sul; 3. Ilha da Tucuruba; 4. Ilha do Jatobá; 5. Ilha de São Miguel; 6. Ilha da Crueira (sic no mapa, Cruzeiro?); 7. Ilha do Espinheiro e 8. Ilha do Surubabé, no "Relatório" chamada "Sorobabé" e "Zorobabé". Além desses, o Plano mostra cerca de trinta e cinco ilhotas, maiores ou menores, sem contar os rochedos.

42 Halfeld ("Rel.", 169) diz que a formação é granítica e coloca o canal à direita, ao passo que passamos à direita da "Ilhota do Elefante".

43 Na margem esquerda, desemboca o Riacho de Turuba, uma simples ravina.

44 Outros dizem "do Espinho". No mapa de Halfeld, o nome é Ilha de Santo Antônio.

45 Os moradores de Várzea Redonda disseram que ele estava quatro ou cinco braças acima do nível mínimo da água.

46 Halfeld, em vez de Vau, diz Vão.

47 Na ocasião, não tinha correnteza, e apenas poços de água espalhados pelo leito. Dizem que ele recebe as águas da cadeia de serras que serve de linha divisória ao norte. Halfeld ("Rel.", 171) escreve a palavra como ela é pronunciada, Pajaú. Keith Johnston faz o mesmo e apresenta o riacho como um curso de água considerável.

48 Halfeld fala em "Serra do Penedinho".

49 Halfeld ("Rel.", 173) fala dela como uma "vistosa igreja".

50 Já aludi (Cap. 21) à existência da opala, a única pedra preciosa que a arte ainda não aprendeu a imitar. José Bonifácio ("Viagem Min.", p. 29) encontrou, perto de Ipanema, em São Paulo, a "opala comum, muito semelhante às de Telcobania na Hungria". Até agora, não vi no Brasil o quartzo com arlequinesco jogo prismático de cores, que ainda é tão valioso.

51 G. S. de Capanema, sábio brasileiro, era de opinião que a descoberta de Gardner de imensos depósitos cretáceos na extremidade nordeste do Continente Sul-Americano, podia ser reduzida a depósitos de "tabatinga" ou feldspato degradado. A viagem do Professor Agassiz contudo, resolveu a questão. Os sinais do período cretáceo são constituídos por arenito ferruginoso apoiado em areia verde; marga e pedra calcária macias e compactas; espessas camadas de um arenito de granulação mais fina e colorida, e, finalmente, uma grande disseminação de sílex córneo, sílex comum e pederneira de verdade. Não contém, resíduos orgânicos, segundo parece.

52 Nessa parte do rio, o peixe é apanhado facilmente na estiagem, especialmente perto dos rápidos. Os moradores atacam-no não somente com a rede e o anzol, mas também nele atirando.

53 O "Relatório" não se refere à sua existência. Voltarei a falar nessas inscrições no fim deste capítulo.

54 Do mesmo modo, temos São "Magnus ad pedem pontis", etc.

55 Todos os escritores, inclusive Halfeld, chamam-na de Vargem Redonda. Só posso dizer que o povo não chama. As palavras, contudo, são sinônimas.

56 Obteve essa informação de um padre, que visitara um amigo na Província de Paraíba, e não lhe foi possível copiar o desenho por ter saído de Pernambuco mais depressa do que pretendia. Southey alude a essa inscrição.

57 Foram vistas, em 1774, durante uma exploração feita pelo Ouvidor Antônio José Cabral de Almeida. Cunha Matos ("Itinerário do Rio de Janeiro ao Pará") atribui as inscrições aos jesuítas.

58 Segundo Bates (i. 308), o nome de Serpa, na língua tupi "ita-couatiara", significa rochedo riscado ou pintado, com a variegada argila e conglomerado tauatinga.

59 O leitor encontrará no "Apêndice" uma tradução desse curioso documento. Suas alusões à Grande Cachoeira de Paulo Afonso são evidentes, mas a história da cidade deserta é tida por fantasia. Um padre baiano dedicou-se, durante cerca de vinte anos, ao trabalho de redescobrir o lugar, e morreu antes que conseguisse.

60 Não é fácil compreender como os selvagens trabalhavam com substâncias não refratárias. Em quase toda a parte, porém, o homem inventou os rudimentos de uma lima, por meio de areia presa a uma haste com resina. Na Índia, a nefrite era tratada com pó de diamante.

61 As inscrições aqui apresentadas foram as encontradas por Moreira de Barros e Krauss, aos quais manifesto a minha gratidão.

62 Príncipe Max. em 1815–1817 (ii. 314).

CAPÍTULO XXVIII

AS GRANDES CACHOEIRAS

*Descrição de Várzea Redonda. Dispensa da tripulação e conseqüente desafogo.
Os tropeiros de Pernambuco. Cachoeira de Itaparica.*

> "Então (quando Tio Sam "o melhor freguês e mais natural aliado do Brasil" enviar alguns milhares de seus enérgicos filhos), apontando para as solidões verdejantes, para a bem cultivada fazenda, para a movimentada cidade, para o barco a vapor, e ouvindo o eco de milhares de vozes de homens ativos e prósperos, o Brasil poderá dizer, com orgulho e verdade: "Assim fizemos, para o progresso da civilização e felicidade da raça humana".
>
> *Tenente Herndon*, p. 372.

Procurei em Várzea Redonda uma grande cidade, ou pelo menos uma cidadezinha ativa, e só encontrei um miserável quarteirão, que mal continha uma vintena de casas. A população está confinada a uma estreita faixa de terra ao longo do rio, e, por falta de água, quando milhões de galões de água correm à distância de um tiro de canhão, as terras mais altas são de todo negligenciadas. Toda a margem esquerda, da Serra do Papagaio a Várzea Alegre, pertencia, há três gerações atrás, a um proprietário brasileiro, Manuel de Sousa. Quando ele morreu, as onze léguas de extensão foram divididas em várias fazendas, do Atalho, da Volta Redonda e, mais abaixo, da Várzea Alegre. Todas ainda estão ocupadas pelos múltiplos descendentes do primeiro dono. A lei da gênese ou do desenvolvimento, é cumprida ali com um vigor peculiar; o único mister, ao que parece, é o de pai de família — o homem que não tem uma dúzia de filhos é considerado um pobre diabo. As mulheres têm, por cabeça, de dez a vinte e cinco rebentos, e é rara a choupana em que não haja um bisavô ou bisavó. Isso se deve a um clima saudável, abundância de provisões, embora grosseiras, falta de ocupação do corpo e carência ainda maior do que é vulgarmente chamado de vida espiritual. E devo observar que, do mesmo modo que se verifica a inferioridade da Bahia, no que diz respeito à vida social, em comparação com Minas Gerais e São Paulo, do mesmo modo o interior de Pernambuco fica atrás da Bahia, e o de Sergipe e Alagoas atrás de todos. Essas duas últimas províncias, na verdade, poderiam facilmente ser reunidas em uma só, se não fosse o interesse político de manter tantas "sedes de governo" quanto seja possível.

Depois de chegar, procurei José Manuel de Sousa, ex-inspetor de quarteirão, que mora em Porto do Atalho, poucos metros acima do desembarcadouro principal. Ele nos ofereceu sua casa, gratuitamente, mas, desejando tomar algumas providências, antes de pagar e despedir a tripulação e desmantelar o "Brigue Elisa", resolvi dormir a bordo, e me arrependi muito. O tempo, durante a noite, esteve furioso e o vento levantava ondas que quase reduziam a pedaços a velha embarcação. Meus homens, tendo chegado ao fim da viagem, entregaram-se à habitual "pândega" dos barqueiros, bebendo muito, contando muita prosa, medindo forças e brigando, tudo isso entremeado de cantos, gritos, versos improvisados, e terminando tudo com os tremendos roncos do sono báquico. O Menino jurou que não poderíamos, nem deveríamos dar mais um passo sem ele, o que o garantia, na certa, contra a "despedida". Majelicão complicou as coisas, furtando todos os mantimentos, peças metálicas e peças de madeira que lhe caíam nas mãos. Na manhã seguinte, os descarados derramaram lágrimas de contrição e de cachaça. O primeiro recebeu 150$000 por seus dois meses de aversão ao trabalho, e, como se lamentava de ter de enfrentar sozinho tantos estranhos perigosos, foi-lhe permitido levar consigo a cadela Negra, que também terminou a viagem. Aquele animal combinava as duas pouco recomendáveis qualidades de covardia e ferocidade. Não podia ser deixada perto de crianças e animais pequenos, ao mesmo tempo que fugia apavorada de qualquer porco que a ameaçasse. Outra sensação de profundo alívio seguiu-se ao último olhar que lancei às costas de meus barqueiros, enquanto eles desapareciam, a caminho de Boa Vista. O único rosto que lamentei ver desaparecer ao longe, foi o do velho e bom piloto. Recomendo-o vivamente aos futuros viajantes.

O ex-inspetor de quarteirão mostrou-me a região vizinha, e nosso primeiro passeio foi pelo rio abaixo. As margens perto de Atalho constituem uma localização melhor para um centro habitado do que as que ficam mais abaixo, onde as ipueiras produzem insulação excessiva e onde os diques dificilmente poderiam remediar o mal, especialmente quando os rios descem das montanhas. Há grande quantidade de cascalho, que produziu ouro, há alguns anos. A experiência, contudo, não se repetiu. Vimos algumas ágatas e um sílex escuro, aqui conhecido por fígado-de-galinha, que é bastante duro, dizem, para desgastar o aço. Entre as habituais caatingas altas, apareceram o copado mariseiro[1]; a quina-quina, de flor semelhante à do convôlvulo e folha pontuda, e a embira, cuja casca é usada como fibra e com cujas cinzas se faz bom sabão escuro. A região, segundo meu cicerone, tem muita caça, onças, veados e porcos-do-mato (pecari). Ouvimos os casos habituais do homem que, sozinho, matou um "tigre" com sua faquinha e da "cabólada" que come tudo, gaviões e lagartos.

Do alto do barranco das margens, avistamos, um belo morro maciço, a cerca de 265 a 300 metros acima do nível do mar[2]. Para o sul, e na margem esquerda, fica o Serrote do Brejinho, ali chamado Serra de Itaparica. Fica a uma distância de três ou quatro léguas ao longo do rio. Uma e meia milha abaixo do Porto do Atalho, começa a segunda e maior Cordilheira dos Rápidos, que se estende por cerca de vinte e cinco léguas[3]. A Cachoeira da Várzea Redonda, a porta de entrada dessa região intransponível, é formada por morros rochosos, de ambos os lados do rio. À direita do leito, aparecem rochedos negros, e embarcações têm-na atravessado, mas sempre sob um intenso terror de panelas ou pequenos remoinhos.

Perto desse rápido, e na margem esquerda, fica a Várzea Redonda propriamente dita; sua capelinha, sob a invocação de São Pedro Dias, trás a data de 1862. Tem um só pavimento e uma varanda e duas janelas com taipais de tábua voltadas para o poente. O vigário reside em Tacaratu, a cinco léguas na direção leste-sudeste. É uma cidade-mercado, que fornece provisões a Várzea Redonda. Todos os sábados, realiza-se ali uma feira, e os sertanejos vêm de longe visitá-la, viajando a cavalo para fazer suas compras e esperar o dia seguinte para assistirem à missa. É também ligada, por uma boa estrada, à Bahia, a metrópole, que, dizem, fica a 110 léguas de distância[4].

Em 1852, Várzea Redonda tinha apenas de oito a dez casas; hoje, esse número triplicou. Nada é mais fácil do que construir. O leito do rio oferece os melhores materiais para a fabricação de telhas e abundam as madeiras de lei. A pedra calcária, da qual todo morro é uma pedreira, quebra-se em tijolos naturais, permitindo a pronta produção de pedra de cantaria. As melhores espécies são boas pedras de amolar. Vi muitos exemplares em que uma fina camada de cintilante verde acinzentado era contida em duas camadas de carvão férreo castanho escuro: este último, que em pouco tempo desgasta ferramentas de aço, é facilmente amassado com um martelo. Cerca de oito léguas ao norte, em um lugar chamado Poço Cercado, a cal é vendida à razão de 2$000 o alqueire. Assim, também ali, a matéria calcária se sobrepõe à arenosa.

O clima de Várzea Redonda é afamado por sua salubridade. Ali outra vez dormimos ao vento e ao luar, na chuva e no orvalho, antes melhorando do que prejudicando a saúde. Ali, ao nos aproximarmos da vasta máquina de ventilação que é Paulo Afonso, o vento vem de todos os quadrantes. O norte traz vendavais com raios e trovões; o sul, inverno, isto é, vento e chuva; o leste, chuvas leves que são consideradas benfazejas, e o oeste é um vento seco. A estação das chuvas inicia-se com tempestades, em outubro ou princípio de novembro, e as chuvas mais copiosas ocorrem no fim de fevereiro ou em março. Também essa é a regra na extremidade do Baixo São Francisco, ao passo que, como já observei, as chuvas no litoral da mesma latitude começam quando, nessa região, tudo está seco.

Desmantelei o "Brigue Elisa", que tinha sido o meu "lar" durante os últimos três meses. As tábuas foram dadas ao nosso hospedeiro. A âncora de Morro Velho lhe foi confiada[5], e as duas canoas compradas ao Piaba, em Sabará, foram vendidas por 120$000 ao seu tio. A providência seguinte consistiu em arranjar animais, que eram então raros, por estarem, segundo me foi explicado, empregados no transporte de algodão. O custo do transporte para Porto das Piranhas, pela estrada de Tacaratu, era, ordinariamente, 6$000 por pessoa. Em vão ofereci 8$000, e pediram-me 10$000, em vez de 7$000 para uma viagem margeando o rio, até Piranhas. O fato é que o ex-inspetor de quarteirão, que levava bem a sério os laços sangüíneos, resolvera que ninguém, a não ser com seus primos, poderia se encarregar de nossa viagem. Nem ele, nem os primos, nem qualquer de seus vizinhos, tinham visto coisa alguma das Grandes Cachoeiras, a não ser a nuvem de espuma que se eleva acima delas, e o tio me afirmou que tudo não passava de uma "peta". A curiosidade não fora suficiente para justificar uma cavalgada de algumas horas. Só no terceiro dia foi que os animais e os camaradas ficaram prontos.

O grupo compunha-se dos piores homens, dos piores animais e dos piores arreios que eu já havia visto no Brasil; e a decepção foi tanto maior quanto a Fama, muito havia trombeteado a respeito dos tropeiros de Pernambuco. Se aqueles exemplares os representavam mesmo, o que se pode dizer é que dois deles não valem um paulista ou um mineiro; e, durante a viagem, houve muita ocasião de sentir saudade dos tropeiros Miguel e Antônio e das bem nutridas mulas de Morro Velho. Os cavalos eram mais teimosos e cabeçudos que os burros; deixavam-se ficar para trás; saíam do caminho para procurar capim e abrigo; corriam, às vezes, para a frente, a fim de não ficarem em último lugar, e, às vezes, davam com sua carga no chão. Em conseqüência, algumas de minhas coleções se perderam; poucas garrafas ou frascos ficaram inteiros, e os melhores impermeáveis foram furados pelas horríveis albardas. A única tentativa para corrigir os cascos dos animais consiste em colocá-los em cima de uma tábua e cortá-los com formão. As mantas colocadas sobre as selas eram frouxas e, nos estribos, mal cabia a ponta dos dedos dos pés, o que fazia da cavalgada algo de sumamente desagradável. Os animais estavam fracos por falta de capim, que seus donos não forneciam. Além disso, eram barbaramente tratados; e, pela primeira vez no Brasil, vi um brasileiro tratar animais com crueldade.

Os seres humanos eram dois e meio, sendo a metade representada por um menino, conhecido por Negro Quim, abreviação de seu nome, Joaquim Gomes de Lima. Parecia ter doze, mas dizia ter quatorze anos; e sua voz desafinada confirmava sua asserção; era uma estranha mistura de homem e menino; trazia consigo fumo, isqueiro e faca; conhecia todas as pilhérias habituais e cultivava todos os vícios dos adultos; oferecia bebida a mulheres com três vezes a sua idade, e, ao mesmo tempo, subia nas árvores para apanhar frutas do mato e montava nos cavalos em pêlo, por brincadeira, como os jovens beduínos montam nos camelos. Os adultos, Inácio Barbosa da Silva e João, apelidado João Caboclo, tinham quase todos os defeitos dos tropeiros — exceto a embriaguez. A diferença entre eles era a de que Inácio tinha a cara alegre, o que não discordava de sua natureza, ao passo que o Caboclo tinha um gênio péssimo[6]. Ambos eram preguiçosíssimos. De manhã, eu tinha de arrancá-los de suas redes e dormiam no mato, quando iam buscar os animais. Na primeira noite, deixaram (como se fossem somalis) que um cachorro comesse a carne que levavam em uma sacola, só para não se darem ao trabalho de enxotá-lo. De duas em duas horas, tinham de beber água; de três em três, descansavam; metiam a cabeça em cada porta e paravam para conversar com todo o mundo que encontravam na estrada. Discutiam, cada um querendo que o outro carregasse mais meia libra de peso de sua própria carga, e usavam uma linguagem grosseira, o que, no Brasil, não é, de modo algum, a prática usual. Sua principal diversão consistia em colocar horizontalmente, como uma lança, as varas que traziam e espantar os bois que pastavam na beira da estrada e cuja fuga precipitada era por eles considerada como a coisa mais engraçada do mundo.

Na manhã do dia seguinte à nossa partida, o Caboclo resolveu ameaçar e arreou seus dois animais, dizendo que não continuaria viagem, se eu não lhe pagasse mais uma quantia adicional. Eu poderia tê-lo feito pagar caro, depois que chegamos ao nosso destino, mas contentei-me em deixá-lo amarelo de medo, em benefício dos futuros viajantes, que não terão de pagar uma quantia injustamente reclamada. Um procedimento semelhante, na Ilha de Zanzibar, depois de meu regresso, após ter, descoberto as regiões lacustres da África Central, mostrou-me, acima de qualquer dúvida, o absurdo do "espírito público". A simples calúnia, no entanto, não me impedirá de fazer o que fiz nos dois casos. Os viajantes jamais serão bem tratados, se seus antecessores agirem baseados no princípio — ou melhor, na falta de princípios — de esquecer e perdoar no fim da viagem, porque é o fim da viagem.

* * * * *

Iria, agora, desfrutar o melhor da expedição, mas o gozo foi precedido de uma série de amarguras[7]. A partida teve de ser adiada para o meio-dia, para que o tio de meu hospedeiro efetuasse o pagamento; não podíamos viajar de estômago vazio, e o sol já estava se aproximando do horizonte quando montamos os desgraçados sendeiros e lançamos um último e saudoso olhar para a curva graciosa e as "árvores copadas" da bela paisagem.

O caminho seguia para o sul, ao longo da margem esquerda do rio, sobre a qual as águas iriam em breve se espalhar até as elevações que se avistavam dos dois lados. O terreno era cortado por lombadas, que, nas chuvas, formam ilhas, que devem se parecer com os pontos mais altos do vale egípcio, quando transborda o "pingui flumine Nilus". Entre as águas, há tabuleiros anões, bastante estéreis, exceto nos lugares em que o rio flanqueou a areia de lama já endurecida; as partes mais ricas são os brejos e brejinhos, que produzem canas-de-açúcar, cereais e plantas oleaginosas.

O violento vento geral, ali muito afastado do nordeste, atingiu-nos em cheio no rosto. Recebi-o com agrado, pela primeira vez desde o começo do mês anterior. Durante essa parte da viagem, ele geralmente surgia junto com a lua e acabava depois de algumas horas. O clima me fez lembrar o que Bruce chama de "o mais quente do mundo", 61° (F.) ao nascer do sol, 82° ao pôr-do-sol e, às três horas da tarde, 114°, chegando mesmo a 120° à sombra.

Quando a lua já estava bem alta no céu, chegamos ao Brejinho de Baixo, onde fomos recebidos pelo proprietário, Manuel Victor da Silva. Seu pequeno engenho fica perto de um brejo, onde cresce uma velha mas ainda viçosa, plantação de coqueiros; a fruta estava nas melhores condições para fazer bebidas, e a boa coalhada que me foi oferecida fez-me lembrar Fernando Pó.

Diante da casa, ergue-se a Serra da Juliana[8], com uma elevação proeminente, chamada Nariz Furado; é o limite oriental do antigo leito. Tivemos uma impressão pouco habitual, passando a pequena distância de um rápido que não atravessamos nem iríamos atravessar.

Antes que o dia clareasse, fomos acordados pelo despertador local, os gritos de um pássaro, e quando o rosicler, ou a luz matinal, banhava os cimos da montanha, saímos com nosso hospedeiro para ver as quedas de Itaparica[9]. Ali o rio, cuja serenidade tínhamos admirado na véspera, cai, de súbito, em convulsão; uma pequena enseada, na margem pernambucana, mostra onde as canoas encontram o *nec plus ultra* e, alguns metros abaixo, o São Francisco investe contra uma sombria saliência de rocha escura e, dividindo-se em três linhas brancas cobertas de espuma, perde-se de vista. A passagem é formada por um morro arredondado, a Serra do Padre[10], na margem esquerda ou nordeste, e, do lado oposto, pela Serra de Itaparica, uma série de penedos comprida e reta, disposta quase perpendicularmente ao leito do rio. Nos idos tempos, eram partes de um dique, que, interceptando o rio, formava um lago; as águas encontraram um "lugar macio", furaram a parede e formaram a atual cachoeira.

O material da saliência é arenito, revestido e incrustado de seixos de quartzo, grandes e pequenos, desgastados pela água, muitas vezes passando livremente entre os blocos. Nas margens do rio são encontrados canga misturada com ferro e conglomerado formando blocos. A base é uma sienita fina, cor-de-rosa, semelhante à das cataratas do Nilo. Onde se estende a violência das águas, a rocha é revestida de ferro, com o brilho usual; é negra, como se recoberta de pixe, e o aspecto é muito feio na extremidade.

À direita, na margem baiana, o leito do rio tem uma queda perpendicular[11], que reduz a pedaços todos os ajojos e canoas que para ali são arrastados, por acidente; esse aspecto pode ser observado melhor das encostas da Serra de Itaparica. Uma cumiada alta, longitudinal, escarpada, de conglomerado de arenito escuro e escorregadio, eleva-se entre o canal de sudoeste e o canal central do leito do rio. Este último é separado do terceiro braço, ou de nordeste, por uma saliência de rocha negra e polida, que irradia para longe o calor, parecendo um campo de lava. Durante o auge da estiagem, as pedras do leito se aproximam umas das outras, e um homem, com uma vara de saltar, poderia atravessar todo o Rio São Francisco a pé enxuto[12]. Em tais ocasiões, também o local é excelente para uma ponte, mas, durante as cheias, todo o leito do rio se transforma em uma corrente impetuosa e furiosa. A saliência rochosa se estende a alguma distância dos dois lados e torna-se evidente que, ali, a canalização lateral não deve ser tentada[13]. Essa evidência aumenta quando se viaja ao longo do rio, cujas margens, alternadamente rochosas e arenosas, aqui secas e ali alagadas, forçarão a linha ferroviária a correr nas encostas da elevação que limita ao norte o vale do rio.

Em lugar algum eu vira tão gigantescos caldeirões formados pelo trabalho da água; alguns deles tinham cinco metros de profundidade por metade disso de diâmetro, e os lados e a superfície eram negros como a rocha de itacolomito transformada em um buraco. Davidson, a quem os guias chamavam de lagartixa velha, pela facilidade com que subia nas escorregadias rampas e parava no alto das cristas, onde eles não se aventuravam, encontrou naqueles poços naturais, belíssimos cristais e excelente formação diamantina. Muitas cavidades semelhantes, sem dúvida, estão cobertas por lajes, que poderiam ser facilmente quebradas com pés-de-cabra. Aqueles lugares deveriam ser cuidadosamente pesquisados, pois podem conter pedras preciosas e algum protegido da sorte, provavelmente, conseguiria ganhar uma fortuna em poucos meses. A única utilização que têm, presentemente, os caldeirões abertos é para o curtume; suas bordas são brancas e os poços cheios de água pútrida.

Caminhei, depois, até abaixo da cachoeira. Ali a sienita, a pedra adequada a esfinges e obeliscos, ergue-se da areia branca e semeada de árvores, apresentando saliências lisas e arredondadas. Aquele ponto mostra o encontro das águas que, espumando e rodopiando, ao saírem das paredes de ferro da prisão, caem, urrando, nos braços uma da outra. Nada há de gracioso ou carente de grandeza no espetáculo; tudo é escuro e sombrio, como um rio do inferno.

> *Tudo cheio de horror se manifesta,*
> *Rio, montanhas, troncos e penedos.*
>
> Cláudio Manuel da Costa.

As primeiras seis milhas depois de Itaparica são feitas sobre terras semelhantes às da véspera. Depois, vem o Riacho do Mouro[14], onde os contrafortes da montanha, aproximando-se do rio, nos deixaram como único caminho, gargantas estreitas, com paredes a pique, e ravinas calçadas de pedras soltas — na realidade um caminho perigoso. Esse mau pedaço, segundo penso, pode ser evitado, se se seguir a Estrada do Bom Querer, cerca de meia légua do rio. Depois de viajarmos por duas horas, os tropeiros fizeram alto embaixo de uma árvore, espinhosa como eram todas as daquela margem, no porto em frente da Passagem do Jatobá. O rio tornara-se, então, de aspecto desagradável, tão estreito como o Alto Rio das Velhas, e águas escuras e amarelas remoinhavam e espumavam em torno e contra os rochedos do meio do leito e das margens, cujas cores negras ou escuras contrastavam, de maneira chocante, com as manchas de areia esbranquiçada. A Passagem é relativamente segura, e há ali uma barca de transporte para Curral dos Bois, na estrada real que vai à Bahia. Na outra margem, apareceram algumas belas árvores, sombreando a povoação, que mostra casinholas espalhadas[15], com uma capela consagrada a Santo Antônio da Glória. Os barqueiros estavam sentados, olhando para nós, descalços e com aspecto semi-selvagem, com coletes de couro e medalhas penduradas no pescoço. Todos traziam, desdenhando o suporte de um cinto, facas sem bainha, igualmente utilizáveis em uma onça ou em um amigo; antigamente, os sacerdotes dessa região jamais viajavam desarmados. "Eu sei?"[16], de modo arrastado, era a pergunta com que era respondida toda pergunta, e "Ó xente!" a manifestação geral de desacordo.

Reiniciamos a marcha, sob um "sol macho", como o qualificou Inácio. O caminho era, então, de areia funda, melhor para o homem e pior para o animal, cortado de ravinas secas, pontilhado de quartzo cor-de-rosa e sílex superficialmente riscado e listado, e obstruído por blocos de sienita e granito porfírico — o olho-de-sapo de São Paulo. As árvores que, rio acima, tinham frutas três semanas antes, ali traziam flores, esperando as chuvas, e o rio readquirira logo as dimensões que tinha em Pirapora; a profundidade, no entanto, era grande, e, combinada com a rapidez da correnteza, e com a grande perda devida à evaporação, explicava suas dimensões reduzidas[17].

A lua tinha surgido quando descemos por um difícil barranco e atravessamos as poças de água do Moxotó ou Mochotó, rio que, nascendo perto de Cairiris Velhos, ao norte, separa as províncias de Pernambuco e Alagoas. Em frente de sua foz, fica uma povoação miserável, onde se encontra a última barca de travessia do rio, antes das grandes cachoeiras. Dormimos no mato e eu sentia todo o abatimento com que se aproxima de um objetivo de há muito procurado, e cuja fruição parece, de longe, tão bela. Em Várzea Redonda, tinham comparado Paulo Afonso à Itaparica, que, certamente, não recompensava 1.500 milhas de semelhante viagem, e todos tinham concordado que aquela primeira só é realmente bonita entre junho e setembro, quando a água está em seu nível mais baixo. Não vi as colunas de vapor, embora me tivessem dito que elas eram visíveis da Serra da Paricórnia, na Matinha da Água Branca, a 24 milhas de distância, e depois de ler a afirmação do Coronel Acioli, no sentido de, quando condensado pelo frio matinal, aquele vapor pode ser visto da Serra de Araripe, a 30 léguas de distância. Também não pude ouvir, a duas léguas de nosso destino, o "zoadão", que afirmam ser ouvido na Serra do Sobrado, que fica a trinta milhas do rio.

Aparentemente, eu estava condenado a sofrer uma decepção amarga.

Reiniciando, no dia seguinte, nossa melancólica viagem pela Província de Alagoas, só pude observar a nudez da terra. As choupanas, destituídas de paredes laterais ou divisões, eram simples taperas[18], miseráveis como a população, e da estrada podíamos ver o seu interior. Nas vizinhanças imediatas das grandes cachoeiras, não há uma choça, e, na última casa que existe na margem esquerda, perto do Riacho do Correia, pedimos informações sobre o caminho ao seu dono, Manuel Leandro de Resende. Ele nos atendeu cortesmente, arreou seu cavalo e nos acompanhou. Gostei de seus modos e contratei-o como guia. Naquelas imediações, os atrasados moradores, como os selvagens do Congo, que moram perto dos "Yellahs", têm o hábito de impor seus serviços aos forasteiros que visitam a cachoeira. Não preciso dizer que o guia, a não ser que seja "avis rara" na espécie, em geral destrói o prazer do espetáculo, com sua indesejável "amabilidade".

NOTAS DO CAPÍTULO XXVIII

[1] Essa fruta, quando cozida, tem, segundo se diz, gosto de amêndoa.

[2] Fica na margem baiana e pertence à Freguesia de Curral dos Bois. Falam muito bem do lugar, dizendo que a terra é excelente, a água farta e o ar saudável.

[3] Os tropeiros estendem essas 75 milhas para 27 e alguns para 30 léguas.

[4] Isto é, 90 até Alagoinhas e 20, por estrada-de-ferro, até São Salvador. Muitos ainda preferem esse caminho aos vapores.

[5] O ferro era de excelente qualidade e muito valioso para a população. O ex-inspetor de quarteirão prometeu-me mandar o dinheiro para a Bahia, mas não me consta que o tenha feito.

[6] "Mofino como caboclo" é um velho provérbio brasileiro.

7   As distâncias aproximadas do trajeto que seguimos foram:

    1. – 10 de nov., Várzea Redonda a Itaparica   3h. 30 min.   9 milhas, na 317ª. légua
    2. – 11 de nov., Itaparica a Barra do Moxotó   6h. 1 min.   15 milhas, na 324ª. légua
    3. – 12 de nov., Barra do Moxotó a Paulo Afonso 2h. 0 min.   5 milhas, na 326ª.légua

8   Assim chamado por causa de uma antiga moradora. "Morador", devo observar, nem sempre significa "habitant isolé"; na região, aplica-se, na maioria das vezes, a uma classe para a qual temos um nome em inglês, "peasant-proprietor", mas cuja existência faz muita falta no Brasil.

9   Esse nome também pode ser um índice ornitológico: na Baía de São Salvador, a Ilha Grande é chamada Itaparica.

10   Halfeld (p. 178) chama esse morro de Serrote do Brejinho.

11   A altura da queda varia, de acordo com a época do ano, de 2 a 11 metros; a altura geral da queda, no espaço de meia milha, não é, durante a estiagem, de menos de 19 metros.

12   Todos os rios brasileiros que visitei mostram esses estreitos extraordinários, quando a água, depois de se espalhar, às vezes, até uma milha de largura, é comprimida até tomar as dimensões de um regato. Naturalmente, eles são sempre fatais para a navegação.

13   Halfeld, com toda a razão, desaprova uma linha de 72 léguas geográficas, a maior parte cortada na rocha, e exigindo 108 comportas, cujo custo se elevaria cerca de 100.000.000 de francos.

14   Halfeld (p. 180) o chama de Riacho do Murro, e, em seu mapa, Muro; acha que ambas são corruptelas de Morro. Apresento a pronúncia dos habitantes da região. No Brasil, mouro e mouraria significam cigano e os lugares das cidades onde os ciganos estão confinados, por lei.

15   Em 1852, havia 45 casas, com 180 a 200 habitantes.

16   A ênfase é dada pelo tom, como na frase mais útil: "Pois não".

17   Esses lugares parecem, geralmente, ter sugerido aos antigos geógrafos que uma parte da água desaparecia através de passagens subterrâneas.

18   "Ce mot seul de Tapéra, qui designe une maison abandonnée, montre que cet établissement n'existe plus". (Castelnau, v. 50). Veremos logo que nem sempre esta é a regra.

CAPÍTULO XXIX

PAULO AFONSO, RAINHA DAS CACHOEIRAS

> ... wie ein Wassersturz von Fels zu Felsten
> brauste
> Begierig wüthend, nach dem abgrund zu.
>
> *Faust.*

Não tardamos a ouvir um som cavernoso, ainda abafado, como o ruído de uma tempestade longínqua; mas parecia vir das entranhas da Terra, como se estivéssemos caminhando em cima dele; uma milha mais adiante, o chão parecia tremer como um trovão eterno. Manuel Leandro nos levou para a esquerda de onde vinha o som, e começou a descarregar as mulas, no lugar habitual das paradas. Olhei em torno, procurando o prometido "Pavilhão dos Viajantes" e vi apenas o toco de um poste, único remanescente da casa feita para receber Sua Majestade Imperial do Brasil, que visitou o local, em outubro de 1859. O terreno é constituído por um berço de areia solta, que, durante as enchentes, transforma-se em uma torrente. Iríamos depois verificar onde ela desemboca no leito do rio. Nosso rude acampamento situava-se sob a precária sombra de uma alta caraíba, cujo tronco, tendo a casca retirada em certos lugares, mostrava muitos nomes; todos eram de brasileiros.

Eu aconselharia todos que visitam Paulo Afonso na época da seca, fazê-lo logo, com a ajuda de um mapa e de um guia da Mãe das Cachoeiras, onde todas as águas que descem ruidosamente se ajuntam afinal. Para se admirar as cataratas como devem ser admiradas, penso — embora as opiniões possam divergir sobre esse ponto — que o melhor é começar pelo espetáculo mais belo, pela maior emoção, e não dispersar a capacidade de admiração, mental e física, antes de contemplar o aspecto mais imponente. Além do mais, aquele ponto revela mais claramente a formação que distingue Paulo Afonso de seus grandes irmãos ou irmãs.

Levando meus cadernos de anotações e esboços em uma mochila e colocando-a nas costas do guia, avancei pela margem esquerda do rio, ali um solo parecido com lava, como o de Itaparica. As pedras, polidas como se fossem espelhos, ou lajes de mármore, brilhavam e refletiam os ardentes raios solares; em certos lugares, as saliências eram paredes de rocha retorcida, semelhantes a peças fundidas de bronze ou de ferro. Muitos dos ressaltos eram um ônix monstruoso ou granito riscado e listado de quartzo; havia uma variedade infinita de tamanhos e formatos, na conformação e no matiz, ásperos e lisos, vermelhos vivos, amarelos escuros, negros e cor de azeviche brilhante.

A caminho, atravessamos um canal oriental, nessa época do ano quase seco, um fio de água estendido no fundo. Forma, com o corpo principal, uma Ilha da Cabra em feitio de trapézio, cujo lado menor fica à jusante. Paulo Afonso difere, essencialmente, do Niágara, cujo abastecimento regular assegurado pelos mares interiores admite pouca alteração de peso, tamanho ou força do rio, exceto nos raros invernos em que fica congelado. Em dezembro, quando o rio está alto, aquela diminuta ravina[1] estará dilatada para uma efervescente corredeira, que não poderá ser atravessada, terminando em uma bela queda nas proximidades da Furna dos Morcegos. Acima dessa Ilha da Cabra, onde, se houvesse cabras, o caminho só serviria para elas, há extensões de areia solta, alternando-se com lençóis de granito e sienita, tendo aqui e ali, uma mancha de capim mais verde. O caminho leva a uma mesa de rocha saliente, do lado ocidental, onde subimos em um tronco de árvore seco e contemplamos, fascinados, o "inferno de água" refervendo embaixo.

A quebrada, ou garganta, tem ali 85 metros de profundidade e, na parte mais estreita, reduz-se a uma largura mínima de 17 metros. Está cheia de algo que não se parece com água, mas espuma de leite, uma massa sem superfície, que avança e ofusca, que rodopia e espumeja, que oferece uma maravilhosa oportunidade para o estudo do líquido em movimento. E a maravilhosa desordem é uma anarquia bem dirigida: o curso e a oscilação, a luta e a contorção, tudo se dirige no sentido de livrar o prisioneiro das paredes da prisão. "Ces eaux! mais ce sont des âmes": é o espetáculo de uma hoste descendo "na amplidão líquida" para a vitória, para o triunfo do movimento, do móvel sobre o imóvel. Ali, a brancura luminosa das caóticas cristas da espuma rodopia em vagalhões contra o negrume da rocha, arrebenta em flocos e jatos, que pulam metade do caminho para o recipiente que os encerra. Ali, os reflexos da superfície embaciam o ofuscante cristal com um amarelo opaco, e o abrigo de alguma ponta de pedra provoca um momentâneo impulso, impelindo, como uma mola, a coluna que, logo, recolhendo forças, salta para a frente, com um novo vigor e um novo rugido. O centro, dilatado, apresenta fugitivos ovais e círculos progressivos de uma luz ainda mais brilhante, ofuscante e estonteante, dividida por pontos de relativo repouso, como as linhas nodais das ondas. Atropelam-se e lutam, começam separadas e entrelaçam-se ao investirem, impetuosamente, pelo plano inclinado abaixo. Agora, uma rajada feroz afasta o fino jato e empurra-o na direção do vento, em nuvens arredondadas, realçando, destarte, o brilho do fundo da garganta. O vapor, então, referve e se estende como um dossel sobre o formidável cenário. E na plácida atmosfera de um cinzento quente e opaco, as nuvens se erguem, aprofundando mais ainda, com o seu véu de vapor sempre ascendente, a estonteante queda que se abre aos nossos pés.

O efeito geral desse quadro — e o mesmo se pode dizer de todas as grandes cataratas — é da idéia "realizada" de poder, de um poder tremendo, inexorável, irresistível. Os olhos ficam enfeitiçados pelo contraste entre esse movimento impetuoso, essa furiosa e louca pressa de escapar, e a frágil constância dos pedacinhos de arco-íris, pairando acima; entre a "mesa de pedra", tão sólida ante a corrida da água, e a placidez das montanhas e da planície, que parecem ter ali seu lar eterno. A fantasia exalta-se pelo aspecto desse esforço de Natura, desse mal fazendo o bem, dessa vida na morte, dessa criação e construção pela destruição. Assim, também, a devastadora tempestade e o furacão purificam a atmosfera para a vida; assim o terremoto e o vulcão, embora se cercando de ruínas, ergueram a Terra e prepararam uma habitação para seres superiores.

A estreiteza da brecha é tornada menor ao olhar pela verticalidade da altura, e, no entanto, uma pedra atirada com força só anda uma curta distância, antes de ser quase detida pelo vento. O guia nos disse que nenhuma delas alcança mais de 6 metros e meio, e atribui o fato a encantamento. Mágica, posso observar, é a atmosfera de Paulo Afonso: é a expressão natural de glória e majestade, o esplendor e a sedução do cenário, que a Grécia povoaria com formas de beleza, e que a Alemanha teria povoado com coros de silfos voadores e de ondinas bailando. O som cavernoso do turbilhão das águas torna mais fácil ver os lábios se movendo do que ouvir as vozes. Procuramos em vão a causa; de catarata, nada vimos, a não ser um pequeno ramo, a Cachoeira do Angiquinho, assim chamada por causa de uma de suas ilhotas rochosas. Tem, como fundo, na margem direita, árvores relativamente grandes e um verde capinzal e arbustos, dádiva das gotas de água espalhadas pela viração marítima vinda de leste. Aquele belo jorro de água certamente não podia ser responsável pelo trovão abafado que nos chegava aos ouvidos; não tardamos a descobrir de onde ele vinha.

Sentei-me sobre a "quebrada", até convencer-me de que não poderia "confundir-me com as águas": o que, a princípio me parecia grandioso e sublime, afinal me dava a sensação de um temor reverencial intenso demais para ser, de qualquer modo, agradável, e deixei o lugar para que a confusão e a emoção pudessem passar. Passamos o resto do dia no "Acampamento da Caraíba", onde os pequenos cuidados da vida logo fizeram sentir sua importância. A areia levantada pelo vento alísio, forte e firme, era incômoda, e a superfície ressecada pelo sol produzia uma viração constante: estávamos, agora na própria boca do funil, o vasto ventilador que dirige as ventanias para o curso superior do São Francisco. Muito longe, para o lado do mar, podíamos ver as nuvens armando-se para a chuva. À noite, as nuvens corriam velozes no céu e uma ventania furiosa dispersou os mosquitos sedentos de sangue. Nossa canção de ninar foi a música de Paulo Afonso; o profundo e trovejante baixo produzido pelas vibrações mais longas e menos freqüentes das quedas e dos rápidos, e o soprano "staccato" do ruído das ondas. Não havia, contudo, o barulho desagradável de uma pancada; as tonalidades mais profundas eram essencialmente melodiosas, e, às vezes, elevava-se uma expressão em tom menor, que poderia sujeitar-se a uma anotação musical. Lembro-me bem de que não consegui dormir ao alcance do ruído do Niágara, cuja poderosa orquestra, na calada da noite, parecia executar um repertório de oratórios e óperas.

Vamos, agora, falar em prosa das grandes cachoeiras.

O nome, como acontece em geral naquelas regiões, é matéria controvertida. Alguns fazem de Paulo Afonso um pastor-missionário, que foi atirado ao abismo pelos lobos, seus cordeiros de pele vermelha. Outros contam a história de um frade, que estava descendo o rio de canoa, quando os índios remadores gritaram, horrorizados, que estavam sendo arrastados pela catadupa; o frade os tranqüilizou, e todos desceram sãos e salvos[2]. "Tais padres são raros hoje em dia" – observou Manuel Leandro, com uma risada zombeteira. Do mesmo modo, na Província de São Paulo, o Rio Tietê tem uma cachoeira perigosa chamada Avaremandoura, Cachoeira do Padre. Ali, segundo a lenda jesuíta, o Padre Anchieta, um dos numerosos taumaturgos do Brasil, foi retirado da água, "algumas horas depois, vivo e lendo o breviário, com uma luz na mão". Crônicas mais sóbrias dizem que o desventurado homem foi arrastado e quase se afogou[3]. A gigantesca Catarata de Tequendana, deve-se lembrar, tem também o seu milagre; foi aberta pelo grande Bochica, deus da Nova Granada, uma terra bárbara que nem deveria ter direito de ter um deus. Outros pretendem que Paulo e Afonso eram irmãos e os primeiros moradores, que deram seu nome ao lugar. Devo observar, contudo, que, na margem direita do rio, em frente à Ilha da Tapera, uma das muitas que se espalham no leito do São Francisco, logo acima da queda superior, há uma aldeia de pescadores e roceiros, cujo nome, Tapera de Paulo Afonso, mostra que ela ocupou o lugar de alguma fazenda arruinada, provavelmente construída pelo colono, que, mais feliz que o Padre Hennepin, deixou uma lembrança sua junto das grandes cachoeiras, perto das quais se fixou. Os "taperistas" ainda são donos da margem direita; a esquerda pertence a um tal Nicolau Cotinguiba[4], do Engenho do Pinho, e perto do Acampamento da Caraíba encontram-se duas fazendas. A Cachoeira fica na Freguesia da Mata da Água Branca.

O local da Paulo Afonso tem sido muito erroneamente descrito pelos geógrafos que escrevem geografia para o povo[5]. O súbito desnivelamento entre o Alto e o Baixo São

347

Francisco não é formado pelo prolongamento da Serra de Borborema, nem pela Chapada das Mangabeiras, nem pela Ibuapaba, "fim da terra", nem pelos Cairiris, Velho ou Novo, nem pela Serra da Borracha ou Muribeca, tão proeminente em nossos mapas[6]. O engaste da gema é mais humilde, é uma acidentada planície, revestida de pedra pardacenta, recoberta de pedra, arbustos e árvores enfezadas, da qual se destacam blocos, como a Serra do Retiro, cerca de três léguas para noroeste e, para oeste, a maciça Serra do Padre. Para sudoeste surge no horizonte, subitamente, do terreno chato, uma pequena cadeia anônima, mas muito pitoresca, de picos e morros piramidais, aqui e ali eriçados de rochedos nus e ligados entre si por compridas linhas azuis das serras.

Embora falte à paisagem a sublime e gloriosa beleza natural do Niágara, e embora não encontremos em Paulo Afonso as colorações de safira e esmeralda que encantam a vista nas "Quedas da Ferradura", ainda assim ela tem originalidade e peculiaridades. Nos tempos "geológicos", o rio deve ter-se espalhado pelo vale; mesmo agora, nas grandes enchentes, cobre uma parte considerável desse vale[7]. Afinal, as águas, encontrando uma rocha de contextura mais sujeita à degeneração, nela furaram o talhadão, a grande fenda, e foram aprofundando a garganta, com o decorrer das idades. Temos, também ali, a maior diversidade possível na queda de água; ela consiste, na realidade, de uma sucessão de rápidos e caldeirões e uma queda poderosa, terminando na Mãe da Cachoeira, cuja tremenda confusão de espuma havíamos acabado de olhar, de cima. Se Niágara é o monarca das cataratas, Paulo Afonso é, incontestavelmente, o rei dos rápidos; um viajante inglês que viu as duas, concordou comigo, dando a palma da vitória à última, como sendo mais singular e pitoresca, sendo ambas não só maravilhosas como amedrontadoras. Ele não viu Itaparica, cujo aspecto tanto realça sua majestosa vizinha.

A Natureza não se apresenta em trajos de gala, mas mesmo assim sua vestimenta é muito bela. Predominam os espinhos. Há o favelereiro*, com suas folhas verde-escuras, semelhantes às do carvalho, terrivelmente armadas, e o cansanção-maior (*Jatropha urens*), uma planta urticante, cujos alvos recames de flores espalham-se como flocos de neve no verde-escuro da folhagem. As Cactáceas são donas do terreno; vemos o pequeno quipá, com seu grande figo vermelho, e a coroa-de-frade, com seu fez vermelho. Alguns têm flores, curiosas como orquídeas, outros são revestidos de pêlos e as restantes cabeludas e calvas, angulares e lisas, gigantescas e anãs, dominadas pelo imenso mandacaru (*C. brasiliensis*)**, árvore inteiramente diferente de toda a idéia que fazemos de árvore. As Bromeliáceas são abundantes, especialmente o caroá-rajado como uma cobra coral, e a macambira, com espinhos iguais a agulhas e espigas de flores de um metro de altura; é apreciada pelos macacos, que, segundo dizem, fazem piqueniques para comer suas folhas. A catingueira***, de folhas alongadas, ora de um verde-claro, ora de um castanho polido, é notável, perto da densa verdura da copada quixabeira e do imbuzeiro****, de ramos horizontais, árvore que atinge 7 metros de altura. A caraíba é a rainha do mato, e sua folhagem cor de alho-porro, ostenta as vagens amargas e as flores cor de ouro, ganhando beleza perto da inflorescência vermelha do pinhão-bravo e dos amentilhos verde-esbranquiçados da espinhenta Leguminosa chamada jurema-preta. Também notamos o tronco negro do pau-preto, ao lado da perfumada imburana, coberta de flocos de um bronze claro brunido.

---

*   Trata-se da Euforbiácea *Cnidosculus phyllacanthus*. (M. G. F.).

**   O nome atual do mandacaru é *Cereus jamacaru*. (M. G. F.).

***   Catingueira é uma Leguminosa: *Caesalpinia pyramidalis*. (M. G. F.).

**** A quixabeira pertence à família das Sapotáceas. Responde ao nome científico *Bumelia Sartorum*. O imbuzeiro, *Spondias tuberosa*, pertence às Anacardiáceas. (M. G. F.).

Dos arbustos, o mais comum é o araçazeiro, com seus ramos torcidos, e o bom-nome, cuja reputação deve vir não da fruta, que não é comestível, e sim do pau, que é bom para fazer colheres*.

As reses, que andavam pelos arredores, ao nos avistarem, viravam a cabeça, resfolegavam e, levantando a cauda, fugiam para o mato à nossa aproximação; são magras, de pernas bem torneadas, parecendo-se muito mais com os animais selvagens do Gabão africano do que o tipo europeu de touro e vaca. Graças à umidade espalhada pela cachoeira, encontram forragem mais suculenta que a habitual; sofrem, contudo, quando não são presas na caiçara[8] à noite, a perseguição das onças e dos vampiros, e são, às vezes, envenenadas com uma flor bonita, cor-de-rosa e de aparência inofensiva, chamada na região cebola-brava. Termino a descrição com nuvens de água pulverizada e vapor que se levantam do abismo e que são levadas pelo vento, em um incessante chuveiro de átomos prateados; com as pedras brunidas, aqui singularmente sombrias, ali refletindo a ofuscação dos raios solares, e com os alegres bandos de aves, especialmente o sanhaço, a araruna e o papagaio verde e vermelho, cujo matiz predominante é uma coloração viva, mas neutra, cortando o ar aos gritos.

Minha visita seguinte começou do ponto de partida, e dali seguimos pela margem esquerda abaixo, descendo o escorregadio caminho de pedra e aproximando, quando possível, do leito do rio[9]. Ali, o São Francisco, correndo rápido e tranqüilo, vindo do noroeste, escapa do labirinto de ilhas e ilhotas, rochedos e areias, blocos e paredões, que o comprimem, e recebe, na margem esquerda, um braço menor, separado do principal por uma saliência escura. Juntos, os dois, pulando e correndo por uma moderada inclinação do leito interrompido, arrebentam em um agitado lençol de vagas coroadas de espumas e irrompem através da primeira corredeira, ou corredeira superior, que tem cerca de 11 metros de altura. Essa espécie de "salto de cortina" é chamada Vaivém de Cima[10]. As águas são comprimidas, no centro do leito por pedras que se elevam de 10 a 17 metros acima dele e, depois, empurradas para uma pequena enseada na margem esquerda. A boca de um dos braços durante as cheias era, agora, uma pequena angra de areia muito macia, rodeada por paredes vitrificadas, e ali as pequenas ondas se formam e correm e se levantam de novo, com todos os movimentos de um mar em miniatura. Perscrutei e senti a pulsação do fluxo e refluxo, mas não pude notar regularidade na circulação. O lugar dá a tentação de se tomar um banho, mas os forasteiros não devem esquecer-se de que o rio é traiçoeiro, e que reses que ali vão matar a sede têm sido arrastadas pela água, das quais nem mesmo Júpiter poderia salvá-las.

As águas, então, investindo contra o molhe esquerdo ou de nordeste, são desviadas para sudoeste, em uma vasta serpentina de agitada espuma, e formam, a alguns passos mais embaixo, um espetáculo semelhante, chamado pelo nosso guia de "Vaivém pela metade". Ali, rochas isoladas e ilhas, grandes e pequenas, dispostas em longas cadeias e em torres arredondadas, negras, dentadas e caneladas, maiores e mais largas que as Três Irmãs ou as Ilhas Lunar e do Banho do Niágara, separam o impetuoso curso do rio em cinco canais diferentes, de espuma branca, coroando a correnteza de um amarelo sujo. Os quatro da direita logo se confundem em um grande caldeirão. O quinto corre ao longo da margem esquerda, formando como que uma calha colossal, muito acima do resto, e, encontrando uma projeção de rochedo; ao sul, faz uma curva para oeste, quase em ângulo reto. Ali, as águas divididas pulam sobre o ressalto e convergem a um caldeirão, que as reúne, para a grande queda. Quando o sol e a lua se encontram no ângulo favorável de 35°, pro-

---

* Por isso mesmo o bom-nome, *Maytenus rigida,* é também conhecido, vulgarmente, como pau--de-colher. (M. G. F.).

duzem admiráveis círculos e semicírculos de arco-íris, em todos os seus matizes prismáticos, do branco ao vermelho. Os olhares sentem-se atraídos por esse fino arco de luz pairando sobre o formidável arco de água; os guias de cataratas, no entanto, exageram muito a beleza das vistas.

Chega-se ao terceiro ponto de parada por uma rude e incômoda descida, que poderia facilmente ser melhorada, e que vai até a beira da água, onde madeira queimada revela que ali pernoitaram viajantes, recentemente. Olhando para nordeste, vimos uma furiosa cachoeira, mergulhando sob formas estranhas, com uma inclinação de 16 metros em meia dúzia de degraus distintos; a água dá a impressão de que nos quisesse varrer dali. No fundo, perto de onde estávamos, a correnteza curva-se para oeste, detém-se por um momento sobre a orla coberta de espuma do caldeirão, que se levanta branco como a neve da fenda cor de palha, e, então, o trovejar soturno, profundo, abalando o chão e "sui generis" como o ribombo do terremoto ou o soturno gaguejar do vulcão, revela a posição da grande catarata. A direção é para o sul, e a altura é calculada em 65 metros. As águas se precipitam em cheio sobre o precipício da profunda ravina à direita, erguem-se, caem para trás, arremessam ao ar uma nuvem de vapor permanente e, como esquadrões de cavalos brancos, investe, rugindo e lutando em confusão, para a Mãe da Cachoeira, a sudeste. A última é a mais bela perspectiva que avistamos do rochedo em forma de mesa que domina a fratura.

Paulo Afonso é sempre reproduzida em desenho desse terceiro ponto[11], onde percebemos uma desagradável peculiaridade de sua conformação; ali, é permitido ao olhar humano contemplar a catarata principal. Um pouco abaixo, há uma vista parcial de cima para baixo, mas a nuvem de vapor normal do centro girando no alto e sempre ascendente, acima da orla mais inferior do caldeirão, oculta a profundidade, e não nos sentimos satisfeitos enquanto não vemos uma queda de água a partir de sua parte mais baixa. Ali, muito tem de ser deixado por conta da imaginação, e o mistério é tão grande que se torna altamente insatisfatório. No auge das secas, dizem, é possível galgar-se uma parte da muralha esquerda e olhar a catarata. Tive o cuidado de indagar se ela era visível da margem baiana, ou direita; todos me asseguraram que um braço de rio impedia a aproximação da garganta e que, daquele lado, nada é visível[12]. Poderia ser feita uma ponte pênsil móvel, não, espero, semelhante à de Montmorenci, para atravessar o abismo; seria possível o lançamento, através do rio, de cabos de aço sustentando gaiolas, ou poderiam ser construídas escadas, como as escadarias em caracol que conduzem à "Queda da Ferradura". Presentemente, Paulo Afonso é o que era Niágara nos dias do Père François Piquet; e não é, com muito prazer que imaginamos o tempo em que ela terá templos de madeira e obeliscos, investimentos, 25 cêntimos de entrada e hotéis monstruosos.

O último ponto de parada é aquele pelo qual aconselho os visitantes que comecem. Dali, deverá remontar seus passos, pois a subida é muito incômoda e acidentada para ser seguida. Atravessamos de novo o pedregoso canal oriental e, caminhando para sudeste, alcançamos, depois de algumas poucas centenas de metros, uma descida formada pelas águas, que, na época das enchentes, inundam a depressão do "Acampamento de Caraíba" e correm por uma inclinação coberta de pedra, para irem juntar-se ao leito do rio. Encontramos esse leito secundário inteiramente seco, uma superfície escorregadia de pedra nua, escura e brilhante, depois de servir tantas vezes de fundo de uma torrente, tendo, aqui e ali, degraus e fendas profundas. Há poços de água estagnada e escavações circulares, verdes de algas e ricas em caramujos. Esses buracos conservam a água da chuva, e, apesar de cobertos de plantas aquáticas semelhantes a uma escória, são muito úteis, durante a seca, para matar a sede do gado. Na descida, as mãos têm de ser usadas como os pés e o sol do meio-dia queimava as palmas.

O ziguezague conduz à ressaca ou saliência, na margem esquerda do rio. Ali, a correnteza é menos terrível, mas ainda violenta, ao investir contra a parede de sudeste da garganta. A cor clara do precipício, não escura como o resto do desfiladeiro, coberto de musgo, Bromeliáceas e plantas espinhentas, mostra que, a despeito da grande dureza da pedra, uma parte dela caiu, e mais ainda cairá. O Manuel Leandro assegurou-me que nada mudou, desde os dias de seus avós.

No sopé da garganta, chegamos a uma pequena enseada formada pelo Vaivém de Baixo, outra água represada do grande fluxo e refluxo provocado pela cachoeira. Pessoas que adoram nadar, têm entrado no rio ali, mas tiveram grande dificuldade para sair. Nenhuma Donzela das do Nevoeiro, contudo, conseguirá, nestes tempos, ascender a linha dos "maelstroms". Ali, a água se recupera do mergulho no abismo abaixo da cascata e volta continuamente, e, como muitas vezes observamos nas cachoeiras do leito superior, não há uma superfície realmente nivelada; a face parece um sistema de pequenas elevações.

A pouco inclinada rampa de pedras soltas no fundo do paredão está repleta de troncos e madeira arrastados pelas últimas enchentes; o ruído provocado por seu esmagamento e seus estalos, quando o rio está com muita água, tem sido comparado com os estalos do gelo, no fim do inverno canadense. Leves como pedra-pomes, os fragmentos são arredondados e desgastados nas extremidades pelo processo do atrito e assumem formas curiosas: queijos, lançadeiras de tear, e paus do jogo da bola. Nosso guia pitorescamente chamou aquele amontoado de "cidade de madeira", e entre eles reconheceu tábuas de canoas e faixas do pavilhão imperial.

A ladeira termina em uma gruta, que se abre para o poente, conhecida geralmente como "Casa de Pedra" e especificamente como "Furna dos Morcegos". Sua aparência é singular. A entrada, em vez de ser baixa, à feição das cavernas, é constituída por uma alta porta em forma de paralelogramo, voltada um pouco para o sul. Naturalmente, tem uma Santa, que se mostra às vezes, e os moradores têm ali ouvido músicas marciais e cantos que, ao que julgam, não vêm de gargantas humanas. O arco é formado por uma espessa laje de granito duro, estreitamente granulado, espalhado como se tivesse sido lava e com uma linha de clivagem estendendo-se para o canto do sul. Suas paredes são de arenito, ora duro e compacto, ora macio e misturado com argila ocre manchada de ferro, que podia ser facilmente cortada nos dias em que o rio, agora contraído e reduzido, enchia a garganta com os seus detritos[13]. Hoje, as inundações atingem apenas metade do caminho acima do solo, onde um "velho" está em processo de degradação. O chão é repleto de esterco de morcego e de cinzas, onde visitantes tentaram expulsar com a fumaça os sugadores de sangue. A maior altura é 30 metros. A parede oriental projeta-se para a frente, a parte superior, furada como uma colméia, mostra outras cavernas contíguas, ainda em formação, ao passo que a parede ocidental retrai-se em ângulos de 8° a 9°. Não vi morcegos naquela "Gruta dos Ventos", naquele "Buraco do Diabo"; mas a visita foi feita no começo da tarde, e os repelentes animais, naturalmente estavam dormindo. A boca da gruta tem um aspecto singular. A corrente, espumante e branca como a neve, disposta em elevações e losangos remoinhosos, com seus jatos lançando ao sol miríades de brilhantes, investe contra um lance de pedra polida e intensamente negra, cujas faixas paralelas e muito inclinadas servem de parede ao lado direito da fenda. Essa massa desvia o efervescente rápido quase que em ângulo reto e o envia, rugindo, entre os rochedos da fenda estreita e profunda, para baixo, em direção aos abruptos recrudescimentos que terminam seu curso no mundo de água para o lado do nascente.

Nossa última parada foi no "Paredão", mais baixo que a Furna dos Morcegos, no lugar chamado Limpo do Imperador, porque o mato fora roçado para a visita imperial.

Ali, não há sombra e a água fica longe. Uma barraca e barris, contudo, facilitam as coisas, e o viajante ali acampado terá, de dia ou de noite, a mais bela vista, senão, a mais grandiosa de Paulo Afonso. Ali, fica-se ao nível do rio acima das cachoeiras superiores, e a 100 metros de altura, perpendicularmente, acima da água, que corre embaixo, rodopiando e espumejando. Para o lado do poente, a vista alcança perfeitamente o pequeno, mas gracioso braço do Angiquinho, que é a "Queda Americana" comparada com a "Ferradura", e que faz o viajante lembrar-se da alta e estreita Montmorenci[14]. Aquele ponto constitui a última linha da margem direita do rio, na qual, perto da Tapera do Paulo Afonso, uma massa de compridas ilhas precede os estreitos e as cachoeiras. Abrange a Ilha Íris, rochedo que pode facilmente ser confundido com a terra firme. É, contudo, coberta de árvores e capim, e conserva-se verde como uma esmeralda em conseqüência do incessante jorro das partículas de água, distinguindo-se, assim, da pardacenta planície que se estende à distância. Ali, de novo, a tranqüila e silente paisagem, em torno, engrandece o efeito das águas violentas e espumejantes. O rio rola impetuosamente sobre seu leito de baixios escuros apoiados em rochas negras como azeviche, entre paredes que ora avançam, ora recuam. Despedaçado pela queda, mostra no centro, nessa época do ano, claramente visível, uma queda dentro da queda. Jatos de água, dando a impressão de que fontes intermináveis estão irrompendo, levantam-se à metade de sua altura, e os glóbulos infinitos, subindo em fustes, repetem as glórias prismáticas dos arco-íris solares e lunares. Ao seu pé, à direita do espectador, ou de norte para sul, uma seção de arco representa a parte terminal da misteriosa catarata, cujos dois terços superiores são escondidos por uma cortina de rocha. Este, o leito principal do rio, lança-se quase perpendicularmente sobre a parede direita da ravina-canal, e o ímpeto o arremessa bem alto em rolos e vagalhões contra a parede, para ser repelido e despedaçado, ajuntando uma confusão mais confusa às torrentes que se sucedem. Sujeita, porém, à eterna lei da gravitação, uma linha sinuosa ondula, forçada, pela fenda abaixo, e a fenda se alarga aos poucos e vai-se livrando dos estorvos, à direita e à esquerda. Acalmada pela declividade menor, a água encontra os altos rochedos sobre os quais estávamos de pé e, rodopiando de noroeste para sudoeste, vai acompanhando as curvas da ravina, que, dentro em pouco, ficou oculta de nossa vista. O efeito é encantador, quando a lua, levantando-se atrás do espectador, espalha sobre a brilhante linha da cascata e sobre a rápida correnteza em sua frente, uma luz suave e prateada, enquanto sombras semi-opacas, aqui roxas, ali castanhas, revestem as alturas medianas, e manchas negras espalham-se sobre os ressaltos, saliências e rochedos da garganta.

A ravina terminal, que me fez lembrar a garganta de Mosiwatunya, no Zambeze, como foi pintada por Baines, não é, de modo algum, a menos interessante. Tem dado motivo a uma multidão de lendas, especialmente a do rio subterrâneo, um Alfeu, um Níger, um Nilo, aquele tema favorito dos "homens antigos"[15]. As paredes negras, tendo em baixo ressaltos que a força das inundações fez em pedaços, e, em certos lugares, cortados por pequenos riachos brancos, conservam sua uniformidade, e margeiam o rio até Porto das Piranhas, a 42 milhas geográficas abaixo da catarata[16]. Além disso, o perfil longitudinal mostra, abaixo da atual catarata, uma depressão profunda, e uma longa sucessão de abismos semelhantes, prolongados até o mesmo ponto, pouco a pouco diminuindo de profundidade, efeito de uma acumulação secular. O Niágara, solapando os xistos macios que suportam uma pesada estrutura de pedra calcária de cerca de 30 metros de espessura, destruiu sete milhas da escarpa chamada "Queenston Heights". Supõe-se que gastou 4.000 anos para chegar à sua situação atual, e que está recuando à razão de trinta centímetros por ano. Também em Paulo Afonso encontramos um semelhante recuo das águas. Segundo disse meu guia, uma enorme massa de pedra acima do caldeirão forma um arco sob o qual pássaros construíam seus ninhos. Esse rochedo desapareceu, como a velha

"Pedra da Queda", há cerca de dez anos, e, a partir de então, dizem, o zoadão, o barulho de Paulo Afonso, já não é tão forte. Aplicando-se, portanto, a regra da Catarata do Norte, podemos atribuir ao Rei dos Rápidos uma idade de 2.400 anos.

* * * * *

Minha missão estava cumprida. Recebera o prêmio, e sentia-me cansado. Dois dias de tediosa viagem a cavalo levaram-me ao Porto das Piranhas. O vapor acabara de partir, mas aguardava-me uma amável hospitalidade, em casa de Ventura José Martins, agente da Companhia de Navegação Baiana. Meu companheiro partiu logo, para pegar o correio norte-americano em Pernambuco. Desci o Baixo São Francisco mais descansadamente, guiado por Luís Caetano da Silva Campos, cuja amável senhora me fez sentir como se estivesse em casa. Tendo-me demorado em Penedo, encontrei o meu excelente amigo, A. Moreira de Barros, então Presidente de Alagoas, e visitei-o em sua capital, Maceió. Dali, com a ajuda de Hugh Wilson, viajei para Aracaju e a Bahia, de onde regressei, passando pelo Rio de Janeiro, a Santos (São Paulo).

NOTAS DO CAPÍTULO XXIX

[1] No mapa de Halfeld, a ravina é muito maior do que era quando a visitei.

[2] Halfeld assim narra a lenda: "Contam mesmo que um frade, quando atravessava o rio acima da Cachoeira, estava dormindo na canoa que o conduzia; o piloto, que era um índio, não conseguindo dirigir a embarcação e sendo arrastado pelo rio, caiu e nunca mais foi encontrado de novo". (Uma moralidade, acredito, para advertir os pilotos descuidados, coisa muito comum na região, bem como os aprendizes preguiçosos). "Mas o frade, que nem acordou nem sentiu o menor incômodo, flutuou até a praia, abaixo das Cachoeiras, e foi encontrado ainda dormindo. Quando despertado pelos moradores, não se lembrou de coisa alguma que acontecera".

[3] "Quadro Histórico da Província de São Paulo", por J. J. Machado de Oliveira (p. 58).

[4] Nome de um lugar.

[5] "O Rio São Francisco... passa através de uma brecha entre as serras Muribeca e Cariris, sendo que entre essa última e o Atlântico há outras cadeias mantendo um exato paralelismo com ela". (p. 141, "Geografia Física" da "Enciclopédia Britânica", por Sir John W. F. Herschel, Bart. Edimburgo, 1861). A geografia desse eminente astrônomo freqüentemente apresenta erros; ele nos faz lembrar dos profetas e inspirados escritores dos dias de antanho, que sabiam tudo a respeito do Céu, mas muito pouco a respeito da Terra.

[6] Em sua maioria, fazem a extremidade nordeste da Serra de Muribeca chegar até as Cachoeiras. Não há tal linha visível, e esqueceu-se mesmo o nome do velho explorador que a mencionou em documentos datados de 1753–1754. O Cel. Acioli (p. 14) refere-se às montanhas, e diz, baseado não sei em que autoridade, que elas têm prata e cobre. No "Apêndice" deste volume, o leitor encontrará alusões ao Muribeca.

[7] O volume do rio altera, segundo dizem, o formato dos rápidos, mas não das quedas.

[8] J. de Alencar faz derivar a palavra de "cai" madeira queimada, e "çara", uma coisa possuída". Quer dizer com isso as estacas com a ponta queimada e enfiadas no chão, formando um curral para o gado, onde os criadores cuidadosos guardam seus animais, e onde os descuidados os marcam com ferros, uma ou duas vezes por ano.

9   A formação de Paulo Afonso dá-lhe uma feição de Proteus, mudando de mês em mês. Visitei-a em meados de novembro, quando, de acordo com o meu guia, a água tinha-se levantado 6,5 a 9 metros acima do seu nível mais baixo.

Os dados podem ser, resumidamente, tomados de Halfeld. A margem direita da garganta, chamada Mãe da Cachoeira, tem 80 metros aproximadamente de altura e a profundidade do buraco aberto pelas quedas é de uns 30 metros. A parte mais estreita da garganta é de cerca de 15 metros. A primeira cachoeira (Vaivém de Cima) tem mais de 160 metros acima do nível do mar, e a mais baixa (Vaivém de Baixo), em frente à Furna dos Morcegos, uns 100 metros. A altura geral dos rápidos e quedas é de cerca de 90 metros.

A "Queda da Ferradura" de Niagara tem cerca de 50 metros de altura, com uma largura de 630 metros e uma descarga de 20.000.000 de pés cúbicos por minuto. A "Queda Americana" tem mais de 50 metros, com uma largura de 300 metros. A largura total do leito do rio é de 1.100 metros e da água de 935 metros.

10 Ainda há mais dois desses "Vaivéns".

11 Desse ponto, também têm sido tiradas fotografias, que dão uma idéia muito pouco satisfatória do original. Halfeld, além de sua vinheta, apresenta duas litografias, a primeira da terceira parada e a segunda do Paredão, em frente do Angiquinho, lugar que visitaríamos pouco depois.

12 Os viajantes com mais tempo do que eu não aceitarão como verdadeira essa afirmativa. A distância a Porto das Piranhas, onde chega o vapor, é apenas de 12 léguas, facilmente feitas em dois dias. E, se o "lado baiano" for praticável, será, sem dúvida, o lugar ideal para uma escada, com os degraus cortados na parede rochosa da garganta.

13 Halfeld apresenta as seguintes dimensões: cerca de 20 metros de altura por 9 metros de largura e 110 metros de comprimento. A entrada da fenda menor, que fica para o nascente, tem 7 metros de altura, aumentando para 15 dentro. O "Relatório" explica, pormenorizadamente, a formação da furna. Seu traçado, diz, apresenta muitas veias de feldspato calcário, de feldspato cor de carne e de quartzo, variando em espessura de 0,5 a 12,5 centímetros e fazendo o granito perder a contextura compacta; além disso, ele é, às vezes, saturado com cloreto de sódio, do qual é feito um pouco de sal. O granito mostra, é verdade, muitas muralhas, algumas elevando-se acima, outras dispostas abaixo da superfície. As rochas também contêm calcário, o que explica a quantidade de conchas espalhadas pelo chão, estando os caramujos mortos nessa época do ano. A gruta, porém, é, evidentemente, escavada em arenito, que, na margem esquerda do Baixo São Francisco, forma morros e ressaltos e que mais abaixo se alterna com a pedra calcária ou a reveste.

14 A altura de Montmorenci é de cerca de 80 metros por 17 metros de largura.

15 As "Notícias Ultramarinas" de 1589 (Cap. 20) colocam o Sumidouro a 80 ou 90 léguas acima da Cachoeira, que, segundo parece, não é mencionada. O clássico romance geográfico logo se espalhou pelo mundo. Frei Giuseppe de Santa Thereza ("Istoria delle guerre del Brazil") escreveu: "dopo de aver corso diciotto gionarte di paese dentro di cui si nascende per lo spazio di dodici leghe". Southey (III. i. 44) segue o Patriota e Casal, com razoável correção, e alude aos "rápidos e quedas... de tal magnitude que o jorro é visível das montanhas, a seis léguas de distância, como a fumaça de uma conflagração".

16 São encontradas, com interrupções, até Pão-de-Açúcar, a 63 milhas de distância. Naturalmente, essas estimativas não são rigorosas, estando sujeitas a um erro de duas milhas. De Paulo Afonso a Porto das Piranhas, as paredes perpendiculares e inclinadas que cercam o impetuoso rio, têm, muitas vezes, 170 metros de altura. Na Cachoeira da Garganta, nove milhas abaixo da catarata, a largura do rio é apenas de 20 metros e a altura da margem 80 metros.

APÊNDICE*

REPRODUZIDO DA REVISTA TRIMENSAL DO INSTITUTO HISTÓRICO E GEOGRÁFICO BRASILEIRO, RIO DE JANEIRO, 21 DE JULHO DE 1865.

Descrição histórica de uma grande cidade oculta, muito antiga, sem habitantes, descoberta no ano de 1753.

    Na América ....
no interior ....
junto de ....
Senhor de *Can* ....
e seus seguidores, tendo vagueado pelos sertões durante dez anos, na esperança de descobrir as mui famosas minas de prata do grande explorador Moribeça, que por culpa de um certo governador não se tornaram públicas, e, para privá-lo de sua glória, ficou ele prisioneiro na Bahia, até a sua morte, e as minas ficaram para ser descobertas de novo. Essa notícia chegou ao Rio de Janeiro no ano de 1754.

    Depois de longa e penosa peregrinação, incitada pela insaciável sede de ouro, e quase perdidos por muitos anos neste vasto sertão, descobrimos uma cadeia de montanhas tão alta que parece alcançar as regiões etéreas, e que servia de trono ao Vento ou às próprias Estrelas. O brilho que de lá partia, atraía a atenção do viajante de muito longe, mormente, quando o sol brilhava sobre os cristais de que se compunha, formando uma vista tão grande e tão deleitosa que ninguém podia afastar os olhos daquelas luzes ofuscantes. As chuvas começaram a cair antes que tivéssemos tido tempo de penetrar essa maravilha cristalina e vimos a água correr sobre a pedra nua e precipitar-se dos altos rochedos, quando nos aparecia como a neve alcançada pelos raios solares. A benfazeja perspectiva dessa ......
.... (uma) brilha
....
.... das águas e a tranqüilidade
.... do tempo, resolvemos inquirir esse admirável prodígio da natureza. Tendo chegado ao pé da subida sem qualquer embaraço de florestas ou rios, que poderiam barrar a nossa passagem, mas dando uma volta em torno das montanhas, não encontramos uma passagem livre para cumprir a nossa resolução de escalar aqueles Alpes e Pirineus brasileiros, e experimentamos com esse engano uma inexprimível tristeza.

    Arranchamos, com a decisão de voltarmos nossos passos no dia seguinte. Aconteceu, porém, que um negro, indo apanhar lenha, espantou um veado branco, que vira e por acaso, descobriu uma estrada entre duas cadeias de montanhas, que parecem ter sido afastadas pela arte, antes que pela natureza. Mui satisfeitos com essa notícia,

---

* A "Descrição constante do Apêndice foi traduzida do português para o inglês pela esposa do Autor, Mrs. Richard Burton, e aqui retraduzida do inglês para o português. A versão, portanto, deve estar bem diferente do original. (N. T.).

começamos a subir a ladeira, que consistia de pedras soltas empilhadas, de onde concluímos que fora antes um caminho calçado e destruído pelas injúrias do tempo. A subida levou três boas horas, prazerosas, por causa dos cristais, com os quais nos maravilhávamos. Paramos no topo da montanha, de onde se tem uma ampla vista, e avistamos na planície baixa novos motivos para despertar nossa admiração.

Percebemos a uma légua e meia de nós um grande povoado, cuja extensão nos convenceu de que devia ser alguma grande cidade dependendo da capital do Brasil. Logo descemos para o vale, com precaução . . . . poderia ser em tal caso, mandando explor . . . . porta a qualidade e . . . . que tivessem boa notícia . . . . chaminés, assim sendo um dos sinais evidentes de povoação.

Esperamos pelos exploradores durante dois dias, ansiosos por notícias, e apenas esperávamos ouvir cantar os galos, tão convencidos nos achávamos de que era povoado. Afinal, os nossos homens voltaram, desapontados no que dizia respeito a não haver habitantes, o que nos espantou grandemente. Um índio de nossa companhia resolveu, então, enfrentar todos os riscos, mas com precaução, e entrar; mas voltou muito amedrontado, afirmando que não encontrara nem pudera descobrir sinal de ser humano. Nisso não acreditamos, já que havíamos visto as casas, e assim todos os exploradores tomaram coragem de seguir o caminho do índio.

Voltaram, confirmando a deposição acima mencionada, que não havia habitantes. E assim, decidimos todos entrar na cidade bem armados e ao amanhecer, o que fizemos, sem encontrar ninguém que dificultasse nossa caminhada e sem encontrar qualquer outra estrada, a não ser a que levava diretamente à grande cidade. Sua entrada é sob três arcos de grande altura, e o do meio é o mais alto, sendo menores os dos dois lados. Em cima do maior e principal, discernimos letras, que, em vista da grande altura, não puderam ser copiadas.

Havia uma rua com a largura dos três arcos, com casas altas de ambos os lados; as fachadas de pedra esculpida já estão enegrecidas; assim . . . . inscrições bem abertas . . . . (p) ortas são baixas de fei (tio) . . . . *nas* notando que pela regularidade e simetria com que são construídas, parecem ser uma comprida casa, sendo na realidade muitas. Algumas têm terraços abertos, e todas são sem telhas, sendo as coberturas em algumas de tijolo queimado e em outras de lajes de pedra de cantaria.

Entramos em algumas dessas casas com muito temor e em nenhuma pudemos encontrar qualquer vestígio de bens pessoais ou móveis que pudessem por seu uso ou confecção lançar alguma luz sobre a natureza dos habitantes. As casas eram todas escuras no interior; mal havia um raio de luz; e, como eram abobadadas, as vozes dos que falavam ecoavam até que as nossas próprias palavras nos amedrontavam.

Tendo examinado e atravessado a longa rua, chegamos a uma praça regular, e no meio dela, havia uma coluna de pedra negra de extraordinário tamanho, e sobre ela uma estátua do tamanho mediano do homem, com uma das mãos no quadril esquerdo e o braço direito apontando com o dedo indicador para o Pólo Norte. Em cada canto da dita praça, havia uma agulha (obeliscos?) imitando as usadas pelos romanos, mas algumas tinham sofrido maus tratos e estavam quebradas, como que se atingidas pelos raios.

Ao lado direito dessa praça havia um soberbo edifício, como se fosse a casa principal de algum Senhor da terra. Havia um enorme salão na sua entrada e ainda por medo não examinamos todas as ca (sas) . . . .
sendo numerosas e a *retret* . . . .
zerão para formar algum . . . .
mara encontramos u (ma) . . . .
massa de extraordinário . . . .
(pes) soas têm dificuldade de levantá-lo . . . .
Os morcegos eram tantos que atacavam os rostos das pessoas e faziam tal barulho que nos espantava. No principal pórtico dessa rua, havia uma figura de meio-relevo cinzelado na mesma pedra, e nua da cintura para cima, coroada de loureiros. Representava uma jovem figura e sem barbas. Atrás do escudo da figura havia alguns caracteres gastos pelo tempo. Contudo, copiamos o seguinte. (V. a Estampa, inscrição nº. 1).

Do lado esquerdo da dita Praça, há outro edifício, todo arruinado; mas, pelos vestígios remanescentes, não há dúvida de que foi outrora um templo, pois ainda aparece parte de seu magnífico frontispício e também naves e passagens de sólida pedra. Ocupa grande largura de terreno e em suas paredes arruinadas vêem-se esculturas superiormente trabalhadas, com algumas figuras e quadros cinzelados na pedra, com cruzes e diferentes emblemas, coroas e outras minúcias que demandariam longo tempo para descrever.

Seguindo esse edifício, grandes partes da cidade totalmente arruinadas e enterradas em grandes e medonhos desmoronamentos de terras, e sobre esse terreno nem uma folha de erva, árvore ou planta era produzida pela Natureza, mas apenas montes de pedras e algumas obras rudes, pelas quais julgamos . . . .
versão, porque ainda entre . . . . *da* cadáveres que . . . . em parte dessa infortunada . . . . *da,* abandonada talvez por causa de algum terremoto.

Em frente da dita praça, corre rapidamente um caudaloso e largo rio, que tinha espaçosas margens e era deleitoso à vista. Pode ter de 24 a 26 metros de largura, sem voltas consideráveis, e suas margens eram livres dos troncos e madeira que as inundações usualmente carregam. Sondamos sua profundidade e encontramos as partes mais fundas de 28,5 a 36 metros. Na outra margem dele, há planícies mais florescentes, e com tal variedade de flores, que parecia que a natureza fora mais bela naquelas partes, tornando-as um perfeito jardim de Flora. Admiramos também algumas lagunas cheias de arroz, que aproveitamos, e, do mesmo modo, inumeráveis bandos de patos, que crescem naquelas férteis planícies, e que não tivemos dificuldade em matar, sem tiros, mas os pegando com as mãos.

Caminhamos por três dias ao longo do rio e chegamos a uma catarata que faz um terrível barulho com a força da água e os obstáculos em seu leito, de sorte que pensamos que as bocas do afamadíssimo Nilo não fariam maior rumor. Abaixo, esse rio tanto se espalha que parece ser o grande oceano. É cheio de penínsulas, cobertas de verde relva, com moitas de árvores que fazem . . . . *davel*
Ali encontramos . . . . na falta dele se nos . . . . (mui) ta variedade de caça . . . . (ou) tra muitas qualidades de animais; não havendo caçadores para caçá-los e persegui-los.

Para leste dessa queda d'água, encontramos vários cortes profundos e terríveis escavações, e tentamos medi-las com muitas cordas que, por mais longas que fossem, não lhes chegaram ao fundo. Encontramos também algumas pedras soltas e, na superfície da terra, algumas pontas de prata, como se tivessem sido tiradas das minas e ali deixadas, no momento.

Entre aquelas cavernas, vimos uma coberta com uma enorme laje de pedra e com as seguintes figuras gravadas na mesma pedra, que aparentemente contêm algum grande mistério. (V. inscrição nº. 2). Sobre o pórtico do templo, vimos também outras, da seguinte forma (Inscrição nº. 3).

A um tiro de peça da aldeia, havia uma construção que podia ser uma casa de campo, com uma frente de 250 passos de comprimento. A entrada era por um grande pórtico, e subimos uma escadaria de muitas pedras coloridas, que dava para um imenso salão e depois para 15 casas menores, cada uma com uma porta abrindo para dito salão e cada uma tinha sua própria bica de água . . . . *a* que águas e junto . . . . *mão* no pátio externo . . . . coluna na cir . . . . *ra* esquadrejado por arte e posto com os seguintes caracteres (V. inscrição nº. 4).

Depois dessa maravilha, descemos para a margem do rio, na esperança de descobrirmos ouro, e sem dificuldade, encontramos uma rica amostra na superfície, prometendo grande riqueza de ouro, assim como de prata. Maravilhamo-nos porque os habitantes daquela cidade teriam abandonado tal lugar, não tendo encontrado, com todo o nosso zelo e diligência, uma pessoa naqueles sertões que pudesse dar qualquer conta de tal deplorável maravilha, quanto a saber a quem teria pertencido a cidade. As ruínas bem mostraram o tamanho e a grandeza que deve ter havido ali no tempo em que ela florescia. Agora, todavia, era habitada por andorinhas, morcegos, ratos e raposas, que engordam com a numerosa criação de galinhas e patos e tornam-se maiores que um cão de caça. Os ratos têm pernas tão curtas que não andam, mas pulam como pulgas; e nem correm, como aqueles dos lugares habitados.

Naquele lugar, um companheiro nos deixou, o qual, com alguns outros, depois de 9 dias de boa caminhada, avistou na boca de uma grande baía formada por um rio, uma canoa carregando duas pessoas brancas, com cabelos pretos e vestidos como europeus . . . . um tiro como sinal, a fim de *ve* . . . . fugir ou escapar . . . . ter . . . . cabeludo e selvagem . . . . *ga*, e todos eles enrolavam e vestiam . . . .

Um de nossos companheiros, chamado João Antônio, encontrou nas ruínas de uma casa uma moeda de ouro redonda e maior que nossas moedas de 6$400. Em um lado havia a imagem ou figura de um jovem ajoelhado e do outro lado um arco, uma coroa e uma seta, de qual sorte (de dinheiro) não duvidamos que houvesse muito no dito estabelecimento ou cidade deserta, porque, se tiver sido destruída por algum terremoto, o povo não teve tempo, subitamente, de pôr seus tesouros em lugar seguro. Mas seria preciso muito braço forte e poderoso para examinar aquele montão de ruínas, enterrado há tantos anos, como vimos.

Esta comunicação envio a Vossa Excelência do Sertão da Bahia dos rios Para-ouaçu (Paraguaçu) e Uná. Resolvemos não comunicar isso a pessoa alguma, pois pensamos que as cidades e aldeias ficariam desertas; mas, revelo a Vossa Excelência a notícia das minas que descobrimos, em lembrança do muito que lhe devo.

Supondo que, de nossa companhia, algum tenha se movido por diferente compreensão, rogo a Vossa Excelência deixar de lado essas misérias, e tomar e utilizar essas rique-

zas, e empregar a indústria, e peitar aquele índio para livrar-se e conduzir Vossa Excelência àqueles tesouros, etc. ....
....
.... *charão* nas entradas
.... *bre* lajes de pedra ....

(Segue-se, no manuscrito, o que se encontra representado na estampa abaixo, nº. 5).

Primeira.	
Segunda.	
Terceira.	
Quarta.	
Quinta.	
Sexta.	
Sétima.	
Oitava.	
Nona.	

Inscrições encontradas na cidade abandonada de que trata o manuscrito, existente na Biblioteca Pública do Rio de Janeiro.

COLEÇÃO RECONQUISTA

1. DOCUMENTÁRIO ARQUITETÔNICO – José Wasth Rodrigues
2. VIAGEM PITORESCA ATRAVÉS DO BRASIL - João Mauríciob Rugendas
3.4. PROVÍNCIA DE SÃO PAULO - 2 vols - M. E. Azevedo Marques
5.6.7. NOBILIARQUIA PAULISTANA HISTÓRICA E GENEALÓGICA - 3 vols - P. Tacques A. Paes Lemes
8. VIDA E MORTE DO BANDEIRANTE – Alcântara Machado
9. ARRAIAL DO TIJUCO CIDADE DIAMANTINA - Aires da Mata Machado Filho
10. VIAGEM À TERRA DO BRASIL - Jean de Lery
11. MEMÓRIAS DE UM COLONO NO BRASIL – Thomas Davatz
12. TRATADO DA TERRA DO BRASIL - HIST. DA PROVÍNCIA DE SANTA - C.P. M. Gândavo
13 - TRATADOS DA TERRA E GENTE DO BRASIL – Padre Fernão Cardim
14. VIAGEM ÀS PROVÍNCIAS DO RIO DE JANEIRO E SÃO PAULO - J. J. Tschudi
15. REM. DE VIAGENS E PERMANÊNCIAS NAS PROV. DO SUL DO BRASIL – Daniel P. Kidder
16. REM. DE VIAGENS E PERMANÊNCIAS NAS PROV. DO NORTE DO BRASIL – Daniel P. Kidder
17. VIAGEM PELA PROVÍNCIA DO RIO GRANDE DO SUL (1858) – Robert Ave-Lallement
18. VIAGENS PELAS PROVÍNCA DE SC, PR E SP(1858) – Robert Avé-Lallement
19. VIAGENS PELAS PROV. DA BAHIA, PERNAMBUCO, ALAGOAS E SERGIPE – Robert Ave-Lallement
20. NO RIO AMAZONAS – Robert Ave-Lallement
21. VIAGEM ÀS MISSÕES JESUÍTICAS E TRABALHOS APOSTÓLICOS - Padre Antônio Sepp, S. J.
22. IMAGENS DO BRASIL CARL – Von Koseritz
23. VIAGEM AO BRASIL – Hermann Burmeister
24. DEZ ANOS NO BRASIL – Carl Siedler
25. SÃO PAULO DE OUTRORA PAULO – Cursino de Moura
27. NOT. DAS MINAS DE SÃO PAULO E DOS SERTÕES DA MESMA CAPITANIA - P. Tacques A. Paes Leme
28. NA CAPITANIA DE SÃO VICENTE – Washington Luís
29/30. BRASIL PITORESCO - 2 vols – Charles Ribeyrolles
31. VIAGEM DE UM NATURALISTA INGLÊS AO RJ E MINAS GERAIS - Charles James Fox Bumbury
33. RELATOS MONÇOEIROS – Afonso de Tauna
34. RELATOS SERTANISTAS - Afonso de Taunay
35. MEMORÁVEL VIAGEM MARÍTIMA E TERRESTRE AO BRASIL – Joan Nieuhof
36/37. MEM. PARA SERVIR À HISTÓRIA DO REINO DO BRASIL - 2 vols - Luís G. dos Santos
38. DESCRIÇÃO DOS RIOS PARNAÍBA E GURUPI - Gustavo Dodt
39/40. HISTÓRIA DO IMPÉRIO - A ELABORAÇÃO DA INDEPENDÊNCIA. - 2 vols. - Tobias Monteiro
41/42. HISTÓRIA DO IMPÉRIO - O PRIMEIRO REINADO - 2 vols - Tobias Monteiro
43. VIAGEM MILITAR AO RIO GRANDE DO SUL - Conde D'eu
44. HISTÓRIA DO RIO TIETÊ - Mello Nóbrega
45. HISTÓRIA DO BRASIL - João Armitage
46/48. VIAGEM PELO BRASIL - 3 vols. - Spix e Martius
49. HISTÓRIA DO BRASIL - Frei Vicente do Salvador
56. O DIABO NA LIVRARIA DO CÔNEGO - Eduardo Frieiro
57. VIAGEM AO INTERIOR DO BRASIL - G. W. Freireyss00
58. ESTADO DO DIREITO ENTRE OS AUTÓCTONES DO BRASIL - C. F. Von Martius
59. OS CIGANOS NO BRASIL E CANCIONEIRO DOS CIGANO - Mello Moraes Filho
60. PESQUISAS E DEPOIMENTOS PARA A HISTÓRIA - Tobias Monteiro
61/62. COROGRAFIA HISTÓRICA DA PROVÍNCIA DE MINAS GERAIS - 2 vols. - Cunha Matos
63/64. HISTÓRIA DO BRASIL REINO E BRASIL IMPÉRIO - 2 vols. – Mello Moraes Filho – Ello Moraes Filho
65/66. HISTÓRIA DO BRASIL - 2 vols. - H. Handelmann
67/69. HISTÓRIA DO BRASIL - 3 vols. – Robert Southey
70. CULTURA E OPULÊNCIA NO BRASIL – André João Antonil
71. VILA RICA DO PILAR - Fritz Teixeira de Sales
72. FEIJÃO, ANGU E COUVE - Eduardo Frieiro
73. ÍNDIOS CINTA-LARGAS (OS) Richard Chapelle
74/75. NOTÍCIAS DO BRASIL (1828-1829) - 2 vols - R. Walsh
76. O PRESIDENTE CAMPOS SALLES NA EUROPA – Tobias Monteiro
77. HISTÓRIA DA SIDERURGIA BRASILEIRA – Francisco A. Magalhães G.
82. O COMÉRCIO PORTUGUÊS NO RIO DA PRATA (1580-1640) – Alice Piffer Canabrava
83. EPISÓDIOS DA GUERRA DOS EMBOABAS E SUA GEOGRAFIA – Eduardo C. Barreiro
85. O MARQUÊS DE OLINDA E O SEU TEMPO - Costa Porto
86. CANTOS POPULARES DO BRASIL - Sílvio Romero
87. CONTOS POPULARES DO BRASIL - Sílvio Romero
88. O NEGRO E O GARIMPO EM MINAS GERAIS - Aires da Mata Machado Filho
89. TIRADENTES – Oiliam José
90 - GONZAGA E A INCONFIDÊNCIA MINEIRA - Almir de Oliveira

92. TRADIÇÕES E REMINISCÊNCIAS PAULISTANAS - Afonso A. de Freitas
94. ESTUDOS - LITERATURA POPULAR EM VERSO - Manuel Diegues Júnior
95. ANTOLOGIA - LITERATURA POPULAR EM VERSO – Manuel Diegues Júnior
97. IDEIAS FILOSÓFICAS E POLÍTICAS EM MINAS GERAIS NO SÉCULO XIX - José C. Rodrigues
98. IDEIAS FILOSÓFICAS NO BARROCO MINEIRO – Joel Neves
99. GETÚLIO VARGAS E O TRIUNFO DO NACIONALISMO BRASILEIRO - Ludwig Lauerhass JR.
100/101. RÉPLICA - Anexos á República - 2 vols. - Rui Barbosa
102/103. O VALEROSO LUCIDENO - 2 vols – Frei Manuel
105/106. INSTITUIÇÕES POLÍTICAS BRASILEIRAS - 2 vols. - Oliveira Vianna
107/108. POPULAÇÕES MERIDIONAIS DO BRASIL - 2 vols. – Oliveira Vianna
109/110. HISTÓRIA SOCIAL DA ECONOMIA CAPITALISTA NO BRASIL - 2 vols. – Oliveira Vianna8
112. NA PLANÍCIE AMAZÔNICA - Raimundo de Moraes
113. AMAZÔNIA - A Ilusão de um Paraiso - Betty Meggers
115. ADAGIÁRIO BRASILEIRO - Leonardo Mota
116/118. HISTÓRIA CRÍTICA DO ROMANCE BRASILEIRO - 3 vols – Temístocles Linhares
119. CAPÍTULOS DE HISTÓRIA COLONIAL - J. Capistrano de Abreu
120. MIRANDA AZEVEDO E O DARWINISMO NO BRASIL - Terezinha Alves Ferreira C.
121. JOSÉ BONIFÁCIO – Octávio Tarquínio de Souza
122/124. A VIDA DE D. PEDRO I, - 3 vols. - Octávio Tarquínio de Souza
125. BERNARDO PEREIRA DE VASCONCELOS - Octávio Tarquínio de Souza
126. EVARISTO DA VEIGA - Octávio Tarquínio de Souza
127. DIOGO ANTÔNIO FEIJÓ - Octávio Tarquínio de Souza
128. TRÊS GOLPES DE ESTADO - Octávio Tarquínio de Souza
129. FATOS E PERSONAGENS EM TORNO DE UM REGIME - Octávio Tarquínio de Souza
130 - MACHADO DE ASSIS (ESTUDO CRÍTICO E BIOGRÁFICO) - Lúcia Miguel Pereira
131. PROSA DE FICÇÃO (De 1870 a 1920) – Lúcia Miguel Pereira
132. MEMÓRIAS DA CIDADE DO RIO DE JANEIRO - Vivaldo Coaracy
133. O CONFLITO CAMPO CIDADE – Joaquim Ponce Leal
135. CAMINHOS ANTIGOS E POVOAMENTO DO BRASIL - J. Capistrano de Abreu
136. UMA COMUNIDADE AMAZÔNICA – Charles Wagley
137. LÁGRIMAS DE BOAS VINDAS – Charles Warles Wagley
140. VIDA DE LIMA BARRETO - Francisco de Assis Barbosa
143. MINHAS RECORDAÇÕES - Francisco de Paula Resende
145. HISTÓRIA DO AMAZONAS - Artur César Ferreira Reis
146. CARTAS JESUÍTICAS I - Cartas do Brasil (1549-1560) - Manoel da Nóbrega
147. CARTAS JESUÍTICAS II - Cartas Avulsas (1560) - Azapilcueta Navarro e Outros
148. CARTAS JESUÍTICAS III - Cartas, Informações e Fragmentos Históricos - José de Ancheita
149 - EVOLUÇÃO DO PENSAMENTO POLÍTICO BRASILEIRO - Vicente Barreto
151. RECONHECIMENTO DO RIO JURUÁ - General Belmiro Mendonça
153. POLÍTICA GERAL DO BRASIL – José Matias Santos
154. O MOVIMENTO DA INDEPENDÊNCIA 1821-1892 – Oliveira Lima
155. O IMPÉRIO BRASILEIRO - 1821-1889 - Oliveira Lima
151. RECONHECIMENTO DO RIO JURUÁ - General Belmiro Mendonça
153. POLÍTICA GERAL DO BRASIL – José Matias Santos
154. O MOVIMENTO DA INDEPENDÊNCIA 1821-1892 – Oliveira Lima
155. O IMPÉRIO BRASILEIRO - 1821-1889 - Oliveira Lima
156. VIAGEM AO BRASIL - Maximiliano Pierrede Ierrede Wied N.
157. DIÁRIO DE UMA VIAGEM AO BRASIL - Maria Graham
159. O MARQUÊS DE PARANÁ - Aldo Janotti
161. UM SERTANEJO E O SERTÃO – Ulisses Lins de Alburque
163. CRÔNICA DE UMA COMUNIDADE CAFEEIRA – Paulo Mercadante
164. DA MONARQUIA À REPÚBLICA - George C. A. Boeher
166. CORRESPONDÊNCIA ENTRE MARIA GRAHAM E A IMPERATRIZ DONA LEOPODINA – Américo Jacobina Lacombe
167. HEITOR VILLA-LOBOS - Vasco Mariz
170. HILÉIA AMAZÔNICA - Gastão Cruls
172. O BARÃO DE LAVRADIO E A HIGIENE NO RIO DE JANEIRO IMPERIAL – Lourival Ribeiro
173. NARRATIVAS POPULARES - Oswaldo Elias Xidieh
174. O PSD MINEIRO – Plínio de Abreu Ramos
175. O ANEL E A PEDRA - Pe. Hélio Abranches Viotti
179. HISTÓRIA DO CAFÉ NO BRASIL E NO MUNDO – José Teixeira de Oliveira
180. CAMINHOS DA MORAL MODERNA; A EXPERIÊNCIA LUSO-BRASILEIRA" - J. M. Carvalho
181. DICIONÁRIO HISTÓRICO-GEOGRÁFICO DE MINAS GERAIS - W. de Almeida Barbosa

182. A REVOLUÇÃO DE 1817 E A HISTÓRIA DO BRASIL – Gonçalo de Barros e Mello M.
183. HELENA ANTIPOFF - Daniel I. Antipoff
184. HISTÓRIA DA INCONFIDÊNCIA DE MINAS GERAIS – Augusto de Lima Júnior
185/186 . A GRANDE FARMACOPÉIA BRASILEIRA - 2 vols. – Pedro Luiz Napoleão C.
187. O AMOR INFELIZ DE MARÍLIA E DIRCEU – Augusto de Lima Júnior
188. HISTÓRIA ANTIGA DE MINAS GERAIS - Diogo de Vasconcelos
189. HISTÓRIA MÉDIA DE MINAS GERAIS - Diogo de Vasconcelos
200. OS SERTÕES - Euclides da Cunha
201/210. HISTÓRIA DA COMPANHIA DE JESUS NO BRASIL - 5 vols. - Serafim Leite1
212. OBRAS DE CASIMIRO DE ABREU - Souza da Silveira
213. UTOPIAS E REALIDADES DA REPÚBLICA - Hildon Rocha
214. O RIO DE JANEIRO NO TEMPO DOS VICE-REIS - Luiz Edmundo
215. TIPOS E ASPECTOS DO BRASIL - Diversos Autores
216. O VALE DO AMAZONAS - A. C. Tavares Bastos
217. EXPEDIÇÃO AS REGIÕES CENTRAIS DA AMÉRICA DO SUL – Francis Castenau
218. MULHERES E COSTUMES DO BRASIL - Charles Expilley
219. POESIAS COMPLETAS - Padre José de Anchieta
220. DESCOBRIMENTO E A COLONIZAÇÃO PORTUGUESA NO BRASIL - Miguel A. Gonçalves
221. TRATADO DESCRITIVO DO BRASIL EM 1587 - Gabriel Soares de Souza
222. HISTÓRIA DO BRASIL – João Ribeiro
225. O MENINO DA MATA - Vivaldi Moreira
230. ANTÔNIO FRANCISCO LISBOA - O ALEIJADINHO – Rodrigo José F. Bretas
231. ALEIJADINHO (PASSOS E PROFETAS) - Myrian Andrade Ribeiro
232. ROTEIRO DE MINAS – Bueno Rivera
233. CICLO DO CARRO DE BOIS NO BRASIL - Bernadino José de Souza
234. DICIONARIO DA TERRA E DA GENTE DO BRASIL - Bernadino José de Souza
235. DA AVENTURA PIONEIRA AO DESTEMOR A TRAVESSIA – Paulo Mercadante
236. NOTAS DE UM BOTÂNICO NO AMAZONAS - Richard Spruce
237. NA CAREIRA DO RIO SÃO FRANCISCO - Zanoni Neves
238. VIAGEM PITORESCA E HISTÓRICA AO BRASIL (4º VOL) (2008) - Jean Baptiste Debret
239/241 - VIAGEM PITORESCA E HISTÓRICA AO BRASIL (3 EM 1)(2008) – Jean Baptiste Debret

Este livro foi composto com a tipografia Times New Roman
e impresso pela Gráfica Laser Plus.